*El camino gozoso de
buena fortuna*

Otros libros en español de Gueshe Kelsang Gyatso

Budismo moderno
Caminos y planos tántricos
Cómo comprender la mente
Cómo solucionar nuestros problemas humanos
Compasión universal
El voto del Bodhisatva
Esencia del vajrayana
Gema del corazón
Gran tesoro de méritos
Introducción al budismo
Mahamudra del tantra
Nueva guía del Paraíso de las Dakinis
Nuevo corazón de la sabiduría
Nuevo manual de meditación
Ocho pasos hacia la felicidad
Tesoro de contemplación
Transforma tu vida
Una vida con significado, una muerte gozosa

Guía de las obras del Bodhisatva, de Shantideva, traducido del tibetano al inglés por Neil Elliot bajo la guía de Gueshe Kelsang Gyatso.

Los beneficios de las ventas de este libro se destinan al Proyecto Internacional de Templos de la NKT–IKBU de acuerdo con las directrices que se exponen en su *Manual de finanzas*. La NKT–IKBU es una organización budista sin ánimo de lucro dedicada a fomentar la paz en el mundo, registrada en Inglaterra con el número 1015054.
www.kadampa.org/es/templos

Gueshe Kelsang Gyatso

El camino gozoso de buena fortuna

EL SENDERO BUDISTA
HACIA LA ILUMINACIÓN

Editorial Tharpa
ESPAÑA · MÉXICO · ARGENTINA
REINO UNIDO · EE.UU.

Título original: *Joyful Path of Good Fortune*
Editado por primera vez en el año 1990
por Tharpa Publications.
Segunda edición revisada y ampliada en el año 1995.

Tharpa tiene oficinas en varios países del mundo.
Los libros de Tharpa se publican en numerosas lenguas.
Para más detalles véase la página 716.

Editorial Tharpa
C/ Manuela Malasaña, 26
28004 Madrid, España
Tel.: (+34) 91 7557535
info.es@tharpa.com
www.tharpa.com/es

© 1990, 1996, 2014 Centro Budista Vajrayana. Editorial Tharpa
© 1990, 1996, 2014 New Kadampa Tradition –
International Kadampa Buddhist Union
© Traducción 1990, 1996, 2014 New Kadampa Tradition –
International Kadampa Buddhist Union
Traducción: Departamento de traducción de Editorial Tharpa España

El derecho de Gueshe Kelsang Gyatso a ser identificado como autor
de esta obra ha sido certificado según la ley de derechos de autor,
diseños y patentes, del Reino Unido, de 1988
(*Copyright, Designs and Patents Act 1988*).

Todos los derechos reservados para todo el mundo. Queda prohibido, bajo las sanciones establecidas por las leyes, reproducir o transmitir esta publicación, total o parcialmente (salvo, en este último caso, para su cita expresa en un texto diferente, mencionando su procedencia), por ningún sistema de recuperación de información ni por cualquier medio, sea mecánico, fotoquímico, electrónico, magnético, electroóptico, por fotocopia, grabación o cualquier otro, sin la autorización previa por escrito de la editorial.

Pintura de la cubierta: Chating Jamyang Lama
reproducido por cortesía de Tharpa Publications
Diseño de la cubierta: Guen Losang Wangchuk
Fotografía de la contracubierta: Eric Martin
Dibujos interiores: Andy Weber
Composición gráfica del texto: Tharpa Publications

Rústica: ISBN 978-84-920943-1-8. Depósito legal: B-19341-1996
Impreso en España/Printed in Spain.
Publicep, Madrid

Índice general

Ilustraciones	vii
Budismo kadampa	viii
Colaboraciones	ix
Nota del departamento de traducción	xi
Prefacio	xiii

PRIMERA PARTE: Fundamentos y el nivel inicial

Etapas del camino	3
Cualidades del autor	5
Cualidades de las enseñanzas	18
La manera de escuchar y de enseñar el Dharma	27
Preparaciones para la meditación	43
¿Qué es la meditación?	97
Confianza en el Guía Espiritual	104
La preciosa existencia humana	131
Meditación sobre la muerte	157
Los sufrimientos de los reinos inferiores	189
Práctica de refugio	209
Karma	250

SEGUNDA PARTE: El nivel medio

Generación del deseo de alcanzar la liberación	293
Las cuatro nobles verdades	298
Meditación sobre la verdad de los sufrimientos	305
Las perturbaciones mentales y las acciones, la muerte y el renacimiento	342
Los doce vínculos dependientes relacionados	385
La rueda de la vida	399
El camino hacia la liberación	407

TERCERA PARTE: *El nivel superior*
Entrada al camino mahayana   423
Desarrollo de la bodhichita   437
Las obras del Bodhisatva   497
Adiestramiento de la mente en la permanencia
    apacible   536
Adiestramiento de la mente en la visión superior   572
La manera de avanzar por los caminos y planos
    espirituales   595
El camino vajrayana   603
La iluminación total   611
Dedicación   618

Apéndice 1 - Compendio del significado del texto   619
Apéndice 2 - Sadhanas   651
Esencia de buena fortuna   652
Oraciones para meditar   661

Glosario de términos   665
Lecturas recomendadas   682
Índice analítico   689
Programas de estudio de budismo kadampa   707
Oficinas de Tharpa en todo el mundo   716

Ilustraciones

Buda Shakyamuni	xii
Maitreya con Vasubhandu y Asanga	44
Manyhushri con Nagaryhuna y Chandrakirti	132
Vajradhara con Tilopa y Naropa	208
Atisha con Dromtompa y Gueshe Potoua	292
Diagrama de la rueda de la vida	398
Yhe Tsongkhapa con Yhampel Gyatso y Khedrubyhe	496
Kyabyhe Pabongkha Rimpoché con Triyhang Rimpoché y Gueshe Kelsang Gyatso Rimpoché	610

Budismo kadampa

El budismo kadampa es la unión de todas las enseñanzas de Buda junto con las especiales y prácticas instrucciones del *Lamrim*, texto en el que se presentan las etapas del camino hacia la iluminación, compuesto por el gran Maestro budista Atisha.

La práctica de este budismo, caracterizado por su simplicidad, profundidad y gran pureza espiritual, constituye un método de gran efectividad para solucionar los problemas humanos y su aplicación se extiende a todos los aspectos de la vida en la sociedad actual.

- NTK -

Colaboraciones

En 1981, Gueshe Kelsang Gyatso Rimpoché impartió extensas enseñanzas sobre las etapas del camino hacia la iluminación a los afortunados estudiantes del Manjushri Mahayana Buddhist Centre en Ulverston, Inglaterra. Estas enseñanzas constituyen la base del presente libro. Deseamos expresar nuestra más profunda gratitud al autor por hacer ampliamente accesibles en lengua inglesa, entre otras lenguas occidentales, estas preciosas instrucciones espirituales que, si se llevan a la práctica con sinceridad, aportarán paz y felicidad a muchos seres.

Damos también las gracias a Tenzin P. Phunrabpa, el traductor, y a Sharon Gross quien preparó la primera transcripción. Debemos un especial agradecimiento a Helen Dearnaley, la redactora, quien trabajó con destreza, cuidado y dedicación en la preparación del texto para su publicación, con la ayuda de Tessa Logan, James Belither y Jackie Devis. El texto fue enriquecido también con las sugerencias de Guen Thubten Gyatso y de Michael Garside.

Deseamos agradecer a todos estos estudiantes y a muchos otros, que quedan sin mencionar, su gran esfuerzo y ayuda en la preparación de este texto para su publicación.

Gracias a Lucy James y a Sherab Gyatso, quienes han elaborado esta revisada segunda edición para su publicación.

¡Que gracias a los méritos creados al editar este precioso libro, todos los seres encuentren la felicidad que desean!

Roy Tyson, Director
Manjushri Mahayana
Buddhist Centre,
Septiembre de 1995

Nota del departamento de traducción

Deseamos señalar que a lo largo del texto los nombres propios en tibetano se han escrito según un sistema fonético básico. Debido a que en la lengua tibetana hay muchos sonidos que no existen en español, la introducción de estos fonemas es ineludible. Por ejemplo, en tibetano hay una consonante que se pronuncia *ya* y otra *yha*, como la *j* inglesa. Así, en Manyhushri, Yhe Tsongkhapa, etcétera, la *yha* ha de pronunciarse como la *j* inglesa.

Para representar los términos sánscritos se ha seguido un sistema simple de transliteración, porque evoca la pureza de la lengua original de la que proceden. Así, se ha escrito *Dharma* y no Darma, *Sangha* y no Sanga, etcétera. No obstante, se ha optado por castellanizar algunos términos y sus derivados, como Buda, budismo, Budeidad, etcétera, por estar más asimilados a nuestra lengua. *Tantra* y *Sutra* con mayúscula se refieren a los textos de Buda Shakyamuni en los que se muestran estos senderos; y con minúscula, a los caminos espirituales propiamente dichos. La Real Academia Española ha incorporado en su *Diccionario de la Real Academia Española* las palabras *karma, lama, mandala, mantra, nirvana, samsara, tantra* y *yogui*. Las palabras extranjeras se han escrito en cursiva solo la primera vez que aparecen en el texto.

En la transcripción de un texto, cuando se ha omitido un fragmento del original se ha indicado con el signo de puntos encorchetados, tres puntos entre corchetes ([...]), colocado en el lugar del texto suprimido.

El verbo *realizar* se utiliza en ocasiones con el significado de 'comprender', dándole así una nueva acepción como término budista.

Buda Shakyamuni

Prefacio

A pesar de que existen innumerables seres, humanos y no humanos, todos pueden ser incluidos en tres grupos: aquellos que buscan principalmente la felicidad mundana, los que se interesan ante todo por el logro de la liberación de la existencia cíclica, y aquellos cuyo objetivo primordial es alcanzar la iluminación total.

En las escrituras conocidas como *Etapas del camino hacia la iluminación* (tib. *Lamrim*), a la primera clase de personas se las denomina «seres del nivel inicial» porque su capacidad o nivel mental está en la primera etapa de desarrollo. A la segunda se las llama «seres del nivel medio» porque su capacidad es más amplia que la de los seres del nivel inicial pero menor que la de los seres del nivel superior. A la tercera se las denomina «seres del nivel superior» porque han superado los niveles inicial y medio, y ahora tienen una mayor capacidad mental.

La práctica en sí de las etapas del camino satisface los deseos de las tres clases de seres. La práctica de las etapas del camino del ser del nivel inicial, que se explica en la primera parte de este libro, nos aporta como fruto la felicidad de los dioses y de los humanos; la de las etapas del camino del ser del nivel medio, que se presenta en la segunda parte, nos lleva a la felicidad de la liberación; y la de las etapas del camino del ser del nivel superior, que se explica en la tercera parte, nos conduce a la felicidad última de la iluminación total. Así pues, la función principal de las instrucciones del Lamrim es satisfacer los deseos y las necesidades de todos los seres sintientes.

Estas enseñanzas constituyen el cuerpo principal del *Budadharma*. Surgieron de la sabiduría omnisciente de Atisha

(982-1054 d.C) y su tradición ha continuado hasta nuestros días. Es un buen presagio y una maravillosa señal de buena fortuna que estas enseñanzas hayan comenzado a florecer en los países occidentales. Yo mismo las recibí de mi Guía Espiritual, Triyhang Doryhechang, emanación de Atisha; así pues, las explicaciones presentadas en este libro, *El camino gozoso de buena fortuna*, provienen en realidad de él y no de mí. Por mi parte, he trabajado con mucho esfuerzo y durante mucho tiempo para completar esta preciosa obra.

La práctica del Lamrim es de suma importancia porque todos necesitamos cultivar estados apacibles de la mente. Por medio de la lectura o escucha de estas enseñanzas podremos aprender a controlar la mente y a mantener siempre una buena motivación en nuestro corazón. Gracias a ello, todas nuestras actividades diarias serán puras y significativas. Si somos capaces de dominar nuestra mente, podremos resolver todos los problemas cotidianos, avanzar desde nuestro estado presente al de un *Bodhisatva* y, al final, convertirnos en un ser totalmente iluminado. Éste es el significado esencial de nuestra existencia humana. Este fruto supremo será el resultado de nuestra práctica del Lamrim.

Gueshe Kelsang Gyatso
Tharpaland, Escocia,
Noviembre de 1988

PRIMERA PARTE

Fundamentos y el nivel inicial

Etapas del camino

Las grandes universidades monásticas de Nalanda y de Vikramashila diseñaron sus propios estilos sobre el modo de impartir las enseñanzas espirituales. Según la tradición de Nalanda, cuando el Maestro Espiritual imparte el *Dharma* ha de comenzar con la explicación de las tres purezas. Cuando sea que escuchemos, leamos o enseñemos el Dharma, estas tres purezas son indispensables: una mente pura por parte del estudiante, una palabra pura por parte del Guía Espiritual, y un Dharma puro. La mente del estudiante es pura si está libre de concepciones erróneas, si posee una motivación correcta, y si tiene fe en el Guía Espiritual y en el Dharma que imparte. La palabra del Maestro Espiritual es pura si es inequívoca y clara, si ha recibido las enseñanzas de un Guía Espiritual auténtico, y si su transmisión oral y linaje poseen bendiciones. El Dharma es puro si revela el camino completo hacia la iluminación, si presenta cada punto sin errores, y si ha sido transmitido a través de un linaje ininterrumpido desde Buda Shakyamuni. El Dharma que se presenta a continuación, el Lamrim, es puro porque posee estos tres requisitos. Por lo tanto, nuestra tarea como lectores o practicantes de Dharma es asegurarnos de mantener una mente pura mientras leemos, contemplamos y meditamos sobre el significado de lo explicado. Lo más importante es que generemos una buena motivación pensando:

> *Ahora dispongo de la mejor oportunidad para alcanzar la Budeidad y conducir a los demás seres al mismo estado. Para alcanzar la iluminación tengo que practicar todas las etapas del camino. Por consiguiente, voy a estudiar estas instrucciones y a ponerlas en práctica.*

Si leemos o estudiamos el Lamrim con esta motivación pura, en cada momento estaremos creando e incrementando nuestra acumulación de méritos. No hay nada mejor ni más significativo que podamos hacer con nuestras vidas. Para mí, el autor, lo que aporta un mayor significado a mi vida es enseñar y explicar el Dharma puro.

Según la tradición de Vikramashila, cuando el Guía Espiritual enseña el Dharma comienza explicando los tres puntos siguientes:

(1) Las cualidades preeminentes del autor de los textos raíz sobre los que se basan las instrucciones.
(2) Las cualidades preeminentes de las enseñanzas contenidas en estos textos.
(3) La manera de escuchar y de enseñar el Dharma.

Es oportuno y beneficioso recibir estas aclaraciones antes de estudiar las instrucciones propiamente dichas de las etapas del camino. Cuando conozcamos las excelentes cualidades del autor, comprenderemos que el Dharma que enseña es auténtico. Al aprender las cualidades preeminentes del Lamrim, generaremos de manera natural interés y fe en estas enseñanzas y un gran respeto por ellas. Al saber cómo escuchar y leer las instrucciones, y cómo han de ser enseñadas, podremos aprovechar al máximo las oportunidades de que disponemos; por último, seremos capaces de beneficiar a otros seres transmitiéndoles estas enseñanzas.

Las explicaciones presentadas en esta obra se dividen en cuatro partes:

1 Cualidades preeminentes del autor, mostrando que las instrucciones del Lamrim son auténticas.
2 Cualidades preeminentes del Lamrim para inspirar fe y respeto por las instrucciones.
3 La manera de escuchar y de enseñar el Dharma.
4 Instrucciones en sí de las etapas del camino hacia la iluminación.

Cualidades del autor

CUALIDADES PREEMINENTES DEL AUTOR, MOSTRANDO QUE LAS INSTRUCCIONES DEL LAMRIM SON AUTÉNTICAS

Las instrucciones del Lamrim fueron impartidas en un principio por Buda Shakyamuni y se transmitieron a través de dos linajes distintos: el linaje de la sabiduría de Nagaryhuna y el del método de Asanga. El linaje de la sabiduría o camino de la profundidad fue transmitido de Buda Shakyamuni a Manyhushri, quien lo pasó a Nagaryhuna y se fue sucediendo a través de varios Maestros hasta llegar a Atisha. El linaje del método o camino de la vastedad fue transmitido de Buda Shakyamuni a Maitreya, de éste a Asanga y luego pasó a través de varios Maestros hasta llegar a Atisha. Ambos linajes contienen instrucciones sobre los dos aspectos del camino, el método y la sabiduría, pero se distinguen en la manera de acentuarlos.

El autor del Lamrim es Atisha porque fue el primero que combinó las instrucciones completas de estos dos grandes linajes *mahayanas* en su obra *La lámpara del camino hacia la iluminación*, pequeño texto al cual dio el título abreviado de «Lamrim». Así fue como unificó estas dos tradiciones de forma que se pudieran comprender y practicar con facilidad. Esta obra es el prototipo de los textos de Lamrim que se escribieron más adelante.

La vida y las obras de Atisha se describen en tres partes:

1 Nacimiento y niñez de Atisha en una familia real.
2 Conocimiento y realizaciones espirituales de Atisha.
3 La labor de Atisha para difundir el Budadharma por la India y el Tíbet.

NACIMIENTO Y NIÑEZ DE ATISHA EN UNA FAMILIA REAL

Atisha nació en el año 982 d.C. como príncipe de un reino al este de la región de Bengal, en la India. Su padre se llamaba Kalyanashri (Virtud Gloriosa) y su madre Prabhavati Shrimati (Esplendor Glorioso). Era el segundo de tres hijos y al nacer se le dio el nombre de Chandragarbha (Esencia de Luna). El nombre de Atisha, que significa Paz, lo recibió del rey tibetano Yhangchub O debido a que siempre estaba tranquilo y calmado.

De niño, en cierta ocasión, sus padres le llevaron a visitar un templo. A lo largo del camino, millares de personas se congregaron para poder ver al príncipe de cerca. Entonces, Chandragarbha preguntó: «¿Quienes son todas estas personas?», y sus padres le respondieron que eran sus súbditos. Al oír esto, el príncipe generó de manera espontánea una profunda compasión y rezó así: «Que todos ellos disfruten como yo de buena fortuna.» Y cada vez que se encontraba con una persona, de manera espontánea generaba el siguiente deseo: «Que esta persona disfrute de felicidad y que se libere de su sufrimiento.»

Desde niño, Chandragarbha tuvo muchas visiones de Tara. En ciertas ocasiones, mientras reposaba en el regazo de su madre, se veían caer del cielo flores de color azul y entonces el niño se ponía a hablar con ellas. Más tarde, la madre supo por medio de unos meditadores que esas flores eran una señal de que Tara se aparecía ante su hijo y conversaba con él.

Cuando el príncipe hubo crecido, sus padres decidieron acordar su matrimonio, pero Tara amonestó al príncipe diciéndole: «Si te aferras a tu reinado, serás como un elefante hundido en el lodo, que no puede levantarse debido a su enorme y pesado cuerpo. No te sientas apegado a esta vida, estudia y practica el Dharma. En muchas de tus vidas pasadas fuiste un Guía Espiritual y también habrás de serlo en esta.» Chandragarbha, inspirado al oír esta advertencia, generó un fuerte interés por estudiar y practicar el Dharma y tomó la resolución de alcanzar todas las realizaciones de las enseñanzas de Buda. Bien sabía que para alcanzar su meta tendría que encontrar un Guía Espiritual cualificado. Al principio fue a ver a un famoso Maestro budista llamado Yhetari, que vivía por los alrededores, y le rogó que le diera enseñanzas sobre cómo liberarse de la existencia cíclica (sáns. *samsara*). Yhetari le dio instrucciones sobre la práctica de refugio y la mente de la iluminación (sáns. *bodhichita*) y le dijo que si deseaba practicar con sinceridad, debería ir a Nalanda y aprender el Dharma con el gran Maestro Espiritual Bodhibhadra.

Cuando se encontró con Bodhibhadra, el príncipe le dijo: «He comprendido que el samsara carece de sentido y que sólo la liberación y la iluminación total poseen un verdadero valor. Por favor, dame las instrucciones que me conduzcan rápidamente al estado más allá del dolor.» Bodhibhadra le ofreció unas breves enseñanzas sobre la forma de generar la mente de bodhichita y le aconsejó: «Si deseas practicar el Dharma de una forma pura deberías ir en busca del Maestro Espiritual Vidyakokila.» Bodhibhadra sabía que Vidyakokila era un gran meditador que había alcanzado una realización perfecta de la vacuidad y que además poseía una gran destreza en enseñar las etapas del camino de la profundidad.

Vidyakokila transmitió a Chandragarbha las instrucciones completas de los caminos de la vastedad y de la profundidad, y después le envió a estudiar bajo la tutela del Maestro Avadhutipa. Este Maestro no instruyó al príncipe de inmediato, sino que le dijo que fuera a ver a Rahulagupta para recibir enseñanzas sobre los *Tantras* de *Hevajra* y de *Heruka*, y que volviera de nuevo para recibir de él instrucciones más detalladas acerca del *mantra* secreto. Rahulagupta dio a Chandragarbha el nombre secreto de Yhananavajra (Sabiduría Indestructible), y su primera iniciación, que fue la de Hevajra. Después le dijo que regresara a casa de sus padres para obtener su aprobación y poder así llevar a cabo sus futuros planes.

A pesar de que el príncipe no se sentía atraído por la vida mundana, para él era importante recibir el consentimiento de sus padres a fin de poder practicar de la forma en que deseaba hacerlo. Así pues, fue a verles y les dijo: «Si practico el Dharma puramente, como Arya Tara predijo, seré capaz de corresponder a la bondad que tanto vosotros como los demás seres sintientes me habéis demostrado. Si lo hago así, no habré desperdiciado mi vida. De otro modo, aunque me quede para siempre en este magnífico palacio, mi vida carecerá de sentido. Por favor, dadme vuestro consentimiento para abandonar mi vida en palacio y dedicarme por completo a la práctica del Dharma.» El padre de Chandragarbha se entristeció al escuchar su ruego e intentó persuadir a su hijo de que no abandonara su porvenir como futuro rey; su madre, por el contrario, se alegró al oír que su hijo deseaba dedicar su vida a la práctica del Dharma. Recordó las maravillosas señales auspiciosas que había presenciado tales como los arco iris que aparecieron durante su nacimiento, y otros sucesos milagrosos, como la caída de las flores azuladas del cielo. Sabía que su hijo no era un príncipe ordinario y le concedió su permiso sin vacilación. Más tarde, su padre acabó consintiendo también con los deseos de su hijo.

Chandragarbha volvió al lado de Avadhutipa y durante siete años recibió instrucciones sobre el mantra secreto. Llegó a convertirse en un gran erudito en el tema. Tanto es así, que un día, enorgullecido, pensó: «Probablemente soy la persona que más sabe en todo el mundo acerca del mantra secreto.» Esa misma noche se le aparecieron en sueños varias *Dakinis* mostrándole unas escrituras preciadas por su rareza y que él nunca había visto. Las Dakinis le preguntaron: «¿Cuál es el significado del contenido de estas escrituras?» Chandragarbha, anonadado, no supo qué contestar, y al despertarse a la mañana siguiente su orgullo había desaparecido.

Tiempo después, Chandragarbha pensó que debería seguir el ejemplo de Avadhutipa e intentar alcanzar la iluminación rápidamente como un laico, practicando el *Mahamudra* con la ayuda de una consorte; pero tuvo una visión de Heruka quien le dijo que si se ordenase de monje, podría ayudar a innumerables seres sintientes y difundir el Dharma por muchos lugares. Esa misma noche soñó que seguía una procesión de monjes ante la presencia de Buda Shakyamuni, y que los monjes se preguntaban entre ellos por qué Chandragarbha no se había ordenado aún. Al despertarse decidió hacerse monje. Recibió la ordenación monástica de Shilarakshita, quien le dio el nombre de Dhipamkara Shriyhana.

Dhipamkara Shriyhana recibió extensas instrucciones de su Maestro Espiritual Dharmarakshita sobre las *Siete clases de fenomenología* y el *Océano de gran disertación*, textos escritos desde el punto de vista de la escuela Vaibhashika. De esta manera se adiestró en las enseñanzas *hinayanas*.

Insatisfecho con el conocimiento que poseía, Dhipamkara Shriyhana fue hasta Bodhgaya para recibir instrucciones más detalladas. Un buen día oyó por casualidad una conversación entre dos muchachas quienes, de hecho, eran emanaciones de Arya Tara. La más joven preguntó a la mayor: «¿Cuál es el principal método para alcanzar la iluminación rápidamente?», y la mayor contestó: «La bodhichita.» Al escuchar estas palabras, Dhipamkara Shriyhana decidió alcanzar la preciosa mente de bodhichita. Más tarde, mientras daba vueltas alrededor de la gran *estupa* de Bodhgaya, una estatua de Buda Shakyamuni le habló diciendo: «Si deseas alcanzar la iluminación rápidamente, has de lograr experiencia en generar las mentes de compasión, amor y la preciosa bodhichita.» Tras este suceso inspirador, creció su deseo de generar la mente de bodhichita. Se enteró de que el Guía Espiritual Serlingpa, que vivía en un lejano lugar llamado Serling, en Sumatra, había logrado una experiencia muy especial de la mente de bodhichita y que podía enseñarle los *Sutras de la perfección de la sabiduría*.

Dhipamkara Shriyhana navegó durante trece meses para poder llegar a Sumatra. Al encontrarse con Serlingpa, le hizo un ofrecimiento del *mandala* además de varios ruegos y súplicas. Serlingpa le dijo que necesitaría alrededor de doce años para poder transmitirle las instrucciones completas. Dhipamkara Sriyhana permaneció durante ese tiempo en Sumatra y, finalmente, alcanzó la preciosa realización de la bodhichita. Después regresó a la India.

CONOCIMIENTO Y REALIZACIONES ESPIRITUALES DE ATISHA

Bajo la tutela de sus Guías Espirituales, Atisha obtuvo un entendimiento especial de las tres colecciones, clases o «cestas» (sáns. *Tripitaka*) de las enseñanzas budistas: la colección de la disciplina moral (sáns. *Vinaya*), la colección de los discursos (sáns. *Sutranta*) y la colección de la sabiduría (sáns. *Abhidharma*), y de las cuatro clases de tantra. Logró una gran maestría en las artes y ciencias de la poesía, retórica y astrología, y además era muy diestro en la artesanía y la tecnología.

Atisha logró también todas las realizaciones de los tres adiestramientos superiores: la disciplina moral superior, la concentración superior y la sabiduría superior. Puesto que todas las etapas del camino del *sutra* –como las seis perfecciones, los cinco caminos, los diez planos (sáns. *bhumi*)– y todas las etapas del camino del tantra –como las etapas de generación y de consumación– están incluidas en los tres adiestramientos superiores, Atisha alcanzó todas las realizaciones espirituales del camino.

El adiestramiento en la disciplina moral superior puede ser de tres clases: la disciplina moral superior de los votos del *pratimoksha* o votos de la liberación propia, la disciplina moral superior de los votos del Bodhisatva, y la disciplina moral superior de los votos tántricos. Los 253 votos de un monje con la ordenación completa pertenecen a los votos pratimoksha. Atisha nunca transgredió ninguno de ellos, lo que prueba que poseía una gran atención y una recta conducta. Guardó también sin tacha los votos del Bodhisatva –el abandono de las dieciocho caídas raíz y de las cuarenta y seis secundarias–, y mantuvo con pureza todos sus compromisos tántricos.

Los logros de la concentración y de la sabiduría superiores se dividen en «comunes» y «extraordinarios». Los comunes son los alcanzados tanto por los practicantes de sutra como por los de *tantra*, mientras que los extraordinarios sólo pueden alcanzarlos los de tantra. Por medio del adiestramiento en la concentración superior, Atisha desarrolló la realización común de la concentración de la permanencia apacible y, sobre esta base, desarrolló clarividencia, poderes sobrenaturales y las virtudes comunes. También alcanzó las concentraciones extraordinarias, como son las de las etapas de generación y de consumación del mantra secreto. Siguiendo el adiestramiento en la sabiduría superior, logró las realizaciones comunes de la vacuidad y las extraordinarias de las luces claras ejemplar y significativa del mantra secreto.

LA LABOR DE ATISHA PARA DIFUNDIR EL BUDADHARMA POR LA INDIA Y EL TÍBET

Atisha, versado en las enseñanzas de los caminos hinayana y mahayana, era respetado por los Maestros de las dos tradiciones. Cuando debatía con los eruditos de otras doctrinas, los vencía y de esta manera se convertían al budismo. Atisha era como un rey, la corona de los budistas indios, y se le consideraba como el segundo Buda.

El trigésimo séptimo rey del Tíbet, Tritsong Detsen (aprox. 754-797 d.C.), anterior a los tiempos de Atisha, invitó a Padmasambhava, a Shantarakshita y a otros Maestros budistas a que fueran al Tíbet a enseñar el Dharma y, gracias a su labor, el Budadharma floreció en toda su pureza. Años después, otro rey tibetano llamado Lang Dharma (836 d.C.) destruyó el Dharma puro y abolió la *Sangha*. Hasta entonces, la mayoría de los reyes habían sido religiosos, pero durante el reinado del malévolo Lang Dharma el Tíbet sufrió un período sombrío de abatimiento espiritual. Unos setenta años después de su muerte, el Dharma comenzó a florecer de nuevo en la parte norte del Tíbet gracias a los esfuerzos de grandes Maestros como Rinchen Zsangpo, y en el sur gracias a la labor de un gran *Lama* llamado Gongpa Rabsel. Poco a poco, el Dharma fue difundiéndose también por el centro del país.

En esa época no se sabía practicar con pureza la unión del sutra y del tantra. Se pensaba que estas dos prácticas eran contradictorias, como el agua y el fuego. Cuando la gente se ejercitaba en el sutra, abandonaba el tantra; y cuando se dedicaba al tantra dejaba el sutra, incluso las reglas del vinaya. De la India llegaron falsos *gurus* que lo único que querían era hacerse con el oro que abundaba en el Tíbet. Con la pretensión de ser Guías Espirituales y grandes *yoguis*, introdujeron artes perversas como la magia negra, la creación de apariciones, ciertos ritos mortales y prácticas sexuales. Todas estas artimañas se propagaron por todas partes.

Un rey llamado Yeshe O y su sobrino Yhangchub O, que vivían en Ngari al oeste del Tíbet, estaban preocupados por lo que estaba ocurriendo en su país. El rey estaba apesadumbrado porque la doctrina espiritual que se practicaba en ese momento era muy impura, comparada con el Dharma de gran pureza de tiempos pasados. Se sentía triste al ver lo rudas e incontroladas que se habían vuelto las gentes de su pueblo. Tal era la situación, que pensó: «¡Qué maravilloso sería si el Dharma puro volviera a florecer en el Tíbet y las mentes de nuestras gentes fueran subyugadas!» A fin de realizar este deseo envió a varios tibetanos a la India para que aprendieran sánscrito y se adiestrasen en el Dharma. La mayoría de ellos no sobrevivieron al clima tan caluroso del país. Sin embargo, los pocos que lo hicieron aprendieron el sánscrito y se adiestraron en el Dharma con gran éxito. Entre ellos se encontraba el insigne traductor Rinchen Zsangpo, quien años después regresó al Tíbet llevando consigo el gran tesoro de enseñanzas que había recibido.

Debido al fracaso de este plan, Yeshe O decidió invitar a un auténtico Maestro de la India. Para ello envió a un grupo de tibetanos a aquel país con una gran cantidad de oro y depositó en ellos la responsabilidad de encontrar al Guía Espiritual más cualificado de la India. Además les pidió que estudiaran el Dharma y aprendieran el sánscrito a la perfección. A fin de conseguir sus objetivos, estos tibetanos tuvieron que superar las asperezas del clima y las dificultades de los viajes. Algunos de ellos llegaron a ser famosos traductores; y las muchas escrituras que tradujeron se las enviaron al rey, quien las recibió muy complacido.

Cuando volvieron al Tíbet le dijeron a Yeshe O: «En la India hay muchos Maestros budistas eruditos, pero el más distinguido y sublime de todos ellos es Dhipamkara Shriyhana.

Sería maravilloso si pudiésemos invitarle al Tíbet pero en la India tiene miles de discípulos.» Al oír el nombre de «Dhipamkara Shriyhana», Yeshe O se llenó de alegría y decidió invitar a este gran Maestro al Tíbet. Puesto que se había gastado casi todo el oro que poseía y ahora necesitaba más para poder invitar a Dhipamkara Shriyhana, el rey organizó una expedición en busca del preciado metal. Al llegar a una de las fronteras, un rey hostil, que no era budista, lo apresó y lo encerró en la cárcel. Cuando las noticias de lo ocurrido llegaron a oídos de su sobrino Yhangchub O, éste pensó: «Soy lo suficientemente poderoso como para luchar contra este rey, pero si le declaro la guerra mucha gente sufrirá y tendré que cometer muchas acciones perniciosas.» Decidió apelar al rey para que dejara en libertad a su tío, pero el rey repuso: «Sólo liberaré a tu tío si te conviertes en mi vasallo o me traes su peso en oro.» Con muchas dificultades Yhangchub O consiguió hacerse con tanto oro como el peso de su tío, exceptuando la cabeza. Puesto que el rey exigía el resto del tributo, Yhangchub O hizo los preparativos para salir en busca de más oro, pero antes de emprender el viaje fue a visitar a su tío. Encontró a Yeshe O físicamente débil pero con un buen estado de ánimo. A través de los barrotes de la celda le dijo: «Pronto estarás libre porque he conseguido casi todo el oro.» Yeshe O repuso: «No pienses que soy tan importante. No le des el oro a este depravado rey, mándalo a la India y ofréceselo a Dhipamkara Shriyhana. Éste es mi mayor deseo. Con mucho gusto ofrezco mi vida a cambio de que el Dharma se restablezca en el Tíbet en toda su pureza. Por favor, envía este mensaje a Dhipamkara Shriyhana. Dile que he sacrificado mi vida para poder invitarle a venir al Tíbet. Movido por su compasión hacia los tibetanos, al escuchar mi mensaje aceptará nuestra invitación.»

Yhangchub O ordenó al traductor Nagtso junto con varios compañeros que transportasen el oro a la India. Cuando se encontraron con Dhipamkara Shriyhana, le pusieron al corriente de lo que estaba pasando en el Tíbet y le anunciaron que deseaban invitar a un Guía Espiritual de la India. Le explicaron que traían una gran cantidad de oro como ofrenda del rey y que muchos tibetanos habían muerto por la causa del restablecimiento del Dharma puro. Le relataron cómo Yeshe O había sacrificado su vida para hacerle venir al Tíbet. Después de haber escuchado sus ruegos, Dhipamkara Shriyhana reflexionó atentamente sobre lo que le habían relatado y aceptó su invitación. A pesar de que tenía muchos discípulos en la India y de que trabajaba sin descanso en este país para difundir el Dharma, sabía que en el Tíbet no existía una doctrina pura. Además recibió una predicción de Arya Tara, que le dijo que si se marchase al Tíbet beneficiaría a innumerables seres sintientes. Su corazón se llenó de compasión al pensar en todos los tibetanos que habían muerto en la India y, en particular, se quedó muy conmovido por el sacrificio de Yeshe O.

Dhipamkara Shriyhana tuvo que hacer el viaje al Tíbet en secreto, porque si sus discípulos de la India lo hubieran sabido, se lo habrían impedido. Les dijo que se iba de peregrinaje al Nepal, pero desde allí pasó al Tíbet. Cuando sus discípulos indios se dieron cuenta de que no iba a volver, se quejaron diciendo que los tibetanos eran unos ladrones porque les habían robado a su Guía Espiritual.

Puesto que en aquellos tiempos se tenía la costumbre, que todavía se mantiene, de recibir a los invitados honorables con mucha gala, Yhangchub O envió a la frontera a un séquito de trescientos hombres a caballo, muchos de ellos eminentes tibetanos, para que fueran a darle la bienvenida y ofrecerle un caballo a fin de facilitarle el difícil viaje hasta Ngari. Atisha cabalgaba en el centro de los trescientos jinetes, y gracias a sus poderes sobrenaturales iba sentado a la altura de un cubital por encima del caballo. Al verle montar de tal forma, los escépticos generaron una fe sincera en él, y se decían unos a otros que el segundo Buda había llegado al Tíbet.

Cuando Atisha llegó a Ngari, Yhangchub O le hizo la siguiente súplica: «¡Oh compasivo Atisha!, por favor, imparte instrucciones que ayuden al pueblo tibetano. Danos consejos que todos podamos seguir. Danos enseñanzas especiales para que aprendamos a practicar en unión los caminos del sutra y del tantra.» Para cumplir este deseo, Atisha compuso y enseñó el texto *La lámpara del camino hacia la iluminación*. La primera vez que impartió estas enseñanzas fue en Ngari y, más tarde, en la parte central del Tíbet. Muchos de los discípulos que las escucharon desarrollaron una gran sabiduría.

Cuando todavía vivía en la India, Atisha tuvo una predicción de Arya Tara que le dijo: «Cuando vayas al Tíbet, un joven laico irá a escuchar tus enseñanzas; este discípulo hará que el Dharma florezca por muchos lugares.» Esta predicción se refería a Dromtompa, el principal de los discípulos de Atisha. Al principio, Atisha enseñó el Lamrim especialmente a Dromtompa y a los demás discípulos les instruía en el mantra secreto. Cuando Dromtompa, extrañado, le preguntó: «¿Por qué me enseñas el Lamrim a mí y no a los demás?», Atisha le contestó que era debido a las cualidades especiales que él poseía para recibir estas instrucciones. Después de la muerte de Atisha, se consideró a Dromtompa como su representante o sucesor y se le respetaba de igual modo. Dromtompa difundió las enseñanzas del Lamrim por todo el Tíbet.

De Dromtompa partieron tres linajes de las instrucciones de Lamrim: el linaje *kadam shumpaua*, que pasó de Dromtompa a Gueshe Potoua, de éste a Gueshe Sharaua y fue sucediendo a través de otros Maestros hasta llegar a Yhe Tsongkhapa; el *kadam lamrimpa*, que fue transmitido de Dromtompa a Gueshe Gombaua, Gueshe Neusurpa y a través de otros Maestros hasta llegar a Yhe Tsongkhapa; y el *kadam mengagpa*, que pasó de Dromtompa a Gueshe Chengapa, Gueshe Yhayulgua y a través de otros Maestros hasta llegar a Yhe Tsongkhapa. Hasta los tiempos de Yhe Tsongkhapa, a estos tres linajes se les conoce como los linajes del antiguo kadam; y desde Yhe Tsongkhapa hasta nuestros días se les llama los linajes del nuevo kadam. Estos tres linajes aún se practican hoy en día. Los seguidores de las tres escuelas se diferencian desde el punto de vista del énfasis que ponen en sus estudios filosóficos. Los kadam shungpauas se dedican al estudio con mucha intensidad, los kadam lamrimpas estudian menos y los kadam mengagpas se dedican poco al estudio. No obstante, los tres consideran el Lamrim como su práctica principal e integran todos sus estudios filosóficos en él.

El gran Guía Espiritual Ngauang Chogden es un ejemplo del kadam shungpaua. Durante muchos años estudió filosofía en la parte central del Tíbet y cuando obtuvo la cualificación de *Gueshe* regresó a su tierra natal, Kham, al este del Tíbet. Allí recibió enseñanzas de Yhamiang Sheypa y aprendió todo el Lamrim. Comprendió que todas las enseñanzas de Buda han de considerarse como consejos personales que deben ponerse en práctica. Comprendió también que todos sus estudios filosóficos formaban parte del Lamrim. Pensó: «Cuando estudiaba filosofía en la parte central del Tíbet, en realidad estaba estudiando Lamrim; en aquel tiempo aún no había recibido las instrucciones completas y no sabía cómo poner mis estudios en práctica. Ahora, en cambio, puedo hacer un buen uso de ellos integrándolos en mi adiestramiento del Lamrim.»

Los kadam lamrimpas en la actualidad estudian textos como la *Gran exposición de las etapas del camino* y la *Exposición media de las etapas del camino*, ambos escritos por Yhe Tsongkhapa. Hoy en día, los kadam mengagpas estudian un número reducido de textos breves, tales como *El camino gozoso* del Primer Panchen Lama y *El camino rápido* del Segundo Panchen Lama. A pesar de la brevedad de estos textos, en ellos están incluidas todas las prácticas del Lamrim.

Los tres linajes llegaron a Yhe Tsongkhapa. Después de escribir *Los tres aspectos principales del camino*, que recibió, junto con el título, directamente de Manyhushri, Yhe Tsongkhapa se fue al Monasterio de Reting a hacer un retiro intensivo sobre el Lamrim. En su aislamiento escribió una alabanza a todos los Gurus del linaje del Lamrim llamada *Abriendo la puerta del sendero supremo*. En este monasterio había una preciosa estatua de Atisha. Ante ella, Yhe Tsongkhapa hizo oraciones, súplicas y ofrendas de alabanza a Buda Shakyamuni y a todos los Gurus del linaje del Lamrim, y tuvo visiones de Atisha, Dromtompa, Gueshe Potoua y Gueshe Sharaua. Estas visiones permanecieron junto a él durante un mes y le hablaban directamente. Al cabo de un mes, Dromtompa, Gueshe Potoua y Gueshe Sharaua se disolvieron en Atisha, quien puso su mano derecha sobre la coronilla de Yhe Tsongkhapa y le dijo: «Has de trabajar por la causa del Budadharma. Yo te ayudaré a hacerlo.» Yhe Tsongkhapa, entonces, compuso su *Gran exposición de las etapas del camino*, el rey de los textos de Lamrim. Más tarde escribió su *Exposición media de las etapas del camino* y, por último, la Exposición concisa de las etapas del camino para aquellos que no pudieran estudiar los textos más extensos.

Después de Yhe Tsongkhapa se han escrito muchos otros libros de Lamrim. Entre ellos cabe mencionar los ocho textos principales conocidos como *Las ocho grandes guías del Lamrim*: los tres textos de Yhe Tsongkhapa ya mencionados; *El camino gozoso* del Primer Panchen Lama y *El camino rápido* del Segundo Panchen Lama, que presentan las instrucciones principales del Lamrim junto con el mantra secreto; la *Esencia del oro refinado* del Tercer Dalai Lama y las *Instrucciones recibidas de la voz de Manyhushri* del Quinto Dalai Lama, comentario a la *Esencia del oro refinado*, que enseñan sólo las instrucciones del Lamrim relacionadas con el sutra; y la *Esencia del consejo bien expresado*, del gran Lama Dagpo Ngauang Dragpa.

Cualidades de las enseñanzas

CUALIDADES PREEMINENTES DEL LAMRIM PARA INSPIRAR FE Y RESPETO POR LAS INSTRUCCIONES

Su explicación se divide en dos partes:

1 Características preeminentes del Lamrim.
2 Atributos preeminentes del Lamrim.

CARACTERÍSTICAS PREEMINENTES DEL LAMRIM

El Lamrim posee tres características preeminentes que no se encuentran en otros textos:

1 El Lamrim es la síntesis de todo el Budadharma.
2 Sus instrucciones son fáciles de poner en práctica.
3 Su presentación es superior a la de otras tradiciones.

Estas tres características son exclusivas del Lamrim. Ni siquiera el Rey de los Tantras –el *Tantra de Guyhasamayha*–, ni el Rey de los Sutras –los *Sutras de la perfección de la sabiduría*– las poseen. Otros textos no incluyen los temas ni las prácticas de todas las demás escrituras y no son fáciles de practicar ni todo el mundo puede hacerlo. Por ejemplo, si recibimos las iniciaciones y las instrucciones del *Tantra de Guyhasamayha* y consideramos este ejercicio como nuestra práctica diaria pero no lo combinamos con el Lamrim, no seremos capaces de integrar todas las demás prácticas en ella. Además, las instrucciones en sí mismas no son fáciles de entender. Del mismo modo, el *Ornamento para la realización clara* de Maitreya es difícil de comprender, aún habiendo recibido comentarios sobre él; y una vez hayamos comprendido sus comentarios, todavía nos costará entender cómo todas las demás prácticas están contenidas en él. A menos que recibamos enseñanzas completas sobre el Lamrim, nos será difícil integrar instrucciones tan avanzadas en nuestra práctica. Quizás seremos muy versados en el tema, pero no sabremos cómo apaciguar los estados incontrolados de nuestra mente. El apego, el odio, los celos y las demás aflicciones emocionales seguirán tan intensos como siempre. Con una mente tan turbulenta no podremos lograr una felicidad estable y pura para nosotros mismos ni para los demás, y los estudios que realicemos no nos aportarán grandes beneficios.

Todas las demás escrituras budistas constituyen una parte del Lamrim o de sus preliminares. Por ejemplo, los *Sutras de la perfección de la sabiduría* forman parte del Lamrim. Constituyen la fuente de las instrucciones principales del Lamrim –las enseñanzas del sutra–. De manera explícita, los *Sutras de la perfección de la sabiduría* enseñan la meditación de la visión superior según el sutra, en la cual el objeto de concentración es la vacuidad. Las prácticas cuyo objeto de meditación es la vacuidad constituyen las etapas del camino de la profundidad. En consecuencia, los *Sutras de la perfección de la sabiduría* enseñan de manera explícita las etapas del camino de la profundidad según el sutra, y revelan de manera implícita las etapas del camino de la vastedad también según el sutra.

Todas las etapas de los caminos del sutra y del tantra se dividen en las etapas del camino de la profundidad y las de la vastedad. Todas las escrituras de Buda y los textos filosóficos que se compusieron después de su muerte, como las *Seis colecciones de razonamientos* de Nagaryhuna y los *Cinco textos sobre los planos espirituales* de Asanga, están incluidos en las etapas del camino de la profundidad o en las de la vastedad. El texto de Maitreya titulado *Ornamento para la realización clara* pertenece al camino de la vastedad y la *Guía del camino medio* de Chandrakirti al de la profundidad. El Maestro de Atisha, Vidyakokila, era muy diestro en enseñar las etapas del camino de la profundidad y su otro Maestro, Serlingpa, era muy versado en las enseñanzas del camino de la vastedad. El Lamrim combina las instrucciones de estos dos Lamas de manera que nos facilita su comprensión y práctica y, por ello, es superior a las presentadas por otras tradiciones.

Cuando empecemos a estudiar textos filosóficos tales como los mencionados anteriormente, es posible que pensemos que estas escrituras no estén contenidas en el Lamrim e incluso creamos que, al ser más difíciles de entender, son para estudiantes de mayor inteligencia. De hecho, todos estos textos filosóficos han de estudiarse como parte de nuestra práctica principal –el Lamrim–. Si sólo nos dedicamos al estudio de la filosofía y de la lógica, sin integrarlo en nuestra práctica del Lamrim, nos habremos desviado del objetivo principal, puesto que sin un adiestramiento continuo en el Lamrim no conseguiremos controlar nuestra propia mente ni ayudar a los demás a superar sus problemas.

Si no hemos realizado un estudio completo del Lamrim, no comprenderemos con claridad estas tres características; pero si conocemos a alguien que, de verdad, practica todo el Lamrim, apreciaremos estas cualidades supremas viendo su propio ejemplo, sin necesidad de referirnos a las instrucciones. Por desgracia, esta clase de personas no abunda. Ni siquiera el estudio completo del Lamrim hará por sí solo que apreciemos en todo su valor sus muchas cualidades. Así como para saborear un buen té y apreciar sus cualidades tenemos que beberlo, pues no es suficiente con leer la propaganda de la etiqueta acerca de sus propiedades, del mismo modo, para poder estimar todas las cualidades del Lamrim, hemos de llevar a la práctica todas sus instrucciones.

ATRIBUTOS PREEMINENTES DEL LAMRIM

Por medio de adiestrarnos en el Lamrim:

1 Comprenderemos que las enseñanzas de Buda no se contradicen.
2 Consideraremos las enseñanzas de Buda como un consejo personal y las pondremos en práctica.
3 Comprenderemos con facilidad la intención última de Buda.

4 Estaremos libres de manera natural de la gran falta y de todas las demás faltas.

COMPRENDEREMOS QUE LAS ENSEÑANZAS DE BUDA NO SE CONTRADICEN

Por medio del estudio y la práctica de todo el Lamrim comprenderemos que no hay contradicciones entre las escrituras hinayanas y mahayanas, entre el sutra y el tantra o entre los textos raíz y sus comentarios. Si leemos las escrituras de manera superficial, es posible que tengamos la impresión de que en ocasiones se contradicen. Por ejemplo, algunas escrituras hinayanas acentúan la meditación sobre las impurezas del cuerpo, la repugnancia que ha de generarse hacia él y sobre las impurezas del medio ambiente, mientras que las escrituras tántricas nos enseñan a considerar nuestro cuerpo como el de una Deidad y el medio ambiente como un reino puro. Las escrituras hinayanas nos enseñan el modo de alcanzar la liberación propia, mientras que las mahayanas nos muestran el modo de lograr la iluminación total para el beneficio de los demás. Algunos textos nos aconsejan que no comamos carne mientras que otros nos muestran la manera de practicar el yoga de tomar alimentos, con el cual incluso el hecho de comer carne se transforma en una acción pura. Cuando estudiemos las etapas del camino en su totalidad, veremos que tales diferencias se reconcilian, porque comprenderemos que cada instrucción es un método para resolver un problema específico y que cada uno ha de aplicarse en el momento oportuno. Por ejemplo, la meditación sobre las impurezas del cuerpo y la repugnancia que ha de generarse hacia él reduce el apego, mientras que la meditación de nuestro cuerpo como el de la Deidad elimina las apariencias ordinarias que constituyen la causa de la existencia cíclica.

Si una persona enferma va a visitar al médico para que le ayude a bajar su fiebre, quizá éste le diga que no coma carne. Unos meses después, si vuelve a consultar al médico porque sufre de anemia, probablemente le aconseje que coma carne. Si el paciente no hace caso de las recomendaciones del médico porque piensa que los dos consejos son contradictorios, no se curará. Un buen médico prescribe diferentes remedios para diferentes enfermedades. Del mismo modo, Buda dio diferentes instrucciones para contrarrestar las distintas aflicciones. Ninguno de estos remedios es superfluo o innecesario. Por nuestro propio bien, ante situaciones dispares hemos de emplear instrucciones varias, y si deseamos ayudar a otros cuyas experiencias y situaciones sean distintas de las nuestras, debemos conocer a fondo todos los métodos disponibles y saber cómo y cuándo hemos de aplicarlos.

Si sabemos cómo practicar todo el Lamrim, sabremos cómo practicar todas las demás escrituras. Cuando recibamos cualquier otra enseñanza, sabremos dónde emplazarla dentro del contexto del Lamrim. De este modo, cada vez que recibamos una nueva instrucción, ampliaremos y reforzaremos las que ya hemos aprendido. Imaginemos que alguien recibe un puñado de arroz del cual no puede hacer un uso inmediato. Si esta persona no tiene dónde almacenarlo, no sabrá qué hacer con él y acabará por tirarlo; pero si dispone de un almacén donde guarda sacos de diferentes granos y cereales, podrá poner el puñado de arroz en el saco correspondiente y de esta forma aumentará su provisión. Cuando llegue el momento en que lo necesite podrá hacer un buen uso de él. El Lamrim es comparable a este almacén. Por ejemplo, las enseñanzas hinayanas pueden integrarse en las etapas del camino del ser del nivel medio, las mahayanas en las del ser del nivel superior, las *vajrayanas* en la sección del Lamrim correspondiente al mantra secreto, las instrucciones sobre la relación dependiente y el camino medio en la sección de la visión superior, etc. Si no estudiamos el Lamrim en su totalidad, aun cuando recibamos muchas instrucciones no sabremos hacer un buen uso de ellas, y seremos como la persona que recibe un puñado de arroz y no sabe dónde ponerlo. Esta forma de actuar es la manera de echar a perder las preciosas enseñanzas que recibimos.

Cuando el gran Maestro tibetano Kyabyhe Pabongkha vivía en Kham, al este del Tíbet, llegó a la zona un Gueshe de uno de los grandes monasterios *guelug* y fue a recibir enseñanzas de un lama *ñingma*. La gente de la localidad pensó que la práctica de los guelugpas era incompleta ya que este gran Gueshe tenía que recurrir a otra tradición. Cuando estos comentarios llegaron a oídos de Kyabyhe Pabongkha, exclamó que era una vergüenza que este Gueshe hubiera desperdiciado tantos años de estudio al no comprender que todo su conocimiento era para llevarlo a la práctica. La pobre actuación de este Gueshe fue el resultado de no haber creado en su mente el almacén del Lamrim donde integrar todas las instrucciones espirituales.

CONSIDERAREMOS LAS ENSEÑANZAS DE BUDA COMO UN CONSEJO PERSONAL Y LAS PONDREMOS EN PRÁCTICA

Cuando estudiemos el Lamrim comprobaremos que no hay contradicción entre ninguna de las enseñanzas de Buda y que todas son para poner en práctica. Con esta comprensión, consideraremos cada instrucción como un sabio consejo personal, lograremos nuestra propia experiencia de ella y de este modo descubriremos que cada instrucción es perfecta y efectiva.

Cuando practiquemos las enseñanzas de Buda hemos de hacerlo sin añadir u omitir nada. En *El continuo sublime del gran vehículo*, Maitreya dice:

«En este mundo no hay nadie que sea más diestro
 que Buda.
Su mente omnisciente percibe de manera directa
 todos los objetos de conocimiento sin excepción.
Por ello, deberíamos practicar todo lo que Buda
 aconsejó.
Si imponemos nuestra propia interpretación u omitimos
 algo, estaremos destruyendo el Budadharma.»

Las enseñanzas budistas puras son sólo aquellas que han sido transmitidas desde Buda Shakyamuni a través de un linaje puro e ininterrumpido de Maestros realizados. El Lamrim contiene todas estas instrucciones y es en sí mismo el método para ponerlas en práctica.

COMPRENDEREMOS CON FACILIDAD LA INTENCIÓN ÚLTIMA DE BUDA

La intención última de Buda es que todos los seres sintientes alcancen las realizaciones de las etapas del camino y, por último, el logro final de la iluminación total. Estas realizaciones se condensan en cinco: la realización de los tres aspectos principales del camino –renuncia, bodhichita y visión correcta de la vacuidad–, más las realizaciones de las etapas de generación y de consumación del mantra secreto. Para que la intención última de Buda se cumpla hemos de lograr todas estas realizaciones. Sólo así quedará satisfecho su principal deseo.

Para diferenciar los tres atributos preeminentes que hemos explicado utilicemos la analogía de un pintor. Al igual que un pintor sabe que todos sus utensilios son necesarios para pintar y conoce cómo utilizarlos, los practicantes del Lamrim saben también que todas las enseñanzas de Buda son necesarias para el logro de la iluminación y que no se contradicen entre sí. Al igual que el pintor utiliza todos sus utensilios para pintar, los practicantes del Lamrim consideran también todas y cada una de las instrucciones de Buda como consejos personales que han de ser puestos en práctica integrándolos en sus vidas. Al igual que el pintor, finalmente, completa su obra gracias al uso de sus diversos utensilios y cumple con el encargo de su cliente, un día, los practicantes del Lamrim alcanzarán la iluminación y cumplirán también la intención última de Buda.

En la *Exposición concisa de las etapas del camino*, Yhe Tsongkhapa dice que si escuchamos o enseñamos el Lamrim una sola vez, recibiremos los beneficios de haber escuchado o enseñado todo el Budadharma. De igual manera, si practicamos el Lamrim en su totalidad, estaremos practicando de manera directa o indirecta todas las enseñanzas de Buda. Por lo tanto, lo tenemos todo, no tenemos por qué sentirnos insatisfechos o ir en busca de otras instrucciones para poder practicar.

ESTAREMOS LIBRES DE MANERA NATURAL DE LA GRAN FALTA Y DE TODAS LAS DEMÁS FALTAS

«La gran falta» es rechazar el Dharma como consecuencia de haber hecho una discriminación errónea entre las enseñanzas de Buda. Si pensamos que unas escrituras son correctas y que otras no lo son, o consideramos que unas tienen lógica y otras no, estaremos cometiendo la gran falta de rechazar el Dharma. Si por sectarismo consideramos que algunas de las escrituras son innecesarias o que son sólo para practicantes avanzados, pensando, por ejemplo, que unas son exclusivas de los *Bodhisatvas* y que otras son para los que tienen aspiraciones más limitadas, también estaremos rechazando el Dharma. Para prevenir semejante error hemos de estudiar y practicar el Lamrim entero. Cuando comprendamos la finalidad de cada instrucción y veamos que no se contradicen entre sí y las practiquemos comprobando por propia experiencia que todas son correctas y efectivas, nunca rechazaremos o menospreciaremos ninguna de ellas.

Si estudiamos el Lamrim en su totalidad y lo ponemos en práctica, superaremos también las demás faltas, porque cada instrucción es un oponente perfecto contra una o varias de ellas, y en el Lamrim se encuentran los oponentes para contrarrestarlas todas. Por ejemplo, el adiestramiento de la mente en generar fe y devoción hacia el Guía Espiritual destruye las actitudes erróneas de faltar al respeto a nuestro Maestro, de enojarnos con él o ella y de considerarle como una persona ordinaria. Las demás etapas del adiestramiento de la mente funcionan de una manera similar para eliminar los distintos estados erróneos de la mente y las acciones destructivas que inducen.

Es bastante fácil comprender cuáles son las cualidades preeminentes del Lamrim, pero lo difícil es encontrar a una persona que las haya realizado por propia experiencia. Para lograr tal experiencia hemos de poner en práctica todas las instrucciones. Si comprendemos que el Lamrim ha de practicarse en su totalidad, nuestras realizaciones y experiencias espirituales crecerán y nos acostumbraremos a generar actitudes mentales virtuosas. Las cualidades de nuestra mente irán mejorando cada año. Finalmente, alcanzaremos las realizaciones más elevadas. Si recordamos siempre las cualidades preeminentes del Lamrim, nunca nos desanimaremos y aplicaremos los métodos adecuados con entusiasmo para superar los problemas cotidianos.

La manera de escuchar y de enseñar el Dharma

LA MANERA DE ESCUCHAR Y DE ENSEÑAR EL DHARMA

Según la tradición, para aprender el Dharma, los discípulos comienzan recibiendo enseñanzas de su Guía Espiritual. Puesto que la escucha es la base para la contemplación y la meditación, es de suma importancia escuchar con una mente abierta, atenta y receptiva, de manera que podamos recordar las instrucciones recibidas y reflexionar sobre ellas después del discurso. Cada vez que tengamos la oportunidad de recibir enseñanzas orales de Dharma, hemos de aplicar las instrucciones siguientes sobre la manera de escucharlas. También podemos aplicarlas a la lectura de los libros de Dharma.

El gran meditador Ngauang Dragpa dijo:

«Esta instrucción sobre la manera de escuchar y de enseñar el Dharma es también un método para transformar la escucha y la enseñanza en el camino espiritual. Además es el mejor consejo que se puede dar como preliminar de las enseñanzas. Guárdalo en tu corazón y recuérdalo siempre.»

Las instrucciones se explican en tres apartados:

1 Cómo escuchar el Dharma.
2 Cómo enseñar el Dharma.
3 La manera en que el Maestro y el discípulo concluyen la sesión.

CÓMO ESCUCHAR EL DHARMA

Se divide en tres partes:

1 Beneficios de escuchar el Dharma.
2 Generación de respeto por el Dharma y el Maestro.
3 El modo correcto de escuchar el Dharma.

BENEFICIOS DE ESCUCHAR EL DHARMA

Si reflexionamos sobre algunos de los incontables beneficios de escuchar el Dharma, de manera natural generaremos el deseo de escuchar y de leer las enseñanzas y lo haremos con un interés especial. El resultado de escuchar y de leer el Dharma con una actitud mental tan constructiva será que, al final, disfrutaremos por experiencia propia de todos los beneficios que hayamos contemplado. En la *Colección de muchos versos especiales*, en tibetano *Tshom*, Buda Shakyamuni dice:

«Por medio de la escucha aprenderás todos los Dharmas.
Por medio de la escucha evitarás todas las acciones indebidas.
Por medio de la escucha abandonarás lo que no tiene sentido.
Por medio de la escucha alcanzarás la iluminación.»

Aquí, «Dharmas» se refiere al significado de todas las enseñanzas del Dharma. El Dharma revela lo que hemos de abandonar, lo que hemos de lograr, etc. Por medio de escuchar las enseñanzas del Dharma comprenderemos con claridad su verdadero significado y de manera gradual iremos alcanzando realizaciones espirituales. Cada realización pura del Dharma se alcanza como resultado de la meditación, y ésta depende de haber recibido las instrucciones correctas. Como se explicó con anterioridad, todas las instrucciones del sutra y del tantra están contenidas en las tres clases de enseñanzas de Buda. Si recibimos y practicamos las instrucciones contenidas en la clase de la disciplina moral, dejaremos de cometer acciones perjudiciales. Si recibimos y practicamos las enseñanzas de los discursos, donde Buda explica cómo poner en práctica la concentración, abandonaremos las distracciones y las acciones sin sentido –los obstáculos para la concentración–. Si recibimos y practicamos las enseñanzas que pertenecen a la clase de la sabiduría, alcanzaremos la liberación.

En los *Relatos de renacimientos*, Aryasura menciona los siguientes beneficios de escuchar el Dharma:

El escuchar es la lámpara que disipa la oscuridad de la ignorancia.

El escuchar es la mayor de las riquezas y ningún ladrón puede robarla.

El escuchar es el arma que destruye al enemigo de la confusión.

El escuchar es el mejor amigo de quien recibimos los mejores consejos.

El escuchar es el amigo y allegado que, aunque caigamos en la pobreza, permanece leal.

El escuchar es una medicina que nunca hace daño y que cura la enfermedad de los engaños.

El escuchar es el oponente supremo que destruye grandes faltas.

El escuchar es el mejor tesoro porque es el fundamento de buen renombre y de recursos.

El escuchar es el mejor obsequio que podemos ofrecer a nuestros amigos.

El escuchar es la mejor forma de complacer a muchas personas.

El escuchar es la lámpara que disipa la oscuridad de la ignorancia La ignorancia constituye la causa principal de todo nuestro sufrimiento y es la raíz de todas las demás perturbaciones mentales; por lo tanto, nuestra tarea más importante es eliminarla. La ignorancia es una oscuridad interior y el escuchar el Dharma es la lámpara luminosa que la disipa.

El escuchar es la mayor de las riquezas y ningún ladrón puede robarla Cuando acumulamos riquezas y posesiones materiales, la vida se nos llena de problemas y preocupaciones. Vivimos temerosos de perder nuestra riqueza y para mantenerla trabajamos sin descanso, dispuestos incluso a engañar a los demás. Tenemos que pagar impuestos y dedicamos todo nuestro tiempo y energía a decidir cómo utilizar nuestras ganancias y dónde invertirlas. Por el contrario, la riqueza de haber escuchado el Dharma nunca ocasiona problemas. No la podemos perder y nunca disminuye aunque la demos a otros. Cuanto más la compartamos, más nos enriqueceremos. Es el único bien que podemos llevar con nosotros después de la muerte. A diferencia de los bienes mundanos, además de beneficiarnos en esta vida, también lo hace en las futuras.

Los Maestros tibetanos son el ejemplo vivo de lo valioso que es escuchar el Dharma. Cuando se vieron forzados a escapar del Tíbet, tuvieron que dejarlo todo atrás, los monjes dejaron hasta sus cuencos de mendicantes; pero nada pudo forzarles a abandonar su tesoro de haber escuchado el Dharma. Éste permanecerá siempre con ellos. Es el tesoro que ahora comparten con sus discípulos occidentales, la única riqueza que puede sobrevivir a la muerte y a la destrucción externa.

El escuchar es el amigo y allegado que, aunque caigamos en la pobreza, permanece leal Cuando nos ocurre una gran desgracia y padecemos mucho sufrimiento, nuestros amigos y allegados no pueden ayudarnos demasiado. En tales ocasiones sólo el consejo espiritual que hayamos recibido nos asistirá. Recordemos el ejemplo de Yeshe O, que pudo afrontar la muerte con entereza al seguir el buen consejo y el aliento que había recibido de sus Guías Espirituales. Si escuchamos o leemos muchas instrucciones de Dharma, nosotros también podremos transformar las dificultades con las que tropecemos en nuestro camino espiritual y utilizarlas para aumentar nuestra sabiduría. Los problemas son oportunidades para observar y contemplar la ley de las acciones y sus efectos, la ley del *karma*. Son momentos propicios para reflexionar sobre el sufrimiento y sus causas, y para practicar paciencia y perseverancia. Cuando estemos en situaciones difíciles, si aplicamos el Dharma que hemos escuchado o leído, comprobaremos que es un verdadero amigo y que nos ayuda a continuar nuestra práctica con alegría, sin necesidad de interrumpirla.

Nuestros amigos habituales y nuestros familiares no pueden ayudarnos cuando padecemos mucho sufrimiento. En ocasiones, incluso nos abandonan cuando más los necesitamos. Cuando Lama Kachen Yeshe Gyaltsen practicaba la meditación en una cueva, era tan pobre como Milarepa. Un buen día, yendo hacia el Monasterio de Tashi Lhunpo, se encontró con un tío suyo. Éste, al ver que su sobrino tenía un aspecto muy pobre, fingió no conocerle. Más tarde, Lama Kachen Yeshe Gyaltsen llegó a ocupar el prestigiado puesto de Tutor del Octavo Dalai Lama. Pensando que su sobrino ahora debía de poseer grandes riquezas, el tío fue a visitarle y le dijo: «Hola, sobrino mío, no te olvides de que soy tu tío querido.»

Una vez, un pobre hombre que vivía en la escasez y que no tenía amigos ni familiares, se dedicó a los negocios y consiguió enriquecerse. A partir de entonces muchas personas fueron a visitarle pretendiendo ser sus amigos o allegados. Un día este hombre les invitó a todos a una cena. En medio de la mesa puso un saco con todo el dinero que había ganado. Cuando sus convidados llegaron, se postró de forma solemne ante el saco y recitó las siguientes palabras de alabanza: «Querido dinero, gracias a ti estoy rodeado de amigos y de familiares, mientras que antes siempre estaba solo. Ante ti me postro.»

Los amigos comunes y familiares a menudo cambian su actitud hacia nosotros dependiendo de cómo nos vayan las cosas a nivel económico, de si triunfamos o no en la vida, etc.; mientras que nuestro amigo interno de haber escuchado el Dharma nunca nos defrauda. Nos ayuda cuando disfrutamos de prosperidad, pero también cuando perdemos nuestra fortuna. Es el único amigo que compartirá la muerte con nosotros y que nos asistirá en todas las vidas venideras hasta que alcancemos la iluminación.

En uno de los Sutras, Buda dice:

> «Por medio de la escucha generarás fe intensa en el Dharma.
> Por medio de la escucha tu mente se sentirá atraída hacia el Dharma y lograrás poderosos resultados.
> Por medio de la escucha tu sabiduría aumentará y eliminarás la confusión.»

El Príncipe Chandra ofreció mil monedas de oro sólo para poder escuchar estos tres versos. En el pasado, las personas que se interesaban por un camino espiritual consideraban el recibir enseñanzas como algo tan valioso que estaban dispuestos a pagar hasta con su propia carne.

En un sueño, el Primer Panchen Lama escuchó a Yhe Tsongkhapa que decía:

> «Si deseas beneficiarte a ti mismo y a los demás, no has de contentarte con lo que has aprendido. Sigue el ejemplo de los Bodhisatvas del tercer plano espiritual, que aún no se sienten satisfechos de haber escuchado lo suficiente el Dharma.»

Debemos leer y escuchar el Dharma repetidas veces. Nuestra escucha y lectura no serán completas hasta que hayamos alcanzado todas las realizaciones de las etapas del camino hacia la iluminación.

GENERACIÓN DE RESPETO POR EL DHARMA Y EL MAESTRO

En el *Sutra de la esencia de los planos espirituales* se dice:

> «Has de escuchar el Dharma con un respeto y una fe excepcionales, sin ver faltas en el Maestro ni generar malos sentimientos hacia él. Cuando escuches las enseñanzas considera que el Maestro es un Buda.»

En sus *Cinco textos sobre los planos espirituales*, Arya Asanga nos aconseja que al escuchar el Dharma practiquemos las cinco desatenciones siguientes:

(1) Si nuestro Maestro o Maestra ha mancillado su moralidad, hemos de hacer caso omiso y abstenernos de emitir juicios respecto a la debilidad de su disciplina moral. Si prestamos atención a esta falta, no recibiremos ningún beneficio. Por el contrario, será contraproducente para nosotros mismos, porque si nos preocupamos por el aparente fracaso de nuestro Guía Espiritual, seremos incapaces de apreciar sus instrucciones y consejos. En vez de aceptarlos de corazón, perderemos el tiempo acumulando karma destructivo.

(2) Si nuestro Maestro pertenece a una clase social baja, no debemos dar importancia a este hecho ni considerarlo como un signo de inferioridad. De otro modo, nos llenaremos de orgullo y esto impedirá que le escuchemos de la forma apropiada.

(3) Si nuestro Guía Espiritual carece de un físico atractivo y es notable por su fealdad, no debemos fijarnos en su apariencia externa. El considerar su falta de belleza no nos aportará ningún beneficio. Si nos dedicamos a observar su aspecto poco agraciado, nos será más difícil cultivar fe en él. Su físico no es importante, lo que importa es el Dharma que enseña.

(4) Si la manera de hablar o de expresarse de nuestro Maestro es desagradable, o si presenta las instrucciones con un lenguaje poco refinado y vulgar, no debemos fijarnos en ello. Lo que importa no es el estilo de su lenguaje sino el significado de lo que transmite.

(5) Si nuestro Maestro nos dice cosas desagradables, por ejemplo, si nos culpa o critica, no debemos pensar que su actitud es incorrecta; de lo contrario, sufriremos muchos malentendidos y generaremos estados mentales destructivos.

Además de no prestar atención impropia en estas cinco ocasiones, tampoco hemos de hacerlo respecto a cualquier otro defecto que pensemos que tenga nuestro Maestro. Por ejemplo, si nuestro Guía Espiritual no es una persona ilustre y nos parece común u ordinario, debemos dejar de darle importancia a su falta de celebridad y olvidarnos también de su apariencia. Es suficiente con que nos transmita las instrucciones de manera correcta. ¿Qué provecho sacaríamos si recibiésemos enseñanzas de una persona muy famosa pero cuyas instrucciones fueran incorrectas? Al prestar atención a los defectos que creemos ver en nuestro Maestro, echamos a perder la oportunidad de recibir los beneficios de escuchar el Dharma y lo único que conseguimos es perjudicarnos a nosotros mismos.

Así como necesitamos acrecentar el respeto hacia nuestro Guía Espiritual, también debemos aumentar nuestra fe en lo que enseña. Si consideramos que sus instrucciones son la sagrada y verdadera Joya del Dharma, el método supremo para lograr la felicidad temporal y última, generaremos fe con naturalidad.

EL MODO CORRECTO DE ESCUCHAR EL DHARMA

Se explica en dos partes:

1 El abandono de las tres faltas.
2 El cultivo de los seis reconocimientos.

EL ABANDONO DE LAS TRES FALTAS

Cada vez que leamos o escuchemos el Dharma deberíamos abandonar las siguientes tres faltas que nos impiden que recibamos sus beneficios:

1 La falta de ser como un recipiente boca abajo.
2 La falta de ser como un recipiente maloliente.
3 La falta de ser como un recipiente agrietado.

La primera actitud incorrecta es ser como un recipiente boca abajo. Estamos presentes en el discurso o tenemos un libro abierto entre las manos, pero estamos tan distraídos que lo que escuchamos o leemos nos entra por un oído y nos sale por el otro sin que nada quede grabado en nuestra mente.

La segunda falta es ser como un recipiente maloliente. Esto quiere decir que, aunque escuchamos o leemos con atención, sin que nuestra mente divague, nuestra motivación no es la adecuada. Así como un alimento delicioso se echa a perder al ponerlo en un pote sucio y que huele mal, si escuchamos el Dharma con una motivación impura, lo contaminamos de igual manera.

La tercera falta es ser como un recipiente agrietado. Esto ocurre cuando leemos o escuchamos atentos y con una buena motivación, pero olvidamos pronto lo que hemos aprendido. Si no podemos recordar el Dharma, ¿cómo vamos a ser capaces de ponerlo en práctica? Hay dos métodos que podemos utilizar para mejorar nuestra habilidad de recordar el Dharma. El primero es hacer un esfuerzo por recordar lo leído o escuchado inmediatamente después de haber leído una sección de un capítulo de un libro o escuchado un discurso. Este esfuerzo ha de repetirse varias veces a diferentes intervalos de tiempo. Si mejoramos nuestro entendimiento o desarrollamos un sentimiento especial al recordar y contemplar lo aprendido, hemos de profundizar en esta experiencia por medio de la meditación. De este modo nuestra práctica será muy poderosa.

El segundo método consiste en debatir las enseñanzas con nuestros amigos del Dharma, haciéndoles preguntas y explicándoles lo que hayamos aprendido. Ésta es una forma excelente de acrecentar nuestro entendimiento, eliminar dudas y hacer que el Dharma se quede grabado con firmeza en nuestra mente.

EL CULTIVO DE LOS SEIS RECONOCIMIENTOS

Cada vez que escuchemos o leamos el Dharma hemos de:

1 Reconocer que estamos enfermos porque padecemos de apego, odio, ignorancia y otras enfermedades mentales.

2 Reconocer que el Dharma es la medicina suprema para curar nuestra enfermedad mental.
3 Reconocer que nuestro Guía Espiritual es el doctor supremo.
4 Reconocer que para curarnos de nuestros males mentales hemos de poner el Dharma en práctica.
5 Generar el convencimiento de que Buda Shakyamuni es un ser sagrado y de que podemos confiar en él por completo.
6 Generar un fuerte deseo de que el Dharma florezca y prevalezca por mucho tiempo.

Si mantenemos estos seis reconocimientos, cuando estemos escuchando o leyendo las instrucciones no perderemos ni un solo momento, y nuestras contemplaciones y meditaciones subsiguientes serán mucho más poderosas. Acumularemos muchos méritos con nuestra escucha y lectura del Dharma y estas acciones serán la causa para que alcancemos en el futuro la iluminación.

CÓMO ENSEÑAR EL DHARMA

Se explica en cuatro partes:

1 Consideración de los beneficios de enseñar el Dharma.
2 Aumento de la fe y el respeto hacia el Dharma y el Maestro.
3 Actitudes que se han de cultivar y comportamiento que se ha de adoptar al enseñar el Dharma.
4 Cómo distinguir a la persona que es apropiada para recibir enseñanzas de la que no lo es.

CONSIDERACIÓN DE LOS BENEFICIOS DE ENSEÑAR EL DHARMA

En *Tesoro de fenomenología*, Vasubhandu dice que cuando enseñemos el Dharma nuestra mente no debe estar contaminada por los engaños y que hemos de impartir las instrucciones siguiendo las indicaciones de Buda.

Si enseñamos el Dharma con el fin de recibir obsequios o veneración por parte de nuestros estudiantes o para que todos sepan lo versados que somos en las enseñanzas de Buda, estaremos haciendo un mal uso de este precioso Dharma, utilizándolo para nuestra propia conveniencia. Si, por el contrario, practicamos la generosidad de ofrecer el Dharma con una buena motivación, obtendremos innumerables beneficios. En el *Sutra de exhortación a las intenciones superiores* se mencionan veinte de ellos. Se dice que lograremos:

(1) Una memoria especial que nunca olvida el Dharma.
(2) Una sabiduría especial que proviene de escuchar el Dharma.
(3) Una sabiduría especial que proviene de contemplar el Dharma.
(4) Una sabiduría especial que proviene de meditar en el Dharma.
(5) Una sabiduría especial de los caminos de la acumulación y de la preparación.
(6) Una sabiduría especial de los caminos de la visión y de la meditación.
(7) La liberación del apego.
(8) La liberación del odio.
(9) La liberación de la ignorancia.
(10) La liberación de las interferencias demoníacas.
(11) Los Budas estarán complacidos con nosotros.
(12) Las Deidades aumentarán nuestro poder y fuerza física.
(13) Las Deidades nos protegerán.
(14) Los enemigos externos no podrán perjudicarnos.
(15) Las relaciones con nuestros familiares y amistades mejorarán.
(16) Nuestra palabra tendrá mucha influencia.
(17) Nos sentiremos seguros al enseñar el Dharma.
(18) Recibiremos alabanzas y veneración por parte de los sabios.
(19) Los demás confiarán en lo que decimos.
(20) Disfrutaremos de felicidad continua.

Los seis primeros beneficios son efectos similares a sus causas. Son experiencias que tendremos en el futuro, parecidas a las logradas por otros seres como resultado de haberles enseñado el Dharma. Por ejemplo, cuando demos enseñanzas espirituales, la facultad retentiva y la sabiduría de los que escuchen aumentarán y, como consecuencia, mejoraremos las nuestras también. Los cuatro siguientes beneficios son efectos de separación o liberación de cuatro faltas; los nueve siguientes son efectos circunstanciales y el último beneficio es un efecto de maduración.

Los diversos efectos de las acciones se explican con más detalle en un capítulo posterior. De momento nos basta con saber que hay dos tipos de efectos similares a su causa: experiencias que son efectos similares a su causa y tendencias que son efectos similares a su causa. Los seis efectos similares a su causa arriba mencionados pertenecen al primer tipo. Las tendencias similares a su causa no se mencionan de manera explícita, pero quedan incluidas de manera implícita. Por ejemplo, como resultado de haber enseñado el Dharma, en el futuro nos complacerá mucho volver a hacerlo, además de disfrutar con su escucha, estudio y práctica.

Antes de emprender la docencia hemos de estudiar las instrucciones y ejercitarnos en ellas. Cuando nos llegue el momento de dedicarnos a enseñar el Dharma, hemos de contemplar todos los beneficios mencionados. Esto nos alentará y nos sentiremos muy afortunados de poder crear un karma tan especial con la enseñanza. Si los que nos escuchan desean con sinceridad poner las instrucciones en práctica, el enseñar el Dharma será mucho más beneficioso que darles ayuda material. Ésta sólo les asiste en esta misma vida, mientras que el obsequio espléndido del Dharma les ayudará tanto en esta vida como en las venideras.

AUMENTO DE LA FE Y EL RESPETO HACIA EL DHARMA Y EL MAESTRO

Cuando enseñemos el Dharma, hemos de recordar la bondad de Buda Shakyamuni y las cualidades preeminentes de su doctrina pensando de este modo:

La habilidad que ahora poseo para enseñar el Dharma se debe a la bondad de Buda. Este Dharma que ofrezco es el regalo supremo que aporta beneficios temporales y últimos a los demás.

ACTITUDES QUE SE HAN DE CULTIVAR Y COMPORTAMIENTO QUE SE HA DE ADOPTAR AL ENSEÑAR EL DHARMA

Cuando enseñemos el Dharma hemos de hacerlo con compasión y amor recordando las siguientes palabras:

Estas personas no poseen la experiencia del Dharma y, en consecuencia, sufren un problema tras otro sin libertad ni control. ¡Qué maravilloso sería si pudiesen superarlos y disfrutar del gozo supremo de la iluminación! Voy a enseñarles el Dharma para ayudarles a eliminar sus problemas y a alcanzar la felicidad última.

Debemos practicar la enseñanza con esta motivación, teniendo en cuenta los puntos siguientes:

(1) Todos los seres sintientes sufren mentalmente porque padecen de la enfermedad de las perturbaciones mentales.
(2) El Dharma es medicina para el que lo recibe.
(3) Yo soy un doctor espiritual.
(4) Gracias a la bondad de Buda Shakyamuni poseo la habilidad de enseñar el Dharma y los demás tienen la oportunidad de recibirlo.
(5) ¡Qué maravilloso sería si, con la ayuda de mi práctica y enseñanzas, el Dharma floreciese en este mundo por mucho tiempo!

Cuando enseñemos el Dharma hemos de vestir de manera apropiada y con ropas limpias, porque los asistentes lo apreciarán y ello les ayudará a generar respeto. El Maestro ha de sentarse en un asiento elevado en señal de respeto hacia el Dharma. Cuando los discípulos de Buda Shakyamuni se congregaron por vez primera tras su paranirvana, quinientos Destructores del Enemigo (sáns. *Arjat*) ofrecieron sus hábitos azafranados y los pusieron uno encima de otro a fin de hacer un trono para que se sentara Ananda. De este modo mostraron su respeto hacia el Dharma. Por muy modesto que sea el Maestro, cuando ofrezca estas preciosas enseñanzas debe sentarse en un asiento elevado como reconocimiento de las cualidades preeminentes del Dharma que imparte. Esta norma ha de observarse aunque el Maestro haya tomado ese mismo día los ocho preceptos mahayana, uno de los cuales es evitar el sentarse en asientos lujosos o elevados.

Antes de tomar asiento, el Maestro ha de hacer tres postraciones pensando que su Guía Espiritual raíz se encuentra en el trono rodeado de todos los Gurus del linaje de las enseñanzas que va a exponer. A continuación los Gurus del linaje se absorben en su Guía Espiritual raíz, quien viene a su coronilla y desciende por el canal central hasta llegar a su corazón. El Maestro, entonces, se sienta y se prepara para ofrecer las enseñanzas. Antes del discurso, a fin de eliminar obstáculos y siguiendo la tradición, el Maestro y los discípulos recitan unos mantras o el *Sutra del corazón* aplicando el método para eliminar obstáculos. A continuación realizan las seis prácticas preparatorias para acumular méritos y purificar el karma destructivo, factores indispensables para que los discípulos alcancen las realizaciones del Dharma que van a recibir. Luego el Maestro y los discípulos ofrecen el mandala y suplican a los Gurus del linaje que concedan sus bendiciones y su fuerza inspiradora a fin de alcanzar realizaciones. Con el propósito de generar la mejor motivación, el Maestro dirige la recitación de la oración de refugio y bodhichita. Si no podemos hacer todas estas preparaciones, al menos hemos de ofrecer el mandala y recitar la oración de refugio y bodhichita. El generar la mente de bodhichita produce el mismo efecto que recitar el *Sutra del corazón*. Entonces, el Maestro recita esta oración:

*Yo y todos los seres sintientes nos refugiamos en Buda,
  el Dharma y la Sangha
hasta que alcancemos la iluminación.
Que por los méritos que acumule enseñando el Dharma
alcance el estado de Buda para poder beneficiar a todos
  los seres sintientes.*

Los discípulos recitan:

*Yo y todos los seres sintientes nos refugiamos en Buda,
  el Dharma y la Sangha
hasta que alcancemos la iluminación.
Que por los méritos que acumule escuchando el Dharma
alcance el estado de Buda para poder beneficiar a todos
  los seres sintientes.*

El Maestro ha de dirigirse a sus discípulos mostrando una expresión agradable y sonriente. A fin de esclarecer el significado del tema que se va a tratar, puede hacer uso de diversos razonamientos, citar las escrituras y poner ejemplos relevantes que atañan a las vidas de los oyentes.

CÓMO DISTINGUIR A LA PERSONA QUE ES APROPIADA PARA RECIBIR ENSEÑANZAS DE LA QUE NO LO ES

En los Sutras del vinaya, Buda dijo que, en términos generales, el Dharma ha de enseñarse sólo cuando alguien lo pida. No obstante, si la súplica viene de alguien que, en realidad, no tiene fe en el Dharma ni piensa practicarlo, no debería concederse. Por otra parte, si no se ha hecho tal petición pero la persona tiene un deseo sincero de practicar el Dharma, se le puede enseñar.

LA MANERA EN QUE EL MAESTRO Y EL DISCÍPULO CONCLUYEN LA SESIÓN

Al final del discurso, el Maestro y los discípulos han de dedicar los méritos que han acumulado a fin de alcanzar la iluminación para el beneficio de todos los demás seres sintientes. Si se dispone de tiempo, se puede hacer el ofrecimiento del mandala en señal de agradecimiento al Maestro, pero si se omite no es una falta.

Preparaciones para la meditación

INSTRUCCIONES EN SÍ DE LAS ETAPAS DEL CAMINO HACIA LA ILUMINACIÓN

Se presenta en dos apartados:

1 La manera de confiar en el Guía Espiritual, la raíz del camino.
2 Cómo extraer la esencia de nuestra existencia humana.

LA MANERA DE CONFIAR EN EL GUÍA ESPIRITUAL, LA RAÍZ DEL CAMINO

Tiene dos partes:

1 Cómo adiestrar la mente durante la sesión de meditación.
2 Cómo adiestrar la mente durante el descanso de la meditación.

Las instrucciones de todas las etapas del camino se dividen en estos dos apartados. La sesión de meditación se refiere al período de tiempo en el que realizamos una meditación formal del Lamrim, y el descanso de la meditación al resto del tiempo que dedicamos a actividades diversas. Las enseñanzas nos ofrecen una guía que podemos aplicar y poner en práctica en todo momento. Puesto que la mayoría del tiempo lo pasamos fuera de la sesión de meditación, es de suma importancia que nos esforcemos por adiestrar nuestra mente mientras trabajamos y realizamos actividades externas, además de hacerlo durante las sesiones de meditación. Si perseveramos en nuestra práctica, integrando todas nuestras actividades en el camino espiritual, nuestras meditaciones

Maitreya

Vasubhandu　　　　　　　　　　　Asanga

producirán grandes resultados y nuestra vida cobrará un gran significado.

CÓMO ADIESTRAR LA MENTE DURANTE LA SESIÓN DE MEDITACIÓN

Todas las meditaciones del Lamrim tienen tres etapas:

1 Preparativos para la meditación.
2 La meditación en sí.
3 Conclusión.

En las secciones siguientes explicaremos la manera de prepararnos para la sesión de meditación, de realizar la meditación en sí y de concluirla. Tomaremos la primera meditación del Lamrim –la manera de confiar en el Guía Espiritual– como ejemplo para la aplicación de estos puntos. Puesto que la primera etapa –los preparativos para la meditación–, y la tercera –la conclusión– son las mismas para todas las sesiones de meditación del Lamrim, se explicarán sólo una vez. En las meditaciones restantes únicamente se explicará la meditación en sí.

PREPARATIVOS PARA LA MEDITACIÓN

El éxito que tengamos a la hora de hacer una meditación dependerá de la manera en que realicemos los seis preparativos que se mencionan a continuación. Del mismo modo que para hacer un buen examen o celebrar una buena fiesta tenemos que realizar muchos preparativos, si queremos lograr buenos resultados en nuestra meditación, necesitamos también hacer ciertas preparaciones. Las seis prácticas preparatorias son:

1 Limpieza del cuarto de meditación y preparación
  de un altar con las representaciones del cuerpo,
  de la palabra y de la mente de Buda.
2 Disposición de ofrendas apropiadas.
3 Sentarse en la postura correcta de meditación, refugio
  en las Tres Joyas, y generación e intensificación de la
  mente de bodhichita.

4 Visualización del Campo de Méritos.
5 Acumulación de méritos y purificación de faltas con el ofrecimiento de la práctica de las siete ramas y del *mandala*.
6 Súplicas al Campo de Méritos en general, y a los Maestros del linaje del Lamrim en particular, para que nos concedan sus bendiciones.

LIMPIEZA DEL CUARTO DE MEDITACIÓN Y PREPARACIÓN DE UN ALTAR CON LAS REPRESENTACIONES DEL CUERPO, DE LA PALABRA Y DE LA MENTE DE BUDA

LIMPIEZA DEL CUARTO DE MEDITACIÓN

En general, cuando limpiamos nuestra casa o habitación, lo hacemos para sentirnos a gusto y poder trabajar mejor, o porque esperamos una visita importante. No obstante, cuando limpiemos el cuarto para meditar, debemos hacerlo con la motivación que aporte más méritos. Arreglamos el cuarto para invitar a todos los seres sagrados a fin de acumular méritos y purificar el karma destructivo ofreciéndoles la práctica de las siete ramas y del mandala. ¡Cuánto más significativo será limpiar nuestra habitación para poder invitar a los seres iluminados!

La limpieza de la sala de meditación con esta motivación produce los siguientes cinco grandes resultados:

(1) Nuestra mente se volverá lúcida.
(2) Las mentes de los que entren en nuestra habitación también se volverán lúcidas.
(3) Las Deidades querrán entrar en nuestra habitación.
(4) Crearemos la causa para renacer con un aspecto físico agradable.
(5) Crearemos la causa para renacer en un lugar puro, como una Tierra Pura.

Cuando limpiemos hemos de considerar que el polvo y la suciedad que recogemos son nuestras propias acciones impuras y perturbaciones mentales, pensando: «Ésta es la porquería de mi ignorancia y, a la vez que la limpio, la elimino de mi mente. Esta suciedad son las manchas de mis malas acciones, y al limpiarlas las elimino de mi continuo mental.» Si tenemos, por ejemplo, un problema emocional producido por un intenso apego, podemos concentrarnos particularmente en él e intentar suprimirlo pensando: «Esta suciedad es la mugre de mi apego que ahora elimino de mi mente.»

En tiempos de Buda Shakyamuni había un monje llamado Lam Chung, famoso por su torpeza y dificultad en aprender. Fue expulsado de la escuela porque sus profesores llegaron a la conclusión de que le era imposible retener nada en la memoria. Más tarde, sus padres lo confiaron a un brahmin para que bajo su tutela aprendiese las escrituras védicas. No obstante, tampoco fue capaz de entender ni de recordar nada de lo que le enseñaba y, de nuevo, fue expulsado.

Los padres de Lam Chung pensaron que la vida monástica podría beneficiarle y le dejaron en manos de su hermano mayor, Arya Lam Chen, quien le ordenó de monje. Lam Chen se responsabilizó de la educación de su hermano menor y comenzó por enseñarle un solo verso de Dharma. Durante tres meses Lam Chung intentó aprenderlo sin éxito. Si conseguía memorizarlo por la mañana, por la tarde ya lo había olvidado; y si se lo aprendía por la noche, a la mañana siguiente no se acordaba de nada. Intentó estudiar al aire libre, pensando que una mente fresca y clara le facilitaría el estudio, pero no consiguió ningún resultado. Cuando estudiaba en las montañas, repitió este verso tantas veces que incluso los pastores que cuidaban de las ovejas llegaron a entenderlo y se lo aprendieron de memoria, mientras que el pobre Lam Chung no conseguía hacer ni el menor progreso. Los mismos pastores intentaron también enseñárselo, pero Lam Chung fue incapaz de aprenderlo. Ante los pésimos resultados derivados de los esfuerzos de Lam Chung, su hermano Lam Chen se vio forzado a expulsarle del monasterio.

Lam Chung, embargado por una gran pena, comenzó a andar a paso lento por un camino, y mientras le caían las lágrimas, pensó: «Ahora no soy ni monje ni laico. ¡Soy un miserable!» Con el poder de su clarividencia, Buda se apercibió de todo lo que le había ocurrido a Lam Chung y fue a visitarle. Le preguntó el por qué de sus lamentos y Lam Chung repuso: «Soy tan necio que no puedo memorizar ni un solo verso de las escrituras. Ahora, hasta mi propio hermano me ha abandonado.»

Buda le dijo que no se preocupara. Con el objeto de que purificase las acciones impuras cometidas en el pasado, le enseñó unas pocas palabras de Dharma y le asignó el trabajo de barrendero del templo. Lam Chung estaba muy contento con su nueva ocupación. Barría el templo con mucha dedicación a la vez que recitaba las pocas palabras que Buda le había enseñado.

Barría y barría durante horas y horas, pero por el poder de Buda, mientras barría el lado derecho del templo, más polvo se acumulaba en el lado izquierdo; y cuando barría el lado izquierdo, el polvo aparecía en el derecho. A pesar de ello, siguió barriendo y purificando sus faltas, tal y como Buda le había aconsejado. Así fue pasando el tiempo hasta que un buen día Lam Chung se dio cuenta de que el polvo que iba barriendo carecía de existencia propia e independiente. Esta comprensión fue una gran realización espiritual y, en base a ella, consiguió alcanzar una realización directa de la vacuidad, la naturaleza última de la realidad. Perseverando en la meditación de esta vacuidad, alcanzó en poco tiempo la liberación total del sufrimiento y se convirtió en un glorioso Arjat.

Buda comprobó que las técnicas de purificación que había enseñado a Lam Chung habían producido muy buenos resultados y decidió que mostrara públicamente sus nuevas cualidades. Ordenó a Ananda que anunciara en uno de los conventos de la zona que, a partir de entonces, su nuevo Guía Espiritual iba a ser Lam Chung. Las monjas que allí vivían replicaron con indignación: «¿Cómo podemos aceptar como Abad a un monje tan necio que no es capaz ni de recordar un verso de las enseñanzas tras haber estudiado durante meses?» Decidieron entonces dar a conocer ante un gran público los defectos de Lam Chung, con el propósito de no verse obligadas a aceptarle como su Maestro. Divulgaron por todo el pueblo la noticia de que un monje, tan sabio como el mismo Buda, iba a dar enseñanzas, y que todo el que las escuchara alcanzaría grandes realizaciones. Para humillarle aún más, las monjas pusieron un ostentoso trono muy elevado al que le faltaban las escaleras para subir.

Cuando llegó el día de las enseñanzas, Lam Chung acudió al convento en donde se habían congregado más de cien mil personas –unas con la intención de escucharle con atención y otras para disfrutar viéndole hacer el ridículo–. Cuando vio el gran trono sin escaleras, se dio cuenta de que lo habían construido de tal modo para reírse de él. Sin vacilar estiró la mano, que se alargó tanto que llegó a parecer la trompa de un elefante, y con ella fue disminuyendo el trono de tamaño hasta que lo redujo al de una partícula de polvo. A continuación devolvió el trono a su tamaño normal y, ante la sorpresa de todos, levitó y se sentó encima. Meditó por un rato, se elevó hacia el cielo, giró volando alrededor de la congregación y volvió a sentarse en el trono. Entonces dijo: «Escuchad con atención. Durante siete días voy a enseñaros el significado de un determinado verso de Dharma. Éste es el verso que, en el pasado, no pude aprender ni recordar, incluso después de haberlo intentado durante tres meses.»

Al cabo de esos siete días, miles de oyentes alcanzaron la realización directa de la vacuidad, otros lograron los estados de El que ha Entrado en la Corriente, El que Regresa Una Vez, El que Nunca Regresa y el del Destructor del Enemigo. Algunos consiguieron generar la preciosa mente de bodhichita, y los que fueron para escrutarle desarrollaron una fe profunda en las Tres Joyas. Tiempo después, el mismo Buda profetizó que, de entre todos sus discípulos, Lam Chung lograría la mayor habilidad para subyugar las mentes de los demás. Hoy en día, aún podemos ver la figura de Lam Chung representado en las *tangkas* (pinturas tradicionales) budistas como uno de los dieciséis Arjats.

PREPARACIÓN DE UN ALTAR CON LAS REPRESENTACIONES DEL CUERPO, DE LA PALABRA Y DE LA MENTE DE BUDA

Delante de nuestro asiento de meditación, y a un nivel más elevado, preparamos un altar con una imagen o estatua de Buda Shakyamuni en el centro. A la derecha de Buda podemos colocar una de las escrituras y a su izquierda una estupa o imagen de ella. La imagen o estatua de Buda representa su cuerpo, el libro de Dharma su palabra, y la estupa su mente. También podemos poner imágenes o estatuas de otros Budas, de Bodhisatvas y de nuestro Maestro Espiritual.

De momento, debido a nuestro estado mental ordinario, no somos capaces de percibir el verdadero cuerpo, palabra o mente de un Buda; no obstante, si consideramos la imagen de Buda como al mismo Buda y nos postramos ante ella, le hacemos ofrecimientos y súplicas, acumularemos el mismo mérito que si lo hiciésemos en presencia de un Buda viviente. Buda Shakyamuni dijo:

> «Ahora mis discípulos me hacen ofrecimientos en persona. En el futuro muchos otros lo harán con fe ante una imagen que represente mi forma. Estas dos acciones conllevan el mismo mérito.»

Puesto que con las dos acciones se acumula el mismo mérito y sus frutos son también los mismos, no lograríamos mayores beneficios del hecho de hacer ofrendas al Buda viviente que de hacerlas con fe ante su imagen. Para convencernos de que esto es cierto podemos reflexionar sobre los tres puntos siguientes: En primer lugar, puesto que las ofrendas por definición son objetos que deleitan a los Budas, podemos estar seguros de que cada vez que hacemos un ofrecimiento ante la imagen de un Buda, todos los seres iluminados de los tres tiempos y de las diez direcciones lo reciben con júbilo. En segundo lugar, dado que los Budas poseen clarividencias tales como la clarividencia visual, la auditiva, y la de conocer las mentes de los demás, podemos tener la certeza de que cada vez que presentamos una ofrenda ante la imagen de un Buda, todos los Budas la perciben mediante su clarividencia visual; de que cada vez que cantamos oraciones de alabanza a los Budas, todos las escuchan con su oído clarividente; y de que cada vez que les alabamos mentalmente, ellos lo perciben gracias al poder de su clarividencia de conocer las mentes de los demás. En tercer lugar, debido a que el cuerpo de un Buda no puede ser obstruido por objetos materiales, podemos estar seguros de que cada vez que hacemos postraciones y ofrendas con fe y devoción, los Budas están presentes, a pesar de que no nos demos cuenta de ello debido a que nuestras mentes están ofuscadas por las perturbaciones mentales.

Varias de las escrituras de la filosofía budista afirman que no existe lugar alguno donde no haya un Buda. Según el mantra secreto, la mente y el cuerpo de un Buda poseen la misma naturaleza; por lo tanto, donde sea que se encuentre la mente omnisciente de un Buda, allí estará su cuerpo divino. Puesto que el cuerpo y la mente de los seres ordinarios poseen una naturaleza diferente, sus cuerpos no pueden ir adonde vayan sus mentes. Por ejemplo, si pensamos en la India, nuestra mente viaja a ese lugar pero nuestro cuerpo no. El cuerpo de un Buda irá de manera espontánea allí donde vaya su mente. Por ello, cuando un Buda escucha nuestras alabanzas, su cuerpo está presente. No obstante, no podemos verlo porque nuestra mente está bloqueada, como una ventana con las contraventanas cerradas.

En cierta ocasión, cuando Atisha se encontraba en el Tíbet junto con sus discípulos, de repente empezó a sonreír y a mostrarse muy complacido. Sus discípulos le preguntaron por qué estaba tan contento, y él repuso: «En este mismo momento, en Magadha, en la India, mis discípulos están haciendo hermosas ofrendas y recitando cantos de alabanza ante mi estatua.» Si, por medio de su clarividencia, Atisha fue capaz de disfrutar de los cantos devocionales de sus discípulos, ¿por qué abrigar dudas acerca de si los Budas reciben o no nuestras alabanzas, ofrendas y súplicas, cuando las realizamos con fe?

El hacer postraciones, ofrendas y súplicas a diario ante la imagen de Buda en nuestro altar nos aportará grandes beneficios. Si estamos muy ocupados, podemos postrarnos simplemente viendo o contemplando su imagen con devoción y fervor, poniendo las palmas de las manos juntas en señal de respeto, acción que siembra la semilla en nuestra mente para que en el futuro podamos ver a los Budas vivientes. En una de sus vidas pasadas, Shariputra entró en un templo donde había muchas pinturas y estatuas de Budas. Mientras las contemplaba, se preguntó: «¿Cuándo me encontraré con un Buda cara a cara?» Se pasó la noche entera mirando las pinturas y estatuas de los Budas anhelando poder verlos directamente algún día. Como consecuencia del buen karma que creó en aquella ocasión, en una de sus vidas posteriores se convirtió en uno de los discípulos principales de Buda Shakyamuni y en esa misma vida alcanzó la liberación.

Con la mente impura que ahora tenemos, la única manera en que podemos ver a un Buda es bajo el aspecto de un Maestro Espiritual o en la forma de una imagen, como las que tenemos en nuestro altar. Debido a las obstrucciones kármicas, percibimos estas formas como si fueran impuras, pero estas obstrucciones no existen por su propio lado. A medida que purifiquemos nuestra mente, iremos viendo las imágenes de Buda de diferente manera. Con una mente pura veremos la imagen de Buda como su Cuerpo de Emanación y no como una mera obra de arte. Cuando logremos la concentración del continuo del Dharma, percibiremos la imagen de Buda como su Cuerpo Supremo de Emanación y podremos recibir enseñanzas directas de él, de la misma forma que Atisha las recibía de su estatua de Arya Tara. Cuando Atisha fue al Tíbet, llevó consigo su estatua de Tara, y cada vez que le preguntaban algo importante, solía contestar: «Primero he de consultar con la Venerable Dama Tara.» Cuando logremos el primer plano espiritual de un Bodhisatva, percibiremos la imagen de un Buda como su Cuerpo de Deleite, y cuando alcancemos la iluminación total la percibiremos como su Cuerpo de la Verdad.

DISPOSICIÓN DE OFRENDAS APROPIADAS

Delante de la imagen de Buda en nuestro altar, hemos de colocar hermosas ofrendas con una actitud mental libre de fuertes engaños, preocupaciones mundanas o una mala motivación. Sería incorrecto, por ejemplo, hacer ofrendas pensando: «Dispondré estas ofrendas de una manera muy especial para que todo el que las vea aprecie mi buen gusto.»

Podemos disponer una o varias filas de boles de ofrendas con las siete sustancias de ofrecimientos: agua para beber, agua para abluciones, flores, incienso, luz, perfume y manjares. Estas sustancias pueden ofrecerse materialmente o representadas en forma de agua pura. Estas siete sustancias simbolizan todos los objetos que deleitan los sentidos. En algunos países asiáticos se tenía la costumbre de recibir a los invitados especiales obsequiándoles con ellas. También podemos ofrecer cualquier otro objeto que sea hermoso o atractivo.

Cuando hagamos las ofrendas es muy importante que mantengamos una actitud mental pura, sin codicia ni avaricia, de lo contrario estos sentimientos infestarán nuestra mente y destruirán la virtud de nuestra acción. Por ejemplo, puede ocurrir que un día compremos algunos pasteles para ofrecérselos a Buda, pero por el camino de vuelta a casa nos entren ganas de comérnoslos; o aunque nos abstengamos de hacerlo, al ponerlos sobre el altar estemos deseando que llegue el momento de retirarlos para consumirlos. En otras ocasiones puede ocurrir que al comprar las ofrendas elijamos las más baratas con el objeto de economizar, pensando que al fin y al cabo son sólo para ponerlas sobre el altar. Este tipo de pensamientos destruye el mérito de nuestro ofrecimiento.

Si el agua que ofrecemos para representar las siete sustancias de las ofrendas está dotada de las siguientes ocho cualidades, recibiremos ocho beneficios especiales:

(1) Ofrecer agua fresca es la causa para desarrollar una disciplina moral pura.

(2) Ofrecer agua de delicioso sabor es la causa para obtener sabrosos manjares.

(3) Ofrecer agua ligera es la causa para experimentar el gozo de la flexibilidad física.
(4) Ofrecer agua suave es la causa para tener una mente serena y apacible.
(5) Ofrecer agua clara es la causa para tener una mente clara.
(6) Ofrecer agua de dulce aroma es la causa para purificar el karma destructivo con facilidad y contundencia.
(7) Ofrecer agua que no daña al estómago es la causa para reducir nuestras enfermedades.
(8) Ofrecer agua que no perjudica la garganta es la causa para que nuestra forma de hablar sea poderosa y agradable.

Cuando ofrecemos agua a Buda, hemos de considerar que es un néctar puro porque Buda la percibe como tal. Podemos disponer también varias filas de siete boles de ofrendas de agua pura simbolizando nuestro logro futuro de las siete cualidades de la unión de un Buda.

La práctica de hacer ofrendas es un preparativo muy importante puesto que constituye una manera de acumular muchos méritos y hace que desarrollemos una mente muy poderosa. Una de sus excelentes cualidades es que todos podemos practicarla sin dificultad, ya que es fácil encontrar siete pequeños recipientes y obtener agua. Además, cuando ofrecemos agua no corremos el peligro de generar avaricia o codicia, mientras que si ofrecemos otras sustancias es más probable que las generemos. Por lo tanto, podemos realizar esta práctica con pureza desde el principio.

Si una persona que no es religiosa entra en nuestra habitación, ve nuestro altar y nos pregunta por qué ponemos ofrendas enfrente de una imagen, podemos contestarle que así como en algunos países se tiene la costumbre de poner flores delante de pinturas y de estatuas de ciudadanos importantes o ante las fotografías y retratos de sus seres queridos, los budistas lo hacen ante los seres sagrados.

SENTARSE EN LA POSTURA CORRECTA DE MEDITACIÓN, REFUGIO EN LAS TRES JOYAS, Y GENERACIÓN E INTENSIFICACIÓN DE LA MENTE DE BODHICHITA

SENTARSE EN LA POSTURA CORRECTA DE MEDITACIÓN

Cuando practiquemos la meditación tenemos que adoptar una postura correcta sobre un asiento cómodo. Lo más importante de esta postura es mantener la espalda recta. Para ello, si vamos a sentarnos sobre un cojín, éste debería ser un poco más elevado por detrás que por delante, y hemos de sentarnos sacando la pelvis un poco hacia afuera. Para empezar no hace falta que nos sentemos con las piernas cruzadas pero es bueno que poco a poco nos vayamos acostumbrando a la postura de Buda Vairochana. Si no podemos sentarnos de esta manera, escogemos otra forma parecida siempre que nos resulte cómoda.

Las siete características de la postura de Vairochana son:

(1) Las piernas cruzadas en la posición *vajra*, lo cual nos ayuda a reducir los pensamientos y sentimientos de apego.

(2) La mano derecha colocada encima de la izquierda, con las palmas hacia arriba, las puntas de los dedos pulgares ligeramente elevadas y tocándose. Colocamos las manos de esta forma a unos cuatro dedos por debajo del ombligo, lo cual nos ayuda a desarrollar una buena concentración. La mano derecha simboliza «el método» y la izquierda «la sabiduría»; las dos juntas simbolizan «la unión del método y la sabiduría». Los dos dedos pulgares al nivel del ombligo representan el arder del fuego interno.

(3) La espalda ha de mantenerse derecha pero relajada. Esto nos ayuda a desarrollar y mantener una mente clara, y permite que los aires internos sutiles de energía fluyan libremente.

(4) Los labios y los dientes han de mantenerse de forma natural, colocando la lengua de manera que toque

la parte posterior de los dientes frontales superiores. Esto impide que segreguemos saliva con exceso y que la boca se reseque.

(5) La cabeza inclinada ligeramente hacia adelante metiendo la barbilla un poco hacia adentro de manera que los ojos queden mirando hacia abajo. Esto ayuda a prevenir la excitación mental.

(6) Los ojos han de permanecer entreabiertos, ni muy abiertos ni muy cerrados, y han de mirar hacia abajo en la dirección de la nariz. Si tenemos los ojos abiertos del todo, generaremos excitación mental, y si los mantenemos cerrados, hundimiento mental.

(7) Los hombros han de estar bien nivelados y los codos un poco separados del tronco para permitir que circule el aire.

Otro componente de la postura de Vairochana es la meditación o ejercicio preliminar de respiración, que prepara nuestra mente para generar una buena motivación. Por lo general, cuando nos sentamos a meditar, nuestra mente está ocupada con pensamientos perturbadores y no podemos transformar de inmediato este estado mental en el requerido para generar una motivación virtuosa. Un estado mental alterado es como un trapo de color negro, que es imposible de teñir de otro color a menos que de antemano se decolore su tinte negro. Del mismo modo, si queremos embellecer nuestra mente con una motivación virtuosa, primero hemos de suprimir todas las distracciones y los pensamientos turbadores. Esto se puede conseguir de manera temporal por medio de determinados ejercicios de respiración.

Después de sentarnos en una postura cómoda, comenzamos observando la corriente de pensamientos y distracciones que fluye en nuestra mente. Luego nos enfocamos en nuestra respiración manteniendo su ritmo natural. Al espirar, imaginamos que expulsamos todas las distracciones y los pensamientos turbadores en forma de humo negro, que acaban por desaparecer en el espacio. Al aspirar, imaginamos que inhalamos todas las bendiciones y la fuerza inspiradora de los seres sagrados en forma de luz blanca, que se absorben en nuestro corazón. Repetimos este proceso veintiuna veces o hasta que nos sintamos relajados y nuestra mente se vuelva clara y tranquila. Mediante este ejercicio de respiración conseguiremos eliminar temporalmente las distracciones y los malos pensamientos por el simple hecho de que no somos capaces de concentrarnos en más de un objeto a la vez. Al final de este ejercicio hemos de generar el siguiente pensamiento: «He recibido las bendiciones y la inspiración de todos los seres sagrados.» Nuestra mente, ahora, es como una tela limpia y blanca que se puede colorear con una motivación virtuosa tal como la de gran compasión o la de bodhichita.

REFUGIO EN LAS TRES JOYAS

Después de haber adoptado una postura correcta y cómoda para la meditación, y de haber tranquilizado y esclarecido la mente, hemos de realizar la práctica de refugio y generar la bodhichita.

Los objetos de nuestro refugio son las Tres Joyas: la Joya del Buda, la Joya del Dharma y la Joya de la Sangha. A continuación describiremos en detalle la manera en que se representa a las Tres Joyas para las meditaciones del Lamrim. Puesto que para aprender esta representación se requiere práctica, primero nos concentraremos en la figura central –Buda Shakyamuni–. Cuando la percibamos con claridad, podremos aumentar el ámbito de nuestra representación. No tenemos por qué desanimarnos si al principio no conseguimos ver nada, pues con la práctica nos será cada vez más fácil. Todos podemos, sin dificultad, visualizar a alguien que conocemos bien. Por ejemplo, si cerramos los ojos e intentamos acordarnos de nuestra madre, lo podemos hacer con facilidad. Las visualizaciones para la meditación no surgen de manera instantánea, como lo hacen las imágenes en la televisión, sino que, por medio de una práctica continua, aprendemos a formar detalladas representaciones meditativas con rapidez y a mantenerlas en concentración. Al principio hemos de conformarnos con una imagen vaga, recordando que, en realidad, lo más importante es desarrollar una profunda fe de que estamos ante la presencia de los seres sagrados, y de que están llenos de vida, mirándonos con bondad, dispuestos a aceptar nuestras ofrendas y a responder a nuestros ruegos.

En el espacio ante nosotros, a la altura de nuestro entrecejo y a la distancia de un brazo, imaginamos que hay un gran y espacioso trono de forma cuadrada, adornado con joyas preciosas tales como diamantes, esmeraldas y lapislázulis. Sobre él hay cinco tronos más pequeños, uno en el centro, algo más elevado que los otros, y uno en cada una de las cuatro direcciones cardinales. Los tronos están sostenidos por leones de las nieves, dos en cada esquina. La superficie del trono central está cubierta por un loto de ocho pétalos de diferentes colores. Considerando el este como el lado del trono que está enfrente de nosotros, el color de los pétalos situados en las direcciones cardinales es rojo, y el de los que están en las intermedias son: amarillo en el sudeste, verde en el sudoeste, amarillo en el noroeste, y negro en el noreste. La parte central del loto está formada por un disco verde rodeado en el borde de estambres amarillos. Sobre él hay un disco lunar de color blanco y sobre éste uno solar de color amarillo. Encima está sentado nuestro Guía Espiritual principal en el aspecto del Vencedor Buda Shakyamuni. Su cuerpo es de color dorado y aparece en la postura llamada «Buda Shakyamuni Conquistando a los Enemigos». Tiene las piernas cruzadas en la posición vajra. Su brazo derecho baja paralelo al cuerpo y el antebrazo se extiende sobre el muslo derecho hasta la rodilla; toca con los dedos el disco solar, gesto que indica que ha conquistado al mara Devaputra. Su mano izquierda está en la posición de la meditación estabilizada, por debajo del ombligo con la palma hacia arriba, y sostiene un precioso cuenco de lapislázuli, que contiene los tres néctares que simbolizan que ha conquistado a los demonios de la muerte, de los agregados contaminados y de las perturbaciones mentales. Viste los tres hábitos de un monje y su cuerpo está adornado con los treinta y dos símbolos y las ochenta marcas ejemplares de un Buda. Buda Shakyamuni constituye el objeto principal de refugio porque es el fundador de la actual doctrina del Dharma.

No debemos imaginar el cuerpo de Guru Buda Shakyamuni como si fuera un objeto de dos dimensiones, como en el caso de una pintura, algo sólido como una estatua, o hecho de carne y huesos y con órganos internos como lo es el cuerpo humano. El cuerpo de Buda está hecho de luz, de una luz clara y translúcida. Irradia un aura de rayos luminosos de cinco colores: blanco, amarillo, rojo, verde y azul. Su cuerpo es el de un ser iluminado lleno de vida. Mientras contemplamos la figura de Guru Buda Shakyamuni delante de nosotros, recordamos las cualidades de su mente iluminada: su sabiduría percibe directamente y con claridad todos los objetos de conocimiento; su compasión abarca a todos los seres sin excepción, como la que siente una madre por su único hijo; y con su destreza trabaja sin cesar para que todos los seres alcancen la felicidad insuperable de la iluminación total.

En el corazón de Guru Buda Shakyamuni hay un loto y sobre él un disco solar. Encima está sentado el Vencedor Vajradhara. Su cuerpo es de color azul oscuro, tiene un rostro y dos brazos. En la mano derecha sostiene un vajra dorado de cinco puntas y en la izquierda una campana de un blanco plateado. Está adornado con ocho ornamentos de joyas: una corona, pendientes, tres collares de diferentes longitudes, brazaletes, tobilleras y un cinturón de joyas. Viste ropas y atuendos de sedas celestiales. Está sentado en la postura vajra abrazando a su consorte, Vajradhatu Ishvari, cuyo cuerpo es también de color azul oscuro y está adornado con atuendos y ornamentos similares. Ella está en la postura del loto.

En el corazón de Vajradhara reposa la sílaba semilla HUM, que irradia profusamente luces de cinco colores hacia todas las direcciones. Esta sílaba HUM, de color azul, es el «Ser de Concentración» y simboliza el Cuerpo de la Verdad de Buda; Vajradhara es el «Ser de Sabiduría» y representa el Cuerpo de Deleite de Buda; y Guru Buda Shakyamuni es el «Ser de

Compromiso» y representa el Cuerpo de Emanación de Buda. Al visualizar estos tres Seres a la vez nos vamos familiarizando con los tres Cuerpos de Buda y creamos la causa para percibirlos realmente en el futuro. Al considerar que nuestro Guía Espiritual es, en esencia, uno con estos tres Seres, recibimos su fuerza inspiradora con mayor intensidad.

De su corazón, Guru Buda Shakyamuni irradia rayos de luz hacia su derecha y de ellos se manifiesta como Maitreya, sentado en un trono, loto y disco lunar. Maitreya muestra el aspecto del Cuerpo de Deleite, adornado con atuendos de seda y ornamentos. Está sentado en la postura de medio vajra. Su cuerpo es de color amarillo rojizo, tiene un rostro y dos manos, que están en la posición de girar la Rueda del Dharma a la altura de su corazón. Entre los dedos pulgar e índice de cada mano sostiene el tallo de un árbol naga. De él se abre una flor a la altura de su oído derecho, sobre la cual se alza una rueda dorada. A la altura de su oído izquierdo, del otro tallo se abre una flor sobre la cual reposa una vasija de cuello alongado.

Delante de Maitreya, sobre un loto y un disco lunar, está sentado Asanga. Sus piernas están cruzadas de forma que la izquierda se extiende medio doblada por debajo de su muslo derecho con la planta del pie hacia afuera; y la derecha, cruzada sobre la izquierda, se extiende medio doblada. Su mano derecha está en la posición de enseñar el Dharma y la izquierda en la de la meditación estabilizada. Viste los tres hábitos de un monje y un sombrero de Pandita. A su izquierda hay un recipiente esférico (tib. *zsamatog*; sáns. *karanda*). Alrededor de la figura central, Maitreya, están sentados formando un círculo en orden hacia la derecha, todos los Gurus del linaje del camino de la vastedad, empezando por Asanga.

De su corazón, Guru Buda Shakyamuni irradia rayos de luz hacia su izquierda y de ellos se manifiesta como Manyhushri, sentado sobre un trono, loto y disco lunar. Su cuerpo es del mismo color que el de Maitreya, y su postura es también la misma pero sostiene tallos de flores de *upali*. Sobre la flor que se abre a la altura de su oído derecho se alza una espada de sabiduría, y sobre la que se abre a la altura de su oído izquierdo reposa un texto del *Sutra de la perfección de la sabiduría en ocho mil slokas*. A esta manifestación se la conoce como «Manyhushri Girando la Rueda del Dharma».

Delante de Manyhushri está sentado Nagaryhuna en la postura de medio vajra y viste los hábitos de monje. Sus manos están en el gesto de exponer el Dharma. Su coronilla tiene una pequeña protuberancia, y detrás de su cabeza, arqueada sobre ella y sin tocarla, tiene una aureola de siete serpientes. Alrededor de la figura central, Manyhushri, están sentados, formando un círculo en orden hacia la izquierda, todos los Gurus del linaje del camino de la profundidad, empezando por Nagaryhuna.

A la derecha de los Gurus del linaje del camino de la vastedad están sentados los Gurus del linaje kadam lamrimpa, y a la izquierda los del linaje kadam shungpaua. Detrás de los Gurus del linaje del camino de la vastedad se encuentran los Gurus del linaje kadam mengagpa. Cada uno de ellos está sentado sobre un loto y un disco lunar.

De su corazón, Guru Buda Shakyamuni irradia rayos de luz hacia atrás y de ellos se manifiesta como Buda Vajradhara, sentado en un trono, loto y disco lunar. A su alrededor están todos los Gurus del mantra secreto, desde Tilopa hasta nuestro Guía Espiritual actual.

De su corazón, Guru Buda Shakyamuni irradia rayos de luz hacia delante y de ellos se manifiesta como nuestro Guía Espiritual raíz. Le visualizamos con un aspecto joven y radiante, libre de imperfecciones físicas. Su mano derecha está en la posición de exponer el Dharma, indicando que disipa la ignorancia de sus discípulos. Su mano izquierda está en la posición de la meditación estabilizada y sostiene el vaso de la longevidad, indicando que destruye el poder que tiene la muerte sobre sus discípulos. Estos dos, la ignorancia y la muerte, constituyen los mayores obstáculos contra nuestro desarrollo espiritual. La ignorancia nos impide entender el Dharma, en particular las instrucciones acerca de la visión superior que contienen el antídoto contra la ignorancia; y la muerte destruye la propia vida, la cual nos brinda la oportunidad de practicar el Dharma. Alrededor de nuestro Guía Espiritual raíz visualizamos a todos los demás Maestros que nos han enseñado el Dharma puro de manera directa en esta vida.

Delante de estos grupos de Gurus representamos a las Deidades del tantra del yoga supremo. A la derecha está Vajrabhairava, a la izquierda Heruka, en el centro Guhyasamayha, Vajrayoguini o quien sea nuestra Deidad personal (tib. *Yidam*) del tantra del yoga supremo. Delante de ellos, en filas sucesivas, se encuentran: las Deidades del tantra del yoga tales como la asamblea de Sarvavid, que constituye la Deidad principal de este tantra; las Deidades del tantra de la ejecución tales como la asamblea de las Deidades de Vairochana; las del tantra de la acción tales como Amitayus, Tara Verde y Tara Blanca; los Budas del sutra tales como los mil Budas de este Eón Afortunado, los treinta y cinco Budas de la Confesión y los ocho Budas de la Medicina; las Sanghas del sutra –Bodhisatvas tales como los ocho Hijos Espirituales, Conquistadores Solitarios tales como los famosos doce Conquistadores Solitarios y Oyentes tales como los doce Arjats–; las Sanghas del tantra tales como los Héroes y las Heroínas de los veinticuatro lugares sagrados; y Protectores supramundanos del Dharma tales como Mahakala, Dharmavajra, Vaishravana y Kalindevi.

En esta vasta asamblea todos los Gurus, las Deidades y los Budas constituyen la Joya del Buda; los Bodhisatvas, Conquistadores Solitarios, Oyentes, Héroes, Heroínas y Protectores del Dharma constituyen la Joya de la Sangha. Delante de cada uno de ellos hay una mesita de mármol sobre la cual se encuentran las escrituras que han compuesto. Estos textos poseen la naturaleza de la luz de la sabiduría, representan la Joya del Dharma y debemos considerarlos, en esencia, como las realizaciones espirituales de los seres sagrados. Estas realizaciones constituyen la Joya del Dharma.

Hemos de crear esta representación meditativa de manera gradual, y su tamaño debe ser tan grande como nos sea posible imaginar, puesto que los objetos de refugio son infinitos y abarcan todo el espacio. Cada uno de estos seres es una manifestación del objeto principal de refugio –Guru Buda Shakyamuni–.

Una vez hayamos establecido esta visualización, imaginamos que estamos rodeados de los innumerables seres sintientes que están padeciendo los sufrimientos de los seis reinos del samsara. Los imaginamos a todos con un aspecto humano, siendo nuestros padres, familiares y amigos los que estén más cerca de nosotros. Para generar compasión hacia ellos hacemos la siguiente meditación:

Desde tiempo sin principio he estado padeciendo sin cesar todo tipo de sufrimientos. Sin libertad ni elección, una y otra vez, he tenido que experimentar las calamidades propias de cada uno de los seis reinos de renacimiento sin control. Ahora he obtenido esta preciosa existencia humana dotada de los dones y las libertades, y he descubierto el Dharma. Ahora poseo la extraordinaria oportunidad de alcanzar la iluminación mediante la práctica del Dharma.

A pesar de ello, no me es fácil alcanzar la iluminación porque mi mente está ofuscada por los engaños, lo que me impide lograr realizaciones. Tampoco tengo la certeza de que vaya a disfrutar por mucho tiempo de esta oportunidad, porque el momento de mi muerte es incierto. Si he de morir hoy o dentro de unos meses, no podré controlar el proceso de mi muerte ni el de mi renacimiento. Es muy probable que renazca en uno de los reinos inferiores donde el dolor es insoportable. Aun cuando tenga la fortuna de renacer como un ser humano, todavía tendré que experimentar los sufrimientos del nacimiento, las enfermedades, la vejez, la muerte y las demás miserias de la existencia humana. Aunque nazca como un dios no me veré libre de aflicciones. Por lo tanto, he de aprovechar esta oportunidad para alcanzar la liberación.

No soy la única persona atrapada en esta miserable situación de dolor e insatisfacción. Todo ser sintiente que vaga errante por los seis reinos del samsara ha sido, en un tiempo dado, mi propia y querida madre, y todos ellos han de experimentar los mismos sufrimientos que yo. Por lo tanto, he de trabajar para liberarles. Puesto que solamente las Tres Joyas poseen el verdadero poder para protegernos y ayudarnos, voy a refugiarme en ellas desde lo más profundo de mi corazón para poder liberar a todos los seres sintientes de sus sufrimientos.

De este modo generamos las causas para refugiarnos en las Tres Joyas e incrementamos el deseo de liberarnos del samsara a fin de proteger a los demás. Practicar el refugio de este modo refuerza nuestras realizaciones de renuncia y de compasión. La compasión nos lleva a generar el siguiente pensamiento o intención superior: «He de trabajar para liberar a todos los seres.» Reconociendo que para lograr este deseo hemos de refugiarnos en las Tres Joyas, centramos nuestra atención en los grupos de los Maestros representados ante nosotros y recitamos la siguiente oración cincuenta veces: «Me refugio en los Maestros Espirituales.» Una vez acabada la recitación suplicamos a los Maestros que nos concedan sus bendiciones. De sus corazones irradian rayos de luz blanca que llenan nuestro cuerpo y mente y purifican nuestro karma destructivo, en particular el cometido contra nuestro Guía Espiritual, faltándole al respeto, molestándole, causándole daños físicos, mintiéndole, yendo en contra de sus deseos o enfadándonos con él. Al finalizar, hemos de pensar que hemos purificado todas nuestras faltas y que nuestro cuerpo se transforma en luz.

Entonces recitamos el mismo verso otras cincuenta veces y al terminar hacemos súplicas e imaginamos que de los corazones de los Maestros Espirituales desciende néctar de un amarillo dorado, que se absorbe en nuestro cuerpo y mente. Este néctar incrementa nuestras realizaciones espirituales, espacio de vida, méritos y virtudes.

A continuación fijamos la atención en los Budas y en las Deidades y recitamos cincuenta veces: «Me refugio en los Budas.» Al terminar la recitación, les rogamos que nos concedan sus bendiciones. Imaginamos que de sus corazones descienden rayos de luz blanca que purifican nuestro karma destructivo, en particular el creado en relación a los Budas con acciones como rechazarlos, pensar en dañarles físicamente, contradecir sus deseos, vender estatuas de

Budas por intereses económicos o pisar sus imágenes pensando que carecen de valor. Después recitamos el mismo verso otras cincuenta veces y, al acabar, hacemos nuestra súplica y recibimos el néctar dorado como antes.

Continuamos la práctica del mismo modo centrando la atención en la Joya del Dharma y recitamos: «Me refugio en el Dharma»; luego nos dirigimos a la Sangha y repetimos: «Me refugio en la Sangha.» Una vez acabados todos estos ciclos de recitación y meditación, fijamos nuestra atención en todos los objetos de refugio a la vez, y recitamos esta pequeña oración de refugio:

Yo y todos los seres sintientes nos refugiamos en Buda, el Dharma y la Sangha hasta que alcancemos la iluminación.

Acto seguido hacemos diversos ruegos a los objetos de refugio en relación a las diferentes maneras en que nos ayudan. Los Maestros nos ayudan transformando nuestra mente con su inspiración y sus bendiciones; los Budas nos asisten guiándonos hacia la liberación y la iluminación total; las Deidades nos conceden los logros espirituales; la Sangha nos ofrece su apoyo en la práctica del Dharma; los Héroes y las Heroínas nos conceden el gran gozo espontáneo capacitándonos de este modo para practicar el mantra secreto; y los Protectores eliminan los obstáculos contra nuestra práctica. Después de hacer estos ruegos, repetimos las visualizaciones de luz y néctar explicadas más arriba.

Si al principio nos resulta difícil visualizar a los objetos de refugio con mucho detalle, podemos simplemente pensar que las Tres Joyas están presentes en el espacio ante nosotros y recitar con fe la oración concisa de refugio.

GENERACIÓN DE LA MENTE DE BODHICHITA

Después de refugiarnos en las Tres Joyas, generamos la mente de bodhichita con esta meditación:

¿Qué pasará cuando alcance la iluminación? Habré desarrollado todas las buenas cualidades y me habré liberado de todos

mis sufrimientos, obstáculos, y faltas. Tendré perfecta habilidad para ayudar a los demás seres. Podré generar a partir de mi cuerpo tantas emanaciones como seres sintientes y las utilizaré para socorrerles. Al igual que una sola luna brillando en el cielo se refleja en todos los lagos y las aguas de este mundo, cuando alcance la iluminación mis emanaciones se manifestarán por doquier y protegerán a todos los seres sintientes.

Cuando por medio de esta reflexión despertemos con fuerza la intención de lograr la iluminación para ser capaces de ayudar a los demás, hemos de concentrarnos en este pensamiento por tanto tiempo como podamos a fin de habituarnos a él. Luego recitamos esta oración para generar la mente de bodhichita:

Que por los méritos que acumule con la práctica de la generosidad y otras perfecciones, alcance el estado de Buda para poder beneficiar a todos los seres sintientes.

La bodhichita es una mente que posee dos aspiraciones, y ambas están contenidas en esta oración. La aspiración principal es beneficiar a los demás y se expresa con las palabras «para poder beneficiar a todos los seres sintientes». La segunda es lograr los medios adecuados para realizar la primera aspiración y se indica con las palabras «alcance el estado de Buda».

Puesto que la bodhichita es la causa principal de la iluminación total, cada vez que la generamos Guru Buda Shakyamuni se siente complacido. Por lo tanto, después de recitar la oración hemos de imaginar que, como respuesta, Buda emana una réplica suya, bajo su mismo aspecto, que viene a nuestra coronilla, entra en nuestro cuerpo y purifica todas nuestras faltas y obstrucciones. Entonces nos transformamos en un Buda con la apariencia de Guru Shakyamuni. De nuestro cuerpo irradiamos rayos de luz en todas las direcciones, que alcanzan a cada uno de los seres sintientes y purifican sus faltas y obstrucciones. Todos los seres se funden en luz y se transforman en Budas con el mismo aspecto que Guru Buda

Shakyamuni. Este tipo de práctica se denomina «traer el resultado al camino», debido a que imaginamos con convicción que hemos alcanzado el resultado futuro de nuestro adiestramiento. Este fruto es la iluminación y la habilidad que posee un ser iluminado para ayudar a que otros seres logren el mismo estado. Este ejercicio hace madurar con rapidez el potencial que poseemos de convertirnos en un Buda. Este potencial es lo que se llama «el linaje de Buda» o «la semilla de Buda».

INTENSIFICACIÓN DE LA MENTE DE BODHICHITA: LA PRÁCTICA DE LOS CUATRO INCONMENSURABLES

Antes de comenzar esta práctica hemos de reducir nuestro orgullo divino y recordar que solamente hemos imaginado que hemos logrado el resultado futuro de nuestro adiestramiento espiritual y que, en realidad, tanto nosotros mismos como muchos otros seres aún no hemos alcanzado la iluminación.

Para intensificar nuestra motivación de bodhichita, nos adiestramos en los cuatro inconmensurables:

(1) La ecuanimidad inconmensurable.
(2) El amor inconmensurable.
(3) La compasión inconmensurable.
(4) El gozo inconmensurable.

Se les denomina «inconmensurables», porque cuando nos adiestramos en generarlos, el objeto que observamos es la totalidad de los seres sintientes, cuyo número es inconmensurable. Cuando nos adiestramos en la ecuanimidad inconmensurable, desarrollamos el deseo de que todos los seres alcancen esta realización y nos dedicamos activamente a ayudarles a conseguirlo. Cuando nos ejercitamos en el amor y la compasión inconmensurables, despertamos el deseo de que todos los seres sean felices y se liberen del sufrimiento, y trabajamos para lograrlo. Cuando nos adiestramos en el gozo inconmensurable, generamos el deseo de que nadie sea desposeído de sus disfrutes ni de la felicidad que experimenta en los reinos afortunados de los seres humanos y de los dioses, ni del gozo supremo de la liberación, y trabajamos para prevenir que sean despojados de su felicidad temporal o última.

Cada uno de los cuatro inconmensurables consta de cuatro partes: un deseo inconmensurable, una oración inconmensurable, una intención superior inconmensurable y un ruego inconmensurable.

La ecuanimidad inconmensurable Imaginando a todos los seres a nuestro alrededor, meditamos de la siguiente forma:

En un tiempo dado, en sus vidas pasadas, todos los seres sintientes han mantenido una relación de madre e hijo; ahora no son capaces de recordarlo y generan apego, odio o indiferencia entre ellos, sintiéndose cerca de unos y distantes de otros. El odio y el apego les motivan a cometer acciones perjudiciales y, en consecuencia, siguen experimentando problemas. Si todos desarrollaran el sentimiento de la ecuanimidad, no estarían dominados por estas pasiones y lograrían encontrar la liberación del sufrimiento.

Esta reflexión nos induce a generar el siguiente deseo inconmensurable: «¡Qué maravilloso sería si todos los seres sintientes lograsen ecuanimidad, libres de odio y de apego, sin sentirse cerca de unos ni distantes de otros!» La contemplación de este deseo inconmensurable induce a la siguiente oración inconmensurable: «Que todos los seres logren ecuanimidad.» Este ruego nos lleva a generar la siguiente intención superior: «Voy a trabajar para conseguirlo.» El meditar en esta intención nos invita a hacer el correspondiente ruego inconmensurable: «¡Oh Budas y Guía Espirituales!, bendecidme, por favor, para que lo consiga.»

Si miramos un cielo azul, claro y sin nubes, no tendremos preferencias de si nos gusta más su parte del este o del oeste. Del mismo modo, cuando logremos la realización de la ecuanimidad, dejaremos de preferir a unos seres más que a otros. Consideraremos que todos ellos son de igual importancia. Antes de lograr esta realización, juzgamos a los demás con parcialidad, como si contempláramos un paisaje rocoso, donde unas zonas nos parecen más elevadas que otras.

La mayoría de los problemas que tenemos están creados por nuestra mente que juzga y procede con parcialidad. Pensamos que nosotros, nuestros familiares y amigos somos más importantes que los demás. Amamos a los que sentimos cerca de nosotros y nos preocupamos sinceramente por ellos, pero no nos interesamos por el resto porque pensamos que sus asuntos no nos conciernen. Cuando logremos ser ecuánimes, consideraremos que todos los seres son igualmente dignos de estima y gracias a esta actitud superaremos muchos de nuestros problemas.

La ecuanimidad es un interés y un afecto imparciales por los demás, no es una mera indiferencia. La indiferencia está tan lejos de la ecuanimidad como puedan estarlo el odio o el apego. Cuando hayamos desarrollado ecuanimidad, sentiremos una gran paz y felicidad. Nuestra mente será como una tierra de siembra bien arada, preparada para plantar las semillas de la compasión, del amor y de la bodhichita.

El amor inconmensurable Mientras observamos a todos los seres a nuestro alrededor, realizamos esta contemplación:

Todos estos seres buscan la felicidad, pero la mayoría de ellos desconoce cuál es su causa y los pocos que lo saben no pueden crearla. Por lo tanto, todos están desposeídos de lo que desean.

Esta reflexión hace que despertemos en nuestro corazón un deseo, una oración, una intención y un ruego inconmensurables, como sigue:

¡Qué maravilloso sería que todos los seres poseyeran la
  felicidad y su causa!
Que todos los seres las obtengan.
Voy a trabajar para conseguirlo.
¡Oh Budas y Guías Espirituales!, bendecidme, por favor,
  para que lo consiga.

Una vez que hayamos generado este deseo inconmensurable de manera continua y espontánea, habremos alcanzado la realización del amor inconmensurable. Puesto que los seres sintientes son innumerables, los beneficios de generar esta mente de amor también lo son. Aun cuando nuestra meditación no vaya bien y no sintamos nada especial, recibiremos muchos beneficios de meditar en el amor inconmensurable.

La compasión inconmensurable Observando a todos los seres a nuestro alrededor reflexionamos de esta manera:

Todos estos seres tienen miedo al sufrimiento y desean liberarse de él; no obstante, debido a su ignorancia, continúan cometiendo las acciones destructivas que constituyen la causa misma de su sufrimiento.

Esta reflexión despierta en nuestro corazón un deseo, una oración, una intención y un ruego inconmensurables, como sigue:

¡Qué maravilloso sería que todos los seres se liberasen del sufrimiento y de su causa!
Que todos los seres se liberen de ellos.
Voy a trabajar para conseguirlo.
¡Oh Budas y Guías Espirituales!, bendecidme, por favor, para que lo consiga.

El gozo inconmensurable Al mismo tiempo que observamos a todos los seres a nuestro alrededor, meditamos de nuevo para generar un deseo, una oración, una intención y un ruego inconmensurables, de este modo:

¡Qué maravilloso sería si nadie fuera desposeído de la felicidad humana ni de la de los dioses ni del gozo supremo de la liberación!
Que nunca sean desposeídos de ellos.
Voy a trabajar para conseguirlo.
¡Oh Budas y Guías Espirituales!, bendecidme, por favor, para que lo consiga.

GENERACIÓN DE LA MOTIVACIÓN DE LA BODHICHITA PARA REALIZAR UNA PRÁCTICA ESPECÍFICA

Antes de realizar la meditación propiamente dicha, hemos de generar la motivación de hacerla sólo con el fin de alcanzar la iluminación total para el beneficio de todos los seres sintientes. Por ejemplo, si vamos a meditar en la manera de confiar en el Guía Espiritual, debemos motivarnos de esta forma:

Ahora voy a desarrollar fe y respeto hacia mi Guía Espiritual, de este modo beneficio a los demás construyendo los cimientos sobre los cuales voy a edificar el resto de mis realizaciones espirituales de las etapas del camino hacia la iluminación.

Esta bodhichita se denomina «la bodhichita comprometida, o práctica», puesto que se trata de la decisión de realizar una práctica específica como medio para lograr la meta de «la bodhichita aspirante», el deseo de alcanzar la iluminación para beneficiar a los demás.

VISUALIZACIÓN DEL CAMPO DE MÉRITOS

Hay dos maneras de visualizar el Campo de Méritos. Según la primera, imaginamos que los objetos de refugio se absorben de forma gradual en Guru Buda Shakyamuni, que viene a nuestra coronilla y desciende hasta nuestro corazón; entonces, visualizamos el Campo de Méritos en el espacio ante nosotros. El segundo modo es más fácil: simplemente designamos el Campo de Méritos sobre la visualización de los objetos de refugio.

En ese momento consideramos que los objetos de refugio forman el Campo de Méritos porque, cuando ofrecemos la práctica de las siete ramas y del mandala, los seres sagrados son como el campo donde sembramos y cultivamos las semillas de la virtud. Cuando hacemos estas ofrendas, creamos e incrementamos nuestra energía virtuosa, purificamos nuestro karma destructivo y aumentamos nuestro potencial de alcanzar las realizaciones de las etapas del camino. Estos resultados son los frutos de nuestra virtud.

Comenzamos este ejercicio recordando todos los detalles de la visualización anterior, desde Guru Buda Shakyamuni en el centro hasta la última fila de los Protectores del Dharma. Además, para reforzar la protección del Dharma, imaginamos que en cada una de las cuatro direcciones cardinales del Campo de Méritos hay un Guardián. En la coronilla de todos los seres sagrados hay una sílaba OM –la sílaba de Vairochana–; en sus gargantas una AH de color rojo –la de Amitabha–; en sus corazones una HUM azul –la de Akshobya–; en sus ombligos una SO amarilla –la de Ratnasambhava–; y en sus lugares secretos una HA verde –la de Amoghasidhi–. Estas sílabas indican que todos los seres sagrados del Campo de Méritos constituyen, en esencia, las cinco Familias de Budas.

Entonces renovamos con convicción nuestro sentimiento de que estamos ante la presencia de estos seres sagrados. En este sentido somos como el ciego que entra en una sala donde se está dando una conferencia, y su acompañante le describe las diferentes personas que allí se encuentran. El invidente cree sin dudar lo que su amigo le va describiendo, imagina a los participantes como si realmente los viera y llega, incluso, a sentir su presencia.

A continuación recitamos la oración siguiente para invocar al Campo de Méritos, invitando a todos los Seres de Sabiduría a que acudan al espacio ante nosotros y se unan con los Seres de Compromiso que hemos visualizado ante nosotros:

¡Oh Protector de todos los seres sin excepción!,
que subyugas las coléricas huestes del mal,
que conoces perfectamente todas las cosas,
Ser Bienaventurado junto con tu séquito, acudid,
  por favor, a este lugar.

De los corazones de todos los seres sagrados irradian rayos de luz que llegan hasta las tierras de los Budas e invitan a los Seres de Sabiduría ante nuestra presencia, los cuales devienen inseparables del Campo de Méritos que hemos visualizado ante nosotros.

Buda Shakyamuni dijo: «Cuando alguien genere fe en mí, allí estaré presente.» Por lo tanto, es seguro que si recitamos la oración de invocación con fe, los Seres de Sabiduría acudirán, y no tenemos por qué abrigar dudas acerca de si estos seres sagrados están presentes o no.

En tiempos de Buda Shakyamuni había una muchacha llamada Magadhabhatri que tenía una profunda fe en Buda Shakyamuni y en sus discípulos. Tuvo que marcharse a otro país a vivir con su esposo, que no era budista, y su familia. A menudo recibían visitas de un respetado maestro de otra religión, pero a Magadhabhatri esto no le satisfacía y no dejaba de elogiar las cualidades especiales de su gran Guía Espiritual Buda Shakyamuni. Habiendo escuchado tantas alabanzas, su suegra generó una profunda fe en Buda y le rogó a Magadhabhatri que lo invitara a visitarles. Cuando Magadhabhatri anunció a sus familiares que Buda y su séquito llegarían al día siguiente, no podían creérselo. Repusieron que, aunque Buda se hubiera puesto ya en camino, no podría llegar tan pronto debido a las grandes distancias. Magadhabhatri se subió al tejado de la casa llevando flores e incienso y, recitando la oración para invocar al Campo de Méritos, invitó a Buda a que viniera a visitarles.

Buda escuchó su súplica gracias al poder de su clarividencia; convocó a sus quinientos discípulos Arjats y les dijo que aquellos que poseyeran poderes sobrenaturales podrían ir con él al día siguiente. Uno de sus discípulos, no queriendo quedarse atrás, se pasó toda la noche meditando para poder desarrollar los poderes requeridos para volar junto a Buda.

Mientras tanto, la suegra de Magadhabhatri anunció por todo el pueblo que Buda Shakyamuni iba a llegar ese mismo día junto con quinientos de sus discípulos y que, según Magadhabhatri, viajarían volando desde la tierra de su padre. Entre la gente creció una gran emoción y expectación. La gente se arremolinó en varios grupos a los pies de las colinas de los alrededores y miraban al cielo para ver por dónde iban a llegar. Para complacerlos, Buda emanó dieciocho formas con su mismo aspecto en las dieciocho entradas de la ciudad. A pesar de que sólo un Buda entró en la casa de Magadhabhatri, todos los habitantes del pueblo y de los alrededores pudieron ver a Buda y generaron una fe profunda en él. A partir de entonces dedicaron sus vidas a la práctica del Dharma.

ACUMULACIÓN DE MÉRITOS Y PURIFICACIÓN DE FALTAS CON EL OFRECIMIENTO DE LA PRÁCTICA DE LAS SIETE RAMAS Y DEL MANDALA

LA PRÁCTICA DE LAS SIETE RAMAS

Las siete ramas son:

(1) Postraciones.
(2) Ofrendas.
(3) Confesión.
(4) Regocijo en la virtud.
(5) Ruego a los Budas y Guías Espirituales para que permanezcan junto a nosotros.
(6) Súplica a los Budas y Guías Espirituales para que giren la Rueda del Dharma.
(7) Dedicación.

Las prácticas de hacer postraciones, ofrendas y súplicas acumulan méritos; el regocijo y la dedicación los multiplican; y la confesión purifica el karma destructivo. Estas siete ramas se conocen también como «los siete miembros» porque, al igual que el cuerpo es sostenido por sus miembros, éstas sostienen nuestra meditación. Sin los miembros del cuerpo no seríamos capaces de realizar ninguna acción física; del mismo modo, sin los miembros de la acumulación de méritos y de la purificación de las faltas no podríamos lograr los frutos de nuestra meditación.

Cada una de las prácticas ejerce una determinada función: las postraciones eliminan el orgullo; las ofrendas superan la avaricia; la confesión purifica las tres perturbaciones mentales –el apego, el odio y la ignorancia–; el regocijo elimina los celos; la primera de las súplicas contrarresta la acción perjudicial de abandonar el Dharma; la segunda elimina las creencias erróneas y el karma destructivo que hemos cometido con acciones en contra de los Budas y Guías Espirituales; y, por último, la dedicación elimina el poder que tiene el odio para destruir los méritos creados al haber realizado acciones virtuosas.

POSTRACIONES

Buda enseñó la práctica de hacer postraciones, la cual fue una de las preferidas por Naropa y por Yhe Tsongkhapa. Hay tres clases de postraciones: físicas, verbales y mentales. Las postraciones físicas consisten en ofrecer nuestros respetos mediante una acción corporal tal como las postraciones completas utilizando todo el cuerpo, o las parciales inclinando la cabeza o juntando las palmas de las manos. Las postraciones verbales consisten en ofrecer nuestros respetos a través de la palabra, por ejemplo, recitando alabanzas a los Budas y Bodhisatvas. Las postraciones mentales consisten en ofrecer nuestros respetos con el pensamiento, por ejemplo, generando fe en las Tres Joyas. Estas tres clases de postraciones podemos hacerlas juntas: postrándonos físicamente con fe a la vez que recitamos alabanzas o mantras.

Para postrarnos con el cuerpo juntamos las palmas de las manos con los dedos pulgares hacia dentro y con ellas tocamos primero nuestra coronilla, luego el entrecejo, la garganta y el corazón. A continuación nos reclinamos hacia el suelo haciendo una postración parcial –con las manos, las rodillas y la frente tocando el suelo–, o una completa –con todo el cuerpo echado boca abajo–. Al poner las manos sobre nuestra coronilla y nuestra frente creamos la causa para alcanzar el cuerpo de un Buda. En particular, al tocar nuestra coronilla creamos la causa para alcanzar la protuberancia de la coronilla de un Buda, y al tocar nuestro entrecejo creamos la causa para obtener el rizo (tib. *dzospu*; sáns. *urnakesha*) de un Buda. Al poner las manos en la garganta creamos la causa para alcanzar la palabra de un Buda, y al ponerlas a la altura del corazón, la causa para alcanzar la mente de un Buda.

Según el mantra secreto, hemos de comenzar poniendo las manos a la altura del corazón. Los cinco dedos de la mano derecha representan los cinco aires raíz y los de la mano izquierda los cinco aires secundarios. El poner las manos juntas simboliza la absorción de estos aires sutiles de energía en el canal central. El tocar el chakra del corazón simboliza la absorción de los aires en la gota indestructible del corazón. Cuando lo logremos de verdad por medio de la meditación, podremos alcanzar las realizaciones más elevadas del mantra secreto, como la luz clara significativa y la luz clara ejemplar.

Si recitamos el siguiente mantra a la vez que hacemos postraciones físicas, el poder de cada una de ellas se multiplica por mil:

OM NAMO MANYHUSHRIYE,
NAMO SUSHRIYE,
NAMO UTAMA SHRIYE SOHA.

«NAMO» quiere decir 'homenaje' y «MANYHUSHRIYE», 'Glorioso Ser Apacible'. La mente de un Buda es apacible porque está libre de las dos obstrucciones: las obstrucciones de las perturbaciones mentales –las perturbaciones mentales y sus semillas–, y las obstrucciones al conocimiento –las impresiones de las perturbaciones mentales–. Todo ser que se haya liberado de ellas es un Buda. «SU» significa 'noble' o 'bueno', y «SHRI», 'glorioso' y se refiere a las cualidades de la Joya del Dharma. «UTAMA SHRIYE» quiere decir 'glorioso e insuperable' y alude a la Joya de la Sangha. Por lo tanto, el significado del mantra completo es:

«Rindo homenaje a la Joya del Buda,
rindo homenaje a la Joya del Dharma,
rindo homenaje a la Joya de la Sangha.»

Al mismo tiempo que nos postramos con el cuerpo podemos recitar oraciones diversas. Por ejemplo, las cuatro estrofas del *Sutra rey de las oraciones de las supremas obras excelentes*, que dicen:

*Cuantos hombres (valerosos) como leones
haya en todos los mundos de las diez direcciones y de los
   tres tiempos,
ante todos ellos, sin excepción,
me postro con cuerpo, palabra y mente.*

*Por el poder de las oraciones de las excelentes obras,
todos los Vencedores aparecen en mi mente con claridad.
Inclinándome con tantos cuerpos como átomos hay en el
   mundo,
ante todos ellos me postro.*

*Sobre cada partícula existen tantos Budas como átomos,
rodeados de todos sus Hijos.
De tal forma percibo a los Vencedores
que cubren los reinos del espacio.*

*Con océanos inagotables de alabanzas
y el sonido de infinitas voces,
proclamo las cualidades de todos los Vencedores
y ensalzo a los que han pasado al estado gozoso.*

Si nos postramos físicamente a la vez que recitamos la primera estrofa, estaremos haciendo postraciones de cuerpo, palabra y mente. La segunda estrofa muestra el modo de multiplicar las postraciones físicas imaginando que poseemos innumerables cuerpos y que nos inclinamos con todos ellos a la vez. La tercera enseña cómo realizar la postración mental generando fe y recordando las innumerables, excelentes e inconcebibles cualidades de un Buda. La cuarta indica cómo hacer postraciones por medio de la palabra al ofrecer alabanzas a los Budas.

Si no podemos recitar estos cuatro versos, una vez hayamos acabado de recitar el mantra, nos postramos a la vez que recitamos la siguiente oración de Buda Shakyamuni:

*Guru, Fundador, Ser Bienaventurado,
Tathagata y Arjat,
Buda Completamente Perfecto,
Gran Vencedor, Shakyamuni, Señor Nuestro,*

ante ti nos postramos, en ti nos refugiamos
y te elevamos ofrendas.
Por favor, bendícenos.

Al mismo tiempo que recitamos esta oración nos postramos ante Guru Buda Shakyamuni, que es nuestro Campo de Méritos principal. A continuación hacemos lo mismo ante los cinco grupos de Maestros incluyendo a Guru Buda Shakyamuni que está en el centro, y ante todos los seres sagrados que constituyen la Joya del Buda, recitando: «Me postro ante todos los Budas, como los Yidams de las cuatro clases de tantra, y ante los mil Budas.» Luego lo hacemos ante la Joya del Dharma, mientras recitamos: «Me postro ante el Dharma sagrado, mi verdadera protección.» Por último, nos postramos ante los seres sagrados que constituyen la Joya de la Sangha, como los Bodhisatvas, los Conquistadores Solitarios, los Héroes, las Heroínas y los Protectores del Dharma, recitando: «Me postro ante la Sangha suprema.»

Mientras hacemos postraciones es bueno recordar los beneficios de esta práctica. Según las enseñanzas del sutra recibiremos diez beneficios principales en el futuro:

(1) Un cuerpo sano y hermoso.
(2) Renacimiento en una familia respetada.
(3) Un gran círculo de asistentes.
(4) Respeto y ofrendas por parte de otros.
(5) Recursos en abundancia.
(6) Los muchos beneficios de escuchar el Dharma.
(7) Fe firme en las Tres Joyas.
(8) Buena y vasta memoria.
(9) Gran sabiduría.
(10) Concentración de los caminos de la profundidad y de la vastedad.

Aparte de estos beneficios hay muchos otros. Por ejemplo, el hacer postraciones purifica el karma destructivo que es la causa para alcanzar el Cuerpo de la Forma de un Buda.

OFRENDAS

Hay dos clases de ofrendas: ordinarias y sublimes. Las ofrendas materiales son ordinarias. Las podemos poner sobre nuestro altar o simplemente imaginarlas, y pueden ser objetos poseídos o que no tengan dueño. Si disfrutamos de la vista de un hermoso jardín y se lo ofrecemos con el pensamiento a las Tres Joyas, ésta es una ofrenda poseída, puesto que el jardín pertenece a alguien. Si vemos unas flores silvestres e imaginamos que las ofrecemos, ésta es una ofrenda que no tiene dueño.

Hay cuatro clases de ofrendas sublimes. Dos de ellas se mencionan en el *Sutra suplicado por Sagaramati*, la ofrenda de aplicar el Dharma a la práctica y la de generar bodhichita. El aplicar esfuerzo por aprender el Dharma, meditar en él y enseñarlo a otros, son ejemplos de la ofrenda sublime de aplicar el Dharma a la práctica. El generar las mentes de amor y de compasión son también ofrendas sublimes.

La tercera clase de ofrendas sublimes se menciona en el *Sutra del loto blanco de la compasión* y es la ofrenda de llevar a la práctica cualquier instrucción especial que hayamos recibido de nuestro Guía espiritual. El gran yogui Milarepa dijo:

«No poseo ni bienes ni riquezas y, por lo tanto, no puedo hacer ofrendas materiales; pero devolveré la bondad que mi Guía Espiritual ha tenido conmigo, poniendo en práctica todo el Dharma que me ha enseñado.»

La mejor ofrenda que podemos hacer a nuestro Guía Espiritual es practicar las instrucciones que nos ha dado. Uno de los Maestros kadampas dijo:

«El maestro espiritual que prefiera recibir ofrendas materiales en vez de la ofrenda de la práctica de sus discípulos, no es un maestro cualificado y está creando la causa para renacer en los reinos inferiores.»

La cuarta clase de ofrendas sublimes es ofrecer nuestras acciones virtuosas imaginando que adquieren la forma de objetos hermosos. Por ejemplo, si meditamos en el amor podemos transformar mentalmente esta misma virtud en una preciosa gema, en una flor o en una Tierra Pura y ofrecérsela a las Tres Joyas.

Podemos hacer ofrendas mentales recitando oraciones como las contenidas en el Lamrim de Yeshe Tsondru, titulado *Esencia de néctar*, o en las estrofas de ofrendas del *Sutra rey* de las oraciones de las supremas obras excelentes, que dicen así:

Flores y guirnaldas sagradas,
címbalos, bálsamos, espléndidos parasoles,
grandiosas lámparas de aceite e inciensos divinos,
todo ello lo ofrezco a los Vencedores.

Vestimentas magníficas, perfumes,
polvos medicinales, vastos como el Monte Meru,
todo lo que es supremo, dispuesto de manera exquisita,
todo ello lo ofrezco a los Vencedores.

Para todos los Vencedores imagino
una extensa gala de obsequios insuperables.
Por el poder de mi fe en sus obras excelentes,
me postro ante ellos y les elevo estas ofrendas.

O podemos hacer ofrendas mentales con esta breve oración:

Que todo el espacio se llene
de ofrendas de dioses y humanos
materialmente dispuestas e imaginadas,
y de nubes sublimes de ofrendas de Samantabhadra.

CONFESIÓN

La práctica de la confesión no trata sólo de reconocer mental o verbalmente las acciones perjudiciales que hemos cometido. La confesión comprende todos los ejercicios de purificación. Es absolutamente necesario que purifiquemos las acciones destructivas que hemos cometido, pues constituyen la causa principal de todo nuestro sufrimiento e insatisfacción.

A pesar de que hacemos un gran esfuerzo para desarrollar realizaciones espirituales, nos resulta muy difícil lograrlas.

Cuando estamos a punto de adquirir cierta experiencia de nuestra práctica del Dharma, nos sentimos cansados, reducimos nuestro esfuerzo y no llegamos a conseguir el fruto esperado. A veces sentimos mucha fe por nuestro Guía Espiritual pero de repente la perdemos. Nos cuesta generar fe en el Dharma y entender el verdadero significado de las enseñanzas que recibimos. Cuando intentamos meditar no podemos concentrarnos, y cuando nos decidimos a integrar el Dharma en nuestras vida no conseguimos mantener una práctica pura ni tan siquiera por una hora. Todas estas dificultades surgen como resultado de la pesada carga del karma destructivo que acarreamos en nuestra mente –la opresiva herencia de las acciones perjudiciales que hemos cometido–.

En su *Guía de las obras del Bodhisatva*, Shantideva dice:

«¿Quién ha fabricado las armas
que llevan los demonios en los infiernos?
¿Quién ha creado el suelo de hierro candente?
¿De dónde proceden las embaucadoras diablesas?

»El Ser Apto ha dicho que todas estas cosas
han sido creadas por las malas intenciones.»

Para comprender el modo en que nuestras acciones perjudiciales han producido las dificultades y el sufrimiento que estamos padeciendo ahora, hemos de reflexionar y meditar sobre las acciones y sus efectos –la ley del karma–, tema que se explicará en detalle más adelante. Mediante la meditación en el karma comprenderemos que nuestras malas experiencias han sido producidas por una mente impura, y veremos que es más inteligente generar aversión por la causa que por el efecto. Nos arrepentiremos con facilidad de todas las acciones perjudiciales que hayamos cometido, y generaremos la determinación de practicar la purificación para destruir los potenciales que dichas acciones dejaron grabados en nuestra mente.

Al pensar en todas las acciones perjudiciales que hemos cometido, es posible que nos sintamos desalentados y lleguemos a la siguiente conclusión: «No me queda ninguna esperanza. Mi mente está llena de faltas y nunca conseguiré purificarla.» Si nos desanimamos de este modo, nos alentará el recordar casos de practicantes como Angulimala, Tong Den y Ajatashatru. Inspirado por el perverso consejo de sus malos amigos, Angulimala quitó la vida a novecientas noventa y nueve personas. Después recibió enseñanzas de Dharma y comprendió sus errores, pero en vez de deprimirse se dedicó a practicar la purificación. En consecuencia, consiguió eliminar todo su karma destructivo y en esa misma vida alcanzó la realización directa de la vacuidad. El Rey Ajatashatru mató a su padre que era un santo Arjat y sedujo a una monja que también lo era; pero cuando escuchó a Buda en su discurso sobre el *Sutra de los tres cúmulos superiores* (la *Confesión del Bodhisatva*), generó un profundo arrepentimiento y purificó todo su karma destructivo. Alcanzó la realización directa de la vacuidad y el estado de El que ha Entrado en la Corriente. El brahmin Tong Den mató a su madre pero más tarde purificó sus errores y se convirtió en un gran discípulo de Buda Shakyamuni.

Si es posible purgar por completo crímenes tan nefastos como los descritos, ¿por qué dudar de si podemos o no purificar nuestras acciones impuras? De momento nuestra mente es como un cielo oscuro y cubierto de nubes, pero si purificamos todas nuestras faltas y guardamos la promesa de abstenernos de cometer más acciones perjudiciales en el futuro, nuestra mente será como un cielo sin nubes, claro y límpido.

Nagaryhuna, en su *Carta amistosa*, dice:

«El que ha sido un desconsiderado en el pasado
pero luego se adiestra en la recta conducta con
   sinceridad,
se convertirá en un ser puro, como la luna inmaculada.»

Si realizamos una purificación intensa a diario, lograremos eliminar por completo todo nuestro karma destructivo; si nuestra purificación es mediana, lo reduciremos en cierta medida; y si es pequeña, evitaremos al menos que este karma impuro se incremente. Si no hacemos ningún tipo de purificación, nuestro karma destructivo irá aumentando a medida que pase el tiempo y tendremos que sufrir con toda seguridad sus dolorosas consecuencias. El grado de purificación que consigamos dependerá de la fuerza de los siguientes cuatro poderes oponentes:

(1) El poder del arrepentimiento.
(2) El poder de la dependencia.
(3) El poder de la fuerza oponente.
(4) El poder de la promesa.

Para que nuestra práctica de purificación sea completa necesitamos aplicar estos cuatro poderes oponentes.

El poder del arrepentimiento Es el pesar que sentimos por haber cometido acciones perjudiciales. Generamos este sentimiento de arrepentimiento cuando recordamos las peligrosas consecuencias de nuestro karma destructivo. De manera indirecta, el arrepentimiento destruye tanto el potencial de nuestras acciones perjudiciales como el deseo de volver a cometerlas de nuevo. Por este motivo también se le conoce como «el poder de la destrucción». Cuanto más intenso sea nuestro arrepentimiento, mayor será nuestra abstención. Por ejemplo, si de repente descubrimos que hemos ingerido un alimento venenoso, nos pesará haberlo tomado. ¡Cuánto mayor debería ser nuestro arrepentimiento por las acciones perjudiciales que hemos cometido y que envenenarán nuestras vidas venideras!

El poder de la dependencia Las malas acciones que cometemos van dirigidas principalmente hacia dos clases de objetos: las Tres Joyas y los seres sintientes. Cometemos la mayoría de las acciones impuras en contra de otros seres sintientes. Motivados por el apego, el odio o la ignorancia, matamos, robamos, mentimos y ejecutamos todo tipo de acciones innobles. También hemos obrado en contra de seres sagrados, como los Budas, Bodhisatvas y Guías Espirituales. Impulsados por los engaños hemos creado un gran karma destructivo con acciones como abandonar el Dharma, negar la existencia de los seres iluminados o faltar al respeto a la Sangha. Por lo tanto, la práctica del refugio en dependencia de las Tres Joyas, y el generar compasión o bodhichita en relación a todos los seres sintientes, constituyen potentes métodos de purificación de las acciones perjudiciales cometidas en contra de ellos. Éste es el significado del poder de la dependencia.

El poder de la fuerza oponente Este poder se refiere a cualquier acción virtuosa que hagamos y utilicemos como oponente contra las acciones impuras que deseemos purificar. El oponente puede ser cualquier buena obra realizada con un sincero sentimiento de arrepentimiento por las faltas cometidas. Por ejemplo, podemos hacer postraciones, recitar mantras o los nombres de los Budas, leer las escrituras, meditar en la vacuidad, hacer ofrendas o practicar la generosidad. Esta acción reparadora es la verdadera forma de destruir directamente los potenciales perjudiciales.

El poder de la promesa Consiste en prometer abandonar las acciones innobles. Antes de hacer una promesa, hemos de conocer nuestra capacidad y saber por cuánto tiempo la podemos guardar. Podemos dejar de cometer ciertas acciones perjudiciales por el resto de nuestra vida, pero otras sólo por un período breve de tiempo. Si no las podemos abandonar del todo, al menos hemos de comprometernos a dejar de cometerlas durante una temporada, e ir extendiendo este tiempo poco a poco conforme se vaya incrementando nuestra capacidad de abstención. Llegará un momento en el que seremos capaces de prometer no repetir las malas acciones por el resto de nuestra vida. Incluso aquellos que se ganan la vida en dependencia de acciones destructivas, como matar animales, pueden practicar de esta forma.

REGOCIJO EN LA VIRTUD

Cada vez que nos regocijamos de las virtudes y de los logros de aquellas personas cuyas realizaciones son superiores a las nuestras, aumentamos nuestros méritos en abundancia. Se dice que tal acción nos enriquece con la mitad de los méritos de los ganados por la persona de la cual nos regocijamos, y además se incrementa nuestro potencial de alcanzar los mismos logros.

Buda Shakyamuni dijo que deberíamos regocijarnos de las buenas obras de cinco clases de personas: los Budas, Bodhisatvas, Conquistadores Solitarios, Oyentes y seres ordinarios. Es muy inspirador leer las vidas de Guías Espirituales, de Budas y de Yoguis. Al contemplar las cualidades del cuerpo, de la palabra y de la mente de los Budas y las acciones virtuosas que llevaron a cabo antes y después de su iluminación, y considerando a cuantísimos seres han beneficiado, apreciaremos sus realizaciones y nos regocijaremos de ellas pensando: «¡Qué maravilloso sería si me convirtiera en un Buda!» Contemplando cómo los Bodhisatvas generan la bodhichita y van alcanzando de manera gradual los cinco caminos mahayanas y los diez planos, apreciaremos sus obras y nos regocijaremos en ellas pensando: «¡Qué maravilloso sería si me convirtiera en un Bodhisatva!» Al contemplar el modo en que los Conquistadores Solitarios alcanzaron la realización de la vacuidad y lograron la iluminación media, y la manera en que los Oyentes alcanzaron la realización de la vacuidad y la liberación, nos regocijaremos de su práctica de los tres adiestramientos superiores e incrementaremos nuestro potencial de lograr las mismas realizaciones. Si nos regocijamos de aquellos que, como nosotros, no han entrado aún en un camino espiritual pero están practicando con sinceridad, eliminaremos los celos y acumularemos muchos méritos. También debemos alegrarnos cuando vemos que otros practican la generosidad, la moralidad o cualquier otra virtud, o que se esfuerzan por estudiar el Dharma y practicar la meditación.

Había una vez un rey llamado Prasenayhit, que invitó a Buda Shakyamuni y a sus discípulos a un gran banquete. Un vagabundo llamado Tepa esperó a la puerta del palacio del rey y se regocijó de la generosidad del monarca pensando: «¡Qué afortunado es el Rey Prasenayhit!» Cuando terminó la comida, Buda dedicó los méritos creados por el vagabundo para el beneficio de todos los seres sintientes. El Rey Prasenayhit preguntó: «Yo soy quien ha ofrecido el banquete, ¿por qué dedicas los méritos del vagabundo en vez de los míos?» Buda repuso: «Él ha realizado una acción más virtuosa que la tuya y ha creado más méritos.» Buda pudo ver que la motivación del rey al ofrecerle el banquete estaba contaminada por intereses mundanos, mientras que el júbilo del vagabundo fue un acto totalmente puro.

Nuestra práctica de regocijo en la virtud será más potente si nos alegramos de las virtudes de aquellas personas que nos resultan antipáticas o de aquellas otras a quienes les resultamos desagradables. Si conseguimos regocijarnos por igual de las acciones virtuosas, la felicidad y la prosperidad de todos los seres, eliminaremos los celos y el odio, y alcanzaremos las realizaciones de compasión y de amor con facilidad.

Si nos regocijamos de nuestras acciones virtuosas, haremos que aumente su poder y dejaremos de sentirnos deprimidos y desalentados. En ocasiones nos deprimimos porque generamos el siguiente tipo de pensamiento: «He practicado durante muchos años pero no consigo ningún resultado.» Si nos dejamos llevar por semejantes pensamientos, podemos perder el ánimo de tal modo que lleguemos a decidir que es mejor abandonar la práctica del Dharma. En estas ocasiones hemos de recordar nuestras propias virtudes. En el pasado, sin duda alguna, hemos practicado la virtud. La prueba de ello es que ahora disfrutamos de esta preciosa existencia humana dotada de dones y libertades, y de la oportunidad de aprender y de practicar el Dharma. Esta buena fortuna es el resultado de habernos ejercitado en la disciplina moral, la generosidad, la paciencia y la oración.

Así como la virtud que practicamos en el pasado es la causa de la buena fortuna de que ahora disfrutamos, del mismo modo las acciones virtuosas que efectuemos en esta vida nos aportarán buena fortuna en el futuro. Por lo tanto, lo más sensato es regocijarnos de ellas. Podemos recordar las veces en que hemos escuchado el Dharma o leído libros sobre el tema, las veces en que hemos meditado o las acciones virtuosas que hemos realizado. Si las recordamos y las apreciamos sin orgullo, podremos alegrarnos de ellas con sinceridad y así incrementaremos nuestra virtud. El regocijarnos de este modo es una forma de protegernos del gran peligro de abandonar el Dharma. Si por desánimo lo abandonásemos, crearíamos la causa para no tener ningún contacto con él en las vidas venideras, y para rechazarlo cada vez que lo encontrásemos.

La práctica del regocijo no requiere de un gran esfuerzo. Gungtang Tenpei Drolma dijo:

«Si deseas acumular virtud en abundancia, aun cuando estés relajado, aprende a regocijarte.»

Si cultivamos este hábito en nuestra mente acumularemos una vasta cantidad de méritos. Yhe Tsongkhapa dijo:

«Buda enseñó que el regocijo es la virtud suprema.»

RUEGO A LOS BUDAS Y GUÍAS ESPIRITUALES PARA QUE PERMANEZCAN JUNTO A NOSOTROS

A pesar de que el verdadero cuerpo de un Buda –el Cuerpo de la Verdad– nunca muere, los cuerpos que emanan para ayudar a los seres sintientes sí mueren. Aquellos lugares donde no existen emanaciones de Budas que enseñen los caminos espirituales se denominan tierras bárbaras. En dichos lugares no se puede escuchar ni una sola palabra de Dharma. Por lo tanto, hemos de implorar a las emanaciones de Buda que permanezcan en este mundo durante mucho tiempo para que beneficien a todos los seres sintientes. Con esta acción de implorar a los Budas y Guías Espirituales de este modo, creamos muchos méritos.

SÚPLICA A LOS BUDAS Y GUÍAS ESPIRITUALES PARA QUE GIREN LA RUEDA DEL DHARMA

Cuarenta y nueve días después de que Buda Shakyamuni hubiera alcanzado la iluminación, los dioses Brahma e Indra le rogaron que impartiera enseñanzas suplicando de la siguiente manera:

«¡Oh Buda, Tesoro de Compasión!, los seres sintientes son como ciegos, en constante peligro de caer en los reinos inferiores. En este mundo eres el único Protector. Por ello, te imploramos que surjas de tu absorción meditativa y gires la Rueda del Dharma.»

Buda aceptó esta súplica y comenzó a dar enseñanzas. Como resultado de ello, innumerables seres alcanzaron la liberación y la iluminación total y otros tantos tendrán en el futuro la oportunidad de adiestrarse en el Dharma. Gracias a la compasiva súplica de Brahma e Indra, ahora podemos practicar el Dharma incluso en estos tiempos de degeneración. De igual modo, si rogamos a los seres sagrados y les pedimos que giren la Rueda del Dharma, acumularemos muchos méritos y crearemos la causa para recibir las preciosas enseñanzas en esta vida y en las venideras. De manera indirecta, esto constituye una forma de ayudar a todos los seres sintientes.

DEDICACIÓN

La dedicación de los méritos creados al realizar una acción virtuosa tiene seis aspectos: lo que se dedica, el propósito de la dedicación, la meta para la cual se dedica, en beneficio de quién se dedica y la naturaleza de la dedicación.

Lo que dedicamos son las acciones virtuosas físicas, verbales y mentales. El propósito de dedicar estas acciones es prevenir que se destruyan o agoten, y asegurarnos de que recibiremos sus buenos resultados. Si no dedicamos nuestras virtudes, es muy posible que sean destruidas por acciones perjudiciales tales como el odio o el mantener teorías erróneas. La meta final para la cual dedicamos nuestras obras virtuosas es la iluminación total. Hacemos la dedicación para el beneficio de todos los seres pensando: «Que gracias a mis acciones virtuosas, alcance el estado de Buda para poder beneficiar a todos los seres sintientes.» Si tenemos una comprensión de la vacuidad, hacemos la dedicación recordando que los tres factores –la persona que dedica, las acciones que se dedican y la dedicación misma– son vacíos de existencia inherente. Si no la tenemos, podemos hacer la dedicación considerando que estos tres factores –el que dedica, lo dedicado y la dedicación– carecen de existencia inherente. En el *Sutra de la perfección de la sabiduría*, Buda dice que nuestra dedicación ha de unir el método y la sabiduría. Esta práctica es muy profunda, porque por medio de ella aumentaremos nuestros méritos y nuestra sabiduría, y avanzaremos por los caminos espirituales. La dedicación es por naturaleza un factor mental virtuoso. Es una noble intención cuya función es incrementar la virtud acumulada y prevenir que degenere.

Cualquiera que sea nuestro objetivo, si dedicamos nuestras virtudes para lograrlo, éstas harán que lo consigamos. Se dice que nuestras acciones virtuosas son como un caballo y la dedicación como las riendas. Cuando dedicamos los méritos somos como el hábil jinete que con las riendas dirige su caballo hacia donde quiere ir. Los Maestros kadampas nos enseñaron que cada vez que realicemos una buena obra, deberíamos recordar dos puntos importantes: comenzar la acción generando una buena motivación y concluirla con una dedicación de méritos.

OFRECIMIENTO DEL MANDALA

La palabra «mandala» en este contexto se refiere al 'universo'. Cuando ofrecemos el mandala a los seres sagrados, les entregamos el universo entero con sus habitantes. Puesto que los méritos que creamos cuando hacemos una ofrenda se corresponde con la naturaleza de lo ofrecido, transformamos mentalmente todo el universo en una Tierra Pura e imaginamos que sus habitantes son seres puros y que todos los objetos que hay en él están compuestos de sustancias preciosas. Imaginamos que sostenemos este universo en nuestras manos y de esta manera lo ofrecemos.

En cierta ocasión, un niño llenó un cuenco de arena y se lo ofreció a Buda Kashyapa imaginando que era oro. Como fruto de esta ofrenda pura, el niño renació como el opulento Rey Ashoka. De igual forma, si transformamos mentalmente el mundo en una Tierra Pura llena de objetos maravillosos y de símbolos preciosos, recibiremos un resultado que se corresponderá con la pureza de la naturaleza de nuestra ofrenda. Para alcanzar realizaciones espirituales debemos ofrecer un mandala cada día.

SÚPLICAS AL CAMPO DE MÉRITOS EN GENERAL, Y A LOS MAESTROS DEL LINAJE DEL LAMRIM EN PARTICULAR, PARA QUE NOS CONCEDAN SUS BENDICIONES

Ahora rogamos a los seres sagrados para que nos concedan sus bendiciones a fin de alcanzar estos tres grandes objetivos:

(1) Dejar de generar pensamientos y actitudes erróneas.
(2) Cultivar pensamientos y actitudes correctas.
(3) Eliminar los obstáculos externos e internos de nuestra práctica del Dharma.

Si completamos estos tres objetivos, alcanzaremos la iluminación en esta misma vida. A pesar de que hay innumerables pensamientos y actitudes erróneas, cabe mencionar dieciséis de ellos en particular, que hemos de conocer y esforzarnos en abandonar dado que impiden de forma directa nuestro logro de las realizaciones de las etapas del camino:

(1) Faltar al respeto a nuestro Guía Espiritual o sentir antipatía hacia él o ella.
(2) No desear extraer la esencia de nuestra preciosa existencia humana.
(3) No recordar la muerte.
(4) Tener apego a los placeres y a la felicidad sólo de esta vida.
(5) No temer el renacimiento en los reinos inferiores.
(6) No desear buscar refugio en las Tres Joyas.
(7) No tener fe o convicción en las leyes del karma.
(8) Desear cometer acciones perjudiciales en vez de virtuosas.
(9) Considerar que la naturaleza del samsara es felicidad.

(10) Desear incrementar las perturbaciones mentales y las acciones contaminadas.
(11) No tener interés en alcanzar la liberación.
(12) No desear practicar los tres adiestramientos superiores, que constituyen las causas de la liberación.
(13) Abandonar a los maternales seres sintientes.
(14) La autoestima.
(15) El autoaferramiento.
(16) Sentir rechazo por la práctica del mantra secreto.

En contraposición a estos, hay otros dieciséis pensamientos y actitudes que tenemos que cultivar:

(1) Confiar con devoción en nuestro Guía Espiritual y respetarle.
(2) Desear extraer la esencia de nuestra preciosa existencia humana.
(3) Recordar la muerte.
(4) No tener apego a los placeres ni a la felicidad de esta vida.
(5) Temer el renacimiento en los reinos inferiores.
(6) Desear buscar refugio en las Tres Joyas.
(7) Tener fe o convicción en las leyes del karma.
(8) Desear crear acciones virtuosas en vez de las perjudiciales.
(9) Considerar que la naturaleza del samsara es sufrimiento.
(10) Desear abandonar las perturbaciones mentales y las acciones contaminadas, que son las causas del renacimiento samsárico.
(11) Tomar la decisión de alcanzar la liberación.
(12) Desear practicar los tres adiestramientos superiores, que constituyen las causas de la liberación.
(13) Estimar a todos los maternales seres sintientes.
(14) Abandonar la autoestima.
(15) Realizar la sabiduría de la vacuidad.
(16) Sentir atracción por la práctica del mantra secreto.

Además de estos dieciséis pensamientos y actitudes, hay muchos otros estados mentales virtuosos que tenemos que cultivar, y para ello hemos de pedir bendiciones. Por ejemplo, cuando nos adiestramos en las etapas del camino de la vastedad del sutra, cultivamos mentes especiales como el gran amor, la gran compasión y la bodhichita, y, basados en ellas, generamos la determinación de practicar las seis perfecciones –generosidad, disciplina moral, paciencia, esfuerzo, estabilización mental y sabiduría–.

Las realizaciones de las etapas del camino de la vastedad del mantra secreto –la de la transformación del estado intermedio en el camino del Cuerpo de Deleite de la etapa de generación, y la del cuerpo ilusorio verdadero de la etapa de consumación– constituyen la esencia de las etapas del camino de la vastedad, y para lograrlas tenemos que suplicar bendiciones. El Cuerpo Resultante Vajra que se alcanza cuando logramos la Budeidad es la esencia suprema de todas las etapas del camino de la vastedad del sutra y del tantra.

Las realizaciones de las etapas del camino de la profundidad del mantra secreto –la de la transformación de la muerte en el camino del Cuerpo de la Verdad de la etapa de generación, y las luces claras ejemplar y significativa de la etapa de consumación– constituyen la esencia de las etapas del camino de la profundidad, y para lograrlas también tenemos que pedir bendiciones. El Cuerpo Resultante de la Verdad o Dharmakaya es la esencia suprema de todas las etapas del camino de la profundidad del sutra y del tantra.

A fin de eliminar los pensamientos y las actitudes erróneas mencionadas y con el objeto de cultivar los estados mentales virtuosos, suplicamos al Campo de Méritos que nos conceda sus bendiciones con la siguiente oración:

Concedednos, por favor, vuestras bendiciones a mí
y a todos los seres sintientes,
para que pronto eliminemos nuestras mentes destructivas,
desde carecer de respeto por nuestro bondadoso Maestro
hasta la apariencia dual más sutil.

> Concedednos, por favor, vuestras bendiciones
> para que generemos con facilidad todas las mentes virtuosas,
> desde respetar a nuestro bondadoso Maestro
> hasta la suprema mente de la unión.
>
> Concedednos, por favor, vuestras bendiciones
> para que pacifiquemos todos los obstáculos externos e internos.

Después de haber realizado estas súplicas, imaginamos que los seres sagrados nos conceden sus bendiciones, que descienden desde su corazón en forma de luz y néctar; de esta manera llenan nuestro cuerpo y mente, purifican nuestro karma destructivo y obstrucciones, e incrementan nuestros méritos, buenas cualidades, espacio de vida y realizaciones. Estas bendiciones aumentan considerablemente la probabilidad de que alcancemos la realización de la meditación que vayamos a practicar.

A continuación rogamos a los Gurus del linaje del Lamrim, comenzando por nuestro Maestro Espiritual, recitando la siguiente oración tres veces:

> Así ahora, mi precioso y bondadoso Maestro raíz,
> siéntate, por favor, sobre el loto y la luna en mi coronilla,
> cuida de mí con tu gran benevolencia,
> y concédeme las realizaciones de tu cuerpo, palabra y mente.

Nuestro Maestro Espiritual emana una réplica de sí mismo con el mismo aspecto y se sienta en nuestra coronilla, de cara al Campo de Méritos. Juntando las palmas de sus manos reza con nosotros a los demás Gurus del linaje. Podemos recitar la oración larga de Yhe Tsongkhapa llamada *Abriendo la puerta del sendero supremo* o recitar la oración breve que comienza con este verso:

> Glorioso Fundador Buda Shakyamuni,
> tu cuerpo es el fruto de infinita virtud,
> tu palabra colma los deseos de los seres migratorios,

tu mente conoce con claridad toda existencia, a ti te suplico.

Y que termina con éste:

**A ti, mi precioso y bondadoso Maestro,
que cuidas de aquellos seres de mente indómita,
que no fueron subyugados por los Budas del pasado,
como si fueran discípulos afortunados, te suplico.**

Acto seguido hacemos una petición especial para alcanzar las realizaciones de la meditación que vayamos a hacer. Puesto que ahora vamos a meditar sobre la manera correcta de confiar en el Guía Espiritual, hacemos la siguiente súplica:

Yo y todas mis bondadosas madres seguimos renaciendo sin elección ni control, debido a que no hemos confiado por completo en nuestro Guía Espiritual. Bendecidnos, por favor, para alcanzar esta realización.

Repetimos este ruego especial tres veces y, después, imaginamos que del corazón de Guru Buda Shakyamuni irradian rayos de luz que alcanzan a todo el Campo de Méritos. Desde el confín, los seres sagrados se funden en luz y se disuelven de manera gradual en los cinco grupos centrales de Gurus. Ellos, a su vez, se funden en luz y se disuelven en Guru Buda Shakyamuni, que viene a nuestra coronilla y se transforma al instante en nuestro Guía Espiritual raíz, que está en nuestra coronilla bajo el aspecto de Buda Shakyamuni. Entonces generamos con sinceridad fe en Guru Buda Shakyamuni, considerando que, en esencia, es uno con todos los objetos de refugio, incluyendo nuestro Guía Espiritual. Ofrecemos la práctica de las siete ramas, con su breve oración correspondiente, seguida del ofrecimiento del mandala. A continuación hacemos los siguientes ruegos:

*¡Oh Guru Buda!,
tu naturaleza es la sabiduría del Dharmakaya,
y eres la síntesis de todos los Maestros Espirituales;
por favor, concédeme tus bendiciones.*

*¡Oh Guru Buda!,
tu naturaleza es el Sambhogakaya,
y eres la síntesis de todas las Joyas del Buda;
por favor, concédeme tus bendiciones.*

*¡Oh Guru Buda!,
tu naturaleza es la compasión del Dharmakaya,
y eres la síntesis de todas las Joyas del Dharma;
por favor, concédeme tus bendiciones.*

*¡Oh Guru Buda!,
tu naturaleza es la Emanación Suprema,
y eres la síntesis de todas las Joyas de la Sangha;
por favor, concédeme tus bendiciones.*

Repetimos esta súplica pidiendo bendiciones y rogamos de corazón para poder alcanzar la realización de la meditación que vayamos a hacer, reconociendo lo importante que es obtener este logro si queremos alcanzar la liberación y la iluminación. En este momento podemos recitar también la *Oración de las etapas del camino* contenida en las seis prácticas preparatorias de la *Esencia de buena fortuna*.

En respuesta a nuestras súplicas, Guru Buda Shakyamuni irradia rayos de luz que entran en nuestro cuerpo y mente, purifican nuestro karma destructivo y eliminan nuestras obstrucciones. En particular, eliminan los obstáculos que impiden que alcancemos las realizaciones que hemos solicitado. Nuestro cuerpo adquiere la naturaleza de la luz y nuestra mente desarrolla un gran potencial para alcanzar estas realizaciones.

Ahora hemos completado las seis prácticas preparatorias y estamos preparados para realizar la meditación del Lamrim propiamente dicha. Durante la meditación hemos de recordar que nuestro Maestro Espiritual está sentado en nuestra coronilla bajo el aspecto de Buda Shakyamuni. Cuando tropecemos con dificultades en la meditación –ya sean distracciones, pereza o cualquier sentimiento desagradable relacionado con la meditación– podemos hacer una pausa, ofrecer el mandala y pedir a Guru Buda Shakyamuni que nos conceda su inspiración, rogando de esta forma: «Por favor, ayúdame a superar este obstáculo y a aplicarme en la meditación.» De nuevo imaginamos que rayos de luz y néctar descienden desde el corazón de Guru Buda Shakyamuni y llegan a nuestro corazón, eliminan los obstáculos, y bendicen nuestra mente con energía inspiradora para continuar la meditación. Si practicamos de este modo, combinando la meditación con súplicas para recibir bendiciones e inspiración, es definitivo que alcanzaremos realizaciones. Gueshe Dag Poua dijo:

> «Si combinamos la meditación con las prácticas para purificar el karma destructivo, acumular méritos, y hacer súplicas a nuestros Maestros Espirituales y Yidams para que nos concedan sus bendiciones, no hay duda de que conseguiremos transformar nuestra mente. Puesto que es impermanente, si practicamos de este modo con perseverancia, aunque pensemos que no nos es posible alcanzar realizaciones profundas, las lograremos con rapidez.»

La esencia de las seis prácticas preparatorias está contenida en las oraciones llamadas *Esencia de buena fortuna* y también en otro texto más breve titulado *Oraciones para meditar* que se encuentran en el Apéndice 2. El orden de las oraciones explicadas en este capítulo es algo diferente del que se presenta en la *Esencia de buena fortuna*, donde se expone un sistema completo pero menos extenso. Las oraciones han de recitarse en cada sesión de meditación. La meditación específica del Lamrim se realiza al final de la *Oración de las etapas del camino* o en el momento en que se recite la estrofa que le corresponda dentro de la oración.

¿Qué es la meditación?

Antes de entrar en el tema de las meditaciones propiamente dicho, conviene dar una explicación general de la naturaleza y del propósito de la meditación.

Meditar es familiarizar la mente de manera constante y profunda con un objeto virtuoso. La meditación ejerce muchas funciones: gracias a ella podemos superar los problemas internos tales como los creados por el odio, los celos, el apego y la ignorancia; podemos también controlar nuestra mente logrando así una gran paz interior; nos capacita para cultivar intenciones virtuosas que nos inducen a crear buenas obras; y elimina las intenciones innobles que nos hacen cometer acciones perjudiciales. Con la práctica de la meditación obtendremos una experiencia de los distintos niveles de realización espiritual, e iremos desarrollando realizaciones cada vez más elevadas hasta que alcancemos finalmente el logro supremo –el estado de la Budeidad–.

Para practicar la meditación, primero tenemos que aprender el Dharma por medio de escuchar y leer las instrucciones correctas. Luego hemos de contemplar el significado de lo que hemos escuchado y leído. Reflexionamos sobre las enseñanzas a fin de entender con claridad su significado, y para convencernos, poniéndolas a prueba y comprobando si tienen lógica, si son coherentes, si tienen sentido según nuestra propia experiencia, y si sus objetivos son significativos. Una vez hayamos generado una firme comprensión del significado del Dharma y tengamos confianza en su efectividad, estaremos preparados para practicar la meditación.

La meditación puede ser de dos tipos: analítica y de emplazamiento. La meditación analítica es un procedimiento intencionado de investigación o reflexión acerca de un objeto, en el que se analizan sus varios aspectos examinándolo detenidamente desde diversos puntos de vista. Para ello utilizamos nuestra imaginación, memoria y poderes de razonamiento hasta que, como resultado de nuestro análisis, generaremos un sentimiento o pensamiento especial que cambie nuestro estado mental. Como veremos más adelante, hay diferentes objetos de meditación. Unos, como la impermanencia o la vacuidad, son objetos aprehendidos por la mente. Otros, como el amor, la compasión, la renuncia o la resolución de confiar con sinceridad en nuestro Guía Espiritual, son en sí mismos estados mentales. La meditación analítica ha de ser aplicada hasta que aparezca con claridad en la mente el objeto específico que tratamos de realizar, o hasta que se genere el estado mental determinado que se desea cultivar.

Por ejemplo, cuando meditamos sobre la devoción al Guía Espiritual, hemos de considerar los diferentes beneficios de comprometernos a seguirle con fe, los peligros de quebrantar nuestro compromiso y nuestra confianza en él, y las diferentes formas en que hemos de confiar en él o ella de pensamiento y de obra. Por medio de esta meditación analítica llegaremos a generar la firme resolución de confiar en nuestro Guía Espiritual de corazón. Cuando esta resolución surja en nuestra mente con claridad y de manera decisiva, se dice que hemos encontrado «el objeto» de nuestra meditación de emplazamiento.

Durante la meditación de emplazamiento nos concentramos en un objeto virtuoso de manera convergente, sin permitir que las distracciones turben nuestra concentración. El objeto de la meditación de emplazamiento puede ser cualquier objeto virtuoso, o un pensamiento o sentimiento especial que hayamos generado en nuestra mente como resultado de la meditación analítica. Por medio de la meditación de emplazamiento mantenemos en concentración este objeto virtuoso, pensamiento o sentimiento especial. En el momento en que empiece a desvanecerse, hemos de reanudar nuestra meditación analítica para hacer que el objeto vuelva a aparecer de manera clara y definida. Así como cuando encendemos un fuego con la ayuda de unos fuelles, llega un momento en el que dejamos que el fuego arda solo, en nuestra sesión de meditación también llegará el momento en que tendremos que dejar la meditación analítica para dar paso a la de emplazamiento. Después, de igual manera que volvemos a hacer uso de los fuelles cuando el fuego se debilite, volveremos a aplicar la meditación analítica cuando el objeto de nuestra meditación de emplazamiento empiece a desvanecerse.

Yhe Tsongkhapa dijo que los meditadores han de combinar estos dos tipos de meditación, porque una buena meditación analítica induce a una buena meditación de emplazamiento, y viceversa. Debemos combinarlos aun cuando no nos resulte difícil encontrar o generar en la mente el objeto de la meditación de emplazamiento. Por ejemplo, si deseamos hacer una meditación de emplazamiento en la respiración, en primer lugar hemos de analizar el objeto para identificarlo con claridad. Cuando a través del análisis el objeto aparezca en la mente de una manera nítida, hemos de estabilizar esta apariencia mediante la meditación de emplazamiento. Objetos tales como la vacuidad o la bodhichita son más difíciles de encontrar y, por ello, se requiere una meditación analítica más detallada; no obstante, el procedimiento de alternar las meditaciones analítica y de emplazamiento es el mismo.

Por medio de la meditación analítica hacemos que el objeto aparezca en la mente de manera clara y decisiva, y con la de emplazamiento hacemos que nuestra mente se familiarice con él y se vaya acercando progresivamente hasta que, por último, ambos se fundan por completo. Si, por ejemplo, hacemos una meditación analítica sobre los sufrimientos de los seres sintientes, este análisis hará que aflore en nuestra mente un claro y profundo sentimiento de compasión. Cuando esto ocurra, hemos de comenzar la meditación de emplazamiento para que nuestra mente se familiarice cada vez más con este sentimiento y se impregne de él. Llegará un momento en el que nuestra mente se fundirá por completo con la compasión. Ello no quiere decir que, a partir de entonces, la compasión vaya a ser el único objeto de nuestra mente, sino que la compasión se ha fundido de manera inseparable con ella y, en consecuencia, todos nuestros pensamientos y nuestras acciones estarán siempre motivados por este sentimiento compasivo.

Al principio, nuestra meditación de emplazamiento será muy débil y sólo seremos capaces de mantener nuestro objeto durante unos instantes. Cada vez que lo perdamos, hemos de volver a aplicar la meditación analítica hasta que de nuevo el objeto aparezca con claridad. Entonces, hemos de esforzarnos en estabilizar su percepción. Este procedimiento ha de repetirse varias veces. El modo de incrementar nuestro poder de concentración se explicará en detalle más adelante.

Puesto que la mayoría de los problemas que tiene el principiante a la hora de meditar, se debe a la aplicación excesiva de su esfuerzo con el fin de mantener la meditación de emplazamiento, es importante que aprendamos a emplearlo con moderación para evitar que acabemos oprimidos por la tensión que produce el exceso en este empeño. Debemos aplicar el esfuerzo de una manera relajada y continua, y descansar cuando nos sintamos fatigados.

La práctica de la meditación es muy extensa. No se trata simplemente de sentarnos con las piernas cruzadas y de realizar las sesiones formales de meditación. El que nuestra meditación de emplazamiento sea débil, no impide que podamos practicar la meditación analítica en cualquier otro momento. Por ejemplo, si ahora nos detenemos a reflexionar con cuidado sobre algunos de los puntos mencionados, esta misma reflexión se convertirá de manera natural en una meditación analítica aunque estemos sentados cómodamente en nuestro sillón preferido. También podemos practicar la meditación analítica cuando vamos de paseo, salimos de viaje o al mismo tiempo que hacemos cualquier trabajo manual simple.

¿Cuál es el objetivo de la meditación? Por medio de la meditación analítica percibiremos el objeto con claridad y, luego, a través de la meditación de emplazamiento, lograremos niveles más profundos de experiencia o realización de este objeto. El propósito principal de todas las meditaciones del Lamrim es la transformación de la mente en el sendero hacia la iluminación, haciendo brotar las realizaciones espirituales más profundas. La señal de que hemos logrado una realización perfecta de un objeto determinado es que, a partir de entonces, ninguna de nuestras acciones se opone a ella, sino que se vuelven mucho más significativas. Por ejemplo, una vez alcanzada la realización perfecta de la compasión, seremos incapaces de infligir daño alguno a ningún ser sintiente, y todas nuestras obras estarán motivadas por esta actitud compasiva.

En las instrucciones que se dan en los siguientes capítulos, se ofrecen pautas y directrices para realizar las meditaciones analíticas, y se indican los objetos de las meditaciones de emplazamiento. Estas instrucciones han de considerarse como una mera orientación. Hemos de utilizar también la propia sabiduría y ser flexibles a la hora de aplicar estos consejos. Cuando en la meditación analítica se nos invite a adoptar una determinada manera de pensar, primero debemos comprender cuál es su objetivo; una vez comprendido, los pensamientos, sentimientos y recuerdos de nuestras propias experiencias relacionados con esta meditación, acudirán sin esfuerzo a la mente y nos llevarán en la misma dirección. Hemos de utilizar nuestros propios pensamientos y experiencias de una forma disciplinada a fin de reforzar nuestra meditación, sin dejar que nos distraigan las ideas y los recuerdos que no sean pertinentes.

Debido a que el propósito de meditar en el Lamrim es desarrollar una experiencia personal de todas las etapas del camino hacia la iluminación, se presentarán diferentes tipos de razonamiento o maneras de pensar, así como referencias a escrituras y ejemplos para contemplar. La función de estos razonamientos no se limita a probar una tesis. De hecho, muchos de los temas en los que meditaremos no requieren prueba alguna, pues son evidentes. Por ejemplo, cuando meditemos sobre el hecho de que «el momento de la muerte es incierto», no hay necesidad de demostrarlo, pues todos sabemos que es verdad. No obstante, una cosa es saberlo a nivel intelectual y otra es conocerlo por propia experiencia. Todos sabemos que el momento de la muerte es incierto, pero ¿quién vive pensando y teniendo en cuenta en sus actividades el hecho de que «es posible que hoy me muera»? La mayoría nos pasamos la vida pensando y actuando como si no nos fuéramos a morir nunca. Ignorando la realidad de la muerte, cuando ésta nos llama, sorprendidos, reaccionamos con angustia o enojo, como si nos fuera a ocurrir algo desconocido y extraño.

A menudo nuestra manera habitual de pensar y las cosas que damos por hechas, sin analizarlas, se oponen al conocimiento que poseemos de ellas. Las meditaciones del Lamrim eliminan semejantes contradicciones. Puesto que nuestras formas habituales de pensar y de actuar están profundamente arraigadas en nosotros, tenemos que hacer uso de diferentes métodos para contrarrestarlas. Uno de ellos es el razonamiento basado en una estricta lógica silogística. Aparte de éste, podemos utilizar muchos otros métodos de razonamiento y diferentes maneras de pensar para provocar el desarrollo de las realizaciones espirituales que transformarán nuestra mente y nuestro comportamiento. El Lamrim desafía desde distintos puntos de vista los errados hábitos de nuestra mente.

Es preciso recalcar que es mucho más importante lograr las auténticas experiencias del Lamrim que limitarnos a aprender sus diferentes temas. A pesar de que el entendimiento intelectual de las instrucciones es imprescindible para adquirir sus experiencias, si no perseveramos en poner las enseñanzas en práctica, nuestra comprensión de ellas no tendrá ningún valor. Si poseemos un conocimiento intelectual pero carecemos de experiencia, no conseguiremos controlar nuestra mente y cuando instruyamos a otros en ello, les será muy difícil lograr realizaciones.

Las realizaciones espirituales no se obtienen con facilidad. Para alcanzarlas hemos de escuchar y leer las instrucciones muchas veces, tantas como sean necesarias, y repetir las mismas meditaciones una y otra vez. No hay tiempo que perder. Así pues, hasta que consigamos una realización perfecta de cada etapa del camino hacia la iluminación, no podemos detenernos. Si nos resistimos a recibir unas enseñanzas porque ya las hemos leído o escuchado varias veces, ello indica que aún no hemos adquirido la experiencia del Dharma.

Las meditaciones se presentan en un determinado orden debido a que una realización nos conduce a la siguiente. No obstante, se puede practicar el ciclo completo en vez de concentrarse en una sola meditación hasta lograr su realización perfecta, puesto que las experiencias que se desarrollen en cada etapa se profundizarán en relación a la práctica de las restantes.

Confianza en el Guía Espiritual

LA MEDITACIÓN EN SÍ

La primera meditación de las etapas del camino es la de confiar en el Guía Espiritual. Consta de dos partes:

1 Cualificaciones del Guía Espiritual mahayana y del discípulo mahayana.
2 La meditación en sí de confiar en el Guía Espiritual.

CUALIFICACIONES DEL GUÍA ESPIRITUAL MAHAYANA Y DEL DISCÍPULO MAHAYANA

Se dice que el confiar en el Guía Espiritual es «la raíz del camino» porque todas las demás realizaciones espirituales, tanto del sutra como del tantra, dependen de ella. Los diversos frutos y ramas de nuestra práctica de Dharma se mantienen y reciben su sustento de la raíz de confiar en el Guía Espiritual. Así como durante nuestra educación, desde párvulos hasta el último año de la universidad, necesitamos de la ayuda de profesores cualificados para que nos enseñen, de igual modo, en el adiestramiento espiritual cuya meta es la iluminación total, tenemos que confiar en un Guía Espiritual cualificado.

Una raíz tan profunda no puede plantarse de forma apresurada. Hemos de encontrar una persona que posea todas las cualificaciones de un Guía Espiritual y, al inspirarnos con su ejemplo y sus enseñanzas, ir depositando poco a poco nuestra confianza en este Maestro, para poder finalmente confiar por completo en sus consejos. Nuestra relación con el Guía Espiritual es la fuente de todos los logros internos, por ello hemos de cerciorarnos de que éste posea todas las cualificaciones necesarias. No es suficiente con que sea famoso por su conocimiento del budismo, tenga un físico atractivo o una personalidad carismática. Aun cuando fuera una persona más bondadosa y comprensiva de lo normal, esto tampoco sería razón suficiente para entregarnos con total devoción a él o ella.

Un Guía Espiritual mahayana cualificado es una persona que posee diez cualidades especiales. Según el *Ornamento de los Sutras mahayanas* éstas son:

(1) Una mente controlada por medio de la práctica de la disciplina moral.
(2) Una mente apacible y libre de distracciones lograda por medio de la práctica de la concentración.
(3) Haber reducido el autoaferramiento a través de la práctica de la sabiduría.
(4) Poseer mayor conocimiento que el discípulo.
(5) Deleitarse al enseñar el Dharma.
(6) Poseer la riqueza del conocimiento de las escrituras.
(7) Una realización profunda y estable de la vacuidad.
(8) Gran destreza en la enseñanza del Dharma.
(9) Compasión y amor hacia sus discípulos.
(10) Entusiasmo por enseñar el Dharma, sin pereza ni desaliento.

Si no tenemos la buena fortuna de encontrar una persona con todas estas cualidades, podemos seguir a un Guía Espiritual que, al menos, practique disciplina moral, concentración y sabiduría, que tenga compasión y amor hacia sus discípulos, y que haya alcanzado una cierta realización de la vacuidad.

Para convertirnos en un perfecto discípulo mahayana hemos de desarrollar las siguientes cualidades:

(1) Una mente equilibrada, libre de gran aversión y de grandes apegos por los disfrutes mundanos.
(2) Sabiduría para discernir las enseñanzas puras del Dharma que aportan grandes beneficios, de las que son falsas; sin esta sabiduría el discípulo caerá

en la confusión con facilidad y se desorientará al escuchar o leer instrucciones erróneas.
(3) Un gran deseo de practicar el Dharma.
(4) Gran fe en el Guía Espiritual y en el Dharma, y gran respeto por ellos.
(5) Habilidad para escuchar o leer el Dharma sin pereza ni distracciones.

Se dice que cuando un discípulo mahayana totalmente cualificado confía por completo en un Guía Espiritual mahayana, también totalmente cualificado, el logro de la iluminación es fácil de alcanzar.

LA MEDITACIÓN EN SÍ DE CONFIAR EN EL GUÍA ESPIRITUAL

El propósito de esta meditación es cultivar las actitudes virtuosas de fe y de respeto hacia nuestro Guía Espiritual y superar toda actitud incorrecta que podamos tener hacia él, como engendrar sentimientos de disgusto hacia él o ella o pensamientos irrespetuosos. Una vez hayamos logrado cultivar estos estados mentales virtuosos, hemos de continuar meditando en ellos para familiarizarnos cada vez más hasta que los tengamos siempre presentes en nuestra mente.

Esta meditación tiene cuatro partes:

1 Los beneficios de confiar por completo en el Guía Espiritual.
2 Los peligros de romper nuestro compromiso con el Guía Espiritual.
3 El modo de confiar en el Guía Espiritual por medio de la fe y del respeto.
4 El modo de confiar en el Guía Espiritual por medio de acciones de servicio y devoción.

LOS BENEFICIOS DE CONFIAR POR COMPLETO EN EL GUÍA ESPIRITUAL

A fin de generar una fuerte determinación de confiar con sinceridad en nuestro Guía Espiritual, hemos de contemplar los siguientes ocho beneficios principales:

1 Avanzaremos en nuestro camino hacia la iluminación.
2 Deleitaremos a todos los Budas.
3 Los espíritus demoníacos y otras fuerzas malignas no nos perjudicarán.
4 Eliminaremos con facilidad nuestras faltas y perturbaciones mentales.
5 Nuestras experiencias y realizaciones de los caminos y planos espirituales se incrementarán en gran medida.
6 Nunca nos faltarán amigos espirituales en vidas futuras.
7 No renaceremos en los reinos inferiores.
8 Colmaremos con facilidad todos nuestros deseos, temporales y últimos.

AVANZAREMOS EN NUESTRO CAMINO HACIA LA ILUMINACIÓN

Hacemos la siguiente contemplación:

Si confío por completo en mi Guía espiritual, me enseñará lo que he de practicar para alcanzar la iluminación total. Al poner su consejo en práctica, y debido a los méritos e inspiración que recibiré al dedicarme por completo a él, alcanzaré mi meta rápidamente, en esta misma vida. Por lo tanto, he de confiar con sinceridad en mi Guía Espiritual.

También podemos reflexionar sobre la siguiente cita de los Tantras:

Si hacemos ofrendas al más minúsculo poro de un cabello de nuestro Guía Espiritual, recibiremos mayores méritos que al hacerlas a todos los Budas y Bodhisatvas de las diez direcciones.

Sakya Pandita dijo que si practicamos las seis perfecciones, de la generosidad, etc., durante un millar de eones, podremos acumular muchos méritos; pero si confiamos por completo en nuestro Maestro, obtendremos los mismos méritos en un solo instante. Puesto que la acumulación de méritos constituye la causa principal para lograr el Cuerpo de la Forma de un Buda, cuanto antes nos dediquemos a ello, más pronto alcanzaremos nuestra meta. Por el contrario, cuantos más engaños generemos, más karma destructivo crearemos, el cual nos arrojará a los reinos inferiores.

En su libro *Cien versos al pueblo de Tingri*, Padampa Sangye dice que si confiamos en nuestro Guía Espiritual, nos conducirá al logro que deseemos y, por tanto, en gratitud a su bondad, debemos corresponderle generando fe en él y respetándole. Tanto si deseamos alcanzar la iluminación, como si queremos conseguir la realización del primer plano espiritual de un Bodhisatva, nuestro Guía Espiritual nos guiará hacia estas metas. Si nuestro objetivo es la liberación, lo lograremos gracias a nuestro Guía Espiritual. Si queremos renacer en una Tierra Pura o en uno de los reinos de los dioses, él será quien nos lleve hasta estos lugares. Nuestro Guía Espiritual nos conducirá a cualquier destino virtuoso que deseemos ir.

También podemos contemplar ejemplos como el del Bodhisatva Sadaprarudita, relatado en el *Sutra de la perfección de la sabiduría en ocho mil slokas*. Sadaprarudita no conseguía avanzar en su camino hacia la iluminación, a pesar de que tenía muchas visiones de Budas y de haber recibido enseñanzas directamente de ellos. Un día, preguntó a los Budas: «¿Con qué Guía Espiritual tengo un buen vínculo kármico?», a lo que le respondieron que con Dharmodgata. Para conseguir la tutela de este Maestro, Sadaprarudita hubo de superar muchas dificultades, e incluso escindir la carne de su propio cuerpo y venderla para poder comprar ofrendas. Su profunda devoción era su mayor riqueza, pues sólo confiando en Dharmodgata podría avanzar con rapidez hacia la iluminación.

Puesto que, de momento, no tenemos la oportunidad de encontrarnos con Budas vivientes y de recibir instrucciones directamente de ellos, hemos de confiar en nuestro Guía Espiritual, pues con él o ella podemos establecer, ahora mismo, una relación que será muy beneficiosa para nuestro progreso espiritual. A algunos les resulta muy fácil desarrollar una relación especial con un determinado Maestro, lo cual es el fruto de haber creado en el pasado acciones virtuosas hacia esa persona.

DELEITAREMOS A TODOS LOS BUDAS

Vajradhara dice en las *Escrituras recibidas de la voz de Manyhushri*:

«Cuando los discípulos hacen ofrendas a sus Guías Espirituales, yo y los demás Budas entramos en su cuerpo y las aceptamos.»

Meditación:

Vajradhara y los demás Budas han entrado en el cuerpo de mi Guía Espiritual. Por lo tanto, si le complazco, estaré complaciendo a todos los Budas. Si me postro ante mi Maestro, me estaré postrando también ante todos los Budas. Si acumulo méritos por medio de acciones vinculadas con él, acumularé el mismo mérito que si las realizara en relación con todos los Budas. Por todo ello, he de confiar con sinceridad en mi Guía Espiritual.

LOS ESPÍRITUS DEMONÍACOS Y OTRAS FUERZAS MALIGNAS NO NOS PERJUDICARÁN

En el *Sutra del gran deleite* se dice que el que tenga poder meritorio y buena fortuna, verá complacidos todos sus deseos. Dicha persona no estará poseída por espíritus ni recibirá perjuicios causados por ellos u otras fuerzas malignas, y alcanzará rápidamente la iluminación. Meditemos de este modo:

Confiando en mi Guía Espiritual, reforzaré mi práctica y generaré una vasta y poderosa energía virtuosa que me protegerá de los espíritus demoníacos y de otras fuerzas malignas.

Por consiguiente, he de confiar con un corazón puro en mi Guía Espiritual.

ELIMINAREMOS CON FACILIDAD NUESTRAS FALTAS Y PERTURBACIONES MENTALES

Meditación:

Si confío en mi Guía Espiritual, me enseñará con bondad cómo eliminar mis faltas y perturbaciones mentales, de manera que podré evitar el cometer acciones perjudiciales y así me libraré de sus malos efectos.

Recordemos el ejemplo de Milarepa que, entregado de corazón a su Guru Marpa, dejó de cometer toda acción innoble y alcanzó la iluminación en muy poco tiempo, tras haber purificado sus muchos crímenes y las acciones tan perniciosas que había cometido.

NUESTRAS EXPERIENCIAS Y REALIZACIONES DE LOS CAMINOS Y PLANOS ESPIRITUALES SE INCREMENTARÁN EN GRAN MEDIDA

Los mayores obstáculos que impiden que alcancemos realizaciones espirituales son nuestras acciones perjudiciales y sus impresiones. Confiando en nuestro Guía Espiritual podremos purificarlas, y obtener en poco tiempo y con facilidad estos logros espirituales.

Recordemos el ejemplo de Dromtompa. Servía a su Maestro Atisha con tanta dedicación, que nunca le quedaba tiempo para meditar. En cambio, otro de los discípulos de este mismo Maestro, Amei Yhangchub, se pasaba el día meditando. Cuando Atisha les permitió que compitieran para comprobar quién tenía realizaciones más elevadas, Dromtompa salió vencedor. Sus realizaciones eran el fruto de su noble servicio y total entrega a su Guía Espiritual.

Gueshe Yhayulgua también se consagró con devoción a su Guía Espiritual Chengapa y tampoco conseguía encontrar tiempo para meditar. Un buen día, mientras limpiaba la habitación de su Maestro, Gueshe Yhayulgua salió fuera a sacar la basura. Al volver, de manera espontánea entró en una profunda concentración meditativa en la vacuidad y, sin haberse esforzado mucho ni dedicado a la práctica de la meditación, alcanzó la realización de la vacuidad. Este logro fue el fruto de su sincera dedicación a su Maestro.

NUNCA NOS FALTARÁN AMIGOS ESPIRITUALES EN VIDAS FUTURAS

Podemos meditar con el siguiente consejo de Yhe Pabongkhapa:

A pesar de que nuestro Guía Espiritual pueda parecernos una persona ordinaria, si en vez de fijarnos en esta apariencia lo consideramos como un Buda, estaremos creando la causa para que en el futuro tengamos como Maestros Espirituales a verdaderos Budas tales como Manyhushri o Maitreya. El hecho de tener a un verdadero Buda como nuestro Guía Espiritual es un efecto similar a su causa.

NO RENACEREMOS EN LOS REINOS INFERIORES

Meditemos de este modo:

Si confío en mi Guía Espiritual, purificaré todo el karma perjudicial que me arroja a los reinos inferiores. Si mantengo mi fe en él y le respeto, aun cuando me reprenda y golpee, sus acciones purgarán mi mal karma.

Recordemos el ejemplo del Maestro kadampa Lhatripa, que seguía con profunda devoción a su Guía Espiritual, Gueshe Tolungpa, a pesar de que éste le amonestaba cada vez que se lo encontraba. Al cabo de un tiempo, los discípulos de Lhatripa empezaron a impacientarse y uno de ellos dijo delante de él que Gueshe Tolungpa no era un buen Maestro porque no dejaba de criticar a su discípulo. Pero Lhatripa le reprendió: «No hables así. Cada vez que mi Maestro me critica, recibo las bendiciones de Heruka.» Drogon Tsangpa Gyarapa dijo:

«Cuando mi Guía Espiritual me maltrata, lo recibo como una iniciación, sus reproches son mantras coléricos, y de esta forma destruyo todos mis obstáculos.»

COLMAREMOS CON FACILIDAD TODOS NUESTROS DESEOS, TEMPORALES Y ÚLTIMOS

Yhe Tsongkhapa dijo que el Guía Espiritual es el fundamento de todas las buenas cualidades. Meditemos:

Si confío en mi Guía Espiritual, todos mis deseos temporales, como el de disfrutar de la felicidad humana, y mis aspiraciones últimas, como el deseo de alcanzar la gran liberación y la iluminación total para el beneficio de los demás, serán colmados sin dificultad.

Cuando meditamos en estos ocho beneficios de confiar en el Maestro, estamos realizando una meditación analítica que nos lleva a generar una fuerte determinación de confiar desde lo más profundo de nuestro corazón en nuestro Guía Espiritual. Esta resolución es una mente intachable y virtuosa. Cuando la generemos con claridad, hemos de considerarla como el objeto de nuestra meditación de emplazamiento, y concentrarnos en ella sin distracciones para familiarizarnos cada vez más. Habituándonos de esta forma con esta virtuosa decisión, reduciremos nuestras actitudes impropias tales como la falta de confianza en nuestro Guía Espiritual o el faltarle al respeto, y nuestra mente se irá haciendo cada vez más pura.

LOS PELIGROS DE ROMPER NUESTRO COMPROMISO CON EL GUÍA ESPIRITUAL

Si rompemos nuestro compromiso con el Guía Espiritual, nos alejaremos progresivamente de la iluminación. Una vez que hayamos elegido a una determinada persona como nuestro Guía Espiritual, si más tarde la criticamos, nos enojamos con ella y decidimos abandonarla, recibiremos muy malas consecuencias de estas acciones. Entre ellas cabe mencionar las ocho mayores:

1 Puesto que nuestro Guía Espiritual es una emanación de todos los Budas, si le abandonamos o despreciamos, esta acción producirá el mismo efecto que si lo hiciéramos a todos los Budas.
2 Cada momento de odio que generamos en nuestra mente hacia nuestro Guía Espiritual, destruye todo el buen karma que hayamos creado en un eón y nos hará renacer en los infiernos durante un eón.
3 A pesar de que hayamos practicado el mantra secreto durante eones, si despreciamos a nuestro Guía Espiritual, nos será imposible alcanzar realizaciones.
4 Si mantenemos una mente crítica o de enfado hacia nuestro Guía Espiritual, nuestra práctica del mantra secreto será la causa de renacer en los infiernos.
5 No podremos alcanzar nuevas realizaciones y las ya logradas degenerarán.
6 Las desgracias, como enfermedades y temores, nos afligirán, y seremos poseídos por espíritus malignos.
7 Renaceremos repetidas veces en los reinos inferiores.
8 En muchas de nuestras vidas futuras no encontraremos ni Guías Espirituales cualificados ni el Dharma, y cuando los encontremos seremos incapaces de generar fe en ellos y de respetarles.

Meditando en estos peligros generaremos la firme determinación de nunca jamás quebrantar nuestro compromiso con el Guía Espiritual, desconfiar de él o faltarle al respeto. Cuando esta resolución surja en nuestra mente con claridad, hemos de concentrarnos en ella en meditación de emplazamiento.

EL MODO DE CONFIAR EN EL GUÍA ESPIRITUAL POR MEDIO DE LA FE Y DEL RESPETO

Su explicación consta de dos partes:

1 Cómo generar fe, que es la raíz de todas las realizaciones, en que nuestro Guía Espiritual es un Buda.

2 Cómo generar respeto por nuestro Guía Espiritual recordando su benevolencia.

CÓMO GENERAR FE, QUE ES LA RAÍZ DE TODAS LAS REALIZACIONES, EN QUE NUESTRO GUÍA ESPIRITUAL ES UN BUDA

En términos generales, se dice que la fe es la raíz del camino porque todas las buenas cualidades y realizaciones espirituales dependen y reciben su alimento de ella. En particular, nuestra habilidad para confiar por completo en nuestro Guía Espiritual depende de que poseamos una fe basada en el convencimiento de que nuestro Guía Espiritual es un Buda.

En el *Sutra de la lámpara de las joyas supremas*, Buda dice:

«Así como los niños nacen de su madre, las buenas cualidades nacen de la fe. La fe incrementa nuestras buenas cualidades y nos hace generar otras nuevas.»

En su Lamrim, Gyalgua Ensapa dice que todas las realizaciones, grandes y pequeñas, dependen de la fe. Puesto que es la raíz de todos los logros espirituales, deberíamos considerar el desarrollo de la fe como nuestra práctica principal.

Cuando Atisha vivía en el Tíbet, se le acercó un hombre y le pidió que le diera enseñanzas de Dharma. Atisha permaneció en silencio y el hombre, pensando que no le había oído, repitió su ruego alzando la voz. «Tengo buen oído –repuso Atisha– pero tú necesitas fe.»

Si el discípulo posee una fe firme, aunque el Guía Espiritual cometa algún error, el discípulo todavía se beneficiará de ello. En cierta ocasión, el hambre se extendió por la India y millares de personas morían de inanición. Una mujer de avanzada edad fue a consultar a su Guía Espiritual y le dijo: «Enséñame, por favor, un método para poder sobrevivir.» Su Maestro le aconsejó que se alimentase con piedras. «¿Cómo convertiré las piedras en algo comestible?», preguntó la mujer. Y su Maestro le respondió: «Si recitas el mantra de la Diosa Tsunda, podrás guisar las piedras.» Entonces le dio la transmisión del mantra pero cometió un pequeño error. En vez de decir OM TZSALE TZSULE TZSUNDE SOHA, dijo OM BALE BULE BUNDE SOHA. No obstante, la anciana lo recibió con mucha fe y lo recitó con tal concentración que consiguió guisar piedras y alimentarse de ellas.

El hijo de esta mujer era monje y, preocupado por el bienestar de su madre, fue a visitarla. Se quedó atónito al verla con buena salud y bien alimentada. Le dijo: «Madre, ¿cómo es posible que disfrutes de tan buena salud cuando hasta la gente joven se está muriendo de hambre?» Su madre le dijo que se alimentaba de piedras. «¿Y cómo las guisas?», preguntó el hijo, y ella repitió el mantra que había recibido de su Maestro. El hijo se dio cuenta de la falta en la recitación y se lo hizo saber: «¡Este mantra no es correcto! El verdadero mantra de Tsunda es OM TZSALE TZSULE TZSUNDE SOHA.» Al oírlo, a la mujer le embargaron las dudas. A partir de entonces, confundida, recitaba los dos mantras, pero habiéndose debilitado su fe, ninguno de ellos surtía efecto.

La fe es un factor esencial. Si tenemos sabiduría pero nos falta fe, aprenderemos el Dharma sólo a nivel intelectual. Sin la fe, aun cuando dominemos el arte de la lógica budista y seamos muy hábiles analizando diversos temas, no tendremos dominio de la propia mente por no haber aplicado el Dharma en la práctica. Sin fe no podremos desarrollar realizaciones espirituales y nuestro orgullo crecerá. Por lo tanto, hemos de considerar la fe como algo sumamente precioso. Al igual que el espacio está por todas partes, allí donde hay fe existen mentes virtuosas.

¿Qué es la fe? Es una mente virtuosa por naturaleza, cuya función principal es contrarrestar la percepción de faltas respecto al objeto observado. Hay dos clases de virtud: la natural y la que se desarrolla a partir de una motivación. La virtud natural es una mente que es virtuosa por naturaleza propia, sin depender de una motivación específica que la haga de tal modo.

Hay tres clases de fe: creyente, admirativa y desiderativa. Si como resultado de la meditación que se presenta a continuación, nos convencemos de que nuestro Guía Espiritual es un Buda, esto sería un ejemplo de fe creyente. Convencidos de que nuestro Guía Espiritual es un Buda, si creemos en el Dharma que enseña, éste sería también un ejemplo de la primera clase de fe. La fe creyente es la más estable porque se basa en un razonamiento válido que nos hace creer en personas o en objetos virtuosos. Semejante fe no se ve afectada por dudas ni creencias erróneas.

Un ejemplo de fe admirativa es la que tenemos cuando, al reconocer las buenas cualidades de nuestro Guía Espiritual y las del Dharma que enseña, generamos admiración hacia ellos de manera que nuestra mente se vuelve clara y se libera de distracciones y pensamientos destructivos. Ésta es una fe pura de corazón, y la desarrollamos cuando sentimos mucho respeto y una sincera admiración por un objeto o una persona que consideramos especial o beneficiosa.

Un ejemplo de fe desiderativa sería cuando, habiendo desarrollado una fe admirativa, generamos la aspiración de cultivar las buenas cualidades que vemos en nuestro Guía Espiritual o las explicadas en el Dharma que enseña.

A fin de convencernos de que nuestro Guía Espiritual es un Buda, hemos de considerar los tres puntos siguientes:

1 La importancia de considerar a nuestro Guía Espiritual como un Buda.
2 La posibilidad de considerar a nuestro Guía Espiritual como un Buda.
3 Cómo llegar al convencimiento de que nuestro Guía Espiritual es un Buda.

LA IMPORTANCIA DE CONSIDERAR A NUESTRO GUÍA ESPIRITUAL COMO UN BUDA

Meditemos de este modo:

Si considero en todo momento a mi Guía Espiritual como un Buda, disiparé mis dudas y vacilaciones y desarrollaré las tres clases de fe con intensidad. Una vez que haya generado fe, alcanzaré las realizaciones espirituales y recibiré pronto los frutos de mi práctica del Dharma.

Reflexionando de esta manera nacerá en nosotros la siguiente determinación: «En todo momento voy a considerar a mi Guía Espiritual como un Buda.»

LA POSIBILIDAD DE CONSIDERAR A NUESTRO GUÍA ESPIRITUAL COMO UN BUDA

Cuando hayamos generado la resolución de que en todo momento vamos a considerar a nuestro Guía Espiritual como un Buda, nos preguntaremos cómo hacerlo. La meditación siguiente nos lo explica:

Si no me fijo en las faltas que atribuyo a mi Guía Espiritual, y me concentro sólo en sus buenas cualidades, con esta atención virtuosa podré suprimir poco a poco la percepción de esas aparentes faltas.

Si practicamos con sinceridad conforme a esta resolución, llegará un momento en que pensaremos: «Quizá mi Guía Espiritual es un ser iluminado.» Entonces comprenderemos que es posible considerarle como un Buda.

Continuamos meditando de la siguiente manera:

Cuando alcance el camino de acumulación del mantra secreto, seré capaz de ver a mi Guía Espiritual de forma directa como el Cuerpo Supremo de Emanación de un Buda. Percibiré el mundo entero como una Tierra Pura y a sus habitantes como Deidades, Héroes y Heroínas. Puesto que llegará un día en que perciba a todos los seres de esta forma, lo más apropiado es que considere a mi Guía espiritual como un Buda.

Esta meditación nos llevará a la siguiente conclusión: «Cuando logre purificar y dominar mi mente, percibiré a mi Guía Espiritual como un Buda; por lo tanto, no hay ninguna razón para que no le considere como un Buda desde este mismo momento.»

CÓMO LLEGAR AL CONVENCIMIENTO DE QUE NUESTRO GUÍA ESPIRITUAL ES UN BUDA

Los cuatro razonamientos que se dan a continuación nos harán generar la firme creencia de que nuestro Guía Espiritual es un Buda:

1. Buda Vajradhara dijo que los Guías Espirituales son Budas.
2. Nuestro Guía Espiritual realiza las obras iluminadas de un Buda.
3. En estos tiempos de degeneración, los Budas siguen trabajando por el beneficio de todos los seres sintientes.
4. Las apariencias son engañosas y no podemos fiarnos de nuestras propias opiniones.

BUDA VAJRADHARA DIJO QUE LOS GUÍAS ESPIRITUALES SON BUDAS

Un practicante mahayana sincero ha de tener fe en Buda Vajradhara y creer que sus palabras son completamente ciertas y fidedignas. En consecuencia, esta persona no dudará de que su Guía Espiritual es un Buda pensando de este modo: «Mi Guía Espiritual es un Buda porque Buda Vajradhara ha dicho que todos los Maestros Espirituales lo son.» En el *Tantra de los dos exámenes*, Buda Vajradhara predijo:

> «En tiempos de degeneración, cuando la práctica del Budadharma esté en declive, me manifestaré como un Guía Espiritual. Recordad que yo seré ese Maestro Espiritual y veneradle de la misma forma... Apareceré como un ser ordinario y bajo diferentes aspectos.»

Es muy posible que nos preguntemos: «¿Quiénes son esos Guías Espirituales? ¿Quiénes son esos seres ordinarios que son las emanaciones de Buda Vajradhara?» Sin duda alguna han de ser los Maestros Espirituales que ahora mismo trabajan sin cesar para beneficiarnos.

NUESTRO GUÍA ESPIRITUAL REALIZA LAS OBRAS ILUMINADAS DE UN BUDA

Si pensamos en las obras que realiza un ser iluminado, nos daremos cuenta de que son las acciones que guían a los seres por los senderos correctos hacia la liberación y la iluminación total. Si nos preguntamos quién está realizando ahora mismo semejantes acciones, veremos que es nuestro Guía Espiritual.

Puesto que de momento no podemos ser guiados de manera directa por el mismo Buda, si deseamos practicar sus enseñanzas, necesitamos la ayuda de un Guía Espiritual que actúe como intérprete e intermediario. Así como para ingerir alimentos y digerirlos hacemos uso de la boca, para comprender las obras iluminadas de los Budas y poder aprender de ellas necesitamos un Guía Espiritual que nos las comunique.

A pesar de que este razonamiento prueba con certeza que nuestro Guía Espiritual realiza las obras iluminadas de un Buda, puede ocurrir que aún no nos sintamos convencidos del todo. En este caso, deberíamos reconocer que la culpa no es de un mal razonamiento, sino de nuestra propia mente. Como resultado de las acciones erróneas y perjudiciales que cometimos en el pasado, nuestra mente soporta una pesada y destructiva carga que oscurece y nubla nuestra inteligencia, y nos impide generar una fe creyente aunque nos apoyemos en razonamientos perfectos. Es importante reconocer, al menos, que el argumento utilizado es válido y que nuestra incapacidad de convencimiento se debe a los propios hábitos nocivos de la mente. Después de esta reflexión, podemos continuar nuestra meditación con el tercer tipo de razonamiento.

EN ESTOS TIEMPOS DE DEGENERACIÓN, LOS BUDAS SIGUEN TRABAJANDO POR EL BENEFICIO DE TODOS LOS SERES SINTIENTES

A pesar de que pensemos que ya no queda ningún Buda viviente, si lo analizamos con cuidado, veremos que esto es imposible porque los Budas poseen la mente de bodhichita, han practicado las seis perfecciones y completado los planos y caminos espirituales, con el único afán de ayudar a los seres sintientes hasta el final de la existencia cíclica. Puesto que beneficiar a los demás seres sin interrupción constituye el verdadero propósito de la iluminación total, es imposible que los Budas hayan dejado de ofrecernos su apoyo.

Si pensamos de qué forma nos ayudan los Budas en este preciso momento, veremos que nos asisten principalmente a través del ejemplo y de las enseñanzas de nuestro Guía Espiritual. Los seres iluminados no pueden purificarnos o suprimir nuestro sufrimiento de manera directa, con sus propias manos, ni tampoco pueden ayudarnos mostrando su verdadera forma, porque no seríamos capaces de percibirla. Por lo tanto, el modo más diestro y eficaz de favorecernos es por mediación de nuestro Guía Espiritual. El reconocimiento de que los Budas nos están asistiendo en este preciso momento, implica que lo hacen a través de nuestros Maestros.

LAS APARIENCIAS SON ENGAÑOSAS Y NO PODEMOS FIARNOS DE NUESTRAS PROPIAS OPINIONES

Es posible que surja en nosotros la siguiente objeción: «A pesar de que estos razonamientos son válidos y me llevan a la conclusión de que mi Guía Espiritual es un Buda, cuando estoy con mi Maestro no tengo la sensación de que lo sea, pues veo que tiene faltas y los Budas carecen de ellas.» Para cambiar esta manera de pensar hemos de meditar de esta forma:

Lo que mi mente percibe es indefinido y poco fiable. No puedo estar seguro de que algo exista por el mero hecho de que aparezca en mi mente, ni tampoco puedo afirmar que las cosas existen del modo en que lo parece. Las cosas en distintos momentos aparecen de diferentes maneras. Mientras mi mente sea impura, seguiré teniendo alucinaciones y apariencias erróneas. Sólo una mente pura puede percibir las cosas del modo en que realmente existen.

Los seres perciben los objetos de distintas maneras y con sentimientos dispares según su propio karma. Por ejemplo, un ser humano percibe el agua como tal, mientras que un dios la percibe como néctar y un espíritu ávido como una sustancia repulsiva compuesta de sangre y pus.

Hasta que purificaron sus mentes, muchos de los *Mahasidhas* y yoguis veían a sus Guías Espirituales bajo aspectos vulgares e imperfectos. Asanga vio a su Guía Espiritual, Maitreya, como un perro. Naropa vio al suyo, Tilopa, como un pescador. Devadata y Bhikshu Legpei Karma veían a Buda Shakyamuni, que estaba dotado de una perfección completa, como un ser limitado. Bhikshu Legpei Karma podía ver que una aureola de luz de unos tres palmos de ancho irradiaba del cuerpo de Buda, pero era incapaz de percibir sus cualidades internas y se quejaba diciendo: «¡El halo de luz de Gautama no abarca más que tres palmos!»

Aquí es oportuno que recordemos algunos relatos relevantes. Una vez, Gyalgua Ensapa visitó un monasterio sakya en el Tíbet y se dispuso a recitar en sánscrito el *Sutra de la perfección de la sabiduría en ocho mil slokas*. Los monjes no entendían esta lengua y no conseguían entender lo que recitaba. Pensando que mascullaba un idioma extraño, confundidos, se decían unos a otros: «¡Esta persona no es un ser humano, debe ser un espíritu guelugpa!»

Un hombre llamado Naro Bonchung fue a visitar a Milarepa, después de que éste hubiera alcanzado la iluminación, y lo percibió como una persona vulgar y ordinaria. «Antes de haber visto a este hombre llamado Milarepa –dijo Naro Bonchung– había oído hablar muy bien de él, pero cuando le conocí no vi nada especial, aparte de un viejo tumbado en el suelo.» Si semejantes errores se cometían incluso en la edad del esplendor espiritual, no es de extrañar que en estos tiempos de degeneración caigamos a menudo en los mismos errores. Yeshe Tsondru dice en su libro *Esencia de néctar*:

«Hasta que consiga purificar mi mente impura, aun cuando todos los Budas se presenten ante mí, los percibiré como seres ordinarios. De momento no puedo ver los sagrados cuerpos de los Budas ni sus símbolos ni marcas ejemplares.»

Mientras nuestra mente sea impura sólo percibiremos apariencias ordinarias. Para eliminarlas hemos de generar la fe firme de que nuestro Maestro es un Buda.

La meditación que hace uso de estos cuatro tipos de razonamientos es una meditación analítica que nos induce a generar la convicción de que nuestro Guía Espiritual es un Buda. Cuando manifestemos con claridad en nuestra mente esta firme creencia, hemos de detener nuestro análisis y tomar este sentimiento como el objeto de nuestra meditación de emplazamiento a fin de familiarizarnos íntimamente con él. La señal de haber alcanzado la realización de que nuestro Guía Espiritual es un Buda es que cada vez que pensemos en él o en ella, pensamos en Buda, y cuando pensamos en Buda lo hacemos en nuestro Guía Espiritual. En todo momento los consideramos como un mismo ser. La mente que posee esta realización se distingue por su gran pureza. El reconocer a nuestro Guía Espiritual como un Buda es un método muy poderoso para alcanzar elevadas realizaciones tales como las de las etapas de generación y de consumación del mantra secreto.

CÓMO GENERAR RESPETO POR NUESTRO GUÍA ESPIRITUAL RECORDANDO SU BENEVOLENCIA

Su explicación consta de dos partes:

1 Recordar que nuestro Guía Espiritual es más bondadoso que todos los Budas.
2 Recordar que nuestro Guía Espiritual es aun más bondadoso que Buda Shakyamuni.

RECORDAR QUE NUESTRO GUÍA ESPIRITUAL ES MÁS BONDADOSO QUE TODOS LOS BUDAS

¿Es correcto decir que nuestro Guía Espiritual es más bondadoso que todos los Budas? Imaginemos que somos muy pobres y alguien nos ayuda económicamente durante una temporada hasta que salimos de la crisis y volvemos a ganarnos la vida. Imaginemos que entonces viene otra persona, nos invita a comer y nos regala unos cuantos obsequios. ¿Cuál de estos dos benefactores es el más bondadoso? Sin duda alguna el que nos ofreció ayuda en los momentos de mayor necesidad.

Nuestro Guía Espiritual nos beneficia en persona cuando estamos sumergidos en la pobreza espiritual, mientras que los Budas nos asisten de forma directa cuando ya poseemos un tesoro de realizaciones. De momento nuestra sabiduría, concentración y memoria son escasas, y tenemos muy poco poder meritorio o buena fortuna. No obstante, en nuestra pobreza espiritual, nuestro Maestro nos sostiene y ofrece la medicina del Dharma, dándonos la oportunidad de que mejoremos con el desarrollo de nuestra sabiduría, concentración y memoria, reduciendo nuestras perturbaciones mentales, y haciendo que nuestras mentes se vayan volviendo serenas y apacibles.

Si aceptamos y asimilamos la riqueza del Dharma que nos ofrece nuestro Guía Espiritual, llegará un momento en el que lograremos la concentración del continuo del Dharma, y a partir de entonces seremos capaces de ver a los Budas de forma directa. Entonces, cuando nuestra mente se haya enriquecido con realizaciones, recibiremos enseñanzas directamente de ellos. Por lo tanto, los Budas son como el segundo benefactor, mientras que nuestro Maestro es más bondadoso, pues nos ayuda cuando más lo necesitamos.

En este y en otros mundos han aparecido innumerables Budas. En una de sus vidas pasadas, setenta y cinco mil Budas otorgaron los votos del Bodhisatva a Buda Shakyamuni; nosotros, en cambio, nunca hemos sido discípulos de ninguno de ellos. Antes de Buda Shakyamuni vinieron los tres primeros de los mil Budas que aparecerán en este afortunado eón, y beneficiaron a innumerables seres sintientes enseñándoles el Dharma, pero nosotros tampoco estuvimos allí para aprender de ellos. Cuando Buda Shakyamuni vino a este mundo y enseñó el Dharma, nosotros no fuimos uno de los muchos discípulos que recibieron sus instrucciones y alcanzaron la liberación o la iluminación total. Después de Buda Shakyamuni, muchos y elevados Bodhisatvas tales como Manyhushri y Maitreya, y grandes Maestros tales como Nagaryhuna y Asanga, se manifestaron y guiaron a muchos seres hacia la liberación y la iluminación total, pero nosotros tampoco estábamos entre sus discípulos. Eruditos con grandes realizaciones, como Tilopa, Naropa y Atisha, enseñaron el Dharma y ayudaron a sus discípulos a lograr la liberación y la iluminación total, pero nosotros, una vez más, no nos encontrábamos entre aquellos que se beneficiaron de sus consejos. Tiempo después, llegaron los grandes Maestros kadampas, pero tampoco fuimos uno de sus discípulos. Más tarde vinieron Yhe Tsongkhapa y otros Maestros realizados, pero ni siquiera entonces tuvimos la fortuna de ser guiados por ellos hacia la liberación.

Si nos hacemos las siguientes preguntas: «¿Quién es mi Maestro? ¿Quién me guía ahora mismo por el sendero espiritual?», veremos que nuestro Guía Espiritual está mostrando hacia nosotros la misma bondad que los Budas del pasado mostraron hacia sus discípulos. Por lo tanto, desde nuestro punto de vista, nuestro Guía Espiritual es más bondadoso con nosotros que todos los demás Budas.

RECORDAR QUE NUESTRO GUÍA ESPIRITUAL ES AUN MÁS BONDADOSO QUE BUDA SHAKYAMUNI

Por lo general, podemos decir que Buda Shakyamuni es más bondadoso con nosotros que todos los demás Budas, puesto que él es nuestro objeto principal de refugio y el fundador de la actual doctrina de Dharma. El Budadharma que escuchamos, contemplamos y meditamos tiene su origen en él. Hasta ahora hemos considerado lo bondadoso que es Buda Shakyamuni, pero nuestro Guía Espiritual lo es aun más porque en este momento somos incapaces de relacionarnos de manera directa con Buda Shakyamuni. Así pues, sólo a través de una relación personal con nuestro Guía Espiritual, podemos cultivar las realizaciones del Dharma. Atisha dijo:

«Todas las realizaciones que deseemos alcanzar dependen de la fuerza inspiradora que recibamos de nuestro Guía Espiritual.»

Cuando practicamos el mantra secreto, meditamos en que nuestro Yidam es inseparable de nuestro Guía Espiritual para recibir sus bendiciones e inspiración con rapidez, factores imprescindibles para tener éxito en nuestra práctica. Si meditamos en nuestro Yidam considerando que es distinto de nuestro Maestro, nuestra meditación será muy débil. Por lo tanto, en el mantra secreto se dice que cuando visualizamos a nuestra Deidad, hemos de considerar que es inseparable de nuestro Guía Espiritual. Gyalgua Go Tsangpa dijo:

«Muchos yoguis meditan en la etapa de generación del mantra secreto, pero la meditación en el Guía Espiritual es la suprema. Muchos practicantes recitan los mantras de sus Yidams, pero el hacer súplicas a nuestro Maestro es la recitación suprema.»

Los adeptos tántricos más cualificados consideran el yoga del Maestro como su práctica principal. La manera de adiestrarnos en este yoga es confiando con sinceridad en el Guía Espiritual.

De forma indirecta, nuestro interés en el Dharma es el fruto de los hábitos que cultivamos en vidas pasadas, pero su causa directa son las bendiciones y la inspiración que hemos recibido de nuestro Guía Espiritual. Al iniciar nuestra práctica del Dharma abandonamos las acciones impropias y cultivamos las virtuosas, gracias también sólo a las bendiciones y la inspiración de nuestro Maestro. Las postraciones y demás acciones virtuosas físicas, las recitaciones y demás acciones virtuosas verbales, y las meditaciones y demás acciones nobles mentales que realizamos son el fruto de las bendiciones y fuerza inspiradora que recibimos de nuestro Guía Espiritual. La oportunidad que ahora tenemos de desarrollar tanto nuevas realizaciones como las que ya hemos logrado, son también el resultado de las bendiciones y la inspiración que recibimos de nuestro Guía Espiritual.

A veces las bendiciones de nuestro Guía Espiritual son extraordinarias, como en el caso de Gueshe Yhayulgua, que sin poner esfuerzo alguno en la meditación logró de manera natural una gran concentración gracias a las bendiciones de su Maestro. Hay muchos otros casos, como por ejemplo el de Naropa, al que le fue muy difícil recibir enseñanzas de su Guía Espiritual, Tilopa. Su Maestro le creaba todo tipo de problemas con el propósito de ayudarle a purificar su mente. En cierta ocasión, en vez de darle instrucciones de Dharma, Tilopa le tiró un puñado de arena a la cara, y en ese mismo instante Naropa entró en una profunda concentración y permaneció absorto sin distracciones durante siete días. En realidad, todos los problemas que Tilopa ocasionaba a su discípulo eran bendiciones encubiertas.

EL MODO DE CONFIAR EN EL GUÍA ESPIRITUAL POR MEDIO DE ACCIONES DE SERVICIO Y DEVOCIÓN

Una vez hayamos generado las actitudes correctas de fe y de respeto, podemos ofrecer a nuestro Guía Espiritual las siguientes cuatro clases de acciones:

1 Ofrecimiento de acciones físicas o verbales de respeto, como postraciones o recitación de alabanzas.
2 Ofrecimiento de objetos materiales.
3 Ofrecimiento de nuestro servicio.
4 Ofrecimiento de nuestra práctica de Dharma.

Podemos ofrecer estas obras en cualquier momento, tanto si nuestro Guía Espiritual está presente como si no lo está. Todas ellas le agradarán, pero la que más le complace es el ofrecimiento de nuestra práctica de Dharma que es el acto de suprema devoción.

Cuando realizamos prácticas como las *Seis sesiones del yoga del Guru* representamos a nuestro Guía Espiritual bajo el aspecto de Vajradhara. En la práctica de la *Ofrenda al Guía Espiritual* hacemos postraciones, ofrendas y súplicas a nuestro Guía Espiritual manifestado bajo el aspecto de Lama Losang Tubuang Doryhe Chang. En las *Seis prácticas preparatorias* de la meditación del Lamrim, llamadas en tibetano *Yhorbei Cho Drug*, visualizamos a nuestro Maestro en la forma de Buda Shakyamuni. Todos estos métodos son maneras de confiar en nuestro Guía Espiritual por medio de obras devocionales.

CONCLUSIÓN

Al finalizar cada sesión de meditación, imaginamos que Guru Buda Shakyamuni, que está en nuestra coronilla, disminuye de tamaño y desciende gradualmente hasta nuestro corazón, desde donde irradia rayos de luz que purifican nuestro cuerpo y mente. Nuestro cuerpo, de la luz de la sabiduría, adopta al instante el aspecto de Buda Shakyamuni y nuestra mente deviene inseparable de la suya. De nuestro corazón irradiamos rayos de luz que alcanzan a todos los seres sintientes y sus entornos. Los innumerables seres sintientes así como sus entornos son purificados y sus cuerpos de luz de sabiduría adquieren el aspecto de Buda Shakyamuni. En nuestro corazón y en el de todos los Budas que están a nuestro alrededor, hay un disco lunar sobre el cual se alza una sílaba HUM rodeada del mantra OM MUNI MUNI MAHA MUNIYE SOHA. Recitamos el mantra imaginando que todos los Budas nos acompañan al unísono.

Cuando hayamos terminado la recitación del mantra, hemos de completar la sesión con la dedicación de todos los méritos acumulados con nuestra virtud para que todos los seres sintientes alcancen la iluminación.

CÓMO ADIESTRAR LA MENTE DURANTE EL DESCANSO DE LA MEDITACIÓN

Fuera de la sesión de meditación podemos leer libros y recibir enseñanzas referentes a cualquiera de las etapas del camino en que estemos adiestrándonos durante las sesiones formales. Nunca deberíamos olvidar por completo nuestro objeto de meditación. Durante los descansos podemos aprovechar la oportunidad para recordar y contemplar los puntos de nuestra meditación, y hablar con nuestros amigos espirituales sobre las instrucciones que hayamos recibido y las experiencias que estemos teniendo. Además de recordar nuestro objeto de meditación, nuestra práctica principal durante los descansos también ha de consistir en proteger las seis puertas de los poderes sensoriales. Por lo general, cuando nuestros poderes sensoriales de la vista, del oído, del gusto, del olfato, del cuerpo y de la mente entran en contacto con sus respectivos objetos –las formas, los sonidos, los olores, los sabores, los objetos tangibles y otros fenómenos–, generamos con facilidad perturbaciones mentales que nos hacen cometer acciones perjudiciales, que a su vez ocasionarán sufrimiento como resultado. Cuando hayamos eliminado la mente de autoaferramiento –la raíz de todas las perturbaciones mentales–, el contacto entre nuestros poderes sensoriales y sus objetos no nos hará generar engaños. Hasta que logremos esta realización, debemos proteger las puertas de nuestros poderes sensoriales.

Podemos practicar esta abstención de dos formas. Una de ellas es evitar el contacto con los objetos de los poderes sensoriales. Por ejemplo, evitar que nuestra mirada se fije en formas atractivas, eludir un encuentro con nuestro enemigo o dejar de escuchar música. A la mayoría de la gente le es imposible mantener este tipo de contención. Sólo podríamos hacerlo si nos aislásemos, como Milarepa, y viviéramos retirados en una cueva. Por ello, la mayoría de nosotros hemos de practicar de la segunda forma.

La segunda forma de proteger las puertas de los sentidos no consiste en evitar el contacto con los objetos de los poderes sensoriales, sino en proteger la mente de ser influenciada por ellos. Hemos de impedir esta influencia desde el primer momento en que el poder sensorial entra en contacto con el objeto. Por ejemplo, cuando vemos un objeto muy hermoso, de inmediato debemos dirigir nuestra atención hacia otra cosa. La razón por la que generamos apego hacia objetos bellos es porque, desde el momento en que entramos en contacto con ellos, permitimos que nuestra atención se detenga en su contemplación y acabamos pensando sólo en ellos. Iniciamos, entonces, un intenso proceso de pensamientos comparable con una meditación analítica, familiarizando nuestra mente con los diferentes aspectos, manifiestos y ocultos, de nuestro objeto. Como resultado de la mencionada «meditación analítica», generamos un intenso sentimiento de apego hacia el objeto, el cual permanece con nosotros hasta el punto de que no podemos olvidarnos de él. Por ejemplo, cuando nos encontramos con una persona muy atractiva, después de verla seguimos contemplando su belleza y la imaginamos con todo detalle: su cuerpo, su sonrisa, sus ojos, la expresión de su cara, sus cabellos, etc. Recordamos todos sus rasgos, de la cabeza a los pies. ¡Qué extraordinario poder de concentración! Esta incorrecta «meditación analítica» hace que surja en nosotros un apasionado deseo de poseer el objeto, lo cual nos impulsa a ir en su busca. Si no conseguimos encontrarnos con él, nos sentimos descorazonados. ¿De dónde viene este sentimiento de decepción? ¡De nuestra meditación errónea! Por lo tanto, si queremos liberarnos de semejante sufrimiento, cada vez que tropecemos con un objeto hermoso, deberíamos dejarlo a un lado y no permitir que nuestra mente se fije en él. De igual manera, cuando alguien nos diga algo desagradable, no deberíamos prestarle atención, sino actuar como si fuéramos sordos. De esta forma evitaremos enojarnos. Este mismo tipo de práctica es aplicable también a los restantes objetos de los poderes sensoriales.

Si protegemos las puertas de nuestros poderes sensoriales durante el descanso de la meditación, nuestra concentración durante la sesión formal de meditación será muy buena. Yhe Tsongkhapa dijo que el descanso de la meditación es más importante que la sesión misma, pues ésta se reduce a unas pocas horas al día, mientras que el descanso de la meditación abarca casi toda nuestra vida. Si practicamos correctamente durante el descanso de la meditación, lo estaremos haciendo durante la mayor parte de nuestra vida, y nuestra concentración durante las sesiones de meditación también mejorará mucho.

En los descansos de la meditación, debemos hacer uso de nuestra sabiduría del Dharma para ser capaces de transformar todas nuestras experiencias en la práctica. Si lo conseguimos, no tendremos la necesidad de depender por completo de los libros de Dharma con el objeto de mantener una mente virtuosa cuando no estemos meditando. Cuando vayamos de compras, por ejemplo, nuestra sabiduría nos mostrará que unas cosas revelan un mensaje acerca de la impermanencia, otras uno acerca de las faltas de la existencia cíclica, otras nos enseñan compasión y otras paciencia. Si practicamos de este modo, volveremos a casa con actitudes mentales más virtuosas. De otro modo, regresaremos con una pesada carga de engaños.

La preciosa existencia humana

CÓMO EXTRAER LA ESENCIA DE NUESTRA PRECIOSA EXISTENCIA HUMANA

La explicación de este tema se presenta en dos partes:

1 Cómo generar la resolución de extraer la esencia de nuestra preciosa existencia humana.
2 Adiestramiento de la mente en los métodos para extraer la esencia de nuestra preciosa existencia humana.

CÓMO GENERAR LA RESOLUCIÓN DE EXTRAER LA ESENCIA DE NUESTRA PRECIOSA EXISTENCIA HUMANA

Su explicación tiene tres partes:

1 Reconocimiento de que ahora poseemos una preciosa existencia humana.
2 Meditación sobre el gran valor de nuestra preciosa existencia humana.
3 Meditación sobre la gran rareza de nuestra preciosa existencia humana.

RECONOCIMIENTO DE QUE AHORA POSEEMOS UNA PRECIOSA EXISTENCIA HUMANA

Una preciosa existencia humana es la que está dotada de las ocho libertades y los diez dones especiales, que la hacen perfecta para el adiestramiento de la mente en todas las etapas del camino hacia la iluminación. Cada una de las ocho libertades especiales es una emancipación de una de las ocho limitaciones que obstaculizan o impiden nuestra práctica

Manyhushri

Nagaryhuna *Chandrakirti*

espiritual. Si poseemos una existencia humana dotada de estas ocho libertades, nos será bastante fácil superar cualquier circunstancia desfavorable que se nos presente. Los diez dones especiales son condiciones necesarias para poder practicar el Dharma.

Por medio de la meditación en las ocho libertades y los diez dones, reconoceremos que la vida humana que ahora poseemos nos brinda la mejor oportunidad de avanzar en el camino espiritual. Gracias a este reconocimiento generaremos de manera natural un sentimiento de gozo y de profundo aprecio por nuestra existencia humana que entraña semejante potencial. La meditación en su valor y rareza hará que despertemos el deseo espontáneo y continuo de aprovecharla al máximo. Este deseo virtuoso nos llevará por los senderos espirituales correctos e impedirá que vaguemos por caminos erróneos. Por lo tanto, se dice que la generación del deseo de extraer la esencia de esta preciosa existencia humana es la llave que abre la puerta del Dharma. También se dice que es nuestro mejor amigo porque influye poderosamente en nosotros para que hagamos el mejor uso de nuestra vida.

La explicación de este encabezamiento consta de dos partes:

1 Las ocho libertades.
2 Los diez dones.

LAS OCHO LIBERTADES

Cuatro de estas libertades se refieren a no haber nacido bajo una de las formas que no son humanas:

1 No haber nacido como un ser infernal.
2 No haber nacido como un espíritu ávido.
3 No haber nacido como un animal.
4 No haber nacido como un dios ordinario.

Para ayudarnos a generar el convencimiento, a menos que ya lo hayamos generado, de que existen las vidas pasadas y futuras además de otros reinos o condiciones de vida diferentes de la del ser humano, a continuación se dará una explicación al respecto. Para realizar esta meditación nos basta con tener fe o, al menos, una actitud abierta.

Es imposible renacer como un ser humano sin haber creado previamente la causa para ello, del mismo modo que sin haber sembrado semillas no recogeremos ningún fruto. No hay nada, ni un solo átomo de existencia, que sea producido sin causas ni condiciones. ¿Cuáles son las causas para renacer como un ser humano? Son ciertas acciones mentales. No existe ningún juez que vaya estipulando nuestros renacimientos diciendo: «Este individuo que renazca como un ser humano y este otro que baje a los infiernos.» Tampoco obtendremos una determinada forma de existencia por el mero hecho de desearlo; si ese fuera el caso, ¿quién, entonces, elegiría renacer en los infiernos? Como se explica en el *Sutra conciso de la perfección de la sabiduría*, la causa principal para renacer como un ser humano es practicar la disciplina moral. De ello se deduce que es incorrecto afirmar que los seres humanos siempre renacerán como humanos o que los animales siempre lo harán como tales. El tipo de existencia que obtengamos dependerá del tipo de acciones que realicemos.

A pesar de que es difícil demostrar sólo por medio de razonamientos lógicos la relación exacta entre las causas y sus efectos, es bastante fácil de entender su asociación en términos generales. El efecto de maduración de cualquier acción cometida es nacer en un estado de existencia cuya naturaleza es similar a la misma acción. El efecto de maduración de una acción virtuosa es nacer en un estado afortunado tal como el de un ser humano o un dios; y el de una acción innoble es renacer en un estado desafortunado, como el de un animal, un espíritu ávido o un ser infernal.

Todos los seres que ahora habitan en los reinos inferiores practicaron la disciplina moral en un momento dado de sus incontables vidas pasadas. En consecuencia, sus mentes poseen el potencial de nacer como un ser humano y de volver a practicar la disciplina moral. De igual modo, en esta y en nuestras vidas pasadas hemos cometido innumerables acciones destructivas y, por ello, en nuestra mente tenemos muchas semillas que al germinar pueden hacernos obtener una existencia que no sea la humana y cometer acciones destructivas una y otra vez. Conociendo todo esto, es importante que meditemos para llegar a apreciar en su totalidad la gran fortuna de que ahora disfrutamos, y que generemos desde lo más profundo de nuestro corazón la resolución de aprovecharla al máximo mientras podamos hacerlo.

NO HABER NACIDO COMO UN SER INFERNAL

Meditamos de este modo:

El cuerpo y el entorno de un ser infernal sólo provocan intenso sufrimiento, de manera que es imposible que dicho ser pueda escuchar, contemplar el Dharma o meditar en él. Cuando experimento aunque sólo sea un pequeño malestar físico, me resulta difícil escuchar el Dharma, leer las enseñanzas o sentarme a meditar. Los seres de los infiernos padecen tormentos mucho mayores de los que jamás tendré que experimentar durante mi existencia humana, y sufren sin interrupción tremendos dolores durante interminables períodos de tiempo. ¡Qué afortunado soy de no haber renacido como un ser infernal!

NO HABER NACIDO COMO UN ESPÍRITU ÁVIDO

Meditemos en la siguiente reflexión:

Los seres que renacen como espíritus ávidos sufren constantemente de hambre y de sed. Cuando yo tengo hambre, no puedo pensar en mi práctica espiritual ni generar el interés de escuchar o de leer el Dharma. Los espíritus ávidos padecen un hambre y una sed infinitas en todo momento, y por ello nunca encuentran la oportunidad de practicar el Dharma ni pueden generar el deseo de hacerlo. ¡Qué afortunado soy de no haber renacido como un espíritu ávido!

NO HABER NACIDO COMO UN ANIMAL

Meditación:

A pesar de que algunos animales, como los perros por ejemplo, son muy inteligentes a la hora de buscar sus alimentos y pueden aprender incluso a obedecernos, son incapaces de adiestrar su mente en las etapas del camino hacia la iluminación, porque se lo impide su gran estupidez y confusión. Aunque les demos consejos para que mediten, no entienden lo que decimos. Nuestras enseñanzas espirituales sólo rozan sus oídos como si del viento se tratara. ¡Qué afortunado soy de no haber renacido como un animal!

NO HABER NACIDO COMO UN DIOS ORDINARIO

Meditemos con la siguiente reflexión:

Los dioses de larga vida manifiestan dos mentes burdas en dos determinados momentos de su existencia: una cuando se dan cuenta de que han logrado un renacimiento celestial y otra cuando van a morir. El resto de su vida lo pasan en un profundo estado de adormecimiento, como si no tuvieran mente, sin percibir nada. A pesar de que tienen una larga vida, no pueden aprovecharla para practicar el Dharma y cuando mueren, vuelven a nacer en uno de los reinos inferiores.

Aparte de los dioses de larga vida, los del reino de la forma tampoco tienen la libertad de poder adiestrarse en el Dharma porque pasan toda su vida en un estado de paz solitaria. No sufren del mismo modo en que nosotros lo hacemos ni perciben el sufrimiento de los demás y, por lo tanto, no saben cómo desarrollar las realizaciones de renuncia, de gran compasión o bodhichita. Algunos dioses, como los del reino del deseo, se pasan la vida absortos en distracciones, de manera que nunca despiertan interés en el Dharma, y al morir su karma les arroja a los reinos inferiores. Por este motivo, desde el punto de vista del Dharma, el renacer como un dios ordinario es una pérdida de tiempo. ¡Qué afortunado soy de no haber obtenido semejante renacimiento!

Había una vez un doctor llamado Kumara que seguía a su Guía Espiritual, Shariputra, con mucha devoción. Aunque estuviera montado sobre un elefante, en cuanto veía a su Maestro, se desmontaba y le ofrecía sus respetos. Después de su muerte, renació como un dios del reino del deseo.

Shariputra se dio cuenta de ello por medio de su clarividencia y decidió visitar a su discípulo con la intención de seguir instruyéndole en el Dharma. Al entrar en el paraíso donde había renacido su antiguo discípulo, éste, al verle, le saludó desde lejos con la mano y se dio la vuelta en compañía de una diosa con quien retozaba. Shariputra no tuvo ni siquiera la oportunidad de hablar con él ni mucho menos de ofrecerle su consejo espiritual.

Las cuatro libertades restantes son emancipaciones de haber nacido como un ser humano bajo condiciones que obstaculizan seriamente o impiden la práctica del Dharma. Éstas son:

5 No haber nacido ni permanecer en un país donde no hay religión.
6 No haber nacido ni permanecer en un país donde no hay Budadharma.
7 No haber nacido ni permanecer con deficiencias físicas o mentales.
8 No sostener creencias erróneas que rechacen el Dharma.

NO HABER NACIDO NI PERMANECER EN UN PAÍS DONDE NO HAY RELIGIÓN

Meditemos:

Si hubiera nacido en un lugar salvaje e inculto o en un país donde se prohíbe la religión, no me hubiera sido posible encontrar el Dharma ni ponerlo en práctica. Hoy en día, hay muchos lugares en el mundo donde no sólo no existe ninguna doctrina espiritual, sino que además se encierra y tortura a los que intentan practicar una religión; también hay muchos otros países donde sus ciudadanos no tienen la oportunidad de encontrar un Guía Espiritual que les enseñe cómo adiestrar su mente. ¡Qué afortunado soy de no haber nacido en semejantes lugares!

NO HABER NACIDO NI PERMANECER EN UN PAÍS DONDE NO HAY BUDADHARMA

Meditemos:

Si hubiera nacido en un país donde se permite la religión pero donde no hay nadie que practique el Dharma ni que lo enseñe, tampoco me hubiera sido posible despertar un interés en él ni aprender a practicarlo. ¡Qué afortunado soy de no haber nacido en dicho lugar!

NO HABER NACIDO NI PERMANECER CON DEFICIENCIAS FÍSICAS O MENTALES

Meditemos:

Si fuera un deficiente mental, no sería capaz de entender el Dharma ni de aplicarlo en mi vida; y si tuviera cualquier impedimento físico, me hubiera sido más difícil ponerme en contacto con el Dharma. Si fuera ciego, no podría disponer de muchos libros de Dharma para leer; si fuera sordo, no podría escuchar las enseñanzas; si fuera minusválido, me costaría mucho trasladarme para visitar los Centros de Dharma y aprender a meditar. ¡Qué afortunado soy de no haber nacido con deficiencias físicas o mentales!

NO SOSTENER CREENCIAS ERRÓNEAS QUE RECHACEN EL DHARMA

El sostener creencias erróneas es un estado mental que nos cierra la puerta del Dharma. Esta mente se aferra de manera obstinada a una determinada teoría que niega la existencia de un objeto cuya comprensión es necesaria para poder alcanzar la liberación o la iluminación total. Un ejemplo sería la mente que mantiene la idea de que no existen vidas pasadas ni futuras, y se niega a analizar si su posición es correcta o falsa. Las creencias erróneas se mantienen de una manera dogmática u obstinada, producto de un razonamiento imperfecto o incorrecto, o ciegamente sin ni siquiera querer pensar en ellas. Meditemos con la ayuda de la siguiente reflexión:

El sostener creencias erróneas es uno de los obstáculos principales para la práctica del Dharma, porque me impide generar fe en las enseñanzas, y la fe es imprescindible para alcanzar todas las realizaciones espirituales. ¡Qué afortunado soy de no sostener creencias erróneas!

LOS DIEZ DONES

Los cinco primeros dones son personales:

1 Haber nacido como un ser humano.
2 Haber nacido y permanecer en un país donde florece el Dharma.
3 Haber nacido y permanecer con los poderes sensoriales perfectos, sin deficiencias físicas ni mentales.
4 No haber cometido ninguna de las cinco acciones atroces de pena inmediata.
5 Tener fe en las tres clases de enseñanzas de Buda.

La contemplación de la siguiente analogía nos ayudará a comprender la importancia de estos cinco dones: comparemos el hecho de nacer como un ser humano con el de ser dueño de un automóvil. Haber nacido y permanecer en un país donde florece el Dharma es como sacarlo a la carretera. Carecer de deficiencias físicas o mentales es como tener gasolina en el depósito. Verse libre de tener que sufrir los resultados de haber cometido cualquiera de las cinco acciones atroces de pena inmediata es como tener el permiso de conducir. Poseer fe en el Dharma es como sentirse seguro al volante. Si nos faltase una de estas cinco condiciones para conducir, no podríamos llegar al destino deseado; de igual modo, si carecemos de uno de estos cinco dones personales, no conseguiremos alcanzar el destino supremo de nuestra existencia humana: la iluminación total.

Las cinco acciones atroces de pena inmediata a las que nos referimos en el cuarto don, son las cinco acciones destructivas de mayor gravedad: matar al propio padre, matar a la propia madre, matar a un Arjat, derramar la sangre de un

Buda con mala intención, y causar desunión en la Sangha o en la comunidad de Dharma. Si cometemos una de estas acciones, nos será muy difícil alcanzar realizaciones espirituales, y al morir renaceremos directamente en los infiernos. Cuando esta vida infernal se haya acabado, continuaremos padeciendo los graves efectos de dicha acción, como tener obstrucciones mentales que obstaculizarán nuestra práctica del Dharma. Cabe mencionar que en el pasado hubo alguna excepción, como la del Rey Ajatashatru, quien mató a su padre, llamado Bimbisara, aunque más tarde, arrepentido profundamente purificó este crimen y, siguiendo las instrucciones de Buda, alcanzó el estado de El que ha Entrado en la Corriente. Al margen de unos cuantos casos contados, el que comete una de estas acciones atroces no puede alcanzar la liberación en esa misma vida.

Los cinco dones restantes son características especiales del mundo donde nacemos. Éstos son:

6 Haber obtenido un renacimiento humano en un mundo donde Buda ha aparecido.
7 Haber obtenido un renacimiento humano en un mundo donde Buda ha enseñado el Dharma.
8 Haber obtenido un renacimiento humano en un mundo donde todavía se enseña el Dharma puro.
9 Haber obtenido un renacimiento humano en un mundo donde hay gente que practica el Dharma puro.
10 Haber obtenido un renacimiento humano en un mundo donde hay benefactores y donantes que ayudan a los practicantes de Dharma.

Si Buda no hubiese aparecido en este mundo ni girado la Rueda del Dharma, y si el Dharma puro no se hubiera preservado desde entonces, no hubiéramos podido recibir enseñanzas del Dharma ni ejercitarnos en ellas. Para adiestrarnos con sinceridad y de una manera correcta, necesitamos también la ayuda de un Guía Espiritual y de amigos espirituales, además de la asistencia de benefactores y donantes. Por lo tanto, para que nuestro adiestramiento interno se desarrolle con éxito, requerimos de todos estos dones. Hemos de reconocer lo afortunados que somos al haber renacido en un mundo con semejantes características.

Cuando meditamos en las ocho libertades y en los diez dones especiales, estamos realizando una meditación analítica que nos induce a generar alegría y aprecio por la vida humana que poseemos, viendo que está dotada a la perfección de todas las condiciones necesarias para el adiestramiento de la mente en las etapas del camino hacia la iluminación. ¿Por qué motivo hemos de generar esta alegría de manera intencionada? Para aprovechar al máximo la oportunidad de que disponemos. Si una persona encuentra una pepita de oro pero desconoce que se trata de este preciado metal, es muy posible que acabe tirándola; pero si reconoce su valor, se llenará de alegría y la guardará en un lugar seguro para hacer el mejor uso de ella. Del mismo modo, si comprendemos que nuestra vida humana está perfectamente dotada, nos alegraremos de ello y la aprovecharemos de la mejor manera posible. Esta preciosa existencia humana es impermanente: quizá mañana la hayamos perdido. Nadie puede predecir cuánto nos va a durar esta oportunidad. Por lo tanto, desde este preciso momento deberíamos apreciar esta preciosa vida que ahora poseemos.

Cuando por medio de esta meditación surja en nuestra mente un sentimiento especial de alegría, hemos de concentrarnos en él en meditación de emplazamiento a fin de familiarizarnos cada vez más hasta que lleguemos a no perderlo nunca.

MEDITACIÓN SOBRE EL GRAN VALOR DE NUESTRA PRECIOSA EXISTENCIA HUMANA

Su explicación se da en tres apartados:

1 El gran valor de nuestra preciosa existencia humana desde el punto de vista de nuestro objetivo temporal.
2 El gran valor de nuestra preciosa existencia humana desde el punto de vista de nuestro objetivo último.

3 El gran valor de cada instante de nuestra preciosa existencia humana.

EL GRAN VALOR DE NUESTRA PRECIOSA EXISTENCIA HUMANA DESDE EL PUNTO DE VISTA DE NUESTRO OBJETIVO TEMPORAL

La meta o aspiración de todo ser sintiente es llegar a ser feliz. Hay dos clases de felicidad y, por consiguiente, dos tipos de meta: temporal y última. La felicidad temporal es la que disfrutan los seres humanos y los dioses. Es la dicha limitada que los seres sienten a pesar de estar atrapados en el samsara. La última es la felicidad pura y eterna que se obtiene al alcanzar la liberación y la iluminación.

Si no hubiéramos renacido como un ser humano, no habríamos sido capaces de disfrutar de los goces y placeres de la existencia humana. Otros seres, como por ejemplo los animales, no pueden experimentar la felicidad que nosotros disfrutamos, pues no tienen las condiciones físicas apropiadas para ello. Por lo tanto, el hecho de poseer este cuerpo humano es muy importante desde el punto de vista de que nos permite gozar de la felicidad humana en esta vida. Es más, también podemos utilizar este precioso renacimiento humano para crear las causas que nos hagan obtener felicidad temporal en las vidas futuras. Podemos, asimismo, crear las causas para obtener muchas existencias humanas en el futuro dotadas de libertades y de dones, así como de las siete cualidades especiales de alto linaje, ventajas que nos brindan la gran oportunidad de disfrutar de los placeres y de la felicidad que la existencia humana puede ofrecernos. Las siete cualidades especiales de alto linaje son: nacer en el seno de una familia buena y honesta, tener una apariencia física agradable, abundante riqueza, poder, gran sabiduría, buena salud y longevidad. Entre ellas, la gran sabiduría es la más valiosa, pues nos capacita para distinguir entre lo que se ha de practicar y lo que se ha de abandonar y, de esta forma, podemos seguir los caminos correctos.

La disciplina moral y la oración sincera constituyen las causas principales para lograr un renacimiento humano.

Respetar a los padres, a nuestros Maestros Espirituales, a las Tres Joyas y al prójimo, es la causa principal para nacer en el seno de una familia buena y honesta. La paciencia es la causa para obtener una apariencia física agradable. Gracias a la generosidad recibiremos riquezas. Proteger a los demás dará como resultado el que seamos poderosos. Estudiar el Dharma y regocijarnos en él es la causa principal para tener sabiduría. Cuidar y curar a enfermos nos hará disfrutar de buena salud. Salvar la vida de otros seres es la causa principal para disfrutar de longevidad. Con nuestro precioso renacimiento humano podemos crear todas estas causas. Del mismo modo en que si tiramos una antorcha encendida sobre un montón de heno seco, sin lugar a dudas se prenderá fuego, si sembramos estas causas podemos tener la certeza de que recogeremos sus frutos. Con esta preciosa existencia humana somos capaces de crear la causa para obtener cualquier clase de existencia humana que deseemos. Podemos ser millonarios o ser un monje y mantener una disciplina moral pura.

EL GRAN VALOR DE NUESTRA PRECIOSA EXISTENCIA HUMANA DESDE EL PUNTO DE VISTA DE NUESTRO OBJETIVO ÚLTIMO

Nuestra meta última es el logro de la felicidad pura y eterna de la liberación y de la iluminación. Ahora que poseemos esta preciosa existencia humana, tenemos la oportunidad de practicar y completar los tres adiestramientos superiores que nos conducen a la liberación. Se dice que la forma humana es comparable a un barco, pues con ella podemos cruzar el océano del samsara y llegar a la orilla de la liberación.

Como Shantideva dice en su *Guía de las obras del Bodhisatva:*

«Utilizando la nave de nuestra forma humana
podemos cruzar el gran océano del sufrimiento.
Puesto que en el futuro será muy difícil encontrar
    una embarcación así,
¡no seas necio y no te quedes dormido!»

Es más, con esta preciosa existencia humana podemos adiestrarnos en las cinco causas principales de la iluminación total: la renuncia, la bodhichita, la visión correcta de la vacuidad, y las etapas de generación y de consumación del mantra secreto. Puesto que el cuerpo humano posee los seis elementos que son imprescindibles para la práctica del mantra secreto (piel, carne, huesos, canales, aires y gotas), con esta forma humana podemos alcanzar todas las experiencias del mantra secreto, incluyendo la realización última de la iluminación total, en esta misma vida. Si renacemos como un dios del reino de la forma o del reino inmaterial, no tendremos la ocasión de hacerlo. Incluso los elevados Bodhisatvas que nacen en tierras puras como la de Sukhavati no tienen dicha oportunidad.

Meditemos:

Desde tiempo sin principio, sin interrupción, he renacido en la existencia cíclica sin elección ni control, dominado por sufrimientos y temores. El samsara es la prisión más terrible. Ahora, por primera vez, dispongo de todas las condiciones necesarias para romper las cadenas de este encarcelamiento. Por lo tanto, no puedo desaprovechar esta preciosa oportunidad que tengo para alcanzar la liberación y la iluminación total.

EL GRAN VALOR DE CADA INSTANTE DE NUESTRA PRECIOSA EXISTENCIA HUMANA

Con este renacimiento humano, cada día, cada hora y cada minuto de nuestra existencia pueden ser muy valiosos. Cada instante de nuestra preciosa vida humana encierra un gran significado. En una sola hora un ser humano puede crear la misma cantidad de méritos que un dios en un eón. Si meditamos en el amor durante cinco minutos o si nos postramos una sola vez ante nuestro Guía Espiritual considerándole como una emanación de todos los Budas, crearemos una cantidad inmensurable de méritos.

En muy poco tiempo podemos purificar todo el karma destructivo que creamos en el pasado. Los potenciales que dejamos grabados en nuestra mente con las acciones destructivas que cometimos carecen de forma y, puesto que no podemos verlos, nos olvidamos con facilidad de que existen; pero si nuestro mal karma poseyera forma, abarcaría todo el universo. Todo este karma impuro puede ser eliminado rápidamente si utilizamos nuestra existencia humana para practicar la purificación, de la misma manera en que un gran fuego tiene el poder de consumir un montón de heno en poco tiempo.

Yhe Tsongkhapa dijo:

> «Si contemplamos el gran valor de nuestras libertades y nuestros dones, sentiremos un profundo arrepentimiento por haber desperdiciado nuestra existencia humana y nuestro tiempo.»

La persona avara que ha de gastar mucho dinero, por ejemplo en viajes, tiene un gran sentimiento de pérdida puesto que valora mucho cada peseta. De igual modo, si apreciásemos en su verdadero valor cada momento de nuestra existencia humana, sentiríamos mucho pesar cada vez que malgastásemos un solo instante de ella. Yhe Pabongkhapa dijo:

> «En vez de afligirnos tanto cuando sufrimos una pérdida de dinero, deberíamos hacerlo cuando desperdiciamos nuestra vida humana.»

Aunque perdiésemos todo nuestro dinero, siempre podríamos tomar más prestado, pedírselo a alguien, o buscar la manera de conseguir más; mientras que si perdemos esta forma humana sin haber hecho un buen uso de ella, es casi imposible que la recuperemos.

Este cuerpo con sus libertades y dones es aún más precioso que la legendaria gema que colma todos los deseos. Con dicha gema podríamos vivir en un mundo hecho de joyas preciosas, pero ¿qué conseguiríamos con ello? ¿Qué felicidad nos proporcionaría el poder transformar nuestras posesiones en oro? En esta vida las posesiones son una fuente de preocupaciones y, cuando nos llegue la muerte, las tendremos que dejar atrás. Esta preciosa existencia humana es, sin lugar a dudas, mucho más valiosa que todo el oro del mundo. Es la verdadera gema que colma todos los deseos, la verdadera piedra filosofal que llena de significado cada momento de nuestra vida, y que nos capacita para entrar en los senderos espirituales correctos.

La meditación en el gran valor de esta preciosa existencia humana nos hará reconocerla como una oportunidad muy especial que no se puede malgastar. En consecuencia, tomaremos la resolución de utilizarla para lograr las dos metas, temporal y última, y nos embargará un gran sentimiento de pérdida cuando desperdiciemos un solo momento de nuestro tiempo. Si pensamos de este modo, con toda seguridad conseguiremos extraer la esencia de esta preciosa existencia humana. Por el contrario, si no lo hacemos, correremos el peligro de dejar pasar la vida sin ningún sentido. Shantideva dice:

«Si habiendo encontrado esta libertad
no me habitúo a la virtud,
será el mayor desacierto
y la peor necedad.»

MEDITACIÓN SOBRE LA GRAN RAREZA DE NUESTRA PRECIOSA EXISTENCIA HUMANA

Su explicación consta de tres partes:

1 Reconocimiento de la rareza de nuestra preciosa existencia humana desde el punto de vista de su causa.
2 Reconocimiento de la rareza de nuestra preciosa existencia humana por medio de una analogía.
3 Reconocimiento de la rareza de nuestra preciosa existencia humana desde el punto de vista numérico.

RECONOCIMIENTO DE LA RAREZA DE NUESTRA PRECIOSA EXISTENCIA HUMANA DESDE EL PUNTO DE VISTA DE SU CAUSA

A pesar de que reconozcamos el gran valor que entraña nuestro precioso renacimiento humano, es posible que lo desperdiciemos pensando que es bastante fácil de obtener. En realidad, es muy raro renacer como un ser humano, porque son pocas las personas que practican la disciplina moral –la causa de dicho renacimiento–. Nagaryhuna, en su libro *La preciosa guirnalda de consejos para el rey*, dice:

«De la generosidad recibiremos riqueza.
De la moralidad, la felicidad divina y la humana.»

Aun cuando practiquemos moralidad con pureza, es fácil que la quebrantemos al enfadarnos o al cometer otras acciones impuras que destruyen nuestra virtud. Es poco frecuente encontrar una persona que mantenga de manera continua una disciplina moral pura.

Había una vez un mongol que se sentó al lado de un Lama que estaba dando enseñanzas sobre este tema y cuando explicaba precisamente este punto, el mongol protestó diciendo: «¡Tú te crees que hay pocos seres humanos porque nunca has ido a la China! En ese país hay millones de personas.» Esto es cierto, pero el mongol no entendió el significado de las palabras del Lama: la rareza de la existencia humana no se debe a que haya pocos seres humanos, sino a que nosotros rara vez creamos la causa para obtener esa existencia. Entre todas las acciones que hemos cometido desde tiempo sin principio, hay muy pocas que sean puras y que nos vayan a dar un renacimiento humano.

Nuestra vida humana es también muy rara desde el punto de vista de que cada uno de nosotros sólo poseemos una. Podemos tener muchos libros, muchos trajes y muchas casas, pero no podemos disponer de más de una vida humana al mismo tiempo. Es más, esta vida que ahora poseemos se va acortando cada día que pasa.

RECONOCIMIENTO DE LA RAREZA DE NUESTRA PRECIOSA EXISTENCIA HUMANA POR MEDIO DE UNA ANALOGÍA

En uno de los Sutras, Buda Shakyamuni preguntó a sus discípulos: «Imaginad que hay un inmenso y profundo océano, tan grande como este mundo, que sobre su superficie flota una anilla de oro, y que en el fondo vive una tortuga ciega que sube a la superficie una vez cada cien años. ¿Cuántas posibilidades habría de que al subir pasara su cabeza por la anilla?» Ananda repuso que, sin lugar a dudas, muy pocas.

Nosotros somos como esta tortuga ciega porque, a pesar de que no seamos invidentes, tenemos cerrado el ojo de la sabiduría. El vasto y profundo océano es el océano del samsara. La tortuga ciega que permanece en el fondo somos nosotros mismos cuando habitamos en los reinos inferiores, de los cuales sólo salimos a la luz de los reinos afortunados una vez cada cien años. La anilla dorada puede compararse con el Budadharma, que no permanece en un mismo sitio, sino que se desplaza de un lugar a otro. Y es de oro, porque así como este metal es muy preciado y raro, de igual modo, el Budadharma es muy valioso y difícil de encontrar. Durante la mayoría de nuestras vidas pasadas permanecimos en el fondo del vasto y profundo océano del samsara –los reinos inferiores–. En muy pocas ocasiones hemos renacido como un ser humano y, a pesar de haberlo hecho, hemos tenido muy pocas posibilidades de encontrar el Budadharma.

RECONOCIMIENTO DE LA RAREZA DE NUESTRA PRECIOSA EXISTENCIA HUMANA DESDE EL PUNTO DE VISTA NUMÉRICO

Las acciones perjudiciales que constituyen la causa de renacer en los reinos inferiores se cometen con mucha más facilidad que las virtuosas y, por lo tanto, el número de seres que renace en los reinos inferiores es mucho mayor que el de los que renacen como dioses o humanos. El reino de existencia de mayor número de habitantes son los infiernos. Son menos los seres que renacen como espíritus ávidos y menos aún los que renacen como animales. Los seres humanos son más escasos todavía que los que nacen en cualquiera de los tres reinos inferiores y, entre los humanos, un número muy reducido posee un precioso renacimiento humano dotado de las libertades y los dones. Entre los pocos afortunados, menos son los que practican el Dharma y entre ellos, muy pocos lo hacen con sinceridad y logran un entendimiento y una experiencia correctos. Es posible que a veces pensemos que hay muchos practicantes sinceros de Dharma y que muchos de ellos han obtenido realizaciones espirituales, pero si los buscamos, nos daremos cuenta de que en realidad son muy pocos. En cierta ocasión, Milarepa dijo al cazador Gompo Doryhe: «Buda dijo que la vida del ser humano es preciosa, pero si se utiliza como lo haces tú, es muy ordinaria.» Entre los seres humanos se encuentran con facilidad individuos como este cazador, que echan a perder la oportunidad que tienen y sólo se dedican a crear las causas para recibir más sufrimiento en el futuro. Por el contrario, es muy difícil encontrar personas que practiquen el Dharma con sinceridad.

Cuando meditamos en el gran valor y en la rareza de nuestra preciosa existencia humana, estamos haciendo una meditación analítica que nos lleva a generar con firmeza la resolución de no desperdiciar ni siquiera un instante de nuestra existencia, y de aprovecharla al máximo poniendo el Dharma en práctica. Cuando esta determinación se manifieste en nuestra mente con claridad, hemos de reconocerla como nuestro objeto de meditación de emplazamiento y concentrarnos en ella para habituarnos a este sentimiento.

A pesar de que ahora poseemos esta preciosa existencia humana dotada de libertades y de dones, es posible que aún nos resulte difícil practicar el Dharma sinceramente porque tenemos algún otro tipo de limitación, como por ejemplo no tener tiempo para dedicarnos al estudio y a la meditación. No es frecuente encontrar una persona que disponga de todas las condiciones idóneas para el adiestramiento espiritual, pero el mayor impedimento es ser incapaz de generar un fuerte deseo de practicar. Yhe Tsongkhapa dijo que para desarrollar el deseo de aprovechar al máximo nuestra preciosa existencia dotada de libertades y de dones, deberíamos meditar en los cuatro puntos siguientes:

Necesito practicar el Dharma.
Voy a practicar el Dharma.

He de practicar el Dharma en esta vida.
He de practicar el Dharma ahora mismo.

Para generar el deseo de practicar el Dharma, primero hemos de reconocer la necesidad de hacerlo. Para ello meditamos de esta forma:

Tengo que practicar el Dharma porque deseo ser feliz y evitar el sufrimiento, y éste es el único método perfecto para lograr estos objetivos. Si me dedico a ello, eliminaré todos mis problemas y seré capaz de beneficiar a los demás.

Es posible que comprendamos la importancia de ejercitarnos en el Dharma pero aún pensemos que no somos capaces de hacerlo. Para eliminar esta duda y convencernos de que poseemos las condiciones necesarias y somos perfectamente capaces de practicar el Dharma, reflexionamos de la siguiente manera:

Ahora poseo una preciosa existencia humana dotada de las libertades y los dones, y dispongo de todas las condiciones externas necesarias, como la guía de un Maestro Espiritual cualificado. No hay nada que me impida adiestrarme en el Dharma.

Ahora bien, es posible que reconozcamos la importancia de practicar el Dharma y nos sintamos capaces de hacerlo, pero lo dejemos para más tarde, para una de las vidas futuras. Para eliminar esta pereza de la postergación debemos recordar que, puesto que no es seguro que vayamos a obtener un preciso renacimiento humano otra vez, hemos de practicar en esta misma vida.

Quizá reconozcamos que hemos de practicar en esta misma vida, pero aún pensemos que lo podemos dejar para cuando nos jubilemos. Para vencer esta actitud complaciente, debemos recordar que el momento de la muerte es incierto y, por lo tanto, ahora es el momento en que hemos de dedicarnos al Dharma.

Esta reflexión nos llevará a generar las siguientes cuatro resoluciones:

Voy a practicar el Dharma.
Puedo practicar el Dharma.
Voy a practicar el Dharma en esta vida.
Voy a practicar el Dharma ahora mismo.

Estas cuatro resoluciones poseen un valor inestimable, porque nos hacen generar de manera natural un deseo espontáneo y continuo de aprovechar al máximo nuestra preciosa existencia humana. Este deseo es nuestro mejor Guía Espiritual, porque nos conduce por los caminos espirituales correctos. Sin él, el consejo y el aliento de los demás no nos ayudarán a ejercitarnos en el Dharma.

En cierta ocasión, Aryadeva y Ashvaghosa se disponían a entablar un debate. Ashvaghosa estaba de pie en la puerta de la habitación, con un pie dentro y el otro fuera. Para poner a prueba la sabiduría de Aryadeva, le preguntó: «¿Voy a salir o a entrar?» Aryadeva repuso: «Depende de tu intención. Si quieres salir, saldrás. Si quieres entrar, entrarás.» Ashvaghosa no supo qué responder, pues lo que dijo Aryadeva era totalmente cierto.

Si deseamos cosas buenas, realizaremos buenas obras, y si queremos cosas perjudiciales, cometeremos acciones destructivas. Puesto que nuestros deseos son muy poderosos, es de suma importancia que abandonemos todas las intenciones perjudiciales. La persona que se dedica a dar buenos consejos pero, en secreto, planea robar las posesiones de otra, finalmente, por la fuerza de su intención acabará cometiendo esta repudiable acción. ¿Qué es lo que, en realidad, hace que esta persona termine en la cárcel? Su propio deseo innoble. Ganará una mala reputación y nadie confiará en él, y la culpa de todo se deberá a su mala intención. Por otra parte, una persona honesta y humilde, a quien no se la considera muy importante, pero que posee en todo momento un sincero deseo de generar la bodhichita, impulsada por este deseo, logrará alcanzar los caminos y planos espirituales y recibirá los frutos de su práctica.

El gran meditador tibetano Gungtang Yhampelyang, en cierta ocasión preguntó: «¿Cuál es la diferencia entre un hombre sabio y un necio?» La diferencia estriba en sus intenciones. El sabio posee una buena intención, no un mero conocimiento. Devadata estudió tantos textos como los que se podrían cargar a la espalda de un elefante, pero escondido en su corazón llevaba el perverso deseo de dañar a Buda y, por ello, acabó renaciendo en los infiernos, donde toda su erudición no le sirvió de nada. El mejor de los consejos es generar una buena intención y mantenerla en todo momento. Hemos de conocer nuestra propia mente y sustituir los malos deseos por los buenos. Buda Shakyamuni dijo que la intención correcta es la raíz de todas las realizaciones de Dharma.

ADIESTRAMIENTO DE LA MENTE EN LOS MÉTODOS PARA EXTRAER LA ESENCIA DE NUESTRA PRECIOSA EXISTENCIA HUMANA

La meditación en el gran valor y la rareza de esta preciosa existencia humana nos lleva a tomar la firme decisión de utilizarla de manera significativa y de extraer su esencia. Esto quiere decir que hemos de aplicar los métodos que nos vayan a beneficiar en nuestras vidas futuras, y dejar de dedicarnos a actividades con las que sólo obtenemos los beneficios temporales de esta vida. Extraer la menor esencia de nuestra existencia humana significa protegernos de los peligros de los reinos inferiores y asegurarnos de que en nuestra próxima vida obtengamos una existencia humana especial, dotada de las siete cualidades especiales de alto linaje, logrando las realizaciones de las etapas del camino de la persona del nivel inicial. Extraer la esencia de mediano valor de esta preciosa existencia humana significa protegernos de un renacimiento sin control, y alcanzar la liberación del samsara logrando las realizaciones de las etapas del camino del ser del nivel medio. Extraer la gran esencia significa ampararnos del peligro de la autoestima y alcanzar la iluminación total por medio de las realizaciones de las etapas del camino del ser del nivel superior.

Todas las etapas del camino que se presentarán a lo largo de este libro son métodos para extraer la esencia de esta preciosa existencia humana. Su explicación consta de tres partes:

1 Adiestramiento de la mente en las etapas del camino del ser del nivel inicial.
2 Adiestramiento de la mente en las etapas del camino del ser del nivel medio.
3 Adiestramiento de la mente en las etapas del camino del ser del nivel superior.

¿Cuáles son las etapas del ser del nivel inicial? Son la meditación en el gran valor y la rareza de esta preciosa existencia humana, la meditación en la muerte y la impermanencia, la meditación en los sufrimientos de los tres reinos inferiores, la práctica pura de refugio, y la de abstenernos de cometer acciones perjudiciales y realizar obras virtuosas. La práctica de estas etapas nos libra de renacer en los reinos inferiores y nos protege de tener que experimentar sus sufrimientos.

¿Cómo nos protege el adiestramiento del ser del nivel inicial de los sufrimientos de los reinos inferiores? Si meditamos sobre el gran valor y la rareza de esta preciosa existencia humana y sobre la muerte y la impermanencia, practicaremos el Dharma con sinceridad y nos refugiaremos en las Tres Joyas de corazón. Si nos refugiamos en ellas con un corazón puro, guardaremos la promesa de evitar acciones perjudiciales y de efectuar sólo obras virtuosas. Si lo hacemos así, no crearemos las causas para renacer en los reinos inferiores y sembraremos sólo las causas para obtener renacimientos superiores. En consecuencia, las realizaciones del ser del nivel inicial nos protegen del sufrimiento. Son objetos de refugio y han de considerarse como Joyas del Dharma por su semejanza con las verdaderas Joyas del Dharma de los Seres Superiores.

¿Cuáles son las etapas del camino del ser del nivel medio? Son las prácticas de generar renuncia por medio de la meditación de los peligros del samsara y, motivados por esta renuncia, las prácticas de los tres adiestramientos superiores. Al alcanzar las realizaciones del ser del nivel medio obtendremos la liberación y nos protegeremos de los miedos y de las penas de la existencia cíclica.

¿Cuáles son las etapas del camino del ser del nivel superior? Son las mentes de compasión y de bodhichita, y, motivados por ellas, la práctica de las seis perfecciones, es decir, todos los caminos del Bodhisatva. Alcanzando estas realizaciones lograremos la iluminación total, el abandono completo de todas las faltas y la realización perfecta de todas las buenas cualidades, capacitándonos así para amparar a los demás seres sintientes.

En *La lámpara del camino hacia la iluminación*, Atisha dice:

«Hemos de saber que hay tres clases de seres:
el ser menor, el ser mediano y el gran ser.»

En este contexto, «el ser menor» se refiere al del nivel inicial; «el ser mediano» al del nivel medio, y «el gran ser» al del nivel superior. Nuestro nivel de desarrollo espiritual se determina por la aspiración que poseemos. A medida que ésta mejore, nuestra capacidad para desarrollarnos espiritualmente aumentará. Desde el punto de vista de la aspiración, se pueden incluir a todos los seres en estas tres clases: el ser menor, el mediano y el gran ser.

El ser menor puede ser de dos clases: «ordinario» y «especial». El ordinario es aquél cuya aspiración no va más allá de la limitada meta de lograr felicidad mundana sólo en esta vida. Esta persona busca sólo la felicidad transitoria de esta vida. Para conseguir su objetivo, acude a todo tipo de especialistas: administradores de negocios, asesores, agencias matrimoniales e inmobiliarias. Si el ser menor ordinario practicase además el Lamrim, no sólo obtendría mucho más éxito en sus actividades mundanas, sino que también incrementaría sus méritos, purificaría su karma destructivo y poco a poco iría mejorando su aspiración hasta que, por último, se convertiría en un ser menor especial.

El ser menor especial es el que ya no se interesa únicamente por lograr la felicidad de esta vida, sino que aspira también a obtener la dicha de los estados de existencia más elevados en vidas futuras. A pesar de que la aspiración de este ser abarca más allá del mero bienestar de la vida presente, no pasa de la limitada meta de obtener la felicidad mundana de los dioses y de los humanos en sus vidas futuras. El ser menor especial puede ver cumplido este deseo alcanzando todas las realizaciones de las etapas del camino del ser menor.

El ser mediano o del nivel medio es el que ha perdido el interés por adquirir la felicidad transitoria de esta vida y de las futuras, y sólo busca la felicidad perfecta de la liberación de todas las formas de renacimiento sin control. A pesar de que su aspiración va más allá del mero logro de la felicidad mundana, no sobrepasa la limitada meta de conseguirlo por su propio bienestar. El ser del nivel medio puede satisfacer este deseo alcanzando todas las realizaciones de las etapas del camino del ser mediano.

El gran ser es el que ha dejado de interesarse por su propio bienestar, y aspira a lograr la iluminación total para poder ayudar a los demás seres a que se liberen de su sufrimiento y lleguen a experimentar el gozo de la Budeidad. El gran ser podrá satisfacer esta aspiración alcanzando todas las realizaciones de las etapas del camino del nivel superior.

Los practicantes mahayanas comienzan por generar la preciosa mente de bodhichita, la aspiración del gran ser, desde el comienzo de su adiestramiento espiritual. Al principio, y durante bastante tiempo, esta motivación no será espontánea, sino artificial o forzada. Esto se debe a que la bodhichita espontánea se genera después de haber alcanzado todas las realizaciones de las etapas del camino que son comunes al ser menor y al mediano, además de algunas otras realizaciones de las etapas del camino del gran ser, como la de la gran compasión. Ésta, la determinación de liberar y de proteger a todos los seres sintientes de su sufrimiento, induce al nacimiento de la verdadera bodhichita, la resolución de alcanzar la iluminación total con el único propósito de beneficiar a todos los seres. La gran compasión se genera una vez que hayamos realizado la renuncia, la decisión de liberarse uno mismo de la existencia cíclica, puesto que si no tenemos el deseo sincero de liberarnos nosotros mismos, ¿cómo podemos desear liberar a los innumerables seres?

No es fácil obtener la realización de la renuncia, porque esta mente especial surge sólo cuando hemos abandonado el apego a esta vida y a sus placeres. El adiestramiento de la mente en las etapas del camino del ser del nivel medio es el método perfecto para desarrollar la renuncia. El adiestramiento en las etapas del camino del ser menor revela el método completo para superar el apego a esta vida. Sin la mente de renuncia, no es posible generar la mente de gran compasión. Al principio, hemos de desarrollar renuncia y, de manera gradual, ésta hará brotar la mente de compasión. Shantideva dice:

«Si ni siquiera soñamos con la propia liberación del samsara, ¿cómo podemos desear liberar a los demás de sus desdichas?»

Meditación sobre la muerte

ADIESTRAMIENTO DE LA MENTE EN LAS ETAPAS DEL CAMINO DEL SER DEL NIVEL INICIAL

Su explicación se presenta en dos partes:

1 Cómo generar el deseo de lograr la felicidad de los estados afortunados en las vidas futuras.
2 Método para obtener la felicidad de los estados afortunados en las vidas futuras.

CÓMO GENERAR EL DESEO DE LOGRAR LA FELICIDAD DE LOS ESTADOS AFORTUNADOS EN LAS VIDAS FUTURAS

Consta de dos partes:

1 Meditación sobre la muerte.
2 Meditación sobre los sufrimientos de los reinos inferiores.

MEDITACIÓN SOBRE LA MUERTE

Consta de tres partes:

1 Consideración de los peligros de olvidarse de la muerte.
2 Consideración de los beneficios de tener presente la muerte.
3 La meditación en sí sobre la muerte.

CONSIDERACIÓN DE LOS PELIGROS DE OLVIDARSE DE LA MUERTE

Los peligros de olvidarse de la muerte son:

1 Olvidaremos el Dharma con facilidad.
2 Aunque no olvidemos el Dharma, probablemente no lo pondremos en práctica.
3 Aunque no olvidemos el Dharma y lo pongamos en práctica, nuestro adiestramiento no será puro.
4 Aunque no olvidemos el Dharma y lo pongamos en práctica de una forma pura, no perseveraremos con esfuerzo en nuestra práctica.
5 Seguiremos cometiendo acciones perjudiciales.
6 Moriremos llenos de remordimiento.

OLVIDAREMOS EL DHARMA CON FACILIDAD

Si no recordamos la muerte, no tendremos el deseo de adiestrarnos en el Dharma y, por consiguiente, esta puerta seguirá cerrada para nosotros y no obtendremos los buenos resultados de un desarrollo espiritual. A pesar de que tengamos la buena fortuna de recibir las enseñanzas, no nos sentiremos atraídos por ellas. Inadvertidos de la muerte, nos preocupamos sólo por los intereses de esta vida y dedicamos toda nuestra energía para lograr estos fines. Cuando nos llegue la muerte nos daremos cuenta, demasiado tarde, de la futilidad de todas nuestras actividades.

Si recordamos la muerte una y otra vez, superaremos nuestra habitual suposición de que vamos a permanecer en este mundo para siempre, y empezaremos a vernos a nosotros mismos como un viajero que va pasando de una vida a otra. Con esta manera de pensar reduciremos nuestras ansiedades, nuestros enfados y el apego que tenemos a esta vida y a los placeres que ofrece, y nos abstendremos de cometer las acciones que llevamos a cabo sólo para el beneficio de esta corta vida.

Cuando un viajero pasa unas noches en un buen hotel, no se apega a las comodidades de que disfruta, pues sabe que pronto tendrá que marcharse. Cuando deja el hotel no se entristece, porque nunca consideró que fuera su propio hogar. Del mismo modo, si dejamos de pensar que esta vida es nuestro lugar de residencia permanente y empezamos a vernos como un peregrino en dirección a vidas futuras, generaremos con naturalidad un sincero interés en el Dharma, sabiendo que es lo único que nos va a ayudar.

AUNQUE NO OLVIDEMOS EL DHARMA, PROBABLEMENTE NO LO PONDREMOS EN PRÁCTICA

Si no recordamos la muerte, aunque pensemos en practicar el Dharma, tendremos la inclinación de dejarlo a un lado pensando: «¡Ya practicaré correctamente cuando acabe este trabajo!» No obstante, la vida se acaba antes de que los trabajos se hayan agotado. Las tareas y actividades de la vida mundana no tienen fin.

Si nos detenemos a pensar, nos daremos cuenta de que casi siempre damos por sentado que «hoy no me voy a morir». Guardamos este mismo pensamiento un día tras otro. Incluso en el mismo día de su muerte, muchas personas siguen pensando que «hoy no me moriré». Esta despreocupada placidez ante la vida impide que nos interesemos seriamente por nuestra práctica del Dharma. Cuando la muerte, de hecho, se presente y destruya nuestra actitud complaciente, sentiremos un gran remordimiento, y nos daremos cuenta de que hemos desperdiciado por completo nuestra preciosa existencia humana. Seremos como aquel necio que descubrió una isla llena de valiosos tesoros y, a pesar de que su familia vivía en un estado de miserable pobreza, regresó a su casa con las manos vacías. Si no utilizamos nuestra preciosa existencia humana para el desarrollo espiritual, seremos aún más necios que este descuidado viajero, pues, ¿acaso hay mayor necedad que la de llegar a la hora de la muerte con las manos vacías sin haber cultivado la experiencia del Dharma?

AUNQUE NO OLVIDEMOS EL DHARMA Y LO PONGAMOS EN PRÁCTICA, NUESTRO ADIESTRAMIENTO NO SERÁ PURO

Si nos hemos ejercitado en el Dharma durante un cierto tiempo pero no experimentamos sus buenos resultados, ello se debe a que no recordamos continuamente el hecho de la muerte. A pesar de que practiquemos, si no recordamos la muerte, nuestro adiestramiento espiritual no será puro y no conseguiremos alcanzar realizaciones.

¿Qué es una práctica de Dharma pura? Maestros como Dromtompa enseñaron que si renunciamos al apego por el bienestar de esta vida, nuestra práctica de Dharma será pura. Por el contrario, si no lo hacemos así, aunque nos adiestremos en los métodos avanzados del mantra secreto, nuestra práctica será impura. El mero hecho de ser pobres no quiere decir que carezcamos de apego por las cosas placenteras de esta vida; muchas personas que son pobres y están solas tienen un fuerte apego a este mundo y a los placeres que ofrece.

El renunciar al apego por el bienestar de esta vida significa liberarse de las ocho preocupaciones mundanas:

(1) Alegrarse al obtener felicidad.
(2) Disgustarse al experimentar sufrimiento.
(3) Alegrarse al obtener riqueza.
(4) Disgustarse al caer en la pobreza.
(5) Alegrarse al recibir alabanzas.
(6) Disgustarse al recibir críticas.
(7) Alegrarse al obtener una buena reputación.
(8) Disgustarse al recibir una mala reputación.

Mientras estemos apegados a la felicidad, la riqueza, las alabanzas y una buena reputación, nuestra mente estará en desequilibrio: nos alegraremos en demasía al poseerlas y nos deprimiremos cuando las perdamos. Seremos personas inestables, vulnerables y emocionalmente dependientes de estas condiciones. Dedicaremos casi toda nuestra energía a asegurarnos estos placeres mundanos y a protegerlos con el fin de no perderlos. Cuando nos adiestramos en el Dharma, nuestra motivación está muy influenciada por estos apegos y, en consecuencia, tanto nuestra práctica como el resto de nuestras actividades giran en torno a los intereses de esta vida con el único objetivo de obtener sus placeres.

Para superar el apego al bienestar de esta vida, meditemos con esta reflexión:

No importa si recibo o no respeto, una buena reputación o alabanzas. En realidad, no obtengo ningún beneficio de ello, y el perderlo no me perjudica. Las críticas no pueden dañarme. Las riquezas las puedo perder en cualquier momento, y la felicidad de esta vida es muy inestable. No tengo por qué interesarme en estas cosas ni preocuparme tanto por ellas.

Si conseguimos generar un sentimiento de ecuanimidad respecto a los intereses de esta vida, superaremos muchas de las frustraciones y ansiedades que padecemos a diario. Tendremos mucha más energía para dedicar a la práctica del Dharma y ésta será cada vez más pura. En comparación con las personas que no son religiosas, las que tienen un sentido de ecuanimidad respecto a las preocupaciones mundanas poseen un elevado logro espiritual.

Tenemos que cultivar esta actitud equilibrada, porque no es algo que poseamos de manera natural cuando comenzamos nuestro adiestramiento espiritual. Si hemos practicado el Dharma por un tiempo pero no recibimos ningún beneficio, ello se debe a que no lo hemos hecho correctamente. Teniendo esto en cuenta, al principio nuestra aspiración no debería ser lograr unos resultados perfectos de nuestro adiestramiento espiritual, sino practicar con pureza. Si conseguimos este objetivo, los frutos internos madurarán de forma natural en el momento apropiado. Al principio de nuestro adiestramiento, si tenemos un fuerte deseo de experimentar los resultados, esta ambiciosa motivación contaminará la pureza de nuestra práctica porque estará mezclada con el apego y las preocupaciones mundanas. Sin embargo, el fuerte deseo de ejercitarnos con sinceridad es la actitud ecuánime de un practicante estable.

El Séptimo Dalai Lama poseía una gran riqueza, pero carecía de apego hacia ella, y en cierta ocasión dijo:

«Todos mis bienes se reducen a un vajra, una campana y mis hábitos azafranados. La gente habla de 'las posesiones del Dalai Lama', pero en realidad no me pertenecen; no me aferro a ellas ni las considero mías.»

Deberíamos cultivar la misma actitud pensando que las cosas que consideramos nuestras, en realidad, están sólo a nuestra disposición temporalmente, y que más tarde las dejaremos para que otros las utilicen, de igual forma en que nosotros las recibimos de otras personas. Asimismo, si no hacemos uso de nuestros bienes, es mejor que los regalemos para que otras personas puedan beneficiarse de ellos.

Es posible que nos preocupemos por el hecho de que si logramos ser ecuánimes respecto a la felicidad y al sufrimiento, la riqueza y la pobreza, la alabanza y la crítica, y la buena y mala reputación, acabemos sin recursos y perdamos nuestras posesiones. De hecho, la ecuanimidad no sólo hará que logremos mayores recursos, sino que nos librará de problemas y nunca será la causa de nuestra desdicha. Nadie se ha muerto de hambre por haber desarrollado desapego y esto tampoco ocurrirá en el futuro. Buda Shakyamuni creó los méritos suficientes en sus vidas pasadas para renacer como un monarca universal sesenta mil veces. En vez de obtener estos renacimientos, dedicó todo su poder meritorio para que en los tiempos de degeneración los practicantes de Dharma tuvieran siempre de qué alimentarse. Debido a esta acción pura, hasta ahora no ha habido en este mundo ningún practicante sincero del Dharma que se haya muerto por falta de alimentos.

AUNQUE NO OLVIDEMOS EL DHARMA Y LO PONGAMOS EN PRÁCTICA DE UNA FORMA PURA, NO PERSEVERAREMOS CON ESFUERZO EN NUESTRA PRÁCTICA

Si nos olvidamos de la muerte, aun cuando practiquemos con pureza, no podremos hacerlo de manera continua. Nos ejercitaremos de la manera correcta durante una semana y luego lo dejaremos, o nos esforzaremos durante un mes o incluso unos años pero acabaremos abandonándolo. El remedio para este tipo de pereza es recordar la muerte una y otra vez.

Es posible que recibamos los frutos de nuestra práctica muy pronto o en una vida futura. El momento de su maduración depende de nuestra acumulación de méritos y del esfuerzo que pongamos en esta vida. Por consiguiente, deberíamos generar esta resolución: «Al margen de cuándo vaya a recibir los frutos de mi adiestramiento espiritual, ya sea pronto o tarde, he de seguir practicando con perseverancia en esta vida y en las venideras hasta que alcance la meta deseada.»

Si queremos preparar un buen guiso, hemos de mantener el fuego encendido de manera continua y sin interrupción. Si el fuego es constante, ya sea vivo o lento, llegará un momento en que el guiso estará bien cocido. De manera similar, si nos esforzamos de manera constante en nuestra práctica, aunque sólo sea un poco, recogeremos sus frutos con toda seguridad.

Si recordamos la muerte a menudo, no sólo despertaremos el deseo de practicar el Dharma, sino que además no querremos dejar de hacerlo. Nuestra actitud habitual cambiará por completo. En vez de tener mucho tiempo para fines mundanos y muy poco para el ejercicio espiritual, de manera progresiva nos dedicaremos más a la práctica del Dharma y menos a actividades sin sentido. Seremos como el gran meditador Gueshe Kharagpa. A la entrada de su cueva había un arbusto lleno de espinos y, cada vez que entraba o salía de ella, se rasgaba la piel. En cada ocasión pensaba: «Tengo que podar este arbusto», pero su práctica era tan intensa que no encontraba el momento para hacerlo. Este comportamiento es el resultado de estar siempre consciente de la muerte.

SEGUIREMOS COMETIENDO ACCIONES PERJUDICIALES

Si nos olvidamos de la muerte, en muchas situaciones nos comportaremos de manera perjudicial y destructiva, pensando sólo en beneficiar y proteger nuestros propios intereses mundanos. En ocasiones haremos uso de la violencia, poniéndonos en peligro a nosotros mismos y a otras personas. Con semejantes acciones estaremos creando la causa para seguir padeciendo sufrimiento en el futuro y para renacer en los reinos inferiores. Una vez que hayamos nacido allí, será muy difícil obtener un renacimiento en los reinos de los dioses o en el de los humanos.

MORIREMOS LLENOS DE REMORDIMIENTO

Si no tenemos la muerte presente a lo largo de nuestra vida, cuando nos llegue el momento de morir nos daremos cuenta de que ni todas nuestras posesiones y riquezas, ni nuestros familiares y amistades, podrán ayudarnos. Sentiremos temor, ansiedad y remordimiento, pero ya será demasiado tarde para derramar lágrimas. Seremos como Mondrol Chodak, un tibetano muy respetado por sus muchas habilidades y su gran talento. Siempre andaba muy ocupado, viajando de un sitio a otro y relacionándose con muchas personas, pero cuando le llegó la muerte de forma inesperada, le embargó la tristeza pensando: «A lo largo de mi vida he hecho muchas cosas, me he dedicado a los negocios y a otras actividades mundanas, pero ahora ninguna de ellas me sirve de nada. La gente dice que soy muy inteligente pero, en realidad, soy el más necio, porque he desdeñado lo único que me hubiera sido útil en este momento: mi práctica espiritual. He desperdiciado toda mi vida haciendo todo tipo de cosas que no me van a aportar ningún beneficio auténtico.» Así se lamentaba lleno de remordimiento, y en la más profunda desesperación dio sus últimos suspiros.

Los Maestros kadampas dicen que no es bueno tener miedo cuando nos estamos muriendo, sino que el miedo a la muerte hemos de tenerlo cuando somos jóvenes. La mayoría de la gente hace lo contrario. Durante su juventud piensan que «no se van a morir» y se comportan de manera imprudente y sin preocuparse de la muerte; pero cuando les llega la hora les domina el miedo, la frustración, el desasosiego y la desesperación. Si comenzamos a generar miedo a la muerte desde este mismo momento, afrontaremos su llegada sin tener que experimentar estas aflicciones, y además aprovecharemos mejor el tiempo. Evitaremos cometer acciones perjudiciales y nos dedicaremos a realizar obras virtuosas, creando de este modo la causa para obtener un renacimiento afortunado. Cuando nos llegue el momento de la muerte, nos sentiremos como un niño que regresa a casa de sus padres, y con este sentimiento expiraremos. Seremos como Longdrol Lama, un Maestro que vivió hasta una edad muy avanzada. Cuando le llegó la muerte se sentía feliz. Los que le atendían le preguntaron por qué estaba tan contento y él repuso: «Si me muero esta mañana, renaceré esta misma tarde como un dios o una diosa en una Tierra Pura. Mi vida será muy superior a ésta.» Longdrol Lama, en vida, se preparó correctamente para dominar su muerte e incluso eligió el lugar de su siguiente renacimiento. Si practicamos el Dharma con sinceridad, nosotros también podremos hacer lo mismo.

CONSIDERACIÓN DE LOS BENEFICIOS DE TENER PRESENTE LA MUERTE

Los beneficios de tener presente la muerte son:

1 Nos dedicaremos a la práctica del Dharma con sinceridad y esfuerzo.
2 Nuestra práctica del Dharma será muy poderosa y pura.
3 Es un factor importante al inicio de nuestra práctica.
4 Es un factor importante durante toda nuestra práctica.
5 Es un factor importante en el logro de la meta final de nuestra práctica.
6 A la hora de la muerte nos sentiremos felices.

NOS DEDICAREMOS A LA PRÁCTICA DEL DHARMA CON SINCERIDAD Y ESFUERZO

En el *Sutra del gran estado más allá del dolor*, Buda dice:

«Si observamos las huellas que dejan los distintos animales sobre la tierra húmeda, veremos que las más profundas son las del elefante. De forma similar, todas las meditaciones que hagamos producirán sus efectos, pero la que dejará una mayor impresión en nuestra mente será la de la muerte.»

Una vez, el Príncipe Sidharta, cuando aún vivía en el palacio de su padre, salió de sus confines reales y vio por primera vez un cadáver en estado de putrefacción. El enfrentarse con esta cruda realidad le hizo reflexionar del siguiente modo: «Ahora vivo en un espléndido palacio, pero tarde o temprano seré como este cadáver putrefacto. Mi vida de grandes lujos no tiene ningún valor.» Esta meditación sobre la muerte le hizo abandonar el apego a los disfrutes de la vida palaciega y dedicarse al adiestramiento espiritual que le condujo a la iluminación.

Cuando Milarepa presenció la muerte de uno de los benefactores de Lama Yungdon, se desilusionó tanto con el samsara que generó un intenso remordimiento por todas las malas artimañas de magia negra que había efectuado, y desde ese mismo momento comenzó a practicar el Dharma de una forma pura. Gracias a que la meditación sobre la muerte grabó esta profunda impresión en su mente al principio de su camino espiritual, consiguió alcanzar la iluminación en esa misma vida por medio de su adiestramiento en el mantra secreto.

NUESTRA PRÁCTICA DE DHARMA SERÁ MUY PODEROSA Y PURA

En las escrituras se dice que la meditación sobre la muerte es como un mazo que destroza los engaños. Constituye un poderoso método para eliminar tanto nuestras perturbaciones mentales como nuestras acciones perjudiciales físicas, verbales y mentales. Utilizando una metáfora más de actualidad, podríamos comparar la meditación sobre la muerte con una gran explosión nuclear, pues destruye nuestras faltas y contrarresta nuestro interés por las trivialidades. Ejerce una fuerte influencia en todas nuestras acciones. Si meditamos sobre la muerte por la mañana, todas las acciones que realicemos durante el día las haremos pensando en el bienestar de nuestras vidas futuras; mientras que si por la mañana no nos acordamos de la muerte, lo más probable es que durante el resto del día llevemos a cabo nuestras actividades preocupándonos sólo por el beneficio de esta vida.

Si no meditamos sobre la muerte, no generaremos el deseo de practicar con pureza. Si no tenemos este deseo, nuestra puerta del Dharma seguirá cerrada y, aun cuando encontremos un Guía Espiritual que nos dé enseñanzas perfectas y los mejores consejos, no nos dejaremos influir por ellos. Uno de los Maestros kadampas dijo: «Mi verdadera meditación sobre el camino medio es la contemplación de la muerte y de la impermanencia. Todas las buenas cualidades surgen de ella y gracias a ella mi práctica de Dharma es pura.»

ES UN FACTOR IMPORTANTE AL INICIO DE NUESTRA PRÁCTICA

La meditación sobre la muerte es importante al principio de nuestra práctica, pues nos hace generar el deseo de adiestrarnos puramente y de manera continua, y de esta forma nos abre la puerta del Dharma.

ES UN FACTOR IMPORTANTE DURANTE TODA NUESTRA PRÁCTICA

La meditación sobre la muerte es importante también durante toda nuestra práctica, pues nos mantiene interesados en el adiestramiento de la mente en todas las etapas del camino hacia la iluminación.

ES UN FACTOR IMPORTANTE EN EL LOGRO DE LA META FINAL DE NUESTRA PRÁCTICA

La meditación sobre la muerte es un factor importante en el logro de la meta final de nuestra práctica, porque asegura que no abandonemos nuestro adiestramiento hasta que alcancemos la meta de la iluminación por el beneficio de los demás seres.

Es un error pensar que la meditación sobre la muerte es sólo para principiantes. Incluso los practicantes más avanzados del mantra secreto deben hacerla. En los *Sutras del vinaya* se aconseja a los monjes y a las monjas que guarden la imagen o reproducción de un esqueleto en su habitación para acordarse de la muerte con frecuencia. A la entrada de los monasterios, de los conventos y de los templos, se suele colocar una pintura de la rueda de la vida representando los diferentes estados de existencia entre las garras del Señor de la Muerte, indicando que todo ser que habite en el samsara está atrapado entre sus fauces.

A LA HORA DE LA MUERTE NOS SENTIREMOS FELICES

Este beneficio de recordar la muerte ha quedado bien ilustrado con el relato de Longdrol Lama mencionado con anterioridad. Si contemplamos este relato comprenderemos este punto con facilidad.

LA MEDITACIÓN EN SÍ SOBRE LA MUERTE

Su explicación consta de dos partes:

1 La meditación sobre la muerte por medio de nueve razonamientos.
2 La meditación sobre la muerte imaginando que nos ha llegado la hora de morir.

LA MEDITACIÓN SOBRE LA MUERTE POR MEDIO DE NUEVE RAZONAMIENTOS

Consta de tres partes:

1 Tres razonamientos para convencernos de que la muerte es definitiva.
2 Tres razonamientos para convencernos de que el momento de la muerte es incierto.
3 Tres razonamientos para convencernos de que en el momento de la muerte y después de ella, sólo la práctica del Dharma nos puede ayudar.

El propósito de meditar sobre la muerte por medio de estos nueve razonamientos, no es establecer el hecho de que la muerte es definitiva, que el momento de la muerte es incierto, o que lo único que nos puede ayudar al morir y después de la muerte es la práctica del Dharma, porque todo ello es evidente y no necesita ser demostrado. No obstante, y a pesar de que sabemos estas cosas, por lo general damos por sentado que «hoy no me voy a morir». Si en alguna ocasión pensamos que «es posible que hoy me muera», no lo hacemos por mucho tiempo. Nuestra suposición habitual es que nuestra vida va a seguir como siempre, y todas nuestras actividades diarias se basan en ella. Por lo tanto, hemos de meditar en la muerte para convertir el conocimiento superficial que de ella tenemos en una profunda convicción interna que transforme nuestro modo de pensar, de manera que nos habituemos a tener en cuenta que «es posible que hoy me muera» y actuemos conforme a esta realidad. Si nos acordamos de manera constante de la muerte, de forma natural despertaremos un gran interés en practicar el Dharma.

La meditación analítica sobre estos nueve razonamientos nos lleva a tomar con firmeza las tres resoluciones siguientes:

Voy a practicar el Dharma.
Voy a practicar el Dharma desde este mismo momento.
Voy a practicar el Dharma con sinceridad.

TRES RAZONAMIENTOS PARA CONVENCERNOS DE QUE LA MUERTE ES DEFINITIVA

Los tres razonamientos son:

1 El hecho de que me voy a morir es definitivo y no hay nada que pueda impedirlo.
2 La duración de mi vida no se puede aumentar y se va acortando continuamente.
3 La muerte me va a llegar sin esperar a que practique el Dharma.

EL HECHO DE QUE ME VOY A MORIR ES DEFINITIVO Y NO HAY NADA QUE PUEDA IMPEDIRLO

Meditemos:

Donde sea que nazca, ya sea en un estado de existencia afortunado o en uno desafortunado, es seguro que me voy a morir. Tanto si nazco en el estado más feliz de la existencia cíclica como si termino en el más profundo de los infiernos, estaré siempre sometido a la muerte. Por muy lejos que me traslade, aunque viaje hasta los confines del espacio o al fondo de la tierra, nunca encontraré un lugar donde pueda esconderme de la muerte.

El Cuerpo de la Verdad de un Buda es imperecedero, pero sus emanaciones perecen. En el momento de la muerte de Buda Shakyamuni, unos diez mil Destructores del Enemigo, Shariputra entre ellos, decidieron fallecer también porque no soportaban el dolor de tener que contemplar la muerte de su Maestro. Buda pidió a sus discípulos que preparasen un trono en Kushinagar para dar su última enseñanza: «Todo fenómeno producido es impermanente.» A los que poseían un karma puro les reveló los símbolos y las marcas ejemplares de su cuerpo y, acto seguido, sobre el trono, mostró la manera de morir. El que los Destructores del Enemigo y los Cuerpos de Emanación de los Budas permanezcan en este mundo depende del karma de los seres sintientes que lo habitan. A medida que nuestro buen karma y poder meritorio vayan decreciendo, los Destructores del Enemigo y las emanaciones de los Budas serán más escasos.

Ninguna de las personas que vivieron en tiempos de Buda Shakyamuni sigue viva hoy, y lo mismo podemos decir de los contemporáneos de su discípulo Mahakashyapa. Lo único que ha quedado de ellos son sus nombres. Todos los seres que vivieron doscientos años atrás han perecido, y los que ahora viven no existirán dentro de doscientos años. Habiendo contemplado estos puntos deberíamos hacernos la siguiente pregunta: «¿Cómo es posible que yo sea la única persona que vaya a sobrevivir a la muerte?»

Cuando nuestro karma de maduración de tener esta existencia llegue a su fin, nadie podrá impedir que muramos, ni siquiera el mismo Buda. Antiguamente, en la India, había dos grandes clanes familiares, los Pakyepas y los Shakyapas, que estaban en guerra entre ellos. El rey de los Pakyepas decidió exterminar a todos los Shakyapas, y varios de ellos, atemorizados, llevaron a sus hijos ante Buda Shakyamuni para que los protegiera. Shariputra se ofreció a amparar a todos los niños por medio de sus poderes sobrenaturales, pero Buda con su clarividencia pudo ver que no lograría salvarlos, pues los Shakyapas habían creado el karma colectivo de morir en esa guerra y, por entonces, su karma estaba en proceso de maduración. A pesar de ello, con el objeto de darles algún consuelo, Buda permitió que su discípulo acogiera a los niños. Shariputra puso a algunos dentro del cuenco de mendicante de Buda Shakyamuni y escondió a otros detrás del sol. No obstante, en el mismo día en que los Pakyepas asesinaron al resto de los Shakyapas, los niños escondidos en el cuenco y los que estaban detrás del sol también fallecieron sin que nadie les produjera la muerte.

Cuando nos llega el momento de morir, no hay manera de impedirlo. Si fuera posible prevenir la muerte por medio de poderes sobrenaturales y clarividencias, los que los poseen serían inmortales, pero los clarividentes también mueren. Los reyes más poderosos que gobernaron este mundo, a la hora de su muerte, murieron desvalidos. El león, que es el rey de los animales y vence al elefante cuando lucha contra él, pierde su fuerza y cae impotente sin vida en el momento en que se le presenta el Señor de la Muerte. La gente adinerada no tiene el poder de impedir su muerte. No es alguien que puedan sobornar con su riqueza, ni siquiera pueden retrasarla diciendo: «Cambio todas mis riquezas por tu demora.»

La muerte es inexorable y no hace concesiones. En el *Sutra dirigido a un Rey* se dice que la muerte es como cuando una montaña inmensa se derrumba por los cuatro costados. Una destrucción de semejante magnitud es imposible de contener. En el mismo Sutra, Buda dice:

> «La vejez es inamovible como una montaña,
> y el decaimiento también lo es.
> Las enfermedades son inamovibles como una montaña,
> y la muerte también lo es.»

La vejez avanza a escondidas socavando nuestra juventud, nuestro vigor y belleza. Aunque nos pase desapercibido, su proceso ya se ha precipitado y no hay manera de hacerlo retroceder. Las enfermedades destruyen nuestro bienestar y nuestra fuerza física. Aunque los médicos nos ayuden a superar una o varias dolencias, siempre hay otras que las suceden y, finalmente, padeceremos un mal que no haya forma de curar. En el mismo Sutra, Buda dice:

> «Aunque echemos a correr, no podremos escaparnos ni de la muerte ni de las enfermedades. No conseguiremos aplacarlas con sobornos ni hacerlas desaparecer con poderes sobrenaturales. Todos y cada uno de los seres que habitan en este mundo están sometidos a la vejez, a las enfermedades y a la muerte.»

LA DURACIÓN DE MI VIDA NO SE PUEDE AUMENTAR Y SE VA ACORTANDO CONTINUAMENTE

En su *Guía de las obras del Bodhisatva*, Shantideva dice:

> «Sin detenerse ni por el día ni por la noche,
> mi vida se va acortando cada vez más
> y su duración nunca aumenta.
> ¿Cómo puedo soñar con evitar la muerte?»

Desde el mismo momento en que fuimos concebidos nos precipitamos de manera inexorable en dirección a la muerte, como un caballo de carreras que galopa hacia su meta. Éste, al menos, puede aflojar su marcha, pero nuestra carrera hacia la muerte avanza sin posibilidad de interrupción. Nuestra vida se va acortando mientras dormimos y lo mismo ocurre cuando estamos despiertos. Un vehículo en marcha ha de detenerse de vez en cuando para poder continuar su viaje, pero el tiempo que nos queda de vida va acortándose con rapidez y nunca se detiene. En el momento siguiente de nuestro nacimiento ya se ha extinguido parte de nuestra vida. Vivimos en los brazos de la muerte. El Séptimo Dalai Lama dijo:

> «Una vez que hemos nacido somos incapaces de
> detenernos ni siquiera durante un solo minuto.
> Vamos acercándonos a los brazos del Señor de la Muerte,
> rápidos como un corredor en su carrera.
> Creemos que pertenecemos al mundo de los vivos,
> pero nuestra vida es el sendero mismo que conduce
> a la muerte.»

Imaginemos que nuestro médico nos dice que tenemos una enfermedad incurable y que sólo nos queda una semana de vida. Si un amigo nos fuera a dar un regalo espléndido, como por ejemplo un diamante, un coche último modelo o unas vacaciones maravillosas, no nos alegraríamos mucho. De hecho, nuestra situación actual no es muy diferente, pues todos padecemos de la enfermedad de la mortalidad. En tal caso, ¡qué necedad tan grande malgastar nuestra energía en los placeres transitorios de esta brevísima vida!

Si nos es difícil meditar en la muerte, podemos contemplar el paso del tiempo escuchando el tictac de un reloj, y comprender así que cada instante marca el fin de un momento de nuestra existencia, y nos acerca más a la muerte. Atisha solía hacer esta meditación con el sonido del caer de las gotas de agua. También podemos imaginar que el Señor de la Muerte merodea por los alrededores de nuestra casa y que el tictac del reloj son sus pasos acercándose a nosotros. Esto nos ayudará a reconocer que no somos más que transeúntes vagando por esta existencia.

En el *Sutra del gran deleite,* Buda dice:

> «Estos tres mundos son impermanentes como las
> nubes de otoño.
> La muerte y el nacimiento de los seres son como la
> entrada y la salida de los actores en un escenario.»

Los actores a menudo cambian de papel y de disfraz, y aparecen una y otra vez bajo diferentes aspectos. De forma parecida, los seres sintientes adquieren formas diferentes y entran en nuevos mundos. En unas ocasiones son seres humanos o animales y, en otras, bajan a los infiernos. El Sutra continúa diciendo:

> «La vida de un ser sintiente es breve como la luz del relámpago y se agota pronto como el agua que cae de una alta montaña.»

LA MUERTE ME VA A LLEGAR SIN ESPERAR A QUE PRACTIQUE EL DHARMA

A pesar de que la vida es corta, no importaría mucho siempre que dispusiéramos de tiempo suficiente para adiestrarnos en el Dharma; pero la mayoría del tiempo lo pasamos durmiendo, en el trabajo, comiendo, yendo de compras, conversando, etc., de manera que nos queda muy poco para dedicarlo a nuestra práctica espiritual. Nos pasamos los días trabajando para lograr otros fines, hasta que, de repente, nos sobreviene la muerte.

Solemos pensar que tenemos tiempo de sobra para la práctica del Dharma, pero si examinamos nuestra forma de vida, nos daremos cuenta de que los días van pasando, uno tras otro, y que aún no hemos practicado seriamente. Si no encontramos tiempo para dedicarnos con sinceridad al adiestramiento del Dharma, cuando muramos miraremos atrás y veremos que hemos desperdiciado toda nuestra vida. Por el contrario, si meditamos en la muerte, generaremos un sincero deseo de mantener una práctica pura y, en consecuencia, empezaremos a modificar nuestras tareas cotidianas para dedicar al menos unos minutos a nuestra práctica hasta que, finalmente, dispondremos de más tiempo para nuestro adiestramiento espiritual que para el resto de nuestras actividades.

Si meditamos en la muerte una y otra vez, es posible que lleguemos a sentir miedo, pero esto no es suficiente. Una vez que hayamos generado el temor de afrontar la muerte sin estar bien preparados, hemos de buscar algo que de verdad pueda protegernos. Gungtang Yhampelyang dijo que los caminos de las vidas futuras son muy largos y desconocidos. Iremos pasando de una vida a otra sin saber dónde vamos a renacer, si vagaremos por los caminos que conducen a un reino afortunado o por los que conducen a un estado de existencia miserable. Sin libertad ni elección seremos empujados adonde nos lleve nuestro karma. Por consiguiente, tenemos que encontrar algo que nos dirija por los buenos caminos en las vidas venideras, algo que nos guíe por los senderos correctos y nos aleje de los malos rumbos. Hemos de esforzarnos física, verbal y mentalmente para poner el Dharma en práctica. Los bienes y los disfrutes del samsara no pueden ayudarnos. Sólo el Dharma nos muestra el sendero supremo. Puesto que constituye el único bien y disfrute que puede asistirnos y ampararnos en el futuro, hemos de esforzarnos con nuestro cuerpo, palabra y mente en aplicarlo e integrarlo en nuestra vida.

Milarepa dijo:

«Los miedos que padeceremos en vidas futuras son más numerosos que los de esta vida. ¿Has preparado algo que te sirva de ayuda? Si no lo has hecho, no te demores, hazlo ahora. La única protección contra estos miedos es la práctica del sagrado Dharma.»

Si hacemos un examen de nuestra vida, veremos que hemos malgastado muchos años desinteresados por el Dharma, y que incluso ahora que queremos practicarlo, dejamos de hacerlo por pereza. Gungtang Yhampelyang dijo:

«Pasé veinte años sin querer practicar el Dharma. Pasé otros veinte pensando que podría hacerlo más tarde. Los veinte años siguientes estuve enfrascado en todo tipo de actividades, arrepintiéndome de no haber practicado el Dharma. Ésta es la triste historia de mi vacía existencia humana.»

Ésta podría ser también nuestra autobiografía, a menos que meditemos en la muerte para evitar el desperdiciar nuestra preciosa existencia humana, y poder así utilizarla de forma significativa.

Si en la meditación aplicamos estos tres razonamientos, acabaremos convenciéndonos de que «es seguro que me voy a morir». Dado que durante la muerte sólo nuestra práctica espiritual nos será de verdadera ayuda, tomamos sinceramente la siguiente resolución: «Debo practicar el Dharma.» Cuando este pensamiento surja con fuerza y claridad en nuestra mente, nos concentramos en él en meditación de emplazamiento para familiarizarnos y no olvidarlo nunca.

TRES RAZONAMIENTOS PARA CONVENCERNOS DE QUE EL MOMENTO DE LA MUERTE ES INCIERTO

Éstos son:

1. El espacio de vida de los seres de este mundo no es fijo.
2. Hay muchas más condiciones que nos conducen hacia la muerte que hacia la supervivencia.
3. El cuerpo del ser humano es muy frágil.

EL ESPACIO DE VIDA DE LOS SERES DE ESTE MUNDO NO ES FIJO

A menudo nos engañamos a nosotros mismos diciéndonos: «Soy joven y por ahora no me voy a morir», pero podemos comprobar lo falsa que es esta suposición con sólo observar la cantidad de gente joven que muere antes que sus progenitores. A veces pensamos: «Tengo buena salud, así que de momento no me voy a morir», pero vemos que muchas personas que disfrutan de buena salud y se dedican a cuidar enfermos, mueren antes que sus pacientes. Los que van a visitar a sus amigos en el hospital pueden morir antes que ellos en un accidente de automóvil, puesto que la muerte no se restringe a ancianos y enfermos. La persona que está viva por la mañana puede estar muerta por la tarde, y la que se encuentra bien al irse a dormir puede morir antes de haberse despertado. Algunos mueren ingiriendo alimentos y otros en medio de una conversación. Muchos seres perecen tan pronto como nacen.

La muerte no siempre avisa. Este enemigo se presenta en cualquier momento y ataca cuando menos lo esperamos. Puede visitarnos al ir de camino hacia una fiesta, al encender la televisión mientras estamos pensando en que «hoy no me voy a morir» y haciendo planes para nuestras vacaciones de verano o para nuestra jubilación. El Señor de la Muerte puede caer sobre nosotros con rapidez como las negras nubes que cubren de repente el cielo. Al igual que esos días en que desde la ventana vemos un cielo limpio y azul, pero al salir a la calle está nublado, la muerte puede arrojar su sombra sobre nuestra vida en unos pocos instantes.

HAY MUCHAS MÁS CONDICIONES QUE NOS CONDUCEN HACIA LA MUERTE QUE HACIA LA SUPERVIVENCIA

A pesar de que nuestra muerte es definitiva y nuestro espacio de vida indefinido, esto carecería de importancia si las condiciones que conducen a la muerte fueran pocas; pero las condiciones tanto externas como internas que pueden producir la muerte son innumerables. Se dice que hay ochenta mil clases de obstáculos o espíritus que pueden destruir nuestra vitalidad. Todos ellos son condiciones que pueden ocasionar nuestro fallecimiento. El medio ambiente es la causa de muchas muertes por inanición, inundaciones, incendios, terremotos, contaminación, etc. De manera similar, los elementos internos de nuestro cuerpo nos causan la muerte cuando pierden su equilibrio y uno de ellos crece en exceso. A los elementos internos, cuando cohabitan en equilibrio, se les compara con cuatro serpientes de la misma especie y de igual fuerza, que viven juntas y en armonía; pero cuando pierden esta estabilidad es como si una de ellas adquiriese más fuerza que las demás y acabara por destruirlas y alimentarse de ellas, hasta que, finalmente, ella misma también muere de inanición.

Al margen de estas causas inanimadas que ocasionan la muerte, hay muchas otras que son animadas, como por ejemplo un delincuente, un soldado o un animal salvaje, que también pueden producirla. Incluso las cosas que no consideramos que sean un peligro, como nuestra casa, nuestro automóvil o nuestro mejor amigo, pueden convertirse en la causa de nuestra defunción. Hay personas que mueren aplastadas en el derrumbamiento de su casa o al caerse por unas escaleras, y cada día hay muchas personas que pierden la vida en las carreteras. Algunos mueren antes de terminar sus vacaciones, y otros lo hacen a causa de sus propias diversiones y aficiones, como los jinetes que sufren caídas mortales. Nuestro mejor amigo o nuestro amante puede quitarnos la vida de manera intencionada o accidental. ¡Cuántas veces leemos en los periódicos historias apasionadas de amantes que se quitan la vida el uno al otro o de padres que matan a sus propios hijos! Los mismos alimentos que ingerimos para nutrir y sostener nuestro cuerpo pueden ser la causa de nuestro fallecimiento. Si hacemos un cuidadoso examen, veremos que es imposible encontrar un único objeto de disfrute que no tenga el potencial de producir la muerte y que sólo sea un factor para preservar la vida. El Protector Nagaryhuna dijo:

> «Nuestra vida está rodeada de miles de condiciones que la amenazan con la muerte. Nuestra fuerza vital es como una llama expuesta al viento. La llama de nuestra existencia se apaga con facilidad, pues el viento de la muerte sopla en todas las direcciones.»

Cada persona ha creado su propio karma individual para permanecer con vida durante un determinado período de tiempo, pero debido a que no somos capaces de recordar el karma que hemos creado, no sabemos cuál será la duración de nuestra vida. También es posible que fallezcamos de muerte prematura aunque no hayamos extinguido nuestro espacio de vida. Esto se debe a que hemos agotado nuestros méritos antes de haber consumido el karma que determina la duración de nuestra vida. En tal caso, podemos enfermar de manera que los médicos no puedan hacer nada, o que nos sea imposible encontrar los alimentos y las necesidades básicas para mantenernos con vida. Por el contrario, aun cuando caigamos gravemente enfermos, si el espacio de nuestra vida no ha llegado a su fin, y si todavía nos quedan méritos, es posible que encontremos los medios necesarios para recuperarnos.

En el *Sutra del acopio de joyas* se mencionan nueve causas de muerte prematura:

(1) Comer en exceso.
(2) Ingerir alimentos en malas condiciones.
(3) Volver a ingerir alimentos sin haber hecho la digestión de los tomados previamente.
(4) Retener en el estómago durante largo tiempo alimentos indigestos sin eliminarlos.
(5) Vomitar alimentos digeridos.
(6) No tomar la medicina adecuada.
(7) Efectuar acciones sin las habilidades requeridas, como intentar nadar o conducir un coche sin saber cómo hacerlo.
(8) Trasladarse a un lugar en momentos inadecuados, como pasarse un semáforo en rojo o correr al mediodía bajo el sol en un país muy caluroso.
(9) Abandonarse a las relaciones sexuales sin moderación.

A pesar de que el mantra secreto muestra métodos para prolongar la duración de nuestra vida, sólo producirán el efecto deseado si los practicamos con sinceridad, con fe y una buena concentración, y si nuestra meditación es poderosa. Por lo tanto, de momento nos es difícil prolongar nuestro espacio de vida.

EL CUERPO DEL SER HUMANO ES MUY FRÁGIL

Aunque hay muchos factores que pueden ocasionar la muerte, ello carecería de importancia si nuestro cuerpo fuera algo tan fuerte como, por ejemplo, el hierro; pero de hecho se trata de un objeto muy delicado. No es necesario utilizar armas ni bombas para destrozarlo, se puede acabar con él con una pequeña aguja. En su *Carta amistosa*, Nagaryhuna dice:

> «Hay muchos destructores de nuestra fuerza vital.
> El cuerpo del ser humano es como una burbuja
> de agua.»

De igual manera que una burbuja de agua estalla en cuanto se la toca, la muerte se produce con facilidad, bastando sólo con que una púa venenosa nos rasgue la piel o que una simple gota de agua se introduzca en nuestro corazón. En el texto mencionado, Nagaryhuna dice que al final de este eón, todo el sistema solar será consumido por las llamas de un fuego inmenso que no dejará ni siquiera el rastro de sus cenizas. Si el universo entero acaba por desaparecer algún día, no hace falta mencionar con qué rapidez el delicado cuerpo del ser humano puede ser destruido.

Si contemplamos el proceso de nuestra respiración, vemos que a cada aspiración le sigue una exhalación; si este proceso se detuviera, perderíamos la vida. Cuando nos dormimos y perdemos el poder de la memoria burda, nuestra respiración todavía continúa, aunque en muchos otros aspectos nos asemejamos a un cadáver. Nagaryhuna dijo que este hecho tan simple es una de las cosas más maravillosas que existen. Cuando nos despertamos por la mañana, deberíamos alegrarnos pensando: «Es increíble que mi respiración no haya cesado mientras dormía. Si lo hubiera hecho, ahora estaría muerto.»

Al meditar con la ayuda de estos tres razonamientos quedaremos convencidos de que el momento de nuestra muerte es muy incierto y de que la idea de practicar el Dharma cuando acabemos con nuestros trabajos es una gran necedad. Hemos de decidir no utilizar todo nuestro tiempo en actividades mundanas, puesto que no tienen fin. En las escrituras se suele comparar a las tareas mundanas con las ondas que se producen en la superficie del agua, ya que a una siempre le sigue otra. También son como la barba de un anciano, que vuelve a crecer tan pronto como se la afeita. Si esperamos a que nuestras actividades mundanas terminen para después practicar el Dharma, nunca comenzaremos a hacerlo.

Esta meditación nos hará tomar con firmeza la siguiente resolución: «Voy a practicar el Dharma desde este mismo momento.» Cuando la generemos, debemos concentrarnos en ella en meditación de emplazamiento para no olvidarla.

TRES RAZONAMIENTOS PARA CONVENCERNOS DE QUE EN EL MOMENTO DE LA MUERTE Y DESPUÉS DE ELLA, SÓLO LA PRÁCTICA DEL DHARMA NOS PUEDE AYUDAR

Éstos son:

1 En el momento de la muerte mis posesiones y riquezas no me servirán de nada.
2 En el momento de la muerte mis familiares y amigos no podrán ayudarme.
3 En el momento de la muerte mi cuerpo tampoco me será de ninguna utilidad.

EN EL MOMENTO DE LA MUERTE MIS POSESIONES Y RIQUEZAS NO ME SERVIRÁN DE NADA

Meditemos:

Aunque poseyera las mayores riquezas del mundo, en el momento de la muerte no me servirían de nada porque no podría llevarlas conmigo ni me aliviarían del sufrimiento.

Hay un proverbio tibetano que dice que, ante la muerte, el rey que está acostumbrado a sentarse en un trono de oro y el vagabundo que va mendigando de un pueblo a otro, son iguales. En el Sutra titulado *Árbol glorioso*, Buda dice:

«Aunque almacenes alimentos para abastecerte durante cien años, al morir viajarás hambriento a tu próxima existencia. Aunque prepares ropa para vestirte durante cien años, al morir habrás de partir desnudo hacia tu próxima existencia.»

Shantideva dice en la *Guía de las obras del Bodhisatva*:

«Debido a que no me doy cuenta
de que al partir he de perderlo todo,
cometo muchas acciones perjudiciales
en favor de mis amigos y en contra de mis enemigos.»

En cierta ocasión, había un hombre que trabajaba duramente labrando una piedra con el objeto de hacerla cuadrada. Uno de los transeúntes que pasaba por allí le preguntó: «¿Por qué te empeñas con tanto ahínco en hacer cuadrada esta piedra?» El pedrero repuso: «Simplemente para dejarla como herencia tras de mí.» Al igual que este pedrero, nosotros dedicamos mucho tiempo y esfuerzo para acumular bienes, que tendremos que abandonar al partir de este mundo.

EN EL MOMENTO DE LA MUERTE MIS FAMILIARES Y AMIGOS NO PODRÁN AYUDARME

Shantideva señala en la *Guía de las obras del Bodhisatva*:

«Cuando esté atrapado por el mensajero del Señor
 de la Muerte,
¿de qué me valdrán mis familiares y amigos?
Lo único que me protegerá será mi poder meritorio,
pero en él nunca he confiado.»

Vinimos a este mundo solos y partiremos solos también. Nadie puede librarnos de los sufrimientos de la vejez ni de las enfermedades ni compartirlos de verdad con nosotros. En el momento que más lo necesitamos, al morir, nuestros familiares y amigos no pueden ayudarnos. Aunque todas las personas de este mundo fuesen amigos nuestros, ninguno de ellos podría ayudarnos cuando estemos muriendo. Aunque nos agarrasen de los brazos, de las piernas y de la cabeza, no podrían impedir que la muerte nos llevase consigo. En este mundo, los individuos que ocupan posiciones de cierto poder están rodeados de guardaespaldas, pero a la hora de su muerte ninguno de ellos puede protegerlos. El gran yogui Mitatso, en cierta ocasión, recitó el siguiente verso a un rey:

«A pesar de que eres un gran rey con muchos recursos,
cuando te llegue el momento de pasar a la próxima vida, tendrás que partir solo y amedrentado.
Tendrás que viajar sin bienes ni riquezas,
sin tu querida reina, sin tus hijos y sin tus sirvientes.»

El Primer Panchen Lama dijo:

«Cuando llega la muerte, nos separa de nuestros familiares y amigos de tal manera, que nunca más les volvemos a ver. Destruye toda posibilidad de volvernos a reunir con ellos. No hay nadie más inclemente que el Señor de la Muerte.»

En esta vida, si nos separamos de nuestros familiares y amigos durante un tiempo, siempre tenemos la oportunidad de volverlos a ver más tarde; pero cuando sobreviene la muerte, esta separación es definitiva, y aunque nos encontremos con ellos en vidas futuras, no nos reconoceremos.

EN EL MOMENTO DE LA MUERTE MI CUERPO TAMPOCO ME SERÁ DE NINGUNA UTILIDAD

Desde que nacimos hemos estimado y cuidado nuestro cuerpo como si fuera la más preciada de nuestras posesiones; lo protegemos del frío, lo untamos con cremas y aceites cuando su piel está reseca, y lo defendemos con todas nuestras fuerzas cuando alguien intenta dañarlo. Tenemos una compasión tan grande por nuestro cuerpo que no soportamos que sufra el menor dolor. Si tiene sed no podemos soportarlo y si se debilita y enferma nos deprimimos con facilidad. La mayoría de las acciones perjudiciales que hemos cometido en el pasado han sido por causa de nuestro cuerpo. Atendemos a todas sus necesidades con el mayor cuidado, lo vestimos, alimentamos, lavamos y embellecemos. Si alguien lo critica diciendo algo como «¡qué piernas más gruesas tienes!» o «¿a dónde vas con esa cara de mono?», nos indignamos;

mientras que si las mismas críticas las hacen refiriéndose al cuerpo de otra persona, no nos importa, y hasta nos hacen gracia. Aun con todo, este cuerpo que tanto estimamos es traicionero. Nos abandona sobre todo cuando más desesperadamente lo necesitamos: en el momento de la muerte. El Primer Panchen Lama dijo:

«Este cuerpo que hemos estimado durante tanto tiempo, nos traicionará cuando más lo necesitemos.»

Meditando con estos tres razonamientos llegaremos a reconocer que al morir, nuestros bienes y riquezas, familiares y amigos, y ni siquiera nuestro propio cuerpo, nos serán de ninguna utilidad. Lo único que nos podrá ayudar será nuestra sincera práctica del Dharma. Así pues, decidiremos practicar el Dharma con una intención pura sin mezclarlo con las ocho preocupaciones mundanas. Cuando esta resolución surja con claridad e intensidad en nuestra mente, debemos concentrarnos en ella en meditación de emplazamiento para familiarizarnos y no olvidarla nunca.

Cuando, como resultado de haber practicado los nueve ciclos de la meditación sobre la muerte, generemos con firmeza y claridad las tres resoluciones mencionadas, habremos alcanzado una realización de la meditación de la muerte. Esta experiencia es muy importante. Si intentamos realizar prácticas avanzadas sin ella, las ocho preocupaciones mundanas aflorarán de forma natural y nuestro adiestramiento espiritual estará contaminado, como un alimento delicioso que contiene veneno.

Si por cualquier motivo no somos capaces de hacer estas meditaciones, por lo menos deberíamos intentar recordar la muerte varias veces al día. Este recuerdo nos alentará a practicar con pureza, y a reducir la insatisfacción y los problemas que se derivan del hecho de estar interesados solamente por el bienestar de esta vida de tan breve duración. Para eliminar por completo las perturbaciones mentales tenemos que realizar la vacuidad. Hasta que consigamos hacerlo, esta meditación sobre la muerte es muy eficaz para eliminarlas temporalmente.

LA MEDITACIÓN SOBRE LA MUERTE IMAGINANDO QUE NOS HA LLEGADO LA HORA DE MORIR

¿Qué es la muerte? Algunos responden diciendo que es como el apagarse de la llama de una vela, pero esto no es correcto. Cuando la llama de una vela se apaga, su continuo cesa y desaparece por completo, pero cuando nosotros nos morimos no desaparecemos. Nuestra muerte es más bien como cuando un pájaro cambia de nido. Nuestro cuerpo es como el nido y nuestra mente como el pájaro. Cuando la consciencia deja el cuerpo seguimos padeciendo miedos y alucinaciones, seguimos sufriendo y necesitamos protección. Si practicamos el Dharma, desarrollaremos buenos hábitos mentales que llevaremos con nosotros a nuestra próxima existencia. Dado que el continuo de nuestra mente lleva consigo los hábitos mentales que hemos formado, nuestra práctica del Dharma y las acciones virtuosas que hayamos realizado en esta vida nos beneficiarán en esta misma vida y en las venideras.

Con el objeto de prepararnos para la muerte, tenemos que meditar imaginando que nos ha llegado la hora de morir. Esta meditación, llamada también «meditación sobre los aspectos de la muerte», ha sido recomendada por muchos Maestros, como Yhe Pabongkhapa. En ella contemplamos los siguientes cuatro aspectos de la muerte:

(1) La muerte es definitiva y está por venir.
(2) Las causas de la muerte.
(3) El modo en que morimos.
(4) Lo que ocurre cuando morimos.

Comenzamos contemplando un cadáver o su fotografía y pensamos: «Pronto voy a acabar como él.» Entonces imaginamos que de verdad nos estamos muriendo y meditamos del siguiente modo:

El hecho de que me voy a morir es definitivo, ya sea debido a una enfermedad o a un accidente, y es muy probable que termine en un hospital. Allí me llevarán cuando caiga enfermo y, al principio, el médico tendrá esperanzas de curarme, pero luego las perderá y hasta dejará de visitarme. Entonces mis familiares se llenarán de tristeza y se sentirán impotentes, y lo único que podrán hacer es lamentarse, gemir y llorar. Cuando comience el proceso de mi muerte, mi cuerpo se irá enfriando y respiraré con dificultad. Mi cuerpo se debilitará y mermará, y ya no podré ni oír bien ni ver con claridad. Si mis familiares y amigos están junto a mí, no los podré reconocer. Mi lengua se acortará y no podré hablar con coherencia. Poco a poco perderé la memoria, pero antes de perderla por completo me daré cuenta de que estoy muriendo y el miedo me embargará. Lleno de desesperación pensaré: «¡Qué maravilloso sería si pudiera alargar mi vida!» y suplicaré a mis amigos y familiares que me ayuden, pero ellos no podrán hacer nada. De manera progresiva, los cuatro elementos de mi cuerpo se irán absorbiendo e iré percibiendo diferentes visiones y alucinaciones. El miedo se apoderará de mí. Mi memoria será cada vez más débil hasta que, finalmente, las apariencias de esta vida se desvanecerán por completo. Éste será el fin de mi vida: el fin de todo lo que me une con esta existencia, el de mis sentimientos hogareños, el de los encuentros con los seres queridos, y el de mis añoradas conversaciones con mis familiares.

Morir es como irse a dormir. Cuando fallecemos entramos en el estado intermedio (tib.: *bardo*), que es un estado parecido al del sueño. En el bardo es muy posible que tengamos alucinaciones que nos aterrorizarán y harán sufrir. Podemos sentir como si montañas gigantes se derrumbaran encima de nosotros, como si nos hundiésemos en arenas movedizas, como si nos abrasáramos en un fuego ardiente, como si estuviésemos desolados en medio de una tormenta, arrastrados de un lado a otro por el viento, y como si nos ahogásemos en un río de aguas estrepitosas. Si vamos a renacer en uno de los reinos inferiores, percibiremos además terribles visiones de seres malignos y monstruosos que nos empujarán hacia abajo. Cuando despertemos del bardo, percibiremos nuestro nuevo mundo, así como al despertar del sueño empezamos un nuevo día.

Si imaginamos repetidas veces que estamos experimentando de verdad el proceso de la muerte, el estado intermedio y el renacimiento, nuestra mente se irá transformando de manera constructiva. Si nos es difícil hacer uso de la imaginación de esta forma, podemos visitar cementerios y al contemplar las lápidas recordar que debajo de cada una yace un cadáver. Podemos escoger una lápida como nuestro objeto de meditación. Si la inscripción dice: «Aquí yace Juan. Murió el 21 de Mayo de 1987», meditamos de la siguiente forma:

La única diferencia entre Juan y yo estriba en una cuestión de tiempo. Dentro de poco tendré la misma experiencia que tuvo él y, así como su cuerpo yace aquí debajo pudriéndose, mi cuerpo acabará también descompuesto, bajo tierra.

Podemos meditar de esta forma sobre los aspectos de la muerte. Estas reflexiones meditativas son de especial importancia para aquellos que olvidan con facilidad su práctica espiritual, y que les cuesta mucho pensar en algo más de que lo que les ocurre a cada momento.

Hay muchas cosas que nos pueden servir para recordar la muerte. En la televisión, cada noche vemos que han muerto muchas personas. Por lo general, vemos la televisión con el objeto de informarnos de la actualidad o para entretenernos, pero si queremos alcanzar la realización de la meditación de la muerte y de la impermanencia, nos convendría identificarnos con las personas que vemos que se están muriendo y pensar: «Pronto acabaré como ellos.» Cada vez que veamos un anciano en la pantalla podemos pensar: «Pronto voy a acabar así.» De este modo, el tiempo que pasamos viendo la televisión será beneficioso. Los medios de comunicación nos enseñan mensajes sobre la impermanencia, la vacuidad, la compasión y la naturaleza de sufrimiento de la existencia cíclica. Con la sabiduría del Dharma podemos aprender de todo, y cualquier cosa nos servirá para aumentar la fe y las experiencias espirituales. Milarepa dijo que él consideraba todo lo que percibía como un libro de Dharma. Para él, todas las cosas eran una corroboración de la verdad de las enseñanzas de Buda y que le ayudaban a incrementar sus experiencias espirituales.

Los sufrimientos de los reinos inferiores

MEDITACIÓN SOBRE LOS SUFRIMIENTOS DE LOS REINOS INFERIORES

No tendría mucho sentido meditar sobre los sufrimientos de los reinos inferiores si no creyéramos que de verdad existen y que es posible que tengamos que experimentar estos estados desafortunados. Aquellos que tienen una fe pura en las enseñanzas de Buda creen en la reencarnación porque Buda así lo enseñó. Si esta razón no nos basta, tenemos que contemplar otros razonamientos para convencernos.

Podemos analizar una teoría contraria, propuesta por la escuela charvaka, y que por cierto es muy común hoy en día. Esta escuela, que no es budista, mantiene un postulado nihilista de la muerte. Según ellos, la muerte es como la extinción de la llama de una vela. Al morir, nuestro cuerpo se descompone y nuestra mente deja de existir. Para los charvakas, la muerte representa la extinción total de cualquier forma de continuidad. Niegan el renacimiento porque no pueden distinguir entre los diversos grados burdos y sutiles de la mente y, en consecuencia, suponen que todas las mentes son burdas y que cesan con la muerte. Es cierto que las mentes burdas tales como las mentes ordinarias que funcionan durante el estado de vigilia, cesan temporalmente con la muerte; pero los nihilistas desconocen la existencia de la mente más sutil, que no cesa sino que pasa a la próxima vida. De esta manera llegan a la conclusión de que todas las mentes son burdas y que con la muerte dejan de existir.

Las escuelas budistas nos enseñan que hay muchos niveles de consciencia: burdos, sutiles y uno muy sutil. Cuando estamos despiertos, nuestra consciencia es muy burda, pero al dormir se vuelve cada vez más sutil hasta que se manifiesta la mente muy sutil de la luz clara. Después de un cierto período de tiempo, desde la luz clara del dormir empiezan a generarse las mentes más burdas del estado del sueño. Cuando éstas cesan, se manifiestan de nuevo las mentes muy burdas del estado de vigilia. De forma semejante, durante el proceso de la muerte, las mentes muy burdas van absorbiéndose hasta que surge la consciencia más sutil. En el último momento del proceso de la muerte, la única mente que permanece es la mente muy sutil, y ésta es la que viaja a la próxima vida. Una vez que la luz clara de la muerte cesa, generamos las mentes más burdas del bardo o estado intermedio, que es comparable al estado de los sueños, y al salir del bardo desarrollamos la mente de nuestra próxima existencia.

La absorción gradual de los niveles más burdos de la mente y su resurgimiento se repite cada vez que nos dormimos y que nos despertamos, y en cada muerte y renacimiento que experimentamos al pasar de una vida a otra. Si analizamos con cuidado el proceso del dormir y del despertar, comprenderemos cómo los distintos niveles de la mente se absorben en la mente muy sutil y vuelven a resurgir, y comprobaremos que no hay ninguna razón válida para sostener el postulado que niega el renacimiento. Nos daremos cuenta de que nuestra mente es como un turista que pasa un tiempo en esta existencia para pronto marcharse a otra.

La meditación sobre los sufrimientos de los reinos inferiores cumple muchos objetivos, pero el principal de ellos es generar un fuerte deseo de nunca jamás volver a renacer en estos estados desafortunados. Este deseo es una de las causas principales para ir en busca de refugio. Practicando el refugio nos protegemos del peligro de renacer en los tres reinos inferiores. Además, el refugio es la fundación de todas las demás prácticas budistas.

Nagaryhuna dice en su *Carta amistosa* que deberíamos meditar a diario sobre los sufrimientos de los seres infernales, de los espíritus ávidos y de los animales. Esta meditación nos inducirá a generar el siguiente deseo: «¡Qué maravilloso sería si nunca jamás tuviera que volver a renacer en los reinos inferiores! ¡Qué maravilloso sería si en mis vidas futuras renaciese siempre en el reino de los dioses o en el de los humanos!» Otro de los fines de contemplar los sufrimientos de los reinos inferiores es reducir el orgullo, puesto que no podemos estar seguros de que no vayamos a renacer en esos lugares.

Esta meditación aumentará nuestra compasión. Cuando meditemos sobre los sufrimientos de los seres que habitan en los tres reinos inferiores, de manera natural sentiremos compasión hacia ellos. Si no nos adiestramos mentalmente en generar compasión reflexionando sobre estos sufrimientos tan intensos, ¿cómo aprenderemos a generarla hacia los seres que experimentan aflicciones menores? A menos que nos esforcemos en sentir compasión por los que padecen las penas de los estados de existencia desafortunados, no seremos capaces de desarrollar la realización de la gran compasión, que abarca a todos los seres atrapados en la existecia cíclica. Esta meditación es de suma importancia, puesto que la gran mente compasiva es la que mueve al practicante mahayana a esforzarse para lograr la iluminación por la causa de los demás seres. La meditación consta de tres partes:

1 Los sufrimientos de los seres infernales.
2 Los sufrimientos de los espíritus ávidos.
3 Los sufrimientos de los animales.

LOS SUFRIMIENTOS DE LOS SERES INFERNALES

Su explicación se da en dos partes:

1 Cómo llegar al convencimiento de la existencia de los infiernos.
2 Meditación en sí de los sufrimientos de los seres infernales.

CÓMO LLEGAR AL CONVENCIMIENTO DE LA EXISTENCIA DE LOS INFIERNOS

A pesar de que creamos en la reencarnación, es posible que aún abriguemos dudas acerca de la existencia de los infiernos. Por lo tanto, antes de meditar sobre los sufrimientos de los infiernos, hemos de convencernos de que tales tormentos existen y de que es posible que nosotros mismos los tengamos que llegar a padecer.

El tema de los infiernos no goza de mucha aceptación en Occidente. Si alguien se pone a hablar sobre este tema, nos sentimos incómodos. Si alguien niega su existencia diciendo que el creer en ellos no es más que una mera superstición, nos sentimos aliviados y nos parece que lo que dice es lógico. No obstante, debido a la importancia de este punto, no deberíamos dar por hecho que los infiernos no existen, a menos que lo pudiésemos corroborar con un razonamiento válido e irrefutable. Sería necio negar su existencia por el mero hecho de que es un tema que resulta poco grato. La vejez es otro tema que siempre se trata de evitar, y si le decimos a una persona mayor que se la ve muy joven, se alegrará de oírlo y hasta se creerá que es verdad. Si, por el contrario, le decimos: «¡Qué viejo estás!», le sentará muy mal y se las ingeniará para convencerse a sí mismo de que no es cierto; pero, aunque no le guste, la realidad es que su vejez es innegable.

La afirmación de que «los infiernos no existen sólo porque resulta desagradable pensar en ellos», no es válida, pues el mero hecho de que algo no nos guste no quiere decir que no exista. Por ejemplo, aunque nos olvidemos de nuestro peor enemigo y pensemos que no existe, ello no le impedirá que nos ataque por sorpresa en cualquier momento. En atención a lo dicho, sería una gran necedad adoptar la misma actitud despreocupada acerca de la existencia de los infiernos pensando que «no me conviene creer que existen». Los que no creen en los infiernos, a menudo consideran a los que lo hacen como unos simplones. Pero si analizamos el tema con cuidado, veremos que precisamente sus ideas son las más disparatadas.

Hemos de examinar con precisión las razones en que se basan los que niegan la existencia de los infiernos. Entre otras cosas dicen: «Si un determinado lugar existe, debe ser posible localizar su ubicación en este mundo, pero aunque busquemos los infiernos no los encontraremos.» Este razonamiento no es válido pues es incorrecto afirmar que todo objeto existente ha de poder ser percibido por la consciencia visual. Por ejemplo, hay muchos planetas y galaxias que no podemos ver con nuestros propios ojos, pero que existen y su existencia es aceptada por todos. Muchas personas creen que hay otros mundos aparte de éste. Los budistas aceptan la existencia de otros reinos, como el de los dioses; los cristianos creen en el cielo y algunos científicos en la existencia de otros universos, pero si intentamos localizar todos estos mundos, no los percibiremos ni siquiera con la ayuda de la tecnología más avanzada.

Hay muchas cosas que existen en este mundo pero que no podemos ver. Muchas personas creen en la existencia de seres invisibles a nuestra percepción, como espíritus o ángeles de la guarda. ¿Por qué, entonces, es tan difícil de aceptar que los seres infernales existen?

Deberíamos invitar a una persona que niegue la existencia de los reinos infernales a que presente un argumento indiscutible con el que pueda probar su inexistencia. Sería maravilloso si pudiese hacerlo, pero por desgracia dicho argumento no existe, mientras que hay muchas buenas razones que establecen lo contrario.

Si alcanzamos la realización de la unión de las dos verdades, la convencional y la última, nos será muy fácil lograr una realización incontrovertible de la existencia de objetos ocultos tales como los infiernos. Mientras no la tengamos, podemos convencernos de su existencia por medio de ciertos razonamientos que son fáciles de comprender. Hay dos tipos de razonamiento:

1 Razonamiento basado en signos externos.
2 Razonamiento basado en signos internos.

RAZONAMIENTO BASADO EN SIGNOS EXTERNOS

En este mundo hay seres humanos que en ocasiones han de padecer sufrimientos comparables con los de los infiernos. Por ejemplo, a las víctimas de torturas se las somete por largos períodos de tiempo a descargas eléctricas de gran potencia, se las cuelga de los pies boca abajo, se las azota hasta que su cuerpo queda lacerado con profundas heridas, o se les quema lentamente la piel. A veces son forzados a ingerir agua en grandes cantidades por la nariz o se les saca los ojos. En muchas regiones desoladas por sequías interminables, hay millares de personas que se están muriendo de hambre; los habitantes de países en guerra padecen sufrimientos similares a los de los seres del Infierno Resucitante, quienes experimentan tremendos dolores provocados por las armas más siniestras; muchos sufren como los seres de los infiernos calientes, sus cuerpos quedan pegados a metales que están al rojo vivo y mueren carbonizados entre fuegos feroces.

Cuando los seres humanos están sometidos a este tipo de intenso sufrimiento, se dice que moran en los «infiernos ocasionales» o «infiernos similares», llamados de esta forma debido a que estos ambientes son temporalmente parecidos a los de los infiernos. La existencia de los infiernos similares es una señal de que los verdaderos infiernos existen. Así como cuando una gaviota revolotea sobre una zona determinada del mar es una indicación de que bajo el agua, en ese mismo lugar, hay peces, y así como las erupciones volcánicas indican que hay fuego debajo de la tierra, del mismo modo, los infiernos similares de este mundo reflejan la existencia de los verdaderos reinos infernales.

RAZONAMIENTO BASADO EN SIGNOS INTERNOS

Su explicación consta de tres partes:

1 Consideración de la ley del karma en general.
2 Consideración de los sueños.
3 Consideración de que la percepción del mundo depende del karma.

CONSIDERACIÓN DE LA LEY DEL KARMA EN GENERAL

La mayoría de las personas, sean o no religiosas, creen que se deben realizar buenas acciones y evitar las malas. Si comprendemos la ley del karma en general –que las acciones virtuosas producen buenos resultados y las perjudiciales malos– comprenderemos que los infiernos existen, puesto que constituyen el doloroso y terrible mundo que se ha de experimentar como resultado de las acciones más destructivas.

CONSIDERACIÓN DE LOS SUEÑOS

Este razonamiento es muy efectivo porque se basa en la propia experiencia. Cuando tenemos pesadillas nos encontramos atrapados en los sitios más horribles y hostiles, como por ejemplo en lugares invadidos por el fuego. Por muchos esfuerzos que hagamos por escapar, las llamas nos persiguen por doquier. Esta clase de sueños conllevan un significado. Tienen relación con experiencias que hemos tenido en el pasado, en esta o en otras vidas, o con vivencias similares que tendremos en el futuro. Los sueños relacionados con experiencias que tuvimos en vidas pasadas surgen de las impresiones kármicas que ciertas acciones que cometimos en el pasado dejaron grabadas en nuestra mente. Los sueños que tienen relación con experiencias que hemos tenido en esta misma vida surgen de las impresiones kármicas que determinadas acciones cometidas en esta vida han dejado en nuestra mente. Los que aluden a experiencias futuras también surgen de nuestros potenciales kármicos. Si soñamos que estamos en un lugar rodeados de fuego, puede ser una indicación de que en el pasado renacimos en los infiernos o de que lo haremos en el futuro. Si soñamos que estamos volando por el cielo, puede indicar que en alguna de nuestras vidas previas nacimos como un ave o que alcanzamos la permanencia apacible, o que experimentaremos una de estas dos cosas en el futuro.

El mundo de los sueños nos parece tan real como el del estado de vigilia. Si no nos despertásemos de nuestra pesadilla, nos convertiríamos en un ser infernal. A pesar de ello, consideramos que los sueños son falsos y que los fenómenos que percibimos cuando estamos despiertos existen de verdad. En ambos casos estamos equivocados, puesto que no hay ni un solo fenómeno que sea verdaderamente existente, y nuestras experiencias oníricas son tan reales como pueda serlo cualquier otro fenómeno. Buda Shakyamuni dijo: «Todos los fenómenos son como sueños.»

CONSIDERACIÓN DE QUE LA PERCEPCIÓN DEL MUNDO DEPENDE DEL KARMA

Cuando muramos, el mundo que ahora experimentamos con nuestras consciencias sensoriales dejará de existir y el que percibiremos al renacer será completamente nuevo. Si entendemos este punto, comprenderemos que los diferentes mundos no poseen una existencia inherente. El modo en que percibimos el mundo depende de nuestra mente. Una mente pura aprehenderá un mundo puro y una impura percibirá uno impuro. De entre los reinos impuros, el peor es el de los infiernos. Es el percibido por las mentes más destructivas. El de los espíritus ávidos no es tan horrible y el de los animales lo es menos. El mundo que perciben los seres humanos es más puro que el que perciben los animales, y el de los dioses lo es más que el de los seres humanos. La mente que es pura por completo percibe el mundo como una Tierra de Buda, como el medio ambiente puro de un Buda.

Un mismo objeto puede ser percibido de distintas maneras por diferentes seres. Milarepa veía a su Guía Espiritual, Marpa, como Buda Vajradhara, mientras que la gente ordinaria lo veía como una persona vulgar y corriente, con largos pendientes, que bebía vino, disfrutaba con su mujer, araba la tierra e invertía en negocios. Además, cuando enseñaba el Dharma, Marpa solía pedir dinero. En cierta ocasión, le dijo a Milarepa dándole una patada: «¿No has traído ninguna ofrenda para esta iniciación?» A pesar de su rudeza, Milarepa tenía fe en Marpa porque lo veía como un ser puro.

A menudo vemos cómo una persona siente un fuerte apego hacia otra que para otros suele resultar repulsiva. El individuo dominado por el deseo ve al objeto de su apego como si fuera muy hermoso y para él esta apariencia es real. Por lo general, no se puede decir que algunas de las formas en que aparece un objeto sean falsas y otras verdaderas, porque cada una de ellas es cierta para el que la observa de tal modo.

Todos tenemos muchas experiencias que no pueden ser verificadas por las percepciones de otros. Por ejemplo, si la pasada noche soñé que volaba por el cielo, el hecho de que nadie me viera hacerlo no es una prueba de que no estuviera volando. Para mi mente esta experiencia fue real y, por consiguiente, existió. Si esto es cierto, ¿cómo podemos negar la existencia de las experiencias infernales? Los seres sintientes son muy distintos y sus experiencias son tan dispares como las mismas mentes que las crearon.

Es posible que en este momento los seres de los infiernos estén discutiendo si el mundo de los seres humanos existe o no. Unos dirán que «no existe porque no lo vemos». Otros dirán que «si tuviésemos méritos suficientes podríamos renacer en él y verlo con nuestros propios ojos».

La meditación en estos puntos nos ayudará a reconocer la diversidad de las apariencias kármicas y a convencernos de que es imposible negar la existencia de los infiernos.

MEDITACIÓN EN SÍ DE LOS SUFRIMIENTOS DE LOS SERES INFERNALES

Esta meditación consta de cuatro puntos:

1 Los sufrimientos de los seres de los grandes infiernos.
2 Los sufrimientos de los seres de los infiernos vecinales.
3 Los sufrimientos de los seres de los infiernos fríos.
4 Los sufrimientos de los seres de los infiernos similares.

LOS SUFRIMIENTOS DE LOS SERES DE LOS GRANDES INFIERNOS

Los grandes infiernos, también llamados «calientes», están ubicados a miles de leguas bajo tierra. Estos infiernos están invadidos por el fuego. El suelo es de hierro al rojo vivo, todo el firmamento está en llamas y por todas partes hay paredes y vallas hechas de hierro candente. En este entorno hostil se hallan los siguientes ocho infiernos: el Resucitante, el de la Raya Negra, el de la Destrucción Masiva, el de los Gemidos, el de los Gemidos Estrepitosos, el Caliente, el Muy Caliente y el del Tormento Incesante. El sufrimiento de los seres que habitan en el Infierno de la Raya Negra es mucho mayor que el que experimentan los seres en el Infierno de la Destrucción Masiva, etc. El mayor sufrimiento es el que padecen los seres del Infierno del Tormento Incesante.

En el Infierno Resucitante se renace como resultado de haber quitado la vida a otro ser motivado por el odio o por la venganza. Los que renacen en él se encuentran entre seres terroríficos con los que están en pugna continua, atacándose los unos a los otros. Debido a la gravedad de su karma destructivo, todo tipo de armas ofensivas aparecen de manera espontánea. Con ellas se acuchillan entre ellos, se despedazan, tajan y trocean sus cuerpos en miles de pedazos. Cada uno de estos trozos de carne que cae sobre el suelo de hierro candente experimenta un dolor tremendo. Finalmente estos seres caen moribundos, pero nada más morir oyen voces espeluznantes que les ordenan revivir y, sin elección, se encuentran de nuevo en el Infierno Resucitante. De esta forma han de renacer y morir muchas veces cada día hasta que se consume su karma destructivo.

Los seres del Infierno de la Raya Negra son atrapados por despiadados torturadores que les obligan a tumbarse sobre un suelo de hierro candente. Extienden sus cuerpos y los tensan como si se tratara de un lienzo en un telar, y entonces los verdugos los marcan con rayas negras entrecruzadas. Después van escindiendo lentamente sus cuerpos con penetrantes armas afiladas y abrasadoras, como sierras, cuchillos y hachas.

Los seres que nacen en el Infierno de la Destrucción Masiva son aplastados entre montañas gigantescas de hierro que tienen la forma de las cabezas de los animales que mataron en el pasado. Son estrujados hasta que no les queda ni una gota de sangre por verter. De vez en cuando son machacados por una lluvia de rocas enormes que cae del cielo y sus cuerpos quedan reducidos a una masa de carne pastosa. Otras veces los aplanan con rodillos de hierro incandescente, o los comprimen en una gran prensa de hierro hasta que se convierten en una papilla carnosa. Durante estos tormentos cada átomo de su carne y de su sangre experimenta al máximo estos inconcebibles dolores.

Los seres del Infierno de los Gemidos buscan atemorizados dónde esconderse. Tras muchas dificultades encuentran una mansión de hierro y en cuanto entran en ella las puertas se cierran de golpe y la casa empieza a arder. Carbonizados por el fuego se lamentan y gimen en su agonía, sin esperanza de poder escapar de esta prisión en llamas.

Los seres del Infierno de los Gemidos Estrepitosos están sometidos a tormentos similares a los del Infierno de los Gemidos, pero sus dolores son mucho más intensos. Nacen en un océano de fluidos hirvientes. Verdugos de formas grotescas los empujan hacia el fondo con lanzas punzantes y, en cuanto salen a la superficie, los apalean con garrotes y porras.

Los seres del Infierno Caliente son asados sobre una plancha grasienta al rojo vivo. Sus cuerpos son atravesados por enormes punzones y sacudidos a golpetazos contra el suelo de hierro abrasador hasta que quedan hechos papilla, y llamas de fuego salen de todos los orificios de su cuerpo.

Los seres que están en el Infierno Muy Caliente son encerrados en cajas de hierro candente y sus cuerpos son atravesados con tridentes que llamean. Los escaldan en calderas de cobre hasta que sus carnes se desprenden de los huesos. Entonces depositan sus esqueletos sobre el suelo ardiente hasta que su carne se regenera y, en ese momento, los arrojan de nuevo a la caldera hirviendo.

El Infierno del Tormento Incesante es el más terrible de todos. En él sus habitantes son atacados por lluvias de bolas de fuego, que queman cada uno de los tejidos de su cuerpo y los dejan convertidos en una masa de grandes llamas. Sus gritos agonizantes son el único modo de reconocer que son seres sintientes.

Si nacemos en estos infiernos, tendremos que pasar innumerables eones sufriendo semejantes tormentos hasta que nuestro mal karma quede consumido.

LOS SUFRIMIENTOS DE LOS SERES DE LOS INFIERNOS VECINALES

Alrededor de cada uno de los grandes infiernos se encuentran los infiernos vecinales: el Foso de Brasas Ardientes, el Cenagal de Excrementos, la Llanura de Cuchillas, el Bosque de Árboles de Hojas Cortantes, la Raspante Montaña Arboriforme y el Río Ácido. Los habitantes del primero han de caminar sobre brasas al rojo vivo. Al andar se les hunden los pies en estas brasas ardientes y la piel y la carne de sus piernas se desprenden chamuscadas; después se regeneran sólo para volver a experimentar el mismo tormento. En el Cenagal de Excrementos los seres se ahogan en un fango que parece que estuviera compuesto de cadáveres en estado de putrefacción. Millares de pequeños insectos agujerean sus cuerpos, traspasándoles la médula de los huesos, lo que les ocasiona un terrible sufrimiento. El suelo de la Llanura de Cuchillas, como su nombre indica, está cubierto de cuchillas afiladas y cuando sus habitantes caminan sobre él se despedazan los pies. En el Bosque de Árboles de Hojas Cortantes, las afiladas hojas de los árboles caen sobre los seres y les amputan los miembros de su cuerpo. Caen heridos en un charco de sangre y perros salvajes se apresuran a alimentarse de su carne y les desgarran las entrañas con furia. En el Infierno de la Raspante Montaña Arboriforme, los seres trepan impulsados por un intenso apego por unos objetos atractivos que se encuentran en las copas de unas montañas que semejan árboles. Al trepar por ellas se raspan, desgarran y despedazan su cuerpo con espinos punzantes que sobresalen hacia abajo. Cuando llegan a la copa, los objetos que buscaban han desaparecido pero los ven en el suelo. Entonces descienden y se vuelven a desgarrar la carne con los afilados espinos que ahora sobresalen hacia arriba. Intentan escapar de estos árboles pero aves feroces les atacan y con sus picos les sacan los ojos. A los que nacen en el Río Ácido los echan en un río de lava fundida y son arrastrados en sus rápidas corrientes. Si se esfuerzan por salir y escapar del río, en las orillas aparecen crueles verdugos que se lo impiden forcejeando con ellos con grandes arpones.

LOS SUFRIMIENTOS DE LOS SERES DE LOS INFIERNOS FRÍOS

Debajo de los infiernos calientes se encuentran los ocho infiernos fríos: el de las Ampollas, el de las Ampollas en Erupción, el «Achu», el de los Lamentos, el del Crujir de Dientes, el de la Flor de Upala Agrietada, el de la Flor de Loto Agrietada, y el de la Gran Flor de Loto Agrietada.

En estos infiernos, los suelos son de hielo y están rodeados de gigantescas montañas que son de hielo también. Cunde la más lóbrega y negra oscuridad y una continua ventisca aterradora azota sin cesar. Los habitantes de estos infiernos tienen sus cuerpos al descubierto, van desnudos por completo. Sus cuerpecillos miserables se encogen encorvándose y tiritan desvalidos a merced del intenso frío. Su piel está cubierta de horrendas ampollas que revientan y exudan repugnantes fluidos serosos. Gimen y se lamentan, haciendo el sonido de «achu» a la vez que les castañean los dientes sin control. Debido al frío tienen los cuerpos azulados que se abren en grietas como las flores de upala. Luego se tornan de un color encarnado y se vuelven a partir como las flores de loto. Por último, el frío es tan intenso que sus cuerpos se quebrantan en pedazos.

LOS SUFRIMIENTOS DE LOS SERES DE LOS INFIERNOS SIMILARES

Podemos meditar en los sufrimientos de los infiernos similares, bien basándonos en los ejemplos que se presentan en las escrituras, o bien utilizando otros que veamos nosotros mismos o a través de los medios de comunicación tales como la televisión, la prensa, etc. Por ejemplo, en los accidentes aéreos, cuando se ha estrellado un avión y se incendia, los pasajeros sufren como los seres del Infierno de los Gemidos, atrapados entre paredes metálicas al rojo vivo. En invierno, las personas que mueren de frío padecen sufrimientos muy parecidos a los de los infiernos fríos. Cuando millares de personas mueren aplastadas en terremotos, su sufrimiento es similar al que se experimenta en el Infierno de la Destrucción Masiva.

En las escrituras encontramos el siguiente ejemplo: En la India, en tiempos de Buda Shakyamuni, había un mercader llamado «Oreja Millonaria» porque siempre llevaba puestos unos pendientes que valían más de un millón de monedas de oro. Un día planeó visitar una isla con unos amigos. Llegó antes que los demás al lugar de encuentro, cerca de la orilla, y decidió echar una siesta mientras los esperaba. Cuando se despertó, se dio cuenta de que sus amigos se habían marchado sin él. Intentó ir a la isla por sus propios medios, pero sin conocer bien el camino se perdió y acabó en otra isla. En ésta encontró una magnífica mansión. Al caer la noche, Oreja Millonaria pudo ver que en la casa había cuatro diosas de gran belleza que servían a un hombre. El hombre se pasó la noche disfrutando con ellas, pero al amanecer, la casa se transformó en un horno en llamas y las diosas en perros salvajes que devoraban al hombre con furia. Al llegar la noche, la escena volvió a cambiar, el horno se transformó de nuevo en la magnífica mansión, y los perros en las hermosas diosas que se deleitaban en complacer a este hombre.

Cuando Oreja Millonaria regresó a tierra, pidió a Buda que le explicara el significado del sorprendente acontecimiento que había presenciado. Buda le contó que aquella mansión era un infierno similar, y le dijo: «Ese hombre en el pasado fue un carnicero. Mi discípulo Katiayana intentó convencerle de que tomase el voto de no matar, pero el pobre hombre tenía miedo de que esta promesa le impidiese mantener a su familia. Con destreza, Katiayana le preguntó: '¿Puedes dejar de matar durante la noche?', y el carnicero se comprometió a no matar mientras durmiera, tomando así el voto de no matar por la noche. Como resultado, no renació en uno de los verdaderos infiernos sino en este similar. Durante el día experimentaba los tormentos de los infiernos, debido a las muertes que ejecutaba durante el día, pero por la noche disfrutaba de mucha felicidad, como consecuencia de haber guardado correctamente el voto de no matar.»

LOS SUFRIMIENTOS DE LOS ESPÍRITUS ÁVIDOS

En general, la capacidad mental de los espíritus ávidos es mayor que la de los animales. Algunos de ellos son muy poderosos, unos pueden ver el futuro, y otros poseen clarividencias contaminadas y poderes sobrenaturales que utilizan para ayudar o perjudicar a los seres humanos. Algunos son capaces incluso de comprender el Dharma si alguien se lo enseña, pero padecen de un sufrimiento mucho mayor que el de los animales.

La ubicación del lugar donde viven estos seres varía. En cierta ocasión, un monje novicio a quien se le había muerto su madre hacía ya varios años, vio a un espíritu ávido y el miedo le embargó de tal modo que se dio la vuelta y echó a correr; no obstante, el espíritu le gritó: «Hijo mío, no te vayas.» Al oír estas palabras, el monje se detuvo y le preguntó: «¿Quién eres?» y el espíritu respondió: «Soy tu madre, querido hijo. Desde los últimos veinticinco años he sido un espíritu ávido y durante todo este tiempo no he podido encontrar nada para comer y ni una gota de agua para beber.» Entonces el espíritu prorrumpió en llantos. El monje lleno de compasión hacia su madre, suplicó a Buda: «Por favor, ayuda a mi madre que ha renacido como un espíritu ávido.» A pesar de que Buda hizo varias oraciones, debido a las acciones perjudiciales que esta mujer había cometido en el pasado, cuando este espíritu ávido murió, volvió a renacer en el mismo estado. La única diferencia era que ahora poseía algunos bienes; pero, puesto que en el pasado había sido una persona muy avariciosa, era incapaz de ser generosa con sus posesiones. Cuando su hijo se dio cuenta de que su madre había vuelto a nacer como un espíritu ávido, practicó la generosidad dedicando estos méritos para ella. Ofreció una hermosa tela a Buda, pero su madre la robó y se la devolvió a su hijo. El monje devolvió la tela a Buda, pero de nuevo su madre la recuperó pensando que no valía la pena dársela a él. La avaricia era tan habitual en ella que cometió el mismo robo seis veces.

En cierta ocasión, un Maestro llamado Budayhana visitó el reino de los espíritus ávidos. Se encontró con un espíritu hembra que le dijo: «Mi marido partió hacia el reino humano hace más de doce años en busca de alimento, pero aún no ha vuelto; desde entonces, tanto yo como mis hijos no hemos encontrado nada para comer ni para beber. Si ves a mi marido, dile, por favor, que regrese cuanto antes.» Budayhana dijo: «Hay muchos espíritus ávidos en el reino humano, ¿cómo le reconoceré?» El espíritu repuso: «Mi marido sólo tiene un ojo y su brazo derecho es más corto que el izquierdo.» Cuando Budayhana regresó al reino humano hizo varios ofrecimientos especiales a los espíritus ávidos. Puesto que su concentración era muy poderosa, los espíritus conseguían acercarse y recibir las ofrendas. Un buen día, Budayhana reconoció al marido y le dijo: «Tu mujer y tus hijos no han encontrado ningún alimento en estos doce años, y me han pedido que te diga que regreses pronto a casa.» El espíritu repuso: «Estoy deseando volver a ver a mi familia. Durante doce años he estado vagando por el reino humano en busca de alimento pero lo único que he podido encontrar es esto.» Abrió la palma de su mano y mostró a Budayhana un escupitajo seco, y dijo: «Lo encontré gracias a la bondad de un monje que hizo una dedicación cuando lo escupía. Éste es el único alimento que podré llevar a mi hogar después de tantos años.»

Por lo general, los espíritus ávidos padecen seis clases de sufrimiento:

1 Calor intenso.
2 Frío intenso.
3 Hambre intensa.
4 Sed intensa.
5 Gran cansancio.
6 Gran miedo.

Además de estos sufrimientos, experimentan tres específicos: obstáculos externos, obstáculos internos, y dificultades para obtener comida y bebida.

Los espíritus ávidos pueden ver los alimentos de los humanos desde lejos, pero cuando se acercan, desaparecen como un espejismo y entonces sufren de frustración y de angustia. La única manera en que pueden conseguir alimentos humanos es cuando son dedicados especialmente para ellos. Cuando buscan comida sufren de una profunda ansiedad, temiendo que, antes de podérsela comer, alguien les vaya a quitar lo poco que hayan encontrado.

Los espíritus ávidos padecen también otros sufrimientos particulares debido a la forma de sus cuerpos. Tienen la garganta bloqueada de manera que cuando consiguen encontrar algún alimento les cuesta mucho tragarlo. Sus cuerpos son enormes y afeados, con grandes estómagos y escuálidas extremidades. Tienen el cuello muy delgado y la cabeza muy grande. Al andar no pueden casi ni sostenerse en pie. Viven en desiertos donde escasea el agua y sus experiencias son similares a las de los seres humanos que mueren de inanición.

Estos espíritus vagan durante años en busca de comida y cuando la encuentran y la ingieren, al llegar a sus estómagos se convierte en fuego; entonces grandes llamaradas fulguran por los orificios de su cuerpo. En algunas escrituras se indica que los centelleos que se suelen ver en los desiertos son el fuego que sale de los cuerpos de los atormentados espíritus ávidos.

LOS SUFRIMIENTOS DE LOS ANIMALES

Hay cinco clases de sufrimiento que los animales han de experimentar:

1 Ignorancia y estupidez.
2 Calor y frío.
3 Hambre y sed.
4 Explotación por parte de los seres humanos para trabajos, fines alimenticios y diversiones.
5 Devorarse los unos a los otros.

Por añadidura, los animales padecen otros sufrimientos característicos del entorno donde habitan. Algunos animales viven cerca de los seres humanos y otros en lugares apartados donde los humanos no habitan, como en el fondo del mar o en la zona polar. En estos lugares el sol no brilla, son oscuros, y están poblados densamente de manera que viven apretados en poco espacio.

Había una vez un hombre que solía matar muchos animales y se los ofrecía a Ishvara. Sus negocios le iban muy bien, y al morir le dijo a su hijo que si seguía su ejemplo de sacrificar animales también conseguiría tener éxito en los negocios. El padre murió y renació como un toro, su hijo lo sacrificó y se lo ofreció a Ishvara. El toro entonces renació como un buey y el hijo, obedeciendo el consejo de su difunto padre, lo mató como ofrenda para Ishvara. De este modo, el hijo degolló siete veces a su propio padre.

El padre de una familia *bompo*, en una de sus vidas, renació como un gusano en la bosta de una vaca. Milarepa dijo al hijo: «Tu padre ha renacido como un gusano. Si no me crees, sígueme y te lo demostraré.» Milarepa le llevó al prado donde se encontraba el excremento de este animal y le dijo que hurgara con cuidado para ver lo que había dentro. Cuando encontró el gusano, gracias a las bendiciones de Milarepa, el animal saltó hacia el cuerpo de su hijo, lo que hizo que se cerciorara de que en realidad era su padre.

Si nos preguntamos a nosotros mismos: «¿Qué voy a hacer si renazco como un buey que van a llevar al matadero o como un gusano hundido en el estiércol? Es evidente que en tales condiciones me sería imposible liberarme de futuros renacimientos inferiores.» Se dice que es más fácil alcanzar la iluminación una vez renacido como un ser humano, que obtener un renacimiento humano una vez atrapados en los reinos inferiores.

Cuando meditamos sobre los sufrimientos de los reinos inferiores, hemos de imaginar que los estamos padeciendo de verdad. Debemos identificarnos con estas experiencias, recordando que las hemos sufrido en el pasado y que hemos creado las causas para volver a experimentarlas en el futuro. Realizamos estas meditaciones imaginando que nos ha llegado el momento de morir y que hemos renacido en estos desafortunados estados, y meditamos con detalle sobre las miserias de nuestra nueva existencia.

Esta reflexión de los sufrimientos de los reinos inferiores es una meditación analítica que nos hará generar miedo y temor a semejantes penas, además del deseo sincero de no tener que experimentarlas nunca jamás en el futuro. Cuando hayamos generado este deseo con intensidad, dejamos nuestra meditación analítica y comenzamos la de emplazamiento, concentrándonos en él para familiarizarnos.

Vajradhara

Tilopa   *Naropa*

Práctica de refugio

MÉTODO PARA OBTENER LA FELICIDAD DE LOS ESTADOS AFORTUNADOS EN VIDAS FUTURAS

Es normal que pensemos que la felicidad de esta vida es más importante que la de las vidas futuras, pero si reflexionamos detenidamente, comprenderemos que la felicidad de las vidas que están por venir es mucho más importante, dado que esta vida es sólo una, mientras que las futuras serán muchas. Trabajamos con ahínco y ponemos mucho esfuerzo en asegurarnos un cierto bienestar y felicidad durante el resto de esta vida; pero sería mucho más lógico trabajar con mayor intensidad para preparar nuestras vidas futuras, que las vamos a experimentar con toda seguridad, mientras que el futuro de esta vida es de lo más incierto. Planeamos nuestras vacaciones e incluso nuestra jubilación; sin embargo, es muy posible que nuestra próxima vida llegue antes, ya que es muy posible que no esté tan lejos. No tenemos que viajar largas distancias ni escalar altas montañas para encontrarla, puesto que lo único que nos separa de ella es un breve suspiro. En el momento en que nos falle la respiración comenzará nuestra existencia futura.

Si alguien nos preguntara: «¿Qué consideras más importante, la felicidad inmediata aunque sea breve o la futura que es más duradera?», todos responderíamos que la segunda. Por lo tanto, si poseemos un poco de sabiduría, comprenderemos lo importante que es asegurarnos el bienestar de nuestras vidas venideras.

A nadie le gusta pensar en la muerte, las enfermedades, los problemas y los infortunios de esta vida, y consideramos estas cosas como grandes peligros. No obstante, Buda dijo que el quebrantar la disciplina moral constituye una mayor amenaza que la propia muerte, porque ésta sólo puede destruir la vida presente, mientras que las acciones que cometemos cuando degeneramos nuestra moralidad ponen en peligro todas nuestras vidas futuras. En su libro *Consejos de corazón del Guía Espiritual*, Atisha dice:

> «Puesto que las vidas futuras durarán mucho tiempo, acumulad la riqueza que os asista en el futuro.»

El consejo de Atisha es que practiquemos la generosidad y la disciplina moral, ya que constituyen las causas principales para lograr un renacimiento superior. Ésta es la mejor póliza de seguros para garantizar nuestra felicidad futura. Tanto los jóvenes como los ancianos deberían llevar este consejo a la práctica.

Los métodos para lograr la felicidad de los estados de existencia superiores son:

1 Refugio: la entrada al Budadharma.
2 Cómo lograr convencimiento en la ley del karma: la raíz de las buenas cualidades y de la felicidad.

REFUGIO: LA ENTRADA AL BUDADHARMA

La práctica de refugio se define como el intenso deseo de ampararnos en las Tres Joyas, que surge después de haber generado temor a cualquiera de los sufrimientos del samsara, y de tener fe en las Tres Joyas. Por lo tanto, el mero hecho de recitar la oración de refugio sin poseer esta aspiración no es una verdadera práctica de refugio.

En el texto titulado *Las preguntas de las inmaculadas intenciones superiores*, Yhe Tsongkhapa formula muchas preguntas a los meditadores tibetanos. Más tarde, el Primer Panchen Lama escribió un libro en el cual las responde. A la pregunta: «¿Cuál es la verdadera naturaleza de la práctica de refugio?», responde:

> «Temeroso del samsara, he comprendido que las Tres Joyas poseen el poder completo para protegernos. La

verdadera naturaleza de la práctica de refugio es, habiendo generado temor y fe, ampararnos con sinceridad en las Tres Joyas. Tú, Omnisciente Yhe Tsongkhapa, bien lo sabes.»

La práctica de refugio puede realizarse de tres maneras: según el ser menor, el ser mediano, o el gran ser. El primero se refugia en las Tres Joyas impulsado principalmente por el temor a los sufrimientos de los reinos inferiores. El segundo por el miedo a cualquier clase de existencia sin control. Y el tercero motivado por la mente de gran compasión, incapaz de soportar la idea de que los demás seres han de padecer las terribles penas de la existencia cíclica. Mientras el ser mediano teme por su propio sufrimiento futuro, el gran ser teme no sólo por el suyo propio sino también por el de los demás y, por lo tanto, desea liberar a todos los seres de la existencia cíclica. El refugio del gran ser también recibe el nombre de «refugio mahayana».

Sólo las personas que poseen la sabiduría del Dharma temen los renacimientos inferiores y cualquier clase de existencia cíclica.

Aquellos que no poseen ninguna clase de aspiración espiritual, sienten más temor por su muerte que por su renacimiento. El Maestro kadampa Gueshe Potoua dijo:

«No temo a la muerte sino al renacimiento, puesto que por naturaleza, renacer implica morir.»

El hecho de haber nacido en el samsara conlleva las experiencias del nacimiento, el envejecimiento, las enfermedades y la muerte. Hasta que no abandonemos la existencia cíclica, no nos liberaremos de estos sufrimientos.

A pesar de que el ser ordinario menor se preocupa sólo por el bienestar de esta vida, de vez en cuando genera el deseo de encontrar protección contra sus miedos y sufrimientos. Si se refugia en la Joya del Buda con este deseo, recibirá muchos beneficios. En cierta ocasión, en un lugar en el este del Tíbet, un hombre fue atacado por un tigre. En aquel momento este hombre se refugió en Chenrezsig y de este modo se liberó de las garras del animal. Las escrituras dan muchos ejemplos semejantes de personas que en situaciones peligrosas fueron rescatadas tras haberse refugiado en Tara. La manera de refugiarse del ser ordinario menor es un tipo de refugio, pero no es perfecto. Para que nuestra práctica de refugio sea perfecta, al menos tenemos que generar la motivación de buscar el bienestar en nuestras vidas futuras.

Cada una de estas prácticas de refugio tiene dos niveles: simple y especial. El ser menor se ejercita en el refugio simple cuando, motivado por el miedo a los sufrimientos de los reinos inferiores y con fe en las Tres Joyas, suplica con fervor a los objetos de refugio de este modo: «Por favor, protegedme para que no renazca en ninguno de los tres reinos inferiores.» Este ruego puede realizarse mentalmente o recitando la oración de refugio. Esta forma de practicar el refugio es la más común.

El ser menor que posee mayor sabiduría que el anterior y está familiarizado con el Dharma, primero generará temor a los sufrimientos de los reinos inferiores y luego buscará algo que pueda ofrecerle verdadera protección contra ellos. Por medio de un detenido análisis se dará cuenta de que la verdadera protección puede obtenerse únicamente con el logro de las realizaciones de las etapas del camino del ser menor. Esta persona generará el siguiente deseo: «Con la ayuda de la Joya del Buda y de la Joya de la Sangha voy a realizar la Joya del Dharma del ser menor.» Esta determinación es la forma especial de practicar el refugio del ser del nivel inicial.

Las realizaciones de las etapas del camino del ser menor constituyen la Joya del Dharma de esta clase de ser. Si logramos esta realización, dejaremos de renacer en los reinos inferiores, pues esta Joya del Dharma elimina de manera directa este tipo de sufrimientos futuros al suprimir sus causas. Las Joyas del Buda y de la Sangha no pueden por sí mismas eliminar de forma directa nuestro sufrimiento futuro de la misma manera en que alguien puede quitarnos con la mano una púa que nos hayamos clavado en el pie.

Hablando con rigor, sólo los Seres Superiores poseen las Joyas del Dharma; pero es muy beneficioso que consideremos nuestras experiencias espirituales como si fueran verdaderas Joyas del Dharma, por muy pequeñas que sean. De este modo, si valoramos nuestros pequeños logros espirituales, los protegeremos y sustentaremos, y llegará un momento en el que se convertirán en las verdaderas Joyas del Dharma de un Ser Superior. Por el contrario, si no apreciamos nuestros pequeños logros, nos desanimaremos con facilidad y descuidaremos las prácticas de purificación y de acumulación de méritos. Con una actitud de desdén hacia nuestras primeras experiencias espirituales, será imposible que desarrollemos realizaciones más profundas.

En el *Sutra conciso de la perfección de la sabiduría*, Buda dice:

«El caer de una gota tras otra acaba llenando la vasija. Primero se recoge una gota, luego dos, tres, cuatro..., y finalmente el recipiente acaba por rebosar.»

Nuestras realizaciones del Dharma se generan del mismo modo. Las Joyas del Dharma de los Seres Superiores no surgen de manera instantánea, sino que se desarrollan de forma gradual. Primero acumulamos pequeñas experiencias de moralidad y otras virtudes, y éstas van aumentando hasta que se convierten en Joyas del Dharma. Buda Shakyamuni dijo:

«En vez de postrarme ante la luna llena me postro ante la luna nueva.»

Aquí, «luna nueva» se refiere a los primeros logros que desarrollamos, y «luna llena» a las realizaciones más avanzadas y profundas de los Seres Superiores. El significado de estas palabras de Buda es que hemos de valorar y proteger nuestras primeras experiencias de Dharma, puesto que las grandes realizaciones dependen de las pequeñas.

Cuando desarrollamos Joyas del Dharma en nuestro continuo mental, nos protegemos de futuros sufrimientos, ya que la función de las Joyas del Dharma es eliminar las causas del sufrimiento. Ellas nos ayudan temporalmente, y a nivel último nos conducen hacia la liberación y la iluminación. Por ejemplo, si logramos tener siempre presente el hecho de la muerte, ello nos ayudará de manera temporal, puesto que debido a este pensamiento reduciremos nuestro apego y otros engaños; pero también nos asistirá a nivel último, pues nos inducirá a meditar sobre la vacuidad y a lograr la liberación.

El ser del nivel medio practica el refugio simple cuando, motivado por el temor a los sufrimientos del samsara y con fe en las Tres Joyas, suplica de manera sincera a los objetos de refugio de este modo: «Por favor, protegedme de las miserias del renacimiento cíclico.» El ser mediano que tiene mayor sabiduría y familiaridad con el Dharma, primero generará miedo a los sufrimientos del samsara y luego se preguntará dónde puede encontrar una verdadera protección. Tras un detenido análisis, comprenderá que la protección perfecta sólo se encuentra en el logro de todas las realizaciones de las etapas del camino del ser de capacidad media. Entonces tomará la siguiente resolución: «Con la ayuda de la Joya del Buda y de la Joya de la Shanga voy a realizar la Joya del Dharma del ser del nivel medio.» Esta determinación es la forma especial de practicar el refugio del ser del nivel medio. Las realizaciones de todas las etapas del camino de este ser constituyen la Joya del Dharma del ser del nivel medio; en particular, las realizaciones de los tres adiestramientos superiores eliminan de forma directa las causas de los renacimientos sin control, y nos protegen de manera efectiva contra las miserias de la existencia cíclica.

De forma semejante, el gran ser puede practicar también el refugio simple o el especial. Si se ejercita de la manera especial, primero genera la mente de gran compasión deseando liberar y proteger a todos los seres sintientes de los tormentos del samsara. Piensa en cómo hacerlo y se da cuenta de que tiene que alcanzar la iluminación para poder ofrecer guía y protección a los demás seres. Entonces genera la determinación de realizar la Joya del Dharma del gran ser y, en particular, el logro último de la iluminación. Esta resolución es el modo especial en que el gran ser practica el refugio, y se denomina el refugio resultante.

La explicación de la práctica de refugio se presenta en siete partes:

1 Las causas del refugio.
2 Los objetos de refugio.
3 La manera de practicar el refugio.
4 La señal de haber practicado el refugio de manera perfecta.
5 Los beneficios del refugio.
6 Los compromisos del refugio.
7 Cómo practicar el refugio por medio de tres ciclos de meditación.

LAS CAUSAS DEL REFUGIO

Como se mencionó con anterioridad, las causas para buscar refugio son: temor al sufrimiento y fe en que las Tres Joyas constituyen las fuentes perfectas de protección. Puesto que la fe no es algo que generemos de manera espontánea, hemos de cultivarla meditando sobre las buenas cualidades de las Tres Joyas.

LOS OBJETOS DE REFUGIO

Su explicación se da en dos partes:

1 Identificación de los objetos de refugio.
2 Comprensión de las razones por las cuales las Tres Joyas constituyen los objetos de refugio apropiados.

IDENTIFICACIÓN DE LOS OBJETOS DE REFUGIO

Los objetos en los que nos refugiamos son las Tres Joyas:

1 La Joya del Buda.
2 La Joya del Dharma.
3 La Joya de la Sangha.

LA JOYA DEL BUDA

Maitreya, en su texto *El continuo sublime del gran vehículo*, presenta una detallada explicación acerca de las Tres Joyas.

Define a la Joya del Buda como «la fuente última de refugio que está dotada de ocho buenas cualidades, como ser no-producidas, etc.». Estas ocho se enumeran en una estrofa que dice:

> «No-producidas y alcanzadas sin esfuerzo,
> no realizadas por las condiciones de los demás,
> dotadas de sabiduría, compasión y poder,
> sólo los Budas poseen los dos propósitos.»

«No-producidas» se refiere a las cualidades de abandono de un Buda. En particular, a las cesaciones verdaderas que son el abandono de las dos obstrucciones –de las perturbaciones mentales y del conocimiento–. Puesto que estas cesaciones verdaderas son permanentes, se dice que son «no-producidas». Dado que las dos obstrucciones son el origen de todas las faltas, al no poseerlas, Buda está libre de toda falta.

«Alcanzadas sin esfuerzo» significa que los Budas pueden lograr todo lo que desean sin esfuerzo alguno, debido a que carecen de mentes conceptuales. Para realizar cualquier acción, no tienen que generar la motivación: «Ahora voy a hacer esto.» Sin embargo, los seres que aún no son Budas, para llevar a cabo cualquier tarea tienen que generar primero la intención de hacerla y luego esforzarse por completarla. En este planeta hay muchos océanos, lagos, ríos y muchos otros lugares donde se recoge el agua. Cuando la luna brilla y el cielo está claro, su reflejo aparece sin esfuerzo sobre las superficies de estas aguas. Así como la luna no tiene la necesidad de generar la intención de reflejarse en el agua, los Budas pueden manifestarse ante nosotros sin esfuerzo. Cuando imaginamos a los Budas en el espacio ante nosotros, nuestra mente es como el lago que refleja la luz de la luna en una noche clara, y los Budas aparecen ante nosotros sin esfuerzo. No tienen que decidir si vienen o no desde largas distancias.

«No realizadas por las condiciones de los demás» indica que los Budas poseen unas cualidades especiales de cuerpo, palabra y mente, que los demás seres no pueden comprender. Los Budas pueden, por ejemplo, manifestarse como cualquier cosa que haga falta para ayudar a los seres sintientes. Pueden emanarse como hombres, mujeres, e incluso como objetos inanimados; pero el modo en que lo hacen está más allá de nuestra comprensión. Shantideva dijo que para satisfacer el deseo de aquellos que desean una isla, los Budas se manifiestan como tal. También pueden hacerlo como un barco para los que así lo requieren. Los Budas se manifiestan como medicinas, ropas o alimentos según se necesiten.

Una vez, Tara se manifestó como una isla conocida por el nombre de Chandradeva con el objeto de ayudar a un hombre llamado Chandragomin. Este hombre, además de ser un respetado erudito, era también muy atractivo. Una princesa llamada Tara se enamoró de él y su padre ordenó a Chandragomin que se casara con ella. Al principio aceptó, pero más tarde comenzó a sentirse incómodo porque su Deidad personal era Tara y le parecía impropio contraer matrimonio con una princesa que tuviese su mismo nombre. Al no aceptar el casarse con la princesa, el rey se enfureció de tal modo que ordenó a sus guardianes que echaran a Chandragomin al Río Ganges. Mientras era arrastrado por la corriente, Chandragomin se refugió en Tara y le pidió protección. En respuesta, Tara se manifestó como una isla y lo recibió en sus orillas. Chandragomin vivió en esta isla durante mucho tiempo y construyó un hermoso templo. Hoy en día hay una gran ciudad en la isla, y la gente ordinaria la percibe como un lugar cualquiera, sin darse cuenta de que en realidad es una emanación de Tara, porque hechos como éste están más allá de su limitada comprensión.

Las cualidades excelentes de la palabra de Buda tampoco pueden ser apreciadas por otros seres. Yhe Tsongkhapa dijo que si todos los seres de este mundo se reunieran en un mismo lugar e hicieran preguntas a Buda en sus propias lenguas, con una sola palabra Buda podría responder a todas ellas en sus respectivos idiomas.

La intensidad de la voz de Buda no varía según la distancia. En cierta ocasión, Maudgalyanaputra, uno de los discípulos de Buda Shakyamuni, decidió comprobar la cualidad de la intensidad de su voz. Mientras Buda pronunciaba un discurso, primero se sentó a sus pies y luego se distanció una legua, y comprobó que el volumen de su voz era el mismo. Entonces se alejó varias leguas más y su voz sonaba exactamente igual. Por medio de sus poderes sobrenaturales se fue a otro universo pero le oía con la misma intensidad. Después se fue acercando poco a poco a Buda y pudo comprobar que desde todas las distancias la intensidad de su voz era la misma que cuando estaba sentado a sus pies. Esta maravillosa cualidad de la palabra de los Budas está más allá de la comprensión de los otros seres.

«Sabiduría» se refiere a la cualidad de la mente de Buda de conocer de forma clara y directa todos los fenómenos sin confundirlos. Sin esta percepción directa e intuitiva es difícil beneficiar a los demás de manera efectiva. A diferencia de otros seres, los Budas pueden conocer directamente todos los objetos de conocimiento, porque sólo ellos han eliminado las dos obstrucciones. Aunque la mente de todos los seres es clara por naturaleza, su claridad está velada, como un cielo cubierto de nubes. Cuando estas obstrucciones, cual nubes, se hayan disipado por completo, nuestra mente conocerá de forma directa todos los fenómenos y nos habremos convertido en un Buda.

A nosotros nos resulta difícil comprender el estado mental de otra persona, aunque sea nuestro mejor amigo o nuestro propio hijo. No somos capaces de percibir las intenciones de los demás, de saber si nos quieren ayudar o perjudicar. Sólo los Budas ven las mentes de los demás.

En una ocasión, se le pidió a Buda Shakyamuni que demostrara su clarividencia. Él aceptó y pidió a los presentes en una gran asamblea que escribiesen su nombre en un papel, que lo doblaran y que lo pusieran en un saco. El saco llegó a ser tan pesado que ni siquiera un robusto elefante lo hubiera podido transportar. Buda recogió los papeles y devolvió a cada uno el suyo sin equivocación alguna. Nosotros seríamos incapaces de acertar ni tan siquiera unos cuantos nombres.

«Compasión» se refiere a la gran compasión que Buda siente hacia todos los seres sin excepción. La compasión que un Buda tiene por cada ser sintiente es como la que una madre siente por su hijo único.

«Poder» se refiere a la habilidad perfecta que un Buda posee para liberar a los seres sintientes del sufrimiento.

«Sólo Buda posee los dos propósitos» significa que únicamente los Budas han logrado los dos objetivos de alcanzar la iluminación y, en consecuencia, la habilidad perfecta para cumplir su principal deseo de beneficiar a los demás.

Hay dos clases de Joya del Buda: convencional y última. Los Cuerpos de Emanación (sáns. *Nirmanakaya*) y de Deleite (sáns. *Sambhogakaya*) de un Buda constituyen las Joyas convencionales del Buda, y los Cuerpos de Entidad (sáns. *Srabhavikakaya*) y de la Sabiduría de la Verdad (sáns. *Jñanadharmakaya*) constituyen las Joyas últimas del Buda.

El Cuerpo de Entidad de un Buda, denominado también el Cuerpo de Naturaleza, es la naturaleza última de la mente de un Buda –su vacuidad de existencia inherente–. La mente y su vacuidad poseen la misma naturaleza y son una misma entidad. Debido a que nuestra mente de momento está velada por las dos obstrucciones, su vacuidad también lo está. Si meditamos sobre las etapas del camino hacia la iluminación y alcanzamos todas estas realizaciones, nuestra mente se liberará de las dos obstrucciones y nos convertiremos en una Joya del Buda. Entonces, nuestra mente se habrá convertido en el Cuerpo de la Sabiduría de la Verdad de un Buda, y la vacuidad de nuestra mente será el Cuerpo de Entidad de un Buda. La vacuidad de la mente que se ha liberado de las dos obstrucciones es lo que se llama el Cuerpo de Entidad de un Buda, puesto que es la naturaleza última de la mente de un Buda. El Cuerpo de Entidad es una Joya del Buda porque se ha liberado por completo de las dos obstrucciones. Se le llama el Cuerpo de la Verdad de un Buda porque es la vacuidad de la mente de un Buda y toda vacuidad es una verdad última. Se denomina Joya última del Buda porque es una verdad última y una Joya del Buda.

Las dos Joyas convencionales del Buda, el Cuerpo de Deleite y el Cuerpo de Emanación, constituyen el Cuerpo de la Forma de un Buda o *Rupakaya* en sánscrito. Las dos Joyas últimas del Buda, el Cuerpo de Entidad y el Cuerpo de la Sabiduría de la Verdad, constituyen el Cuerpo de la Verdad de un Buda o *Dharmakaya* en sánscrito. El Cuerpo de la Sabiduría de la Verdad de un Buda es su mente omnisciente. La mente omnisciente de un Buda es una verdad convencional puesto que es un objeto funcional, pero se la denomina Joya última del Buda porque es una consciencia de sabiduría concentrada de manera convergente en la verdad última, y es una Joya del Buda.

LA JOYA DEL DHARMA

En el texto *El continuo sublime del gran vehículo*, a la Joya del Dharma se la define como «una verdad perfectamente purificada en el continuo de un Ser Superior que posee cualquiera de las ocho buenas cualidades, como la de ser inconcebible entre otras». Estas ocho cualidades se enumeran en una estrofa que dice:

«Inconcebible, no-dual, no-conceptual,
puro, claro, por parte del antídoto,
aquello que libera del apego,
las dos verdades constituyen la definición del
   Dharma».

La verdadera Joya del Dharma está formada por la tercera y cuarta de las cuatro nobles verdades –la verdad de las cesaciones y la verdad de los caminos–, que se alcanzan por medio de la práctica de las enseñanzas de Buda. Estas dos verdades se explican más adelante en la sección dedicada a las cuatro nobles verdades. Cuatro de las ocho cualidades mencionadas pertenecen a la verdad de las cesaciones y las otras cuatro a la verdad de los caminos.

Cuando, en dependencia de una verdad del camino, llamada también camino verdadero, abandonemos por completo cualquier perturbación mental o sus impresiones, habremos alcanzado una verdad de la cesación, llamada también cesación verdadera. Si queremos explicar lo que es una cesación verdadera, no podemos compararla con ningún otro objeto y decir, por ejemplo, que «se parece a esto o a lo otro». Una cesación verdadera es un fenómeno negativo no-afirmante, es decir, un fenómeno negativo que no afirma ningún otro objeto positivo. Es permanente porque es la vacuidad de una mente que ha alcanzado el total abandono de cualquier obstrucción por medio del poder de un camino verdadero. Una cesación verdadera no es meramente el abandono final de cualquier perturbación mental o de sus impresiones, sino que es la vacuidad de la mente que ha logrado tal cesación.

Cuando alcancemos una cesación verdadera, a pesar de que aún estemos sometidos a las enfermedades, a la vejez y a la muerte, las experimentaremos sin sufrimiento. Puesto que las cesaciones verdaderas nos protegen del sufrimiento, son Joyas del Dharma y objetos sagrados de refugio. Hay muchas clases de cesaciones verdaderas, como las cesaciones de las perturbaciones mentales adquiridas intelectualmente y las cesaciones de las perturbaciones mentales innatas. Cuando logremos una realización directa e intuitiva de la vacuidad y alcancemos el camino emancipado del camino de la visión, nos habremos liberado de las perturbaciones mentales adquiridas intelectualmente. A partir de entonces, meditando de manera continuada en la vacuidad, iremos eliminando las perturbaciones mentales innatas y las impresiones de todas las perturbaciones mentales.

Aunque de momento no podemos experimentar auténticas cesaciones verdaderas, sí podemos suprimir nuestras perturbaciones mentales durante un cierto tiempo. Las cesaciones temporales son parecidas a las verdaderas y, por lo tanto, hemos de apreciar su gran valor. Por ejemplo, si meditamos sobre el amor o la paciencia con el objeto de contrarrestar el odio que sentimos hacia una determinada persona, es posible que logremos una pequeña experiencia de estas prácticas y experimentemos una cesación temporal de nuestro odio. Esta meditación sobre el amor y la paciencia es semejante a un camino verdadero y nos llevará en dirección al logro de una cesación verdadera , por lo que debemos considerar la ausencia temporal de nuestro odio, que logramos como resultado de practicar el amor y la paciencia, como una verdadera cesación y como una auténtica Joya del Dharma.

Las tres primeras cualidades de la verdad de las cesaciones se mencionan en el primer verso de la estrofa de Maitreya: «Inconcebible, no-dual, no-conceptual». «Inconcebible» quiere decir que las mentes conceptuales no pueden comprender con exactitud las cesaciones verdaderas porque, para lograr una perfecta comprensión de ellas, han de experimentarse de forma directa. Puesto que la experiencia de las cesaciones verdaderas se logra principalmente por medio del poder de la meditación, aquellas personas que posean un mero entendimiento intelectual del Dharma y no lo pongan en práctica, no podrán comprenderlas de forma correcta. «No-dual» se refiere a la ausencia de una de las dos obstrucciones o de ambas, y «no-conceptual» significa que las cesaciones verdaderas no son conceptuales porque, si lo fueran, serían mentes, y las cesaciones verdaderas no lo son.

Las tres primeras cualidades de la verdad de los caminos se mencionan en el segundo verso de la estrofa de Maitreya: «puro, claro, por parte del antídoto». «Puro» significa que un camino verdadero es una mente que no está mezclada con las perturbaciones mentales. «Claro» indica que un camino verdadero es una mente que percibe su objeto con claridad. «Por parte del antídoto» significa que un camino verdadero funciona como un antídoto para eliminar cualquiera de las dos obstrucciones. Es como un instrumento con el cual eliminamos todas nuestras faltas e impurezas mentales que constituyen la causa de todos nuestros problemas.

En el tercer verso de la estrofa, Maitreya menciona de manera explícita la cuarta cualidad de un camino verdadero y, de manera implícita, la cuarta cualidad de una cesación verdadera. «Aquello que nos libera del apego» indica que los caminos verdaderos son los métodos con los cuales logramos las cesaciones verdaderas, liberándonos así por completo de perturbaciones mentales, como el apego.

El último verso, «las dos verdades constituyen la definición del Dharma», se refiere a las dos clases de la Joya del Dharma, la convencional y la última. Las Joyas del Dharma convencionales son las escrituras de Buda, y las últimas son las cesaciones y los caminos verdaderos.

Si meditamos sobre estas ocho buenas cualidades, generaremos un sincero deseo de cultivar las Joyas del Dharma en nuestra mente y nos esforzaremos con entusiasmo para lograrlo.

Shantideva, en su *Guía de las obras del Bodhisatva*, dice que si renacemos en uno de los reinos inferiores no encontraremos refugio. Esto quiere decir que si caemos en un reino inferior no tendremos libertad para practicar el Dharma y, en consecuencia, no podremos cultivar las Joyas del Dharma en nuestra mente. A pesar de que los Budas visitan los reinos inferiores y pueden, por su lado, ofrecer protección, a menos que los seres sintientes se esfuercen por poner el Dharma en práctica, los Budas no pueden ayudarles de forma directa.

Se dice, por lo tanto, que la Joya del Dharma es la cura contra nuestras enfermedades mentales. Así como los médicos y las enfermeras pueden ayudar a sus pacientes sólo si éstos toman las medicinas prescritas, del mismo modo nosotros sólo podemos recibir ayuda de las Joyas del Buda y de la Sangha si aplicamos en nuestro interior todas sus instrucciones espirituales y llevamos a cabo nuestra propia cura logrando las Joyas del Dharma. Al esforzarnos en desarrollar en nuestra mente las Joyas del Dharma, acabaremos por convertirnos en los objetos de refugio de otros seres.

Drugpa Kunleg, en cierta ocasión, fue a visitar un famoso templo en Lhasa, Tíbet, y cuando vio la estatua de Buda exclamó:

«¡Oh Buda!, tú y yo en un tiempo éramos iguales,
pero tú te esforzaste y alcanzaste la iluminación,
mientras que yo, debido a la pereza, sigo vagando
    por el samsara.
Ahora eres el objeto de mi veneración.»

LA JOYA DE LA SANGHA

En el texto *El continuo sublime del gran vehículo*, a la Joya de la Sangha se la define como «un Ser Superior que posee cualquiera de las ocho buenas cualidades, como la cualidad de realización y la de libertad».

Un Ser Superior es aquél que ha realizado la vacuidad de manera directa y que ha logrado la realización de la paz por medio de la práctica de los tres adiestramientos superiores. Debido a que no podemos percibir una auténtica Joya de la Sangha, debemos considerar como tal a cualquier persona que mantenga con pureza los votos del pratimoksha, los del Bodhisatva, o los tántricos, o a cualquier individuo que ayude a los demás y dé un buen ejemplo. Si queremos convertirnos en una Joya de la Sangha, tenemos que subyugar nuestras mentes descontroladas con la práctica del Dharma. Si mantenemos siempre una mente apacible, daremos un buen ejemplo a los demás.

En los *Sutras del vinaya* se dice que cualquier grupo de cuatro o más monjes o monjas que posean la ordenación completa constituye una comunidad de la Sangha. En los países budistas, a la comunidad de la Sangha se la venera y aprecia en gran medida, porque los practicantes budistas laicos necesitan la inspiración y el aliento que reciben al ver con sus propios ojos el buen ejemplo de la Sangha.

Las cuatro primeras cualidades de la Joya de la Sangha son cualidades de realización:

(1) Realización.
(2) Realización de la verdad última.
(3) Realización de la verdad convencional.
(4) Realización de la naturaleza de la mente interna.

En la cuarta realización, «interna» indica que la mente es un sujeto y «naturaleza» se refiere a los diferentes niveles de la mente. Por lo tanto, esta cualidad es la realización de los diferentes niveles del sujeto que es la mente.

Las cuatro restantes son cualidades de emancipación:

(5) Emancipación de todas las faltas.
(6) Emancipación de las obstrucciones a la liberación.
(7) Emancipación de las obstrucciones a la omnisciencia.
(8) Emancipación de las obstrucciones de inferioridad.

A pesar de que, en términos generales, se dice que hay dos clases de obstrucciones –las obstrucciones a las perturbaciones mentales (o a la liberación) y las obstrucciones al conocimiento (o a la omnisciencia)–, en algunos textos mahayanas se menciona una tercera clase: las de inferioridad. Una obstrucción de inferioridad es aquello que nos impide generar o incrementar la mente de bodhichita, como por ejemplo la mente de autoestima.

Los practicantes hinayanas no se liberan de las obstrucciones de inferioridad, pero pueden convertirse en Joyas de la Sangha porque son capaces de lograr algunas de las ocho cualidades de la Joya de la Sangha, como es la emancipación de las obstrucciones a la liberación. Incluso el practicante hinayana que ha alcanzado el camino de la acumulación, sin ser aún una auténtica Joya de la Sangha, posee muchas cualidades excelentes.

De entre las treinta y siete realizaciones conducentes a la iluminación, este practicante ha alcanzado los tres primeros grupos: los cuatro emplazamientos cercanos de retentiva, los cuatro abandonos perfectos, y las cuatro piernas del poder sobrenatural. Cuando el practicante hinayana alcanza el camino de la preparación, realiza los dos grupos siguientes: los cinco poderes y las cinco fuerzas. Cuando llega al camino de la visión, logra el siguiente grupo: las siete ramas de la iluminación. En el camino de la meditación logra el siguiente: las ocho ramas de los caminos superiores. Si una Joya de la Sangha hinayana puede alcanzar semejantes cualidades, no hace falta mencionar cuántas ni lo excelentes que son las cualidades de las Joyas de la Sangha mahayana. La meditación sobre las buenas cualidades de la Joya de la Sangha nos hará generar con intensidad la siguiente resolución: «Voy a convertirme en una Joya de la Sangha.»

De entre los muchos y variados objetos externos que normalmente usamos, por lo general consideramos que las joyas son los más preciosos y extraordinarios. De manera similar, entre los seres sintientes, enseñanzas y comunidades, los Budas, el Dharma y la Sangha son los más preciosos y extraordinarios. En consecuencia, reciben el nombre de la Joya del Buda, la Joya del Dharma y la Joya de la Sangha, y constituyen nuestros objetos de refugio último.

COMPRENSIÓN DE LAS RAZONES POR LAS CUALES LAS TRES JOYAS CONSTITUYEN LOS OBJETOS DE REFUGIO APROPIADOS

Si comprendemos por qué Buda constituye un objeto apropiado de refugio, entenderemos con facilidad que el Dharma que enseñó y la Sangha que sigue sus consejos son también objetos apropiados de refugio. Hay cuatro razones principales que prueban que Buda puede guiarnos de forma perfecta y ofrecernos protección completa contra el sufrimiento:

1 Buda se ha liberado de todos los temores.
2 Buda posee una gran destreza para liberar a los seres sintientes.
3 Buda posee compasión hacia todos los seres sintientes sin discriminación.
4 Buda beneficia a todos los seres sintientes sin tener en cuenta si le han ayudado o no.

BUDA SE HA LIBERADO DE TODOS LOS TEMORES

Si los Budas no se hubiesen liberado de todo tipo de temores, seguirían renaciendo sin control, y sin poseer completa libertad no serían capaces de ayudar a los demás. Si una persona que está atrapada en la existencia cíclica intentase ayudar a otra a liberarse de ella, sería como si un hombre que se está ahogando intentase salvar a otro en su misma situación, o como si una persona que estuviera cayendo desde una gran altura quisiese impedir la caída de otra que lo está haciendo por encima de ella.

Los Budas no tienen miedo porque han eliminado las mentes de autoaferramiento y de autoestima, que son las causas de todo temor y perjuicio. Si esta razón, que es perfecta, no nos convence, podemos estudiar la vida de Buda Shakyamuni y ver que en muchas ocasiones demostró total carencia de miedo y que era invulnerable contra todo daño.

El celoso primo de Buda, Devadata, intentó asesinarle en varias ocasiones. Unas veces intentó envenenarle, y otras le arrojó rocas desde lo alto, pero cuando lo hizo fue como tirarlas al espacio vacío. Las armas no pueden dañar a un Buda, del mismo modo que no pueden destruir el espacio.

Una vez, un poderoso y enorme elefante que pertenecía al Rey Ajatashatru, enloqueció y emprendió una carrera en estampida. Al verlo, todo el mundo se alejó de su paso y nadie se atrevía a controlar a la bestia. Cuando el elefante se acercó al lugar donde Buda estaba dando enseñanzas, cundió el pánico entre los asistentes y todos los discípulos echaron a correr. Incluso los Arjats, dotados de poderes sobrenaturales, sintieron miedo y se alejaron volando hacia el cielo. Sólo Buda permaneció imperturbable. Con su mano tocó la cabeza del elefante y apaciguó su locura en aquel mismo instante.

En otra ocasión, un hombre llamado Shri Sanva intentó asesinar a Buda tirándole a un profundo foso en llamas; al ver que el fuego no le producía daño alguno, intentó envenenarle, pero Buda ingirió el veneno como si fuera un remedio medicinal.

BUDA POSEE UNA GRAN DESTREZA PARA LIBERAR A LOS SERES SINTIENTES

A pesar de que los Budas poseen innumerables cualidades tales como una emancipación completa de todos los temores y una mente de gran compasión, no podrían guiar a otros seres hacia la iluminación ni protegerles de sus males si no fuera por su gran destreza.

Buda Shakyamuni demostró la destreza que poseen los seres iluminados cuando apaciguó la violenta mente de Angulimala. En aquel tiempo, no había nadie que sintiera tanto odio como Angulimala. Aunque este infame y perverso hombre, bajo los malos consejos de falsos gurus, asesinó a novecientas noventa y nueve personas, Buda consiguió subyugarle y conducirle hacia la liberación. Buda también fue capaz de guiar a Lam Chung hacia esta misma meta, a pesar de que era la persona más estúpida que pudiera encontrarse en aquella época, hasta el punto de que no era capaz de memorizar ni siquiera un solo verso, por mucho esfuerzo que pusiese en ello durante meses. A pesar de la enorme torpeza mental de Lam Chung, Buda consiguió con su gran destreza mostrarle cómo alcanzar realizaciones espirituales y cómo incrementar su sabiduría. En consecuencia, llegó a convertirse en un eminente Maestro. Con su gran habilidad, Buda subyugó el gran orgullo del divino músico Pramudita, y le guió por el camino espiritual. Eliminó el apasionado apego de Nanda, y las deficiencias físicas del anciano Shri Data, y les condujo por el camino de la liberación. Sería imposible mencionar todos los casos en que Buda utilizó sus medios diestros para ayudar a los demás a superar sus dificultades y a avanzar por el camino hacia la liberación y la iluminación.

Todo lo que Buda enseñó es un método diestro para superar nuestros problemas mentales y transformar nuestras mentes en caminos espirituales. El mundo del ser humano pertenece al reino del deseo porque los humanos estamos afligidos especialmente por el apego. Todos sufrimos del apego innato y nos es muy difícil eliminar nuestro deseo hacia los objetos atractivos de los sentidos. Incluso cuando dormimos, nunca olvidamos el apego, pero olvidamos con facilidad los pensamientos y sentimientos virtuosos que intentamos cultivar cuando estamos despiertos. Buda enseñó métodos especiales para transformar nuestro apego en el camino espiritual y mostró la manera de convertir todas nuestras actividades ordinarias en prácticas espirituales por medio de instrucciones como el yoga del dormir, el de los sueños, el del despertar y el de alimentarnos. Si estudiamos en su totalidad las enseñanzas del sutra y del tantra, podremos apreciar la insuperable destreza de Buda.

BUDA POSEE COMPASIÓN HACIA TODOS LOS SERES SINTIENTES SIN DISCRIMINACIÓN

Una vez, Devadata cayó gravemente enfermo. Cuando los discípulos de Buda le comunicaron la noticia diciéndole que su perverso primo iba a morir, dijo: «Mis sentimientos hacia Devadata y hacia mi hijo Rahula son los mismos. Si esto es cierto, que Devadata se recupere ahora mismo.» En aquel mismo instante Devadata recobró la salud. Debido a su compasión, los sentimientos que los Budas tienen hacia sus peores enemigos y hacia sus propios hijos son los mismos; su compasión abarca a todos los seres sin discriminación.

De momento, nosotros somos parciales con respecto a los demás. Nos sentimos cerca de nuestros familiares y amigos, y estamos dispuestos a ayudarles; pero nos sentimos distantes de aquellas personas que no nos gustan, y no se nos ocurre ir en su ayuda. Si comenzásemos desde ahora mismo a cultivar una actitud más equilibrada hacia nuestros amigos y enemigos, estableceríamos el fundamento para el desarrollo de la ecuanimidad, la cual es imprescindible para desarrollar la mente imparcial de gran compasión que poseen los Budas.

BUDA BENEFICIA A TODOS LOS SERES SINTIENTES SIN TENER EN CUENTA SI LE HAN AYUDADO O NO

Debido al gran amor que los Budas tienen hacia todos los seres sintientes, los benefician a todos sin tener en cuenta si han recibido algún beneficio de ellos o no. Nosotros, por el contrario, correspondemos a la bondad que recibimos, pero nuestra amabilidad con los demás no es incondicional.

Nagaryhuna dijo que no hay un solo ser sintiente que no haya recibido beneficio de Buda. Simplemente con recibir las bendiciones de Buda, hasta los animales de menor inteligencia pueden generar estados mentales apacibles y virtuosos y, como resultado de ello, obtener estados más elevados de existencia y disfrutar de mayor felicidad. Un vez, un puerco que vagaba suelto se acercó a una estupa, se echó al suelo y allí mismo murió. Por el mero hecho de haber visto la estupa, pereció apaciblemente y renació como un dios en el reino del deseo. El puerco, por sí mismo, no tenía el poder de cultivar una mente virtuosa, pero debido a que la estupa simboliza la mente omnisciente de un Buda, el animal pudo recibir bendiciones.

Cuando meditemos sobre estas cualidades, generaremos confianza y fe en Buda, en el Dharma que enseñó y en la Sangha que lo practica con sinceridad. Cuando este sentimiento especial de fe en Buda, el Dharma y la Sangha surja sin dudas en nuestra mente, nos concentramos en meditación de emplazamiento para familiarizarnos con él.

LA MANERA DE PRACTICAR EL REFUGIO

El refugio puede practicarse de cuatro formas:

1. Refugiarse en las Tres Joyas comprendiendo sus cualidades.
2. Refugiarse en las Tres Joyas diferenciando las cualidades de cada una de ellas.
3. Refugiarse en las Tres Joyas por medio de una promesa.
4. Refugiarse en las Tres Joyas abandonando el buscar refugio último en otros objetos.

REFUGIARSE EN LAS TRES JOYAS COMPRENDIENDO SUS CUALIDADES

Si al comprender las cualidades de las Tres Joyas y meditar sobre ellas generamos fe y confianza en ellas y buscamos su protección, ésta es la manera de refugiarse en las Tres Joyas comprendiendo sus cualidades.

REFUGIARSE EN LAS TRES JOYAS DIFERENCIANDO LAS CUALIDADES DE CADA UNA DE ELLAS

Las excelentes cualidades de las Tres Joyas pueden diferenciarse de seis formas. En consecuencia, hay seis maneras de refugiarse en las Tres Joyas diferenciando las cualidades de cada una de ellas:

1. Refugiarse en las Tres Joyas entendiendo sus diferentes naturalezas.
2. Refugiarse en las Tres Joyas entendiendo sus diferentes funciones.

3 Refugiarse en las Tres Joyas diferenciándolas por medio de una analogía.
4 Refugiarse en las Tres Joyas sabiendo cuándo hacerlo.
5 Refugiarse en cada una de las Tres Joyas entendiendo las diversas formas de incrementar los méritos a través del refugio en cada una de ellas.
6 Refugiarse en las Tres Joyas entendiendo las diversas formas en que nos asisten en nuestra práctica.

REFUGIARSE EN LAS TRES JOYAS ENTENDIENDO SUS DIFERENTES NATURALEZAS

La naturaleza o característica que define a la Joya del Buda es el hecho de haber alcanzado la iluminación. La naturaleza de la Joya del Dharma es ser el resultado del logro de la iluminación de un Buda porque, como consecuencia de haber alcanzado la iluminación, Buda enseñó el Dharma para ayudar a los demás a lograr la misma experiencia. La naturaleza de la Joya de la Sangha es el haber alcanzado realizaciones espirituales como resultado de haber puesto las enseñanzas de Buda en práctica. Si comprendemos las diferentes naturalezas de las Tres Joyas y nos refugiamos con fe en ellas, estamos practicando el refugio en las Tres Joyas entendiendo sus diferentes naturalezas.

REFUGIARSE EN LAS TRES JOYAS ENTENDIENDO SUS DIFERENTES FUNCIONES

La función principal de la Joya del Buda es revelar el camino espiritual a los discípulos dándoles enseñanzas perfectas de Dharma. La función principal de la Joya del Dharma es proteger a los seres sintientes del temor y del sufrimiento. La de la Joya de la Sangha es ayudar a los demás seres mostrando un buen ejemplo. Si nos refugiamos en las Tres Joyas con este entendimiento, estamos poniendo en práctica el refugio en las Tres Joyas entendiendo sus diferentes funciones.

REFUGIARSE EN LAS TRES JOYAS DIFERENCIÁNDOLAS POR MEDIO DE UNA ANALOGÍA

La Joya del Dharma es como un barco, la Joya del Buda es como un diestro navegante, y la Joya de la Sangha es como su tripulación. Si entendemos que dependemos de los tres para cruzar el océano del samsara, y con fe nos refugiamos en las Tres Joyas, estamos practicando el refugio por medio de una analogía.

REFUGIARSE EN LAS TRES JOYAS SABIENDO CUÁNDO HACERLO

Recordando las cualidades de las Tres Joyas debemos refugiarnos en ellas en todo momento. Por lo general, sólo nos acordamos de hacerlo cuando tenemos dificultades, pero si nos refugiamos siempre en las Tres Joyas, incluso cuando las cosas marchen bien, estaremos tan cerca de Buda que cuando nos sobrevengan desgracias recibiremos ayuda con facilidad. Si buscamos refugio sólo cuando nos encontramos en situaciones difíciles, no recibiremos ayuda de inmediato. Por esta razón debemos tener siempre una imagen de Buda cerca de nosotros para acordarnos de la práctica de refugio. En todo momento debemos mantener la siguiente resolución: «Con la ayuda de la Joya del Buda y de la Joya de la Sangha voy a desarrollar la Joya del Dharma en mi mente.»

REFUGIARSE EN CADA UNA DE LAS TRES JOYAS ENTENDIENDO LAS DIVERSAS FORMAS DE INCREMENTAR LOS MÉRITOS A TRAVÉS DEL REFUGIO EN CADA UNA DE ELLAS

Cuando practicamos el refugio en la Joya del Buda y le hacemos ofrendas, incrementamos el poder meritorio que es la causa de nuestro logro del Cuerpo de la Forma de un Buda. Al refugiarnos en la Joya del Dharma y hacerle ofrendas, aumentamos los méritos que son la causa para alcanzar el Cuerpo de la Verdad de un Buda. Al buscar protección en la Joya de la Sangha y hacerle ofrendas, incrementamos los méritos que nos hacen convertirnos en una Joya de la Sangha.

REFUGIARSE EN LAS TRES JOYAS ENTENDIENDO LAS DIVERSAS FORMAS EN QUE NOS ASISTEN EN NUESTRA PRÁCTICA

Si comprendemos que la Joya del Dharma constituye el verdadero remedio contra nuestra enfermedad mental, que la Joya del Buda es el doctor espiritual que nos prescribe la medicina, y que la Joya de la Sangha es la enfermera espiritual que asiste al doctor, y si con fe nos refugiamos en ellas, estamos practicando el refugio en las Tres Joyas entendiendo las diversas maneras en que nos asisten en nuestra práctica.

REFUGIARSE EN LAS TRES JOYAS POR MEDIO DE UNA PROMESA

Practicamos esta clase de refugio si consideramos a la Joya del Buda como nuestro Guía Espiritual, a la Joya del Dharma como nuestro verdadero refugio y a la Joya de la Sangha como nuestros amigos espirituales y, ante la asamblea de Budas visualizados ante nosotros, hacemos la siguiente promesa:

De ahora en adelante voy a refugiarme en Buda, mi Guía Espiritual. Voy a refugiarme en el Dharma, mi verdadero refugio. Voy a refugiarme en la Sangha, mis amigos espirituales.

REFUGIARSE EN LAS TRES JOYAS ABANDONANDO EL BUSCAR REFUGIO ÚLTIMO EN OTROS OBJETOS

Si reconocemos que los dioses mundanos no son objetos apropiados de refugio y hacemos la siguiente promesa: «No voy a buscar refugio último en ningún objeto aparte de las Tres Joyas», estamos refugiándonos en ellas abandonando la búsqueda de refugio último en otros objetos. Si confiamos en maestros cuyas instrucciones contradicen las de Buda, iremos por falsos caminos; y si nos refugiamos en dioses mundanos, aunque es posible que recibamos algunos beneficios a corto plazo, nos desviaremos de los senderos perfectos que nos conducen a la liberación y a la iluminación total. A pesar de todo, cuando dejamos de refugiarnos en otros objetos, no debemos hacerlo por motivos sectarios. Nuestra razón ha de ser guardar los votos de refugio puramente y evitar perjudicarnos a nosotros mismos rompiendo nuestros compromisos. Si tenemos una fe firme en Buda, no hay necesidad de refugiarnos en otros objetos.

Algunas personas con fe sincera pueden hacer la siguiente promesa: «Voy a refugiarme sólo en las Tres Joyas.» Esta promesa es beneficiosa, pero lo sería aún más si la fe en que se basa se hubiera cultivado por medio de razonamientos lógicos. El ilustre erudito Todzsun Drubche, en un principio no era budista y poseía un gran conocimiento de escrituras pertenecientes a otras creencias. En cierta ocasión fue con su hermano al Monte Kailash, considerado por los que no eran budistas como el palacio de Ishvara. Al llegar allí, Todzsun Drubche descubrió que el mismo Ishvara estaba refugiándose en Buda y, en consecuencia, generó fe en Buda y aprendió y practicó las escrituras budistas. Más tarde compuso un texto titulado *Alabanza a Buda como el Maestro superior a todos*, en el que escribió:

> «¡Oh Buda!, en ti me refugio y por ti abandono a todos los demás maestros. ¿Por qué? Sólo tú te has liberado por completo de todas las faltas y sólo tú estás dotado de todas las cualidades excelentes... Cuanto más comparo las enseñanzas budistas con las de otras creencias, mi fe en ti crece con mayor intensidad.»

Todsun Drubche pudo generar una fe firme en Buda basándose en el profundo convencimiento que desarrolló por medio de razonamientos lógicos, puesto que comprendió que Buda ha eliminado todas las faltas y ha logrado todas las buenas cualidades. Por su propio conocimiento de enseñanzas ajenas al budismo, distinguía con claridad la supremacía y la profundidad de las instrucciones de Buda. Se dio cuenta de que varias enseñanzas de otras creencias afirman la existencia de un yo que es permanente, sin partes e independiente, y que toda doctrina que lo corrobore está defendiendo la ignorancia del autoaferramiento, la cual provoca todas las acciones que constituyen la causa de los renacimientos cíclicos.

En su *Alabanza de la relación dependiente*, Yhe Tsongkhapa dice refiriéndose a Buda:

«Comprendiendo la manera en que las cosas existen,
lo enseñaste bien.
Si aprendemos y practicamos lo que enseñaste
eliminaremos todas las faltas,
puesto que nos has mostrado cómo cortar su raíz.

»Quien confíe con perseverancia por mucho tiempo
en enseñanzas que contradigan las tuyas,
atraerá hacia sí muchas faltas,
porque esas instrucciones sustentan el autoaferramiento.

»¡Qué sabio es el erudito que comprende
la diferencia entre estas dos!
¿Qué puede impedirle generar fe en ti
desde lo más profundo de su corazón?»

LA SEÑAL DE HABER PRACTICADO EL REFUGIO DE MANERA PERFECTA

Para practicar el refugio a la perfección hemos de cumplir tres requisitos. En primer lugar, por medio de la contemplación de los sufrimientos y los peligros de la existencia cíclica, hemos de desarrollar un sincero y profundo temor hacia ellos, ya sea pensando sólo en nosotros mismos o en los demás. En segundo lugar, por medio de la contemplación de las cualidades excelentes de las Tres Joyas, hemos de generar fe en ellas y tener la certeza de que constituyen las fuentes perfectas de la correcta dirección espiritual, y haber comprobado que el refugio sincero en ellas es la protección idónea contra el sufrimiento futuro. En tercer lugar, habiendo cultivado las dos causas anteriores –temor al sufrimiento y fe en las Tres Joyas– hemos de refugiarnos en ellas. Cuando hayamos completado estas tres condiciones, nuestra práctica de refugio será perfecta.

LOS BENEFICIOS DEL REFUGIO

Si practicamos el refugio con sinceridad y corrección, recibiremos ocho beneficios especiales:

1 Nos convertiremos en un budista puro.
2 Estableceremos el fundamento para tomar todos los demás votos.
3 Purificaremos el karma impuro que hemos acumulado en el pasado.
4 Cada día acumularemos muchos méritos.
5 No renaceremos en los reinos inferiores.
6 Estaremos protegidos de los daños infligidos por los seres humanos y por otros seres.
7 Se cumplirán nuestros deseos temporales y últimos.
8 Alcanzaremos la iluminación con rapidez.

NOS CONVERTIREMOS EN UN BUDISTA PURO

Si deseamos lograr la liberación de todos los sufrimientos y alcanzar la felicidad última de la iluminación total, no hay duda de que debemos convertirnos en un buen practicante budista. Sólo siguiendo los consejos y la dirección de Buda seremos capaces de obtener la experiencia completa del camino hacia la liberación y la iluminación.

ESTABLECEREMOS EL FUNDAMENTO PARA TOMAR TODOS LOS DEMÁS VOTOS

Todos los votos, desde los del pratimoksha del practicante laico hasta los tántricos, dependen de nuestra práctica de refugio. Si tomamos unos votos y los guardamos de una forma pura, desarrollaremos con facilidad las demás realizaciones de la concentración y otros caminos espirituales. No tendremos la necesidad de someternos a grandes austeridades físicas como se enseña en otras tradiciones religiosas. Sobre las bases de nuestra práctica de refugio, podemos esforzarnos en ser conscientes de mantener una buena conducta de manera constante, guardando puramente los votos de abstenernos de ciertas acciones perjudiciales. Nuestra práctica de disciplina moral pura nos aportará grandes beneficios y transformará incluso nuestras horas de sueño en una acción virtuosa que será la causa de felicidad futura. Así pues, se dice que la práctica de refugio es como la tierra, y las demás prácticas espirituales como las plantas que crecen en ella.

PURIFICAREMOS EL KARMA IMPURO QUE HEMOS ACUMULADO EN EL PASADO

Una vez, había un dios llamado Sumati Samudra que habitaba en la Tierra de los Treinta y Tres Cielos. Cuando este dios comenzó a experimentar las señales de la muerte, vio que iba a renacer como un puerco. En comparación con la existencia divina de que disfrutaba, llevar la vida de un puerco le parecía un sufrimiento terrible. Observando la miserable existencia de este animal, Sumati Samudra se llenó de angustia y se fue a buscar a Indra, su objeto de refugio. Indra le dijo: «No tengo el poder de impedir que renazcas en los reinos inferiores, pero no pierdas la esperanza, encontraré una solución.» Indra entonces descendió a la Tierra, se acercó a Buda y le dijo: «Un dios llamado Sumati Samudra se está muriendo y va a renacer en un reino inferior. Protégele de semejante miseria.» Buda le dio instrucciones de cómo practicar el refugio en las Tres Joyas, e Indra se las transmitió a Sumati Samudra. Este dios se ejercitó en el refugio con sinceridad durante siete días del reino de los dioses del deseo. Finalmente, cuando murió, Indra comenzó a buscar dónde había renacido. Los dioses pueden ver ciertos mundos que existen por debajo de sus reinos, pero Indra no consiguió encontrar a Sumati Samudra en ningún lugar. Buda le dijo: «Ha renacido en la Tierra Pura de Tushita, que se encuentra por encima de la Tierra de los Treinta y Tres Cielos.» Su práctica sincera de refugio purificó el mal karma que le iba a hacer renacer como un puerco, y además creó la causa para renacer en Tushita.

CADA DÍA ACUMULAREMOS MUCHOS MÉRITOS

Como se explicó con anterioridad, cuando observamos imágenes de las Tres Joyas o las visualizamos, aunque no tengamos una buena motivación, creamos muchos méritos. En consecuencia, no hace falta ni mencionar que acumularemos muchos más méritos si nos refugiamos en ellas puramente desde lo más profundo de nuestro corazón con una buena motivación.

NO RENACEREMOS EN LOS REINOS INFERIORES

Debido a que la práctica de refugio purifica el karma impuro, destruye las causas que nos hacen renacer en cualquiera de los tres reinos inferiores. Si nos adiestramos en el refugio simple del ser del nivel inicial, nos libraremos de tener que padecer los sufrimientos de los renacimientos inferiores. Si nos ejercitamos en el refugio especial de este mismo ser, cultivaremos en nuestro interior la Joya del Dharma del ser del nivel inicial, que constituirá nuestra estable y constante protección contra los renacimientos inferiores. De manera similar, si practicamos el refugio del ser del nivel medio, nos libraremos de renacer en cualquier reino del samsara, y si nos adiestramos en el refugio del ser del nivel superior, no correremos el peligro de abandonar el camino mahayana para seguir el hinayana.

ESTAREMOS PROTEGIDOS DE LOS DAÑOS INFLIGIDOS POR LOS SERES HUMANOS Y POR OTROS SERES

Para recibir protección contra los daños infligidos por los seres humanos y por otros seres, hemos de practicar el refugio con constancia y firmeza. Como se mencionó con anterioridad, si buscamos refugio sólo cuando nos encontramos en dificultades, no recibiremos ayuda inmediata. Los temores que disipa nuestra práctica de refugio son los que aún no se han manifestado. Los que ya padecemos no pueden ser eliminados, porque son los efectos del karma que está madurando. Podemos impedir que nuestro karma destructivo madure por medio de la práctica de refugio; pero una vez que hemos empezado a experimentar los malos efectos de nuestras acciones impuras, lo único que podemos hacer es aceptarlos y experimentarlos. No obstante, si nos refugiamos en las Tres Joyas con sinceridad y de manera constante, destruiremos los efectos de las acciones perjudiciales que aún no han madurado en forma de experiencias dolorosas.

SE CUMPLIRÁN NUESTROS DESEOS TEMPORALES Y ÚLTIMOS

Todos los deseos, tanto temporales como últimos, de aquél que tenga fe en Buda y que practique el refugio con pureza y con sinceridad, serán cumplidos. Esto es algo que no podemos corroborar por medio de razonamientos lógicos, pero los que practican el Dharma con sinceridad lo verifican por propia experiencia.

ALCANZAREMOS LA ILUMINACIÓN CON RAPIDEZ

Si construimos un sólido fundamento para nuestra práctica espiritual practicando el refugio de una forma pura y con sinceridad, alcanzaremos con facilidad las realizaciones de todas las etapas del camino hacia la iluminación.

LOS COMPROMISOS DEL REFUGIO

Su explicación se da en dos apartados:

1 Los compromisos específicos.
2 Los compromisos generales.

LOS COMPROMISOS ESPECÍFICOS

Hay seis compromisos específicos. Nos comprometemos a abandonar una acción y a adoptar un reconocimiento en relación a cada una de las Tres Joyas:

1 Un abandono y un reconocimiento en relación a la Joya del Buda.
2 Un abandono y un reconocimiento en relación a la Joya del Dharma.
3 Un abandono y un reconocimiento en relación a la Joya de la Sangha.

UN ABANDONO Y UN RECONOCIMIENTO EN RELACIÓN A LA JOYA DEL BUDA

Al refugiarnos en la Joya del Buda nos comprometemos a dejar de buscar refugio último en maestros que contradigan la visión de Buda o en dioses mundanos. Esto no quiere decir que no podamos recibir ayuda de estos seres; significa que no debemos confiar en ellos con la intención de recibir protección última contra nuestro sufrimiento.

Al refugiarnos en la Joya del Buda, el reconocimiento que hemos de guardar es considerar todas las imágenes de Budas como verdaderos seres iluminados. Cada vez que veamos una estatua de Buda hemos de pensar que es un Buda verdadero sin tener en cuenta el material con que esté hecha, ya sea barro u oro. No hemos de prestar atención a la calidad del material o a sus cualidades como objeto de arte, y debemos postrarnos ante ella, hacerle ofrecimientos y refugiarnos en ella. Si practicamos de este modo acumularemos muchos méritos.

UN ABANDONO Y UN RECONOCIMIENTO EN RELACIÓN A LA JOYA DEL DHARMA

Al refugiarnos en el Dharma nos comprometemos a no dañar a ningún ser. En vez de tratar mal a otros seres, procuramos beneficiarles con la mejor motivación que podamos generar. Primero intentamos mitigar los malos pensamientos que tenemos hacia los seres más cercanos a nosotros, como son nuestros familiares y amigos, generando en su lugar una intención benévola. Una vez que tengamos buenos sentimientos hacia ellos, podemos ir extendiendo de manera gradual el ámbito de nuestra práctica e incluir a un número mayor de seres hasta que, finalmente, los incluyamos a todos. Si somos capaces de abandonar pensamientos perjudiciales hacia los demás y de mantener siempre una intención bondadosa, generaremos con facilidad las mentes de gran amor y de gran compasión. De este modo, nuestra práctica de refugio servirá desde el principio como método para fortalecer nuestra compasión, la esencia del Budadharma.

Al refugiarnos en el Dharma nos comprometemos a reconocer todas sus escrituras como si fueran la verdadera Joya del Dharma. Hemos de respetar cada palabra de las escrituras y de las explicaciones de estas enseñanzas y, en consecuencia, tratar los libros sagrados con mucho cuidado y respeto, evitando pisarlos o dejarlos en el suelo u otros sitios inapropiados, o donde puedan ser dañados. Por ejemplo, no es correcto poner un cenicero o una taza de café encima de ellos, sentarnos encima ni jugar con ellos. Cada vez que descuidamos o maltratamos estos libros, creamos la causa para ser aún más ignorantes de lo que somos, porque estos actos son similares a la acción de abandonar el Dharma. Un día, el gran Maestro tibetano Gueshe Sharaua vio a un grupo de gente jugando con unos libros de Dharma y les amonestó: «¿Por qué hacéis esto? Si ya sois bastante ignorantes, ¿es que queréis serlo aún más?»

El Dharma es la fuente de todo bienestar y felicidad. Puesto que no podemos ver de manera directa las verdaderas Joyas del Dharma, hemos de considerar los textos sagrados como si fueran dichas Joyas comprendiendo que las auténticas Joyas del Dharma surgen de la escucha, la contemplación y la meditación sobre el significado de las escrituras, y de poner sus consejos en práctica en la vida cotidiana.

UN ABANDONO Y UN RECONOCIMIENTO EN RELACIÓN A LA JOYA DE LA SANGHA

Al refugiarnos en la Joya de la Sangha, nos comprometemos a no dejarnos influir por personas que rechazan las enseñanzas de Buda. Esto no quiere decir que dejemos de relacionarnos con ellas, sino que no debemos dejarnos influir por sus creencias y su forma de ver las cosas. Hemos de estar alerta con amor y consideración hacia ellos, y no dejarnos llevar por la fuerza de sus malos hábitos y consejos.

Al refugiarnos en la Sangha, aceptamos el compromiso de reconocer a toda persona que vista los hábitos de ordenación monástica como una verdadera Joya de la Sangha. Aunque algunos monjes y monjas tengan un aspecto pobre, también debemos presentarles nuestros respetos porque están manteniendo disciplina moral y esto es algo muy raro y precioso.

LOS COMPROMISOS GENERALES

Los seis compromisos generales son:

1 Refugiarnos en las Tres Joyas una y otra vez recordando sus excelentes cualidades y las diferencias entre ellas.
2 Ofrecer a las Tres Joyas la primera porción de nuestros alimentos mientras recordamos su benevolencia.
3 Con compasión, alentar a otros a que se refugien en las Tres Joyas.
4 Refugiarnos al menos tres veces durante el día y otras tres durante la noche recordando los beneficios que esto conlleva.
5 Realizar cada acción con total confianza en las Tres Joyas.
6 No abandonar a las Tres Joyas aunque la propia vida peligre, ni siquiera en broma.

REFUGIARNOS EN LAS TRES JOYAS UNA Y OTRA VEZ RECORDANDO SUS EXCELENTES CUALIDADES Y LAS DIFERENCIAS ENTRE ELLAS

Este compromiso ya se ha explicado.

OFRECER A LAS TRES JOYAS LA PRIMERA PORCIÓN DE NUESTROS ALIMENTOS MIENTRAS RECORDAMOS SU BENEVOLENCIA

Puesto que tenemos que comer y beber varias veces al día, si cada vez que lo hacemos ofrecemos la primera porción a las Tres Joyas recordando su benevolencia, incrementaremos nuestro mérito. Podemos hacerlo con la siguiente oración:

A ti, Buda Shakyamuni, elevo esta ofrenda.
Tu mente es la síntesis de todas las Joyas del Buda,

*tu palabra es la síntesis de todas las Joyas del Dharma,
tu cuerpo es la síntesis de todas las Joyas de la Sangha.
¡Oh Ser Bienaventurado!, acepta esta ofrenda y bendice
mi mente.*

OM AH HUM   (x3)

Es posible que abriguemos dudas pensando: «¿Es Buda en realidad tan bondadoso? Yo nunca lo he visto y no puedo comunicarme directamente con él.» Aunque lo dudemos, de hecho, toda nuestra felicidad es el resultado de su bondad. Todas las acciones de los Budas están llenas de compasión y amor hacia los demás y, gracias a ellas, ahora podemos realizar acciones virtuosas que constituyen la causa de nuestra felicidad.

Debido a que aún no comprendemos la ley del karma, en muchas ocasiones nos parece que la felicidad de que disfrutamos proviene de las condiciones externas y de otras personas, como nuestros padres o amistades. De igual modo, pensamos que todos nuestros problemas también están producidos por otras personas.

En términos generales, todo objeto funcional tiene dos tipos de causas: una principal o sustancial, y otras secundarias o cooperantes. Dado que la felicidad es un estado mental, su causa principal ha de ser asimismo un estado mental. El resto de las cosas: amigos, riqueza, trabajo, vacaciones, etc., no son más que causas cooperantes, factores que contribuyen a nuestra felicidad. Esto es algo que podemos comprobar con sólo observar la situación de otras personas. Algunas de ellas han acumulado con éxito muchas de estas causas cooperantes de felicidad tales como una abundante riqueza y un buen compañero; pero, a pesar de ello, están tristes y se sienten descontentas, y esto se debe a que carecen del estado mental que constituye la causa sustancial de la felicidad. Puesto que la felicidad es un estado mental, es un gran engaño esperar obtener la felicidad y la satisfacción que ansiamos a partir de los objetos materiales y transitorios.

Si comparamos los países occidentales con algunos del Tercer Mundo, comprobaremos que desde el punto de vista del progreso material, las naciones de Occidente son más avanzadas. Si la prosperidad material fuera la causa principal de la felicidad de la humanidad, los occidentales deberían ser mucho más felices que los habitantes del Tercer Mundo; pero, de hecho, sufren mucho más de aflicciones mentales, como la depresión y la neurosis, y el índice de suicidios es mucho mayor. Todo ello indica que la verdadera felicidad depende principalmente de nuestro estado mental. Buda nos ha enseñado cómo debemos examinar nuestra mente y ver cuáles son los estados mentales que nos producen angustia y sufrimiento y cuáles son los que nos hacen gozar de bienestar y felicidad. Nos ha mostrado además cómo superar las compulsivas mentes impuras que nos encadenan a la insatisfacción y a la tristeza, y el modo de cultivar las mentes virtuosas que nos liberan del dolor y nos conducen al gozo de la iluminación total. Si aprendemos el Budadharma, reconoceremos cuál es la verdadera causa de la felicidad, y apreciaremos a Buda por su gran bondad. Si ahora somos capaces de estudiar el Dharma y de encontrar un Guía Espiritual, se debe sólo a las bondadosas acciones de Buda. Nuestra forma humana es una prueba de su benevolencia. Gracias a las enseñanzas de Buda y a sus bendiciones, pudimos crear en el pasado las causas para renacer como un ser humano con todos los dones y libertades necesarios para la práctica del Dharma. Gracias a que Buda giró la Rueda del Dharma en este mundo y mostró con su ejemplo el modo de seguir el camino, ahora disponemos de la gran oportunidad de practicar los métodos que nos harán lograr realizaciones espirituales y alcanzar la iluminación total. Incluso la escasa sabiduría que poseemos para distinguir lo que nos beneficia de lo que nos resulta perjudical, y que nos hace apreciar lo valiosas que son las enseñanzas de Buda, es también el fruto de su infinita bondad.

Los Budas alcanzaron su iluminación con el propósito de beneficiar a todos los seres sintientes. No debemos pensar que ayudan sólo a sus seguidores. Por lo tanto, se manifiestan bajo muchas formas diferentes, incluso como maestros de otras religiones adaptando sus enseñanzas a las inclinaciones y necesidades de los diferentes practicantes. Los Budas pueden ayudar a que estos seres no renazcan en los tres reinos inferiores, puesto que otras doctrinas religiosas también presentan métodos para evitar las acciones perjudiciales y cultivar la virtud. Incluso pueden favorecer a aquellos que no tienen tendencias religiosas, manifestándose bajo cualquier forma que sea beneficiosa para ellos.

CON COMPASIÓN, ALENTAR A OTROS A QUE SE REFUGIEN EN LAS TRES JOYAS

Si conocemos a alguien que esté interesado en el Dharma pero que aún no practica el refugio, la manera de ayudarle no es apremiarle a que se refugie en las Tres Joyas, porque antes de poder hacerlo tiene que generar las causas del refugio: temor al sufrimiento y fe en las Tres Joyas. El modo de ofrecer nuestra ayuda es con palabras de ánimo para que genere estas causas. Le podemos explicar la naturaleza impermanente de las cosas, cómo las circunstancias de la vida cambian, cómo el cuerpo degenera con la vejez, además de los sufrimientos asociados con las enfermedades y el envejecimiento, y recordárselo también cuando veamos ejemplos relevantes que ocurran a nuestro alrededor o que veamos en la televisión. Podemos hablarle de la muerte, de lo incierto que es el momento de su llegada, y de que entonces nos veremos obligados a separarnos de nuestros amigos y posesiones. Podemos describirle lo que nos espera después de la muerte, los diferentes tipos de renacimiento que podemos tener y cómo todos ellos conllevan tremendos sufrimientos, animándole de este modo a que reflexione sobre ello y acepte esta realidad. Si le exponemos estos conceptos con delicadeza en nuestra conversación, nuestro amigo irá perdiendo su actitud complaciente ante la vida y, cuando se sienta incómodo, generará el deseo de utilizar su vida de manera constructiva. Entonces podemos explicarle que Buda existe y que nos ha enseñado el camino para alcanzar su mismo estado iluminado. Después, le podemos detallar las excelentes cualidades de las Tres Joyas y enseñarle la manera de refugiarse en ellas.

Si ayudamos a alguien con habilidad y tacto, sin orgullo o impaciencia, le estaremos beneficiando de verdad. Cuando ofrecemos ayuda material a otra persona, no podemos tener la certeza de que realmente vaya a ayudarle; es muy posible que en ciertas ocasiones sea contraproducente y contribuya al incremento de sus perturbaciones mentales. El mejor modo de ayudar a alguien es conducirle por el camino del Dharma. Si no somos capaces de explicar los temas más profundos de las enseñanzas, al menos podemos dar buenos consejos, consolar al que está triste y ayudarle a resolver sus problemas por medio del Dharma.

REFUGIARNOS AL MENOS TRES VECES DURANTE EL DÍA Y OTRAS TRES DURANTE LA NOCHE RECORDANDO LOS BENEFICIOS QUE ESTO CONLLEVA

Hemos de refugiarnos en las Tres Joyas cada cuatro horas para no olvidar nunca nuestro refugio último. Si desarrollamos de manera constante esta retentiva mental de nuestro refugio en las Tres Joyas, alcanzaremos con rapidez las realizaciones espirituales del camino. El recordar los beneficios del refugio nos alentará a mantener esta retentiva mental en todo momento. Deberíamos ser como el hombre de negocios que nunca olvida sus estrategias y planes financieros, ni siquiera cuando está descansando.

REALIZAR CADA ACCIÓN CON TOTAL CONFIANZA EN LAS TRES JOYAS

Hemos de confiar en las Tres Joyas cuando efectuemos cualquier acción. De este modo todas nuestras obras serán beneficiosas. No tenemos la necesidad de buscar la inspiración y bendición de dioses mundanos; hemos de buscar siempre, con ofrendas y súplicas, las bendiciones de Buda, del Dharma y de la Sangha.

NO ABANDONAR A LAS TRES JOYAS AUNQUE LA PROPIA VIDA PELIGRE, NI SIQUIERA EN BROMA

Nunca jamás hemos de abandonar a las Tres Joyas, porque el refugio en ellas es la base de todas las demás realizaciones del Dharma.

En cierta ocasión, un budista en cautividad fue amenazado de muerte en caso de no abandonar su práctica de refugio en Buda. El practicante budista se negó a ello y, como consecuencia, fue ejecutado. A pesar de este infortunio, los clarividentes atestiguaron que había renacido en el reino de los dioses.

Los compromisos generales y los específicos del refugio constituyen una ayuda para que alcancemos las realizaciones de las etapas del camino. Son métodos hábiles para adiestrar la mente y, por ello, no deberíamos considerarlos como castigos o restricciones innecesarios.

CÓMO PRACTICAR EL REFUGIO POR MEDIO DE TRES CICLOS DE MEDITACIÓN

Para practicar el refugio por medio de tres ciclos de meditación, primero hemos de sentarnos en una postura cómoda y visualizar los objetos de refugio en el espacio ante nosotros. Durante el primer ciclo nos concentramos en recordar los diferentes sufrimientos de los tres reinos inferiores. Cuando hayamos reflexionado sobre ellos con detenimiento, hemos de recordar que si no alcanzamos la liberación en esta misma vida, es muy probable que renazcamos en uno de los reinos inferiores porque en el pasado cometimos muchas acciones innobles que son la causa de semejantes renacimientos.

A continuación comenzamos el segundo ciclo de meditación, y para ello imaginamos que nos ha llegado la hora de morir y que hemos desperdiciado la oportunidad de alcanzar la liberación o de cultivar las Joyas del Dharma en nuestra mente y, por lo tanto, estamos destinados a obtener un renacimiento inferior. Imaginamos con claridad que, de hecho, renacemos como, por ejemplo, un puerco. Imaginamos que somos un puerco, nos visualizamos bajo el aspecto de este animal por medio de una meditación analítica pensando de este modo:

Ahora he renacido como un puerco. Poseo el cuerpo de un puerco, una cabeza, unos miembros y una cola porcinos. Estoy rodeado de otros puercos de diferentes tamaños y formas.

Pensamos en los miembros de nuestra familia porcina, en la manera en que vivimos en la pocilga, nos alimentamos de desperdicios y vamos embadurnados con nuestros propios excrementos. Después de habernos imaginado a nosotros mismos, a nuestros compañeros y el lugar en que habitamos de este modo, imaginamos que viene el granjero y nos recoge para llevarnos a un lugar desconocido. Nos vemos obligados a separarnos de nuestra familia y nos encierran en un espacio apretado dentro de un gran camión con decenas de otros cochinos que emiten gruñidos y gritos estridentes. Nos llevan por la autopista a gran velocidad. Luego imaginamos la gran confusión que sentimos al darnos cuenta de que entramos en el matadero y el pánico que nos invade al comprender que nos van a matar. Imaginamos cómo nos degollan violentamente, cómo nos abren el cuerpo en dos, nos quitan las entrañas y cortan en pedazos. Luego pensamos que echan a la basura los desperdicios de nuestro cuerpo; guardan algunas partes para dárselas a los perros, otras para hacer embutidos, y con otras hacen chuletas que empaquetan, envuelven en papel de celofán y venden en los supermercados. Imaginamos cómo la mejor carne de nuestro cuerpo la reservan para llevársela a casa, freírla y comérsela.

En un texto se dice que si no poseemos la realización de la renuncia, es más beneficioso que nos generemos a nosotros mismos como un animal, un ser infernal o un espíritu ávido, que como una Deidad. Si nos autogeneramos como un ser de los reinos inferiores, desarrollaremos la mente de renuncia con rapidez.

Durante el tercer ciclo de la meditación nos concentramos principalmente en recordar las excelentes cualidades de las Tres Joyas, pensando que sólo ellas poseen el poder para protegernos de todos los sufrimientos de los reinos inferiores. Recordamos que la Joya del Dharma es nuestro refugio verdadero y que el logro de este refugio auténtico depende de que confiemos en Buda y en la Sangha. De este modo generaremos una fe profunda en las Tres Joyas.

Cuando hayamos completado estos tres ciclos de meditación y hayamos generado con firmeza las causas de refugio en nuestra mente, recitamos la oración pertinente tantas veces como nos sea posible, o un determinado número de veces según se explicó en el apartado acerca de las prácticas preparatorias.

La práctica de refugio es muy extensa porque incluye todas las demás prácticas de las etapas del camino hacia la iluminación. El adiestramiento en el refugio especial del ser del nivel inicial significa que debemos esforzarnos en lograr todas las realizaciones de las etapas del camino de este ser. La práctica del refugio especial del ser del nivel medio implica afanarnos por alcanzar todas las realizaciones del camino de este ser. Y ejercitarnos en el modo especial de practicar el refugio del ser del nivel superior se refiere a que nos esforcemos por alcanzar todas las realizaciones de las etapas del camino del gran ser.

Cuando Atisha llegó al Tíbet por primera vez, enseñó principalmente la práctica del refugio y por ello los tibetanos le llamaban «el Lama del Refugio». A Atisha le complacía mucho este apodo, pues pensaba: «Ahora tengo la oportunidad de beneficiar al pueblo tibetano porque su práctica de refugio será el fundamento de todas las demás realizaciones espirituales.»

Karma

CÓMO LOGRAR CONVENCIMIENTO EN LA LEY DEL KARMA: LA RAÍZ DE LAS BUENAS CUALIDADES Y DE LA FELICIDAD

La ley del karma es un ejemplo especial de la ley de causa y efecto, que establece que todas nuestras acciones de cuerpo, palabra y mente son causas, y todas nuestras experiencias son sus efectos. La ley del karma explica las razones por las cuales cada individuo posee una disposición mental, una apariencia física y unas experiencias únicas. Éstas constituyen los diversos efectos de las incontables acciones que cada individuo ha realizado en el pasado. No podemos encontrar dos personas que hayan creado las mismas acciones en vidas pasadas y, por lo tanto, es imposible encontrar dos personas con idénticos estados mentales, experiencias y apariencias físicas. Cada ser posee su propio karma individual. Algunas personas disfrutan de buena salud y otras padecen de enfermedades de manera constante. Unas poseen un físico atractivo y otras no. Algunas siempre están alegres y se contentan con poco, mientras que otras suelen estar de mal humor y no se sienten satisfechas con nada. Unas personas entienden con facilidad el significado de las enseñanzas de Dharma, mientras que otras lo encuentran difícil y oscuro.

La palabra «karma» se refiere principalmente a las acciones y, en particular, a la intención que precede a toda acción. En general, este término se utiliza en alusión a cualquiera de los siguientes tres componentes: las acciones, sus efectos, y los potenciales que las acciones dejan grabados en la mente desde el momento de su ejecución hasta que maduran y se experimentan sus resultados. Hay tres clases de acciones: mentales, físicas y verbales. Una acción mental no se refiere sólo a la intención que inicia un proceso de pensamiento, sino al proceso completo. Las acciones físicas y verbales también se inician con una intención y van acompañadas por acciones mentales. Cuando se completa una acción, ésta crea un potencial en nuestra mente, que madurará cuando se reúnan las condiciones apropiadas, del mismo modo que una semilla germina en primavera cuando recibe el calor y la humedad necesarios para ello. El que un potencial sea virtuoso o destructivo, el que madure en forma de felicidad o de sufrimiento, depende de la acción que hayamos efectuado.

Si comprendemos la ley del karma, sabremos cómo controlar nuestras experiencias futuras abandonando las acciones perjudiciales que constituyen las causas del sufrimiento y cultivando las acciones virtuosas que constituyen las causas de la felicidad. La meditación en la ley del karma es como mirar en un espejo que nos muestra lo que debemos evitar y lo que hemos de cultivar. De esta manera nos revela las causas de nuestras experiencias actuales y lo que nos espera en vidas futuras si no superamos nuestros malos hábitos. Aunque comprendamos la ley de causa y efecto a nivel intelectual, aún tendremos que meditar sobre ella una y otra vez para llegar a un profundo convencimiento. Si estamos seguros de la validez de esta ley sin abrigar ninguna duda, temeremos nuestra mala conducta y tomaremos la resolución de practicar la moralidad. Sin un firme convencimiento, no generaremos la energía suficiente para adiestrar nuestra mente y, en consecuencia, continuaremos cometiendo de manera compulsiva acciones dañinas que nos harán renacer en estados miserables.

Si no practicamos la disciplina moral, aunque nos refugiemos en las Tres Joyas con fervor, no encontraremos la protección perfecta contra los renacimientos en los reinos inferiores, porque estaremos quebrantando nuestro compromiso del refugio. El que practica el refugio sin ejercitarse en la moralidad es como el prisionero que, gracias a la poderosa influencia de sus amistades, consigue salir de la cárcel pero que, tarde o temprano, vuelve a ella debido a que no deja de cometer crímenes.

Practicar la moralidad con una sólida convicción en la ley del karma es la Joya del Dharma del ser del nivel inicial y el fundamento para desarrollar todas las demás Joyas del Dharma. Es una protección completa contra los renacimientos inferiores y nos conduce hacia las demás realizaciones de las etapas del camino. Sin ella, aunque nos convirtamos en un experimentado erudito budista, nuestra posición en vidas futuras seguirá siendo incierta. Avadutipa, el Guía Espiritual de Atisha, dijo:

> «Hasta que eliminemos el autoaferramiento, nuestra práctica principal ha de ser la disciplina moral... Muchos ilustres eruditos han renacido en los infiernos.»

Así como las leyes de este país no hacen excepciones con los intelectuales, la ley del karma tampoco excluye a nadie por sus conocimientos. Devadata, por ejemplo, era un gran erudito y había aprendido de memoria más textos que los que puede cargar un elefante sobre su lomo. A nivel intelectual comprendía el significado de todos ellos pero, debido a que nunca había desarrollado un profundo y sincero convencimiento en la ley del karma, continuó cometiendo acciones perjudiciales y como resultado renació en el séptimo de los infiernos calientes.

En las escrituras se da el ejemplo de un practicante del *Tantra de Yamantaka* que poseía poderes como la habilidad de utilizar mantras coléricos, pero que, debido a que carecía de verdadero convencimiento en la ley del karma y tampoco poseía la realización de la compasión, los utilizaba como arma para asesinar a sus enemigos. A causa de estas malas acciones renació como un espíritu ávido. Puesto que su mal karma maduró de esta forma, ni siquiera el poderoso Yamantaka pudo ayudarle.

La explicación de la ley del karma consta de cuatro partes:

1 Características generales del karma.
2 Tipos particulares de las acciones y de sus efectos.
3 Ocho atributos especiales de la existencia humana altamente dotada.

4 La manera de practicar la disciplina moral habiendo logrado convencimiento en la ley del karma.

CARACTERÍSTICAS GENERALES DEL KARMA

Hay cuatro características generales:

1 Los resultados de las acciones son definitivos.
2 Los resultados de las acciones se incrementan.
3 Si no se realiza una acción, no se experimenta su resultado.
4 El potencial de una acción nunca se pierde.

LOS RESULTADOS DE LAS ACCIONES SON DEFINITIVOS

En los *Sutras del vinaya*, Buda dice:

«Por cada acción que realicemos experimentaremos un resultado similar.»

Cuando un granjero planta semillas de guisantes, es seguro que cosechará guisantes y no avena; y cuando no siembra nada es seguro que no crecerá ningún fruto. De igual modo, cuando realizamos obras virtuosas, podemos estar seguros de que recibiremos buenos resultados; cuando cometemos acciones perjudiciales, sin lugar a dudas los resultados que experimentaremos serán malos; y cuando ejecutemos acciones neutras es definitivo que serán neutros.

Dharmarakshita, en su libro *La rueda de las armas afiladas*, dice que si ahora padecemos problemas mentales es porque en el pasado molestamos las mentes de otros, y que la causa principal de toda enfermedad física dolorosa es una acción perjudicial similar que cometimos en el pasado, como por ejemplo dañar a alguien pegándole, hiriéndole con un arma, administrándole malas medicinas intencionadamente, u ofreciéndole alimentos venenosos. Es imposible que padezcamos los sufrimientos de las enfermedades físicas sin que exista la causa principal que los haya provocado. Los Arjats, por ejemplo, pueden ingerir alimentos venenosos sin sentir ningún dolor, porque han eliminado las acciones perjudiciales y sus potenciales, los cuales constituyen las causas principales de dichos sufrimientos.

Del mismo modo, las causas principales de los sufrimientos como el hambre y la sed, son acciones como robar los alimentos de otros en beneficio propio. Dharmarakshita dice que el sentirnos oprimidos es resultado de haber tratado con orgullo a otras personas de posición inferior a la nuestra, haberles maltratado o exigido sus servicios, o de haber adoptado una actitud de desprecio hacia los demás en vez de sentir amor, o de haberles menospreciado en vez de haber sido bondadosos con ellos. Las causas principales de vivir en la pobreza son las malas acciones cometidas contra otros seres, como por ejemplo impedir con mala intención que logren lo que necesitan o destruir sus bienes. Las causas principales del sufrimiento de tener que separarnos de nuestros familiares y amigos son acciones tales como seducir a la pareja de otra persona, o poner a sus amigos o trabajadores en su contra. Las causas principales del sufrimiento de no mantener una buena relación con nuestro Guía Espiritual son acciones tales como no seguir sus consejos, molestarle a propósito, no ser honesto con él o ella, o mantener una actitud hipócrita.

Por lo general, asumimos que nuestras malas experiencias, como las mencionadas hasta ahora, son producidas sólo por las condiciones que nos encontramos en la vida. Puesto que no podemos justificar de esta forma la mayoría de ellas, a menudo sentimos que las experiencias que tenemos son inexplicables, que no nos las merecemos, y que vivimos en un mundo injusto. Pero de hecho, la mayoría de nuestras vivencias son producidas por acciones que cometimos en existencias pasadas.

En las escrituras se relata la historia de un hombre llamado Nyempa Sangden que era tan feo que la gente sentía aversión al verle, pero cuya voz era tan hermosa que al oírla todos buscaban su amistad. Sólo Buda conoce la relación exacta entre las acciones y sus efectos, y acerca de Nyempa Sangden, dijo: «Había una vez un rey que contrató a muchos trabajadores para que construyeran una gran estupa. Al cabo de un tiempo, uno de los obreros, cansado y deprimido, empezó a generar malos pensamientos acerca del proyecto del rey. Se dijo a sí mismo: '¿Por qué tenemos que construir una estupa de tan enormes dimensiones?' Más tarde, cuando la estupa fue terminada y consagrada, el obrero se arrepintió de su mal humor y ofreció una hermosa campana para la estupa. El odio del obrero fue la causa de su fealdad y la ofrenda de la campana la de su voz angelical.»

Hemos de comprender de qué modo la calidad de nuestras acciones presentes determina la calidad de nuestras experiencias futuras. Sin comprender esto, ofuscados por la ignorancia, creamos todo tipo de acciones impropias. Deseando la felicidad, creamos las causas del sufrimiento y destruimos así los medios mismos para satisfacer nuestros deseos. Shantideva dice en su *Guía de las obras del Bodhisatva*:

«Aunque deseamos liberarnos del sufrimiento,
creamos las causas del mismo.
Aunque deseamos felicidad,
cual enemigos ofuscados por la ignorancia,
 la destruimos.»

Si meditamos con detenimiento sobre este punto, generaremos la siguiente determinación: «Voy a abandonar las acciones que no son virtuosas porque su resultado es sufrimiento, y voy a concentrarme en realizar buenas obras porque su resultado es felicidad.» Entonces hemos de tomar esta determinación como nuestro objeto de meditación de emplazamiento y concentrarnos en ella.

LOS RESULTADOS DE LAS ACCIONES SE INCREMENTAN

Incluso las más pequeñas acciones innobles aportan resultados de considerable sufrimiento, y las pequeñas obras virtuosas, grandes frutos de felicidad. Así pues, pequeñas acciones pueden derivar en mucho sufrimiento o en mucha felicidad; nuestras acciones son como diminutas semillas que producen grandes frutos, como las bellotas de las que crecen grandes robles. Aunque cometamos una acción perjudicial insignificante, mientras no la purifiquemos, su poder de producir sufrimiento aumentará cada día.

En las escrituras se da el ejemplo de una monja llamada Upala que antes de su ordenación padeció mucho sufrimiento. De los dos hijos que tuvo con su primer marido, uno de ellos se ahogó y el otro fue atacado brutalmente y devorado por un chacal. Su marido murió envenenado por la mordedura de una serpiente. Después de perder a su familia, Upala regresó a casa de sus padres, pero al llegar, la casa prendió fuego y quedó reducida a cenizas. Más tarde, contrajo matrimonio con un hombre que no era budista y tuvo un hijo con él. Este hombre era un alcohólico y una noche estaba tan ebrio que mató a su propio hijo y obligó a la madre a ingerir la carne del pequeño. Upala consiguió escapar de su marido y acabó en un país donde unos bandidos la hicieron cautiva y la forzaron a contraer matrimonio con su jefe. Años después, su marido fue apresado y, según era la costumbre de ese país, enterraron vivos a los dos cónyuges. No obstante, los bandidos deseaban a la mujer, así que la desenterraron y la forzaron a vivir con ellos. Después de haber padecido todas estas terribles tragedias y desgracias, Upala generó un fuerte deseo de liberarse de todo tipo de sufrimiento y de existencia miserable, así que fue en busca de Buda y le relató su triste historia. Buda le explicó que en su vida pasada había sido una de las mujeres de un rey, y que había sido muy celosa con todas las demás. Estos celos fueron motivo suficiente para padecer los tremendos sufrimientos que había experimentado en su vida.

Meditando de esta manera llegaremos a tomar una fuerte determinación de evitar la menor acción impura, de cultivar pensamientos virtuosos y de realizar buenas obras. Cuando generemos esta determinación en nuestra mente, hemos de concentrarnos en ella en meditación de emplazamiento para hacerla firme y estable. Si podemos mantener esta resolución de manera constante, sin olvidarla, nuestras acciones físicas, verbales y mentales serán tan puras que no crearemos las causas para padecer sufrimiento en el futuro y pronto alcanzaremos realizaciones espirituales.

SI NO SE REALIZA UNA ACCIÓN, NO SE EXPERIMENTA SU RESULTADO

Cuando los soldados van a la guerra, unos mueren y otros no. Los supervivientes no se salvan por su valentía, sino por no haber creado antes la causa de perder la vida en esa guerra.

En las escrituras se da el ejemplo de una reina llamada Ngo Sangma que seguía a un Maestro budista y logró la realización de El que Nunca Regresa. Tenía quinientas discípulas y todas ellas desarrollaron poderes milagrosos. Un día, estaban reunidas en un edificio en el que se propagó un gran incendio. La reina y sus discípulas se elevaron volando hacia el cielo para escapar de las llamas, pero la reina comprendió que habían creado el karma colectivo de morir ese mismo día. Dado que el karma estaba madurando, el desastre era inevitable. La reina les dijo: «La única manera de purificar nuestras acciones impuras es experimentar sus efectos.» Entonces todas ellas se echaron al fuego como polillas a una llama.

Las mujeres tenían una pobre sirvienta llamada Gurchog que carecía de poderes milagrosos y que, por lo tanto, tuvo que escapar corriendo a través de las cloacas. No tenía realizaciones espirituales ni tiempo para practicar el Dharma, pero debido a que era la única persona que no había creado la causa para morir en el incendio, sólo ella pudo salvarse.

En los periódicos encontramos muchos relatos similares. Cuando un terrorista pone una bomba en un gran edificio, unos mueren y otros resultan ilesos, aunque se encuentren en medio de la explosión. En los accidentes aéreos o cuando un volcán entra en erupción, unas personas mueren y otras sobreviven, a veces de manera milagrosa. En muchos accidentes los mismos supervivientes quedan sorprendidos de haberse librado de la muerte, mientras que otras personas que se encontraban cerca de ellos durante el desastre habían perdido sus vidas.

Meditando de esta forma llegaremos a generar con firmeza esta resolución: «Voy a practicar la purificación y a concentrarme en realizar sólo acciones virtuosas.»

EL POTENCIAL DE UNA ACCIÓN NUNCA SE PIERDE

Buda dijo:

«Las acciones de los seres sintientes nunca se pierden, aunque pasen cientos de eones antes de que se experimenten sus resultados.»

Las acciones no se desvanecen por sí solas y no las podemos traspasar a otros, intentando evadir nuestra responsabilidad. A pesar de que las intenciones mentales momentáneas que iniciaron nuestras acciones pasadas han cesado, los potenciales que han creado en nuestra mente no cesarán hasta su maduración. La única forma de destruir los potenciales perjudiciales antes de que maduren en forma de sufrimiento, es practicar la purificación por medio de los cuatro poderes oponentes. Además, es muy fácil destruir los potenciales virtuosos que tenemos, porque si no dedicamos las buenas obras que realizamos, pueden destruirse por completo en un solo instante de odio. Nuestra mente es como un gran tesoro y nuestras acciones virtuosas como joyas preciosas. Si no las protegemos con una dedicación, cuando nos enfadamos es como si mostráramos nuestro tesoro a un ladrón.

Si desde el momento en que cometimos una acción hasta el momento en que se experimenta su efecto transcurre un millar de años, durante todo ese tiempo los potenciales de nuestra acción se mantienen en nuestra mente. Por ejemplo, si cometemos la acción de matar y las condiciones para que experimentemos su efecto no se reúnen durante un centenar de vidas, los potenciales de nuestra acción de haber matado seguirán todavía en nuestra mente durante todo ese tiempo. Al final de nuestra nonagésima novena existencia, cuando estemos a punto de morir, si por ejemplo generamos un fuerte apego al calor, este apego activará nuestro potencial destructivo proporcionando de este modo las condiciones apropiadas para que el efecto de nuestra acción de matar madure. El apego que tenemos en el momento de la muerte es como el agua, y los potenciales dañinos plantados en nuestra mente por la acción de matar son como las semillas sembradas en la tierra. Cuando el agua de la perturbación mental del apego sustenta la semilla de nuestro potencial, éste madura en uno de los renacimientos más dolorosos, probablemente en uno de los infiernos calientes.

Consideremos el ejemplo de Shri Data que cometió numerosas acciones perjudiciales de extremada gravedad, como intentar envenenar al mismo Buda. Cuando envejeció, Shri Data desarrolló interés en el Dharma y suplicó a Buda que le ordenase de monje. La persona que va a recibir la ordenación monástica necesita al menos poseer algún potencial virtuoso en su mente que constituya una de las causas de su liberación. Los discípulos clarividentes de Buda examinaron a Shri Data, pero no consiguieron percibir ninguna impresión kármica virtuosa que pudiese ser la causa de su liberación y, en consecuencia, dijeron: «Shri Data no puede recibir la ordenación porque carece del mínimo potencial virtuoso que pueda ser la causa de su liberación.» No obstante, estos discípulos no podían ver los potenciales sutiles, ya que sólo los seres iluminados pueden hacerlo. Cuando Buda examinó el oscuro continuo mental de Shri Data, comprobó que poseía un minúsculo potencial virtuoso. Entonces dijo a sus discípulos: «Hace muchos eones, Shri Data renació como una mosca y en cierta ocasión voló alrededor de una estupa. Puesto que esta acción es virtuosa por propia naturaleza, dejó un vestigio de bondad en su mente; por lo tanto, es capaz de alcanzar la liberación.» Buda le concedió la ordenación y, como resultado del aumento de sus potenciales virtuosos, alcanzó la liberación en esa misma vida.

Chandrakirti, en su *Guía del camino medio*, dice que la disciplina moral es la única causa de los renacimientos afortunados y de la liberación de los Bodhisatvas, de los Conquistadores Solitarios, de los Oyentes y de los seres ordinarios. La práctica de la disciplina moral consiste en abstenernos de las acciones perjudiciales conociendo sus malas consecuencias. A pesar de que tenemos ciertos hábitos arraigados en la mente que no somos capaces de abandonar de inmediato, sí podemos dejar de perpetuar otros ahora mismo y de manera definitiva. Tenemos que adiestrar nuestra mente con delicadeza y perseverancia, y concentrarnos primero en las acciones innobles que podemos dejar de cometer con facilidad, desarrollando poco a poco la determinación, el ánimo y la habilidad que necesitamos para atacar nuestros peores y más arraigados hábitos. Mientras tengamos el deseo sincero de eliminar nuestras acciones impuras y sus potenciales, ambos se irán debilitando de manera natural y cada vez nos resultará más fácil realizar acciones virtuosas. No tenemos por qué preocuparnos, puesto que el mero hecho de poseer una determinación sincera y de mantenerla de forma continua, es suficiente para debilitar la fuerza de nuestras tendencias destructivas.

Es importante que seamos hábiles y que practiquemos según nuestra capacidad. Algunas personas son capaces de dejar de cometer ciertas acciones innobles desde el momento en que han desarrollado un entendimiento de las enseñanzas del karma; mientras que otras, a pesar de poseer un entendimiento correcto, siguen perpetuando sus malas acciones de forma compulsiva por muchos años. Si intentamos eliminar nuestros malos hábitos de una vez y para siempre, es muy posible que nos pongamos tensos y acabemos por deprimirnos. Si nuestras aspiraciones son demasiado ambiciosas, es muy probable que nos desanimemos y no consigamos lograrlas. Este desánimo es muy peligroso porque nos induce a abandonar el Dharma. Puesto que es imposible tener éxito en nuestra práctica espiritual si nos sentimos mentalmente tensos y descontentos, debemos practicar siempre con moderación, permitiéndonos el tiempo suficiente para relajarnos y disfrutar. Entonces nuestra meditación producirá sus buenos efectos, nuestra mente será más clara y lúcida, y nuestra memoria mejorará. Cuando nos demos cuenta de que estamos generando estados mentales impuros y cometiendo acciones perjudiciales, en vez de deprimirnos y enfadarnos, sintiéndonos abrumados y descorazonados cada vez que nos ocurra, debemos reaccionar de manera sabia y creativa, haciendo una confesión y aplicando la purificación.

TIPOS PARTICULARES DE LAS ACCIONES Y DE SUS EFECTOS

Su explicación consta de cuatro partes:

1. Las acciones perjudiciales y sus efectos.
2. Las acciones virtuosas y sus efectos.
3. Los factores que determinan el poder de una acción.
4. Las acciones impulsoras y las conclusivas.

LAS ACCIONES PERJUDICIALES Y SUS EFECTOS

Su explicación se da en tres apartados:

1. Las diez acciones perjudiciales y los factores que determinan su consumación.
2. Los factores que determinan la gravedad de las acciones perjudiciales.
3. Los efectos de las acciones perjudiciales.

LAS DIEZ ACCIONES PERJUDICIALES Y LOS FACTORES QUE DETERMINAN SU CONSUMACIÓN

Las acciones perjudiciales son caminos que llevan a los renacimientos inferiores. Primero hemos de identificarlas y comprender el modo en que nos conducen al sufrimiento y a la confusión. Con este entendimiento, de forma natural nos esforzaremos por abstenernos de cometerlas. Las acciones perjudiciales son incontables, pero la mayoría de ellas pueden ser incluidas dentro de las diez siguientes:

1. Matar.
2. Robar.
3. Llevar una conducta sexual incorrecta.
4. Mentir.
5. Causar desunión con la palabra.
6. Pronunciar palabras ofensivas.
7. Chismorrear.
8. Tener codicia.
9. Tener malicia.
10. Sostener creencias erróneas.

Las tres primeras acciones son físicas, las cuatro siguientes son principalmente verbales y las tres últimas mentales.

El resultado completo de una acción se experimentará sólo cuando la acción se haya consumado, y para ello se requieren los siguientes cuatro factores: el objeto, la intención, la preparación y la consumación.

MATAR

El objeto de la acción de matar puede ser cualquier ser sintiente, desde el más pequeño de los insectos hasta un Buda. Para que la intención de cometer una acción perjudicial sea completa, se requieren los siguientes tres factores: una discriminación correcta, la determinación de llevar a cabo la acción y una perturbación mental. En la acción de matar, la discriminación correcta es identificar sin error a la persona que se pretende asesinar. Por ejemplo, si queremos matar a Juan pero matamos a Pedro, no hemos completado ninguna de las dos acciones, pero nuestra acción sigue siendo perjudicial y producirá determinados resultados destructivos. El factor de la determinación es tomar la decisión de matar a la persona que ya hemos identificado sin error. Si matamos a alguien de manera accidental, sin haber tenido la intención de causarle daño alguno, esta acción no es completa. Cuando llevamos a cabo la acción, nuestra mente ha de estar bajo el influjo de una perturbación mental. Es posible que una persona mate a otra sin estar influida por una perturbación mental, como es el caso del que mata por compasión para salvar las vidas de muchos otros. Para poder realizar esta acción, la persona ha de tener una gran sabiduría y el coraje de tomar sobre sí misma la responsabilidad de aceptar cualquier mal resultado que esta acción pueda producir. Por lo general, cuando una persona mata a otro ser, esta acción está motivada por una de las tres perturbaciones mentales raíz: el odio, el apego o la ignorancia. Un ladrón, por ejemplo, puede llegar a matar impulsado por el apego al pensar que su víctima va a impedirle llevar a cabo su hurto. Un soldado puede llegar a cometer la misma acción impulsado por el odio hacia su enemigo o por ignorancia, pensando que cuando se está en guerra el matar no es una mala acción. Otras personas matan a ciertos animales, como peces, aves, etc., porque no lo consideran inmoral. En algunas creencias religiosas se enseña que ciertos actos de matar, como el sacrificio de animales, son virtuosos.

El tercer factor, la preparación, se refiere a preparar los medios para efectuar la acción. Es posible que ejecutemos la acción nosotros mismos o que se la encarguemos a otra persona. Por ejemplo, podemos matar a nuestra víctima con veneno u ordenar a alguien que la mate de un tiro. La acción de matar se completa cuando la persona muere. En ese momento, si se han reunido también todos los demás factores, habremos creado la causa para experimentar el resultado destructivo completo de este acto.

Es un error pensar que las consecuencias de nuestras acciones perjudiciales pueden evitarse si empleamos a alguien para que las cometa por nosotros. De hecho, si utilizamos a otra persona como el autor material de nuestra acción, el efecto total del acto de matar será doblemente grave, dado que dos personas tendrán que experimentar los malos resultados. Además, tendremos que padecer las consecuencias de haber involucrado a un tercero por interés propio, sin considerar que le estamos perjudicando.

Se tiende a pensar que las personas de gran poder e influencia son muy afortunadas. No obstante, en realidad se encuentran en una posición muy peligrosa porque les es muy difícil impedir la ejecución de acciones perniciosas de enorme gravedad. Por ejemplo, si un gobernante ordena a un batallón que vaya a luchar y en guerra mueren un millar de soldados, cada soldado experimentará el resultado destructivo del número de personas que él mismo haya matado, pero el gobernante sufrirá los malos resultados de haber matado a un millar de seres humanos. Las personas que ocupan altos cargos tienen el poder de cometer inmensas acciones destructivas en el breve instante en que estampan su firma en un documento o aprietan un botón. El Protector Nagaryhuna solía rezar para que en ninguna de sus vidas futuras tuviera cargos políticos, porque sabía que el poseer autoridad mundana implica aceptar personalmente la responsabilidad de todas las acciones que se ordena realizar a otros.

Cuando un grupo de personas decide llevar a cabo una acción y la completa, cada individuo en particular sufrirá su resultado. A pesar de que el objeto de la acción sea sólo uno, en realidad hay tantas acciones como participantes en su consumación. Lo mismo ocurre cuando un grupo de gente encarga a una persona que realice una determinada acción. No obstante, si pedimos a alguien que lleve a cabo una acción y luego nos arrepentimos antes de que la haya ejecutado, no recibiremos el efecto completo.

ROBAR

El objeto de la acción de robar es cualquier cosa que otra persona considere suya. En él se incluyen otros seres vivos como, por ejemplo, un animal o un niño. Si tomamos algo que no pertenece a nadie, como puede ser un objeto que hemos encontramos en la basura, la acción de robar no es completa.

El objeto de robar ha de identificarse de forma correcta. Si planeamos robar los bienes de nuestro enemigo, pero por equivocación tomamos los de otra persona pensando que le pertenecen a él, esta acción de robar no será completa. También hemos de estar decididos a hacerlo y permanecer bajo el influjo de una perturbación mental. Por lo general, el hurto se comete por apego, pero en ciertas ocasiones se puede hacer por odio para hacer sufrir al enemigo, y en otras por ignorancia, pensando que robar no es malo o que es algo que se puede justificar con facilidad. Por ejemplo, muchos intentan evadir el pago de los intereses de sus créditos, los impuestos o las multas, porque consideran que el sistema que demanda estos pagos es injusto; otros estafan a sus empresarios pensando que tienen derecho a hacerlo porque están mal pagados.

Hay muchas maneras de robar. Se puede hacer abiertamente o en secreto. También se pueden utilizar métodos indirectos como el soborno, el chantaje o la manipulación emocional de las personas a fin de obtener lo que se desea. La acción de robar se completa cuando pensamos que el objeto nos pertenece. Si tomamos algo prestado, es posible que acabemos tan apegados al objeto que perdamos la intención de devolverlo. Si, finalmente, llegamos a pensar que el objeto nos pertenece, entonces, teniendo en cuenta que todos los demás factores estén presentes, habremos consumado la acción de robar. Mientras tengamos dudas sobre si el objeto nos pertenece o no, la acción no se habrá completado. Por ejemplo, si cogemos el tren sin haber comprado el billete, durante todo el viaje estaremos dudando si tendremos que pagar o no, pero cuando lleguemos a nuestro destino y hayamos logrado escabullirnos del revisor, pensaremos que hemos conseguido un viaje gratis. En ese momento habremos completado nuestro robo.

LLEVAR UNA CONDUCTA SEXUAL INCORRECTA

Si hemos tomado los votos de castidad, el objeto de la conducta sexual incorrecta es cualquier otra persona. Si no los hemos tomado pero estamos comprometidos, el objeto es cualquier otra persona que no sea nuestra pareja. Si no tenemos los votos de castidad y no estamos comprometidos, el objeto de la conducta sexual incorrecta puede ser cualquiera de los siguientes: el compañero de otra persona (su marido, esposa, novio o novia), nuestro padre o madre, los niños, las personas que han tomado los votos de castidad, las mujeres en estado de gestación, los animales y cualquier otra persona que no dé su consentimiento.

Tenemos que distinguir con claridad el objeto de la conducta sexual incorrecta. Por ejemplo, si no tenemos los votos de castidad y no estamos comprometidos con nadie, y tenemos una relación sexual con una persona pensando que está libre cuando de hecho está casada, esta acción será incompleta. Además, tenemos que estar decididos a cometer una acción sexual incorrecta y estar bajo el influjo de una perturbación mental. Por lo general, una conducta sexual incorrecta se comete impulsados por el apego; pero en ocasiones también por el odio o el despecho, como cuando los soldados violan a las mujeres y a las hijas de sus enemigos. En otras ocasiones se puede cometer por ignorancia, sin saber que es una mala acción y pensando que es algo especial, como cuando se tienen relaciones sexuales con las parejas de otros pensando que el amor libre es un modo de libertad.

Tal como hemos visto, hay muchas maneras de llevar una conducta sexual incorrecta, y la acción se completa cuando se experimenta el gozo sexual de la unión de los dos órganos sexuales.

MENTIR

Los objetos de la acción de mentir pueden ser varios, pero la mayoría de ellos se incluyen en ocho: lo que se ve, lo que se oye, lo que se experimenta, lo que se conoce, y lo que no se ve, lo que no se oye, lo que no se experimenta y lo que no se conoce. Algunas mentiras no son actos verbales. Por ejemplo, se puede mentir con gestos, con un escrito o incluso permaneciendo en silencio.

Para que la acción se haya consumado por completo, se ha de identificar el objeto de manera correcta. Si erramos el objeto, diciendo por ejemplo «mis boles de ofrendas son de oro» cuando queríamos decir «mis boles de ofrendas son de latón», la acción es incompleta. Además, tenemos que haber tomado la decisión de mentir y estar bajo el influjo de una perturbación mental. En el caso de la mentira, cualquiera de las perturbaciones mentales puede estar presente. Hay muchas maneras de mentir, pero sólo se completa la acción cuando la persona a quien mentimos la haya comprendido y crea que lo que le hemos dicho o indicado es cierto. Si esta persona no nos entiende, la acción de mentir no se ha completado. Por ejemplo, si susurramos una falsedad al oído de nuestro perro, como no tiene la capacidad de entender lo que decimos, no recibiremos el resultado completo de esta acción.

CAUSAR DESUNIÓN CON LA PALABRA

El objeto de esta acción innoble es dos o más personas que mantienen una relación. Si la relación es buena, al desavenirlos con nuestra intervención verbal la deterioramos o rompemos por completo, y si no lo es, la empeoramos aún más. El objeto ha de ser identificado de manera correcta y hemos de haber tomado la firme decisión de deteriorar la relación entre las personas por medio de nuestra palabra. Nuestra mente ha de estar bajo el influjo de una perturbación mental, pudiendo intervenir cualquiera de las tres perturbaciones mentales raíz.

La acción de causar desunión con la palabra puede ser de dos tipos: hacerlo con la palabra que es cierta pero dañina, o con la que es falsa –como la calumnia o la difamación–. Cabe mencionar que el causar desunión a través de la palabra no se limita sólo a una intervención verbal, puede cometerse también utilizando otros medios, como por ejemplo la escritura o el mismo silencio. Hay muchas formas de causar desunión con la palabra, pero la acción se completa sólo cuando produce el resultado de perjudicar una buena relación entre dos o más personas o de empeorar una relación que ya era mala.

PRONUNCIAR PALABRAS OFENSIVAS

El objeto de esta acción es cualquier persona que pueda sentirse herida por lo que decimos. Si nos enfadamos con el tiempo atmosférico y le insultamos, esta acción de pronunciar palabras ofensivas no es completa porque no podemos ofender al tiempo con nuestros insultos. Hemos de identificar el objeto con claridad. Si lo confundimos y si, por ejemplo, queriendo insultar a Pedro insultamos a Juan pensando que es Pedro, la acción es incompleta. Además, hemos de haber tomado la determinación de actuar de manera ofensiva y estar bajo el influjo de una perturbación mental. Por lo general, cuando pronunciamos palabras ofensivas lo hacemos con enfado, pues este tipo de acción siempre implica un cierto grado de odio; pero en ocasiones lo podemos hacer también impulsados por el apego. Por ejemplo, podemos insultar a nuestro amigo diciéndole que está gordo para hacerle sentirse tan mal que abandone su pastel de chocolate para que nos lo podamos comer nosotros. Otras veces, pronunciamos palabras ofensivas por ignorancia, sin pensar que podemos provocar mucho daño con lo que decimos. Incluso, a veces, lo hacemos a propósito pensando que de vez en cuando a la gente le viene bien escuchar una cuantas palabras duras.

Hay muchas maneras de cometer esta acción, y una de ellas es a través del sarcasmo. Podemos hablar suavemente con una sonrisa en los labios, pero con un tono sarcástico que haga que nuestras palabras sean como espadas que se clavan en la mente del que las recibe. El propósito de pronunciar palabras ofensivas es hacer daño a los demás. Así como una flecha hiere el cuerpo del enemigo, las palabras ofensivas hieren su sensibilidad. Esta acción no es necesariamente verbal. Por ejemplo, podemos humillar o burlarnos de alguien con un solo gesto. Cuando estamos en presencia de otras personas debemos ser cautelosos con nuestra manera de hablar, y antes de hacerlo hemos de considerar las repercusiones de lo que vamos a decir. Debemos pensar de este modo: «Si le digo esto a esta persona, ¿voy a molestarla? ¿voy a hacer que se sienta mal?» Atisha dijo que cuando estamos a solas debemos observar nuestra mente y cuando estamos en compañía de otros, debemos observar nuestra palabra.

La acción de pronunciar palabras ofensivas se completa cuando la persona a quien se las dirigimos las recibe y entiende, cree que se las hemos dicho en serio, y se siente molesta. Si esta persona no comprende lo que le decimos o piensa que estamos bromeando o permanece indiferente tras oírlo, la acción será incompleta.

CHISMORREAR

El objeto de la acción de chismorrear o cotillear es cualquier tema sin sentido. Este objeto ha de ser identificado correctamente, hemos de estar decididos a cometer esta acción y nuestra mente tiene que estar bajo la influencia de una perturbación mental.

Podemos cometer esta falta de muchas maneras. Por ejemplo, diciendo todo lo que se nos venga a la cabeza, hablando sin ningún propósito y de manera irresponsable. Toda conversación que carezca de sentido y no sea beneficiosa es chismorreo. Esta acción no es siempre verbal. Por ejemplo, si pasamos mucho tiempo leyendo novelas frívolas de romances y fantasía, esta lectura también entra en la categoría de la acción de chismorrear. A pesar de que esta acción no es muy grave por naturaleza, si nos habituamos a ella, llenará nuestra vida de trivialidades y se convertirá en un serio obstáculo contra nuestra práctica del Dharma. La acción de chismorrear se completa cuando la otra persona ha escuchado nuestras palabras.

TENER CODICIA

El objeto de la acción mental de la codicia es cualquier cosa que pertenezca a otros. Puede ser un objeto material, un trabajo, una posición social, el cónyuge de otro, etc. Hemos de identificar sin error el objeto, tener la intención de poseerlo, y estar bajo el influjo de una perturbación mental. La mayoría de las veces que sentimos codicia nuestra mente está trastornada por el apego. Cometemos esta acción al pensar repetidas veces en los diferentes modos que podemos utilizar para obtener el objeto deseado, y la completamos cuando elegimos un método en particular y decidimos llevarlo a cabo para lograr nuestro fin.

Nuestra determinación de obtener el objeto, el considerar cuál será el mejor método para conseguirlo, y nuestra decisión final de aplicar el método adecuado para apropiarnos de él, constituyen el tipo de pensamiento que define la acción mental de la codicia. Si todos estos factores están presentes, la acción se habrá consumado, hayamos o no llevado a cabo nuestra decisión.

TENER MALICIA

El objeto de la malicia es cualquier otra persona. Hemos de identificar a la persona de manera correcta y estar decididos a expresar nuestra malicia contra ella, estando bajo el influjo de una de las perturbaciones mentales raíz. Cometemos esta acción cuando pensamos repetidas veces en cómo podríamos dañar a otra persona. La completamos cuando elegimos el método para llevarla a cabo y decidimos ponerlo en práctica.

La determinación de expresar nuestros malos deseos, la repetida consideración del método a utilizar y la decisión final de infligir daño por medio de la aplicación del método elegido, constituyen el tipo de pensamientos que forman la acción mental de la malicia. Si todos los factores necesarios están presentes, la acción será completa y recibiremos el resultado total de nuestra malicia, la hayamos expresado o no por medio de una acción física o verbal.

SOSTENER CREENCIAS ERRÓNEAS

A fin de alcanzar la liberación y la iluminación hay ciertos objetos tales como la existencia de vidas pasadas y futuras, la ley del karma, las cuatro nobles verdades y las Tres Joyas, cuya comprensión es indispensable. Para cometer la acción de sostener creencias erróneas hemos de estar decididos a negar la existencia de dichos objetos, pensando por ejemplo: «Como no puedo ver mis vidas futuras, llego a la conclusión de que no existen.» Hemos de discernir correctamente el objeto que negamos y debemos estar bajo el influjo de una perturbación mental.

Cometemos esta acción cuando pensamos una y otra vez en el modo de negar la existencia de este tipo de objetos. Hay muchas maneras de hacerlo, por ejemplo, refutando el objeto de manera dogmática, utilizando razonamientos erróneos, o generando fe en alguien que enseñe teorías erróneas. Completamos la acción cuando elegimos el método y decidimos aplicarlo para reafirmar de forma rotunda nuestra creencia errónea. En ese momento nos cerramos mentalmente y creamos la causa para experimentar el resultado destructivo completo de nuestra acción.

LOS FACTORES QUE DETERMINAN LA GRAVEDAD DE LAS ACCIONES PERJUDICIALES

El grado de sufrimiento que padeceremos como resultado de cualquier acción perjudicial depende del poder de la acción, el cual viene determinado por los siguientes seis factores:

1 La naturaleza de la acción.
2 La intención.
3 El método.
4 El objeto.
5 La frecuencia con que se comete la acción.
6 La aplicación y la no-aplicación del antídoto.

LA NATURALEZA DE LA ACCIÓN

Ciertas acciones perjudiciales son por naturaleza más graves que otras. El grado de severidad de cualquier acción perjudicial se corresponde con el grado de perjuicio infligido a otros seres por dicha acción. De entre las tres acciones físicas perjudiciales y las cuatro verbales, el matar es por naturaleza la más destructiva, a la que le sigue el robar, el llevar una conducta sexual incorrecta, el mentir, el causar desunión con la palabra, el pronunciar palabras ofensivas y el chismorrear. De entre las acciones mentales innobles, el tener codicia es la más leve, el tener malicia es más grave y la peor es la de sostener creencias erróneas.

LA INTENCIÓN

El grado destructivo de cualquier acción depende del poder de la perturbación mental que está implicada en ella. Por ejemplo, el matar violentamente y con rabia es más destructivo que hacerlo con un ligero enfado. El chismorrear para impedir que alguien realice una buena acción es peor que hacerlo por diversión en una fiesta.

EL MÉTODO

La severidad de una acción destructiva depende del grado de perjuicio que se inflige a otros al aplicar el método elegido. Por ejemplo, el causar la muerte rápida a un animal es menos destructivo que hacerlo con crueldad, por ejemplo torturándole de manera lenta y dolorosa, o persiguiendo a la víctima con perros feroces.

EL OBJETO

Cualquier acción perjudicial es más potente si nuestro objeto es un objeto de refugio o una persona que ha sido especialmente bondadosa con nosotros, como nuestro padre o madre.

LA FRECUENCIA CON QUE SE COMETE LA ACCIÓN

Cuanto más a menudo cometamos la acción impura, más poderosa se volverá. Por ejemplo, el chismorreo no es por naturaleza una acción perjudicial de gravedad; pero si nos habituamos a ella y aprovechamos cualquier oportunidad para hacerlo, se volverá mucho más grave y producirá peores resultados.

LA APLICACIÓN Y LA NO-APLICACIÓN DEL ANTÍDOTO

La gravedad de nuestras acciones perjudiciales disminuye si realizamos acciones virtuosas; mientras que si cometemos sólo acciones impuras, sus efectos serán más graves.

Puesto que la gravedad de una acción perjudicial depende de los seis factores, una de las acciones destructivas más graves sería la de matar a la propia madre con odio y violencia utilizando un veneno que le produjera una muerte lenta y dolorosa; o un acto cometido por un sádico asesino que repitiese sus crímenes sin el menor arrepentimiento y sin la menor misericordia. Una de las acciones impuras menos grave sería, por ejemplo, la de conversar sin mucho sentido durante una fiesta, cometida por un practicante de Dharma que por lo general mantiene una disciplina moral pura y practica la paciencia, la generosidad y demás virtudes.

LOS EFECTOS DE LAS ACCIONES PERJUDICIALES

Toda acción perjudicial produce tres clases de efectos:

1 Efecto de maduración.
2 Efectos similares a su causa.
3 Efecto circunstancial.

EFECTO DE MADURACIÓN

El efecto de maduración es renacer en uno de los reinos inferiores. La acciones más graves madurarán en forma de renacimientos en el reino infernal, laa menos graves nos harán renacer en el reino de los espíritus ávidos, y las de menor gravedad en el reino animal.

EFECTOS SIMILARES A SU CAUSA

Hay dos clases de efectos similares a su causa:

1 Tendencias similares a su causa.
2 Experiencias similares a su causa.

Aunque nuestros potenciales kármicos maduren en un renacimiento humano, tendremos que experimentar estas dos clases de efectos como repercusiones de nuestras acciones perjudiciales. Los efectos que son tendencias similares a su causa se manifiestan en nosotros como la fuerte compulsión de repetir el mismo tipo de acciones impuras. Este efecto hace que nos resulte muy difícil evitar cometer más acciones de este tipo y, en consecuencia, seguimos creando la causa para renacer en el futuro en los reinos inferiores. La tendencia similar a la acción de matar es tener la inclinación de hacerlo de nuevo. Por ejemplo, hay personas que al ver una araña la aplastan al instante; o algunos niños que experimentan placer en atormentar y torturar a los animales. Estas tendencias reflejan las acciones perjudiciales cometidas en el pasado. De igual modo, la tendencia similar a la acción de llevar una conducta sexual incorrecta es sentirse atraído por los cónyuges de otras personas.

A continuación, veamos los efectos que son experiencias similares a las diez acciones perjudiciales. La experiencia similar a la acción de matar es tener una vida corta y llena de enfermedades y dolencias. Al matar acortamos la vida de otro ser y, en consecuencia, tendremos una vida corta y escasa salud. Si en esta vida nos aqueja este tipo de experiencias, podemos estar seguros de que son el resultado de las acciones perjudiciales que cometimos en el pasado. La experiencia similar a la acción de robar es carecer de riquezas y posesiones y, cuando las logramos, pronto las perdemos, nos las roban o las prestamos y nunca nos las devuelven. La experiencia similar al haber llevado una conducta sexual incorrecta es que pronto nos separamos de nuestros familiares y amigos, nuestro cónyuge nos abandona por otra persona, nuestros trabajadores no duran mucho bajo nuestro mando y nos sentimos muy solos. A menudo vemos personas que sin ser jóvenes ni atractivas están siempre rodeadas de amigos y gozan de la compañía de un compañero fiel; mientras que otras, de un gran atractivo físico y en el esplendor de su juventud, no consiguen encontrar a la pareja apropiada ni gozar de amistades duraderas.

La experiencia similar a la acción de haber mentido es que nadie se fía de nosotros ni escucha nuestros consejos; la experiencia similar a haber causado desunión con la palabra es que nos cuesta mucho mantener relaciones armoniosas; y la experiencia similar a haber pronunciado palabras ofensivas es que otros nos dicen cosas desagradables o hablan mal de nosotros. Cada vez que nos ofendamos cuando alguien se dirija a nosotros de manera ofensiva o sarcástica, hemos de recordar que es la consecuencia de haber injuriado de palabra a otra persona en el pasado. La experiencia similar a haber chismorreado es que nadie se toma en serio lo que decimos, nos tratan como si fuéramos necios y no prestan ninguna atención a nuestros comentarios y opiniones.

La experiencia similar a haber tenido codicia es que nuestros deseos no se cumplen y no logramos lo que ansiamos;

la experiencia similar a haber tenido malicia es que padecemos miedo constantemente y sentimos pavor ante situaciones peligrosas; y la experiencia similar a haber sostenido creencias erróneas es que estamos muy confusos y nos cuesta mucho desarrollar sabiduría, y cuando escuchamos o leemos el Dharma tenemos muchas dudas. Si ahora nos parece difícil eliminar las concepciones erróneas y alcanzar realizaciones espirituales, estas dificultades son el resultado de habernos aferrado en el pasado a creencias erróneas.

EL EFECTO CIRCUNSTANCIAL

El tercer efecto de una acción perjudicial es el circunstancial. Por lo general, quiere decir que cuando, por ejemplo, renacemos como un ser humano, nuestro medio ambiente y las cosas que nos rodean son hostiles, peligrosas e incómodas. El efecto circunstancial de haber cometido la acción de matar es que el lugar donde renacemos es pobre y los alimentos y otras necesidades básicas escasean; el efecto circunstancial de haber robado es que el lugar donde renacemos es árido, sin vegetación y es malo para el cultivo; y el efecto circunstancial de haber llevado una conducta sexual incorrecta es que el sitio donde vivimos es sucio y abundan las enfermedades.

El efecto circunstancial de haber mentido es vivir en un lugar donde la gente nos engaña y miente y donde no podemos fiarnos de nadie; el efecto circunstancial de haber causado desunión con la palabra es que el lugar donde vivimos es escabroso y montañoso, donde el transporte es escaso y peligroso y, por ello, tenemos que acarrear cargas muy pesadas. Puesto que el causar desunión con palabra hace que las relaciones entre las personas sean difíciles y dolorosas, el lugar donde vivimos es inhóspito y las comunicaciones muy difíciles de establecer. El efecto circunstancial de haber pronunciado palabras ofensivas es vivir en un lugar frondoso, cubierto de matas y arbustos espinosos, que pinchan o nos rasgan la piel cada vez que nos desplazamos; y el efecto circunstancial de haber chismorreado, habitar en un país donde las simientes no germinan bien o en el momento apropiado, y se echan a perder.

El efecto circunstancial de haber tenido codicia es que hemos de vivir en un sitio donde los recursos materiales se destruyen con facilidad o se pierden, o donde nuestra fuerza física y belleza degeneran con rapidez; el efecto circunstancial de haber tenido malicia es renacer en un lugar destruido por guerras y enfermedades o donde hay continuas querellas; y el efecto circunstancial de haber sostenido creencias erróneas es renacer en un lugar donde no hay agua y los recursos básicos se acaban pronto, y donde no hay nada que sea valioso –ni obras de arte, ni tesoros, ni escrituras sagradas, ni Guías Espirituales–.

Si no purificamos nuestro karma impuro con la aplicación de los cuatro poderes oponentes, tendremos que experimentar todas estas diferentes clases de efectos. Se dice que el que conoce los resultados de las malas acciones y continúa cometiéndolas es como el que posee buena vista y camina directo hacia un precipicio.

LAS ACCIONES VIRTUOSAS Y SUS EFECTOS

Su explicación se da en tres partes:

1 Las diez acciones virtuosas y los factores que determinan su consumación.
2 Los factores que determinan el poder beneficioso de las acciones virtuosas.
3 Los efectos de las acciones virtuosas.

LAS DIEZ ACCIONES VIRTUOSAS Y LOS FACTORES QUE DETERMINAN SU CONSUMACIÓN

Las diez acciones virtuosas son:

1 Dejar de matar.
2 Dejar de robar.
3 Dejar de llevar una conducta sexual incorrecta.
4 Dejar de mentir.
5 Dejar de causar desunión con la palabra.
6 Dejar de pronunciar palabras ofensivas.

7 Dejar de chismorrear.
8 Dejar de tener codicia.
9 Dejar de tener malicia.
10 Dejar de sostener creencias erróneas.

Las acciones virtuosas son senderos que conducen a la dicha temporal de los renacimientos superiores y a la felicidad última de la liberación y de la iluminación total. Así como distinguimos diez acciones perjudiciales principales, también podemos resaltar diez acciones virtuosas. Cada una de las diez acciones virtuosas principales es una abstención de su correspondiente acción perjudicial, basada en un claro reconocimiento de sus peligros.

La práctica de la disciplina moral consiste en abstenerse de manera intencionada de cometer acciones perjudiciales, habiendo comprendido sus peligros. Dado que se requiere sabiduría para comprender los malos resultados de este tipo de acciones, además de una decisión firme de practicar la moralidad, el mero hecho de no cometer acciones destructivas no constituye una práctica de virtud. Los bebés no cometen acciones perjudiciales, como robar, por ejemplo, pero no podemos decir que practiquen la moralidad, porque no comprenden los peligros de estas acciones y no han tomado la firme decisión de dejar de cometerlas.

Los mismos cuatro factores imprescindibles para la consumación de una acción perjudicial se requieren para que una acción virtuosa se complete. No obstante, en el caso de las buenas obras, el factor de la intención no comprende el tercer componente –una perturbación mental–. Tomemos sólo la primera de las diez acciones virtuosas como ejemplo, el dejar de matar, ya que el mismo razonamiento es aplicable al resto.

El objeto de dejar de matar es cualquier otro ser o grupo de seres. Algunas personas tienen la capacidad de tomar como su objeto de no matar a todos los seres, y generan la firme resolución de no matar a nadie; pero otras tienen que empezar con un objeto más limitado. Un pescador, por ejemplo, consideraría a todos los seres con excepción de los peces como su objeto y, de manera gradual, los iría incluyendo también por breves períodos de tiempo, como por la noche o los domingos, manteniendo la intención de aumentar sus períodos de abstinencia. El objeto ha de identificarse correctamente y hemos de tener la determinación de dejar de matar habiendo comprendido sus peligros. Nos abstenemos de matar cuando pensamos repetidas veces sobre el sentido de dejar de cometer tal acción, y la completamos cuando elegimos nuestro método para llevarla a cabo y tomamos la firme resolución de poner el método en práctica. Una vez que hayamos tomado esta decisión, mientras seamos conscientes de ella, nuestra moralidad será pura. Si generamos el pensamiento de matar y actuamos según su dictamen, habremos quebrantado nuestra disciplina moral. Nuestra decisión de abstenernos de matar es como tomar un voto, pero no es necesario tomarlo en presencia de nuestro Guía Espiritual o ante los objetos de refugio visualizados.

Las personas que no practican el budismo pueden también ejercitarse en la disciplina moral de abstenerse de las diez acciones perjudiciales, porque son capaces de comprender los efectos nocivos de cometer semejantes acciones, y de tomar la decisión de abstenerse de cometerlas. Si por cualquier razón fuésemos incapaces de estudiar, de recitar oraciones o de meditar, siempre podemos adiestrarnos en la moralidad de dejar de cometer acciones perjudiciales y este ejercicio por sí mismo es una profunda y extensa práctica espiritual.

LOS FACTORES QUE DETERMINAN EL PODER BENEFICIOSO DE LAS ACCIONES VIRTUOSAS

Podemos deducirlos de la explicación acerca de los factores que determinan la gravedad de las acciones perjudiciales. Por ejemplo, el dejar de matar es más beneficioso que el dejar de robar, etc. La magnitud del poder beneficioso de una buena obra depende también de la fuerza de la intención virtuosa que la haya motivado. El grado de beneficio que resulta del método elegido también influye en el poder de la acción virtuosa, así como su objeto. Cuanto más a menudo realicemos una acción virtuosa, más poderosa será, y el poder de la buena obra se refuerza si nunca nos arrepentimos de haberla realizado y, por el contrario, nos alegramos de ello.

LOS EFECTOS DE LAS ACCIONES VIRTUOSAS

Las acciones virtuosas poseen también tres clases de efectos: el efecto de maduración, los efectos similares a su causa y el efecto circunstancial. El efecto de maduración de las acciones virtuosas más poderosas es renacer como un dios en el reino de la forma o en el inmaterial. El efecto de maduración de las buenas obras que son menos poderosas es renacer como un dios en el reino del deseo. Y el de las acciones virtuosas menos poderosas es renacer como un ser humano.

Los efectos que son tendencias similares a las acciones virtuosas son fuertes inclinaciones o tendencias a ejecutar el mismo tipo de acción virtuosa en nuestras futuras existencias humanas. Debido a estos factores creamos con facilidad las causas para obtener muchos renacimientos afortunados. Los efectos que son experiencias similares a las acciones virtuosas hacen que, en nuestras futuras existencias humanas, experimentemos el mismo tipo de beneficio que nuestras acciones virtuosas produjeron en otros. Por ejemplo, la experiencia similar a la acción de dejar de matar es disfrutar de una larga vida y de buena salud; la experiencia similar a la acción de dejar de robar es acumular posesiones y riquezas sin esfuerzo; y la experiencia similar a la acción de dejar de llevar una conducta sexual incorrecta es disfrutar de relaciones amistosas estables y de una vida familiar feliz.

Podemos deducir la clase de actitudes que tuvimos en el pasado y el tipo de acciones que cometimos, simplemente observando las experiencias y las actitudes mentales que ahora tenemos. Si sentimos un gran interés por el Dharma, ello indica que en el pasado lo hemos practicado. Algunas personas son capaces de desarrollar las realizaciones de la renuncia, la bodhichita y la visión correcta de la vacuidad sin practicar mucho la meditación, porque en vidas pasadas se familiarizaron con estas meditaciones. A pesar de que hemos olvidado las experiencias de nuestras vidas pasadas, los potenciales de las acciones que cometimos en el pasado permanecen en nuestra mente y por ello nos es fácil reanudar nuestros viejos hábitos.

Los efectos circunstanciales de las acciones virtuosas son los opuestos a los de las acciones perjudiciales. Por ejemplo, el efecto circunstancial de dejar de matar es que en el futuro, cuando renazcamos por ejemplo como un ser humano, en el lugar donde vivamos existirán en abundancia los factores necesarios para disfrutar de longevidad y buena salud. Los alimentos serán nutritivos y abundantes y las medicinas efectivas. El efecto circunstancial no se refiere a la calidad de las condiciones externas, sino a la de la mente que las experimenta. Las mismas condiciones externas pueden experimentarse en forma de distintos efectos circunstanciales por diferentes individuos. Por ejemplo, en una región donde la mayoría de la gente disfruta de buenos alimentos, puede haber personas que sientan náuseas y sufran de indigestión al tomarlos. Un doctor puede prescribir el mismo remedio a dos personas, y mientras que una se cura la otra empeora. Esta desigualdad no se debe al remedio propiamente dicho, sino que es el resultado de las diferente acciones que estas dos personas cometieron en el pasado. A pesar de que parece que muchos de nuestros sufrimientos y problemas están producidos por las circunstancias externas, en realidad son los efectos secundarios de nuestras propias malas acciones.

Cuando Milarepa se aisló para meditar, sobrevivió alimentándose de ortigas. Para él, estas plantas fueron un buen y nutritivo alimento gracias al cual se mantuvo fuerte y con buena salud. Esto no quiere decir que las ortigas posean cualidades excepcionales, sino que Milarepa las disfrutó de manera especial como el efecto circunstancial de su propia virtud.

LOS FACTORES QUE DETERMINAN EL PODER DE UNA ACCIÓN

Hay cuatro factores que determinan el poder de toda acción, ya sea perjudicial o virtuosa:

1 La persona que constituye el objeto de la acción.
2 Los votos tomados.
3 El objeto utilizado en la acción.
4 La motivación.

LA PERSONA QUE CONSTITUYE EL OBJETO DE LA ACCIÓN

Las acciones son más poderosas cuando se efectúan en relación a aquellos seres que han sido especialmente bondadosos con nosotros y que nos han dispensado una gran ayuda, como son nuestros padres, nuestro Guía Espiritual, los Budas y los Bodhisatvas.

LOS VOTOS TOMADOS

Si tomamos determinados votos, nuestras acciones adquirirán más poder. Si hemos recibido los votos de ordenación monástica, nuestros actos serán más poderosos que habiendo tomado únicamente los votos de un practicante laico. Si tomamos los votos del Bodhisatva, nuestras acciones tendrán más poder que si sólo poseemos los votos pratimoksha. Si observamos los votos tántricos, nuestras acciones tendrán aún mayor poder que las ejecutadas solamente con los votos del Bodhisatva. Los votos son el fundamento para acumular muchos méritos. Si tomamos un voto y lo guardamos de una forma pura, incluso cuando durmamos estaremos practicando la disciplina moral.

En su *Guía de las obras del Bodhisatva*, Shantideva compuso la siguiente estrofa acerca de la persona que ha tomado los votos del Bodhisatva:

«Desde ese mismo momento,
aun cuando esté dormido o distraído,
seguirá generando sin cesar
méritos tan extensos como el espacio.»

EL OBJETO UTILIZADO EN LA ACCIÓN

Tomemos como ejemplo la acción de practicar la generosidad. Esta acción será más poderosa si el objeto que ofrecemos es algo que sea de utilidad o de ayuda para el que lo recibe. Si a un niño hambriento le damos alimentos, esta acción es más poderosa que si le regalamos un juguete. Si le damos unos hábitos a un monje, le serán más útiles que si le regalamos un perfume. En términos generales, si damos enseñanzas de Dharma, el poder beneficioso de esta buena obra es mayor que si damos objetos materiales, porque cualquier objeto material que demos tendrá una duración temporal, mientras que el obsequio del Dharma es eterno.

LA MOTIVACIÓN

Las acciones resultan más poderosas si las realizamos con una fuerte motivación. Por ejemplo, es más poderoso practicar la generosidad con la fuerte motivación de beneficiar a alguien, que regalar algo porque no lo necesitamos. Si practicamos la generosidad motivados por la renuncia, el poder de esta acción será mayor que el de dar con el simple deseo de ayudar; y si lo hacemos motivados por la bodhichita, nuestra acción será aún más poderosa. Si damos dinero a una persona con la motivación de bodhichita, recibiremos los méritos de haber dado dinero a todos los seres. El mérito de esta acción es inmensurable, mientras que si lo damos con la intención de beneficiar a una sola persona, recibiremos los méritos de haber beneficiado a un solo individuo. Por lo tanto, cuando realicemos acciones virtuosas, lo más inteligente es hacerlo con la mejor motivación. Si estamos motivados por la fe, nuestras buenas obras ganarán fuerza.

Un ejemplo del tipo de acción de mayor poder beneficioso es la práctica de refugio habiendo tomado los ocho preceptos mahayanas. Esta acción es poderosa respecto al objeto porque se trata de las Tres Joyas; lo es también respecto a los votos tomados puesto que estamos manteniendo los preceptos mahayanas; respecto al objeto que hemos utilizado en la acción porque lo que ofrecemos es nuestra práctica de Dharma;

y respecto a nuestra motivación porque estamos motivados por la bodhichita.

LAS ACCIONES IMPULSORAS Y LAS CONCLUSIVAS

Las acciones contaminadas pueden ser de dos clases: impulsoras y conclusivas. Se las denomina acciones impulsoras porque constituyen las causas principales de los renacimientos cíclicos, y por ello se dice que nos «impulsan» a renacer o arrojan en la existencia cíclica. Las acciones impulsoras virtuosas nos empujan a renacer en los reinos afortunados de los humanos y de los dioses, y las perjudiciales en los desafortunados mundos de los seres infernales, espíritus ávidos y animales.

Casi todas las acciones virtuosas de los seres ordinarios son causas de los renacimientos cíclicos porque están contaminadas por el aferramiento propio. Por ejemplo, cuando tomamos la firme resolución de no volver a cometer acciones innobles, nos aferramos a nuestro «yo» como si poseyera una existencia inherente. A pesar de que nuestra intención al ejecutar cualquier acción virtuosa no es mala, nuestra mente sigue mezclada con la perturbación mental del autoaferramiento. Ésta siempre se mantiene presente en la mente de los seres ordinarios.

No obstante, hay ciertas acciones virtuosas realizadas por los seres ordinarios que no actúan como causas para obtener renacimientos cíclicos. Por ejemplo, si visualizamos a Buda y le hacemos ofrendas, nos postramos ante él o nos refugiamos en él, estas buenas obras no son acciones impulsoras, aun cuando las realicemos sin una buena motivación. Estas acciones, en virtud del poder especial del objeto –las Tres Joyas–, sólo pueden ser causas para alcanzar la liberación.

Las acciones conclusivas son aquellas que constituyen las causas principales de las experiencias que tenemos en el tipo determinado de existencia que hayamos obtenido. Todos los seres humanos somos impulsados a renacer en el reino humano por las acciones impulsoras virtuosas, pero las experiencias que tenemos son tan dispares debido a las diferentes acciones conclusivas que creamos. Unos padecen mucho sufrimiento durante toda la vida y otros disfrutan de una existencia relativamente placentera. De manera similar, los animales han nacido en su reino arrojados por las acciones impulsoras perjudiciales, pero sus experiencias son muy diferentes según las acciones conclusivas que hayan creado. Algunos animales, como los domésticos, experimentan una vida de gran lujo, recibiendo más atención y cuidado que muchos de los seres humanos. Los seres infernales y los espíritus ávidos poseen únicamente malas acciones impulsoras y conclusivas, y debido a ello no padecen más que sufrimiento.

Una acción impulsora puede hacernos obtener muchos renacimientos cíclicos. En las escrituras se da el ejemplo de un hombre que se enfadó tanto con un monje que poseía la ordenación completa, que le insultó diciéndole que tenía cara de sapo. Como resultado de esta acción, el pobre hombre renació quinientas veces como ese animal. En otros casos, un solo renacimiento es suficiente para consumir el poder de una acción impulsora.

Algunas acciones maduran en la misma vida en que se cometen, algunas en la próxima vida, y otras varias vidas después. Si practicamos la disciplina moral en esta vida, es posible que experimentemos sus efectos al cabo de unos años en esta misma existencia. Si los padres son bondadosos con sus hijos, los efectos de estas buenas acciones se pueden manifestar durante su vejez cuando los hijos les devuelven su bondad cuidando de ellos con cariño. Si los hijos se portan bien con los padres, sus buenas acciones pueden madurar cuando sean adultos y ellos mismos tengan sus propios hijos.

OCHO ATRIBUTOS ESPECIALES DE LA EXISTENCIA HUMANA ALTAMENTE DOTADA

Si queremos crear la causa para obtener un renacimiento humano en el futuro, debemos esforzarnos también por crear las causas específicas a fin de obtener uno que sea apropiado para la práctica del Dharma. Un renacimiento humano por sí solo no ofrece siempre las condiciones ideales para el desarrollo espiritual, dado que hay muchos tipos de existencia humana que son tan desafortunados y limitados como los de los animales. Si creamos las causas para obtener un renacimiento humano altamente dotado, aun cuando no logremos alcanzar nuestra meta de la liberación o de la iluminación total en esa misma vida, al menos nos aseguraremos de obtener la mejor oportunidad para hacerlo en el futuro.

La existencia humana altamente dotada es aquella que posee ocho atributos: longevidad, belleza, posición social elevada, bienes y riqueza, don de la palabra persuasiva, poder e influencia, libertad e independencia, y una mente y un cuerpo sanos. Su explicación se presenta en tres partes:

1 Ventajas de los ocho atributos especiales.
2 Funciones de los ocho atributos especiales.
3 Causas de los ocho atributos especiales.

VENTAJAS DE LOS OCHO ATRIBUTOS ESPECIALES

La mayor ventaja de estos ocho atributos es que dotan a nuestra existencia humana con la mejor oportunidad para alcanzar la liberación y la iluminación en un sola vida.

FUNCIONES DE LOS OCHO ATRIBUTOS ESPECIALES

Si disfrutamos de una larga vida, tendremos la oportunidad de completar nuestra práctica de Dharma y de satisfacer nuestros deseos. La belleza puede ser una ventaja a la hora de atraer discípulos, puesto que les será más fácil generar fe en nosotros. Si disfrutamos de un estado social elevado, la gente confiará en nosotros, nos obedecerá y seguirá nuestros consejos. Asumirán que somos honestos y estarán dispuestos a escuchar y considerar lo que decimos. Si poseemos bienes y riqueza, podremos ser generosos con los demás, agradarles de este modo y ejercer una mayor influencia sobre ellos. Este atributo es un medio importante para inducir a los demás a que generen interés por el Dharma. Por ejemplo, podemos invitarles a nuestra casa y cuando se sientan cómodos y relajados, introducir con delicadeza el tema del Dharma, o regalarles libros o casetes de enseñanzas, o pagarles una visita a un Centro de Dharma. Se dice que si queremos ayudar a los demás enseñándoles el Dharma, necesitamos dos cosas: sabiduría lograda a través de la experiencia, y riqueza. Una persona que además de tener riqueza posee sabiduría, utilizará sus bienes para beneficiar a los demás.

La palabra persuasiva hace que los demás confíen en lo que decimos y guarden nuestros consejos en su corazón. El poder y la influencia hacen que los demás cumplan nuestros deseos y pongan nuestras instrucciones en práctica. Si disfrutamos de libertad e independencia, no encontraremos obstáculos en nuestro sendero espiritual. Con un cuerpo sano podemos realizar con facilidad acciones físicas virtuosas. Ello nos permitirá adiestrarnos como lo hizo Milarepa, el cual, para purificar sus faltas y cumpliendo los mandatos de su Guía Espiritual, tuvo que construir y derrumbar varias veces un edificio de nueve plantas. Tampoco tendremos que padecer obstáculos físicos tales como enfermedades. Una mente sana nos capacita para comprender el Dharma con rapidez. Con ella seremos capaces de eliminar dudas y malentendidos, y desarrollaremos sabiduría y concentración, haciendo nuestra mente aún más poderosa. Alcanzaremos con facilidad poderes sobrenaturales y de clarividencia, además de otras realizaciones.

Si obtenemos un renacimiento humano dotado de todos estos atributos, pero no lo aprovechamos utilizándolo para nuestro desarrollo espiritual y para ayudar a los demás a practicar el Dharma, no recibiremos ninguno de los beneficios de haber logrado semejante estado afortunado. Hay muchas personas que poseen estos ocho atributos pero que no los ponen al servicio del Dharma. Vemos por tanto que, a la vez que procuramos crear la causa para obtener dicho renacimiento en el futuro, debemos rezar también con sinceridad para que, cuando dispongamos de esta preciosa oportunidad, la utilicemos para la práctica del Dharma. Si nos ejercitamos de esta forma, con toda seguridad alcanzaremos la liberación y la iluminación en nuestra próxima vida.

CAUSAS DE LOS OCHO ATRIBUTOS ESPECIALES

En cierta ocasión, Milarepa dijo a un granjero:

«Eres un granjero que plantas las semillas externas para disfrutarlas sólo en esta vida, mientras que yo soy un granjero que siembra las semillas internas de las virtudes para las vidas futuras.»

Si sembramos buenas semillas en el campo de nuestra consciencia, podemos tener la seguridad de que madurarán. Dharmakiti dijo:

«Si las causas y las condiciones se completan,
¿qué puede impedir sus resultados?»

Las semillas que tenemos que sembrar ahora son las causas de un renacimiento humano dotado de ocho atributos. Las causas de la longevidad son evitar perjudicar a los demás y eliminar los peligros que amenazan sus vidas. Cuando nos sea posible debemos salvar las vidas de otros seres. Otras causas de longevidad son: ayudar a los cautivos, dar medicinas a los enfermos, y cuidar de ellos con bondad.

Las causas de la belleza son superar con paciencia el odio y la intolerancia, ofrecer luz ante imágenes de Buda, hacer estatuas o pinturas de Buda, construir estupas, reparar imágenes o estatuas antiguas de Buda, embellecerlas con ofrendas de finas vestimentas o pintando sus rostros de oro, y dar vestido a otros seres humanos. Semejantes acciones embellecen a los demás y, por lo tanto, creamos las causas para ser bellos en el futuro. Cuando veamos a una persona hermosa, hemos de recordar que su belleza es el resultado de sus buenas acciones.

La causa principal de una posición social elevada es superar el orgullo. Este engaño es muy fácil de generar. Tan pronto como desarrollamos un poco de conocimiento, una aptitud especial o, incluso, vestimos un traje nuevo que realce nuestra figura, enseguida nos sentimos orgullosos. Nuestra arrogancia va creciendo como la sombra de nuestro cuerpo. A medida que un niño va creciendo, su sombra va aumentando de tamaño. De manera similar, a medida que vamos acumulando un cierto conocimiento, nuestra arrogancia va aumentando. De esta forma, el orgullo obstaculiza nuestro progreso espiritual y nos impide alcanzar realizaciones, incluso aunque nuestro conocimiento del Dharma se haya incrementado. El orgullo socava nuestros estudios y los hace inútiles. Otra de las causas de una buena posición social es respetar a todos los seres, no sólo a nuestros padres sino también a nuestros maestros y superiores. Nunca deberíamos mirar con desdén a nadie o tratarle con desprecio. Debemos considerar incluso al más pequeño de los gusanos como el objeto de nuestro respeto y consideración.

La causa principal de obtener bienes y riqueza es la práctica de la generosidad haciendo ofrendas a las Tres Joyas y compartiendo nuestros bienes y posesiones con otros seres. La causa principal de tener una palabra persuasiva es ser conscientes de lo que decimos y abandonar las cuatro acciones perjudiciales cometidas con la palabra. La causa principal del poder y de la influencia es hacer postraciones y respetar a los demás, especialmente a aquellas personas que ejercen poder e influencia sobre nosotros tales como nuestros padres y Maestros. La causa principal de disfrutar de libertad e independencia es eliminar los problemas y los peligros que amenazan a otros seres y ayudarles a recuperar su libertad e independencia. La causa de un cuerpo sano es evitar explotar físicamente a los demás, y ayudar a los que sufren debilidades físicas a recuperar sus fuerzas ofreciéndoles alimentos nutritivos y medicinas. Por ejemplo, no es correcto hacer que los animales acarreen cargas pesadas o encerrarlos en entornos que no sean saludables o naturales para ellos.

Las causas de una mente sana son ayudar a los demás a superar sus problemas y depresiones, a que se sientan felices, y a aumentar su concentración y sabiduría; también el practicar la moralidad, aumentar nuestra concentración, así como incrementar nuestra sabiduría por medio de la escucha y lectura extensa de las instrucciones de Dharma.

Otra causa para obtener cualquiera de estos ocho atributos es hacer ruegos y oraciones sinceras para lograrlos por el beneficio de todos los seres.

LA MANERA DE PRACTICAR LA DISCIPLINA MORAL HABIENDO LOGRADO CONVENCIMIENTO EN LA LEY DEL KARMA

Para practicar la moralidad tenemos que meditar constantemente en la ley del karma, recordando las instrucciones y concentrándonos en los puntos que encontremos más significativos. Cuando no estemos meditando, podemos leer libros de Dharma. Cuando, por medio de la contemplación y de la meditación, estemos convencidos y decidamos dejar de cometer acciones perjudiciales, hemos de poner esta resolución en práctica en nuestra vida diaria. Si nos adiestramos de este modo, nuestros potenciales kármicos destructivos se purificarán y nuestra mente será como un cielo sin nubes donde el sol puede brillar sin obstáculos.

Hasta ahora hemos obtenido sólo un entendimiento general del karma. No podemos demostrar con exactitud por medio de razonamientos el modo en que una acción específica produce su resultado. Sólo los Budas pueden percibir estas relaciones con precisión. Por consiguiente, para practicar la moralidad correctamente hemos de tener fe en Buda. Si comprendemos la naturaleza de un ser iluminado, comprenderemos también que es imposible que un Buda imparta enseñanzas erróneas. Los seres iluminados carecen de la intención de mentir porque no necesitan obtener ningún beneficio de ello. En el *Sutra rey de las concentraciones*, Buda dice:

«La luna y las estrellas pueden caer sobre la tierra, es posible que la tierra con sus montañas y regiones desaparezca, e incluso el espacio puede desaparecer; pero es imposible que un Buda mienta.»

Los Budas no tienen nada que ganar engañando a los demás porque han alcanzado todo lo que necesitan, y su único deseo es beneficiar a los seres. Por consiguiente, podemos aceptar con fe que todas sus enseñanzas son fidedignas, aun cuando la debilidad de nuestro razonamiento y experiencia nos indiquen lo contrario.

SEGUNDA PARTE

El nivel medio

Atisha

Dromtompa Gueshe Potoua

Generación del deseo de alcanzar la liberación

ADIESTRAMIENTO DE LA MENTE EN LAS ETAPAS DEL CAMINO DEL SER DEL NIVEL MEDIO

Si practicamos todas las etapas del camino del ser del nivel inicial y alcanzamos realizaciones, estaremos protegidos de los sufrimientos de los reinos inferiores y podremos estar seguros de que renaceremos en los reinos afortunados de los humanos y de los dioses. ¿Es ésta la meta más elevada que podemos alcanzar? ¡Por supuesto que no! Incluso los seres humanos y los dioses tienen que padecer muchas miserias. Estos estados de existencia más afortunados no proporcionan una felicidad pura y duradera, ni nos protegen de renacer en el futuro en los reinos inferiores. Mientras permanezcamos en la existencia cíclica, nos resultará prácticamente imposible dejar de cometer acciones perjudiciales que sean las causas de renacimientos inferiores. Puesto que en ningún lugar de la existencia cíclica se puede encontrar verdadera felicidad, hemos de aspirar a la liberación de toda clase de renacimiento sin control. Shantideva dice en su *Guía de las obras del Bodhisatva*:

«Una y otra vez nos encontramos en las migraciones afortunadas
donde disfrutamos de muchos y variados placeres,
pero después de la muerte padeceremos por mucho tiempo
los insoportables sufrimientos de los reinos inferiores.»

Cuando alcanzamos las realizaciones de las etapas del camino del ser del nivel inicial, somos como el preso al que se le concede una semana de permiso para visitar a sus familiares y amigos. El preso, como es natural, disfrutará de sus breves vacaciones, pero no se sentirá verdaderamente feliz porque sabe que en poco tiempo tiene que regresar a la prisión. De manera similar, nosotros no podemos disfrutar de una felicidad pura hasta que nos liberemos por completo de los renacimientos sin control dentro de la prisión del samsara. Los placeres samsáricos de los dioses y de los humanos se pueden comparar con los limitados disfrutes del preso al que se le concede unos días de permiso. En vista de ello, tenemos que generar una fuerte determinación de liberarnos por completo del samsara. Cuando lo hagamos de manera espontánea y natural, habremos alcanzado la realización de la renuncia.

Las instrucciones del adiestramiento en las etapas del camino del ser del nivel medio se presentan en tres apartados:

1. Generación del deseo de alcanzar la liberación.
2. Explicación preliminar para establecer el camino que conduce a la liberación.
3. La manera de practicar el camino que conduce a la liberación.

GENERACIÓN DEL DESEO DE ALCANZAR LA LIBERACIÓN

El método principal para alcanzar la liberación es la práctica de los tres adiestramientos superiores: la disciplina moral superior, la concentración superior y la sabiduría superior. En estas prácticas están incluidos todos los caminos hinayanas y mahayanas. Si nos ejercitamos en los tres adiestramientos superiores sólo con la motivación de renuncia, lograremos la liberación, y si los practicamos con la motivación de bodhichita, alcanzaremos la iluminación total.

Para ayudarnos a generar un intenso deseo de alcanzar la liberación, Buda enseñó dos métodos: la meditación de las cuatro nobles verdades y la de los doce vínculos dependientes relacionados. Por medio de estas meditaciones podemos identificar de manera correcta lo que es la existencia cíclica y lo que es la liberación, tomar la determinación de abandonar la primera y de alcanzar la segunda, darnos cuenta de que somos capaces de hacerlo y desarrollar una convicción firme respecto al camino que nos conduce hacia la liberación.

Cuando meditamos en la primera noble verdad –la verdad de los sufrimientos–, estamos meditando sobre las faltas de la existencia cíclica. Gracias a esta contemplación generaremos principalmente la mente de renuncia porque revela la naturaleza de la existencia cíclica. Puesto que la renuncia es la decisión firme de liberarnos de ella, sólo surgirá en nuestra mente cuando hayamos comprendido qué es la existencia cíclica y cuáles son sus faltas. La primera vez que oímos la palabra «renuncia», es fácil confundir el objeto al que se renuncia. Por ejemplo, podemos pensar que la persona que abandona todos sus bienes materiales y sus relaciones con los demás, o la que se abstiene de comer carne, o que ha tomado el voto de castidad, posee la realización de la renuncia. De hecho, el objeto de abandono de la mente de renuncia es la existencia cíclica, y ésta no existe fuera de nosotros mismos. Por lo tanto, no alcanzaremos la liberación por el mero hecho de deshacernos de nuestros bienes, de cambiar nuestro estilo de vida o de recibir la ordenación monástica.

Si el samsara no consiste en nuestros bienes, entorno y disfrutes, ni en nuestros amigos, familiares o actividades y trabajos, entonces, ¿qué es? El samsara son los renacimientos ininterrumpidos sin libertad ni control. No hay ni un solo ser en la existencia cíclica que haya elegido con libertad su existencia actual o que pueda controlar las experiencias en las que se ve envuelto durante la vida. Nosotros no escogimos el país donde hemos nacido, ni a nuestros progenitores, ni tenemos el poder de decidir la hora de nuestra muerte. Tampoco elegimos el ser ricos o pobres. Algunas personas parecen disfrutar de cierta libertad, pero, de hecho, están destinadas a padecer sufrimiento como todas las demás. Enferman, mueren y renacen sin poder hacer nada por evitarlo. En realidad no disfrutan de paz ni felicidad verdaderas.

Si alguien nos preguntara: «¿Te gustaría cenar esta noche conmigo?», probablemente responderíamos que sí. Pero, de hecho, no tenemos la seguridad completa de que no vayamos a morir antes de que caiga la noche. No podemos estar seguros de no haber contraído una enfermedad y de que para entonces seamos capaces de ingerir alimentos. Puesto que carecemos de control sobre las circunstancias de nuestra existencia, no tenemos libertad de elección sobre lo que nos ocurrirá a lo largo de nuestra vida.

Si soltamos al aire un globo lleno de hidrógeno, irá zarandeado de un lado a otro llevado por los caprichos del viento. El globo no puede determinar por sí mismo la dirección que va a tomar. Nosotros, como este globo, viajamos de un sitio a otro impulsados por el viento de nuestro karma en dirección a nuestra próxima vida. Nuestras vidas se suceden la una a la otra de una manera veloz e ininterrumpida, como los radios de una rueda en movimiento. Inmediatamente después de la muerte nos espera el nacimiento y, en poco tiempo, éste dará paso otra vez a la muerte.

La naturaleza de la existencia cíclica es sufrimiento, igual que la naturaleza del fuego es quemar. Para no quemarnos, debemos tener miedo de tocar el fuego. De la misma manera, si queremos evitar el sufrimiento, debemos temer los renacimientos sin control. No hay ninguna diferencia entre renacer como un dios o como un ser infernal, en la medida en que no hay libertad en ninguno de estos renacimientos y que ambas existencias constituyen las bases en dependencia de las cuales vamos a experimentar sufrimiento. Si poseemos algo de sabiduría, desearemos liberarnos de todo renacimiento en la existencia cíclica, ya sea elevado o inferior. Gueshe Potoua dijo:

«No temo tanto a las enfermedades ni a la muerte, como al renacimiento samsárico.»

Aryadeva dice en su *Tratado de cuatrocientas estrofas*:

«El sabio genera el mismo temor a los renacimientos superiores que a los infernales. Si cortamos el continuo de los renacimientos sin control, alcanzaremos la liberación y eliminaremos las bases de todos nuestros sufrimientos.»

Considerando este punto, debemos comprender que mientras permanezcamos en la existencia cíclica no tendremos libertad, y padeceremos sufrimientos continuos. De esta forma, debemos generar un gran deseo de alcanzar la liberación del samsara. La manera de hacer surgir este deseo se explicará a continuación en los dos apartados siguientes:

1 Introducción a las cuatro nobles verdades.
2 Meditación sobre la verdad de los sufrimientos.

Las cuatro nobles verdades

INTRODUCCIÓN A LAS CUATRO NOBLES VERDADES

Las cuatro nobles verdades son:

1 La verdad de los sufrimientos.
2 La verdad de los orígenes.
3 La verdad de las cesaciones.
4 La verdad de los caminos.

Se las denomina «nobles verdades» porque los Seres Superiores o Nobles pueden ver que son ciertas. Por ejemplo, los Seres Superiores perciben que la naturaleza de los entornos, disfrutes y cuerpos de los seres en la existencia cíclica es sufrimiento, lo cual es un hecho indiscutible; por esta razón se los denomina «verdades del sufrimiento» o «sufrimientos verdaderos».

En el *Sutra del primer giro de la Rueda del Dharma,* Buda dijo:

«Conoce los sufrimientos,
abandona sus orígenes.
Alcanza las cesaciones,
medita en los caminos.»

A través del conocimiento de la verdad de los sufrimientos, hemos de generar un intenso deseo de acabar con todo el sufrimiento; para ello, hemos de esforzarnos por abandonar su causa principal, los orígenes verdaderos; y para conseguirlo hemos de alcanzar las cesaciones verdaderas por medio de meditar en los caminos verdaderos.

LA VERDAD DE LOS SUFRIMIENTOS

La verdad de los sufrimientos o los sufrimientos verdaderos pueden ser de dos tipos: internos y externos. Los sufrimientos verdaderos internos son los que existen en el continuo del cuerpo y la mente de los seres en la existencia cíclica, como son el cuerpo y la mente que ahora poseemos. Los sufrimientos verdaderos externos, como los diversos entornos y disfrutes de los seres en el samsara, son los que existen fuera del continuo del cuerpo y la mente de los seres sintientes. A pesar de que no todos constituyen sufrimientos en el sentido de que no son necesariamente experiencias dolorosas, se les denomina sufrimientos verdaderos porque su naturaleza es sufrimiento. Asanga dice en su *Compendio de fenomenología* (sáns. *Abhidharmasamucaya*):

> «¿Cuáles son los sufrimientos verdaderos? Has de saber que son los renacimientos de los seres sintientes y los lugares donde nacen.»

Tanto nuestros renacimientos sin control en la existencia cíclica como nuestros entornos impuros –como el mundo en que vivimos–, nuestros agregados contaminados –como el cuerpo y la mente que ahora tenemos–, y todos nuestros dolores y placeres mundanos, son sufrimientos verdaderos. Todos ellos son efectos de las acciones impulsoras contaminadas, y puesto que no comprendemos con facilidad que son sufrimientos verdaderos, Buda dijo: «Conoce los sufrimientos.»

Las acciones impulsoras contaminadas pueden ser de dos clases: perjudiciales y virtuosas. Las perjudiciales producen tres tipos de efectos: efecto de maduración, similar a su causa y circunstancial. Los efectos de maduración de las acciones impulsoras perjudiciales son los agregados de los seres infernales, los de los espíritus ávidos y los de los animales. Los efectos similares a su causa son las experiencias dolorosas de estos mismos seres. Y los efectos circunstanciales son los entornos donde habitan. Todos estos efectos de las acciones impulsoras perjudiciales son también sufrimientos verdaderos.

Las acciones impulsoras virtuosas producen asimismo tres tipos de efectos: el efecto de maduración, el similar a su causa y el circunstancial. Los efectos de maduración de las acciones impulsoras virtuosas son los agregados contaminados de los seres humanos, los de los semidioses y los de los dioses. Los efectos similares a su causa son las diversas clases de felicidad contaminada que experimentan estos seres. Y los efectos circunstanciales son el medio ambiente en que viven. Todos estos efectos de las acciones impulsoras virtuosas son también sufrimientos verdaderos.

LA VERDAD DE LOS ORÍGENES

Todas las perturbaciones mentales poderosas y todas las acciones impulsoras, ya sean virtuosas o perjudiciales, motivadas por grandes perturbaciones mentales –sus causas principales– constituyen los orígenes verdaderos. El tema de las perturbaciones mentales se presentará más adelante y las acciones impulsoras se explicaron en el capítulo del karma.

LA VERDAD DE LAS CESACIONES

A través de la práctica de las etapas del camino del ser del nivel inicial podemos lograr la cesación del sufrimiento de los seres infernales, de los espíritus ávidos y de los animales; por medio del adiestramiento en las etapas del camino del ser del nivel medio podemos alcanzar la cesación del sufrimiento de los humanos, de los semidioses y de los dioses; y practicando las etapas del ser del nivel superior, la cesación de todas las faltas y obstrucciones. La práctica de la paciencia da como resultado la cesación del sufrimiento que nos produce el odio; el regocijarnos de las virtudes de los demás, la cesación del sufrimiento causado por los celos; el meditar en la impermanencia, la cesación del sufrimiento del apego; y la purificación, la cesación del karma destructivo. Podemos lograr estas cesaciones antes de haber realizado de forma directa la naturaleza última de los fenómenos y de habernos convertido, en consecuencia, en un Ser Superior; no obstante, no son auténticas cesaciones verdaderas. Constituyen el fundamento para alcanzar las cesaciones verdaderas, pero sólo los Seres Superiores logran las auténticas cesaciones verdaderas.

Una cesación verdadera es la naturaleza última de la mente que ha alcanzado la cesación final de cualquier perturbación mental o falta por medio del poder de un camino verdadero. ¿Cómo podemos lograr esto? Ilustrémoslo con un ejemplo. Cuando un practicante mahayana genera la bodhichita perfecta y espontánea, entra en el camino mahayana de la acumulación y se convierte en un Bodhisatva. En esta etapa, el Bodhisatva posee un entendimiento intelectual de la vacuidad, pero aún no la ha realizado de forma directa. Con la motivación de la bodhichita medita en la vacuidad de manera convergente. Por el poder de esta meditación, su estabilización mental va ganando fuerza y percibe su objeto, la vacuidad, cada vez con más claridad. Cuando alcanza la permanencia apacible meditando en la vacuidad, su concentración es tan firme que, con una consciencia sutil de sabiduría, puede examinar el objeto, la vacuidad, sin turbar su concentración. Al igual que un pez nada en el agua sin alterar la serenidad del lago, así mismo la consciencia sutil de sabiduría puede examinar el objeto, la vacuidad, sin turbar la apacibilidad de la mente. Cuando esta mente de sabiduría provoca una flexibilidad especial, el Bodhisatva alcanza la visión superior que observa la vacuidad y, en ese preciso instante, entra en el camino mahayana de la preparación.

En este nivel, aún no ha logrado una realización directa de la vacuidad, pero su sabiduría es muy poderosa y percibe la vacuidad con mucha claridad. Mientras medita, el Bodhisatva siente como si su mente se fundiese en la vacuidad; pero, de hecho, aunque su mente esté emplazada en este objeto de manera convergente, aún percibe fenómenos convencionales, es decir, aún aprehende una apariencia dual. Si el Bodhisatva medita por ejemplo en la vacuidad de su cuerpo, su mente de concentración aún percibe la imagen genérica de dicha vacuidad. La apariencia de esta imagen genérica ha de ser eliminada y el único modo de hacerlo es realizando la vacuidad de forma directa. En el camino mahayana de la preparación, el Bodhisatva medita en la vacuidad a fin de disipar todo rastro de apariencia dual y lograr una realización directa. Meditando una y otra vez, el objeto aparece con mayor claridad y su mente se va aproximando cada vez más a él, hasta que, al final, la imagen genérica desaparece y su mente se mezcla por completo con la vacuidad, como el agua vertida en el agua. En ese momento, el Bodhisatva alcanza una realización directa o no-conceptual de la vacuidad y se convierte en un Ser Superior del camino mahayana de la visión.

Cuando el Bodhisatva Superior surge de su meditación estabilizada en la vacuidad, nunca más vuelve a generar perturbaciones mentales adquiridas intelectualmente. Aunque lo intentase, no lo conseguiría. La vacuidad de la mente que se ha liberado de las perturbaciones mentales adquiridas intelectualmente es la primera cesación verdadera.

En esta etapa, aún tenemos que eliminar las perturbaciones mentales innatas. A pesar de que el Bodhisatva destruye en el camino de la visión las perturbaciones mentales adquiridas intelectualmente, no comienza a suprimir las innatas hasta que alcanza el camino de la meditación. En este sendero, por medio de repetidas meditaciones en la vacuidad, va eliminando de manera gradual los diferentes niveles de las perturbaciones mentales innatas. Cuando logra la cesación verdadera que es la vacuidad de la mente que se ha liberado de todas las perturbaciones mentales innatas, este Bodhisatva alcanza el octavo plano. Entonces sigue meditando en la vacuidad y disipa de manera gradual las impresiones de las perturbaciones mentales, las obstrucciones a la omnisciencia. Cuando las ha eliminado por completo, alcanza la iluminación y entra en el camino mahayana de No-Más-Aprendizaje.

De esta breve explicación podemos deducir que las cesaciones verdaderas pueden ser de muchas clases. Si alcanzamos aunque sólo sea la menor de ellas, nos habremos liberado de muchos sufrimientos y faltas. Por lo tanto, las cesaciones verdaderas son auténticas Joyas del Dharma y sagrados objetos de refugio.

LA VERDAD DE LOS CAMINOS

Como se mencionó con anterioridad, con las prácticas de las etapas del camino de los seres de los niveles inicial, medio y superior, podemos alcanzar la cesación de todas las faltas; no obstante, estas prácticas no son necesariamente caminos verdaderos. Un camino verdadero es un sendero espiritual de un Ser Superior que constituye el método para alcanzar una cesación verdadera. Sin haber logrado, en primer lugar, los caminos verdaderos, no podremos obtener las cesaciones verdaderas. Así como hay muchas clases de cesaciones verdaderas, también hay muchas clases de caminos verdaderos, puesto que a cada cesación verdadera le corresponde un camino verdadero que conduce a ella.

Buda enseñó la verdad de los sufrimientos como la primera noble verdad porque, cuando empezamos nuestro adiestramiento, tenemos que meditar en ellos para comprender que la naturaleza del samsara es sufrimiento, y para generar la firme decisión de liberarnos de él. Una vez que hayamos tomado esta resolución, podremos esforzarnos con mayor facilidad en aplicar los métodos para alcanzar la liberación. Un preso que no tiene el deseo de lograr la libertad se consumirá en la cárcel sin hacer el menor esfuerzo para planear su fuga. De manera similar, si nos falta el deseo sincero de liberarnos de esta prisión del samsara, no pondremos el esfuerzo necesario para lograr la liberación.

De momento, no sabemos distinguir con claridad entre los objetos que tenemos que abandonar y los que debemos alcanzar. Según el Dharma, el objeto principal que hemos de abandonar es la existencia cíclica. Para conseguirlo, tenemos que eliminar los sufrimientos verdaderos y los orígenes verdaderos, y alcanzar los caminos verdaderos y las cesaciones verdaderas. Todos los objetos que hemos de abandonar están contenidos en los sufrimientos verdaderos y los orígenes verdaderos, y todos los objetos que debemos alcanzar, en las cesaciones verdaderas y los caminos verdaderos. Los orígenes verdaderos constituyen las causas de los sufrimientos verdaderos, y los caminos verdaderos son los métodos para obtener las cesaciones verdaderas.

Dharmakirti, en su *Comentario a la «Cognición válida»*, dice:

«Aquellos que deseen alcanzar la liberación no necesitan un maestro con clarividencia que sea capaz de contar los insectos que viven bajo tierra y los átomos que existen en ese lugar; tampoco necesitan un maestro que pueda ver a largas distancias, pues las mismas aves de rapiña pueden hacerlo. Lo que en realidad necesitan es un Maestro que conozca cuáles son los objetos que tenemos que abandonar y los objetos que debemos alcanzar, así como los métodos para conseguir semejantes fines. Si aquellos que desean la liberación siguen al Maestro que revela estos senderos espirituales correctos, sin duda alguna alcanzarán su meta. Pero sin un Maestro como éste, la liberación es imposible.»

Meditación sobre la verdad de los sufrimientos

MEDITACIÓN SOBRE LA VERDAD DE LOS SUFRIMIENTOS

El propósito de meditar sobre la verdad de los sufrimientos es llegar a comprender que la naturaleza de la existencia cíclica, en su totalidad, es sufrimiento y, habida cuenta de ello, generar un profundo deseo de alcanzar la liberación. Por medio de esta meditación desarrollaremos renuncia respecto a nuestro propio sufrimiento y compasión respecto al de los demás seres sintientes.

Debido a que hay muchos tipos de sufrimiento en la existencia cíclica, esta meditación se describirá con detalle. Comenzamos considerando los sufrimientos de la existencia cíclica en general y continuamos con los sufrimientos específicos de cada uno de los estados que la componen. Finalmente, meditamos en las tres clases de sufrimientos. Quizá nos preguntemos acerca de la necesidad de reflexionar sobre el sufrimiento de manera tan extensa. La razón es que, de momento, tenemos mucho apego a la existencia cíclica y debido a ello carecemos del deseo de alcanzar la liberación, a pesar de que no hay ninguna probabilidad de obtener felicidad dentro del samsara. Para superar este apego tenemos que comprender con claridad que la naturaleza de todos los aspectos de la existencia cíclica es sufrimiento.

Puesto que nuestro apego al samsara es muy intenso, tenemos que atacarlo desde diferentes ángulos. Cuando varios pueblos tienen un enemigo común, se unen en batalla blandiendo sus más variadas armas y hacen uso de diferentes estrategias para vencerlo. De manera similar, cuando meditamos en la verdad de los sufrimientos, atacamos a nuestro enemigo del apego al samsara desde diferentes direcciones y con numerosos métodos. Si utilizamos un solo método, nuestro ataque no será muy poderoso y la determinación de eliminar nuestro apego no será tan firme; pero si atacamos a nuestro enemigo por todos los lados y lo socavamos con pensamientos críticos, conseguiremos destruirlo por completo.

La presentación de esta meditación se da en tres apartados:

1 Los sufrimientos generales de la existencia cíclica.
2 Los sufrimientos específicos de cada estado de la existencia cíclica.
3 Las tres clases de sufrimiento.

LOS SUFRIMIENTOS GENERALES DE LA EXISTENCIA CÍCLICA

Hay muchas clases de sufrimientos comunes que todos los seres han de padecer en la existencia cíclica. Éstos son:

1 Inseguridad.
2 Insatisfacción.
3 Tener que separarnos del cuerpo una y otra vez.
4 Tener que renacer una y otra vez.
5 Perder nuestra posición social una y otra vez.
6 No tener compañía.

INSEGURIDAD

En la existencia cíclica todo es incierto. Tanto nuestras experiencias como nuestras relaciones con los demás cambian con rapidez. En poco tiempo, de un renacimiento elevado caemos a uno inferior, nuestros amigos se convierten en nuestros enemigos y viceversa. El Séptimo Dalai Lama dijo:

«Las altas posiciones sociales pronto se convierten en servidumbre,
la belleza se marchita con rapidez, como una flor en otoño;
la riqueza se pierde en poco tiempo, como si de un préstamo se tratara,

y la vida es fugaz, como un relámpago en el firmamento.»

Podemos pensar que obtener una posición social elevada aporta seguridad, pero si lo analizamos con cuidado, comprobaremos que semejantes estados se caracterizan por una gran inestabilidad. Los que ocupan altos cargos tienen grandes responsabilidades, con lo cual sufren de mayor ansiedad y de muchas preocupaciones; además, tienen el sufrimiento mental de estar sometidos a continuas críticas, e incluso muchas veces el de que sus vidas corran peligro. Por ejemplo, cuando un país invade a otro o se produce una revolución, los que tienen altos cargos son los primeros en ser encarcelados o asesinados. En una sociedad democrática, los políticos pierden su popularidad y su buena reputación con facilidad.

La belleza es efímera. Incluso cuando somos jóvenes, nuestra apariencia física cambia dependiendo de nuestro estado mental. Aunque nos levantemos alegres y contentos por la mañana, al cabo de una hora, si algo nos sale mal, nos entristecemos y deprimimos. Entonces empalidecemos y perdemos toda nuestra vitalidad. Nuestro aspecto externo cambia tan a menudo como nuestra mente.

Nuestra salud física tampoco permanece estable. En un mismo día podemos gozar de buena salud por la mañana y caer enfermos por la tarde. En un momento determinado nos encontramos bien y, al cabo de un rato, comenzamos a tener molestias y buscamos cómo aliviar nuestro dolor. Cada día nuestro bienestar físico cambia muchas veces. Nuestra salud mental es también variable. Tan pronto nos ponemos a reír como nos echamos a llorar. No somos capaces de mantener una mente feliz de manera constante.

Los bienes y la riqueza se pierden con facilidad. Aunque consigamos mantenerlos durante toda la vida, al final tendremos que separarnos de ellos porque es imposible llevárnoslos a nuestra próxima existencia. Nuestros bienes y riquezas son como un préstamo que, tarde o temprano, debemos devolver.

La prosperidad y la buena fortuna son inestables. Si nuestro trabajo y negocios van bien, creemos que disfrutamos de cierta seguridad, pero sólo se necesita un pequeño cambio en el gobierno o en el ambiente en que nos movemos para que nuestro porvenir se eche a perder.

Las amistades son también inestables. Cuando entablamos una nueva amistad, al principio parece que va a durar para siempre; pero los sentimientos cambian y, a menudo, las buenas relaciones se transforman en una amarga hostilidad. Unas pocas palabras desacertadas pueden destruir la confianza y la buena comunicación entre los amigos. El menor incidente o un mal pensamiento pueden convertir nuestra amistad en celos y resentimiento. Para aquellos cuyas mentes están dominadas por las perturbaciones mentales, las amistades son inciertas y no pueden confiar mucho en ellas. Shantideva, en su *Guía de las obras del Bodhisatva*, dice:

«En un momento dado son los mejores amigos
y en el siguiente los peores enemigos.
Puesto que los seres ordinarios se enfadan hasta
  en las situaciones más dichosas,
es muy difícil complacerlos.»

Nagaryhuna, en su *Carta amistosa*, dice que en la existencia cíclica, en ocasiones, nuestro padre renace como nuestro hijo, nuestra madre como nuestra esposa, nuestro enemigo como nuestro amigo y nuestros familiares como nuestros enemigos. No hay seguridad alguna.

En cierta ocasión, un matrimonio vivía con su hijo y su nuera en la misma casa, detrás de la cual había un estanque. Al padre le gustaba mucho pescar en él, y cada día solía llevar pescado para cenar. Un buen día, llegó un forastero, se enamoró de la nuera y acabó cometiendo adulterio con ella. Cuando el hijo se enteró de lo ocurrido, mató al hombre. Puesto que el adúltero había generado mucho apego por la mujer, renació como su propio hijo. Poco después, la madre falleció y, como estaba tan apegada a su casa y a su familia, renació como el perro de la casa. Más tarde, murió el padre y, puesto que le gustaba tanto pescar, renació como un pez en su propio estanque. Entonces el hijo salió a pescar y este mismo pez fue su pesca. Lo llevó a casa y su mujer lo asó para cenar. El perro olió el pescado y se acercó a comer los restos. Mientras el hijo se comía el pescado que había sido su padre, acunaba a su propio hijo que había sido su enemigo, y echaba fuera a patadas al perro que había sido su madre. Shariputra presenció la escena con su clarividencia y declaró: «¡El samsara me hacer reír!»

Debido a que nuestras relaciones con los demás son tan variables, no hay por qué apegarse demasiado a los familiares y amigos, ni por qué ser hostiles con nuestros enemigos. Todas estas relaciones cambiarán, sólo es una cuestión de tiempo.

Cuando Shri Data, un seguidor de Buda, era laico, se llamaba Pelgye. Un buen día, se fue a pasear por la orilla del mar y encontró el esqueleto de una enorme ballena. Tan pronto como lo vio, experimentó una extraña sensación de familiaridad. Maudgalyanaputra, uno de los discípulos de Buda, comprendió lo que sentía y le dijo: «¿No te acuerdas de esta ballena? ¡Estás contemplando tu propio esqueleto!» Pelgye le preguntó: «¿Qué es lo que hice para merecer un cuerpo tan monstruoso?» Maudgalyanaputra repuso: «En una de tus vidas pasadas, fuiste un rey. Un día, mientras estabas enfrascado en uno de tus juegos, uno de tus ministros te interrumpió para preguntarte si debían ejecutar o no a un delincuente que acababan de apresar. Sin prestar demasiada atención, te limitaste a contestar: 'Sí, sí, matadlo'. Cuando terminaste de jugar, te acordaste de este asunto y le preguntaste al ministro qué había pasado con el delincuente. El ministro contestó que, conforme a tus órdenes, ya lo habían ejecutado y, entonces, sentiste un hondo arrepentimiento. Como resultado de este trágico descuido, renaciste como esta ballena y por mucho tiempo te faltó comida con la que alimentarte. Cuando estabas a punto de morir de inanición, una pequeña embarcación se acercó a ti y sus tripulantes por poco cayeron en el abismo de tu enorme boca. En ese momento, dándose cuenta del peligro que corrían, se refugiaron en Buda. Nada más oír sus oraciones pereciste. Más tarde, tu cuerpo fue arrastrado por las aguas hasta esta orilla y, como resultado de haber escuchado las oraciones de refugio, renaciste como un ser humano.»

Estas pequeñas acciones hicieron que Shri Data pasase en tres vidas de ser un rey a ser una ballena y, después, a renacer como un hombre. Contemplando este ejemplo podemos comprobar lo extremadamente variables que son las condiciones de nuestra existencia mientras estemos sometidos a los renacimientos sin control. Si no alcanzamos la liberación en esta misma vida, tendremos que sufrir una y otra vez la inseguridad de nuestros renacimientos futuros.

INSATISFACCIÓN

La mayoría de los problemas que tenemos surgen de nuestra desatinada búsqueda de satisfacción en los placeres de la existencia cíclica, cuando, de hecho, es imposible obtener verdadera felicidad a partir de ellos. Si por ejemplo nos abandonamos a la bebida para sentirnos mejor, por mucho que bebamos no lograremos satisfacción. De igual modo, si elegimos el tabaco o la consumición de otras drogas para encontrar la dicha que buscamos, nunca la hallaremos.

Si perpetuamos nuestra búsqueda de la felicidad en semejantes placeres limitados sin darnos cuenta de que vamos destinados al fracaso, desarrollaremos malos hábitos compulsivos y nos crearemos muchos problemas, tanto personales como sociales. Es posible que terminemos dañando nuestra propia salud, perjudicando y engañando a los demás o que incluso quebrantemos la ley y acabemos en la cárcel. Tendremos malas relaciones con la gente que nos rodea y nuestra dañina influencia conducirá a otros por malos caminos que perjudicarán su salud física y mental.

El origen de todas las dificultades que experimentamos en nuestras relaciones con los demás está en que no sabemos cómo sentirnos satisfechos. Las rupturas matrimoniales se deben a que cada cónyuge es incapaz de satisfacer con plenitud los deseos del otro. Si sufrimos de un gran apego, nunca nos sentiremos contentos con nuestra pareja, porque nadie puede darnos todo lo que deseamos. En ocasiones, la causa de que dos personas se separen es su propio apego. A veces, éste les impide tanto dejar a su pareja como sentirse satisfechos con esa única relación.

Si analizamos la razón que mueve a los países a iniciar una contienda bélica, nos daremos cuenta de que el motivo básico es muy simple. Los seres humanos no se contentan con la riqueza de que disponen sino que desean aumentarla sin cesar. Millones de personas han muerto en guerras provocadas por la insatisfacción colectiva de la humanidad.

Incluso aquellos que parecen poseerlo todo, nunca están satisfechos. De hecho, los más pudientes son a menudo los más insatisfechos. A medida que su riqueza aumenta, su insatisfacción lo hace también. Es raro encontrar a una persona que pueda decir con sinceridad: «No necesito nada, me siento completamente satisfecho.»

Los seres que renacemos en la existencia cíclica somos como las polillas que no se contentan sólo con contemplar el resplandor de la llama de una vela, sino que sienten la necesidad de introducirse dentro de ella. Somos como las moscas que no se sienten satisfechas con el olor de los alimentos, sino que se posan sobre ellos sólo para ahogarse y morir. Todas las situaciones peligrosas con que nos encontramos están provocadas por nuestra propia insatisfacción.

Nagaryhuna dice en su *Carta amistosa:*

«Manténte siempre satisfecho. Si te adiestras en este arte, aunque carezcas de bienes, poseerás una gran riqueza.»

Si carecemos de satisfacción, somos espiritualmente pobres aunque vivamos en la opulencia. El pobre que se siente satisfecho con lo que posee y carece de la ambición de acumular bienes, posee en realidad una gran riqueza interior. Será más feliz, tendrá menos problemas y disfrutará de mayor paz mental.

En cierta ocasión, en la India, un hombre pobre llamado Telgua encontró una joya preciosa y pensó: «¡Yo no necesito esta joya!» Se sentía satisfecho con lo que tenía cada día. «¿Quién es la persona que más necesita poseer esta joya?»

–se preguntó–. Pensó en sus amigos, que eran tan pobres como él, pero ellos tampoco tenían un gran interés en acumular bienes. Entonces se le ocurrió que debía dársela al rey porque era la persona que más la necesitaba. Cuando fue a regalársela, el rey sorprendido le preguntó: «¿Por qué practicas la generosidad conmigo?» Telgua repuso: «En realidad tú eres la persona más pobre del mundo. Posees muchos bienes, pero eres pobre de espíritu porque nunca estás satisfecho con lo que tienes. Siempre deseas obtener algo más. Por eso, se me ha ocurrido ofrecerte a ti esta joya.»

Mientras permanezcamos en la existencia cíclica, tendremos que experimentar esta sensación de insatisfacción y descontento una vida tras otra.

TENER QUE SEPARARNOS DEL CUERPO UNA Y OTRA VEZ

En cada una de nuestras incontables existencias pasadas tuvimos un cuerpo diferente. Al morir, en cada ocasión, estuvimos sometidos a los dolores de la muerte y tuvimos que separarnos de nuestro cuerpo. Yeshe Tsondru dice en su *Esencia de néctar*:

«Si toda la carne y todos los huesos de los innumerables cuerpos que hemos poseído en el pasado todavía existiesen y los amontonásemos, formarían una montaña más alta que el Monte Meru. Si recogiésemos la sangre y los fluidos de los cuerpos de todas nuestras vidas pasadas, su volumen sería mayor que el de un inmenso océano.»

En el pasado, renacimos como elevados dioses, semejantes a Indra y Brahma, y tuvimos placeres mucho mayores que los que ahora experimentamos. Moramos en hermosos palacios adornados con oro y joyas preciosas y probamos el néctar de los dioses. Disfrutamos de juegos divinos en lechos de las más exquisitos brocados y sedas. En muchas ocasiones, fuimos monarcas universales con un gran séquito y muchas posesiones preciosas a nuestra disposición. En cambio, ahora nuestros alimentos son ordinarios y, cuando alguien nos ofrece un trabajo, sentimos una gran alegría, aunque en realidad seamos como su sirviente. Nuestras posesiones son insignificantes en comparación con las que tuvimos en otras existencias. Una y otra vez perdimos nuestra gloria y magnificencia. Todos los hermosos objetos que adquirimos y las maravillosas experiencias que disfrutamos en vidas pasadas se han desvanecido como espejismos.

A menos que nos liberemos de la existencia cíclica, tendremos que padecer los sufrimientos de tener que separarnos de nuestro cuerpo una y otra vez sin elección.

TENER QUE RENACER UNA Y OTRA VEZ

El continuo de nuestra mente muy sutil no tiene principio, por lo que hemos renacido innumerables veces. Si convirtiéramos toda la tierra de este planeta en pequeños granos de arena y los echáramos uno por uno hacia el cielo diciendo: «Ésta fue mi madre en una de mis vidas pasadas», no tendríamos suficientes granos para contar todas nuestras madres.

Debido a que hemos renacido repetidas veces en la existencia cíclica, hemos padecido los dolores del nacimiento numerosas veces, así como los sufrimientos de los diversos tipos de existencias que hemos ido adquiriendo.

Asvaghosa, en su texto *Liberación del dolor*, dice que hemos renacido innumerables veces en los infiernos, donde los torturadores nos hicieron ingerir agua hirviendo. Si recogiésemos todo este agua, formaría un océano inmenso. De manera similar, hemos renacido como animales que se alimentan de basura o en forma de insectos que viven de la inmundicia tales como moscas y escarabajos. Si juntásemos todo el excremento que nutrió nuestros cuerpos, formaría una montaña más alta que el Monte Meru. Ahora, el mínimo contacto con esta sustancia nos resulta de lo más repulsivo y nos limpiamos sin poder esperar ni un momento, mientras que en el pasado fue nuestro principal sustento en innumerables vidas. Hemos nacido muchas veces como insectos y gusanos, y hemos ingerido más tierra que la que compone el planeta Tierra. Incontables veces nacimos como escorpiones y nos apareamos con otros miembros de la misma especie, pero ahora con sólo verlos nos llenamos de espanto. Tuvimos que soportar el dolor de separarnos tantísimas veces de nuestros amigos y de nuestros bienes, que no podríamos ni contarlas. Si reuniéramos todas las lágrimas que hemos derramado en vidas pasadas, formarían un inmenso océano. Hemos luchado en guerras contra nuestros enemigos y hemos muerto decapitados tantas veces, que si recogiéramos todas las cabezas que nos han cortado, no cabrían en este planeta. Del mismo modo que en el pasado padecimos estos tremendos sufrimientos, en el futuro volveremos a experimentarlos. La única manera de evitarlos es alcanzando la liberación en esta misma vida.

PERDER NUESTRA POSICIÓN SOCIAL UNA Y OTRA VEZ

En los *Sutras del vinaya*, Buda dice:

«La reunión termina en dispersión,
el ascenso en descenso,
el encuentro en separación,
y el nacimiento en la muerte.»

Todos los bienes que adquirimos a lo largo de nuestra vida los perderemos antes de morir o con la muerte misma. Aquellos que consigan una buena reputación o un elevado estado social, tarde o temprano sufrirán un declive, porque hasta las posiciones más elevadas en el samsara son como la parte superior de una rueda: una vez que hemos llegado arriba, lo único que podemos hacer es descender. En las escrituras se dice que la persona que ambiciona lograr una posición social elevada es como el que trepa a un árbol. La primera parte del árbol se sube con facilidad y con seguridad porque el tronco es grueso. La siguiente etapa es también segura porque las ramas son suficientemente fuertes, pero a medida que se asciende el peligro aumenta, pues cada vez hay menos ramas y éstas son más finas. Al final, la caída es inevitable, porque las ramas de la copa son tan finas que ya no pueden sostener el peso de una persona. Gungtang Rimpoché dice en su libro titulado *Consejos*:

> «Si trepamos al árbol de la ambición y nos agarramos a las ramas más finas de su copa, corremos el peligro de caer. Es mucho más seguro estar contentos con quedarnos sólo a mitad de camino.»

Había una vez un gobernante tibetano llamado Sangye Gyatso que administraba todo el Tíbet. Tenía fama de ser un gran erudito, pero murió ejecutado por un rey llamado Lhasang, el cual ordenó que durante quince días colgaran su cabeza sobre uno de los puentes que se encontraban cerca de Lhasa. En ese puente, los cuervos revoloteaban para picotear la carne y era un espectáculo horrible de contemplar. Su mujer y sus hijos acabaron como mendigos viviendo de la caridad ajena. Éste es el ejemplo de un hombre que en poco tiempo cayó de la posición social más elevada y respetada a la más baja y miserable. Tuvo que morir de forma repentina, violenta e indigna, mientras que cualquier hombre pobre moría en paz en su propio hogar, atendido por sus seres queridos y tratado con dignidad. Casos como éste no son hechos aislados del pasado, incluso hoy en día esta misma situación se repite en muchos países.

Cada vez que nos encontremos con una persona, podemos estar seguros de que tarde o temprano tendremos que separarnos de ella. A lo largo de nuestra vida, a menudo tenemos que separarnos de nuestros familiares y amigos. Llegará un día en que tendremos que experimentar la separación final causada por la muerte. Todo lo que se une ha de separarse, y todo nacimiento termina en defunción. Gueshe Sangpubua dijo:

> «En el samsara estamos sometidos a cambios constantes, de un estado elevado hemos de descender a otro más bajo y de uno bajo ascendemos a otro más elevado. Contemplar esta realidad me entristece.»

Si reflexionamos de este modo reconoceremos los muchos infortunios del samsara y procuraremos liberarnos de semejantes sufrimientos en el futuro alcanzando la liberación en esta misma vida.

NO TENER COMPAÑÍA

Shantideva dice en su *Guía de las obras del Bodhisatva*:

«Cuando nacemos venimos solos al mundo
y cuando morimos nos vamos solos también.
Puesto que no podemos compartir nuestro sufrimiento con los demás,
¿por qué entablar relaciones complicadas?»

Desde tiempo sin principio, hemos tenido que padecer nosotros solos los sufrimientos de cada uno de nuestros renacimientos y, a lo largo de nuestras vidas, hemos tenido que experimentar los dolores de las enfermedades, del envejecimiento y de la muerte sin un compañero con quien compartir nuestras penas. Por mucho que queramos asumir los sufrimientos de nuestros amigos, es imposible que los padezcamos nosotros. Cada persona ha de sufrir su propio dolor. Aun las personas más sociables, que tienen muchos amigos y disfrutan siempre de buena compañía, han de morir y renacer solas.

Al igual que las hojas otoñales que caen de los árboles nunca retornarán a sus ramas, nosotros, al morir, tampoco volveremos a reunirnos con los amigos de esta vida. En nuestro próximo renacimiento, ningún rostro nos resultará familiar. Tendremos unos nuevos progenitores y todos nuestros familiares y amigos serán diferentes. Si nos encontramos con los que en un tiempo dado fueron nuestros amigos, no los reconoceremos porque su aspecto será completamente distinto. Todo lo que percibamos será nuevo y extraño. Con el temor de volver a padecer estas experiencias dolorosas en vidas futuras, debemos generar un profundo deseo de alcanzar pronto la liberación.

Si meditamos en estos seis sufrimientos generales de la existencia cíclica, desarrollaremos una fuerte determinación de liberarnos de los renacimientos samsáricos. Llegaremos a pensar: «He de recordar y poner en práctica los métodos para alcanzar la liberación. Si no lo hago ahora, ¿cuándo volveré a tener esta oportunidad? Una vez que haya renacido en uno de los reinos inferiores, no podré ni siquiera pensar en liberarme del samsara.» Cuando esta resolución surja en nuestra mente con firmeza e intensidad, la mantenemos en meditación de emplazamiento para familiarizarnos con ella.

LOS SUFRIMIENTOS ESPECÍFICOS DE CADA ESTADO DE LA EXISTENCIA CÍCLICA

Su explicación consta de dos partes:

1 Los sufrimientos de los reinos inferiores.
2 Los sufrimientos de los reinos superiores.

La primera parte ya se ha explicado.

LOS SUFRIMIENTOS DE LOS REINOS SUPERIORES

Su explicación consta de tres apartados:

1 Los sufrimientos de los seres humanos.
2 Los sufrimientos de los semidioses.
3 Los sufrimientos de los dioses.

LOS SUFRIMIENTOS DE LOS SERES HUMANOS

Los sufrimientos principales de los seres humanos pueden clasificarse en siete:

1 El nacimiento.
2 La vejez.
3 Las enfermedades.
4 La muerte.
5 Separación de todo lo que nos gusta.
6 Enfrentamiento con lo que no nos gusta.
7 Fracaso en satisfacer nuestros deseos.

EL NACIMIENTO

Es posible que nos preguntemos cuál es el propósito de meditar en detalle acerca de las experiencias dolorosas que hemos sufrido en el pasado. El motivo principal es evitar el tener que padecer el mismo tipo de experiencias en el futuro. Mientras permanezcamos en la existencia cíclica, estos sufrimientos nos irán aconteciendo uno detrás de otro. Cada vez que renazcamos, tendremos que volver a padecerlos de nuevo.

En un capítulo anterior reflexionamos sobre el gran valor de nuestra preciosa existencia humana, pero debemos entender que sólo posee un verdadero valor si la utilizamos para la práctica del Dharma. En sí misma, es una verdad de los sufrimientos y no tiene cualidades especiales. Para comprender que la naturaleza de nuestra vida es sufrimiento, tenemos que reconocer los sufrimientos del nacimiento. Aunque no seamos capaces de traer a la memoria lo que experimentamos en el seno de nuestra madre o durante nuestra niñez, los sufrimientos de la existencia humana comienzan en el mismo momento de la concepción. Es evidente que un recién nacido experimenta angustia y dolor. Lo primero que hace un bebé al llegar al mundo es gemir y llorar. No es frecuente que un niño nazca con total serenidad ni con una expresión apacible y sonriente en su rostro.

La meditación sobre los sufrimientos del nacimiento consta de cinco apartados:

1 Los tremendos dolores que padecemos en el seno de nuestra madre y durante el nacimiento.
2 Los incesantes dolores que experimentamos después del nacimiento.
3 El nacimiento es la base de todos los sufrimientos de la vida.
4 El nacimiento es el fundamento de todas las perturbaciones mentales.
5 El nacimiento termina en la muerte.

LOS TREMENDOS DOLORES QUE PADECEMOS EN EL SENO DE NUESTRA MADRE Y DURANTE EL NACIMIENTO

Cuando nuestra consciencia entra en la unión del esperma de nuestro padre y del óvulo de nuestra madre, nuestro cuerpo no es más que una sustancia líquida, como una cuajada rojiza y caliente. En los primeros momentos que siguen a la concepción, no tenemos sensaciones burdas, pero, tan pronto como comenzamos a experimentarlas, se manifiesta el dolor físico. Nuestro cuerpo va endureciéndose de manera progresiva y, a medida que nuestros miembros se van desarrollando, sentimos como si alguien estuviera tirando de nuestras extremidades en una mesa de tortura.

El seno de nuestra madre es oscuro y caliente. Este pequeño y apretado espacio lleno de fluidos malolientes será nuestro hogar durante los nueve meses siguientes. Es como si estuviéramos apretujados dentro de un pequeño aljibe lleno de líquidos pestilentes y cerrado por todas partes, de forma que ni el aire ni la luz pueden entrar. Mientras permanecemos en el seno de nuestra madre sentimos mucho miedo y diversos dolores. Somos muy sensibles a todo lo que hace. Por ejemplo, si camina deprisa, nuestro cuerpecito frágil se sacude y golpea contra las paredes de su seno y sentimos pánico; si hace el amor, nos sentimos sofocados, como si nos aplastaran entre dos grandes masas pesadas y nos invade el terror; si da un pequeño salto, sentimos como si nos arrojasen al suelo desde una gran altura; si bebe algo caliente, notamos como si nos escaldaran con agua hirviendo, y si es algo frío, nos congelamos como si nos diéramos una ducha de agua helada en pleno invierno.

Al salir del seno materno, sentimos como si nos estrujaran para poder pasar a través de una estrecha hendidura entre dos piedras rocosas y entramos en un mundo extraño y hostil. Nuestra piel es tan delicada que el mero roce con cualquier objeto nos resulta doloroso. Cuando alguien nos sostiene entre sus brazos, aunque lo haga con mucha ternura, sentimos como si sus manos nos rasgaran la piel y las ropas más delicadas nos parecen abrasivas. En comparación con la suavidad del seno de nuestra madre, todo objeto táctil nos resulta doloroso y áspero. Si nos cogen en brazos, sentimos como si estuviéramos balanceándonos al borde de un gran precipicio y padecemos miedo e inseguridad. Hemos olvidado todo lo que aprendimos en nuestra vida pasada y nos sentimos confundidos, incapaces de comprender lo que nos está ocurriendo; durante las primeras semanas, es como si estuviéramos ciegos, mudos, sordos y padeciésemos de amnesia total. Cuando tenemos hambre, no podemos decir «quiero comer» y, cuando nos duele algo, no podemos decir «me duele aquí». La única manera que tenemos de expresarnos es con llantos y gestos de enojo. A menudo, nuestra madre no comprende los dolores ni el sufrimiento que estamos padeciendo. No podemos hacer nada por nosotros mismos y hemos de aprender a hacerlo todo: a comer, a sentarnos, a hablar, a caminar...

LOS INCESANTES DOLORES QUE EXPERIMENTAMOS DESPUÉS DEL NACIMIENTO

Durante las primeras semanas de nuestra vida, somos muy vulnerables y estamos indefensos, pero nuestros sufrimientos no cesan a medida que vamos creciendo, sino que seguimos experimentando diversos tipos de infortunios a lo largo de toda la vida.

EL NACIMIENTO ES LA BASE DE TODOS LOS SUFRIMIENTOS DE LA VIDA

Al igual que cuando encendemos una buena estufa en una habitación grande, el calor que se desprende se esparce por todos los rincones y todo este calor proviene de la estufa, del mismo modo, cuando nacemos en la existencia cíclica, el sufrimiento abarca todos los aspectos de nuestra vida y todas las miserias que padecemos nos acontecen por el mero hecho de haber nacido en ella. La naturaleza del nacimiento es sufrimiento, y éste constituye la base de los restantes sufrimientos de la vida.

EL NACIMIENTO ES EL FUNDAMENTO DE TODAS LAS PERTURBACIONES MENTALES

Debido a que hemos renacido como un ser humano, estimamos nuestro cuerpo y nuestra mente, y nos aferramos a ellos como si en realidad nos pertenecieran. En dependencia de nuestros agregados humanos desarrollamos la mente de autoaferramiento, que constituye la raíz de todas las perturbaciones mentales. Nuestro renacimiento humano es semejante a un campo y nuestras perturbaciones mentales a las plantas venenosas que crecen en él. Si el campo no existiera, las plantas venenosas no tendrían donde arraigarse y crecer.

EL NACIMIENTO TERMINA EN LA MUERTE

Los dolores del nacimiento y de esta existencia humana culminan en los de la muerte. La muerte surge en dependencia de nuestro nacimiento. Nuestro nacimiento y nuestra muerte forman parte del mismo continuo.

LA VEJEZ

A medida que envejecemos vamos experimentando cinco pérdidas:

1 Pérdida de la belleza y de la salud.
2 Pérdida de la fuerza física y de la vitalidad.
3 Pérdida del poder de las facultades físicas y mentales.
4 Pérdida de los disfrutes.
5 Pérdida de la longevidad.

PÉRDIDA DE LA BELLEZA Y DE LA SALUD

Buda dice en el *Sutra del gran deleite* que la vejez nos roba la belleza, la salud, la buena figura, la fina tez, la vitalidad y la comodidad. La vejez nos transforma en objetos de desprecio. Nos trae dolores indeseables y nos conduce sin demora hacia la muerte.

A medida que envejecemos, vamos perdiendo la belleza de nuestra juventud, y el cuerpo fuerte y saludable que teníamos se debilita y decae asaltado por las enfermedades. La esbelta figura de nuestra juventud, bien definida y proporcionada, se va encorvando y desfigurando; nuestros músculos y nuestra carne se arrugan y encogen de tal forma que los huesos de nuestros miembros sobresalen como si fueran estacas. Perdemos el color y el brillo del cabello y nuestra tez pierde su fino lustre. La cara se llena de arrugas y nuestros rasgos se van deformando.

PÉRDIDA DE LA FUERZA FÍSICA Y DE LA VITALIDAD

Milarepa dijo:

«¿Cómo se ponen de pie los ancianos? Se van alzando inclinados y con mucho esfuerzo como si estuvieran intentando sacar una estaca hincada en la tierra. ¿Cómo caminan los ancianos? Una vez que han conseguido ponerse en pie, tienen que caminar con cautela como si estuvieran cazando pajarillos. ¿Cómo se sientan los ancianos? Se dejan caer desplomados como una pesada bolsa a la que se le rompen las asas.»

Gungtang Rimpoché escribió los siguientes versos en un poema:

«El cabello de los ancianos se vuelve blanco,
pero no es porque se lo hayan lavado.
Es una señal de que pronto se encontrarán con el
   Señor de la Muerte.

»Su frente se llena de arrugas,
pero no es porque les sobre carne.
Es una advertencia del Señor de la Muerte que les
   dice: 'Pronto vais a morir'.

»Se les caen los dientes,
pero no es para que les salgan de nuevo.
Es una señal de que pronto no podrán ingerir
   alimentos.

»Sus rostros se vuelven feos y grotescos,
pero no es porque lleven máscaras puestas como en
   carnaval.
Es una señal de que han perdido la máscara de la
   juventud.

»Les tiembla la cabeza de lado a lado,
pero no es porque estén en desacuerdo.

Es el Señor de la Muerte que se la golpea con la porra de su mano derecha.

»Caminan con el cuerpo encorvado y mirando hacia el suelo,
pero no es porque vayan buscando agujas perdidas.
Es una señal de que buscan su belleza, sus recuerdos y bienes del pasado.

»Para ponerse en pie se apoyan sobre sus cuatro extremidades,
pero no es porque imiten a los animales.
Es una señal de que sus piernas son muy débiles para soportar su peso.

»Al sentarse, parece que caen desplomados de forma repentina,
pero no es porque estén enfadados.
Es una señal de que sus cuerpos han perdido su fuerza.

»Se tambalean al andar,
pero no es porque se crean importantes.
Es una señal de que sus piernas no pueden sostener sus cuerpos.

»Les tiemblan las manos,
pero no es porque estén ansiosos por robar.
Es una señal de que los dedos ávidos del Señor de la Muerte les están quitando sus bienes.

»Se alimentan con muy poco,
pero no es porque sean mezquinos.
Es una señal de que no pueden digerir los alimentos.

»Jadean al respirar,
pero no es porque estén susurrando mantras al oído de un enfermo.
Es una señal de que su respiración pronto cesará.»

Durante nuestra juventud pudimos viajar por todo el mundo, pero al envejecer somos casi incapaces de cruzar la calle donde vivimos. No tenemos energía para emprender ningún tipo de tarea y hemos de restringir nuestras actividades espirituales. Por ejemplo, hemos de dejar de hacer postraciones o ir de peregrinaje. No podemos asistir a los cursos de Dharma que se imparten en lugares de difícil acceso o que carecen de buenas comodidades. No podemos ayudar a los demás si ello implica fuerza física y buena salud. Limitaciones como éstas son las que entristecen a los ancianos.

PÉRDIDA DEL PODER DE LAS FACULTADES FÍSICAS Y MENTALES

Al envejecer nos volvemos ciegos y sordos. Vamos perdiendo la vista y cada vez necesitamos gafas con cristales más gruesos, hasta el punto de que ni con ellas podemos leer. Nuestro oído se va endureciendo y no podemos escuchar música, ni oír la televisión, o lo que alguien nos dice con claridad. Vamos perdiendo la memoria. Cada vez nos cuesta más llevar a cabo todas nuestras actividades, ya sean mundanas o espirituales. Si meditamos, no alcanzamos muchas realizaciones porque nuestra memoria y concentración son muy débiles y nos cuesta permanecer despiertos durante la meditación. Perdemos la agudeza de nuestra inteligencia y, cuando intentamos estudiar algo, necesitamos mucho tiempo para comprenderlo. Por consiguiente, si durante la juventud no aprendemos y practicamos el Dharma, lo único que podremos hacer en nuestra vejez será arrepentirnos y esperar la visita del Señor de la Muerte.

PÉRDIDA DE LOS DISFRUTES

No podemos obtener el mismo placer de las cosas que disfrutábamos anteriormente, como pueden ser los alimentos, las bebidas o las relaciones sexuales. Nos sentimos débiles para practicar deportes o jugar y, a menudo, estamos demasiado cansados para disfrutar de cualquier diversión.

PÉRDIDA DE LA LONGEVIDAD

A medida que nuestra vida se va acortando, no podemos involucrarnos en las actividades de los jóvenes. Cuando se van de viaje, nos tenemos que quedar atrás. Nadie quiere llevarnos consigo ni nadie quiere visitarnos. ¡Ni siquiera nuestros nietos quieren pasar mucho tiempo a nuestro lado! Los ancianos, a menudo, piensan: «¡Qué maravilloso sería si estuviera rodeado de gente joven! Podríamos ir de paseo y les podría enseñar tantas cosas...», pero los jóvenes no tienen ningún interés en incluirlos en sus planes. Cuando la vida les llega a su fin, a los ancianos les embarga la pena y la angustia de la soledad y de sentirse olvidados. Aparte de estos sufrimientos particulares, tienen muchos otros más.

LAS ENFERMEDADES

En el *Sutra del gran deleite* se dice que, así como el viento y la nieve ocultan la belleza de los verdes prados, de los bosques, de sus árboles y plantas, asimismo las enfermedades roban el esplendor juvenil de nuestro cuerpo, destruyendo su vigor y el poder de sus facultades.

Cuando padecemos enfermedades experimentamos cinco sufrimientos principales:

1 Pérdida del poder y control sobre las funciones de nuestro cuerpo.
2 Aumento de la tristeza.
3 Pérdida de los disfrutes.
4 Tener que experimentar lo que no deseamos.
5 Conocimiento de que nuestra enfermedad es incurable y nuestra vida llega a su fin.

PÉRDIDA DEL PODER Y CONTROL SOBRE LAS FUNCIONES DE NUESTRO CUERPO

Aunque, por lo general, gocemos de buena salud, cuando caemos enfermos nos vemos obligados de repente a abandonar las actividades físicas que efectuamos normalmente. Hasta el más grande campeón mundial de boxeo, capaz de derrotar a todos sus contendientes, queda indefenso cuando caiga enfermo.

Al enfermar, somos como el pájaro que vuela alto en el cielo y que, de repente, cae herido por un disparo, y en un instante pierde toda su gloria y poder. De manera similar, la menor de las dolencias puede incapacitarnos de forma imprevista. Si tenemos una enfermedad grave, dependemos de los demás para hacer cualquier cosa, y perdemos la facultad de controlar nuestras funciones físicas. Estos cambios son difíciles de aceptar para todos nosotros, especialmente para aquellos que de manera habitual se enorgullecen de ser independientes y de tener buena salud.

AUMENTO DE LA TRISTEZA

Si caemos enfermos, no podemos continuar con nuestros trabajos diarios ni completar las tareas que nos habíamos propuesto, y por ello nos sentimos frustrados. Nos impacientamos con facilidad con nuestra dolencia y nos deprimimos al pensar en las cosas que no podemos hacer. Además de dichas penas, tenemos que padecer todos los dolores físicos propios de la enfermedad.

PÉRDIDA DE LOS DISFRUTES

Cuando estamos enfermos, no podemos disfrutar de las cosas que antes nos proporcionaban placer, como hacer deporte, bailar o saborear la comida que más nos gusta. Tampoco tenemos energía para participar en las actividades de nuestros amigos ni disfrutar de su compañía. Todas estas limitaciones nos hacen sentirnos todavía más desdichados.

TENER QUE EXPERIMENTAR LO QUE NO DESEAMOS

Cuando caemos enfermos, no sólo tenemos que experimentar los dolores indeseables propios de la enfermedad, sino que también tenemos que soportar muchas otras cosas que detestamos. Por ejemplo, hemos de aceptar la cura prescrita, ya sea tomar unas medicinas de mal sabor, ponernos inyecciones, someternos a una operación, o tener que privarnos de aquello que más nos gusta. Si tenemos que someternos a una operación quirúrgica, estaremos obligados a aceptar todos los riesgos que ello implica. Tendremos que comer cosas que no nos apetecen, y estar en la cama todo el día sin hacer nada, sumergidos en una continua ansiedad imaginando cómo será la operación que nos espera. Lo más probable es que nuestro médico no nos dé ninguna explicación clara acerca de nuestra dolencia, ni su opinión acerca de si vamos a sobrevivir o no.

CONOCIMIENTO DE QUE NUESTRA ENFERMEDAD ES INCURABLE Y NUESTRA VIDA LLEGA A SU FIN

Si nos dicen que nuestra enfermedad es incurable y no hemos utilizado nuestra vida para la práctica del Dharma, nos invadirá el arrepentimiento, el miedo y la angustia. Es muy posible que nos deprimamos, que nos enfademos con la enfermedad pensando que es un enemigo maligno que con crueldad nos ha despojado de toda nuestra alegría de vivir, y que finalmente perdamos toda esperanza.

LA MUERTE

Al morir experimentamos cinco sufrimientos principales:

1 Separación de nuestros bienes.
2 Separación de nuestros amigos.
3 Separación de las personas con quienes vivimos y trabajamos.
4 Separación de nuestro cuerpo.
5 Padecimiento de dolores físicos y mentales.

SEPARACIÓN DE NUESTROS BIENES

Si durante nuestra vida hemos trabajado con ahínco para acumular bienes y nos sentimos apegados a ellos, al morir sufriremos al pensar: «Ahora tengo que dejar atrás mis preciadas posesiones.» Incluso ahora mismo nos cuesta mucho, en ocasiones, prestar a otros las cosas que más valoramos y mucho más regalarlas. Si esto es lo que nos ocurre ahora, cuando muramos, al ver que vamos a perderlas de manera definitiva, nos sentiremos impotentes y amargados.

SEPARACIÓN DE NUESTROS AMIGOS

A la hora de la muerte tendremos que separarnos incluso de nuestros amigos más íntimos y de nuestro cónyuge, aunque hayamos pasado juntos la mayor parte de nuestras vidas y no haya habido ni un solo día en el que nos hayamos separado el uno del otro. Si estamos apegados a nuestros amigos, cuando se avecine la muerte nos invadirá la pena y la angustia; pero lo único que podremos hacer, si alguno de ellos está presente, será cogernos de su mano mientras morimos. No podremos detener el proceso de la muerte, aunque nos suplique que no nos muramos. Por lo general, si estamos encariñados con una persona y se marcha con otra, aunque sea por poco tiempo, enseguida sentimos celos; pero cuando muramos, tendremos que separarnos de este amigo o amiga y de todas las demás personas para siempre.

SEPARACIÓN DE LAS PERSONAS CON QUIENES VIVIMOS Y TRABAJAMOS

La muerte nos separa de nuestro Guía Espiritual, de nuestra familia y de todos aquellos que nos ayudaron en vida.

SEPARACIÓN DE NUESTRO CUERPO

Cuando vayamos a morir tendremos que separarnos de este cuerpo que tanto estimamos y que hemos cuidado durante años. Se convertirá en una masa de carne y huesos, inerte e inconsciente, que habrá que incinerar o enterrar bajo tierra.

PADECIMIENTO DE DOLORES FÍSICOS Y MENTALES

Si no hemos practicado el Dharma ni cultivado acciones virtuosas, en el momento de la muerte nos embargará el miedo y la angustia además del sufrimiento físico.

Para meditar acerca de los sufrimientos de la muerte, podemos reflexionar sobre las señales de la muerte que tendremos que experimentar sin elección. Cuando nuestra consciencia se separe del cuerpo, llevará consigo todas las semillas que plantamos en nuestra mente al cometer tanto acciones buenas como malas. Aparte de estas semillas, no podremos llevarnos nada más de este mundo. El resto de las cosas nos defraudan. La muerte acaba con todas nuestras actividades: las conversaciones, los almuerzos, las reuniones con los amigos y hasta con nuestro sueño. Todo esto se acabará el mismo día de nuestra muerte y nos veremos forzados a dejarlo todo atrás, hasta los anillos que llevemos puestos en los dedos.

En el Tíbet, los vagabundos solían llevar una porra para defenderse de los perros. Para comprender el despojo total que conlleva la muerte, los tibetanos suelen decir que a la hora de la muerte los vagabundos tienen que dejar hasta su propia porra, el objeto más miserable de un ser humano. En los cementerios, podemos ver que la única posesión de los muertos es su nombre grabado en una losa.

Podemos contemplar el buen ejemplo del Príncipe Sidharta, que podía haber tenido todo lo que se le hubiera antojado en este mundo. En el reino de su padre, había grandes riquezas y se esperaba que el Príncipe Sidharta fuese el futuro rey. Sus padres le ofrecían continuos disfrutes y le presentaban hermosas doncellas. Un día, el Príncipe Sidharta salió de los limites del palacio y vio un enfermo, un anciano, un cadáver y un monje. Estos encuentros le hicieron generar un sincero interés en el Dharma y, en consecuencia, se retiró al bosque a meditar. Su padre intentó disuadirle de su vida contemplativa, pero el Príncipe dijo: «Si puedes garantizarme que no tendré que padecer los sufrimientos de las enfermedades, la vejez, la muerte y el renacimiento, me quedaré en palacio y heredaré tu reino. ¿Conoces el método perfecto que me pueda proteger de todos estos peligros? Si lo tienes, por favor, enséñamelo y viviré feliz aquí. Pero si no lo posees, no habrá nada en esta vida mundana que pueda ofrecerme verdadera protección de estos cuatro ríos de sufrimiento. Ni siquiera mi querida madre podrá ampararme de estas miserias. Solamente el Dharma ofrece protección; por lo tanto, he de practicar el Dharma.» Puesto que su padre era incapaz de proporcionarle el método para obtener la libertad perfecta, el Príncipe permaneció en el bosque y, por medio de la práctica del Dharma, alcanzó la iluminación y reveló el método a través del cual todos los seres sintientes pueden lograr el mismo estado.

SEPARACIÓN DE TODO LO QUE NOS GUSTA

Antes de la despedida final producida por la muerte, a menudo tenemos que separarnos temporalmente de las personas que amamos y de las cosas que nos gustan. Unas veces nos vemos obligados a salir de nuestro país de origen donde tenemos a nuestros familiares y amigos, y otras veces perdemos nuestro puesto de trabajo. En cualquier momento podemos perder nuestra buena reputación. ¡Cuántas veces en la vida hemos de padecer la pena de tener que separarnos de nuestros seres queridos o de perder o tener que abandonar las cosas que más apreciamos! En el momento de la muerte pasamos por todas estas experiencias, pero nuestra despedida no es temporal sino definitiva.

ENFRENTAMIENTO CON LO QUE NO NOS GUSTA

A menudo, tenemos que relacionarnos con gente que no nos gusta o enfrentarnos con situaciones que nos resultan desagradables. A veces nos encontramos en medio de situaciones peligrosas, como un incendio o una inundación, o nos vemos atrapados en un suceso violento, como una revuelta o una disputa. Aunque en la vida diaria no siempre nos encontramos con situaciones tan extremas, todavía hemos de padecer numerosas adversidades. Algunas veces, se nos impide llevar a cabo las cosas que nos gustaría hacer. Nos preparamos para ir a la playa en un día soleado, pero de manera inevitable acabamos pasando casi todo el tiempo metidos en el coche en medio de un atasco de tráfico. A menudo los espíritus nos dañan e interfieren en nuestra meditación y demás prácticas espirituales. Las condiciones que nos impiden hacer lo que deseamos son innumerables. Nuestra situación en el samsara es como si estuviéramos sobre un matorral de espinos, donde sea que nos movamos nos herirán las circunstancias. Las personas y las cosas son como espinas que se nos clavan en la carne y ninguna situación nos resulta cómoda del todo. Cuanto mayores sean nuestros deseos y planes, más frustraciones tendremos. Cuanto más ansiemos disfrutar de una determinada situación, más deprimidos nos sentiremos al encontrarnos con problemas que no esperábamos. Parece como si cada deseo atrajese su propio obstáculo. Las situaciones indeseables nos acontecen sin necesidad de buscarlas. De hecho, las únicas cosas que obtenemos sin esfuerzo son las que no deseamos, y sólo aquello que no deseamos es lo que nos llega con facilidad. Nadie quiere morir, pero la muerte acontece sin que vayamos a buscarla. A nadie le gusta enfermar, pero las enfermedades nos asaltan sin hacer tampoco ningún esfuerzo. Si renacemos sin libertad ni control, tendremos un cuerpo impuro y habitaremos en lugares impuros y nos ocurrirán todo tipo de cosas desagradables. Estas experiencias son completamente normales en la existencia cíclica.

FRACASO EN SATISFACER NUESTROS DESEOS

Todos tenemos muchos deseos, algunos son imposibles de cumplir y otros, cuando los conseguimos, no nos proporcionan la satisfacción que esperábamos encontrar en ellos. Por ejemplo, si nuestro deseo es hacernos ricos y llegamos a serlo algún día, nuestra vida no transcurrirá del modo en que imaginábamos y tampoco nos sentiremos satisfechos por completo. Ello se debe a que nuestros deseos no disminuyen a medida que nuestra riqueza aumenta. Cuanto más nos enriquecemos, mayores son nuestros deseos. No podemos hallar la riqueza que buscamos, porque por muy grande que sea, nuestros deseos nunca quedarán satisfechos. Por si fuera poco, al esforzarnos en obtener el objeto anhelado creamos aún más causas de insatisfaccion. Además, cada cosa que deseamos lleva implícita muchas otras que no nos gustan.

La riqueza, por ejemplo, trae consigo inseguridad, el pago de impuestos y asuntos financieros de cierta complejidad. Estas implicaciones desagradables nos impiden sentir que tenemos realmente lo que queremos. De manera similar, si nuestro sueño es pasar unas vacaciones en los Mares del Sur, aunque lo consigamos, no lograremos satisfacer del todo nuestras expectativas y, además, tendremos que sufrir otros inconvenientes como, por ejemplo, las quemaduras del sol y los gastos del viaje.

Si reflexionamos con cuidado, nos daremos cuenta de que nuestros deseos son desmesurados. Queremos lo mejor del samsara: el mejor puesto de trabajo, el mejor compañero, la mejor reputación, la mejor casa, el mejor automóvil y las mejores vacaciones. Todo lo que no sea «lo mejor» nos deja con una sensación de desencanto. De esta manera, seguimos buscando sin encontrar lo que deseamos. Pero ningún objeto impermanente puede darnos la satisfacción plena y perfecta que buscamos. Cosas mejores se producen a cada momento. Por todos lados, encontramos anuncios de nuevos productos que acaban de salir al mercado; pero, pocos días después, la última innovación del mismo producto es mucho mejor que la anterior. La producción de cosas nuevas con el propósito de incrementar nuestros deseos no tiene fin.

Los niños, en el colegio, tampoco logran satisfacer sus deseos ni las expectativas de sus padres. Aunque consigan ser los primeros de la clase, no se sienten del todo satisfechos a menos que logren las mismas calificaciones al año siguiente. Si en el futuro tienen éxito en su trabajo, su ambición seguirá creciendo. Nunca consiguen descansar conformándose con lo que hayan logrado.

Quizá pensemos que las personas que llevan una vida sencilla en el campo deben estar contentas; pero, tras un pequeño análisis, comprobaremos que los granjeros igualmente buscan, pero no encuentran lo que desean. Sus vidas están llenas de problemas y ansiedades, y no disfrutan de paz ni de satisfacción verdaderas. Sus medios de vida dependen de muchos factores inestables que no pueden controlar, como por ejemplo el clima. Los granjeros tienen la misma insatisfacción que los ejecutivos que trabajan y viven en la ciudad. Los hombres de negocios pueden ir muy bien vestidos y dar la imagen de ser muy eficientes cuando los vemos dirigirse a sus oficinas con sus maletines en la mano, pero las apariencias engañan porque, a pesar de su buen aspecto exterior, en su interior arrastran muchas insatisfacciones y siguen buscando, sin encontrar lo que desean.

Si reflexionamos sobre este punto, es posible que lleguemos a la conclusión de que sería posible encontrar lo que buscamos si abandonásemos todo lo que poseemos. Pero si observamos lo que ocurre a nuestro alrededor, veremos que la gente pobre también busca cosas que no encuentra. De hecho, los pobres no disponen de las necesidades básicas para subsistir. No podremos evitar este continuo fracaso en satisfacer nuestros deseos aunque cambiemos las circunstancias de nuestra vida con frecuencia. Aunque cambiemos a menudo de pareja, de trabajo, o viajemos continuamente e incluso demos la vuelta al mundo teniendo un nuevo amante en cada país, seguiremos sin encontrar lo que deseamos. Pronto estaremos buscando otro lugar diferente y otro nuevo amante. En el samsara no existe la verdadera satisfacción de los deseos.

El Séptimo Dalai Lama dijo:

«Todas las personas, ya sean de alta o de baja posición social, laicos o monjes, hombres o mujeres, sólo se diferencian en su apariencia, vestimentas, conducta y posición social. En esencia, todos son iguales porque todos tienen problemas en la vida.»

Cada vez que tenemos un problema, es muy fácil pensar que ha sido producido por las circunstancias y que si cambiasen, nuestro problema desaparecería. Culpamos a otras personas, a nuestros amigos, a los alimentos, al gobierno, al tiempo, al clima, a la sociedad, a la historia o a cualquier otra cosa. No obstante, las circunstancias externas no constituyen la causa principal de nuestros problemas. Éstos sólo son el producto de nuestras propias acciones que cometimos en el pasado, y una vez que sus resultados han madurado no hay manera de evitarlos. Por lo tanto, en vez de intentar escapar de nuestros problemas huyendo y creando una nueva situación, hemos de reconocer que estas experiencias dolorosas no son más que la consecuencia de nuestras propias acciones perjudiciales y desarrollar un profundo deseo de abandonar sus causas. En otras palabras, la respuesta más constructiva a nuestros problemas es generar una mente sincera de renuncia, reconociendo que la naturaleza misma de la existencia cíclica son los sufrimientos que nosotros mismos nos creamos.

Si meditamos acerca de estos siete tipos de sufrimiento, llegaremos a pensar de la siguiente manera:

He padecido estos mismos sufrimientos una y otra vez, y si no alcanzo la liberación, tendré que volver a experimentarlos en el futuro. Por lo tanto, tengo que liberarme de la existencia cíclica.

Cuando hayamos generado este pensamiento con claridad y firmeza, nos concentramos en él en meditación de emplazamiento.

LOS SUFRIMIENTOS DE LOS SEMIDIOSES

Los semidioses son parecidos a los dioses, pero sus cuerpos, bienes y entornos son inferiores. A pesar de que su posición dentro del samsara es superior a la de los seres humanos, no disfrutan de felicidad pura. Nagaryhuna, en su *Carta amistosa*, dice que la característica de los semidioses es sentirse celosos de la gloria de los dioses y por ello padecen un profundo sufrimiento mental. A pesar de que son inteligentes, tienen obstáculos kármicos que les impiden percibir la realidad.

Debido a sus fuertes obstrucciones mentales kármicas, no pueden comprender la naturaleza última de la realidad. En consecuencia, mientras que los habitantes de los reinos de los dioses y de los humanos pueden convertirse en Seres Superiores, los semidioses carecen de esta oportunidad. La mayoría de los problemas que padecen los seres humanos tienen su origen en el apego, mientras que la principal aflicción mental de los semidioses son los celos. Estos celos son como espinos que continuamente les rasgan la piel y les hacen padecer sufrimientos físicos y mentales durante largos períodos de tiempo. Los semidioses no pueden soportar el contemplar las buenas cualidades de los dioses ni oír hablar de ellas, y se enzarzan en continuas querellas y contiendas contra ellos, aunque acaban siempre derrotados. Malgastan casi toda su vida peleando y, cuando pierden la batalla, los dioses les cortan la cabeza, los brazos y las piernas. Vemos pues, que la paz no existe en el reino de los semidioses.

LOS SUFRIMIENTOS DE LOS DIOSES

Si pensamos que debe de ser maravilloso renacer como un dios, hemos de saber que en realidad los dioses tampoco disfrutan de verdadera felicidad. Los dioses del reino del deseo tienen que defenderse en las contiendas contra los semidioses y muchos de ellos pierden la vida. Algunos dioses no tienen tantos méritos como otros y, cuando uno de ellos se encuentra cerca de otro que es más afortunado, se hunde compungido en una profunda depresión. Los dioses más afortunados a menudo seducen a las mujeres de los más débiles. Los dioses experimentan una insatisfacción continua y sus vidas están repletas de conflictos. Además, aunque disfruten de algunos placeres, sus deseos son insaciables.

Los dioses del reino del deseo tienen más sufrimiento mental que los seres humanos. En el caso de éstos últimos, el sufrimiento de la vejez dura varios años y los dolores de la muerte son más cortos. Con los dioses del deseo ocurre precisamente lo contrario. Durante un breve período de tiempo, justo después de haber renacido en el reino del deseo, pueden recordar su vida pasada y el lugar donde renacieron y, justo antes de morir, pueden ver dónde van a renacer. Por esta razón, a estos dioses se les denomina «los seres de las tres ocasiones», indicando así que pueden percibir situaciones del pasado, del presente y del futuro. El conocimiento que tienen acerca de su próximo renacimiento a la hora de morir les llena de angustia, porque la mayoría de ellos ven que van a renacer en los reinos inferiores. Todas las cosas buenas que se pueden experimentar en el samsara son los frutos de obras virtuosas. Pero, al disfrutarlas, consumimos nuestro poder meritorio. Debido a que los dioses gozan de tanta abundancia y prosperidad, acaban pronto con sus méritos acumulados y, mientras permanecen en este reino, no pueden reponerlos porque son incapaces de generar la motivación de realizar acciones virtuosas. Al estar rodeados de los mayores disfrutes, de entornos maravillosos, de hermosos jóvenes y de todo tipo de diversiones, carecen de incentivo para practicar el Dharma.

Cuando están a punto de morir, los dioses reciben diez señales: su esplendorosa belleza y tez fina comienzan a decaer; se sienten incómodos en sus lujosos asientos; las guirnaldas de flores con que se adornan se van marchitando; por vez primera, sus vestimentas despiden malos olores; empiezan a sudar; la luz brillante de sus cuerpos se vuelve opaca; retienen la humedad después de bañarse; sus vestimentas y ornamentos emiten sonidos desagradables; les pestañean los ojos sin control, cuando normalmente los mantienen siempre bien abiertos; y la atracción que solían sentir hacia una gran variedad de objetos ahora se reduce a un solo objeto, como puede ser un lugar determinado o un amigo.

Cuando los dioses perciben estas señales de la muerte, sienten el mismo temor que nosotros cuando corremos el peligro de caer por un precipicio. Ven que se precipitan hacia el abismo de los reinos inferiores. Por si fuera poco, los demás dioses no les comprenden ni les consuelan, sino que les tratan con desprecio. Su mayor gesto de amabilidad consiste en echarles flores desde lejos. El espacio de vida de un dios es mucho mayor que el de un ser humano y los sufrimientos de su muerte duran unos trescientos años humanos, pero pueden durar hasta un millar de años. Por todo ello, se dice que es mejor ser un humano anciano que pueda recitar un mantra como OM MANI PEME HUM, que ser un dios en plena lozanía.

Los dioses del reino de la forma y del inmaterial no experimentan las señales de la muerte, no luchan en contiendas, ni padecen dolores físicos ni insatisfacción. No obstante, experimentan el llamado «sufrimiento subyacente» y carecen de libertad. Finalmente, al igual que los dioses del reino del deseo, acaban renaciendo en uno de los reinos inferiores. Por lo tanto, los dioses del reino de la forma y del inmaterial, a pesar de poseer los estados de existencia más afortunados dentro del samsara, tampoco disfrutan de felicidad pura ni duradera.

LAS TRES CLASES DE SUFRIMIENTO

La verdad de los sufrimientos comprende tanto los sufrimientos externos como los internos. Los externos son aquellos que están fuera del continuo físico y mental de un ser sintiente, por ejemplo, los diversos entornos y disfrutes de los seres del samsara. Los internos son los que forman parte del continuo físico y mental de los seres de la existencia cíclica, como son nuestro propio cuerpo y mente. Los sufrimientos internos verdaderos constituyen el samsara, y pueden dividirse en tres clases:

1 El sufrimiento del dolor manifiesto.
2 El sufrimiento del cambio.
3 El sufrimiento subyacente.

EL SUFRIMIENTO DEL DOLOR MANIFIESTO

Se refiere a cualquier sensación dolorosa física o mental. Este tipo de sufrimiento se reconoce con facilidad, pero los otros dos son más difíciles de reconocer.

EL SUFRIMIENTO DEL CAMBIO

Todas las experiencias de felicidad o de placer que disfrutan los seres del samsara constituyen el sufrimiento del cambio. Estas experiencias están contaminadas y su naturaleza es el dolor. La comprensión de este hecho requiere de repetidas meditaciones, porque no es obvio que los placeres del samsara sean, en realidad, sufrimientos del cambio.

Para lograr un mayor entendimiento de este tema, consideremos la siguiente analogía: Si padecemos de fuertes dolores y tomamos los analgésicos que nos prescribe nuestro médico, dejaremos de sufrir estas molestias durante un cierto tiempo. En realidad, lo que experimentamos no es más que una reducción del dolor; pero debido a que los dolores más intensos han cesado, tenemos una sensación de bienestar y nos sentimos más aliviados. Esta sensación placentera es sufrimiento del cambio.

Para clarificarlo, consideremos la explicación que Aryadeva da en su *Tratado de cuatrocientas estrofas*:

«A pesar de que es evidente que el aumento de la felicidad se destruye (por su causa), no lo es el hecho de que el aumento del sufrimiento también se destruya (por su causa).»

Si aumentamos la causa de nuestra felicidad mundana, ésta se convertirá en sufrimiento; pero si incrementamos la causa del sufrimiento, éste nunca se transformará en felicidad. Por ejemplo, si degustamos un delicioso manjar, al principio nuestro placer irá en aumento; pero si seguimos comiendo, este placer pronto se convertirá en dolor. Si el placer que sentimos al comer fuese verdadera felicidad, el tomar alimentos debería ser una verdadera causa de felicidad; pero no es así, puesto que si seguimos comiendo sin moderación, acabaremos con una seria indigestión, y una verdadera causa de felicidad nunca puede producir sufrimiento. La sensación agradable que tenemos al comer no es más que la mera disminución de nuestro hambre. Al cabo de un rato, volveremos a padecer el sufrimiento manifiesto del hambre. Si comemos más y más, el mero hecho de comer, aunque anteriormente fuese la causa de nuestro placer, acabará con el bienestar que sentíamos al principio y nos causará dolor. Además, aunque sigamos comiendo, por mucho que lo hagamos no aliviaremos el dolor producido por comer en exceso.

De manera similar, si nos sentamos en una misma posición por mucho tiempo y después nos levantamos, tendremos la sensación de que el mero hecho de levantarnos produce cierto bienestar; pero si permanecemos de pie durante unas horas, sentiremos que al final se hace insoportable. Si entonces nos volvemos a sentar, nos parecerá que estar sentados es la causa de felicidad. Ni el levantarse ni el sentarse constituyen verdaderas causas de felicidad porque ambas son causas del sufrimiento del cambio.

Lo mismo ocurre con todos los demás placeres mundanos. Hay quien piensa, por ejemplo, que la felicidad verdadera se encuentra en el placer del orgasmo sexual; pero si esto fuera cierto, cuanto más nos dedicáramos a las prácticas sexuales, más gozo deberíamos experimentar. De hecho, si nos excedemos en tales actividades, llegará un momento en que dejaremos de tener deseos y empezaremos a sentirnos enfermos. Por lo tanto, el orgasmo sexual no puede constituir una causa de verdadero gozo. Es también una causa del sufrimiento del cambio.

EL SUFRIMIENTO SUBYACENTE

Buda dijo:

«La persona pueril no se da cuenta de que el sufrimiento subyacente es como un cabello en la palma de la mano.»

«La persona pueril» se refiere a los seres ordinarios que no comprenden lo que no pueden ver con sus propios ojos o experimentar de forma directa. Al igual que el cuerpo de un niño es frágil y delicado, la mente del ser ordinario es débil e incapaz de discernir con claridad. Si ponemos un cabello sobre la palma de la mano de un ciego, no se dará cuenta de que está ahí porque no puede verlo ni sentirlo. Los seres ordinarios son como este invidente porque, a pesar de que el sufrimiento subyacente existe en nuestro propio cuerpo y mente, no podemos comprenderlo de forma directa debido a que es un objeto oculto para nosotros.

El sufrimiento subyacente recibe este nombre porque impregna por completo los tres reinos, desde el nivel más bajo del reino del deseo, el Infierno de los Tormentos Incesantes, hasta el más elevado del reino inmaterial, la Cima de la Existencia Cíclica, y constituye la base a partir de la cual surgen todos los sufrimientos verdaderos, externos e internos. Un ejemplo del sufrimiento subyacente son los agregados contaminados que ahora poseemos. Estos cinco agregados constituyen la base sobre la que designamos al «yo», el cual a su vez es la base del aferramiento propio. Éste y todas las demás perturbaciones mentales y los padecimientos que éstas producen, surgen de los cinco agregados. La naturaleza de los agregados apropiados de todos los seres de la existencia cíclica es sufrimiento, y se dice que están contaminados por tres razones: porque están producidos a partir de causas contaminadas –los engaños mismos–, porque dependen de perturbaciones mentales y porque constituyen la base para generarlas. A nuestros agregados apropiados se les denomina «agregados» porque están compuestos de muchas partes. Nuestro cuerpo es un agregado de muchas partes tales como los miembros; y nuestra mente es un agregado de muchas partes, como los factores mentales, sus momentos pasados y presentes, etc. Se les llama «apropiados» porque se han desarrollado, o nos los hemos apropiado, dependiendo de causas engañosas. También reciben el nombre de «agregados perturbadores o engañosos» porque constituyen la base sobre la cual generamos perturbaciones mentales, al igual que se dice que una planta con la que se puede elaborar una medicina es una planta medicinal.

Los agregados apropiados son como las raíces de un árbol. A partir de estas raíces se desarrolla el tronco de nuestra aprehensión de un sentido del yo y de lo mío, el tronco del aferramiento propio. De este tronco se desarrollan las ramas y otras perturbaciones mentales y, de éstas últimas, los brotes de las acciones y los frutos de los sufrimientos. Así como el árbol, su tronco, sus ramas, brotes y frutos tienen básicamente la misma naturaleza sustancial, del mismo modo, la naturaleza de los agregados apropiados, las perturbaciones mentales y las acciones contaminadas es sufrimiento. Los sufrimientos de los seres de los reinos infernales, de los espíritus ávidos, de los animales, de los seres humanos, de los dioses y de los semidioses surgen de sus respectivos agregados apropiados. Por lo tanto, si deseamos liberarnos de los diversos sufrimientos de la existencia cíclica, tenemos que tomar la determinación de abandonar los agregados apropiados. Nuestros agregados apropiados son como un matorral de espinos que acarreamos sobre la espalda. Mientras llevemos esta carga, el sufrimiento será inevitable. A cada paso que demos, los espinos se clavarán más hondo en nuestra piel.

Por lo general, cuando pensamos en nuestro cuerpo y en nuestra mente, generamos la mente de autoestima; pero si meditamos varias veces sobre el sufrimiento subyacente, comprenderemos que la naturaleza de todos los agregados contaminados o apropiados es sufrimiento. Entonces generaremos la mente de renuncia, el deseo de abandonar los agregados contaminados porque constituyen la base de todo sufrimiento.

La meditación analítica sobre los sufrimientos generales y específicos de la existencia cíclica nos hará tomar la firme determinación de cortar el continuo de los renacimientos cíclicos, pensando: «He de abandonar los agregados apropiados.» Cuando generemos con claridad este pensamiento de renuncia, la mente que decide alcanzar la liberación, debemos concentrarnos en él en meditación de emplazamiento para consolidarlo.

Las perturbaciones mentales y las acciones, la muerte y el renacimiento

EXPLICACIÓN PRELIMINAR PARA ESTABLECER EL CAMINO QUE CONDUCE A LA LIBERACIÓN

Consta de dos partes:

1 Desarrollo de las perturbaciones mentales y de las acciones, de la muerte y del renacimiento.
2 Explicación de los doce vínculos dependientes relacionados.

La verdadera liberación o el *nirvana* es la cesación final de los renacimientos cíclicos que se alcanza por medio de la meditación en los caminos verdaderos. Esta liberación es nuestra meta principal. Para alcanzarla, tenemos que eliminar todas las perturbaciones mentales y las acciones contaminadas, ya que ambas son la fuente de los renacimientos cíclicos. Debido a que es de suma importancia comprender que las perturbaciones mentales y las acciones constituyen las causas principales de los renacimientos cíclicos, y entender también el proceso de generación de dichos renacimientos, estos temas se explicarán a continuación.

DESARROLLO DE LAS PERTURBACIONES MENTALES Y DE LAS ACCIONES, DE LA MUERTE Y DEL RENACIMIENTO

Su explicación tiene seis apartados:

1 Identificación de las perturbaciones mentales.
2 Etapas del desarrollo de las perturbaciones mentales.
3 Las causas de las perturbaciones mentales.
4 Los peligros de las perturbaciones mentales.

5 La manera en que las acciones dependen de las perturbaciones mentales.
6 El modo en que morimos y renacemos.

IDENTIFICACIÓN DE LAS PERTURBACIONES MENTALES

Consta de dos partes:

1 Definición de la perturbación mental.
2 Las seis perturbaciones mentales.

DEFINICIÓN DE LA PERTURBACIÓN MENTAL

La perturbación mental se define como un factor mental que surge de la atención impropia y cuya función es turbar la mente y descontrolarla.

LAS SEIS PERTURBACIONES MENTALES

A pesar de que las perturbaciones mentales son innumerables, podemos distinguir seis que son llamadas raíz y el resto que son sus ramificaciones. Las seis perturbaciones mentales raíz son:

1 Apego.
2 Odio.
3 Orgullo perturbador.
4 Ignorancia.
5 Duda perturbadora.
6 Creencia perturbadora.

Estas perturbaciones mentales constituyen la base de todas las faltas y aflicciones, así como de las acciones contaminadas que nos arrojan a los estados de los renacimientos cíclicos.

Es fácil comprobar por propia experiencia cómo el odio o el apego generados con intensidad perturban la mente y nos hacen perder el control sobre nosotros mismos. Por ejemplo, cuando estamos relajados y nuestra mente está serena, si alguien comienza a hacer mucho ruido y debido a ello nos enojamos, el odio destruirá al instante nuestra paz mental y, finalmente, nos obligará a levantarnos del sillón para encararnos con él y acallarle a gritos. O, por ejemplo, si estamos disfrutando plácidamente de una lectura agradable, estudiando o escribiendo, y una persona hacia la cual sentimos un fuerte apego entra en nuestra habitación, de inmediato nos ponemos nerviosos y nos cohibimos, perdiendo de esta forma la capacidad de concentrarnos de manera adecuada y de actuar con naturalidad.

Para aprender a identificar las perturbaciones mentales, debemos observar nuestra mente y distinguir cuáles son los estados mentales que nos alteran e inquietan. Cuando nuestra mente no se ve afectada por fuertes perturbaciones mentales, está clara y lúcida y nos sentimos tranquilos. Observando nuestra mente aprenderemos a distinguir entre los estados mentales perjudiciales y los que nos aportan paz. De esta forma incrementaremos nuestra sabiduría y alcanzaremos realizaciones espirituales.

APEGO

El apego es un factor mental que observa un objeto contaminado, piensa que es atractivo, exagera sus encantos, lo considera deseable, genera el deseo de poseerlo y siente como si se hubiera embebido en él.

El apego se desarrolla por etapas. Primero percibimos o recordamos un objeto contaminado y pensamos que es atractivo. Luego fijamos nuestra atención en sus buenas cualidades y las exageramos. Tras haber creado una idea favorablemente desproporcionada del objeto, consideramos que es deseable y entonces desarrollamos un intenso deseo hacia él. Finalmente, nuestro deseo nos apega al objeto como si nos fundiéramos en él por completo. Cuando todas estas etapas se hayan consumado, habremos generado apego.

El proceso de fijarnos en las buenas cualidades de un objeto, exagerarlas y considerar que es deseable, es lo que constituye la llamada «atención impropia». Ésta induce al deseo y éste nos apega al objeto. Por lo tanto, si no queremos generar apego, tenemos que intervenir en los momentos iniciales de su evolución e impedir que surja la atención impropia.

El apego es semejante al aceite que se empapa en un trozo de tela, mientras que las demás perturbaciones mentales son como el polvo que cubre la superficie de un mueble. Así como es mucho más difícil eliminar el aceite de un tejido, también es mucho más arduo separar la mente del objeto al que está apegada, que hacerlo del objeto de cualquier otra perturbación mental. Ello se debe a que la mente de apego se absorbe en el objeto con intensidad y se funde en él. Si nos enojamos con alguien que nos ha insultado, en poco tiempo podemos separar nuestra mente del objeto de nuestro odio, especialmente si esta persona nos halaga o pide perdón. Podemos incluso sonreír a la misma persona con la que momentos antes nos habíamos enfadado y entablar una buena amistad con ella. Es relativamente fácil superar el odio, pero el apego no lo es tanto. En el caso de éste último, aun cuando lo generemos con poca intensidad, parece como que el objeto se adhiriese a la mente de manera inseparable.

El apego puede ser de tres clases: el de los seres del reino del deseo, el de los del reino de la forma y el de los del reino inmaterial. Los seres del reino del deseo tenemos el tipo de apego más burdo. Las cadenas del apego esclavizan nuestra mente a la prisión del samsara y, debido a ello, es muy difícil para nosotros generar una intención sincera de liberarnos de él.

Cuando hayamos eliminado todas las perturbaciones mentales pertenecientes al reino del deseo, se manifestarán las del reino de la forma y, una vez que las hayamos suprimido, experimentaremos las del reino inmaterial. En comparación con el apego burdo de los reinos del deseo, el apego del reino de la forma es muy sutil.

Es posible suprimir durante un tiempo las perturbaciones del reino del deseo por medio del adiestramiento en la meditación de los caminos mundanos. Para ello, primero tenemos que alcanzar la concentración de la permanencia apacible y, después, la absorción de la preparación cercana de la primera estabilización mental. Para realizar esta meditación, nos concentramos en percibir el reino del deseo como un reino inmundo, imperfecto e indeseable, y el reino de la forma como un reino apacible. Para eliminar las perturbaciones mentales del reino del deseo de manera permanente, hemos de alcanzar los caminos supramundanos que se logran en dependencia de una comprensión directa de la vacuidad.

No todos los deseos son necesariamente apego. Es importante que distingamos entre deseos virtuosos y perjudiciales. Los deseos compasivos y virtuosos no son engaños porque no destruyen nuestra paz mental. Por ejemplo, la aspiración sincera de alcanzar la iluminación para el beneficio de los demás es un deseo, pero no es apego, porque no nos confunde ni perturba nuestra mente, ni nos perjudica a nosotros mismos ni a los demás.

ODIO

El odio es un factor mental que observa un objeto animado o inanimado, piensa que es desagradable, exagera sus malas características, lo considera indeseable, se opone a él y genera el deseo de perjudicarlo.

El proceso de considerar las malas características del objeto, exagerarlas y pensar que es desagradable, constituye lo que se llama «atención impropia». Debido a esta atención impropia generamos aversión hacia el objeto y el deseo de perjudicarlo. Si completamos todas estas etapas, habremos desarrollado odio.

El odio puede ser de tres clases según su grado de intensidad: fuerte, mediano y leve. También puede dividirse en nueve clases desde el punto de vista de cuándo se ha producido el perjuicio y a quién ha sido dirigido:

(1) Odio contra alguien o algo que nos ha perjudicado en el pasado. Por ejemplo, si recordamos el daño que nos hizo alguien hace tiempo y nos detenemos a pensar sobre ello, acabaremos exagerando el daño recibido y lo perjudicial que fue esa persona con nosotros. Generaremos un hondo antagonismo en contra suya y el deseo de vengarnos. El recuerdo de sucesos que ocurrieron hace cientos de años también puede ocasionar sentimientos hostiles entre

diferentes pueblos y naciones y, en muchas ocasiones, es el motivo de guerras encarnizadas.

(2) Odio contra alguien o algo que nos está perjudicando en el presente

(3) Odio contra alguien o algo que nos puede perjudicar en el futuro. A menudo generamos odio ante la incertidumbre de lo que nos puede ocurrir. Por ejemplo, si estamos compitiendo con otra persona por un puesto de trabajo y pensamos que no vamos a conseguirlo, anticipando así nuestro fracaso, es muy probable que generemos pensamientos antagónicos contra nuestro contrincante. La gente competitiva desarrolla esta clase de odio y las naciones, imaginando los posibles daños que otros pueblos puedan infligirles, entran en guerra y se dedican a la producción de todo tipo de armamento destructivo, basándose simplemente en suposiciones. Incluso cuando las posibilidades de ser perjudicados son casi inexistentes, podemos generar un fuerte odio apoyándonos en esta remota posibilidad.

(4) Odio contra alguien o algo que ha perjudicado a nuestros familiares o amigos en el pasado.

(5) Odio contra alguien o algo que está perjudicando a nuestros familiares o amigos en el presente.

(6) Odio contra alguien o algo que puede perjudicar a nuestros familiares o amigos en el futuro.

(7) Odio contra alguien o algo que ha ayudado a nuestros enemigos en el pasado.

(8) Odio contra alguien o algo que está ayudando a nuestros enemigos en el presente.

(9) Odio contra alguien o algo que puede ayudar a nuestros enemigos en el futuro.

El odio existe sólo en el reino del deseo. Es como un fuego que consume los méritos que hayamos acumulado al realizar acciones virtuosas. Por ello, Shantideva, en su *Guía de las obras del Bodhisatva*, dice que no hay peor mal que el odio.

El odio daña a todos. Perjudica, no sólo a quienes va dirigido, sino también a la propia persona que lo genera. A pesar de que todos deseamos disfrutar de amistades duraderas y estables, no las logramos con facilidad porque el odio interfiere de manera constante en nuestras relaciones. Hay muchas personas que hoy se quieren apasionadamente y mañana se odian. La mayoría de las separaciones matrimoniales y de los divorcios son provocados por el odio.

A fin de prevenir la generación del odio, tan pronto como nos demos cuenta de que está a punto de manifestarse –como cuando prestamos atención impropia o generamos un pequeño sentimiento de hostilidad hacia alguien o algo–, tenemos que evitar todo contacto con el objeto y apagar las primeras llamas del fuego de este odio con el agua de la meditación, recordando que el enfado nos va a perjudicar tanto a nosotros mismos como a los demás. Una vez que el fuego del odio se haya encendido en nuestra mente, será muy difícil de controlar. Es como el incendio en un bosque, que se extiende con rapidez por donde sopla el viento. Por lo tanto, observando la propia mente, hemos de aprender a identificar el odio tan pronto como comience a surgir y extinguirlo antes de que se encienda.

ORGULLO PERTURBADOR

El orgullo perturbador es una mente que se siente arrogante por pequeños motivos. Por ejemplo, si somos atractivos o ricos, si tenemos una buena reputación, si poseemos una vasta cultura, si somos buenos deportistas o si podemos hablar con gran elocuencia, utilizamos cualquiera de estas cualidades como pretexto para considerar que somos personas muy especiales y generar orgullo.

Cuando estamos henchidos de orgullo sentimos como si estuviéramos en la cima de una gran montaña, desde la cual miramos con desdén a todos los que están por debajo de nosotros. Si leemos o escuchamos las instrucciones de Dharma con esta actitud altiva, no recibiremos muchos beneficios. Así como la lluvia que cae sobre la cima de una montaña se desliza con rapidez y sin demora hacia los valles, de igual modo el Dharma que recibimos con una actitud arrogante no permanece en nuestra mente.

Si tenemos orgullo, no podemos generar buenas cualidades ni realizaciones espirituales. Nos enfadamos con facilidad porque los demás no comparten con nosotros la excelsa visión que tenemos de nosotros mismos y, en consecuencia, no nos tratan con el respeto ni la consideración que nos gustaría recibir. Por el menor motivo nos sentimos ofendidos o menospreciados. Nuestro orgullo nos hacer ser muy vulnerables y susceptibles de ser perjudicados. Con humildad, la actitud opuesta, no tenderemos a sentirnos ofendidos o despreciados y estaremos dispuestos a aprender de los demás y a recibir enseñanzas espirituales. Si somos receptivos a las instrucciones del Dharma, nuestras cualidades y realizaciones crecerán en abundancia.

El orgullo puede ser de siete clases: orgullo hacia los inferiores, orgullo hacia los semejantes, orgullo hacia los superiores, orgullo de identidad, orgullo presuntuoso, orgullo emulador y orgullo erróneo.

El orgullo hacia los inferiores es la arrogancia que sentimos al observar a alguien que consideramos inferior a nosotros por cualquier motivo y pensamos: «Soy mejor que esta persona.» El orgullo hacia los semejantes es el que sentimos cuando observamos a alguien que es igual que nosotros en cualquier sentido y pensamos: «Soy mejor que esta persona.» El orgullo hacia los superiores es el que generamos al observar a alguien que es superior a nosotros por cualquier motivo y pensamos: «Soy mejor que esta persona.» A este orgullo se le llama también «orgullo ante orgullo», porque su objeto, por lo general, es otra persona orgullosa.

El orgullo de identidad es el que se manifiesta cuando nos identificamos con algo tal como un país, un trabajo, una idea o una ocupación y, en base a ello, pensamos que somos superiores a otras personas. Por ejemplo, podemos generar orgullo pensando «yo soy budista», «yo soy cristiano», «soy un buen maestro» o «soy muy inteligente». La mayoría de las personas generan este tipo de orgullo. Hasta un vagabundo puede sentir arrogancia pensando «soy un mendigo muy astuto». También podemos desarrollar este tipo de orgullo identificándonos con cualquier característica que nos distinga de los demás y pensando que debido a ella somos especiales. En un grupo, una persona puede generar orgullo de identidad pensando que su nacionalidad es diferente del resto, al decir «yo soy americano» y otra, al decir «yo soy inglés». El orgullo de identidad no es el mero hecho de reconocer una cualidad propia, sino un sentimiento de autoimportancia que surge cuando nos aferramos a una identidad específica.

El orgullo presuntuoso es el que generamos cuando tenemos una idea exagerada de nuestros logros, pensando que hemos conseguido ciertas cualidades y realizaciones, cuando en realidad no es así. Por ejemplo, hay quien padece de alucinaciones y piensa que posee clarividencias porque percibe objetos extraños; o quien consigue mantener una mente apacible por un rato y cree que ha logrado la concentración de la permanencia apacible; o el caso de la persona que comprende algo que es bastante simple y piensa que posee una gran sabiduría.

El orgullo emulador es el que tenemos cuando, al observar a alguien que es mucho más realizado que nosotros y que tiene una posición mucho más elevada, pensamos: «Poseo casi las mismas realizaciones que esta persona» o «mi manera de ser es muy parecida a la de esta persona». Por ejemplo, generamos este orgullo cuando imitamos a yoguis y yoguinis y pensamos: «Me parezco mucho a estos practicantes tan realizados», cuando en realidad no tenemos tales realizaciones espirituales.

El orgullo erróneo es el que surge cuando hacemos algo mal o de manera incorrecta, pero creemos que es excelente o digno de admiración. Un ejemplo de ello es cuando impartimos enseñanzas de Dharma repletas de información errónea o de malos consejos, pero pensamos: «Qué buenas enseñanzas he dado»; lo mismo sucede si aconsejamos mal a alguien, pero pensamos: «Soy un gran sabio.»

IGNORANCIA

La ignorancia puede definirse de dos maneras: según la tradición de eruditos tales como Asanga y Vasubandhu, y según la tradición de Dharmakirti y Chandrakirti. Estas dos tradiciones no se contradicen. La primera es una definición de la ignorancia en general y la segunda lo es de una clase de ignorancia en particular –la que constituye la raíz del samsara–.

Según el primer sistema, Asanga define la ignorancia en su *Compendio de fenomenología* como:

> «Un factor mental que está confundido respecto a la naturaleza de un objeto, y cuya función es inducir el desarrollo de la percepción errónea, la duda, y demás perturbaciones mentales.»

De acuerdo con esta definición, la ignorancia es un desconocimiento o una falta de entendimiento. Un ejemplo de este tipo de ignorancia es la confusión que sentimos cuando leemos un libro y no entendemos su significado. Esta ignorancia es como una oscuridad en nuestra mente que nos impide comprender el objeto con claridad. Según este sistema, la ignorancia que no comprende la vacuidad –la naturaleza última de las personas y de los fenómenos– induce al aferramiento propio o aferramiento a la existencia verdadera, la raíz de todas las demás perturbaciones mentales y de todos los renacimientos cíclicos. Esta ignorancia que desconoce la vacuidad es la base del aferramiento propio, la percepción errónea que percibe su objeto como si fuera inherentemente existente, pero es distinta de él.

Según la tradición de Dharmakirti y Chandrakirti, la mente que no conoce o no comprende su objeto no es necesariamente ignorancia. Ellos consideran que sólo el aferramiento propio lo es. Debido a que la vacuidad es el objeto principal que ha de ser comprendido a fin de eliminar el autoaferramiento, la causa raíz de la existencia cíclica, estos eruditos consideran que sólo el factor mental que percibe lo opuesto a lo percibido por la sabiduría que realiza la vacuidad es ignorancia.

Yhe Tsongkhapa dice en su *Alabanza a la relación dependiente*:
«La raíz de todas las faltas
que existen en el mundo es la ignorancia.»

La razón por la que seguimos perdidos en los caminos cíclicos es porque, debido a la ignorancia, no conocemos la naturaleza de los objetos con perfección y claridad. Pueden distinguirse dos clases de ignorancia: la ignorancia de la verdad última –la naturaleza última de los objetos– y la ignorancia de la verdad convencional –la naturaleza convencional de los objetos–. La naturaleza última de todos los objetos es la vacuidad. Buda enseñó acerca de la verdad convencional para hacernos comprender la verdad última. Puesto que el método para comprender la verdad última abarca el análisis de la verdad convencional, cuando estudiamos la vacuidad tenemos que estudiar ésta última también. Los cuatro sistemas filosóficos budistas presentan las dos verdades de diferentes maneras. El estudio de cada presentación nos lleva de forma gradual a comprender la visión correcta y perfecta del sistema supremo, el madhyamika-prasanguika. De este modo, comprenderemos con claridad cuáles son los caminos espirituales que conducen hacia la liberación y eliminaremos la ignorancia de las verdades convencional y última.

Buda mostró la visión que presenta el sistema chitamatra para ayudarnos de manera específica a superar el apego por medio de comprender que los objetos que percibimos poseen la naturaleza de nuestra propia mente y no existen fuera de ella. Según este sistema, los objetos que parecen existir de manera externa son, en realidad, manifestaciones de la mente. Estos objetos son sólo apariencias mentales que surgen de las «semillas» que existen en la «consciencia base de todo». Estas semillas maduran en forma de objetos que aparecen ante la mente. A pesar de que los objetos y las mentes que los perciben surgen de manera simultánea, tenemos apariencias erróneas de los objetos, como si existiesen de forma externa, fuera de la mente, y los percibimos de tal modo. Debido a que aprehendemos los objetos como si existieran externamente, generamos apego hacia aquellos que nos parecen atractivos. La comprensión de las verdades convencional y última tal y como se presentan en el sistema chitamatra, reducirá nuestro apego y facilitará nuestra comprensión de la visión correcta de la vacuidad presentada por el sistema madhyamika-prasanguika.

Por lo general, hay dos clases de ignorancia: la del karma y la de la vacuidad. La ignorancia del karma nos hace seguir renaciendo en los reinos inferiores. Mientras permanezcamos confundidos acerca de las acciones y sus efectos, seguiremos cometiendo acciones perjudiciales que nos harán renacer en los reinos inferiores. La ignorancia de la vacuidad nos mantiene presos en el samsara, ésta es su función principal. Aunque comprendamos la ley de causa y efecto, seguiremos creando las causas para obtener renacimientos cíclicos hasta que comprendamos la vacuidad de manera directa.

DUDA PERTURBADORA

La duda es un factor mental que aprehende el objeto en dos sentidos o que vacila con indecisión entre dos alternativas o puntos de vista. No todas las dudas son necesariamente perturbadoras. Éstas últimas son un tipo específico de incertidumbre acerca de un objeto cuya comprensión es importante para alcanzar la liberación, como por ejemplo el karma o la verdad de los sufrimientos, que tiende hacia la teoría errónea que niega la existencia de dicho objeto. La duda perturbadora es una indecisión que interfiere con el logro de la liberación. Las dudas que tenemos respecto a objetos cuya comprensión no es importante para el logro de la liberación no pertenecen a esta categoría. Por ejemplo, si alguien entra por la puerta y no estamos seguros de si es Pedro o Juan, esta duda no es una de las perturbaciones mentales raíz.

Es importante que aprendamos a distinguir entre las dudas perturbadoras y las que constituyen el inicio del desarrollo de la sabiduría. Tenemos que eliminar las primeras e inducir las últimas a fin de alcanzar realizaciones espirituales. Cuando comenzamos a recibir enseñanzas de Dharma o a leer sobre este tema, generamos muchas dudas, porque el Dharma contradice nuestras opiniones erróneas y suposiciones incorrectas y nos hace sentirnos indecisos respecto a ellas. Esta clase de indecisión es una señal de que estamos empezando a desarrollar sabiduría, porque es el primer paso para comprender con certeza las visiones correctas. Si recibimos enseñanzas de Dharma y nunca abrigamos este tipo de dudas, no lograremos comprenderlas con profundidad y convicción. Por ejemplo, cuando escuchamos por primera vez enseñanzas sobre la vacuidad, empezamos a abrigar dudas pensando: «A mí me parece que los objetos existen de manera externa, pero ¿existen en realidad de este modo?» o «Los objetos parecen tener una existencia concreta y sustancial, pero ¿son en realidad ilusorios como los sueños?» Si no generamos al principio este tipo de dudas, es imposible que lleguemos a comprender la vacuidad. Estas dudas son vacilaciones cuya indecisión tiende en favor de la opinión correcta. Nos llevan por el buen camino y nos ayudan a aumentar nuestro entendimiento del objeto y la claridad con que lo percibimos

Por el contrario, las dudas perturbadoras destruyen nuestra fe en los objetos virtuosos y significativos y nos hacen desconfiar de lo que es fidedigno y beneficioso. Enturbian la lucidez y la alegría que sentimos cuando generamos fe admirativa. Socavan nuestras aspiraciones virtuosas y nos roban la tranquilidad mental. Cuando recibimos enseñanzas de Dharma o leemos un libro sobre este tema y pensamos: «Lo más probable es que estas instrucciones sean erróneas» o «Estas instrucciones no valen para nada», estamos generando dudas perturbadoras. Lo mismo ocurre si después de haber recibido enseñanzas correctas sobre la vacuidad y haberlas entendido a un cierto nivel, nos encontramos con alguien que debate con mucha habilidad en contra de la visión correcta y comenzamos a pensar: «Es muy probable que los razonamientos que escuché sean falsos.» Si tras haber recibido instrucciones correctas de nuestro Guía Espiritual sobre la manera de realizar una determinada práctica de meditación, nos encontramos con una persona con aires de gran meditador que nos dice que nuestro método es inferior y que él conoce otras prácticas mucho mejores, es posible que comencemos a abrigar cierta incredulidad acerca de las instrucciones de nuestro Maestro e incluso de su propia persona. Esta clase de inseguridad puede manifestarse también cuando vamos a comenzar una acción virtuosa o cuando ya la estamos llevando a cabo. Empezamos a pensar que hemos recibido malos consejos y esta desconfianza dubitativa acaba por destruir nuestra buena intención.

La duda perturbadora es muy peligrosa porque detiene con rapidez nuestra práctica espiritual y nos sumerge en la confusión. Puede surgir cuando nuestra fe y nuestro esfuerzo se debilitan o cuando nos encontramos con alguien o leemos algo que contradice el Dharma. La duda perturbadora puede aparecer también como resultado de un análisis excesivo, inadecuado o realizado en un mal momento. Hay ocasiones en las que es correcto y beneficioso hacer una investigación analítica; por ejemplo, cuando estudiamos temas sutiles como la impermanencia sutil o la vacuidad; pero otras veces es más conveniente dejar de analizar, por ejemplo cuando hayamos logrado un entendimiento adecuado de una determinada verdad convencional burda. El analizar en el momento inadecuado o el hacerlo de manera desproporcionada puede dar lugar a que generemos muchas dudas que se conviertan en un serio obstáculo para nuestra práctica.

Es muy importante que evitemos la duda perturbadora cuando practiquemos el mantra secreto, porque el éxito en esta práctica depende de tener una fe firme y pura. Si generamos dudas perturbadoras acerca de nuestro adiestramiento en el mantra secreto, recibiremos muy pocos beneficios aunque nos ejercitemos durante muchos eones. Por lo tanto, en el mantra secreto es mejor tener fe ciega que excederse en el análisis, porque la fe nos hará generar resoluciones virtuosas mientras que el excedernos en el análisis nos llevará a la duda y a la confusión.

CREENCIA PERTURBADORA

A las primeras cinco perturbaciones mentales raíz se las llama las perturbaciones que no son creencias. La sexta es la creencia perturbadora y puede ser de cinco clases:

1 La creencia del conjunto transitorio.
2 La creencia extrema.
3 Sostener creencias falsas como si fueran supremas.
4 Considerar disciplinas morales y conductas impropias o erróneas como si fueran supremas.
5 Creencia errónea.

LA CREENCIA DEL CONJUNTO TRANSITORIO

La creencia del conjunto transitorio es una concepción perturbadora que observa el propio «yo» y lo concibe como si existiera de manera inherente.

Si alguien nos trata mal, nos aferramos fuertemente a nuestro yo. El yo que concebimos en ese momento es una entidad que carece de relación con nuestro cuerpo y nuestra mente. La mente que se aferra a este yo independiente es la creencia del conjunto transitorio. Esta creencia observa el yo y lo concibe como si existiera de manera inherente, sin depender de ningún otro fenómeno. Es posible que, cuando generemos la creencia del conjunto transitorio, no nos demos cuenta de que nos estamos aferrando a un yo con existencia inherente. Ni siquiera seremos capaces de expresar este concepto, pero lo cierto es que en ese momento estamos concibiendo un yo que no depende de ningún otro objeto. Estamos observando a nuestro yo y creemos que posee una existencia verdadera. Imaginemos una persona que se llama Pedro. Cuando Pedro piensa «soy Pedro», el Pedro que aparece con intensidad en su mente es concebido como si existiera de manera inherente y sin depender de ningún otro fenómeno, como por ejemplo, los propios miembros de su cuerpo.

Para identificar nuestro yo, observemos el yo que está leyendo este libro. Cuando leemos, no consideramos que «mi cuerpo está leyendo el libro» o que «mi mente lo está leyendo», sino que pensamos que «yo estoy leyendo el libro». Percibimos este yo como si fuera diferente de nuestro cuerpo y nuestra mente y como si no tuviese ninguna relación con ellos. La mente que se aferra a un yo independiente que lee este libro es la creencia del conjunto transitorio. El objeto concebido por esta creencia no existe.

Cuando escuchamos por primera vez enseñanzas acerca de la vacuidad y comenzamos a pensar que el objeto concebido por la creencia del conjunto transitorio no existe, lo más probable es que nos resulte difícil establecer el yo que sí existe. Aún así, ésta sigue siendo una buena experiencia, porque es importante que perdamos ese yo independiente que normalmente estimamos. La razón por la cual, al principio, no podemos establecer el yo que existe, es porque aún no hemos comprendido la verdad convencional sutil y, en consecuencia, creemos que la vacuidad niega nuestro yo por completo. De momento, bastará con que nos fijemos en el yo manifiesto que percibimos normalmente y pensemos que no existe de ningún modo. Esta manera de pensar nos ayudará a poner en duda la existencia del objeto concebido por la creencia del conjunto transitorio y esta duda nos conducirá a generar la sabiduría que realiza la vacuidad.

El yo que no existe es el concebido por la creencia del conjunto transitorio, mientras que el yo que existe es el objeto observado por dicha mente. El objeto de observación es el yo designado en dependencia del conjunto de los cinco agregados. La creencia del conjunto transitorio observa este yo que es una mera designación, pero lo concibe como si existiera de manera inherente.

El conjunto transitorio son los cinco agregados, los cuales constituyen la base de designación del yo que es meramente designado, y este yo es el objeto de observación de la creencia del conjunto transitorio. La naturaleza del yo que es meramente designado es transitoria porque es impermanente, y también es un conjunto porque existe dependiendo de la agrupación de los cinco agregados.

La creencia del conjunto transitorio puede ser de dos clases: la que concibe el «yo» y la que concibe «lo mío». Ésta última se desarrolla a partir de la primera. Cuando generamos la creencia del conjunto transitorio que concibe lo mío, concebimos que nuestro yo existe de manera inherente y, al mismo tiempo, nos aferramos a algo que pertenece a este yo de existencia inherente, y pensamos: «Esto es mío.» De estas dos creencias del conjunto transitorio surgen todas las demás perturbaciones mentales. Chandrakirti dice en su *Guía del camino medio* que, primero, nos aferramos al yo como si existiera de manera inherente y, luego, nos apegamos a lo que es nuestro pensando «esto me pertenece» o «esta persona es 'mi' amigo». A continuación, motivados por el apego, cometemos acciones que nos harán renacer en la existencia cíclica.

LA CREENCIA EXTREMA

La creencia extrema es una concepción perturbadora que observa el yo concebido por la creencia del conjunto transitorio y considera que es permanente o que deja de existir por completo en el momento de la muerte. La creencia extrema refuerza y consolida la creencia del conjunto transitorio.

SOSTENER CREENCIAS FALSAS COMO SI FUERAN SUPREMAS

Si damos crédito a concepciones falsas, como la creencia del conjunto transitorio, la creencia extrema, la creencia errónea, etc., y las consideramos excelentes y superiores a otras, estaremos sosteniendo creencias falsas como si fueran supremas. Esta perturbación mental exagera y consolida nuestras creencias falsas, con lo cual nos resulta más difícil abandonarlas y adoptar las creencias correctas.

CONSIDERAR DISCIPLINAS MORALES Y CONDUCTAS IMPROPIAS O ERRÓNEAS COMO SI FUERAN SUPREMAS

Una disciplina moral correcta nos impide cometer acciones destructivas y nos ayuda a realizar buenas obras, previniendo de este modo el renacer en los reinos inferiores de la existencia cíclica. Pero hay personas que sostienen creencias erróneas y piensan que pueden librarse de los renacimientos en los reinos inferiores o incluso que pueden alcanzar la liberación de la existencia cíclica practicando disciplinas y conductas morales erróneas. Además consideran que estas prácticas impropias son supremas. Por ejemplo, hace tiempo había un maestro religioso que, con su poder de clarividencia, vio que en su vida anterior había sido un perro y, como no poseía la sabiduría que comprende el karma, concluyó que la causa para renacer como un ser humano es renacer previamente como ese animal. En consecuencia, enseñó a sus discípulos a practicar la disciplina de imitar el modo de vida de un perro. Les dijo que debían andar a cuatro patas y dormir a la intemperie como los perros, y añadió que si se ejercitaban en esta «disciplina moral» con sinceridad y se comportaban exactamente como un perro, podrían estar seguros de obtener un renacimiento humano en su próxima vida. La mente que considera que dicha «disciplina moral» es suprema es un ejemplo de considerar disciplinas morales y conductas impropias o erróneas como si fueran supremas.

Según algunos maestros religiosos, si practicamos la disciplina moral de castigar el cuerpo despojándolo de lo que necesita o sometiéndolo a penalidades y a grandes dolores, podremos purificar nuestra mente y lograr la liberación. Otros sistemas religiosos exigen a sus seguidores que se comprometan ante su maestro a sacrificar animales, considerando que éste es el mejor método para alcanzar la liberación. Algunas personas que no son religiosas también consideran conductas impropias como supremas cuando, por ejemplo, llevan una vida sexual incorrecta o se administran drogas creyendo que son los caminos hacia la libertad y el gozo perfectos.

CREENCIA ERRÓNEA

La creencia errónea es la mente que observa un objeto que hay que comprender para alcanzar la liberación o la iluminación tal como el karma o la vacuidad, y niega su existencia. Ya se mencionó que cometemos la acción mental de generar una creencia errónea cuando reflexionamos repetidas veces sobre la inexistencia de este tipo de objetos y que completamos la acción cuando llegamos a la firme convicción de que el objeto referido no existe, aferrándonos a esta negación con convencimiento.

Si sostenemos una creencia errónea, no podemos meditar en los caminos correctos ni practicar el Dharma con pureza. A pesar de que no tengamos creencias erróneas, sí que tenemos en nuestra mente sus semillas, que pueden obstruir nuestra práctica espiritual. Por ejemplo, si alguien explica con claridad y buena lógica el tema de la reencarnación, pero no logramos convencernos de su veracidad, nuestra dificultad ha sido creada por las semillas de creencias erróneas que poseemos en la mente, que impiden que generemos fe y obstruyen nuestra comprensión de las instrucciones y del consejo que hayamos recibido.

La causa principal de las creencias erróneas es la ignorancia, la raíz de todas las perturbaciones mentales. Aryadeva dice en su *Tratado de cuatrocientas estrofas*:

«Al igual que el poder sensorial del cuerpo impregna todo el cuerpo,
la ignorancia impregna todas las perturbaciones mentales.»

Nuestro poder sensorial del cuerpo funciona allí donde experimentemos sensaciones físicas. De manera similar, la ignorancia está presente allí donde haya perturbaciones mentales.

Ya se explicó que, en general, la ignorancia o el desconocimiento puede ser de muchas clases, pero el tipo de ignorancia más grave es el aferramiento propio. A pesar de que todos los seres sintientes, incluyendo el más pequeño de los insectos, conciben una entidad propia en los fenómenos y se aferran a ella en todo momento, el identificar y reconocer qué es el aferramiento propio constituye una tarea difícil. De hecho, cuando seamos capaces de hacerlo con claridad, estaremos muy cerca de comprender la vacuidad. El aferramiento propio de mayor importancia es el aferramiento al propio yo, la creencia del conjunto transitorio.

El aferramiento propio puede ser de dos clases: innato y adquirido intelectualmente. No todos los seres poseen el aferramiento propio adquirido intelectualmente, porque es una mente que se genera a través de un razonamiento incorrecto, y no todos los seres son capaces de realizar una investigación analítica. El aferramiento propio adquirido intelectualmente lo generan sobre todo aquellas personas que se adhieren a sistemas filosóficos. Por ejemplo, si una persona que se llama Tomás no se siente satisfecha con el mero uso de su nombre, «Tomás», y comienza a especular pensando: «¿Quién es Tomás?», «¿es acaso mi cuerpo?», «¿es mi mente?», es posible que llegue a la conclusión de que Tomás es independiente de su mente y de su cuerpo, y se quede satisfecha identificando a Tomás de este modo. Si llega a tal convencimiento como resultado de un razonamiento incorrecto o de un análisis incompleto, ese autoaferramiento es el «adquirido intelectualmente».

Todo los seres sintientes poseen el aferramiento propio innato. Es la clase de aferramiento propio que constituye la raíz de la existencia cíclica, la raíz de todas las faltas y de todo el sufrimiento, así como la fuente de todas las perturbaciones mentales.

ETAPAS DEL DESARROLLO DE LAS PERTURBACIONES MENTALES

Por lo general, el aferramiento propio puede ser de dos clases: aferramiento propio hacia los fenómenos y aferramiento propio hacia las personas. Cuando observamos nuestros cinco agregados, los percibimos como si existieran de manera inherente y, en consecuencia, nos aferramos a ellos como si existieran de tal forma. Éste es un ejemplo del aferramiento propio hacia los fenómenos. Nuestra ignorancia de la realidad o naturaleza última de los fenómenos hace que nos aferremos a la entidad propia de las personas. A partir del aferramiento propio hacia los fenómenos, concebimos o imaginamos un yo y nos aferramos a él como si existiera de forma inherente. Éste es un ejemplo del aferramiento propio hacia las personas. De acuerdo con él, discriminamos entre «yo» y «los demás» y los concebimos como si fueran inherentemente distintos. A partir de ahí, generaremos la mente de estimación propia. Cuando observemos un objeto atractivo con esta mente, generamos apego; cuando observemos uno desagradable, odio o enfado; y cuando observemos uno que no es ni lo uno ni lo otro, ignorancia. A partir de estas tres perturbaciones mentales surgen todas las demás.

Dharmakirti dice en su *Comentario a la «Cognición válida»*:

«Si tenemos (aferramiento) al yo, tendremos (aferramiento) a los demás. Por el hecho de discriminar entre uno mismo y los demás, generaremos apego y odio. Bajo el influjo de estas perturbaciones mentales cometeremos acciones perjudiciales. Y como resultado, se producirán todos los infortunios y sufrimientos.»

Esto significa que, si nos aferramos a nuestro propio yo como si existiera de manera inherente, también nos aferraremos a la entidad propia de los demás como si existiera de la misma forma. Como consecuencia de aferrarnos al yo y a los demás de este modo, concebiremos que estos dos existen de manera inherente. Por hacer esta distinción generaremos la mente de estimación propia, queriéndonos a nosotros mismos más que a todos los demás. Con esta mente de autoestima desarrollaremos apego, odio y todas las demás perturbaciones mentales, que nos forzarán a cometer las acciones que constituyen la causa de obtener unos agregados apropiados. Una vez que los hayamos obtenido, padeceremos los sufrimientos de la existencia cíclica.

Cuando hayamos eliminado la ignorancia del aferramiento propio, habremos eliminado también todas nuestras perturbaciones mentales, porque la ignorancia es la raíz de la que surgen. Así como ciertas medicinas se consideran remedios universales para todas las enfermedades, también hay un remedio contra todas las perturbaciones mentales. Esta panacea es la sabiduría que realiza la vacuidad.

En el *Sutra de los diez planos*, Buda dice:

«Todas las faltas de este mundo surgen del aferramiento propio.
Si nos liberamos de esta concepción del yo, no habrá faltas».

LAS CAUSAS DE LAS PERTURBACIONES MENTALES

Las causas de las perturbaciones mentales son seis:

1 La semilla.
2 El objeto de observación.
3 Distracciones y la mala influencia de los demás.
4 Los malos hábitos.
5 Familiaridad.
6 Atención impropia.

Vasubhandu explica en su texto *Tesoro de fenomenología* que, cuando las causas primera, segunda y sexta se reúnen, las perturbaciones mentales surgen de manera inevitable. Si la semilla de la perturbación mental, lo que también se conoce como «la causa no abandonada de la perturbación mental», el objeto de observación y la atención impropia se reúnen, es definitivo que se generarán las perturbaciones mentales.

A pesar de que no podemos abandonar las perturbaciones mentales hasta que hayamos eliminado el aferramiento propio, por medio del logro de la realización directa de la vacuidad, las podemos suprimir de manera temporal aprendiendo a identificar las causas que las originan y a prevenirlas. Si adiestramos nuestra mente de este modo, seremos capaces de superar nuestras perturbaciones mentales por períodos de tiempo cada vez más largos; y si combinamos esta práctica con la meditación en la vacuidad, llegará un momento en que lograremos una realización directa de la misma y todas nuestras perturbaciones mentales se irán consumiendo de forma gradual, como una vela encendida, hasta que se extingan por completo.

Algunas personas que no son budistas ponen en duda la existencia de la liberación. Se preguntan: «¿Qué es la liberación de la que tanto hablan los budistas? No es algo que podamos ver.» Basándonos en nuestra propia experiencia, iremos disipando estas dudas. Si nos adiestramos en reducir y superar las causas de las perturbaciones mentales, comprenderemos que, a pesar de que nuestros engaños sean muy fuertes, de momento no son permanentes, porque los podemos reducir aplicando sus antídotos. Si no son permanentes y existen sus antídotos, no hay duda de que podemos eliminarlos por completo y para siempre. Aun cuando no nos esforcemos en eliminar las causas de nuestras perturbaciones mentales, podemos comprobar por propia experiencia que son impermanentes porque a veces disminuyen. Por ejemplo, cuando nos enfadamos, no mantenemos la intensidad de este engaño por mucho tiempo.

La sabiduría que realiza la vacuidad es el antídoto general contra todas las perturbaciones mentales y cada una de ellas posee también su oponente específico. Por ejemplo, la meditación sobre las impurezas del cuerpo es un oponente contra el apego; las meditaciones sobre el amor y la compasión son oponentes contra el enfado y el odio; la práctica de la generosidad elimina la avaricia; el regocijarse en las cualidades de los demás contrarresta los celos; y la meditación sobre la relación dependiente elimina la ignorancia. Si no estamos acostumbrados a meditar, no seremos capaces de aplacar nuestros engaños con rapidez. Pero si ponemos en práctica los oponentes que los contrarrestan, los reduciremos, y tendremos la certeza, por experiencia propia, de que es posible liberarse por completo de las perturbaciones mentales y alcanzar el estado de la liberación.

Dharmakirti dijo que nuestros agregados contaminados no son permanentes porque existen los oponentes con los que podemos destruir sus causas. Si aplicamos estos oponentes, podremos eliminar las causas de los agregados contaminados. Si destruimos estas causas, lograremos una cesación verdadera y, en ese momento, habremos alcanzado la liberación de la existencia cíclica.

LA SEMILLA

La semilla de las perturbaciones mentales es el potencial que tenemos para generar engaños. Las semillas son creadas en nuestra mente por las perturbaciones mentales que tuvimos en el pasado, y constituyen la causa sustancial de la que surgen las perturbaciones mentales. Mientras tengamos estas semillas, cada vez que entremos en contacto con un objeto, generaremos estas perturbaciones de forma natural. Si eliminamos las semillas, tal y como lo han hecho los Destructores del Enemigo, al percibir objetos no desarrollaremos perturbaciones mentales. Los Destructores del Enemigo no pueden generar engaños aunque lo intenten, debido a que han destruido la causa sustancial que los produce.

EL OBJETO DE OBSERVACIÓN

El objeto de observación de cualquier perturbación mental es el que estemos observando en el momento en que generemos dicha perturbación. No es necesario que percibamos este objeto de forma directa, pero si es así, en vez de simplemente recordarlo, el engaño surgirá con mayor intensidad. Los objetos de observación del apego son aquellos que nos parecen atractivos, y los objetos de aversión son los que nos parecen desagradables. Es casi imposible evitar todos los objetos de las perturbaciones mentales. Aunque nos fuéramos a vivir aislados a una cueva, pronto encontraríamos que uno de sus rincones nos gusta más que otros, y que el clima es más agradable unos días que otros. Pronto nos daríamos cuenta también de que el canto de un determinado pajarillo nos agrada más que el de otro y aún tendríamos los recuerdos de los objetos de observación de nuestras perturbaciones mentales. A veces, es conveniente trasladarse a un lugar donde haya menos objetos de observación de los engaños. Por ejemplo, si vivimos y trabajamos en una gran ciudad, de vez en cuando nos sentará bien pasar unos días en un lugar tranquilo en el campo. No obstante, si permanecemos en este lugar por varios días, pronto nos daremos cuenta de que allí existen casi tantos objetos de observación de las perturbaciones mentales como en la ciudad. Puesto que, donde sea que vayamos encontraremos muchos objetos de observación de los engaños, nuestra práctica principal respecto a estos objetos ha de ser el guardar las puertas de los seis sentidos sensoriales, como se explicó anteriormente.

DISTRACCIONES Y LA MALA INFLUENCIA DE LOS DEMÁS

Si nos relacionamos con amigos que no tienen interés en el desarrollo espiritual y que suelen cometer todo tipo de acciones perjudiciales, pronto acabaremos teniendo los mismos malos hábitos y perderemos nuestro entusiasmo y respeto por nuestro adiestramiento espiritual. Nuestras amistades ejercen una poderosa influencia sobre nosotros. Puesto que tendemos a imitar a nuestros amigos, tenemos que relacionarnos con aquellos que sientan admiración por el adiestramiento espiritual y que se dediquen a ello con entusiasmo. El contacto diario con nuestros compañeros espirituales es muy importante porque no solemos tener a menudo la oportunidad de vivir cerca de nuestro Guía Espiritual. Si recibimos la influencia de nuestros amigos espirituales, desarrollaremos las mismas buenas cualidades y aspiraciones virtuosas que ellos, su ejemplo será una fuente de inspiración para nosotros, y así nos esforzaremos en nuestro estudio y práctica del Dharma.

LOS MALOS HÁBITOS

Si tenemos malos hábitos verbales, o la costumbre de ver películas o de leer libros que turben nuestra mente, se incrementará la intensidad de nuestros engaños. Por ejemplo, si a menudo hablamos de temas sexuales, conversamos sin sentido con una persona que nos parece atractiva o pasamos horas sin fin leyendo novelas románticas o pornográficas, generaremos e incrementaremos nuestro apego. De manera similar, si a menudo discutimos con personas que no nos gustan, hablamos de las personas que nos han ofendido o nos dedicamos a ver películas de terror o a leer novelas bélicas que nos incitan a admirar actos de crimen y violencia, desarrollaremos y encenderemos nuestros propios impulsos destructivos.

FAMILIARIDAD

Si estamos habituados a generar perturbaciones mentales, surgirán en nuestra mente de manera natural y espontánea. Por ejemplo, si estamos acostumbrados a expresar nuestro odio abiertamente y sin control, nos enfadaremos por cualquier cosa. A pesar de que tenemos familiaridad con todas las perturbaciones mentales, el grado de las mismas es diferente con cada una de ellas. Algunas personas tienen mucha familiaridad con el apego y, en consecuencia, lo generan por el menor motivo y sienten, con gran vehemencia, grandes deseos de poseer los objetos que les atraen. Otras están tan acostumbradas a los celos, que se deprimen tan pronto como escuchan unas pocas palabras de alabanza destinadas a otros. Para reducir nuestra familiaridad con las perturbaciones mentales, tenemos que aplicar principalmente la recta conducta y la retentiva mental.

ATENCIÓN IMPROPIA

La atención impropia es una mente que se fija en las cualidades de un objeto contaminado y las exagera. Es lo que, de hecho, provoca las perturbaciones mentales. Por ejemplo, si nos acordamos de la manera en que nos perjudicó una determinada persona en el pasado y nos detenemos a pensar en ello, exagerando el daño que nos causó, esta atención impropia hará que generemos un intenso odio en nuestra mente. Si pensamos acerca de las buenas cualidades de un objeto y las exageramos, la atención impropia hará que surja un fuerte apego. Si escuchamos unas enseñanzas correctas de Dharma, pero empezamos a dudar de si son ciertas o no, pensando por ejemplo, del siguiente modo: «Mi Guía Espiritual dice que la liberación existe, pero ¿dónde se encuentran todos esos seres liberados? Yo no los veo por ningún sitio», nos embargará la duda perturbadora hacia nuestro Maestro y sus instrucciones. Esta duda surge debido a la atención impropia que analiza las enseñanzas de manera incorrecta.

Hace tiempo, en el Tíbet, había un Gueshe llamado Ben Gungyel, que solía pasar todo el día retirado en su habitación, aunque no solía meditar en la postura tradicional ni recitar oraciones. Su conducta tan poco ortodoxa atrajo la atención de unos cuantos compañeros, que fueron a preguntarle: «Tú no recitas oraciones ni meditas de la manera tradicional, ¿qué es lo que haces encerrado todo el día en tu habitación?» Gueshe Ben Gungyel contestó: «Sólo tengo una cosa que hacer: clavar la lanza de los oponentes en la cabeza de las perturbaciones mentales. Cuando los engaños me muestran su feo rostro, agudizo mi vigilancia mental y con todas mis fuerzas les clavo una lanza. Entonces me dejan en paz y sigo feliz y tranquilo. Esto es lo que hago todo el día retirado en mi habitación.»

La «lanza de los oponentes» se refiere a la meditación en la vacuidad y a las meditaciones que constituyen los oponentes específicos contra cada una de las perturbaciones mentales. La aplicación de los oponentes de los engaños es una práctica muy extensa. Si la ignoramos y pasamos todo el tiempo recitando oraciones, al mismo tiempo que permitimos que surjan y permanezcan en nuestra mente toda clase de perturbaciones mentales, nuestras meditaciones serán muy débiles. Los kadampas de antaño solían decir que aquellos que deseen llevar una vida virtuosa sólo han de hacer dos cosas: atacar sus perturbaciones mentales y beneficiar a los demás tanto como puedan. Jamás deberíamos llegar al punto en que no supiéramos qué practicar, pues deberíamos estar en pugna continua contra nuestras perturbaciones mentales, sin restringir nuestra batalla a las sesiones de meditación. Si tenemos un buen entendimiento de la vacuidad, podemos atacar nuestras perturbaciones mentales recordándola. Por ejemplo, si nos enfadamos, podemos recordar que tanto nosotros como nuestro odio y el objeto contra el cual lo generamos carecen de existencia inherente y son meramente designados por la mente conceptual. De esta manera, nuestro odio desaparecerá, del mismo modo que nuestros temores se desvanecen tan pronto como nos damos cuenta de que el objeto que nos atemoriza no existe. Si nos asustamos al creer que hemos visto una serpiente venenosa, nuestro miedo desaparecerá en cuanto nos demos cuenta de que sólo se trataba de un trozo de cuerda. De forma similar, el recordar la vacuidad disipará con rapidez nuestras perturbaciones mentales.

Si no hemos logrado un entendimiento de la vacuidad y aún no tenemos experiencia de las meditaciones que constituyen los oponentes específicos contra nuestros engaños, cuando nos demos cuenta de que estamos desarrollando atención impropia hacia un objeto, podemos eliminarla de manera temporal meditando en la respiración. La atención impropia es una mente conceptual y la meditación en la respiración suprime por un tiempo los pensamientos, dejando nuestra mente tranquila y apacible como el agua serena de un lago. Atisha dice en su texto *La lámpara del camino hacia la iluminación*:

«El Ser Bienaventurado ha dicho:
La gran ignorancia de los conceptos nos hace caer
en el océano de la existencia cíclica.
La concentración no conceptual
está libre de pensamientos y es (una mente) clara
como el espacio.»

LOS PELIGROS DE LAS PERTURBACIONES MENTALES

En *Ornamento de los Sutras mahayanas*, Maitreya dice que las perturbaciones mentales no sólo nos perjudican a nosotros mismos, sino también a los demás. Acaban con nuestra disciplina moral y hacen que degeneren nuestras buenas cualidades. Destruyen nuestro honor y nuestra buena reputación. Los engaños son los objetos que los Budas y Bodhisatvas reprochan y a los que los Protectores muestran sus aspectos coléricos. Debido a las perturbaciones mentales, experimentamos maltratos, ansiedades y nos sentimos atormentados. Debilitan las experiencias que hayamos obtenido y nos impiden lograr nuevas realizaciones. Además, nos hacen renacer en los reinos inferiores.

Shantideva dice en su *Guía de las obras del Bodhisatva*:

«Si todos los dioses y los que no lo son
se levantaran contra mí declarándose mis enemigos,
no podrían llevarme al más profundo de los infiernos
y arrojarme en él.

»Pero el poderoso enemigo de las perturbaciones mentales,
en un solo instante, puede destinarme a ese lugar
donde hasta las cenizas del Monte Meru
serán consumidas sin dejar rastro alguno.»

Las perturbaciones mentales son nuestros verdaderos enemigos. Una vez que hayamos controlado a los enemigos internos, los adversarios externos se pacificarán de forma natural. Incluso si todos los seres sintientes se convirtiesen en nuestros contendientes, no podrían perjudicarnos tanto. Lo peor que podrían hacer sería quitarnos la vida; pero no podrían perjudicarnos en las vidas futuras. No obstante, nuestros verdaderos enemigos, las perturbaciones mentales, pueden dañarnos tanto en esta vida como en las futuras. Si generamos amor y respeto por nuestros adversarios externos, es muy posible que olviden su hostilidad y vuelvan a ser nuestros amigos; por el contrario, si estimamos y consentimos nuestros engaños, se incrementarán con gran fuerza. Los enemigos externos nos avisan con sus amenazas o gestos hostiles, mientras que los enemigos internos nos atacan desde dentro con gran astucia y por sorpresa. Desde tiempo sin principio han estado escondidos en el fondo de nuestro corazón dañándonos continuamente.

Es más, si lo analizamos, descubriremos que incluso cuando los enemigos externos nos perjudican, en realidad son las propias perturbaciones mentales las culpables de todo mal. Shantideva dijo:

«Alentado por mis propias acciones,
incito a otros a que me hagan daño.»

Cuando alguien tiene la intención de perjudicarnos, ¿qué es lo que le hace generar este pensamiento destructivo? Si lo analizamos, veremos que nosotros mismos somos los responsables del daño que recibimos, porque somos el objeto de los malos pensamientos de esa persona, y las acciones que cometimos en el pasado constituyen la causa para que esa persona nos perjudique en esta vida. ¿Qué fue lo que nos hizo cometer acciones perjudiciales en el pasado? Nuestras perturbaciones mentales. Así pues, la causa principal de todos nuestros sufrimientos son las perturbaciones mentales que moran en la propia mente. Nuestros enemigos externos no son más que meros instrumentos del daño y, por sí mismos, no tendrían ningún poder para perjudicarnos, si no fuera por nuestras propias malas acciones.

LA MANERA EN QUE LAS ACCIONES DEPENDEN DE LAS PERTURBACIONES MENTALES

Debido a las perturbaciones mentales creamos acciones meritorias y no-meritorias. Éstas últimas constituyen las acciones perjudiciales o destructivas, y sus efectos de maduración son renacimientos en los reinos inferiores. Las acciones meritorias son las virtuosas, y pueden ser de dos clases: fluctuantes y no-fluctuantes. Las acciones meritorias fluctuantes son acciones impulsoras virtuosas que producen como efecto de maduración el renacimiento en los reinos superiores de los seres humanos, de los semidioses y de los dioses del reino del deseo. Todas las acciones no-meritorias y las meritorias fluctuantes, físicas y verbales, son producidas principalmente por el poder de una intención, o acción mental que dirige la mente hacia su objeto. Por ejemplo, cuando pensamos emprender una mala acción, como matar, el factor mental intención es el que dirige la mente hacia el objeto y nos impulsa a llevar a cabo dicha acción. Si no se produce la acción mental en primer lugar, no es posible después llevar a cabo una acción física o verbal.

Las acciones meritorias no-fluctuantes son acciones impulsoras virtuosas cuyo efecto de maduración son renacimientos como un dios del reino de la forma o del reino inmaterial. Las acciones meritorias no-fluctuantes se efectúan principalmente en dependencia de la concentración de la permanencia apacible. Se las denomina de tal modo porque, una vez que las hemos creado, es definitivo que renaceremos en uno de los reinos afortunados. Por ejemplo, una vez que hayamos entrado en el bardo, o estado intermedio, del reino de la forma, podemos dar por hecho que renaceremos en este reino. Por el contrario, si completamos una acción virtuosa que constituya la causa de un renacimiento humano, no es seguro que vayamos a renacer como un ser humano. Ello se debe a que una vez que hayamos entrado en el bardo de un ser humano, podemos morir y entrar en el bardo de un dios del reino del deseo.

Cometemos estas tres clases de acciones debido a las perturbaciones mentales, porque todas ellas son llevadas a cabo por una mente que está impregnada de la ignorancia del aferramiento propio. Por lo tanto, estas tres clases de acciones constituyen las causas para renacer en la existencia cíclica.

EL MODO EN QUE MORIMOS Y RENACEMOS

Su explicación tiene tres partes:

1 El modo en que morimos.
2 El modo en que entramos en el estado intermedio.
3 El modo en que renacemos.

EL MODO EN QUE MORIMOS

Tiene cinco apartados:

1 Las señales de la muerte.
2 Las causas de la muerte.
3 Las condiciones de la muerte.
4 Las mentes que se manifiestan durante el proceso de la muerte.
5 La señal de que el proceso de la muerte ha terminado.

LAS SEÑALES DE LA MUERTE

Las señales de la muerte pueden ser de dos clases: distantes y cercanas. Las distantes pueden experimentarse incluso cuando no estemos padeciendo ninguna enfermedad. Suelen ocurrir de tres a seis meses antes de morir. Estas señales distantes pueden ser de tres clases: físicas, mentales y oníricas. No siempre anuncian que vayamos a morir pronto, pero si persisten, lo más probable es que nuestra muerte sea inminente. Si sabemos cuáles son las señales distantes de la muerte, las reconoceremos cuando aparezcan; nos servirán de aviso y podremos realizar ciertos preparativos que nos ayudarán en nuestra próxima vida. Comprenderemos que es el momento de concentrarnos en la práctica del Dharma con sinceridad y podremos aplicar los métodos que hayamos aprendido para alargar nuestro espacio de vida, como las prácticas de Amitayus o de Tara Blanca, o cualquier otro método que conozcamos para realizar una transferencia de consciencia en el momento de morir.

Ahora cabe mencionar algunas de las señales físicas de la muerte: el tener hipo de manera continuada mientras se defeca u orina; el no poder escuchar el zumbido que se oye al taparnos los oídos; el que la sangre no vuelva con rapidez a las uñas tras haber ejercido cierta presión sobre ellas; tener hipo al realizar el acto sexual; en el caso de la mujer, perder gotas blancas en vez de rojas al realizar el acto sexual y, en el caso del hombre, gotas rojas en vez de blancas; perder el sentido del gusto o del olfato sin razón alguna; espirar aire frío; al echar aliento sobre la mano, sentirlo frío en vez de cálido; el que la lengua se encoja, sintiendo como si estuviera enrollada o hinchada, y no poder ver su punta al sacarla; en la oscuridad, no poder ver formas y figuras de colores al apretar con el dedo la parte superior del ojo de manera que el globo ocular sobresalga un poco hacia afuera; tener la alucinación de ver un sol por la noche; por la mañana, bajo el sol, no poder ver en la sombra de nuestro cuerpo corrientes de energía fluyendo de nuestra coronilla; no poder segregar saliva en la boca; el que la punta de la nariz se meta hacia dentro; el que aparezcan manchas negras en los dientes; y el que los globos oculares se hundan más de lo normal en las cavidades de los ojos.

Mencionemos algunas señales mentales distantes de la muerte: un cambio en nuestro carácter, por ejemplo, ser agresivos cuando, por lo general, somos amables y tranquilos, o lo opuesto; el dejar de gustarnos el lugar donde vivimos, nuestros amigos u otros objetos de apego sin motivo alguno; sentirnos tristes sin razón; y el que nuestra sabiduría e inteligencia sean menos claras y poderosas que antes.

Ejemplos de señales oníricas distantes son: soñar varias veces que nos caemos de una montaña, que estamos desnudos o que viajamos solos en dirección hacia el sur a través de un desierto.

Más tarde se explicarán las señales cercanas de la muerte.

LAS CAUSAS DE LA MUERTE

Las causas principales de la muerte son tres: la finalización determinada kármicamente de nuestro espacio de vida, la consumación de los méritos y la pérdida del poder de la fuerza vital. Como resultado de haber mantenido una disciplina moral y de haber realizado acciones virtuosas en una vida pasada, como por ejemplo, salvar la vida de otros seres, ahora hemos obtenido una existencia humana cuyo espacio de vida digamos que es, en términos generales, de unos setenta años. A pesar de que hayamos creado la causa para que nuestra vida sea tan larga, es posible que muramos antes de llegar a esa edad o que vivamos más tiempo. Las acciones destructivas de gravedad cometidas en esta vida pueden acortarla, mientras que las acciones virtuosas, como abstenernos de matar y cuidar de los enfermos, pueden alargarla. Algunas personas mueren debido a la falta de poder meritorio, a pesar de que su espacio de vida no ha terminado. No consiguen encontrar las necesidades básicas para sobrevivir tales como alimentos ni los remedios medicinales apropiados. En estos casos, vivirán los pocos años que les quedan de vida en una existencia humana futura que, probablemente, se caracterizará por su brevedad y sus muchos infortunios. Las personas que poseen riqueza de méritos encuentran excelentes condiciones y, en consecuencia, consiguen vivir unos cuantos años más de los fijados por su karma.

La tercera causa de la muerte es la pérdida del poder de la fuerza vital. La fuerza vital es el poder del aire que mantiene la vida, el cual reside en nuestro corazón, y cuya función es mantener la conexión entre el cuerpo y la mente. Cuando disminuye su fuerza, esta conexión se rompe y morimos. Hay muchas cosas que pueden debilitar nuestra fuerza vital, como por ejemplo, enfermedades, espíritus malignos, accidentes, una forma de vida destructiva y poco saludable, etc.

Si consumimos los tres, nuestro espacio de vida, nuestros méritos y nuestra fuerza vital, es definitivo que moriremos; pero si aún disponemos de una o dos de estas causas de vida, es posible regenerar las demás. Por ejemplo, si nuestro espacio de vida y fuerza vital están intactos, pero hemos consumido nuestros méritos, podemos acumular más realizando acciones virtuosas. Si nuestra fuerza vital se ha debilitado, pero contamos con méritos y espacio de vida, podemos recuperarla por medio de prácticas como la respiración del vaso en el corazón, que constituye uno de los mejores métodos para incrementar el poder del aire que mantiene la vida en nuestro corazón. Para ello, reunimos los aires de las partes superior e inferior de nuestro cuerpo a la altura del corazón e imaginamos que se disuelven en el aire que mantiene la vida. A continuación, retenemos nuestros aires, junto con nuestra mente en el corazón y permanecemos concentrados en este punto por tanto tiempo como podamos.

La fuerza vital es nuestro bien más preciado y, por ello, debemos estabilizarla e incrementarla. Una vez destruida, es imposible reparar este daño. Si perdemos cualquier bien, siempre podemos reemplazar su pérdida; pero cuando se trata de nuestro espacio de vida, no podemos tomar prestado más tiempo para completar nuestras tareas. Por consiguiente, si estamos desperdiciando nuestra vitalidad en objetivos sin sentido, deberíamos considerarlo como una gran pérdida. Si nuestra vida es corta o la malgastamos, no podremos completar nuestro adiestramiento espiritual.

LAS CONDICIONES DE LA MUERTE

Las condiciones de la muerte son innumerables. Unas personas mueren debido a enfermedades físicas y otras en accidentes o en desastres naturales. Unos mueren en manos de sus enemigos y otros se quitan la vida. Muchos seres humanos mueren de hambre y otros debido a los mismos alimentos que ingieren. A pesar de que la comida es uno de los placeres más agradables de los que puede disfrutar el ser humano, una mala dieta es la condición contribuyente para padecer muchas molestias y enfermedades degenerativas, como por ejemplo el cáncer. Tal como explicamos con anterioridad, cualquier objeto puede convertirse en la causa contribuyente de nuestra muerte, incluso las cosas que por lo general sustentan la vida.

LAS MENTES QUE SE MANIFIESTAN DURANTE EL PROCESO DE LA MUERTE

Durante el proceso de la muerte se manifiestan dos tipos de mentes: burdas y sutiles. Las mentes burdas de la muerte pueden ser virtuosas, perjudiciales o neutras; pero las mentes sutiles, en el caso de los seres ordinarios, son siempre neutras. Al morir, si nuestra última mente burda es virtuosa, los potenciales buenos de nuestra conciencia madurarán como una acción mental virtuosa, la cual nos conducirá a obtener de manera directa un renacimiento superior, es decir, a renacer como un ser humano o como un dios. Una mente virtuosa en el momento de la muerte es como el agua que nutre los potenciales virtuosos que permanecen como semillas secas en el campo de labranza de nuestra consciencia mental. Si hacemos dos plantaciones de semillas diferentes en un mismo campo, digamos una de cebada y otra de trigo, pero sólo regamos una de ellas, ésta será la primera en brotar. De manera similar, a pesar de que en nuestra mente tenemos tanto potenciales virtuosos como perjudiciales, si generamos una mente virtuosa en el momento de morir, tendremos garantizado que los potenciales que van a madurar serán los virtuosos. Esto ocurrirá incluso aunque hayamos llevado una vida de inmoralidad y cometido muchas acciones perjudiciales, lo que no implica que no vayamos a experimentar tarde o temprano sus efectos. Si renacemos como un ser humano, nuestra vida será corta y estará llena de sufrimiento. Si no purificamos nuestro karma destructivo, tarde o temprano experimentaremos el efecto de maduración completa de nuestras acciones y renaceremos en uno de los reinos inferiores.

En ocasiones, las personas que no tienen interés en el adiestramiento espiritual y que llevan una mala vida, disfrutan de mejores condiciones externas y de mayor éxito que las personas que practican el Dharma. Pensando en ello es posible que nos desanimemos y pensemos: «¡La práctica del Dharma no sirve para nada! Hay personas que no se preocupan por llevar una vida virtuosa y, sin embargo, todo les sale bien. Yo, que me esfuerzo tanto, no padezco más que infortunios y dificultades.» Si pensamos de este modo es porque sólo tenemos en cuenta nuestra situación presente y no comprendemos bien la relación entre las causas y sus efectos. Las dificultades que ahora padecemos son los efectos de las acciones que cometimos en el pasado; no son el resultado de la práctica espiritual que ahora seguimos, pues éste lo disfrutaremos en el futuro en forma de felicidad. De la misma manera, la buena fortuna que tienen muchas personas que no están interesadas en el Dharma, es el resultado de los méritos que crearon en el pasado y no del modo de vida que llevan ahora. Las acciones perjudiciales que cometen en esta vida son la causa del sufrimiento que padecerán en el futuro.

Al morir, si nuestra última mente burda no es virtuosa, los malos potenciales de nuestra mente madurarán como una acción mental perjudicial, la cual nos llevará de manera directa a obtener un renacimiento inferior. Vemos, pues, lo importante que es generar un estado mental virtuoso y feliz en el momento de la muerte. También podemos hacer mucho bien alentando a los que están muriendo a generar una mente virtuosa y proporcionándoles las condiciones conducentes para ello. De esta forma, podemos beneficiar mucho a nuestros amigos y familiares, incluso aunque no tengan ningún interés en el Dharma. Uno de los mayores actos de bondad que podemos ofrecer a los demás es ayudarles a morir en paz y de manera feliz, puesto que, si de este modo consiguen un renacimiento afortunado, habrán obtenido el mismo resultado que si hubieran practicado con éxito la transferencia de consciencia.

Cuando se manifiesta la mente sutil de la muerte y cesan las mentes burdas, cesan también las sensaciones burdas, ya sean placenteras, dolorosas o neutras, además del discernimiento burdo. Puesto que, en el caso de los seres ordinarios, las mentes sutiles de la muerte son neutras, carecen de fuerza para inducir mentes virtuosas.

LA SEÑAL DE QUE EL PROCESO DE LA MUERTE HA TERMINADO

Después de haber experimentado las señales distantes de la muerte, vendrán las cercanas. Primero se disuelve el elemento tierra del cuerpo: la señal externa de esta disolución es que el cuerpo adelgaza; la señal interna es que la mente percibe una apariencia semejante a un espejismo. A continuación, se disuelve el elemento agua: el signo externo es que la boca y la lengua se secan, y los fluidos del cuerpo tales como la orina, la sangre y el semen disminuyen; el signo interno es que la mente percibe una apariencia semejante al humo. Después se disuelve el elemento fuego: la señal externa de esta disolución es que el calor del cuerpo disminuye y la zona alrededor del ombligo, el lugar donde se produce el calor del cuerpo, se enfría; la señal interna es que la mente percibe una apariencia semejante a unas chispas. A continuación se disuelve el elemento aire: la señal externa es una reducción del poder de movimiento, debido a la pérdida de la fuerza de los aires que fluyen por los canales de energía del cuerpo y que nos hacen generar las mentes burdas; la interna es una apariencia en la mente semejante a la luz de la llama de una vela. La mente que percibe esta apariencia es la última mente burda de la muerte.

La primera mente sutil de la muerte es la que percibe una apariencia blanca. Cuando cesa, la mente deviene más sutil y percibe una apariencia rojiza. Esta mente, de nuevo, deviene más sutil y se transforma en la mente negra del logro cercano, la cual sólo percibe una apariencia negra. En esta etapa es como si el moribundo careciese de memoria. Puesto que no hay movimiento físico, el corazón ya no late ni hay movimiento en los canales, los demás piensan que la persona ha fallecido; pero, en realidad, la consciencia aún no ha abandonado el cuerpo. La mente negra del logro cercano se transforma en la mente muy sutil que percibe la luz clara de la muerte, una apariencia clara y brillante como la luz del amanecer. Ésta es la señal de que la mente muy sutil que reside en la gota indestructible en el corazón ha despertado y que las demás mentes han dejado de manifestarse. Entonces la gota indestructible se abre y las gotas roja y blanca se separan, dejando escapar la consciencia, la cual abandona de inmediato el cuerpo. Entonces la gota blanca desciende a través del canal central y emerge por la punta del órgano sexual, y la gota roja asciende a través del canal central y sale por los orificios nasales. Ésta es la indicación de que la consciencia ha salido del cuerpo y el proceso de la muerte ha terminado.

EL MODO EN QUE ENTRAMOS EN EL ESTADO INTERMEDIO

El estado intermedio recibe este nombre porque es el período de tiempo que transcurre entre la muerte y el siguiente renacimiento. Esta sección se explicará bajo los tres apartados siguientes:

1 Cómo llegar al convencimiento de la existencia del bardo considerando la analogía del estado onírico.
2 Características del cuerpo del ser del bardo.
3 Las apariencias que percibe el ser del bardo.

CÓMO LLEGAR AL CONVENCIMIENTO DE LA EXISTENCIA DEL BARDO CONSIDERANDO LA ANALOGÍA DEL ESTADO ONÍRICO

Podemos comprobar la existencia del bardo basándonos en citas de las escrituras, por medio de la experiencia o con un razonamiento lógico; pero, para un ser ordinario, el modo más fácil es considerar la analogía del estado onírico, dadas sus similitudes con el bardo. Tanto el cuerpo del bardo como el cuerpo onírico surgen a partir de los aires sutiles de energía. Los dos carecen de carne, huesos, sangre y órganos internos, pero poseen los poderes sensoriales completos. Así como el cuerpo onírico nace de la luz clara del sueño, el del bardo lo hace de la luz clara de la muerte y, así como el cuerpo del sueño es percibido sólo por la misma persona que está soñando, el cuerpo del bardo puede ser visto sólo por otros seres del bardo; los seres ordinarios que no tienen clarividencia visual no pueden percibirlo. La morada del cuerpo onírico cambia y se mueve con rapidez, y los encuentros que tenemos durante el sueño se desvanecen fugazmente. De manera similar, la morada del cuerpo del bardo cambia con rapidez y las relaciones que entablan durante este estado duran muy poco.

A medida que nos dormimos, los aires burdos se van reuniendo en el corazón y experimentamos las mismas señales que las cercanas internas de la muerte, desde la señal de la apariencia semejante a un espejismo hasta la de la luz clara. Los yoguis y meditadores que han desarrollado una gran retentiva mental reconocen estas señales a medida que se van durmiendo, pero la mayoría de las personas no pueden percibirlas con claridad puesto que durante el sueño pierden la memoria. Después de la luz clara del sueño, no nos despertamos inmediatamente, sino que entramos en el sueño y generamos el cuerpo onírico. De igual manera, durante el proceso de la muerte, los aires burdos se reúnen en el corazón y percibimos las señales internas de la muerte. Desde la luz clara de la muerte, no entramos de inmediato en una nueva vida, sino que lo hacemos en el bardo y tomamos un cuerpo de bardo que es semejante al onírico.

CARACTERÍSTICAS DEL CUERPO DEL SER DEL BARDO

El cuerpo del ser del bardo posee cinco características: su forma es la misma que la de su próximo renacimiento; sus poderes sensoriales son completos; su poder sensorial de la vista puede percibir objetos a largas distancias y ver a través de obstáculos materiales; no es obstruido por la materia, por lo que puede atravesar paredes, montañas y demás objetos sólidos; y su poder sensorial de la vista puede percibir a otros seres que también están en el bardo.

Cuando alguien ve el espíritu de una persona que ha muerto, no está percibiendo a este ser en el bardo, porque ha adoptado una forma similar a la que tendrá en su próximo renacimiento y, como se mencionó con anterioridad, sólo puede ser visto por otros seres del bardo o por personas dotadas de clarividencia. Por consiguiente, el ser que está en el bardo no puede comunicarse con los amigos ni familiares de su vida pasada. En ocasiones, algunos espíritus se manifiestan en la forma de la persona que ha fallecido y los familiares o conocidos que lo perciben creen que están viendo en realidad a la persona.

LAS APARIENCIAS QUE PERCIBE EL SER DEL BARDO

En el bardo los seres experimentan muchas alucinaciones. Aquellos que hayan llevado una mala vida sentirán que caen cabeza abajo hundiéndose en profundidades cada vez más oscuras. De las tinieblas, surgen horribles apariciones que llenan al ser del bardo de miedo y angustia. Los seres del bardo perciben cuatro sonidos aterradores: debido al cambio de apariencia ante la mente del elemento tierra, oyen un gran estruendo como el producido por el derrumbamiento de una inmensa montaña rocosa, les invade el miedo y sienten como si les aplastara una masa enorme; debido al cambio de apariencia ante la mente del elemento agua, oyen un sonido estrepitoso como el producido por las grandes olas del mar, les cunde el pánico y sienten como si les arrastrase una corriente rápida e inmensa; debido al cambio de apariencia ante la mente del elemento fuego, oyen un sonido como el producido por un voraz incendio que se esparce con rapidez en todas las direcciones y, llenos de angustia y pavor, sienten como si estuvieran atrapados en medio del fuego; por último, debido al cambio de apariencia ante la mente del elemento aire, oyen un estruendo amenazante como el que se produce en una gran tormenta y, aterrados, sienten como si el viento les arrastrase en un remolino enloquecido. Los seres del bardo que están a punto de renacer en uno de los reinos infernales ven seres espeluznantes que vienen para torturarles. El mero hecho de estar ante su presencia les produce un terror y sufrimiento insoportables. Aterrorizados por estos verdugos, oyen cómo se incitan entre ellos diciendo: «Fustiga a éste y tortura al otro...» Al oírlo, el ser del bardo siente despavorido como si estuviera atrapado por estos crueles torturadores.

Aquellos que llevaron una vida virtuosa experimentarán gozo durante el bardo. Sentirán como si viajaran de un estado de felicidad a otro y lo percibirán todo como si estuviera iluminado por la luz de la luna. Los que van a renacer como seres humanos sienten como si estuviesen flotando hacia adelante, y los que van a renacer como dioses como si estuviesen flotando en el espacio.

Aquellos que hayan llevado una vida virtuosa morirán en paz y sin violencia, y no tendrán alucinaciones perturbadoras; pero los que hayan llevado una mala vida sufrirán horrendas alucinaciones, no sólo durante la muerte sino también durante el bardo. Había una vez un aristócrata tibetano cuyo trabajo era organizar un festival de oraciones que se festejaba en su ciudad anualmente; aprovechando su autoridad, cada año robaba algunos de los bloques de té que se ofrecían a los monjes. El té tibetano se produce en forma de bloques compactos y duros que han de partirse para hervir. A la hora de su muerte, este hombre tuvo la alucinación de que le llovían cientos y cientos de ladrillos de té y que moría aplastado por ellos.

Gueshe Chekaua tenía como su práctica principal la bodhichita y la meditación de tomar y dar. Solía rezar de este modo: «¡Que maravilloso sería si renaciese en un infierno para poder ayudar a los seres que habitan allí!» Un día, dejó de respirar y su asistente pensó que iba a morir, pero unas horas después, Gueshe Chekaua despertó y dijo: «Nunca colmaré mi deseo porque he visto las señales de que voy a renacer en una tierra pura.» Gueshe Chekaua percibió estas señales como resultado de su meditación y de sus buenas obras, y estaba destinado a renacer en una tierra pura por poseer el deseo compasivo y noble de renacer en los infiernos.

EL MODO EN QUE RENACEMOS

Su explicación se da en tres partes:

1 Las causas y condiciones para renacer.
2 La manera en que renacemos.
3 La naturaleza del renacimiento.

LAS CAUSAS Y CONDICIONES PARA RENACER

La causa principal de renacer en un lugar u otro son nuestras propias acciones, el karma impulsor que hayamos acumulado. Las causas secundarias o condiciones contribuyentes de los renacimientos pueden ser de dos clases: distantes y cercanas. La condición distante es el karma que tienen nuestros padres de que vayamos a ser su hijo. Las condiciones cercanas son, por ejemplo, el hecho de que cuando nuestros padres realicen el acto sexual se produzca la unión del esperma y del óvulo en el seno de la madre. Todas estas causas y condiciones han de reunirse para que tenga lugar un renacimiento.

LA MANERA EN QUE RENACEMOS

Si el ser del bardo va a renacer como un humano, vagará por los alrededores del lugar donde renacerá, como la mosca que revolotea alrededor de un trozo de carne. Se irá aproximando a la casa donde se encuentran sus futuros padres, a su habitación, a la cama donde están acostados. Cuando el ser del bardo percibe a sus futuros padres realizando el acto sexual, genera un intenso deseo de unirse a ellos. Si va a renacer como una mujer, intenta abrazar al padre y si va a renacer como un varón, a la madre; pero al no poder colmar su deseo, genera odio y muere. Al morir, el ser del bardo experimenta todas las señales de la muerte muy rápidamente y, cuando la luz clara de la muerte cesa, su consciencia entra en la unión del esperma y del óvulo en el seno de la madre. Entra por la boca del padre y desciende hasta su órgano sexual, pasa por el de la madre y entra en su seno. En el primer momento de la concepción, la mente del nuevo ser sólo percibe una apariencia negra, a la cual le siguen las restantes señales de la muerte experimentadas en orden inverso a medida que la mente se vuelve más y más burda. Al principio, el cuerpo del nuevo ser en el seno materno es líquido como el yogur. Poco a poco va ganando consistencia y, al cabo de unas semanas, tiene una forma parecida a la de un pez. Unas semanas más tarde su forma se asemeja a la de una tortuga y más tarde, a la de un león. Finalmente, su cuerpo adquiere la forma de un ser humano. Al cabo de unos nueve meses y diez días, nace el nuevo ser.

LA NATURALEZA DEL RENACIMIENTO

Como se explicó en otro apartado, la naturaleza del renacimiento sin control es sufrimiento y constituye la base a partir de la cual surgen todos los demás sufrimientos de los tres reinos.

Los doce vínculos dependientes relacionados

EXPLICACIÓN DE LOS DOCE VÍNCULOS DEPENDIENTES RELACIONADOS

Se presenta en cuatro partes:

1 Explicación general de los fenómenos dependientes relacionados.
2 Los doce vínculos dependientes relacionados.
3 El diagrama de la rueda de la vida.
4 Meditación sobre los doce vínculos dependientes relacionados.

EXPLICACIÓN GENERAL DE LOS FENÓMENOS DEPENDIENTES RELACIONADOS

Un fenómeno dependiente relacionado es aquél que existe en dependencia de sus partes. Puesto que todos los fenómenos poseen partes y existen en dependencia de ellas, todos son fenómenos dependientes relacionados. Nagaryhuna, en su texto *Sabiduría fundamental del camino medio*, dice:

«Puesto que no existe ningún fenómeno
que no sea un surgimiento dependiente,
no existe ningún fenómeno que no sea vacío.»

El surgimiento dependiente se refiere a la manifestación de los fenómenos en dependencia de causas y condiciones, pero Nagaryhuna utiliza aquí este término para referirse en concreto a los fenómenos dependientes relacionados.

El término «dependiente relacionado» se define como «aquello que existe (o se establece) en dependencia de sus partes». Los fenómenos producidos o impermanentes existen en dependencia de sus causas y condiciones, y los permanentes o no-producidos en dependencia de sus partes (tales como sus aspectos, divisiones y direcciones). Puesto que todos los fenómenos son o bien producidos o bien no-producidos, se deduce que todos son dependientes relacionados.

Hay tres niveles de relación dependiente: burda, sutil y muy sutil. Todo objeto funcional que percibimos de manera directa es un fenómeno de relación dependiente burda, como por ejemplo, el que una rosa surja a partir de sus causas. Pero el hecho de que la rosa exista en dependencia de sus partes es una relación dependiente sutil y el que exista como una mera designación del pensamiento conceptual es una relación dependiente muy sutil. Una rosa surge a partir de sus causas, existe en dependencia de sus partes y como una mera designación del pensamiento conceptual. No es que haya tres rosas diferentes, sino que una misma rosa existe de tres maneras distintas. Debido a que hay tres formas de entender el modo en que la rosa existe, en consecuencia, hay tres tipos de rosa dependiente relacionada: burda, sutil y muy sutil. Todos los objetos funcionales poseen estos tres niveles de existencia.

Consideremos otro ejemplo: la relación dependiente entre un vaso y las causas que lo producen es una relación dependiente burda porque es bastante fácil de entender. La relación dependiente entre el vaso y sus partes es una relación dependiente sutil, porque es más difícil de comprender que la anterior. Y la relación dependiente entre el vaso y el pensamiento conceptual que lo concibe es una relación dependiente muy sutil porque es la más difícil de entender. Para desarrollar un entendimiento de la relación dependiente muy sutil, primero tenemos que comprender la vacuidad de la existencia inherente.

En el texto *Esencia de buenas explicaciones*, Yhe Tsongkhapa dice que, de entre todas las clases de sabiduría, la que comprende la relación dependiente es la suprema; de entre todos los Maestros, el que enseña la relación dependiente es el supremo; y de entre todas las alabanzas, la alabanza a la relación dependiente es la suprema.

Aryadeva dice en el *Tratado de cuatrocientas estrofas*:

«Si vemos la relación dependiente,
no surgirá la ignorancia.
Por lo tanto, deberíamos poner mucho esfuerzo
en comprender la relación dependiente.»

LOS DOCE VÍNCULOS DEPENDIENTES RELACIONADOS

El conocimiento de los fenómenos dependientes relacionados burdos nos ayuda a comprender los sutiles, y la comprensión de éstos últimos nos ayuda a entender los muy sutiles. Puesto que los doce vínculos dependientes relacionados están asociados principalmente como causa y efecto, suelen presentarse como ejemplos de fenómenos dependientes relacionados burdos. Su estudio, contemplación y meditación, nos ayudarán a comprender con facilidad los fenómenos dependientes relacionados sutiles y los muy sutiles.

Los doce vínculos dependientes relacionados se denominan «vínculos» porque están enlazados sin interrupción, como una cadena circular de doce eslabones que nos ata a la existencia cíclica. También se les llama «miembros», porque la existencia cíclica es como un cuerpo que posee doce partes que dependen unas de otras. A la existencia cíclica también se la compara con una rueda y a los doce vínculos con los radios que giran sin cesar y que nos arrastran de un renacimiento a otro. Si desarrollamos un buen entendimiento de los doce vínculos dependientes relacionados, comprenderemos cómo nos atan a la existencia cíclica y veremos con claridad lo que tenemos que hacer para alcanzar la liberación. Los doce vínculos son:

1 La ignorancia dependiente relacionada.
2 La acción productora dependiente relacionada.
3 La consciencia dependiente relacionada.
4 El nombre y la forma dependientes relacionados.
5 Los seis generadores dependientes relacionados.
6 El contacto dependiente relacionado.
7 La sensación dependiente relacionada.

8 El ansia dependiente relacionada.
9 El aferramiento dependiente relacionado.
10 La existencia dependiente relacionada.
11 El nacimiento dependiente relacionado.
12 El envejecimiento y la muerte dependientes relacionados.

LA IGNORANCIA DEPENDIENTE RELACIONADA

La ignorancia dependiente relacionada es un tipo de ignorancia perteneciente al reino del deseo que se aferra a las personas y a los fenómenos como si poseyeran una existencia inherente, y que induce al desarrollo del karma impulsor. En este contexto, «personas» se refiere a todos los seres, incluyendo a uno mismo, y «fenómenos» a todos los fenómenos, excluyendo a las personas. Todos los objetos de conocimiento están, por lo tanto, comprendidos en estos dos grupos. En consecuencia, hay dos tipos de ignorancia dependiente: la que aprehende a las personas como si poseyeran una existencia inherente, y la que aprehende los fenómenos (aparte de las personas) como si fueran inherentemente existentes. La primera puede ser de dos clases: la ignorancia que aprehende a uno mismo (la propia persona) como si poseyera una existencia inherente –la creencia del conjunto transitorio–, y la ignorancia que aprehende a las demás personas como si poseyeran una existencia inherente. Esta ignorancia contradice de manera directa la sabiduría que comprende la vacuidad de las personas. Se trata de una perturbación mental, que no es ni virtuosa ni perjudicial.

Si un ciego intentase mira un paisaje desde la cima de una montaña, no percibiría más que una gran oscuridad. De manera similar, cuando percibimos a las personas y otros fenómenos, nuestra ignorancia respecto a su naturaleza última es como una oscuridad mental que nos impide comprender su vacuidad. La ignorancia de la naturaleza verdadera o última de las personas y de los fenómenos nos hace aferrarnos a ellos como si existieran de manera inherente o verdadera. Este aferramiento es la ignorancia dependiente relacionada y es una percepción errónea. A partir de ella, generamos la atención impropia y todas las demás perturbaciones mentales.

Cuando seamos capaces de distinguir con claridad el primer vínculo, la ignorancia dependiente relacionada, nos estaremos acercando a la realización de la vacuidad de entidad propia. Esto se debe a que, cuando identificamos el tipo de objeto concebido por la ignorancia del aferramiento propio y el modo en que lo mantiene, estamos identificando el objeto negado por la sabiduría que realiza directamente la vacuidad. Esta sabiduría elimina la ignorancia dependiente relacionada, el primero de los doce vínculos y la raíz de la existencia cíclica.

Para identificar por propia experiencia, esta ignorancia y el objeto que concibe, tenemos que realizar repetidas contemplaciones y meditaciones. Si tenemos una mente ágil y alerta, podemos hacer uso de varios métodos. Por ejemplo, en la meditación podemos hacer que nuestro aferramiento propio surja de manera intencionada, imaginando que nos encontramos en peligro. Podemos pensar que el suelo de nuestra habitación se va a hundir, o que estamos atrapados en un incendio, o que va a caer una bomba sobre nuestra casa. Si imaginamos con fuerza esta clase de situaciones, sentiremos miedo y generaremos un intenso sentimiento del yo. Cuando aparezca en nuestra mente, tendremos una buena oportunidad para identificar nuestra ignorancia dependiente relacionada que se aferra al yo y, si llevamos a cabo un cuidadoso análisis, podremos identificar también cuál es el objeto que concibe.

No todas las clases de ignorancia son la ignorancia dependiente relacionada. Por ejemplo, los dioses de los reinos de la forma y del inmaterial y los Seres Superiores que no son Destructores del Enemigo tienen una ignorancia que no es la dependiente relacionada. Incluso los Bodhisatvas del primero al séptimo plano espiritual tienen un cierto grado de ignorancia, pero tampoco es de esta clase, porque no produce las acciones impulsoras que son la causa de los renacimientos cíclicos.

LA ACCIÓN PRODUCTORA DEPENDIENTE RELACIONADA

Las acciones productoras son acciones impulsoras que tienen su raíz en la ignorancia y que constituyen la causa de que renazcamos en la existencia cíclica. Pueden ser de dos clases: virtuosas y perjudiciales. Cada día cometemos innumerables acciones productoras. Se las denomina de tal modo porque nos impulsan a renacer en la existencia cíclica al reunir o producir todas las causas para que obtengamos un renacimiento cíclico, al igual que un alfarero produce objetos de barro con los diferentes materiales que precisa para ello.

No todas las acciones son productoras. Por ejemplo, algunos Seres Superiores y dioses de los reinos de la forma y del inmaterial realizan acciones contaminadas, pero no les impulsan a renacer en la existencia cíclica. No obstante, llevan en su mente los potenciales de las acciones impulsoras que cometieron en el pasado y, por ello, todavía pueden renacer en otros reinos de la existencia cíclica.

LA CONSCIENCIA DEPENDIENTE RELACIONADA

Tan pronto como se completa una acción productora, deja grabado un potencial en la consciencia mental. La mente que lleva grabados estos potenciales es la consciencia dependiente relacionada. Su función es guardar el potencial grabado por la acción productora hasta que surta su efecto. No todas las clases de consciencia son la consciencia dependiente relacionada. La mente que recibe la impresión de una acción productora es como una hoja de papel, y el potencial es como un timbre que se estampa en el papel de la consciencia con el sello de la acción productora. Sólo la mente que recibe este potencial es la consciencia dependiente relacionada.

EL NOMBRE Y LA FORMA DEPENDIENTES RELACIONADOS

Este vínculo se refiere únicamente a los agregados de la persona en el preciso momento de su concepción. La forma dependiente relacionada es el agregado de la forma y el nombre dependiente relacionado se refiere a los cuatro agregados restantes: la sensación, el discernimiento, los factores producidos y la consciencia. Al nombre dependiente relacionado se le denomina de esta manera porque se refiere a los agregados que constituyen la base sobre la cual designamos o nombramos a una persona. En el caso de los seres que poseen forma, este agregado está incluido también en la base para designar o denominar a la persona, pero se le atribuye su propio nombre porque los seres del reino inmaterial carecen del agregado de la forma y, por lo tanto, sus nombres son designados sólo sobre la base de sus cuatro agregados.

En el caso de los seres humanos, los cinco agregados ya existen en el momento de la concepción, aunque todavía no están desarrollados por completo. El óvulo fertilizado es el agregado de la forma y la consciencia que entra en él posee los cinco factores mentales siempre presentes: el contacto, la sensación, el discernimiento, la intención y la atención, los todos estos factores mentales son sutiles y neutros.

LOS SEIS GENERADORES DEPENDIENTES RELACIONADOS

Los seis generadores dependientes relacionados se refieren a los seis poderes sensoriales –de la vista, del oído, de la nariz, de la lengua, del cuerpo y de la mente– antes de que se hayan generado las seis consciencias correspondientes. En el momento de la concepción, los poderes sensoriales del cuerpo y de la mente están presentes, pero los otros cuatro se desarrollan de manera gradual a medida que lo va haciendo el agregado de la forma dentro del seno materno. Cuando ya se han generado los seis poderes sensoriales, reciben el nombre de «los seis generadores dependientes relacionados» porque son los generadores de las seis consciencias, a pesar de que éstas aún no se han manifestado en este estado. Por consiguiente, a menudo se dice que los seis generadores son como las habitaciones vacías de una casa que van a ser ocupadas por los huéspedes de las seis consciencias.

EL CONTACTO DEPENDIENTE RELACIONADO

A partir de la evolución completa de los órganos sensoriales del embrión, se desarrollan los seis poderes sensoriales y, cuando éstos entran en contacto con sus objetos correspondientes, se generan las seis consciencias. Cuando el poder sensorial, el objeto y la consciencia entran en contacto, el embrión percibe el objeto como agradable, desagradable o neutro. El factor mental que aprehende el objeto de una de estas tres formas es el contacto dependiente relacionado.

LA SENSACIÓN DEPENDIENTE RELACIONADA

Es el factor mental que surge en dependencia del contacto dependiente relacionado. Mientras el contacto dependiente conoce el objeto como agradable, desagradable o neutro, la sensación dependiente relacionada, de hecho, experimenta el objeto de una de estas tres maneras.

EL ANSIA DEPENDIENTE RELACIONADA

En general, el ansia es una mente de apego que se genera en dependencia de la sensación. Si experimentamos sensaciones agradables, generamos un deseo muy intenso de que no cesen; si son desagradables, tenemos un fuerte deseo de liberarnos de ellas; y si tenemos sensaciones neutras, de que continúen sin que disminuyan. El ansia dependiente relacionada es un tipo específico de apego que se manifiesta a la hora de morir. Cuando los seres ordinarios mueren, generan el ansia de no separarse de su cuerpo, su entorno, sus disfrutes y bienes, y ansían liberarse de las sensaciones y experiencias desagradables de la muerte. Estas clases de apego que nos afligen en el momento de la muerte son lo que se llama el ansia dependiente relacionada.

EL AFERRAMIENTO DEPENDIENTE RELACIONADO

En términos generales, el aferramiento es una forma intensificada de ansia. Los momentos iniciales del apego son ansia y cuando el apego se intensifica se convierte en aferramiento. El aferramiento es una mente que desea poseer o experimentar inmediatamente un objeto agradable o que quiere separarse de inmediato de uno desagradable o eliminarlo. El aferramiento dependiente relacionado es un tipo específico de aferramiento que surge a la hora de morir. Este vínculo, junto con el ansia dependiente relacionada, activan los potenciales que tenemos grabados en la mente por la acción productora, es decir, activan el karma que nos empuja a obtener nuestro próximo renacimiento cíclico.

LA EXISTENCIA DEPENDIENTE RELACIONADA

La existencia dependiente relacionada es una intención o acción mental que tiene el poder de producir de inmediato nuestro próximo renacimiento. Es una causa designada con el nombre de su efecto: la siguiente existencia cíclica a la que da lugar. Mientras que la acción productora dependiente relacionada es la causa distante del renacimiento cíclico, la existencia dependiente relacionada es su causa cercana. La acción productora dependiente no siempre produce su efecto, puesto que es posible purificar una acción perjudicial o destruir el potencial de una acción virtuosa; pero la existencia dependiente relacionada lo produce siempre.

La existencia dependiente relacionada puede ser virtuosa o perjudicial, a pesar de estar inducida siempre por las perturbaciones mentales del ansia y del aferramiento. Por ejemplo, si después de haber generado la mente de aferramiento, el moribundo realiza una acción mental virtuosa tal como refugiarse en Buda, ello activará los potenciales virtuosos de su mente. Cuando esto ocurra, la persona obtendrá un renacimiento superior con toda seguridad. Por el contrario, si genera una mente de aferramiento que le lleva a cometer una acción mental perjudicial, como puede ser generar un mal pensamiento o una creencia errónea, se activarán sus potenciales destructivos. Si sucede de esta manera, el moribundo renacerá en uno de los reinos inferiores con toda seguridad.

EL NACIMIENTO DEPENDIENTE RELACIONADO

El nacimiento dependiente relacionado es el primer momento de todo renacimiento cíclico, cuando la consciencia entra en su nuevo cuerpo en el instante de la concepción. El nacimiento y el nombre y la forma dependientes relacionados ocurren de manera simultánea.

EL ENVEJECIMIENTO Y LA MUERTE DEPENDIENTES RELACIONADOS

El envejecimiento comienza en el momento siguiente después del nacimiento dependiente relacionado y continúa hasta el momento mismo de la muerte. Es la transformación de nuestra forma física, que tiene lugar a cada momento, no es algo que acontezca sólo a las personas que viven por muchos años. La muerte dependiente relacionada es la ruptura final de la relación entre el cuerpo y la mente, y ocurre en el preciso momento en que la mente se separa del cuerpo.

De entre los doce vínculos de la relación dependiente, seis de ellos –la ignorancia, la acción productora, la consciencia, el ansia, el aferramiento y la existencia– son causas, y los restantes son efectos. Los tres primeros vínculos se dice que son las «causas distantes» o «impulsoras» y no siempre producen su efecto. Los vínculos octavo, noveno y décimo constituyen las «causas cercanas» o «actualizantes» y siempre producen su efecto. Los vínculos del nombre y la forma, los seis generadores, el contacto y la sensación, son los «efectos impulsados»; y los dos últimos, el nacimiento, y el envejecimiento y la muerte, son los «efectos actualizados».

El primer vínculo –la ignorancia dependiente– es como una semilla y el segundo –la acción productora– es semejante al hecho de sembrarla en el campo. El tercero –la consciencia– es comparable al campo mismo y los vínculos octavo y noveno son como el agua y el abono que sustentan la semilla. El décimo –la existencia– es semejante a la semilla bien nutrida en el momento en que está a punto de germinar y los vínculos del nacimiento y del nombre y la forma, son como la germinación propiamente dicha de la semilla. Los vínculos de los seis generadores, el contacto y la sensación son comparables con las etapas de crecimiento de la cosecha, mientras que el envejecimiento es semejante a la maduración de la cosecha y la muerte a su recogida.

Buda enseñó los doce vínculos dependientes relacionados en el mismo orden que aquí se ha seguido, y no en términos de causas y efectos, porque este orden muestra la manera en que uno de los ciclos de los doce vínculos puede desarrollarse y completarse en el transcurso de dos, tres o más vidas.

¿De qué manera se completa un ciclo de los doce vínculos dependientes relacionados en el transcurso de dos vidas? Imaginemos que en esta vida creamos una acción impulsora virtuosa. Cuando esta acción deja grabado un potencial en nuestra mente, se completan los tres primeros vínculos. Si al morir generamos ansia y aferramiento y una mente virtuosa, por ejemplo refugiándonos en las Tres Joyas con el deseo de obtener un renacimiento humano en nuestra próxima vida, esta mente virtuosa actuará como el vínculo de la existencia y, en consecuencia, activará nuestro potencial virtuoso. En este momento se han completado las seis causas. Después de la muerte, cuando nuestra consciencia haya entrado en el seno materno de nuestra nueva madre, desarrollaremos el nombre y la forma de un ser humano. Este vínculo y el renacimiento dependiente ocurren al mismo tiempo. En el segundo momento después del nacimiento dependiente relacionado, comienza el envejecimiento y empiezan a desarrollarse de manera gradual los seis generadores, el contacto y la sensación dependientes relacionados. Por último, experimentamos la muerte y, de esta manera, se completa un ciclo de los doce vínculos dependientes relacionados en el transcurso de dos vidas.

¿De qué manera se completa un ciclo de los doce vínculos dependientes relacionados en el transcurso de tres o más vidas? Imaginemos que en esta vida creamos una acción virtuosa que deja grabado un potencial virtuoso en nuestra mente. Si al morir, en dependencia del ansia y del aferramiento, generamos un estado mental perjudicial, como por ejemplo, un intenso odio hacia nuestros familiares, ello activará los potenciales destructivos que tenemos en nuestra mente e impedirá que en ese momento germinen los virtuosos. En este caso, el vínculo de la existencia será perjudicial y, en consecuencia, nos arrojará a uno de los reinos inferiores y renaceremos como, por ejemplo, un perro. Después de la muerte, generaremos el nacimiento y el nombre y la forma dependientes relacionados de un perro, seguidos de los vínculos de los seis generadores, del contacto y de la sensación. Cuando se acerque el fin de nuestra existencia como un perro, en dependencia del ansia y del aferramiento, es posible que desarrollemos un estado mental virtuoso y activemos, de esta manera, el potencial virtuoso de obtener un renacimiento afortunado que tenemos en nuestra mente. En este caso, creamos las tres causas distantes de un renacimiento afortunado en la vida anterior cuando éramos un ser humano y las tres causas cercanas en esta vida en la que somos un perro. Cuando el perro haya muerto, generaremos el nacimiento y el nombre y la forma dependientes relacionados de un ser humano. Entonces, los vínculos del envejecimiento, de los seis generadores, del contacto y de la sensación se habrán completado en el transcurso de tres vidas, cuando el ser humano muera. El proceso es el mismo aunque transcurran muchas vidas entre la existencia en que se crearon las tres causas distantes y la existencia en la que se crean las tres cercanas.

Nagaryhuna dice en *Esencia de las relaciones dependientes*:

«De tres surgen dos.
De dos surgen siete.
De siete surgen tres.»

Esto quiere decir que, a partir de las tres perturbaciones mentales de la ignorancia, el ansia y el aferramiento, se desarrollan las dos acciones –la acción productora y la existencia–.

A partir de estas dos acciones se producen siete efectos de sufrimiento: la consciencia, el nombre y la forma, los seis generadores, el contacto, la sensación, el nacimiento y el envejecimiento y la muerte. Y de estas siete surgen de nuevo las tres perturbaciones mentales. De esta manera, la cadena se entrelaza y la existencia cíclica se establece y perpetúa.

*Esfuérzate por destruirla.
Entra en el camino del Budadharma.
Elimina al Señor de la Muerte
Como un elefante destruye una choza de paja.*

Diagrama de la rueda de la vida

La rueda de la vida

EL DIAGRAMA DE LA RUEDA DE LA VIDA

Su explicación tiene tres partes:

1 Los beneficios de contemplar y meditar sobre el diagrama.
2 Origen del diagrama.
3 Simbolismo del diagrama.

LOS BENEFICIOS DE CONTEMPLAR Y MEDITAR SOBRE EL DIAGRAMA

Si contemplamos el significado del diagrama de la rueda de la vida y meditamos en él con la sabiduría del Dharma, podremos alcanzar muchas experiencias y realizaciones de las etapas del camino. Seremos capaces de desarrollar las realizaciones de las etapas del camino del ser del nivel inicial, como la realización de la comprensión de la gran rareza y del valor de nuestra preciosa existencia humana, la de la muerte y la impermanencia, la de los sufrimientos de los reinos inferiores y la del refugio en las Tres Joyas. Conseguiremos alcanzar también las realizaciones de las etapas del camino del ser del nivel medio, como los logros de las cuatro nobles verdades y de los doce vínculos dependientes relacionados, la realización de la renuncia y las realizaciones de los tres adiestramientos superiores. Asimismo, podremos lograr las realizaciones de las etapas del camino del ser del nivel superior, como la gran compasión, el gran amor, la bodhichita, la permanencia apacible y la visión superior.

Aunque contemplásemos las obras de arte más sublimes, los beneficios que nos reportaría no podrían compararse con los de contemplar y meditar sobre el diagrama de la rueda de la vida, porque éste revela el camino completo hacia la liberación y la iluminación total. Muchos objetos de arte pueden parecernos muy interesantes y, gracias a ellos, el artista que los crea puede hacerse famoso y el comerciante que los vende enriquecerse, pero estas obras no encierran ni comunican el significado tan vasto y profundo que tiene el diagrama de la rueda de la vida.

ORIGEN DEL DIAGRAMA

El origen de este diagrama se describe en el *Sutra del gran deleite*, entre otros. Según estas escrituras, un rey llamado Bimbisara recibió en cierta ocasión un maravilloso obsequio de un amigo. Este amigo vivía en un país irreligioso y era tan opulento que al Rey Bimbisara no se le ocurría cómo corresponderle a su regalo. Preguntó entonces a Buda: «Mi amigo dispone de todos los objetos materiales que se le antojan. ¿Cuál es el mejor regalo que puedo hacerle?» Buda intuyó que el amigo de Bimbisara era lo suficientemente receptivo como para recibir enseñanzas de Dharma, así que le explicó al rey con todo detalle cómo dibujar el diagrama de la rueda de la vida. Entonces le dijo: «Regálale este diagrama a tu amigo y se quedará muy satisfecho.» Tan pronto como el amigo del Rey Bimbisara vio el diagrama, generó un sentimiento espiritual muy especial, a pesar de no haber recibido hasta entonces ninguna enseñanza de Dharma. Cuando leyó la estrofa que Buda había escrito debajo del diagrama, comprendió de inmediato el significado de la rueda de la vida. Logró la realización de la renuncia y alcanzó la realización directa de la vacuidad. Después se lo mostró a otras personas que, al estudiar los doce vínculos dependientes relacionados y meditar sobre ellos, alcanzaron también la realización de la relación dependiente sutil de los fenómenos y la realización directa de la vacuidad. De esta manera, entraron en los senderos espirituales de los Seres Superiores.

El amigo del Rey Bimbisara alcanzó la realización directa de la vacuidad gracias a tres factores: la germinación de sus potenciales kármicos virtuosos, la inspiración de Buda y la contemplación del diagrama de la rueda de la vida.

SIMBOLISMO DEL DIAGRAMA

El diagrama de la rueda de la vida representa todos los lugares de existencia en el samsara junto con sus habitantes. Revela la naturaleza del samsara y los caminos que nos atan y confinan en él.

En el centro del diagrama hay tres animales: un cerdo, un palomo y una serpiente. En los *Sutras del vinaya*, se explica que el ave del centro es un palomo, aunque hoy día se encuentren otros tipos de ave en diferentes versiones de este diagrama. Hay dos maneras de representar estas tres criaturas. Una de ellas es dibujarlas en círculo, con el palomo saliendo de la boca del cerdo, y la serpiente de la del palomo, al mismo tiempo que ésta muerde la cola del primer animal. La segunda, que es más auténtica, es dibujar al palomo y a la serpiente saliendo de la boca del cerdo.

Estos tres animales representan los tres venenos mentales: el cerdo representa la ignorancia, el palomo el apego y la serpiente el odio. Su simbolismo se basa en que los cerdos son muy ignorantes, los palomos sufren de mucho apego y las serpientes de un odio intenso. El que el palomo y la serpiente salgan de la boca del cerdo indica que el apego y el odio se desarrollan a partir de la ignorancia. La manera de dibujar estos animales según el primer sistema encierra también un gran significado, puesto que el representarlos en círculo indica que son interdependientes.

La circunferencia interna está rodeada de otra franja circular, cuya mitad derecha es negra y la izquierda blanca, indicando que después de la muerte sólo hay dos caminos: el blanco –el sendero virtuoso que lleva a los renacimientos afortunados de los humanos y de los dioses–, y el negro –el camino perjudicial que conduce a los reinos inferiores–. En la franja circular de color blanco están representados tres seres del bardo bajo el aspecto de su próxima existencia. Uno de ellos es un ser humano, el otro es un semidiós y el tercero un dios. Estos tres seres del bardo están de pie y ascienden hacia la parte superior de la rueda. En la franja circular negra, hay tres seres del bardo cayéndose boca abajo. Uno de ellos es un animal, otro es un espíritu ávido y el último, un ser infernal.

Esta franja circular, mitad blanca y mitad negra, está rodeada de otra franja, también circular, dividida en seis secciones, las cuales representan los seis reinos: el de los seres infernales, el de los espíritus ávidos, el de los animales, el de los humanos, el de los semidioses y el de los dioses. En algunos diagramas, a los dioses y a los semidioses se los incluye en la misma sección. Existen infinitos universos habitados por seres sintientes, pero todos ellos están comprendidos en los seis reinos.

Alrededor de esta franja hay otra con doce secciones. En cada una de ellas hay un dibujo que simboliza cada uno de los doce vínculos dependientes relacionados:

(1) La ignorancia está representada por una mujer anciana y ciega.

(2) La acción productora está representada por un alfarero haciendo vasijas, unas buenas y otras malas.

(3) La consciencia está simbolizada por un mono saltando precipitadamente de un árbol a otro, indicando que nuestra consciencia sube y baja sin descanso por el árbol del samsara.

(4) El nombre y la forma están representados por un hombre remando en una barca, lo que significa que así como el remero depende de su barca para cruzar el océano, nosotros necesitamos la embarcación de los agregados para renacer en el océano del samsara.

(5) Los seis generadores están representados por una casa vacía con cinco ventanas, indicando que así como una casa permanece vacía hasta que llegan sus ocupantes, del mismo modo, cuando el embrión se ha desarrollado, los seis generadores son como las habitaciones de una casa vacía esperando a que lleguen los ocupantes de las seis consciencias (las

cinco ventanas del diagrama simbolizan los cinco poderes sensoriales; el poder sensorial de la consciencia mental está contenido de manera implícita).
(6) El contacto está representado por un hombre y una mujer abrazados.
(7) La sensación está representada por un hombre que tiene un ojo atravesado por una flecha.
(8) El ansia está simbolizada por un hombre bebiendo cerveza.
(9) El aferramiento está representado por un mono cogiendo fruta de un árbol.
(10) La existencia está simbolizada por una mujer embarazada que está a punto de dar a luz.
(11) El nacimiento está representado por una mujer dando a luz.
(12) El envejecimiento y la muerte están simbolizados por un hombre que carga un cadáver sobre la espalda.

La rueda de la vida se encuentra entre las garras de Yama, el Señor de la Muerte, para recordarnos la impermanencia y mostrarnos que no hay un solo ser en la rueda de la vida que no esté bajo el control de la muerte. Yama agarra la rueda con la boca y la sostiene entre sus garras, indicando que todos los seres sintientes han de pasar repetidas veces entre sus fauces. El Señor de la Muerte es el mayor obstáculo contra la liberación. Tiene un espejo llamado «el espejo de la acción» en el cual se reflejan con nitidez todas las acciones, tanto las virtuosas como las destructivas, que han cometido los seres sintientes.

La rueda de la vida representa los sufrimientos y los orígenes verdaderos, revelando la manera en que los sufrimientos verdaderos surgen a partir de los orígenes verdaderos. Buda está representado de pie fuera de la rueda de la vida, indicando que los seres iluminados están fuera de la existencia cíclica porque se han liberado de ella al haber abandonado los caminos cíclicos y alcanzado los caminos verdaderos. La luna representa las cesaciones verdaderas.

Buda está apuntando hacia la luna con su mano, diciendo: «He viajado por los caminos de la liberación y he alcanzado la ciudad del nirvana.»

Debajo del diagrama hay una estrofa que escribió Buda y que dice así, refiriéndose a la rueda de la vida:

«Esfuérzate por destruirla.
Entra en el camino del Budadharma.
Elimina al Señor de la Muerte
como un elefante destruye una choza de paja.»

El primer verso nos alienta a esforzarnos en abandonar la existencia cíclica y el segundo nos explica la manera de hacerlo. Los versos tercero y cuarto nos revelan que por medio de la práctica de los tres adiestramientos superiores podemos eliminar por completo los sufrimientos del nacimiento, del envejecimiento y de la muerte, con la misma facilidad con la que un elefante puede destruir una choza de paja.

MEDITACIÓN SOBRE LOS DOCE VÍNCULOS DEPENDIENTES RELACIONADOS

Hay cuatro maneras de meditar en los doce vínculos dependientes relacionados:

1 Meditación en el orden directo de la relación dependiente desde el punto de vista de las perturbaciones mentales.
2 Meditación en el orden inverso de la relación dependiente desde el punto de vista de las perturbaciones mentales.
3 Meditación en el orden directo de la relación dependiente desde el punto de vista de la purificación perfecta.
4 Meditación en el orden inverso de la relación dependiente desde el punto de vista de la purificación perfecta.

Se dice que las dos primeras meditaciones se realizan desde el punto de vista de las perturbaciones mentales, porque revelan paso a paso el desarrollo del samsara desde su causa raíz, la ignorancia. Las dos últimas meditaciones se realizan desde el punto de vista de la purificación perfecta, porque revelan la cesación de los doce vínculos dependientes relacionados y el logro de la liberación.

En la meditación en el orden directo de la relación dependiente desde el punto de vista de las perturbaciones mentales, meditamos en cada vínculo por separado, considerando cómo cada uno es el causante del siguiente, el modo en que la ignorancia dependiente relacionada da lugar a la acción productora, etc., hasta llegar al envejecimiento y la muerte dependientes relacionados. Esta meditación revela la manera en que, una y otra vez, los sufrimientos verdaderos surgen a partir de los orígenes verdaderos. Si meditamos primero sobre los sufrimientos de esta vida tales como las enfermedades, el envejecimiento y la muerte, y luego meditamos en cada vínculo en sentido inverso, considerando el modo en que todos los sufrimientos de esta vida –que están comprendidos de manera implícita en el vínculo del envejecimiento y la muerte dependientes relacionados– se derivan del nacimiento dependiente y cómo éste viene de la existencia dependiente relacionada, etc., estaremos realizando la meditación en el orden inverso de la relación dependiente desde el punto de vista de las perturbaciones mentales. Esta meditación nos hará generar la firme resolución de eliminar la ignorancia por medio de la contemplación y de la meditación sobre la vacuidad.

En la meditación en el orden directo de la relación dependiente desde el punto de vista de la purificación perfecta, primero meditamos en la cesación de la ignorancia dependiente relacionada y en que es el único método para lograr la cesación de la acción productora dependiente relacionada, y seguimos meditando de esta manera en la cesación de cada vínculo y en el modo en que se produce en dependencia de la extinción del vínculo que le precede. Para realizar la meditación en el orden inverso de la relación dependiente desde el punto de vista de la purificación perfecta, meditamos primero en la cesación de los sufrimientos de esta vida, es decir, en la extinción del envejecimiento y de la muerte dependientes relacionados, y en la manera en que esta cesación se produce como resultado de la cesación del nacimiento dependiente relacionado, etc., y continuamos de este modo de manera retrospectiva.

Si realizamos estas cuatro meditaciones de los doce vínculos sin distracciones y con perseverancia, dispondremos de un poderoso método para aumentar nuestra sabiduría y concentración.

El camino hacia la liberación

LA MANERA DE PRACTICAR EL CAMINO QUE CONDUCE A LA LIBERACIÓN

Esta explicación se presenta en dos apartados:

1 La base física que necesitamos para alcanzar la liberación.
2 Los caminos que debemos seguir para alcanzar la liberación.

LA BASE FÍSICA QUE NECESITAMOS PARA ALCANZAR LA LIBERACIÓN

En otro capítulo se mencionó que la forma humana constituye la base física óptima para alcanzar la liberación. Los seres que nacen en los reinos inferiores no tienen la oportunidad de practicar el Dharma y, por lo tanto, es imposible que alcancen la liberación. A los dioses les resulta muy difícil desarrollar realizaciones espirituales porque algunos de ellos tienen muchas distracciones y otros carecen de las condiciones necesarias para conseguir tales realizaciones. Por el contrario, a los seres humanos les resulta bastante fácil alcanzar las realizaciones de la renuncia, de la bodhichita, la vacuidad, etc.

Para alcanzar la liberación no es suficiente con poseer una forma humana, sino que, además, tenemos que esforzarnos en adiestrarnos espiritualmente. Gueshe Potoua dijo que en el pasado renacimos muchas veces, pero nunca pudimos alcanzar la liberación de manera natural sin tener que poner esfuerzo. Es imposible lograr la liberación sin hacer esfuerzo, es algo que nunca ha acontecido en el pasado ni tampoco ocurrirá en el futuro. Por consiguiente, ahora que disponemos de esta forma humana es el momento de dedicarnos a la práctica espiritual y de adiestrarnos en los métodos para destruir el samsara. Una vez que hayamos desperdiciado la ocasión que nos ofrece esta vida, habremos perdido nuestra oportunidad de conseguir paz verdadera.

LOS CAMINOS QUE DEBEMOS SEGUIR PARA ALCANZAR LA LIBERACIÓN

Su explicación se presenta en tres partes:

1 Los tres adiestramientos superiores.
2 Razones por las cuales tenemos que practicar los tres adiestramientos superiores.
3 La manera de practicar los tres adiestramientos superiores.

LOS TRES ADIESTRAMIENTOS SUPERIORES

Los tres adiestramientos superiores son los medios que necesitamos para escaparnos de la existencia cíclica y alcanzar la liberación. Éstos son:

1 Adiestramiento en la disciplina moral superior.
2 Adiestramiento en la concentración superior.
3 Adiestramiento en la sabiduría superior.

ADIESTRAMIENTO EN LA DISCIPLINA MORAL SUPERIOR

Cuando practicamos cualquier tipo de disciplina moral con la motivación de la renuncia, desde la de abstenernos de matar hasta la de guardar los votos del pratimoksha, del Bodhisatva y los tántricos, nos estamos adiestrando en la disciplina moral superior. Sin la motivación de renuncia, la práctica de la disciplina moral será la causa para obtener un renacimiento afortunado en la existencia cíclica, pero no para alcanzar la liberación.

Nagaryhuna dice en su *Carta amistosa*:

«Practica siempre la disciplina moral,
la concentración y la sabiduría superiores.
Estas tres abarcan por completo
los doscientos cincuenta y tres adiestramientos.»

Los monjes de ordenación completa toman doscientos cincuenta y tres votos y todos ellos están contenidos en la práctica de la disciplina moral superior, porque se toman con la motivación de renuncia. Lo mismo ocurre en el caso de los votos del Bodhisatva y de los tántricos. Si tomamos los votos pratimoksha antes de haber generado de verdad la mente de renuncia, nuestros votos serán provisionales, no auténticos. Si, después, escuchamos, contemplamos y meditamos acerca de las etapas del camino, desarrollaremos la mente de renuncia. Cuando la hayamos generado, nuestros votos pratimoksha provisionales se convertirán en verdaderos. Gueshe Potoua solía decir: «Dromtompa es el Abad de mi ordenación monástica.» Dromtompa era un Maestro laico y como tal no podía conferir ordenaciones monásticas, pero lo que Gueshe Potoua quería decir era que, bajo la guía espiritual de Dromtompa, había logrado la realización de la renuncia y que, gracias a ello, había transformado sus votos provisionales de ordenación monástica en auténticos.

De todo ello se deduce que es muy importante que las personas que hayan recibido los votos pratimoksha, los del Bodhisatva y los tántricos, practiquen el Lamrim. Si descuidamos nuestro adiestramiento en el Lamrim, es casi imposible que, hoy día, podamos guardar nuestros votos con pureza sin quebrantarlos.

ADIESTRAMIENTO EN LA CONCENTRACIÓN SUPERIOR

Cualquier práctica de concentración, aunque se trate de un simple ejercicio respiratorio, que realicemos con la motivación de renuncia, es un adiestramiento en la concentración superior. Si no hemos generado la mente de renuncia, aunque seamos capaces de concentrarnos en una visualización muy elaborada, nuestra concentración no será la práctica de la concentración superior. No ocurre lo mismo en el caso de que el objeto de nuestra meditación sea un Buda o una Deidad iluminada. Si éste es el objeto de nuestra concentración y meditamos con fe firme, aunque no tengamos la motivación pura de renuncia, estaremos practicando la concentración superior y creando la causa para alcanzar la liberación. Si nos concentramos en cualquier otro objeto sin la motivación de renuncia, no crearemos la causa para alcanzar la liberación; pero siempre que nuestro objeto sea virtuoso, estaremos creando la causa para obtener un renacimiento afortunado en la existencia cíclica en el futuro.

ADIESTRAMIENTO EN LA SABIDURÍA SUPERIOR

Nos ejercitamos en la sabiduría superior cuando meditamos en la verdad última con la motivación de renuncia.

Se dice que la persona que practica estos tres adiestramientos «está manteniendo el Budadharma por medio de realizaciones». Hay dos maneras de mantener el Budadharma: por medio de las escrituras y por medio de realizaciones. Lo mantenemos de la primera manera cuando escuchamos, leemos y estudiamos el Dharma, y de la segunda cuando ponemos en práctica las instrucciones y alcanzamos realizaciones.

RAZONES POR LAS CUALES TENEMOS QUE PRACTICAR LOS TRES ADIESTRAMIENTOS SUPERIORES

Cada uno de los tres adiestramientos superiores constituye la causa para lograr la liberación, pero para alcanzar este logro tenemos que practicar los tres hasta el final del camino. Si elegimos los doce vínculos dependientes relacionados como nuestro objeto de concentración y meditamos en ellos, nos daremos cuenta de que la mente ignorante del aferramiento es el verdadero enemigo de los que buscan la liberación y generaremos una fuerte determinación de abandonarla. Si elegimos las cuatro nobles verdades como nuestro objeto de concentración, surgirá en nosotros un gran deseo de liberarnos de la existencia cíclica y de los sufrimientos que conlleva. Por consiguiente, por medio de la meditación en los doce vínculos dependientes relacionados o en las cuatro nobles verdades, desarrollaremos una mente sólida de renuncia. Con esta mente, si elegimos la vacuidad como el objeto de nuestra concentración y meditamos en ella, generaremos una sabiduría especial llamada «la visión superior». Sólo esta sabiduría puede eliminar la mente ignorante del aferramiento propio, la causa raíz de la existencia cíclica, de manera directa.

Para desarrollar la visión superior, primero tenemos que haber alcanzado la concentración de la permanencia apacible y, para ello, tenemos que practicar con pureza la disciplina moral, puesto que constituye el método supremo para desarrollar una concentración pura. Así pues, el logro de la liberación depende de la experiencia de la sabiduría superior, la cual depende de la experiencia de la concentración superior; ésta, de la experiencia de la disciplina moral superior; y ésta última, a su vez, de la realización de la renuncia, que surge como resultado de meditar en los doce vínculos dependientes relacionados o en las cuatro nobles verdades.

Vasubandhu, en su *Tesoro de fenomenología*, en unas ocasiones dice que la mente ignorante del aferramiento es una semilla, y en otras, una raíz. Se dice que es una semilla porque todos los sufrimientos surgen de ella al igual que las cosechas se producen a partir de las semillas; y se dice que es una raíz porque todos los miedos, las frustraciones y los sufrimientos de la existencia cíclica son sus frutos y se nutren y crecen a través de ella, al igual que las flores y los frutos de un árbol crecen y se nutren a través de su raíz. A menos que meditemos en la vacuidad, no podremos eliminar la mente ignorante del aferramiento propio, porque otras meditaciones, como la del amor, la compasión y la bodhichita, no eliminan la ignorancia de manera directa. Dharmakirti dijo:

«(Las meditaciones sobre) el amor y otras, no se
  oponen a la ignorancia;
por lo tanto, no pueden destruirla por completo.»

Sólo la realización directa de la vacuidad puede liberarnos de la existencia cíclica. Cuando comprendemos la vacuidad de manera intelectual, por medio de una imagen genérica, nuestra realización no es clara y tenemos que seguir meditando en ella para lograr una comprensión directa. Esto no es fácil de conseguir porque nos falta concentración. Sin adiestrarnos en la concentración, nuestra mente se distrae con facilidad y no somos capaces de mantener la atención fija en el objeto de meditación. Cuando nos liberamos de la turbulencia de las distracciones, nuestra mente se vuelve serena y tranquila y podemos ver el objeto de meditación con claridad. Si intentamos leer un libro por la noche a la luz de la llama de una vela, nos costará mucho. De manera similar, sin una concentración estable, nuestra mente es como la llama trémula de una vela expuesta al viento, y si intentamos meditar en un objeto bajo la luz de una concentración inestable, no podremos percibirlo con claridad.

Para desarrollar una concentración perfecta debemos eliminar todo tipo de distracciones. Éstas pueden ser de dos clases: externas e internas. Las externas son las que desarrollamos cuando entramos en contacto con objetos externos que hacen que generemos perturbaciones mentales en nuestra mente. Las distracciones internas son más sutiles. Surgen durante la meditación cuando recordamos los objetos de apego o de otras perturbaciones mentales. La memoria sutil que recuerda los objetos de apego, etc., los pensamientos conceptuales sutiles, el hundimiento y la excitación mentales, son ejemplos de distracciones internas. Para poder eliminar las distracciones internas sutiles, tenemos que pacificar primero las distracciones externas burdas. Cuando logramos una concentración estable, nuestra mente es como la llama firme de una vela que alumbra los objetos con claridad. Entonces los pensamientos conceptuales se pacifican y nuestra mente se vuelve lúcida y podemos percibir con nitidez objetos sutiles como la vacuidad.

La concentración es la que reduce y, finalmente, elimina la distancia entre la mente y su objeto, haciendo que se unifiquen. Cuando nuestra concentración emplazada en la vacuidad mejora y nuestra mente se funde en ella, tiene el poder de eliminar el aferramiento propio y todas las demás perturbaciones mentales, y nos capacita para alcanzar la paz perfecta de la liberación. Debido a ello, se dice que la sabiduría que comprende la vacuidad es como un hacha; pero que, por muy afilada que esté, no cortará el árbol de la ignorancia a menos que sea manejada por la mano firme de la concentración. Yhe Tsongkhapa dice en su texto *Exposición concisa de las etapas del camino*:

«La sabiduría que se aparta del camino de la permanencia apacible, por mucho que investigue, nunca destruirá las perturbaciones mentales.»

De la misma manera que necesitamos la concentración pura de la permanencia apacible para alcanzar la visión superior, también requerimos la disciplina moral pura para desarrollar esta concentración, porque manteniendo una adecuada conducta moral eliminamos las distracciones y los demás obstáculos que impiden nuestro desarrollo de la permanencia apacible. Con la práctica de la disciplina moral logramos dos objetivos: pacificar las distracciones externas y reforzar nuestra retentiva mental para eliminar las distracciones internas. A través de la disciplina moral prevenimos llevar a cabo acciones perjudiciales y dirigimos la mente por los senderos espirituales correctos. Para ejercitarnos en la disciplina moral, tenemos que aplicar la retentiva y la vigilancia mentales. Sin estas dos, nos olvidaremos con facilidad de los compromisos y de las buenas resoluciones que hayamos tomado.

La disciplina moral es como un campo, la concentración, como las plantas que crecen en él y la sabiduría, como la cosecha. Gracias a la disciplina moral purificamos nuestro cuerpo y nuestra mente y nos liberamos de faltas, y con la concentración y la sabiduría purificamos nuestra mente por completo liberándola de todas las impurezas. Por lo tanto, necesitamos las tres para alcanzar la liberación.

LA MANERA DE PRACTICAR LOS TRES ADIESTRAMIENTOS SUPERIORES

Consta de tres partes:

1 La manera de practicar la disciplina moral superior.
2 La manera de practicar la concentración superior.
3 La manera de practicar la sabiduría superior.

LA MANERA DE PRACTICAR LA DISCIPLINA MORAL SUPERIOR

La mejor manera de mantener una disciplina moral pura es contemplar repetidas veces los beneficios que ello aporta y aplicar de manera constante la retentiva y la vigilancia mentales. Nagaryhuna dice en su *Carta amistosa*:

«Así como la tierra sustenta la vida,
la disciplina moral es el fundamento de todas las buenas cualidades.»

En el *Sutra rey de las concentraciones*, Buda dice:

«Cuando el Budadharma esté en la fase de degeneración, será más meritorio mantener disciplina moral por un solo día que hacer ofrendas a millares de Budas durante muchos eones en tiempos afortunados.»

Cuando el Budadharma está en declive, es muy difícil encontrar una persona que practique la disciplina moral y, de entre las que lo hacen, muy pocas la mantienen con pureza, porque en esos tiempos de degeneración los obstáculos internos y las perturbaciones mentales son muy fuertes.

Hay cuatro factores principales que contribuyen a la degeneración de la disciplina moral pura: el desconocimiento de la naturaleza y de las funciones de la disciplina moral, de la manera en que se ha de practicar, de los objetos que hemos de eliminar, etc.; la falta de respeto; el tener muchas e intensas perturbaciones mentales; y la falta de recta conducta mental.

Por lo general, cuando cometemos una acción perjudicial lo hacemos por ignorancia, por no saber lo que tenemos que abandonar para ejercitarnos en la disciplina moral. Algunas personas están contentas de efectuar estas acciones porque no saben que son perjudiciales. Incluso aquellos que guardan la disciplina moral de los votos del pratimoksha, del Bodhisatva y los tántricos, pronto los romperán si no conocen las acciones que han de abandonar para adiestrarse en estas disciplinas morales. Por lo tanto, si queremos mantener una disciplina moral con pureza, hemos de saber con exactitud cuáles son los objetos que hay que abandonar, y contemplar repetidas veces acerca de las consecuencias perjudiciales de quebrantar nuestros votos y compromisos.

Si faltamos al respeto a Buda y a sus enseñanzas, estaremos cometiendo acciones perjudiciales y no nos esforzaremos en nuestro adiestramiento de la disciplina moral; pero si confiamos en Buda, en el Dharma que enseñó y en la comunidad espiritual que lo está llevando a la práctica, generaremos una convicción firme en la ley de causa y efecto, y nos esforzaremos de manera natural en el ejercicio de la disciplina moral. Por lo tanto, para practicar la disciplina moral con pureza, tenemos que generar fe en Buda, el Dharma y la Sangha, y tratarles con el debido respeto.

Cuando cometemos acciones indebidas y no guardamos nuestros compromisos con pureza, a menudo se debe a que nuestras perturbaciones mentales son muy poderosas y abrumadoras. En consecuencia, para practicar la disciplina moral tenemos que esforzarnos en disminuir nuestras perturbaciones mentales más graves, y concentrarnos primero en reducirlas por medio de los métodos adecuados.

Si no aplicamos la recta conducta mental, dejaremos que nuestra mente haga lo que se le antoje. Llevaremos una vida desordenada y romperemos los votos de nuestra moralidad. Sin la recta conducta, nuestra mente es como un elefante enloquecido. Ejercitarse en la recta conducta quiere decir, principalmente, cultivar la retentiva y la vigilancia mentales. La retentiva mental impide que olvidemos nuestra disciplina moral. Por ejemplo, si por la mañana tomamos el voto de abstenernos de cometer una determinada acción, la memoria o retentiva mental estará pendiente a lo largo del día de que no nos olvidemos de ello. La vigilancia mental estará al acecho para asegurarnos de que nos comportamos de acuerdo con nuestros votos y de que nuestra memoria permanece firme.

Además de desarrollar la retentiva y la vigilancia mentales, también tenemos que tener sentido del honor y de consideración por los demás. El sentido del honor es un factor mental que no nos deja cometer acciones perjudiciales o quebrantar nuestros votos, y nos hace analizar si nuestras acciones contradicen la disciplina moral que estamos manteniendo. Por ejemplo, nos hará pensar de este modo: «No sería propio de mí actuar de esta manera porque soy budista» o «No puedo cometer esta acción porque soy un monje».

El tener consideración por los demás es un factor mental que no nos deja cometer acciones perjudiciales, haciéndonos reflexionar sobre los malos efectos que acarrearían a otras personas. Por ejemplo, podemos pensar de la siguiente forma: «Si cometo esta acción impropia, la comunidad budista cobrará mala fama» o «Si hago esto, haré que otros pierdan su fe en la Sangha» o «Si cometo esta mala acción, mi Guía Espiritual se avergonzará de mí». El abstenernos de cometer acciones indebidas de esta manera es practicar la consideración por los demás.

Los cuatro factores mentales –la retentiva mental, la vigilancia mental, el sentido del honor y la consideración por los demás– nos ayudan a mantener una recta conducta mental y una buena disciplina moral, pero el más importante de ellos es la retentiva mental.

LA MANERA DE PRACTICAR LA CONCENTRACIÓN SUPERIOR

Desde el punto de vista de los tres reinos, hay diecisiete concentraciones diferentes: nueve concentraciones del reino del deseo, cuatro del reino de la forma y cuatro del reino inmaterial.

Las nueve concentraciones del reino del deseo son: emplazamiento de la mente, emplazamiento continuo, reemplazamiento, emplazamiento cercano, control, pacificación, pacificación completa, convergencia y emplazamiento estabilizado. Estas nueve incluyen todas las concentraciones que desarrollamos antes de alcanzar la permanencia apacible. Todas las experiencias de concentración que tengamos antes de haber logrado el verdadero emplazamiento de la mente están comprendidas en la primera concentración.

Cuando hayamos alcanzado la permanencia apacible, todas nuestras concentraciones pertenecerán al reino de la forma o al inmaterial. Las cuatro concentraciones del reino de la forma son: la primera estabilización mental del reino de la forma, la segunda estabilización mental del reino de la forma, etc. Las concentraciones del reino inmaterial son: la absorción del espacio infinito, la de la consciencia infinita, la de la nada y la de la cima del samsara. En términos generales, estas diecisiete concentraciones son caminos mundanos. Han sido enumeradas en orden ascendente, de la inferior a la superior. Sólo cuando hayamos logrado la concentración más elevada de los tres reinos, la concentración de la cima del samsara, alcanzaremos poderes sobrenaturales y clarividencias sin contaminar.

Las concentraciones pueden dividirse según sus funciones, es decir, desde el punto de vista de si actúan como oponentes contra el apego, el odio, la ignorancia, el orgullo, los celos, los pensamientos conceptuales o contra las perturbaciones mentales en general. Por ejemplo, si padecemos de un intenso apego, debemos concentrarnos en la meditación de la repugnancia, reconociendo que nuestro cuerpo y el de los demás, así como nuestros entornos y disfrutes, son impuros. Cuando meditamos sobre las impurezas de nuestro cuerpo o las de los cuerpos de los demás, consideramos que el cuerpo es un conjunto de treinta y dos sustancias sucias. Cuando meditamos en que nuestro entorno es impuro, imaginamos que todo el suelo está cubierto de esqueletos, lodo y excremento. En los Sutras del vinaya, se describen muchas meditaciones similares para ayudarnos a generar una profunda mente de renuncia, que podemos aplicar a nuestro objeto de apego.

Si nuestro problema principal es el odio, debemos acentuar la meditación en el amor y la compasión. Para eliminar la ignorancia, debemos meditar en la relación dependiente. Si queremos reducir nuestro orgullo, meditamos con detalle en las divisiones de cada uno de los elementos externos e internos, intentando identificar cada objeto, la manera en que se desarrolla, su origen, sus causas, etc., dándonos cuenta así de lo poco que sabemos. Podemos contrarrestar los celos regocijándonos en la virtud. La meditación en la respiración es útil para calmar la mente cuando tenemos muchas distracciones. Para cortar la raíz de las perturbaciones mentales y del sufrimiento, debemos meditar en la vacuidad.

Si practicamos cualquiera de estas concentraciones con la motivación de renuncia o de bodhichita, nos estaremos adiestrando en la concentración superior.

LA MANERA DE PRACTICAR LA SABIDURÍA SUPERIOR

La sabiduría es una mente inteligente y virtuosa cuya función es reconocer los objetos de manera correcta. La meditación analítica es una práctica de sabiduría, porque a través del análisis y de la investigación llegamos a conocer el objeto con mayor profundidad. Nos adiestramos en la sabiduría superior cuando hacemos una meditación analítica con la motivación de renuncia o de bodhichita. Al principio, la sabiduría del análisis nos ayudará a desarrollar la meditación de emplazamiento. Finalmente, cuando nuestra concentración sea muy estable y hayamos alcanzado la permanencia apacible, con nuestra concentración mejoraremos nuestra sabiduría. Por medio de la permanencia apacible alcanzaremos una sabiduría especial llamada «la visión superior» y con ella, nuestra meditación será muy poderosa.

En términos generales, la sabiduría beneficia todas nuestras prácticas espirituales, no sólo nuestra meditación. En el *Sutra conciso de la perfección de la sabiduría*, Buda dice:

«La sabiduría antecede a la práctica de la generosidad.
También precede a las prácticas de la disciplina moral,
 la paciencia, el esfuerzo y la concentración.»

A fin de desarrollar el deseo de practicar la generosidad, primero tenemos que comprender los beneficios que ello aporta y para lograr esta comprensión, necesitamos sabiduría. Así pues, la sabiduría es imprescindible para llevar a cabo cualquier acción virtuosa.

La sabiduría puede ser de tres clases: la sabiduría que surge de la escucha, la que surge de la contemplación y la que surge de la meditación. Desarrollamos la primera clase de sabiduría cuando escuchamos a alguien que enseña el Dharma y comprendemos lo que dice, o cuando leemos un libro de Dharma y entendemos su significado. Desarrollamos la sabiduría que surge de la contemplación cuando reflexionamos y aplicamos diferentes razonamientos a fin de lograr un entendimiento más profundo del tema. Por ejemplo, si hacemos una pausa cuando estamos leyendo un libro de Dharma para comprobar por nosotros mismos el significado de lo que hemos leído, generaremos la sabiduría que surge de la contemplación. Si luego meditamos en el objeto y sentimos una experiencia especial, habremos desarrollado la sabiduría que surge de la meditación.

Para mejorar la sabiduría que surge de la escucha, tenemos que escuchar enseñanzas de Dharma o leer libros sobre el mismo tema, y para aumentar la sabiduría que surge de la contemplación, hemos de reflexionar repetidas veces sobre el significado de lo que hemos escuchado o leído. Para mejorar la sabiduría que surge de la meditación, tenemos que meditar varias veces sobre las enseñanzas que hemos recibido. De esta manera, nuestra sabiduría irá mejorando cada día, cada mes y cada año. Puesto que todos los problemas y sufrimientos provienen de la ignorancia, la sabiduría que la elimina y que nos indica con claridad lo que tenemos que abandonar y lo que hemos de practicar es nuestro mejor amigo, el que nos conducirá a la iluminación total.

TERCERA PARTE

El nivel superior

Entrada al camino mahayana

ADIESTRAMIENTO DE LA MENTE EN LAS ETAPAS DEL CAMINO DEL SER DEL NIVEL SUPERIOR

Todas las etapas del camino hacia la iluminación pueden dividirse en comunes y extraordinarias. Las etapas del camino que se han explicado hasta ahora son comunes a los senderos mahayanas e hinayanas, pero las que se explicarán a continuación, las etapas del camino del ser del nivel superior, son exclusivas del camino mahayana.

El adiestramiento de la mente en las etapas del camino del ser del nivel superior se presenta en cinco apartados:

1 ¿Por qué tenemos que entrar en el camino mahayana?
2 Los beneficios de la bodhichita.
3 La manera de desarrollar la mente de bodhichita.
4 La manera de efectuar las obras del Bodhisatva.
5 El resultado final, la iluminación.

¿POR QUÉ TENEMOS QUE ENTRAR EN EL CAMINO MAHAYANA?

Puesto que podemos alcanzar la liberación practicando solamente las etapas del camino de los niveles inicial y medio, es posible que dudemos acerca de la necesidad de entrar en el camino mahayana. Tenemos que entrar en este camino porque la iluminación total o Budeidad está por encima de la liberación. La única mente que es omnisciente, que entiende de manera directa todos los objetos de conocimiento, es la de un Buda; y sólo los Budas se han liberado de todas las faltas y han alcanzado todas las cualidades excelentes. Aquellos que han logrado sólo la liberación, no han completado su propio objetivo ni tampoco son capaces de trabajar de manera extensa para el beneficio de todos los seres, porque aún tienen muchos niveles sutiles de obstrucciones. Puesto que los caminos hinayanas no contienen los métodos para eliminar las obstrucciones sutiles, si deseamos liberarnos por completo de todas las faltas, debemos completar los caminos mahayanas. Únicamente a través de estos senderos podremos eliminar por completo todas las faltas y desarrollar las buenas cualidades. A pesar de que todos los seres sintientes poseen la semilla de la iluminación, ésta germinará en toda su plenitud sólo por medio de la práctica de los caminos mahayanas.

Si esto es así, ¿por qué Buda enseñó los caminos hinayanas? Buda los mostró porque hay muchos practicantes que no son capaces de seguir los caminos mahayanas de inmediato, puesto que son más difíciles de entender y de poner en práctica. Enseñó los caminos hinayanas como preparativo para los senderos mahayanas. Su intención principal fue la de guiar a todos los discípulos, hinayanas y mahayanas, por los caminos mahayanas hacia la iluminación total de la Budeidad.

Desde el punto de vista de nuestro propio bienestar, tenemos que entrar en el camino mahayana, porque sólo alcanzando la iluminación total podremos satisfacer nuestros propios deseos y lograr el objetivo supremo de nuestra existencia humana. Desde el punto de vista del bienestar de los demás, también tenemos que entrar en este sendero porque, para ser completamente capaces de ayudar a todos los seres, hemos de alcanzar el estado de un Buda.

Si una madre está encerrada en una prisión junto con su hijo y éste planea escaparse sin tenerla en cuenta, consideraríamos que su actitud es innoble y egoísta. Puesto que todos los seres son nuestras madres y están atrapados en la prisión del samsara, sería una crueldad olvidarlos e interesarnos sólo por nuestra propia felicidad. Debemos abandonar la limitada actitud de preocuparnos únicamente de nosotros mismos y tomar la firme resolución de entrar en el camino mahayana por el beneficio de los demás.

LOS BENEFICIOS DE LA BODHICHITA

Para entrar en el camino mahayana debemos generar la mente de bodhichita, el deseo espontáneo de alcanzar la iluminación para beneficiar a todos los seres sintientes. Este precioso deseo nace de la gran compasión –la mente que no puede soportar que otros seres padezcan sufrimiento y que desea liberarles de sus penas–. De momento, somos incapaces de soportar nuestro propio sufrimiento, pero cuando alcancemos la realización de la gran compasión no podremos soportar el sufrimiento de los demás. Al ver los tantísimos e intensos infortunios que padecen, generaremos el siguiente deseo de manera continua y espontánea: «¡Qué maravilloso sería que todos los seres se liberaran por completo de sus sufrimientos!»

Habiendo generado la mente de gran compasión, cuando hayamos tomado la resolución de alcanzar la iluminación para el beneficio de los demás y ésta surja de manera continua y espontánea, día y noche, habremos generado la preciosa mente de bodhichita. Esta mente es la motivación suprema, la entrada a las etapas del camino mahayana.

Como ya se explicó con anterioridad, la mente de bodhichita tiene dos partes o aspiraciones. La primera aspiración es liberar a todos los seres de sus sufrimientos y la segunda es alcanzar la iluminación para ser capaz de lograr esta meta. Puesto que estas aspiraciones sublimes no surgen de manera natural ni espontánea en nuestra mente, tenemos que esforzarnos por cultivarlas. Al principio, nos parecerán extrañas y deberemos desarrollarlas con métodos artificiales. Cuando empecemos a tener éxito, tendremos que protegerlas y mejorar nuestras pequeñas realizaciones hasta que nos habituemos a generar estas motivaciones especiales. Finalmente, llegará un momento en que surgirán de manera natural. Para ello, hemos de aplicarnos con esfuerzo de manera continua. Con esfuerzo podremos satisfacer todos nuestros deseos. Sin él, caeremos en la pereza, perderemos el interés por la práctica y por escuchar o leer las instrucciones, nos sentiremos desalentados y deprimidos, y no podremos meditar o nos permitiremos cometer acciones indebidas.

El método para eliminar la pereza y generar el poder del esfuerzo es meditar en los beneficios de la bodhichita. Estos beneficios son innumerables, pero pueden resumirse en diez:

1. Entraremos en el camino mahayana.
2. Nos convertiremos en un hijo o una hija de los Budas.
3. Superaremos a los Oyentes y Conquistadores Solitarios.
4. Seremos dignos de recibir ofrendas y respeto de los dioses y humanos.
5. Acumularemos muchos méritos con facilidad.
6. Eliminaremos faltas graves con rapidez.
7. Colmaremos todos nuestros deseos.
8. Los espíritus demoníacos y otras fuerzas malignas no nos perjudicarán.
9. Alcanzaremos todos los caminos y planos espirituales.
10. Disfrutaremos de un estado mental que será una fuente de paz y felicidad para todos los seres.

ENTRAREMOS EN EL CAMINO MAHAYANA

Cuando generamos la mente de bodhichita, nos convertimos en un Bodhisatva y entramos en el camino mahayana y, por ello, se dice que la mente de bodhichita es «la entrada al camino mahayana». Para convertirnos en un practicante de dicho sendero tenemos que generar la mente de bodhichita. Sin ella, aunque nos adiestremos en el tantra del yoga supremo, no seremos verdaderos practicantes mahayanas, y el mero hecho de haber estudiado de manera extensa y profunda y de haber recibido muchas instrucciones mahayanas, por sí solo no nos convertirá en un auténtico adepto. Entrar en el sendero mahayana no significa estar simplemente de acuerdo con sus principios filosóficos, sino desarrollar la experiencia interna de la bodhichita. Es posible que sigamos la filosofía mahayana, pero que, en realidad, tengamos una motivación hinayana, igual que es posible mantener los principios filosóficos hinayanas y tener una motivación mahayana.

No debemos sentir orgullo por el mero hecho de estudiar las escrituras mahayanas o por ser miembros de un centro de dicha tradición; por el contrario, deberíamos esforzarnos en generar la preciosa mente de bodhichita y convertirnos en verdaderos practicantes mahayanas.

NOS CONVERTIREMOS EN UN HIJO O UNA HIJA DE LOS BUDAS

Shantideva dice en su *Guía de las obras del Bodhisatva*:

«En el momento en que los seres que sufren
confinados en la prisión de la existencia cíclica
generan la mente de bodhichita,
reciben el nombre de 'hijos de los Budas'.»

Nos convertimos en un hijo o una hija de Buda cuando nuestro linaje de Buda madura y entramos en el camino mahayana. Aunque poseamos muchas buenas cualidades, como poderes sobrenaturales o clarividencia, o incluso la realización directa de la vacuidad, mientras no hayamos generado la mente de bodhichita, no seremos un heredero al trono de la Budeidad. El Bodhisatva es como un príncipe y el Buda como un rey. Así como el pueblo considera que el príncipe es una persona especial y se le trata con el mismo respeto que al rey, debido a que ocupará el trono en el futuro, de igual modo, el Bodhisatva es el heredero directo al trono de la Budeidad. Se dice que él o ella es «un ser destinado a la iluminación».

SUPERAREMOS A LOS OYENTES Y CONQUISTADORES SOLITARIOS

Los Oyentes y los Conquistadores Solitarios son superiores a los seres ordinarios que no han entrado aún en un camino espiritual, porque poseen la realización de la renuncia, han completado los tres adiestramientos de los caminos hinayanas y han alcanzado la realización de las cuatro nobles verdades. Realizan la vacuidad de manera directa y, en consecuencia, han abandonado todas las perturbaciones mentales y alcanzado la liberación. Han logrado la permanencia apacible y la visión superior, y poseen clarividencias y poderes sobrenaturales. No obstante, en comparación con los Bodhisatvas, los Oyentes y los Conquistadores Solitarios son como la llama de una vela ante el resplandor del sol. Por la noche la vela brilla, pero por la mañana el sol la deslumbra. En el *Sutra de la perfecta liberación de Maitreya*, Buda dice:

> «¡Hijo del linaje!, así es. Por ejemplo, en el momento en que nace un príncipe, por el mero hecho de llevar el nombre real, está por encima de todo el séquito de sus superiores y ministros principales, gracias a la alteza de su alcurnia. De la misma manera, en el momento en que el Bodhisatva novicio genera la mente de la iluminación, puesto que ha nacido en el linaje de los Tathagatas gracias al poder de su compasión y bodhichita, está por encima de los Oyentes y Conquistadores Solitarios que han estado realizando obras puras durante mucho tiempo.»

Se dice que la mente de bodhichita es suprema entre todas las buenas cualidades, así como el diamante es la gema más preciada. Las buenas cualidades de los Oyentes y de los Conquistadores Solitarios son como ornamentos de oro, pero la mente de bodhichita es como una joya de diamantes.

SEREMOS DIGNOS DE RECIBIR OFRENDAS Y RESPETO DE LOS DIOSES Y HUMANOS

Es fácil comprender por qué los Budas son objetos dignos de veneración y de ser obsequiados con ofrendas, pero ¿por qué los Bodhisatvas han de recibir los mismos honores? Porque para llegar a ser un Buda primero tenemos que convertirnos en un Bodhisatva. Por ello, se dice que los Budas han alcanzado la iluminación gracias a la bondad de los Bodhisatvas. Es más adecuado ofrecer nuestros respetos a la causa de la iluminación que al resultado mismo. Buda Shakyamuni dijo:

«Aquellos que tienen fe en mí, deberían postrarse ante los Bodhisatvas en vez de hacerlo ante los Tathagatas y, además, presentarles ofrendas.»

ACUMULAREMOS MUCHOS MÉRITOS CON FACILIDAD

Desde el momento en que generamos la mente de bodhichita, nos estamos acercando cada vez más a la Budeidad. Con cada acción que efectuamos motivados por esta mente, creamos una cantidad ilimitada de méritos porque todas ellas las realizamos por el beneficio de los innumerables seres sintientes. Las acciones que hagamos de esta manera serán muy poderosas y con ellas completaremos con rapidez nuestra acumulación de méritos.

Buda dijo:

«La persona con poder meritorio colmará todos sus deseos y subyugará con facilidad a los espíritus malignos. Esta persona alcanzará pronto la iluminación total. No obstante, la que carece de méritos se verá abrumada por obstáculos externos e internos y sus deseos quedarán sin cumplirse.»

Con la mente de bodhichita, nuestros méritos aumentarán de manera continua, incluso mientras dormimos. En el *Sutra de la perfección de la sabiduría en ocho mil slokas*, Buda dice:

«Si el que esté motivado por la bodhichita efectúa una acción que aparentemente sea impropia, aún así, ésta será una causa para su iluminación.»

Si con la motivación de bodhichita recitamos un solo mantra tal como OM MANI PEME HUM u ofrecemos una vela a Buda o algo de comida a un perro, nuestros méritos serán tan grandes como el número de seres a quienes hayamos deseado beneficiar con nuestra acción. De esta manera, la motivación de bodhichita multiplica los méritos de cada acción por el número incontable de seres por quienes la hemos dedicado.

Si el Bodhisatva realiza una acción que beneficia sólo a un ser sintiente, los Budas se alegran y con esta obra acumula un poder meritorio mucho mayor que el que obtendría al realizar cualquier otra acción, como al hacer ofrendas espléndidas a todos los Budas, si lo hiciera generando un mal pensamiento hacia un solo ser sintiente. Así como una madre no desearía entablar amistad con una persona que fuera a maltratar a su pequeño, los Budas no se complacen al recibir ofrendas de alguien que perjudica a otros seres, porque sienten mucho aprecio por los débiles y desafortunados.

Se dice que las acciones motivadas por otros estados virtuosos de la mente son como un árbol bananero que muere una vez que han madurado sus frutos, mientras que las acciones motivadas por la bodhichita son ilimitadas e imperecederas. Estas acciones son como el árbol que colma todos los deseos y que produce los frutos de todas nuestras aspiraciones.

ELIMINAREMOS FALTAS GRAVES CON RAPIDEZ

Shantideva dice que así como el fuego que destruirá el mundo al final del eón será el más intenso, la bodhichita es el método más poderoso para consumir nuestras faltas. Incluso las acciones perjudiciales que no pueden ser purificadas por otros métodos, expiarán cuando generemos la mente de bodhichita. Si desarrollamos las mentes de gran compasión y de bodhichita, nuestras obstrucciones kármicas se disiparán con rapidez y pronto alcanzaremos todas las buenas cualidades y realizaciones.

Arya Asanga meditó durante doce años en retiro a fin de lograr una visión directa de Maitreya, pero debido a sus obstrucciones kármicas no lo consiguió. Desalentado, abandonó la cueva donde hacía su retiro y se fue camino abajo hacia el valle. Por la vereda se encontró con un perro que era una emanación de Buda. El perro yacía en la cuneta y tenía el cuerpo cubierto de gusanos que lo iban consumiendo lentamente. Cuando Asanga lo vio, generó un gran sentimiento de compasión y, gracias a ello, purificó todas sus obstrucciones kármicas que le impedían ver a Buda de forma directa. Entonces Asanga vio a Buda Maitreya.

COLMAREMOS TODOS NUESTROS DESEOS

Los Bodhisatvas consiguen colmar sus deseos con facilidad. Puesto que poseen la intención superior, nunca tienen malas intenciones ni se les ocurre cometer acciones perjudiciales. Lo único que buscan es alcanzar la iluminación para poder ayudar a los demás. Y este deseo lo logran con el poder de la bodhichita.

Si generamos la mente de bodhichita, todas nuestras acciones de Dharma serán muy poderosas y efectivas. Cuando los Bodhisatvas visualizan a una Deidad, recitan mantras, efectúan acciones para proteger a los demás, o realizan acciones pacíficas, de prosperidad, control y coléricas, resultan muy potentes y efectivas, porque las realizan con la motivación de bodhichita. Sin ella, incluso las prácticas del mantra secreto carecen de poder y no aportan muchos resultados. Por ejemplo, si meditamos en el mandala de una Deidad sin generar la mente de bodhichita, recibiremos tantos beneficios como cuando visitamos un museo. Cuando visitamos un museo, es posible que tengamos una experiencia placentera al observar los diferentes objetos expuestos, pero cuando salimos de él, no nos llevamos ningún beneficio duradero.

Si hasta la menor de las realizaciones del camino mahayana depende de la bodhichita, es obvio que la iluminación total sólo puede alcanzarse dependiendo de ella. El mantra secreto es el vehículo más rápido en el camino hacia la iluminación, pero la bodhichita es el camino propiamente dicho. Sin él, no podemos utilizar nuestro vehículo por muy veloz que sea.

LOS ESPÍRITUS DEMONÍACOS Y OTRAS FUERZAS MALIGNAS NO NOS PERJUDICARÁN

Los Protectores del Dharma y ciertos guardianes mundanos poderosos que respetan el Dharma amparan a quienes han generado la mente de bodhichita, porque los reconocen como los futuros Budas. Estos Protectores del Dharma y guardianes mundanos protegen externamente a los Bodhisatvas de ser perjudicados por los espíritus malignos, y a nivel interno su bodhichita les ampara de todo daño porque destruye la mente de estimación propia, que es el origen de todo mal. Debido a que los Bodhisatvas consideran que los demás seres son más importantes que ellos mismos, han eliminado de su mente el instrumento para recibir daño de los humanos y de otros seres. Por el bien de los demás, los Bodhisatvas aceptan con alegría todo mal o dificultad que reciben y, por ello, no experimentan estas vivencias como perjudiciales. Puesto que los Bodhisatvas desean tomar el sufrimiento de los demás sobre sí mismos, permanecen apacibles y serenos por muy adversas que sean las circunstancias. De esta manera, con su preciosa mente de bodhichita son capaces de transformar todo tipo de infortunio.

En una ciudad llamada Pembo, cerca de Lhasa, en el Tíbet, había un Gueshe llamado Khampa Lungpa. Nada más llegar a la ciudad, ciertos espíritus y guardianes locales sintieron celos de él y decidieron atacarle. No obstante, cuando se encontraron ante su presencia, le encontraron llorando. El jefe de los espíritus malignos era clarividente y comprendió que el Gueshe estaba meditando en la bodhichita. Este hecho disipó sus malas intenciones y dijo a los demás espíritus: «¡No podemos perjudicar a este hombre porque nos ama más que a sí mismo!» A continuación oyeron al Gueshe que exclamaba: «¡Qué maravilloso sería que todos los seres se liberasen de sus sufrimientos!» y vieron cómo se derramaban lágrimas de compasión por sus mejillas. El jefe de los espíritus dijo: «Está derramando estas lágrimas por nosotros. Este Gueshe se preocupa de verdad por nosotros. ¿Cómo podríamos dañarlo?» La compasión del Gueshe anuló las malas intenciones de los espíritus.

Cuando Buda Shakyamuni estaba a punto de alcanzar la iluminación, una gran multitud de espíritus malignos le atacaron lanzándole proyectiles de fuego, pero por el poder de su estabilización mental en el amor no recibió daño alguno. No se vengó, sino que su meditación fue lo bastante potente como para desarmar a sus enemigos. De manera semejante, si desarrollamos las mentes de gran compasión, amor y bodhichita, estaremos protegidos de todo daño.

ALCANZAREMOS TODOS LOS CAMINOS Y PLANOS ESPIRITUALES

En general, el mantra secreto es el camino más rápido hacia la iluminación, pero sin la mente de bodhichita, éste no es posible. Si no generamos la mente de bodhichita, aunque practiquemos el mantra secreto durante eones, no entraremos en el camino mahayana.

La bodhichita nos acerca con rapidez a la Budeidad, porque nos ayuda a completar las acumulaciones de méritos y de sabiduría y, de este modo, a alcanzar los Cuerpos de la Forma y de la Verdad de un Buda. Anteriormente explicamos el modo en que la bodhichita nos ayuda a completar la acumulación de méritos. También nos ayuda a completar la acumulación de sabiduría, porque la única manera de eliminar las obstrucciones al conocimiento es meditando en la vacuidad con la motivación de bodhichita. Sin ella, aunque logremos una realización directa de la vacuidad, eliminaremos sólo las obstrucciones a la liberación.

Las obstrucciones a la omnisciencia son como el tronco de un árbol, la sabiduría que realiza la vacuidad es como un hacha y la bodhichita como las manos que manejan esta herramienta. Por muy aguda que sea la sabiduría que realiza la vacuidad, no podrá cortar las obstrucciones a la omnisciencia, a menos que sea manejada por las poderosas manos del Bodhisatva.

DISFRUTAREMOS DE UN ESTADO MENTAL QUE SERÁ UNA FUENTE DE PAZ Y FELICIDAD PARA TODOS LOS SERES

La paz y la felicidad de los seres sintientes surgen a partir de sus propias acciones virtuosas; éstas se efectúan gracias a las instrucciones, las bendiciones y la inspiración de los Budas; éstos se forjan a través de los caminos del Bodhisatva; y éste último nace de la bodhichita. Por lo tanto, toda la paz y felicidad dependen de la bodhichita.

Se dice que si una acción es virtuosa, es sin duda el resultado de la fuerza inspiradora de un Buda, porque los Budas, de manera directa o indirecta, nos hacen realizar buenas acciones. Al efectuarlas, creamos la causa para obtener renacimientos afortunados y para disfrutar de la felicidad de los dioses y de los humanos. Estos estados de felicidad se derivan de la bodhichita, la causa de todos los Budas.

Chandrakirti dice en su *Guía del camino medio* que todos los Oyentes y Conquistadores Solitarios hinayanas dependen de la bodhichita. Esto quiere decir que hasta los practicantes hinayanas dependen de la bodhichita, porque la única forma de ejercitarse en sus caminos es siguiendo las enseñanzas de los Budas, quienes nacen de los Bodhisatvas, los cuales, a su vez, nacen de la mente de bodhichita, la fuente de todos los buenos resultados.

Sólo cuando desarrollemos la auténtica bodhichita comprenderemos de verdad sus beneficios, porque la única forma de conocerlos por completo es por medio de la propia experiencia, así como el único modo de conocer las cualidades de un tipo determinado de chocolate es probándolo. No obstante, si meditamos con fe en los beneficios de la mente de bodhichita, grabaremos unos potenciales virtuosos en nuestra mente. Si hemos practicado de este modo en el pasado, ahora nuestras meditaciones serán fructíferas y, más adelante en esta vida, desarrollaremos la mente de bodhichita con facilidad.

Hace tiempo, había un rey llamado Ajatashatru que tenía muy poco tiempo para practicar el Dharma y cometía numerosas acciones perjudiciales. Un día invitó a Manyhushri a almorzar, y tenía la intención de regalarle, después de la comida, una tela exquisita que valía mil monedas de oro. No obstante, cuando terminaron de comer y el rey se disponía a presentarle su ofrenda, Manyhushri desapareció. El monarca pensó que entonces él mismo debería ponerse la tela. En ese momento, sintió que él también se desvanecía en la vacuidad y de pronto la comprendió. Consiguió alcanzar esta realización sin practicar la meditación porque tenía unas predisposiciones muy buenas grabadas en su mente, que germinaron debido a las bendiciones de Manyhushri. De manera similar, si ahora meditamos en los beneficios de la bodhichita, es muy posible que alcancemos realizaciones con rapidez. Al menos, estaremos imprimiendo el potencial para desarrollar la mente de bodhichita con facilidad en el futuro.

Algunas personas consideran que la bodhichita es tan profunda que está más allá de su alcance y abandonan la idea de lograrla, pensando que son incapaces de ser tan altruistas. Otras son muy entusiastas del mantra secreto, pero desprecian los métodos para desarrollar la bodhichita pensando que son sólo para los practicantes del sutra. Hay muy pocas personas que estén libres de estas dos actitudes erróneas y que, de verdad, pongan los métodos en práctica. Se dice que si desdeñamos el adiestramiento de la bodhichita pero, al mismo tiempo, aspiramos a alcanzar la iluminación, es como si buscáramos una joya donde no se puede encontrar y nos olvidáramos de mirar donde abundan.

Rahulagupta, Guía Espiritual de Atisha, dijo que no es difícil encontrar personas que hayan logrado una fuerte concentración, que hayan tenido una visión de su Deidad, o que hayan desarrollado clarividencias o poderes sobrenaturales. Lo que es extraordinario es encontrar a alguien que haya generado las mentes de gran compasión y de bodhichita. Estas mentes supremas son las verdaderas maravillas que tenemos que admirar. En el pasado, todos nosotros hemos alcanzado muchas veces la permanencia apacible y renacido en los reinos de la forma y el inmaterial, donde generamos la concentración sin esfuerzo alguno. En el bardo, todos hemos poseído clarividencias contaminadas y nuestros cuerpos han sido tan flexibles que fuimos capaces de volar y de traspasar paredes y montañas. Pudimos recorrer enormes distancias a grandes velocidades, pero ¿qué beneficios hemos obtenido de ello? En el pasado, alcanzamos muchas metas pero nunca llegamos a generar la bodhichita espontánea. Si lo hubiéramos hecho, a estas alturas estaríamos iluminados. Cuando se les preguntaba a los Gueshes kadampas que qué preferían lograr, si clarividencias y poderes sobrenaturales o la mente de bodhichita, siempre respondían que lo segundo.

Si meditamos en la bodhichita una y otra vez, comprenderemos lo preciosa que es. La mente de bodhichita constituye el mejor método para encontrar la felicidad, eliminar el sufrimiento y disipar la confusión. No hay virtud que la iguale, ni mejor amigo ni nada de mayor mérito. La bodhichita es la esencia misma de las ochenta y cuatro mil instrucciones de Buda. Shantideva dice en su *Guía de las obras del Bodhisatva*:

«Es la quintaesencia de la mantequilla
que se produce al batir la leche del Dharma.»

Así como al batir la leche se produce la mantequilla que es su esencia, al batir o extraer la esencia de la colección entera de las escrituras de Buda, surge la bodhichita. Durante eones, los Budas han estado investigando qué es lo más beneficioso para nosotros, y han comprobado que es la bodhichita, puesto que esta mente concede el gozo supremo de la iluminación total a todos los seres sintientes.

Desarrollo de la bodhichita

LA MANERA DE DESARROLLAR LA MENTE DE BODHICHITA

Se explica en dos partes:

1 Las etapas del adiestramiento en sí de la mente de bodhichita.
2 Mantenimiento de la mente de bodhichita por medio del ritual.

LAS ETAPAS DEL ADIESTRAMIENTO EN SÍ DE LA MENTE DE BODHICHITA

Tradicionalmente se suele explicar dos métodos para generar la mente de bodhichita:

1 Adiestramiento de la mente en las siete causas y un efecto.
2 Adiestramiento de la mente en igualarse uno mismo con los demás y cambiarse uno mismo por los demás.

Buda Shakyamuni enseñó el primer método, el cual fue transmitido a través de Maitreya a varios Maestros, entre ellos a Asanga. También enseñó el segundo, el cual fue transmitido a través de Manyhushri a varios Maestros, entre ellos a Shantideva.

A pesar de que los dos métodos tienen el mismo objetivo, el segundo es más poderoso y profundo que el primero. Según el primer método, generamos por los demás el mismo aprecio que sentimos por nuestra propia madre; pero de acuerdo con el segundo, desarrollamos el mismo aprecio que tenemos por nosotros mismos. Puesto que nos amamos a nosotros mismos incluso más que a nuestra propia madre, la actitud de estimar a los demás que proviene de practicar el segundo método es más poderosa y profunda que la que se deriva de practicar el primero. De manera similar, la mente de gran compasión que desarrollamos por medio de la práctica del segundo método es más intensa y profunda que la que logramos a través del primero, porque la compasión que sentimos por nosotros mismos es también mayor que la que tenemos por nuestra madre. Por lo tanto, la bodhichita que desarrollamos por medio de ejercitarnos en el segundo método es también más profunda que la que generamos como resultado de practicar el primero.

Es posible que la bodhichita que se desarrolla por medio de la meditación en las siete causas y un efecto degenere, porque puede ocurrir que los Bodhisatvas que siguen sólo el primer método todavía tengan algunos vestigios de la mente de autoestima. Esto se debe a que su bodhichita se basa en el amor que sienten por su propia madre, el cual está a menudo contaminado por la autoestima. No obstante, la bodhichita que surge de las meditaciones de igualarse uno mismo con los demás y de cambiarse uno mismo por los demás nunca puede degenerar, porque los Bodhisatvas que siguen este método abandonan por completo la autoestima en el proceso mismo de generar la bodhichita.

La manera más diestra de practicar estos dos métodos es combinándolos, pero para poder hacerlo, debemos primero estudiar y ejercitarnos en cada método por separado.

ADIESTRAMIENTO DE LA MENTE EN LAS SIETE CAUSAS Y UN EFECTO

A pesar de que a este método se le llama «las instrucciones de las siete causas y un efecto», en realidad consta de ocho etapas de meditación. La primera es la preparación, las siguientes seis etapas son meditaciones para generar las causas de la mente de bodhichita, y la octava es la meditación en su efecto: la bodhichita misma. Las etapas de meditación son:

1 Ecuanimidad.
2 Reconocimiento de que todos los seres son nuestras madres.
3 Aprecio de la bondad de todos los seres.
4 Deseo de corresponder a la bondad de todos los maternales seres.
5 Amor afectivo.
6 Gran compasión.
7 Intención superior.
8 Bodhichita.

ECUANIMIDAD

La meditación sobre la ecuanimidad es la preparación indispensable para las meditaciones posteriores de las siete causas y un efecto. La realización de la ecuanimidad constituye la base sobre la cual se fundamentan todas las realizaciones subsiguientes, porque para poder reconocer que todos los seres son nuestras madres, primero tenemos que reducir los sentimientos intensos de apego y de aversión que sentimos hacia algunos de ellos. Yhe Tsongkhapa dijo:

«Sobre el terreno de la ecuanimidad sembramos la semilla de la compasión, que regamos con el agua del amor. Como resultado, recogemos la cosecha de la bodhichita.»

La mayoría de nosotros, por el momento, nos sentimos unidos a ciertas personas que consideramos queridas, rechazamos a otras que odiamos y a las cuales deseamos evitar, y hacia el resto no sentimos ni lo uno ni lo otro. A fin de eliminar esta actitud tan desequilibrada, tenemos que alcanzar la realización de la ecuanimidad.

Para realizar esta meditación sobre la ecuanimidad, imaginamos que hay tres grupos de personas sentados enfrente, de cara a nosotros. El grupo central está compuesto por personas hacia quienes no sentimos ni mucho apego ni mucha aversión. A su izquierda se encuentra el grupo de personas por quienes sentimos un desmesurado apego y a su derecha el de aquellos a quienes odiamos o que no nos gustan. El objetivo de esta meditación es desarrollar un estado de equilibrio mental libre de odio y de apego, de manera que cuando observemos tanto al grupo de la izquierda como al de la derecha, generemos el mismo sentimiento equilibrado que cuando observamos al grupo del medio. Cuando nos concentramos en éste último, nuestra mente se mantiene tranquila, sin verse alterada por las perturbaciones mentales del odio ni del apego.

Esta meditación tiene cuatro partes o rondas. Primero, ponemos nuestra atención en el grupo de personas que no nos gustan y reflexionamos de la manera siguiente:

Debido a mi ignorancia percibo a estas personas como si fueran mis enemigos, pero de hecho todas ellas han sido mis mejores amigos en esta vida o en las pasadas. Cuando lo fueron, nos quisimos y cuidamos mutuamente, pero ahora no me gustan y en cambio me agradan otras personas. Puesto que la única diferencia que hay entre los amigos que tengo ahora y los que tuve en el pasado es sólo una cuestión de tiempo, no existe ninguna razón válida para sentir antipatía hacia ellos.

Como resultado de reflexionar de esta manera, debemos tomar con firmeza la siguiente resolución: «De ahora en adelante jamás volveré a generar odio hacia estas personas.» A continuación, meditamos en nuestra determinación por tanto tiempo como podamos.

Para realizar la siguiente etapa de la meditación, dirigimos nuestra atención hacia el grupo de personas a quienes estamos muy apegadas y hacemos la siguiente reflexión:

Es sólo debido a mi atención impropia que estoy tan apegado a estas personas. En un momento dado, en esta vida o en las pasadas, todas ellas han sido mis enemigos y mis objetos de odio. Puesto que en el pasado nos peleamos durante largos períodos de tiempo, destruimos nuestros bienes y nos quitamos la vida mutuamente, no existe ninguna razón válida para sentir apego por estas personas.

Como fruto de nuestra reflexión, debemos tomar la siguiente resolución: «De ahora en adelante jamás volveré a generar apego hacia estas personas.» A continuación, meditamos en esta determinación por tanto tiempo como podamos.

En la tercera etapa de la meditación, ponemos nuestra atención en los dos grupos, el de los amigos y el de los enemigos, y hacemos la siguiente reflexión:

Desde mi propio punto de vista no hay mucha diferencia entre estos dos grupos de personas, porque en ocasiones mis amigos se convierten en mis enemigos y mis enemigos en mis mejores amigos. Los dos grupos son impermanentes y pueden cambiar con rapidez. Por lo que a ellos respecta, tampoco hay mucha diferencia, porque tanto las personas de un grupo como las del otro padecen mucho sufrimiento y desean obtener felicidad. Por consiguiente, voy a dejar de discriminar falsamente entre ellos prefiriendo a unos y rechazando a otros. De ahora en adelante voy a mantener una actitud ecuánime, libre de odio y de apego. Evitaré todas las actitudes desequilibradas de sentirme unido a unas personas y distante de otras.

Cuando hayamos generado este sentimiento con claridad e intensidad, nos concentramos en él en meditación de emplazamiento.

Para realizar la cuarta etapa de la meditación, fijamos la atención en las personas del grupo del medio y reflexionamos de la siguiente manera:

A pesar de que estas personas fueron mis mejores amigos en un momento dado y mis peores enemigos en otro, ahora no siento hacia ellos ni apego ni odio. Cuando me encuentro con ellos, mi mente permanece calmada y serena. Debería mantener la misma actitud cuando me encuentro con otras personas, porque todas ellas también fueron mis mejores amigos y mis peores enemigos. Por lo tanto, voy a relacionarme con todas con la misma actitud ecuánime que tengo hacia este grupo de personas, reconociendo que no hay razón alguna para discriminar entre ellas. Todos son seres sintientes que están sufriendo y buscan felicidad.

Cuando generamos este sentimiento con claridad e intensidad, nos concentramos en él en meditación de emplazamiento.

Debemos ejercitarnos en estas cuatro etapas de meditación hasta que desarrollemos una mente equilibrada, libre de odio y apego intensos hacia todos los seres. La mayoría de nuestros problemas diarios provienen de mentes desequilibradas tales como un odio y un apego excesivos. Si desarrollamos la experiencia de la ecuanimidad podremos prevenir todos estos problemas.

Aunque tengamos bastante éxito en esta meditación, es posible que entre sesiones, si nos encontramos con nuestros enemigos cara a cara, olvidemos todas nuestras buenas intenciones y pensamientos virtuosos que cultivamos en la sesión de meditación. En ese caso, es posible que generemos la siguiente duda: «El pasado es el pasado. Ahora esta persona es mi enemigo. ¿Qué importa si en algún momento fue bondadoso conmigo?» Si consentimos que este tipo de pensamientos surjan en nuestra mente, destruirán los buenos hábitos que hayamos cultivado. En tales ocasiones, debemos persuadirnos a nosotros mismos de pensar de otro modo con esta reflexión:

Si alguien me hizo un regalo el año pasado y otra persona me hace otro este año, ¿sería justo decir que ésta última ha sido más generosa que la primera? De manera similar, todos los seres son igualmente bondadosos conmigo, a pesar de cómo me estén tratando ahora mismo.

Cuando contemplemos estas instrucciones es posible que no las aceptemos, pensando: «Si me baso en las mismas razones, puedo decir que todos los seres han sido mis enemigos en el pasado. Si esto es así, ¿por qué debo sentir simpatía por ellos?» Es cierto que en el pasado hemos sido perjudicados por otros seres; pero es correcto que aún así los sigamos estimando, pues cuando lo hicieron fue porque, debido a su ignorancia, no reconocieron que éramos su familiar o amigo. Cuando nos dañaron, no eran responsables de sus acciones, porque por error nos consideraron su enemigo. Debemos culpar a su ignorancia, porque ella fue la que les hizo actuar de aquella manera. Por otra parte, cuando nos ayudaron en el pasado, lo hicieron con toda libertad, sin estar bajo el control de la ignorancia. En tales ocasiones, nos consideraron de manera correcta como su familiar y amigo. Cuando fueron nuestras madres, nos reconocieron como su hijo y nos cuidaron con amor. Puesto que el daño que recibimos de otros seres fue provocado por su ignorancia, deberíamos relacionarnos con ellos siempre con afecto y bondad.

La clase de ecuanimidad que generamos en esta meditación es la llamada «inconmensurable», porque la estamos desarrollando hacia los incontables seres sintientes. Por lo general, la ecuanimidad puede ser de tres clases: sentimiento ecuánime, ecuanimidad productora y ecuanimidad inconmensurable. El sentimiento ecuánime es cualquier sentimiento que no es ni agradable ni desagradable, y puede tener diferentes intensidades. Un ejemplo sería el sentimiento que tenemos cuando vemos pasar por la calle a una persona con aspecto extraño que ni nos gusta ni nos disgusta. La ecuanimidad productora es un estado mental que se alcanza por medio de la meditación. Es una mente que permanece inmutable con una perfecta estabilización mental. Es relajada y natural, y no requiere esfuerzo para mantenerse. La ecuanimidad inconmensurable puede ser de dos clases: la que cultivamos cuando realizamos la meditación que acabamos de explicar, y la que es uno de los cuatro inconmensurables que forman parte de las seis prácticas preparatorias. Con la primera clase de ecuanimidad, observamos a los incontables seres sintientes y generamos ecuanimidad hacia ellos. Con la segunda, observamos a los innumerables seres sintientes y cultivamos el deseo de que generen ecuanimidad entre sí. Ésta última surge de la compasión y de la sabiduría que comprende que los sufrimientos de los seres sintientes se derivan del apego y del odio que se tienen entre ellos.

Cuando alcanzamos la realización de la ecuanimidad, nuestra mente está calmada y no nos desconcertamos ante ninguna circunstancia. Esto no quiere decir que nos hayamos vuelto fríos e insensibles. Como ya explicamos con anterioridad, la ecuanimidad no tiene nada que ver con la indiferencia o la apatía. No disminuye nuestro amor ni compasión, ni nuestra habilidad de regocijarnos de la buena fortuna de los demás. Por el contrario, es la realización sobre la que se basan todas estas buenas cualidades. La ecuanimidad reduce nuestro apego y nuestra hostilidad, pero no disminuye el afecto y amor que sentimos por los demás. Los Bodhisatvas que han desarrollado la ecuanimidad sienten mucho cariño por todos los seres sintientes y tienen unos sentimientos especiales de afecto y simpatía hacia ellos. Cuando ven a alguien sufriendo no se quedan indiferentes, sino que generan un sincero deseo de poder aliviar su sufrimiento, y si lo consiguen se llenan de alegría. A pesar de que los Bodhisatvas sienten una gran amistad por todos los seres, no están afectados por el apego, porque la naturaleza de sus mentes es paz y amor. Por lo tanto, no podemos decir que alguien no tenga ecuanimidad sólo porque entable amistad con una determinada persona o se comporte de distinta manera con diferentes personas. Los Bodhisatvas se adaptan a las convenciones de la sociedad en la que viven. En Inglaterra, por ejemplo, no se tiene la costumbre de besar o de abrazar al primero que uno se encuentra por el mero hecho de que le caiga bien. Es imposible juzgar si una persona tiene o no ecuanimidad observando su comportamiento externo.

Si nos agitamos o deprimimos mucho cuando nos relacionamos con determinadas personas, seguiremos teniendo problemas; pero si somos capaces de mantener una mente equilibrada, nos sentiremos bien cuando nos encontremos con nuestros amigos y nuestra amistad será duradera. Externamente, deberíamos mantener una expresión agradable de manera constante y estar siempre dispuestos a sonreír sin deprimirnos ni alegrarnos de manera excesiva. Los tibetanos dicen que el que tiene siempre una expresión cálida y sonriente y un carácter equilibrado, sin sentirse ni demasiado alegre un día ni muy triste el otro, es como el oro que nunca cambia de color.

Cuando hayamos desarrollado ecuanimidad hacia todos los seres sintientes a través de adiestrar nuestra mente con esta meditación, nos será muy fácil ser ecuánimes también en relación a objetos inanimados, como por ejemplo el tiempo atmosférico.

RECONOCIMIENTO DE QUE TODOS LOS SERES SON NUESTRAS MADRES

Buda dijo:

«No existe ningún ser sintiente que no haya sido la madre de todos los demás.»

Si tenemos fe en la palabra infalible de Buda, podemos alcanzar esta realización con sólo meditar en su significado. En caso contrario, tendremos que llegar a esta convicción basándonos en el siguiente razonamiento: «Es cierto que todos los seres han sido nuestra madre porque lo fueron en vidas pasadas.» Y si alguien nos pregunta: «¿Cómo es posible que los innumerables seres sintientes hayan sido nuestra madre?», podemos contestar: «Porque hemos tenido innumerables renacimientos, y por lo tanto incontables madres.» Es imposible probar que un solo ser sintiente no haya sido nuestra madre.

Debido a que el continuo de nuestra mente no tiene principio y nuestro cuerpo es impermanente, podemos deducir con certeza que hemos tenido innumerables renacimientos. Las semillas de cebada, por ejemplo, proceden de una cosecha de este grano, la cual a su vez fue el producto de otras semillas del mismo grano. Si intentamos buscar de manera retrospectiva su origen, nunca encontraremos el principio del continuo de la semilla de cebada. Incluso antes de que este planeta existiera, el continuo de esta semilla ya se encontraba en otro universo. De manera similar, la mente de hoy surge a partir de la de ayer, y su continuo no tiene principio. La mente que tenemos ahora mismo no surge de manera independiente, sin causas ni condiciones. La mente de un bebé recién nacido surge de la mente que tenía cuando se encontraba en el seno de su madre, y ésta, a su vez, de la mente que entró en el óvulo fertilizado en el momento de la concepción. ¿De dónde provino esa mente? De la que existía antes de la concepción, la mente de la vida anterior que, a su vez, procedía de la mente de la vida anterior a ella. Y así ocurre de manera sucesiva, sin que podamos encontrar un principio. De todo ello se deduce que hemos tenido innumerables cuerpos diferentes y un número incontable de madres.

Si alguien argumenta que nuestras madres del pasado no pueden seguir siéndolo ahora, podemos considerar el hecho de que si nuestra madre actual muriese hoy, aún la consideraríamos como tal. Su muerte no cambiaría el hecho de que es nuestra madre ni disminuiría la bondad con la que nos ha tratado. Lo mismo ocurre con todas nuestras madres del pasado y con cualquiera que haya sido bondadoso con nosotros en un momento dado. Todavía apreciamos y valoramos la amabilidad que recibimos el año pasado o ayer mismo, y deseamos corresponderla a pesar de haberla recibido hace tiempo.

Además, por el mero hecho de que alguien sea nuestra madre no quiere decir que vayamos a ser capaces de reconocerla siempre. Mucha gente no conoce a su propia madre de esta vida. El gran Lama Kachen Yeshe Gyaltsen, por ejemplo, fue criado por su padre sin haber podido conocer a su madre, porque ambos se separaron cuando él era muy pequeño. Al cabo de unos años, su padre le mandó al Monasterio de Tashi Lhumpo. Cuando su madre se enteró de ello fue a visitarle, pero al encontrarse no se reconocieron. Cuando uno de los monjes los presentó, la madre rompió a llorar.

Si nuestra madre actual muriese y renaciese como el hijo de nuestro vecino y alguien que tuviera clarividencia nos dijera que este niño es nuestra madre, sin duda alguna sentiríamos algo especial por él. Debemos comprender que esto no es una mera fantasía, pues en realidad todos los seres sintientes son nuestra madre.

Si nuestra madre entrase disfrazada en la habitación donde nos encontramos, no nos daríamos cuenta de que se trata de ella hasta que se quitase el disfraz. El aspecto de nuestra madre va cambiando a lo largo del tiempo en que la identificamos como tal. Cuando éramos un bebé era joven y hermosa. Si ahora tuviera ochenta años, su apariencia sería muy diferente por las huellas que va dejando el paso de los años, pero todavía la reconoceríamos como nuestra madre. De manera similar, el aspecto de todas nuestras madres del pasado ha cambiado, pero aún siguen siendo en esencia nuestras madres.

Si meditamos de esta manera, lograremos un mayor entendimiento de ello a la luz de nuestra propia experiencia. La señal de que hemos alcanzado la realización de que todos los seres sintientes son nuestra madre es que, de manera natural y espontánea, reconocemos a cada persona que encontramos como tal sin tener en cuenta su apariencia. Esto incluye a todos los animales, incluso a los insectos. Por ejemplo, si cuando vemos un ratón reconocemos enseguida que en esencia es nuestra madre y recordamos la gran bondad que en el pasado tuvo con nosotros, ésta es una señal de que hemos desarrollado la realización de que todos los seres sintientes son nuestra madre. Si nuestra casa está pintada de color amarillo, cada vez que pensemos en ella la recordaremos de inmediato pintada de ese color. De manera similar, si cada vez que pensamos en un ser sintiente recordamos al instante que es nuestra madre, ello indica que hemos alcanzado la realización de que todos los seres sintientes son nuestra madre.

En esta meditación no estamos simplemente simulando que todos los seres sintientes hayan sido nuestras madres, puesto que éste es un hecho incontrovertible. No es algo que se hayan inventado los budistas. Sólo estamos descubriendo lo que ha sido verdad desde siempre. Si estudiamos y meditamos en ello con perseverancia, generaremos una verdadera convicción y reconoceremos siempre que todos los seres sintientes son nuestras madres.

APRECIO DE LA BONDAD DE TODOS LOS SERES

La siguiente etapa de la meditación consiste en recordar la gran bondad de todas nuestras madres. Comenzamos recordando la benevolencia que nuestra madre ha tenido con nosotros en esta vida, y a continuación pensamos en la bondad de todos los demás maternales seres sintientes. Si no somos capaces de apreciar la benevolencia de nuestra madre actual, ¿cómo vamos a poder apreciar la de todas nuestras madres del pasado? Puesto que es fácil olvidar su bondad o de darla por supuesta y acordarnos sólo de los momentos en que consideramos que nos hizo daño, tenemos que recordar con detalle lo bondadosa que ha sido nuestra madre con nosotros desde que vinimos al mundo.

Al principio nuestra madre fue muy bondadosa con nosotros porque nos ofreció un lugar donde renacer. Antes de nuestra concepción en su seno, cuando estábamos en el bardo, estuvimos vagando de un sitio a otro sin encontrar un lugar donde descansar. Vagamos impulsados por el viento de nuestro karma sin libertad para elegir adónde ir, y nuestros encuentros con otros seres fueron efímeros. Padecimos mucho miedo y sufrimiento, pero desde este estado logramos entrar en el seno de nuestra madre. A pesar de que lo hicimos como el que se hospeda en casa ajena sin invitación, cuando nuestra madre se dio cuenta de que estábamos creciendo en su seno, nos dejó permanecer en él. Si hubiera querido abortar podría haberlo hecho, y ahora no disfrutaríamos de esta existencia humana y de todas las oportunidades que nos brinda. En este momento somos capaces de generar el precioso deseo de alcanzar la iluminación gracias a que nuestra madre fue lo suficientemente bondadosa como para llevarnos y sustentarnos en sus entrañas. Si un día frío y tormentoso de invierno alguien nos invita a disfrutar del calor de su hogar, pensamos que es muy amable. ¡Cuánto más bondadosa es nuestra madre que nos dejó entrar en su propio cuerpo y nos agasajó con los mayores cuidados!

Mientras permanecimos en su seno, nuestra madre nos protegió con todo cuidado, con la delicadeza con la que trataría a la joya más preciosa. En cada situación pensó en nuestra seguridad. Consultó a los médicos, hizo ejercicio, siguió una dieta especial y durante nueve meses nos alimentó día y noche, siempre consciente de no hacer nada que pudiera perjudicar el desarrollo de nuestras facultades físicas y mentales. Gracias a que cuidó tan bien de nosotros, nacimos con un cuerpo sano y fuerte con el que podemos realizar tantas cosas de provecho.

En el momento de nuestro nacimiento nuestra madre padeció fuertes dolores, pero cuando nos vio se sintió más feliz que si hubiera recibido un gran tesoro. Incluso durante los dolores del parto, sólo se preocupaba por nuestro propio bienestar. Nada más nacer, aunque podría decirse que nos parecíamos más a una rana que a un ser humano, nuestra madre nos acogió con todo su amor. Éramos incapaces de hacer nada por nosotros mismos, estábamos más desvalidos que un potrillo, pues al menos éste es capaz de ponerse en pie por sí mismo y de empezar a mamar. Como si fuéramos ciegos, no éramos capaces de reconocer a nuestros propios padres, ni entendíamos nada. Si alguien hubiese tenido la intención de quitarnos la vida, no nos habríamos enterado. No sabíamos lo que hacíamos ni nos dábamos cuenta de cuando orinábamos.

¿Quién cuidó y se preocupó de esta pobre criatura? Nuestra madre. Nos vistió, nos acunó y alimentó con su propia leche. Nos limpió el cuerpo sin sentir asco alguno. Algunas madres limpian la nariz de su pequeño con la lengua para no dañarlos con sus manos ásperas. Incluso cuando nuestra madre tenía problemas, intentaba mostrarnos una expresión amorosa y llamarnos con los nombres más hermosos. Cuando éramos pequeños, nuestra madre estaba siempre pendiente de nosotros. Si se hubiera descuidado por un solo instante, ahora estaríamos ciegos o incapacitados físicamente para el resto de nuestra vida. Durante la niñez, cada día tuvo que salvarnos de incontables situaciones peligrosas, teniendo en cuenta siempre nuestro bienestar y seguridad.

En invierno nos abrigaba con buenas ropas aunque a veces ella pasara frío. Siempre elegía los mejores alimentos para nosotros y los peores para ella, y hubiese preferido enfermar e incluso morir ella misma antes de que lo hiciéramos nosotros. De manera natural, nuestra madre se comporta con nosotros como si hubiera alcanzado la realización de cambiarse uno mismo por los demás. Prefiere nuestro bienestar antes que el suyo propio, y lo hace de manera natural y espontánea. Si alguien nos amenazase de muerte, ofrecería su vida por la nuestra. ¡Así de grande es su compasión por nosotros!

Cuando éramos pequeños, nuestra madre no podía dormir tranquila. Su sueño era ligero, siempre alerta de escuchar nuestros gemidos. Cuando fuimos creciendo, nos enseñó a comer y beber, a hablar, a sentarnos y a caminar. Nos envió a la escuela y nos enseñó a ser buenas personas. Si ahora disponemos de ciertas cualificaciones y de una buena educación, se debe sólo a su gran bondad. Cuando nos hicimos mayores y llegamos a la adolescencia, preferimos irnos con nuestros amigos antes que estar con nuestra madre. Mientras nos divertíamos, la olvidábamos por completo, como si no existiera, y sólo la recordábamos cuando necesitábamos su ayuda. A pesar de que nos olvidábamos de ella, enfrascados en nuestras diversiones con los amigos, nunca dejó de preocuparse por nosotros. A menudo se inquietaba y desvelaba pensando en nosotros. Se preocupaba de la manera en que sólo nosotros podemos hacerlo por nosotros mismos. Incluso cuando ya somos adultos y tenemos nuestra propia familia, ella no deja de pensar en nosotros. Aunque haya envejecido, sea muy débil y casi no se pueda ni poner en pie, una madre nunca se olvida de sus hijos.

Si meditamos de esta manera, recordando en detalle la gran bondad que nuestra madre ha tenido con nosotros, sentiremos un gran amor hacia ella. Cuando hayamos generado este sentimiento desde lo más profundo de nuestro corazón, debemos ampliarlo hasta abarcar a todos los demás seres sintientes, recordando que todos y cada uno de ellos nos han tratado con la misma benevolencia.

A continuación, meditamos en la bondad de nuestra madre cuando obtuvimos otro tipo de renacimientos, considerando, por ejemplo, cómo las aves protegen sus huevos de todo peligro bajo sus alas. Si un cazador se acerca, la madre no se marcha dejando a sus crías sin protección. Durante el día busca alimento sin descanso para sus pequeñuelos hasta que son lo suficientemente fuertes como para abandonar el nido.

En cierta ocasión, en el Tíbet, un ladrón acuchilló en el vientre a una yegua que estaba preñada. Su arma penetró tan hondo que escindió el útero del animal y el potrillo salió por el costado de su vientre. Mientras moría, la yegua dedicó con gran amor las pocas fuerzas que le quedaban para limpiar a lamidos el cuerpo de su pequeño. Al ver semejante muestra de afecto, el ladrón sintió un profundo arrepentimiento. Se llenó de estupefacción al ver cómo la madre, incluso en la agonía de su dolorosa muerte, sentía tan enorme compasión por su potrillo y cómo se preocupaba sólo por él. A partir de entonces, el ladrón abandonó su mala vida y se dedicó a practicar el Dharma con sinceridad.

Todos y cada uno de los seres sintientes nos han mostrado la misma clase de preocupación altruista, la bondad incondicional de una madre. Si meditamos de esta manera, tomaremos la resolución de no olvidar nunca la gran benevolencia de los maternales seres.

DESEO DE CORRESPONDER A LA BONDAD DE TODOS LOS MATERNALES SERES

Es natural que sintamos el deseo de corresponder a quien es bondadoso con nosotros. Incluso cuando recibimos una carta, sentimos el deseo de contestar. Así pues, es natural que deseemos corresponder a la bondad de todas nuestras madres. Para aumentar este deseo, podemos seguir el consejo que Shantideva da en su texto *Compendio de prácticas*, donde dice que hemos de imaginar que nuestra madre ha enloquecido, que es vieja y ciega y que está a punto de despeñarse por un precipicio. Debemos imaginar cómo nos sentiríamos si la viésemos en esas circunstancias y cómo acudiríamos en su ayuda. Después de esta reflexión, realizamos la siguiente contemplación:

A pesar de que mi madre tiene buena vista, espiritualmente está ciega. No conoce nada acerca de las acciones y de sus efectos. Tampoco distingue cuáles son los caminos espirituales correctos ni comprende la naturaleza última de los fenómenos. No disfruta de verdadera felicidad, a pesar de que es esto lo que busca febrilmente. En vez de crear causas de felicidad, está creando las causas para padecer más sufrimientos en el futuro, y sin elección comete acciones que contradicen sus deseos. En su interior sufre de perturbaciones mentales y, en consecuencia, se comporta de manera incorrecta vagando por caminos equivocados. Debido a ello, su mente es como la de una persona que ha enloquecido. A causa de su ignorancia, está a punto de precipitarse desde su existencia humana a uno de los reinos inferiores. Si yo no la ayudo ahora, ¿quién lo va a hacer? Soy mucho más afortunado que mi madre porque he recibido las enseñanzas del Dharma y he desarrollado cierta sabiduría y, por lo tanto, he aprendido a distinguir lo que he de practicar y lo que he de abandonar. Puesto que soy capaz de discernir entre lo que es virtuoso y lo que no lo es, si me esfuerzo, podré alcanzar las realizaciones de la renuncia, la bodhichita y la visión correcta de la vacuidad. Si me aplico con diligencia, no hay nada que pueda impedirme alcanzar la iluminación total. Puesto que dispongo de tan buena fortuna, tengo la gran oportunidad de corresponder a la bondad de mi madre. Voy a hacer todo lo que sea necesario para corresponder a su gran bondad.

Cuando hayamos tomado esta determinación, debemos ampliar su ámbito hasta incluir a todas nuestras madres, con el reconocimiento de que no hay diferencia alguna entre nuestra madre actual y los seres que fueron nuestras madres en el pasado. Cuando la resolución de corresponder a la bondad de todas nuestras madres surja con fuerza en nuestra mente, nos concentramos en ella en meditación de emplazamiento hasta que impregne nuestra mente por completo y nunca la olvidemos.

A continuación, realizamos la siguiente meditación:

¿Cuál es el mejor método para corresponder a la bondad de mis madres? Sin duda alguna es proporcionarles la felicidad pura y duradera. No es suficiente con darles la felicidad imperfecta del samsara, porque ya han experimentado esta clase de dicha en el pasado en incontables ocasiones y no recibieron ningún buen resultado de ello. Han experimentado

todo tipo de felicidad contaminada, pero siguen insatisfechas porque su naturaleza es el sufrimiento del cambio. Por lo tanto, el mejor método para corresponder a la benevolencia de mis madres es ofrecerles el gozo supremo y duradero de la liberación.

Cuando hayamos tomado la firme resolución de esforzarnos en conducir a todas nuestras madres hacia el gozo de la liberación, nos concentramos en ella en meditación de emplazamiento para hacer que este pensamiento quede arraigado en nuestra mente de manera continua. Si desarrollamos esta intención, aunque sólo sea durante unos breves minutos, obtendremos incontables beneficios y acumularemos una vasta cantidad de méritos. No es frecuente que un ser ordinario genere el deseo de proporcionar felicidad verdadera a todos los seres. Es raro incluso que una madre tenga semejante deseo hacia su propio hijo. Por lo general, una madre no piensa: «¡Qué maravilloso sería que mis hijos se liberasen de los renacimientos cíclicos! ¡Qué maravilloso sería que se liberasen de sus agregados contaminados y lograsen el gozo de la liberación!» Shantideva dice en su *Guía de las obras del Bodhisatva*:

«¿Acaso tienen los padres y las madres
una mente tan beneficiosa como ésta?
¿La tienen los dioses o los sabios?,
¿la tiene Brahma?»

Sólo los practicantes puros del camino mahayana poseen la intención de beneficiar a todas las madres y de conducirlas hacia el gozo perfecto.

Debemos contemplar y meditar repetidas veces en las tres primeras etapas de la meditación de las siete causas y un efecto. Si podemos reconocer que todos los seres son nuestra madre y recordar su bondad, generaremos de manera natural el deseo de corresponderles. El que tengamos éxito en las siguientes etapas depende de que logremos una buena experiencia de las primeras.

AMOR AFECTIVO

En cierta ocasión, una mujer pidió al gran Maestro tibetano Gueshe Potoua que le explicase lo que es el amor afectivo y él contestó así: «¿Qué sientes cuando ves a tu propio hijo? Eres muy feliz al verle y te parece lo más hermoso del mundo. Si tratamos a todos los seres del mismo modo, sintiéndonos unidos a ellos y queriéndolos, habremos desarrollado el amor afectivo.»

Nuestra propia madre quizá no tenga un físico atractivo ni vista con elegancia, pero debido a que tenemos una relación especial con ella, nosotros la encontramos hermosa. La queremos, y si vemos que está sufriendo, de manera espontánea sentimos una profunda compasión por ella. Si llegamos a tener este sentimiento hacia todos los demás seres, habremos desarrollado lo que se llama «el amor afectivo». Con este amor hacia todas las criaturas es imposible que abriguemos celos o nos enfademos con ellas. Si mejoramos nuestro reconocimiento de la bondad de los demás, generaremos de modo natural este corazón cálido y afectuoso y, en consecuencia, sentiremos una gran estima hacia todos. Aunque posean faltas, sabremos apreciar sus buenas cualidades, del mismo modo que una madre ve siempre la belleza de sus niños, sean como sean.

A partir del amor afectivo se desarrolla el amor que estima a los demás, y a partir de éste, el amor desiderativo o que desea la felicidad de los demás –el amor que desea que todos los seres sintientes logren la dicha perfecta–. Cuando hayamos generado esta clase de amor, habremos al mismo tiempo desarrollado la mente de gran compasión –la mente que no puede soportar que ni un solo ser padezca sufrimiento y que desea liberarlos a todos de cualquier dolor–. Las realizaciones del amor desiderativo y de la gran compasión son como dos caras de una misma moneda. Las dos dependen del amor afectivo.

Para desarrollar el amor afectivo tenemos que realizar tres preparaciones:

(1) Contemplar los beneficios del amor afectivo.
(2) Reunir las condiciones idóneas para el desarrollo del amor afectivo.
(3) Eliminar todos los obstáculos que impiden el desarrollo del amor afectivo.

CONTEMPLAR LOS BENEFICIOS DEL AMOR AFECTIVO

El amor es muy beneficioso incluso cuando está mezclado con el apego. Es el fundamento de toda relación armoniosa y duradera. Si amamos a nuestros familiares y amigos, seremos felices aunque carezcamos de riquezas materiales; pero sin amor, por muchos bienes y riquezas que poseamos, no conseguiremos que nuestras relaciones sean fructíferas ni duraderas.

La primera vez que vemos a una persona que nos parece atractiva, nos sentimos felices y la tratamos con afecto y amabilidad sin ningún esfuerzo. A medida que pasa el tiempo, si nuestro amor hacia ella va disminuyendo, tendremos problemas y nos sentiremos insatisfechos; pero si por el contrario aumenta, seguiremos felices aunque encontremos adversidades y vivamos en la escasez. Puesto que el amor es tan beneficioso incluso cuando está mezclado con el apego, ¿cuánto más lo será cuando está libre de él? Si meditamos en desarrollar amor hacia todos los seres sintientes, aunque sea sólo durante unos minutos, acumularemos muchos méritos y recibiremos grandes beneficios.

Nagaryhuna, en el texto *La preciosa guirnalda de consejos para el rey*, menciona ocho beneficios del amor afectivo:

(1) Si meditamos en el amor, aunque sólo sea durante un momento, acumularemos más mérito que si ofreciésemos alimentos a todos los seres sintientes tres veces al día.

(2) Los seres humanos y los dioses nos apreciarán. Algunas personas son queridas por todos, hacen felices a los demás, reciben obsequios y son siempre bien acogidas. Ahora reciben este amor porque en el pasado ellas amaron de la misma manera.

(3) Estaremos protegidos por los seres humanos y los dioses, incluso mientras durmamos. Puesto que mientras dormimos no tenemos una retentiva mental o memoria clara, los espíritus nos pueden perjudicar con facilidad. Se dice que los espíritus que desean dañarnos son más numerosos que los mismos seres humanos. Pueden alterar nuestra mente turbando nuestros estados mentales virtuosos, y atacarnos hasta causarnos la locura. Pueden provocarnos enfermedades y hacernos sentir mal, y también disuadirnos para que dejemos de efectuar acciones virtuosas. Son capaces de impedir que se cumplan nuestros deseos y obstaculizar nuestra práctica de Dharma, además de destruir la armonía y la dicha en nuestras relaciones con los demás.

(4) Seremos felices. Cuando nuestra mente adquiera la naturaleza del amor, nos sentiremos dichosos y apacibles de manera natural. Con este estado mental es imposible que nos trastornemos o deprimamos, o que generemos odio o celos. Si ahora sentimos amor por los demás y trabajamos para proporcionarles felicidad, es seguro que en el futuro nosotros también la tendremos.

(5) En el futuro disfrutaremos de comodidades físicas.

(6) Si tenemos una buena concentración en el amor, estaremos protegidos de daños infligidos por envenenamiento, armas y otros instrumentos perjudiciales.

(7) Colmaremos con facilidad todos nuestros deseos.

(8) Renaceremos en uno de los reinos de los dioses, como por ejemplo el de Brahma, y finalmente alcanzaremos la iluminación.

Además de los beneficios mencionados existen innumerables más. Un beneficio especial de desarrollar el amor afectivo es que, debido a que es el oponente directo contra el odio, podemos eliminar todos los malestares y problemas que nos causamos a nosotros mismos impulsados por esta perturbación mental. A pesar de que queremos a nuestros familiares y amigos, a veces nos enfadamos con ellos porque nos olvidamos de ser bondadosos, y de esta manera creamos problemas tanto para nosotros mismos como para nuestros seres queridos. El odio obstaculiza nuestra práctica espiritual y destruye nuestra paz mental. También nos roba la belleza física, haciéndonos adoptar expresiones desagradables y gestos coléricos que asustan a los que nos ven en ese estado. Si sentimos amor afectivo, nos liberaremos de estos problemas porque el odio y los celos dejarán de surgir en nuestra mente. Las circunstancias externas no nos trastornarán, y tanto nuestros familiares y amigos como las personas con quienes vivimos y trabajamos, disfrutarán de mayor felicidad. Por consiguiente, debemos esforzarnos en cultivar y aumentar nuestro amor. El esfuerzo es una mente que se complace en efectuar acciones virtuosas, y en este caso lo generamos comprendiendo los beneficios de cultivar el amor afectivo. Con este firme entendimiento, aplicaremos esfuerzo con entusiasmo y de manera natural.

REUNIR LAS CONDICIONES IDÓNEAS PARA EL DESARROLLO DEL AMOR AFECTIVO

Con un intenso deseo de generar amor afectivo, debemos saber cuáles son las condiciones idóneas para lograrlo. Son las tres etapas siguientes que forman parte de la meditación en las siete causas y un efecto: reconocimiento de que todos los seres son nuestras madres, aprecio de la bondad de todos los seres y deseo de corresponder a la bondad de todos los maternales seres. Si reconocemos que todos los seres sintientes son nuestras madres y recordamos su benevolencia, generaremos el deseo de corresponder a su bondad, y de manera natural y espontánea sentiremos amor afectivo hacia ellos.

ELIMINAR TODOS LOS OBSTÁCULOS QUE IMPIDEN EL DESARROLLO DEL AMOR AFECTIVO

El obstáculo principal para el desarrollo del amor afectivo es generar un sentimiento de desagrado hacia los demás. No podemos sentir amor afectivo hacia todos los maternales seres sintientes si seguimos reaccionando con excesiva alegría al encontrarnos con ciertas personas y con enfado o fastidio al hacerlo con otras. Por lo tanto, cuando nos demos cuenta de que estamos empezando a irritarnos, debemos meditar de la siguiente manera:

> *Esta persona me disgusta pero mi percepción de ella no es correcta y mi actitud tampoco lo es. Cuando la veo, me parece que es desagradable, pero la percibo de tal manera porque me estoy fijando con atención impropia en las faltas que parece poseer. Al desarrollar esta atención impropia, yo mismo estoy creando este sentimiento de rechazo.*

Si encontramos que una determinada persona nos resulta especialmente desagradable, podemos hacer la siguiente reflexión:

> *¿Es esta persona en realidad tan desagradable como parece? Si lo es, sería correcto que la percibiese de este modo y mi disgusto estaría basado en una percepción acertada. No obstante, los demás no la perciben de la misma manera. Tiene amigos que la consideran muy atractiva. ¿Cuál de las dos percepciones es la correcta? Sus amigos y yo no podemos tener razón al mismo tiempo, porque nuestras actitudes son opuestas y los dos estamos observando a la misma persona.*

Si lo pensamos con detenimiento, nos daremos cuenta de que nuestra actitud es la incorrecta. Esta persona no es desagradable por sí misma. La manera en que la percibimos es sólo un reflejo de nuestro estado mental perturbado, una apariencia creada por nuestro propio odio o confusión. Por lo tanto, cuando veamos a alguien que nos parezca desagradable o poco atractivo, debemos reconocer que lo que vemos no es más que una proyección de nuestra propia mente, que surge de nuestros pensamientos perturbadores. Realizamos entonces la siguiente reflexión:

> *Este desagrado que siento no es bueno, y por su culpa voy a crearme mucho sufrimiento. Nunca me aportará beneficio*

alguno. Si siento este desagrado hacia ciertas personas, no tengo por qué sorprenderme de que genere muchos otros estados mentales perjudiciales.

La mayoría de nosotros no tenemos la costumbre de examinar nuestros pensamientos. Por lo general, no nos detenemos a pensar «¿qué estoy pensando?» No obstante, deberíamos observar nuestra mente de este modo a fin de eliminar los estados mentales perjudiciales que nos producen sufrimiento. Cada vez que tengamos un sentimiento de fastidio hacia alguien, debemos ser conscientes de ello y eliminarlo lo antes posible. Si dejamos que se arraigue en nuestra mente, se transformará en odio y nos producirá muchos malos resultados. Para poder desarrollar amor afectivo hacia cualquier persona, debemos eliminar toda antipatía que sintamos por ella. Cuanto mayor sea nuestro éxito en identificar y erradicar nuestros sentimientos de desagrado hacia los demás, más fácil será alcanzar la realización del amor afectivo. Esto se produce de manera gradual. Primero tenemos que aumentar el amor que sentimos hacia nuestros familiares y amigos. Si seguimos generando odio o antipatía hacia ellos, ¿cómo vamos a sentir amor afectivo hacia todos los demás seres sintientes? Cuando nos hayamos habituado a generar amor afectivo hacia aquellas personas con quienes vivimos, podemos ir ampliando el ámbito de nuestra práctica e ir abarcando a los vecinos, a nuestra comunidad, etc., hasta que nuestro sentimiento de amor incluya a todos los seres sintientes.

GRAN COMPASIÓN

Cuando vemos que una persona que nos agrada está padeciendo sufrimiento, sentimos compasión y simpatía hacia ella, pero este mero sentimiento de piedad es muy diferente de la mente de gran compasión que debemos cultivar para entrar en el camino mahayana. Esta gran mente compasiva observa a todos los seres sintientes y, reconociendo que padecen mucho sufrimiento, desea que todos ellos sin excepción se liberen del mismo.

Puesto que la mente de bodhichita surge a partir de la gran compasión, el poder de la primera depende del poder de la segunda. Los Bodhisatvas que poseen una compasión muy poderosa alcanzarán la iluminación en poco tiempo. Son incapaces de soportar que los demás sufran y desean liberarlos de su dolor lo antes posible. Para ello, buscan el camino más rápido hacia la iluminación y emprenden las prácticas del mantra secreto. Así como una madre que ve que su hijo se ha caído al fuego genera de inmediato un intenso deseo de rescatarle, de la misma manera, el Bodhisatva que posee una compasión estable desea con urgencia y sin dilación liberar a todos los seres de su sufrimiento. Este Bodhisatva piensa del siguiente modo: «¡Qué maravilloso sería si pudiese liberar a todos los seres de la prisión de la existencia cíclica en este mismo instante!»

La gran compasión es importante incluso después de haber alcanzado la iluminación completa. Cuando los Bodhisatvas se convierten en Budas, se han liberado de todas las faltas, han alcanzado todas las cualidades excelentes y disfrutan de la felicidad eterna. Si los Budas careciesen de la mente de gran compasión, permanecerían en este estado de gozo, así como los Destructores hinayanas del Enemigo permanecen en el apacible estado de su liberación. Debido a que no han desarrollado la mente de gran compasión, estos Arjats no se esfuerzan por ayudar a nadie; pero a los Budas su gran mente compasiva les obliga a trabajar por el beneficio de los demás. Por lo tanto, se dice que la gran compasión es necesaria tanto al principio de nuestra práctica como a lo largo y al final de ella. Al principio de su texto *Guía del camino medio*, Chandrakirti rinde homenaje a la gran compasión y no a los Budas ni a los Bodhisatvas, aunque lo más común en este tipo de escrituras sería hacerlo a éstos últimos. Chandrakirti se aleja intencionadamente de esta norma para indicar y acentuar que la gran compasión es necesaria tanto al principio de nuestro camino hacia la iluminación como a lo largo y al final del mismo. Al principio de nuestra práctica, la gran compasión es como una semilla. A lo largo de nuestro adiestramiento espiritual es como el agua, la luz del sol y los demás factores necesarios para su germinación, y al final, como la cosecha que nos proporciona el buen fruto de ser capaces de beneficiar a los demás.

Para generar la mente de gran compasión, primero tenemos que desarrollar amor afectivo hacia todos los seres sintientes y luego meditar en los sufrimientos que padecen. Con la realización del amor afectivo, cada vez que veamos o recordemos los sufrimientos de los demás, o reflexionemos acerca de ellos, desarrollaremos la mente de gran compasión de manera natural y espontánea. Este hecho sucederá así aunque no lo queramos, del mismo modo en que una madre cuando ve sufrir a su hijo forzosamente se apiada de él. Una vez que hayamos cultivado el amor afectivo, al ver que todos los seres sintientes están sometidos al sufrimiento, comprenderemos con facilidad que el siguiente paso consiste en generar la mente de gran compasión. A pesar de que no percibimos en este momento sus sufrimientos, lo cierto es que todos los seres en la existencia cíclica tienen problemas y han de padecer los dolores de las enfermedades, del envejecimiento y de la muerte. Cuando hayamos generado amor afectivo, si pensamos una y otra vez acerca de los sufrimientos de los demás, nuestra compasión crecerá día a día y nos iremos sintiendo cada vez más cerca de Avalokiteshvara, la manifestación de la gran compasión de todos los Budas.

La gran compasión no es una mente fácil de generar. La hemos de cultivar poco a poco. Podemos comenzar reflexionando acerca de los sufrimientos de los animales, recordando que muchos de ellos morirán degollados en el matadero. Imaginamos el terrible dolor que tendrán que experimentar y el pánico que sienten cuando se dan cuenta de que sus vidas corren peligro. Cuando los seres humanos temen por sus vidas, a menudo encuentran algún tipo de protección o reciben ayuda de los médicos y las enfermeras, pero cuando los animales se encuentran en peligro están completamente indefensos. La meditación en los sufrimientos de los animales nos hará generar compasión hacia ellos pensando: «¡Qué maravilloso sería que todos estos seres se liberasen de los sufrimientos cíclicos y de sus causas!»

A continuación, meditamos acerca de los sufrimientos de los seres humanos tales como los males y dolores que padecen las personas que están internadas en los hospitales, los que han de soportar los ancianos y los que se encuentran en el lecho de muerte. Si nos resulta difícil apiadarnos de aquellos seres que de manera evidente no parecen estar experimentando sufrimiento, sino que por el contrario parecen disfrutar de buena fortuna, nos convendría acordarnos de las diferentes meditaciones del ser del nivel medio. Debemos recordar que, a pesar de que estos seres disfrutan ahora de una buena vida, su felicidad se acabará pronto, y además carecen de verdadera libertad. Incluso ahora mismo padecen diversos sufrimientos porque sufren de incertidumbre, insatisfacción, etc. Así como el pájaro que vuela por el cielo al final ha de tomar tierra por muy elevado que sea su vuelo, de la misma forma todos los seres confinados en la existencia cíclica tarde o temprano tienen que sufrir alguna caída en los estados inferiores, por muy buena fortuna que de momento estén gozando. El conocimiento de que los seres de la existencia cíclica no pueden elegir sus experiencias nos ayudará a sentir compasión hacia ellos. Debemos apiadarnos tanto del pobre animal que va a ser degollado dentro de un año como del que morirá mañana. De la misma manera, debemos sentir compasión tanto por los seres humanos que experimentarán sufrimiento en el futuro como por los que lo están padeciendo ahora. En particular, hemos de generar compasión por las personas que cometen acciones perjudiciales, porque están creando las causas para padecer más sufrimiento en el futuro. Su situación, de hecho, es peor que la de aquellas que lo están padeciendo en estos momentos. Las personas que están experimentando los resultados de las malas acciones que cometieron en el pasado no tendrán que hacerlo de nuevo, mientras que aquellas que ahora están cometiendo acciones perjudiciales, recibirán en el futuro sus malas consecuencias.

Meditando de esta manera debemos cultivar compasión por todos los seres sintientes. Cuando este sentimiento especial surja con claridad y firmeza en nuestra mente, nos concentramos en él en meditación de emplazamiento para familiarizarnos con él. Durante el descanso de la meditación, debemos mantener una actitud compasiva en todas nuestras actividades, objetivo que debemos lograr de manera gradual. Comenzamos intensificando la compasión que sentimos por nuestros amigos y familiares y luego, poco a poco, la vamos ampliando hasta abarcar a todos los seres sintientes.

La señal de que hemos desarrollado la mente de gran compasión es que, cada vez que vemos a otro ser sintiente, tenemos el deseo espontáneo de liberarlo de su sufrimiento. Así como la madre genera de manera natural el deseo de que su hijo enfermo se recupere, nosotros habremos desarrollado la mente de gran compasión cuando tengamos el mismo sentimiento hacia todos los seres, día y noche, pensando «¡Qué maravilloso sería que todos los seres se liberasen de su sufrimiento y de sus causas!»

INTENCIÓN SUPERIOR

Una vez que hayamos generado la mente de gran compasión, hacemos la siguiente reflexión:

¿Es suficiente con sólo tener el deseo de que todos los seres sintientes se liberen del sufrimiento? ¡Sin lugar a dudas, no! Debo hacer algo para que este deseo se convierta en realidad. Voy a tomar la responsabilidad de ayudar a todos los seres a que se liberen de su sufrimiento.

Si una madre viese que su hijo se cae al fuego, no se quedaría con los brazos cruzados, meramente deseando que fuese rescatado. De inmediato y de manera espontánea haría cualquier cosa por ayudarle. Si nuestra propia madre estuviera padeciendo intensos dolores, no nos contentaríamos sólo con rezar para que mejorase, sino que haríamos todo lo posible para aliviar su sufrimiento. De manera similar, cuando hayamos generado la mente de gran compasión, debemos cultivar la intención superior –la determinación de responsabilizarnos de liberar a los demás del sufrimiento y de conducirles a la felicidad verdadera–. La intención superior es la promesa de liberar a todos los seres, reconociendo que son nuestras madres y que desean evitar el sufrimiento y lograr felicidad. Al comprender la importancia de tomar personalmente esta responsabilidad, asumimos la tarea de beneficiar a los demás y mantenemos esta intención en todo momento en nuestra mente.

Este estado mental recibe el nombre de «intención superior» porque aventaja a las mentes de amor y compasión. Mientras que las prácticas para desarrollar amor y compasión son comunes a los adiestramientos hinayanas y mahayanas, la intención superior es una práctica exclusiva del camino mahayana. La intención superior, la sexta causa de la bodhichita, es mucho más que el mero deseo de corresponder a la benevolencia de todos los maternales seres –la tercera causa–. Cuando generamos este mero deseo, a pesar de que queremos conducir a todos los seres sintientes hacia la liberación, aún no hemos tomado el compromiso personal de llevarlo a cabo; pero cuando poseemos la intención superior, tomamos la firme resolución de trabajar para alcanzar nuestra meta. El deseo de corresponder a la bondad de los demás está motivado por el reconocimiento de que, en el pasado, estos seres fueron muy bondadosos con nosotros, mientras que la intención superior está motivada por la gran compasión. El deseo de corresponder a la benevolencia de los demás es como querer comprar algo que hemos visto en una tienda, y el desarrollar la intención superior es como decidir que lo vamos a comprar.

BODHICHITA

Las etapas de meditación que se han expuesto hasta ahora nos conducen a generar la bodhichita. La explicación de la mente de bodhichita se presenta en tres partes:

1 La base para generar la bodhichita.
2 La naturaleza de la bodhichita y la manera en que se genera.
3 Divisiones de la bodhichita.

LA BASE PARA GENERAR LA BODHICHITA

A pesar de que otros seres que no son humanos, como los dioses y los nagas, pueden generar la mente de bodhichita porque tienen la oportunidad de recibir enseñanzas de Dharma, la mejor base para generar esta preciosa mente es la existencia humana dotada de las libertades y los dones. Los seres humanos pueden desarrollar la mente de bodhichita con mayor intensidad porque en el reino humano existen muchos objetos dignos de compasión. En este reino hay mucho más sufrimiento que en otros y es más fácil encontrar la oportunidad de recibir las enseñanzas de Dharma. Por lo tanto, los seres humanos pueden cultivar con mayor facilidad las mentes de renuncia y de compasión. Con el reconocimiento de que ahora tenemos la mejor oportunidad para estudiar y practicar el camino mahayana, hacemos la siguiente reflexión:

Puesto que he obtenido un renacimiento perfectamente dotado y he encontrado las enseñanzas mahayanas puras, es el momento idóneo para adiestrarme en la mente de bodhichita. Si ahora no aprovecho esta preciosa oportunidad, ¿cuándo voy a disponer otra vez de ella? Es tan difícil de obtener que debo hacerlo mientras pueda. A pesar de que nos encontramos en tiempos de degeneración, para mí son afortunados porque es en estos momentos cuando dispongo de una maravillosa oportunidad que hasta ahora no había tenido.

Había una vez un hombre tibetano llamado Druku Sheguo que no tenía piernas. Un día se cayó por un precipicio y fue a parar sobre el lomo de un caballo salvaje. El caballo se asustó de tal forma que se dio al galope y Druku Sheguo tuvo que agarrarse a él con fuerza para no caer. Poco a poco, el caballo comenzó a cansarse y a reducir su velocidad. Entonces, los que presenciaban la escena le gritaron: «¡Bájate ahora, rápido!»; pero él les respondió: «¡Por nada del mundo! ¿Cuándo encontraré otra oportunidad de montar un caballo salvaje? Nunca jamás. Así que voy a permanecer aquí arriba por tanto tiempo como pueda.»

Nosotros somos como Druku Sheguo en el sentido de que tenemos la gran fortuna de haber encontrado las enseñanzas mahayanas. Hasta hace poco eran desconocidas en Occidente, y es posible que no se preserven por mucho tiempo. ¿Cómo podemos tener la seguridad de volvernos a encontrar de nuevo con una oportunidad como ésta? Las circunstancias externas cambian con rapidez y nadie puede prever por cuánto tiempo van a permanecer estas enseñanzas en el mundo. Antes de que el Tíbet fuese invadido por los chinos, los tibetanos creían que el Dharma iba a permanecer en su país por muchos siglos y planeaban volver a sus monasterios en sus vidas futuras. Nunca imaginaron que estos monasterios, con siglos de antigüedad, serían destruidos en esa misma década; pero así ha ocurrido, y en muy poco tiempo el Budadharma ha desaparecido casi por completo del Tíbet.

Se suele decir que el Budadharma es como una preciosa anilla dorada que va viajando de un sitio a otro empujada por las olas del tiempo, sin permanecer fija en ninguna parte. Es posible que desaparezca de este país y de este mundo, y que aparezca en otros reinos. Nadie puede garantizar que esto no vaya a suceder. Puesto que ahora somos tan afortunados, debemos aprovechar esta oportunidad y hacer el mejor uso de ella para estabilizar nuestras experiencias de Dharma y crear las causas para disfrutar de buena fortuna en el futuro.

LA NATURALEZA DE LA BODHICHITA Y LA MANERA EN QUE SE GENERA

La mente de bodhichita es el deseo espontáneo, motivado por la gran compasión, de alcanzar la iluminación para beneficiar a todos los seres. Tal y como se explicó con anterioridad, la mente de bodhichita posee dos aspiraciones: la de alcanzar uno mismo la iluminación y la de guiar a todos los demás seres hacia el mismo estado. Se ha de hacer notar que la primera aspiración no es el mero deseo de alcanzar uno mismo la iluminación sólo para beneficio propio, sino como medio efectivo para cumplir nuestro deseo principal, que es conducir a todos los seres a dicho estado. El alcanzar uno mismo la iluminación es el medio para lograr nuestro fin. Cuando, por ejemplo, queremos beber una taza de té, nuestro principal deseo es tomar esta bebida. Para ello hemos de tener una taza, porque sin ella no podremos hacerlo. La aspiración de beneficiar a los demás es como nuestro deseo de beber té, y la aspiración de alcanzar uno mismo la iluminación es como el deseo de obtener la taza.

Al generar la intención superior tomamos la resolución de conducir a todos los seres sintientes hacia la iluminación completa. Entonces reflexionamos de la siguiente manera:

¿Soy capaz de cumplir mi promesa? Ni siquiera los Arjats hinayanas que han alcanzado la liberación poseen la habilidad de conducir a otros seres al estado de la iluminación. Los dioses mundanos, como Ishvara y Brahma, tampoco pueden hacerlo, y ni siquiera los Bodhisatvas que se encuentran en los cuatro caminos mahayanas de aprendizaje tienen este poder, porque aún no son Budas. ¿Quién puede, entonces, llevar a cabo esta tarea? Sólo los Budas poseen todas las cualidades necesarias. Por lo tanto, para cumplir lo prometido debo alcanzar la iluminación.

Meditando de esta forma desarrollaremos la mente de bodhichita, el deseo espontáneo de alcanzar la iluminación para el beneficio de los demás. La señal de que lo hemos conseguido es que siempre, día y noche, mantenemos el deseo de alcanzar este estado para el beneficio de todos los seres. Cuando esto suceda, habremos entrado en el camino mahayana.

DIVISIONES DE LA BODHICHITA

Hay muchas clases de bodhichita, pero pueden comprenderse en cuatro grupos:

1 Las dos clases de bodhichita.
2 Las tres clases de bodhichita.
3 Las cuatro clases de bodhichita.
4 Las veintidós clases de bodhichita.

Desde el punto de vista de su naturaleza la bodhichita se divide en dos, desde el punto de vista de la manera en que se genera se divide en tres, y desde el punto de vista de las bases sobre las cuales se genera se divide en cuatro y veintidós respectivamente.

LAS DOS CLASES DE BODHICHITA

La mente de bodhichita tiene muchos niveles y todos ellos pueden incluirse en dos: la bodhichita aspirante y la comprometida. La primera de ellas es la que generamos antes de haber tomado los votos del Bodhisatva. Cuando poseemos esta clase de bodhichita tenemos el deseo de alcanzar la Budeidad para el beneficio de los demás, pero aún no hemos entrado en el camino que nos conduce hacia la iluminación. La bodhichita aspirante es como tomar la decisión de emprender el viaje.

La bodhichita comprometida es la que generamos después de haber tomado los votos del Bodhisatva. Al tomar estos votos, nos comprometemos a seguir los caminos del Bodhisatva, los senderos que conducen hacia la Budeidad. De esta forma transformamos nuestra bodhichita aspirante en comprometida. El poseer ésta última es como emprender de hecho el camino hacia nuestro destino. Cuando tenemos sólo la bodhichita aspirante es posible que la perdamos o que la abandonemos, pero una vez que hayamos tomado los votos del Bodhisatva nos estaremos acercando cada vez más a la Budeidad, incluso mientras durmamos.

LAS TRES CLASES DE BODHICHITA

La bodhichita puede dividirse también en tres: la bodhichita semejante a un rey, la bodhichita semejante a un pastor y la bodhichita semejante a un barquero. El Bodhisatva que posee la bodhichita semejante a un rey desea conducir a todos los seres sintientes a la Budeidad, del mismo modo en que un rey para servir a su pueblo acumula primero riqueza y poder con el objetivo de ayudarlo. El Bodhisatva que tiene la bodhichita semejante a un pastor desea conducir a todos los seres sintientes hacia la Budeidad del mismo modo en que un pastor conduce a su rebaño a un lugar seguro. Así como el pastor primero provee al rebaño de todas sus necesidades para finalmente atender a las suyas propias, algunos Bodhisatvas desean llevar primero a todos los seres sintientes a la Budeidad para, por último, ellos mismos alcanzar este estado. Poseen este deseo porque dejan de preocuparse por su propio bienestar y aman a todos los seres más que a sí mismos. Esta clase de bodhichita se genera como resultado del adiestramiento en la práctica de cambiarse uno mismo por los demás. Se dice que Manyhushri adoptó esta actitud. El Bodhisatva que posee la bodhichita semejante a un barquero desea llevar a todos los seres sintientes a la Budeidad, de la misma forma en que un barquero transporta a las personas al otro lado de un río a la vez que él mismo les acompaña. Este Bodhisatva desea que todos los seres sintientes alcancen la iluminación al mismo tiempo que él.

De hecho, los deseos de las dos últimas clases de bodhichita no pueden lograrse, porque sólo es posible conducir a los demás a la iluminación una vez que la hayamos alcanzado nosotros mismos. Por lo tanto, la bodhichita semejante a un rey es la verdadera. No obstante, Yhe Tsongkhapa dice que a pesar de que es imposible satisfacer los deseos de las otras dos bodhichitas, sus actitudes son correctas y sublimes. La actitud de un niño que tiene un gran deseo de proteger a sus padres es admirable, aunque en realidad sea incapaz de hacerlo. De manera similar, los nobles pensamientos de la bodhichita semejante a un pastor y de la que es como un barquero son dignos de admiración.

LAS CUATRO CLASES DE BODHICHITA

La bodhichita puede clasificarse también en cuatro clases: generación de la mente de aprehensión imaginaria, generación de la mente de pura intención superior, generación de la mente de maduración completa y generación de la mente que ha abandonado las obstrucciones.

La generación de la mente de aprehensión imaginaria es la bodhichita que poseen los Bodhisatvas en los caminos de la acumulación y de la preparación. En estos senderos el Bodhisatva medita en la bodhichita y en la vacuidad, porque para alcanzar la iluminación necesita del método y de la sabiduría así como un ave requiere de sus dos alas para volar. La meditación en la bodhichita aumenta su poder meritorio y la meditación en la vacuidad incrementa su sabiduría. Cuando los Bodhisatvas alcanzan la visión superior que observa la vacuidad, entran en el camino de la preparación. En este sendero, su bodhichita y su sabiduría que comprende la vacuidad son más poderosas que las que tenía en el camino de la acumulación. Los Bodhisatvas en estos dos senderos son seres ordinarios porque aún no han realizado la vacuidad de manera directa, puesto que la aprehenden a través de una imagen genérica. Por lo tanto, se dice que poseen la generación de la mente de aprehensión conceptual imaginaria.

Cuando los Bodhisatvas realizan la vacuidad de manera directa, entran en el camino de la visión y alcanzan el primer plano de un Bodhisatva Superior. Se dice que los Bodhisatvas en los primeros siete planos poseen la generación de la mente de pura intención superior, porque sus meditaciones sobre la vacuidad y la bodhichita son superiores a las de los Bodhisatvas en los caminos de la acumulación y de la preparación. Los Bodhisatvas que se encuentran en los planos octavo, noveno y décimo, poseen la generación de la mente de maduración completa. La generación de la mente que ha abandonado las obstrucciones es la bodhichita de un Buda.

LAS VEINTIDÓS CLASES DE BODHICHITA

La bodhichita puede dividirse en veintidós clases desde el punto de vista de la base sobre la que se genera. La primera de las veintidós clases recibe el nombre de «la bodhichita semejante a la tierra», el cual es un sinónimo de la bodhichita aspirante. Así como los árboles, los edificios y las grandes ciudades dependen del terreno donde se levantan, de la misma forma todas las clases de bodhichita dependen de la bodhichita aspirante, que es el fundamento necesario para tomar los votos del Bodhisatva. Cuando el Bodhisatva genera la bodhichita comprometida, alcanza la segunda de las veintidós clases de bodhichita, llamada «la bodhichita semejante al oro». Recibe este nombre porque se parece al oro en el sentido de que nunca degenera. A partir de este nivel, la mente de bodhichita del practicante irá mejorando hasta que se transforme en «la bodhichita semejante a una nube» del Bodhisatva en el décimo plano. Así como la lluvia que nutre la tierra proviene de las nubes, del mismo modo la lluvia del Dharma que sustenta a los seres sintientes desciende de la bodhichita semejante a una nube del Bodhisatva en el décimo plano.

En los comentarios de los *Sutras de la perfección de la sabiduría* pueden encontrarse extensas explicaciones acerca de las veintidós clases de bodhichita. De momento, es suficiente con que nos concentremos en la primera –la bodhichita semejante a la tierra–.

ADIESTRAMIENTO DE LA MENTE EN IGUALARSE UNO MISMO CON LOS DEMÁS Y CAMBIARSE UNO MISMO POR LOS DEMÁS

El adiestramiento de la mente en igualarse uno mismo con los demás y cambiarse uno mismo por los demás, y en la práctica de tomar y dar, constituyen los dos ejercicios principales del adiestramiento de la mente denominado *Loyhong* en tibetano, en la tradición kadam. Estas instrucciones tienen su origen en Buda Shakyamuni y fueron transmitidas en una sucesión ininterrumpida de Maestros hasta llegar a Atisha. De él pasaron a Dromtompa, y de él, a través de un linaje ininterrumpido, a Gueshe Potoua, Gueshe Langri Tangpa, Gueshe Sharaua y Gueshe Chekhaua. En los tiempos que precedieron a Gueshe Chekhaua estas instrucciones se conocían como «el Dharma secreto», porque se mostraban sólo a los discípulos que poseían una sabiduría especial mientras que las demás etapas del camino se enseñaban abiertamente. Shantideva dice en su *Guía de las obras del Bodhisatva*:

«Quien desee proteger sin dilación
a sí mismo y a los demás,

debe practicar el sagrado secreto
de cambiarse uno mismo por los demás.»

Gueshe Chekhaua fue el primer Maestro que comenzó a difundir estas instrucciones abierta y extensamente por el Tíbet, y como resultado de ello muchas personas alcanzaron la realización de la bodhichita. Gueshe Chekhaua compuso un texto breve titulado *Adiestramiento de la mente en siete puntos*, que incluye todas las prácticas principales del adiestramiento de la mente según la tradición kadam. A continuación, se presenta el método especial de esta tradición para generar la mente de bodhichita bajo los siguientes cinco encabezamientos:

1 Igualarse uno mismo con los demás.
2 Los peligros de la autoestima.
3 Los beneficios de estimar a los demás.
4 Cambiarse uno mismo por los demás.
5 Tomar y dar.

IGUALARSE UNO MISMO CON LOS DEMÁS

No podemos convertir de inmediato la mente de autoestima, la actitud de considerar que somos la persona más importante y especial, en la actitud opuesta de estimar a los demás, considerando que ellos son los más preciosos e importantes. Por lo tanto, debemos comenzar igualándonos con los demás, aprendiendo a considerar que nosotros mismos y los demás somos igualmente valiosos. Para ello realizamos la siguiente reflexión:

No deseo experimentar sufrimiento ni estoy satisfecho con la felicidad que poseo, y los demás se encuentran en la misma situación que yo. Por lo tanto, no es apropiado que me considere más importante que ellos. Así como yo deseo encontrar felicidad, los demás lo desean también. Puesto que todos deseamos lo mismo, voy a querer a los demás tanto como a mí mismo.

Cuando hayamos generado esta determinación, debemos mantenerla en meditación de emplazamiento para habituarnos a ella. Si poseemos sabiduría, no tendremos que hacer uso de muchos razonamientos para llegar a la resolución de estimar a los demás tanto como a nosotros mismos; pero si nos resulta difícil tomar esta decisión, tendremos que analizar nuestras dudas para disiparlas. No obstante, no tenemos ninguna garantía de que de esta forma vayamos a ser capaces de tomar esta resolución, porque la capacidad de hacerlo depende de nuestra experiencia. Sería maravilloso que diésemos este paso sin vacilar, porque es una de las condiciones necesarias para alcanzar la iluminación.

LOS PELIGROS DE LA AUTOESTIMA

Ya se explicó que la ignorancia del aferramiento propio observa el mero yo y se aferra a él como si existiera de manera inherente. Para los seres ordinarios, la autoestima es la mente que considera que el yo que concibe la mente de aferramiento propio es de suprema importancia. La mente de autoestima surge a partir del aferramiento propio, son como dos amigos inseparables y constituyen la fuente de todos nuestros problemas. Debido a nuestra mente de autoestima generamos un intenso deseo de asegurar nuestro propio bienestar, pero para lograrlo, a menudo tenemos que cometer acciones indebidas que nos hacen experimentar sufrimiento e insatisfacción. De esta manera, todos nuestros problemas, externos e internos, surgen directa o indirectamente por culpa de nuestra estimación propia y no se pueden atribuir a ninguna otra causa. Shantideva, en su *Guía de las obras del Bodhisatva*, dice que todos y cada uno de los sufrimientos que padecen los seres de este mundo son el resultado de su autoestima.

En una de sus vida pasadas, Buda Shakyamuni fue un Bodhisatva llamado «Corazón Poderoso». Un buen día, se fue a un bosque con un grupo de amigos y se encontró con una tigresa que se estaba muriendo de hambre y tenía muchos cachorros. El animal no había encontrado ningún alimento desde hacía tanto tiempo que estaba a punto de matar a uno de sus cachorros para comérselo. Cuando Corazón Poderoso se dio cuenta de la situación, declaró: «Esto demuestra sin lugar a dudas que no hay nada bueno en el samsara, ¡hasta una madre puede comerse a su propio hijo! ¿Cómo puede suceder tal cosa? Sólo su mente de autoestima puede obligarla a cometer semejante acción.»

¿Cuál es la razón por la que un delincuente tiene que padecer las miserias del encarcelamiento? El verdadero criminal es la mente de autoestima que le hizo cometer los delitos. De manera similar, cuando un ratón cae en una trampa, en realidad es su estimación propia la que le atrapa, porque es la que le incita a robar el queso. Cuando el pez muerde el anzuelo, es también su mente de autoestima la que le hace desear el cebo.

¿Por qué sufrimos si alguien viene a robar nuestros bienes o a asesinarnos? Nuestra mente de autoestima es la única responsable, de manera directa o indirecta, de nuestro miedo y dolor. Los infortunios que padecemos en esta vida, como el dolor de perder a un ser querido, la pobreza o las enfermedades, surgen también por el hecho de haber obtenido un renacimiento cíclico, el cual, a su vez, es el resultado de las acciones que cometimos en el pasado motivados por la mente de autoestima. Si una persona viene a hacernos daño es también el resultado de las acciones perjudiciales que cometimos en el pasado, y cuando se acerca a nosotros la única razón por la cual sentimos miedo es porque seguimos queriéndonos a nosotros mismos y valorando en exceso nuestro bienestar. Las penas que ahora experimentamos son el resultado de nuestra mente de autoestima del pasado, y nuestro miedo y sufrimiento lo son de la estimación propia que tenemos ahora. Por consiguiente, es muy peligroso alentar y animar a este enemigo de la autoestima o permitir que nos domine.

Cuando alguien se dirige a nosotros de forma despectiva, nos sentimos heridos y nos entristecemos. ¿Por qué? Sólo porque pensamos que somos personas muy importantes. Si no fuera así, no nos sentiríamos heridos cuando nos critican, nos echan la culpa de algo o se ríen de nosotros. El poder de dañarnos que tienen las palabras ofensivas es sólo el que les da nuestra mente de autoestima. Debido a ella estos agravios nos destruyen y al recordarlos es como si pusiéramos el dedo en la llaga. De esta manera, encendemos nuestro odio y engendramos rencor hacia esa persona, todo ello debido a que pensamos que somos tan especiales. De la misma forma, si prestamos algo a alguien y no nos lo devuelve, nos inquietamos y nos preguntamos por qué no lo ha hecho todavía; si no tuviéramos tan arraigada esta desmesurada estimación por nosotros mismos, no nos preocuparíamos tanto.

La mente de autoestima hace que nos enfademos cada vez que no conseguimos satisfacer nuestros deseos, obtener lo que deseamos o recibir lo que esperamos, pero cuando otra persona se encuentra en la misma situación que nosotros, no nos importa mucho. Si un hombre de negocios no logra sus objetivos, alguien está hundido en la pobreza o un pobre animal va a ser degollado en el matadero, no sentimos el mismo dolor que tenemos cuando se frustran nuestros propios deseos.

Tanto los sufrimientos más pequeños como los más grandes surgen de la autoestima. Si comemos algo que está en mal estado o lo hacemos en exceso, enfermamos y echamos la culpa a los alimentos. Pero si lo pensamos con cuidado, nos daremos cuenta de que es esta misma mente la que nos infligió este daño, porque tomamos esos alimentos con una actitud egoísta. Incluso el fastidio que sentimos cuando un insecto o un ratoncillo entra en nuestra habitación surge de nuestra estimación propia. Las incomodidades que experimentamos cuando meditamos se deben también a esta mente. Si algo nos molesta, nos enfadamos y pensamos: «¡Estoy intentado meditar!» Para nosotros es muy importante que nuestras sesiones de meditación transcurran satisfactoriamente y no toleramos que nadie nos interrumpa, pero no consideramos la práctica espiritual de los demás de la misma forma. Así como estos pequeños sufrimientos provienen de la autoestima, los grandes desastres que acontecen en el mundo, como las guerras entre naciones, también tienen el mismo origen.

En las escrituras del adiestramiento de la mente se dan diferentes calificativos para la mente de autoestima. Se dice que es el verdugo que destruye la vida de la liberación porque nos hace cometer acciones perjudiciales. Es el ladrón que nos roba los potenciales virtuosos al provocar nuestro odio. Es el granjero que siembra las semillas de las acciones destructivas en el campo de nuestra consciencia, para que el mal fruto del sufrimiento madure en nuestras vidas. Es un amo posesivo porque le corroe la codicia. Bajo el influjo de la mente de autoestima somos como el hombre de negocios que por ambición comercia con una persona peligrosa que puede matarle; o como el soldado que, por su febril deseo de obtener la victoria, se comporta de manera imprudente sin tener en cuenta que en cualquier momento puede perder su vida. La autoestima provoca la comisión de todo tipo de acciones impropias. Se dice también que es desconsiderada porque no tiene en cuenta a los demás, nos crea conflictos con ellos, hace que les mintamos, que robemos lo que les pertenece y que nos neguemos a guardarles respeto; y también se dice que es una desvergonzada porque no escucha lo que nuestra buena consciencia nos dicta, y nos hace actuar sin sentido.

Shantideva dice en su *Guía de las obras del Bodhisatva* que, a pesar de que desde tiempo sin principio hemos estado buscando nuestro propio bienestar, lo único que hemos obtenido es sufrimiento. En esta vida y en las innumerables vidas pasadas hemos hecho todo lo posible para triunfar y ser felices, esfuerzos que ejercimos motivados por la mente egoísta de autoestima. Pero, a pesar de haber trabajado con ahínco durante eones, no hemos obtenido ningún fruto. No hemos progresado lo más mínimo. Lo único que hemos traído con nosotros de nuestras vidas pasadas ha sido sufrimiento.

Para convencernos de los grandes peligros de la mente de autoestima tenemos que examinar con detenimiento si podemos encontrar un sufrimiento, ya sea físico o mental, que no haya sido causado directa o indirectamente por ella. Si no lo encontramos, debemos reconocer con certeza que tanto nuestros problemas e infortunios como nuestras faltas externas e internas surgen de esta mente egoísta. Con este reconocimiento tomamos la siguiente resolución: «Puesto que no deseo experimentar insatisfacción ni problemas, voy a eliminar mi mente de autoestima.» Cuando hayamos tomado esta decisión, nos concentramos en ella en meditación de emplazamiento.

Debemos mantener esta determinación en todo momento. Cada vez que tengamos dificultades, nos servirá de ayuda pensar del siguiente modo: «Este problema es el resultado de mi autoestima.» De esta forma, podemos aprovechar la oportunidad para reforzar nuestra determinación.

LOS BENEFICIOS DE ESTIMAR A LOS DEMÁS

En su texto de Lamrim, Gyalgua Ensapa dice que si estimamos a los demás, tendremos el deseo de beneficiarles, y con esta motivación efectuaremos acciones virtuosas y crearemos la causa para disfrutar de felicidad en el futuro. Shantideva dijo que toda la felicidad de este mundo proviene de la mente que desea que los demás sean felices.

El deseo de que los demás sean felices es lo que nos motivó en el pasado a crear las causas para obtener una preciosa vida humana, practicando la disciplina moral de dejar de cometer acciones perjudiciales físicas, verbales y mentales. Nuestra existencia humana con sus libertades y dones nos brinda la oportunidad de disfrutar de la felicidad y los gozos de la existencia humana. Las condiciones favorables que tenemos por haber renacido como un ser humano provienen también de haber cultivado en el pasado la actitud de estimar al prójimo, porque esta motivación altruista es la que nos alentó a beneficiar a los demás practicando la generosidad, la paciencia y otras virtudes. Si ahora los demás nos tratan con afecto y amor y cuidan bien de nosotros, es porque en el pasado nosotros hicimos lo mismo con ellos. La bondad que nos han mostrado nuestros padres y toda la ayuda que hemos recibido de otros seres en esta vida son el resultado de haber amado a los demás.

Shantideva dice en su *Guía de las obras del Bodhisatva*:

«La persona pueril trabaja para su propio beneficio.
Los Budas trabajan sólo para el beneficio de los
 demás seres.
¿Qué necesidad hay de muchas explicaciones?
¡Observa la diferencia entre ambos!»

En este contexto, «pueril» se refiere a los seres ordinarios que, a pesar de que han trabajado con empeño una vida tras otra, no han logrado nada que haya valido la pena. Desde tiempo sin principio nuestras acciones han estado motivadas por la mente de autoestima y sólo hemos obtenido sufrimiento, mientras que las de los Budas han estado motivadas por su amor por los demás, y gracias a ello han logrado la felicidad última.

En el texto *Relatos de renacimientos*, así como en muchos otros Sutras, se dice que en sus vidas pasadas, Buda Shakyamuni abandonó su mente de autoestima y se dedicó a trabajar por el beneficio de los demás. Hay otra escritura titulada *El árbol que colma los deseos con ciento ocho mil obras* que está compuesta de ciento ocho capítulos extraídos de los Sutras. Cada uno de ellos relata la historia de una de las vidas pasadas de Buda Shakyamuni en que se dedicó al beneficio de los demás. En una de ellas, el futuro Buda era un rey llamado Pema Chen. En aquellos tiempos, muchas personas en numerosos países del mundo padecían una enfermedad que producía severos dolores de cabeza. Los médicos se congregaron a fin de buscar un remedio contra dicha dolencia, pero fracasaron en su intento. Finalmente, uno de ellos descubrió un antídoto que requería muchos ingredientes muy potentes, y dijo a los demás doctores: «Para curar esta enfermedad necesitamos muchos y poderosos ingredientes. Dispongo de todos ellos menos de uno: la carne del pez rohita. Por desgracia, no puedo conseguir esta sustancia porque esta especie se ha extinguido.» Cuando la noticia llegó a oídos del Rey Pema Chen, hizo llamar al doctor y le anunció que había un lugar determinado donde se podía encontrar el pez rohita y le dijo que, al cabo de unos días, debería trasladarse a dicho lugar para buscarlo. Al principio, el doctor dudó de la veracidad de sus palabras, pues ya había buscado en aquel lugar sin éxito, pero decidió seguir el consejo del rey. Unos días después de que el Rey Pema Chen hubiera fallecido, renació como un pez rohita. Entonces, el doctor lo encontró en el lugar indicado y lo cogió, y así pudo producir la medicina con la cual curar a los afectados. Este Bodhisatva, Pema Chen, que en el futuro se convertiría en Buda Shakyamuni, renació muchas veces en forma de pez rohita y de esta manera ofreció sus vidas por el beneficio de los demás.

Cuando sentimos aprecio por una determinada persona o cosa, lo hacemos porque reconocemos y consideramos sus buenas cualidades. Por lo tanto, si reconocemos y apreciamos las buenas cualidades, en especial la gran bondad, de los demás seres sintientes, de manera natural los estimaremos y desearemos corresponderles. Todo lo que poseemos es nuestro sólo debido a la benevolencia de otros seres. Si no fuera por los demás, no podríamos decir que nuestras cosas nos pertenecen. Nosotros no las fabricamos ni se produjeron de forma milagrosa por su propia cuenta. Todas ellas existen gracias a la bondad de muchos seres. Por ejemplo, ¿de dónde proviene el pan con el que nos alimentamos cada día? Muchas personas trabajaron en los campos de cultivo para producir las cosechas de trigo y muchas otras para hacer el pan y transportarlo a las tiendas donde lo compramos. Pensamos que este producto nos pertenece porque lo hemos pagado, pero el dinero por sí mismo no puede producir pan. Si plantamos unas monedas en un campo de siembra, no recogeremos ninguna cosecha. No es nuestro dinero, sino la bondad de otros seres, lo que nos provee del pan que necesitamos.

Incluso nuestro dinero proviene de la benevolencia de otros seres. No lo fabricamos nosotros mismos. Es posible que pensemos del siguiente modo: «Este dinero es mío porque lo he ganado con el sudor de mi frente. No tiene nada que ver con los demás.» Pero, ¿quién nos ha proporcionado el trabajo con el cual nos podemos ganar el sueldo? ¿Quién crea y asegura la demanda de nuestro trabajo? Los demás seres son quienes nos dan un empleo y aseguran la continuidad de nuestra labor.

Hasta la más simple de nuestras pertenencias cuya posesión damos por sentada, es nuestra sólo debido a la bondad de otros seres. Una taza de té se puede preparar en dos minutos, pero si tenemos en cuenta las personas que tuvieron que trabajar para plantar, recoger, producir, empaquetar y distribuir el té, nos sorprenderemos al comprobar que nuestra taza de té depende de manera directa o indirecta de la benevolencia de todos los seres del mundo. Lo mismo ocurre en el caso del azúcar y de la leche que ponemos en la misma taza de té. ¡Cuánta bondad la de la vaca que nos proporciona la leche que tenía destinada a su ternero!

Nuestros hogares, oficinas y ciudades han sido edificados también gracias a que numerosos seres trabajaron para ello. Han sido necesarias muchas generaciones para construir el medio ambiente que decimos que es «nuestro», y las carreteras que utilizamos para trasladarnos de un sitio a otro. Cuando nos acomodamos en un hotel o vamos de compras, damos por hecho todos estos servicios, olvidándonos de que miles de personas han trabajado para que podamos disfrutar de ellos.

Tanto la felicidad temporal así como los bienes de que disponemos en esta vida, incluyendo nuestro propio cuerpo, los hemos obtenido gracias a la bondad de los demás. La felicidad de nuestras vidas futuras también depende de su benevolencia, porque es en relación a ellos que podemos practicar la disciplina moral, la paciencia y el esfuerzo, las causas que nos harán obtener renacimientos superiores. La felicidad última depende también de la bondad de los demás, pues los necesitamos para poder generar compasión y bodhichita, las cuales son las causas de la iluminación total.

Shantideva, en su *Guía de las obras del Bodhisatva*, dice que los seres sintientes y los Budas son igual de importantes desde el punto de vista de nuestro logro de la Budeidad. Por lo general, decimos que los Budas conducen a los seres hacia la iluminación, pero también lo hacen los demás seres, porque la única manera de desarrollar la causa de la iluminación –la mente de bodhichita– es tomando a todos los seres sintientes como el objeto de nuestra práctica. Puesto que los demás son tan beneficiosos para nosotros, debemos tratarles con gran afecto. Gueshe Langri Tangpa dijo en su texto *Ocho versos del adiestramiento de la mente*:

«Que con la intención de alcanzar
la meta última y suprema,
que supera hasta la gema que colma todos los deseos,
estime sin cesar a todos los seres sintientes.»

CAMBIARSE UNO MISMO POR LOS DEMÁS

Su explicación se da en tres partes:

1 Reconocimiento de la importancia de cambiarse uno mismo por los demás.
2 Reconocimiento de que somos capaces de cambiarnos por los demás.
3 La manera de cambiarse uno mismo por los demás.

RECONOCIMIENTO DE LA IMPORTANCIA DE CAMBIARSE UNO MISMO POR LOS DEMÁS

Shantideva dijo que tenemos que transformar nuestra mente de autoestima en la actitud de estimar a los demás, porque si no lo hacemos no podremos alcanzar la iluminación, y es necesario que la alcancemos porque en el samsara no existe la felicidad duradera. Sin estimar a los demás, no podremos colmar nuestros deseos en esta misma vida ni en las vidas futuras. Es fácil de comprobar que debemos estimar a los demás para triunfar hasta en las situaciones más mundanas. Cuando, por ejemplo, un patrón y sus trabajadores no se respetan entre sí no pueden trabajar en armonía. Los trabajadores pueden organizar una huelga y perder sus salarios, y el negocio del patrón dejará de prosperar. Lo mismo ocurre en las relaciones entre las personas. Si no existe un respeto e interés mutuo, nadie consigue lo que desea. Si una mujer no ama a su marido, él dejará de esforzarse por satisfacer sus deseos. Finalmente, dejará de interesarse por ella y el matrimonio se romperá. Si un maestro no respeta a sus estudiantes, se comportarán de manera indebida e intentarán entorpecer su labor, y si los estudiantes no respetan a su maestro, no conseguirán aprender nada. Si los miembros de una comunidad no se estiman los unos a los otros, la comunidad acabará por dividirse, y si ésta no respeta a sus miembros, perderá su fuerza y armonía. Si sus miembros no se apoyan mutuamente, la comunidad tendrá muchos problemas y nadie conseguirá satisfacer sus deseos. Si alquilamos una casa pero no respetamos a su dueño, no la trataremos con cuidado y, debido a ello, el dueño acabará echándonos a la calle. En muchos casos como éstos, por no estimar a los demás nos perjudicamos a nosotros mismos. Si nos interesamos sólo por nuestro propio bienestar, podemos tener la seguridad de que acabaremos encontrando muchos problemas.

Reflexionando de esta manera llegaremos a tomar la siguiente resolución: «Debo amar a los demás para así desarrollar las mentes de compasión y bodhichita y recibir todos sus beneficios.» Meditamos en esta determinación de manera convergente.

RECONOCIMIENTO DE QUE SOMOS CAPACES DE CAMBIARNOS POR LOS DEMÁS

Es posible que comprendamos que tenemos que cambiarnos por los demás, abandonando nuestra mente de autoestima y estimando sólo al prójimo, pero que todavía nos sintamos incapaces de ponerlo en práctica. Por ejemplo, puede que pensemos de la siguiente manera: «Los seres sintientes son innumerables. Soy incapaz de amarlos a todos.» Si nos sentimos así, debemos superar este desánimo y convencernos de que somos capaces de estimar a los demás si consideramos diferentes razones.

Shantideva dijo que si nos esforzamos en cambiar el objeto de nuestra autoestima, no será difícil amar incluso a nuestros enemigos. Cuanto más familiarizados estemos con esta práctica, más fácil nos resultará. Podemos comprobar por propia experiencia que hay personas que en el pasado no se toleraban y que ahora mantienen una gran amistad. Sus nombres, que antes no soportaban que fueran mencionados en su presencia, son una fuente de gran dicha para ambos, y en ocasiones hasta contraen matrimonio. En esta misma vida hemos tenido muchas experiencias similares.

De hecho, nos resulta bastante fácil cambiar el objeto de nuestra estima. En estos momentos hay algo que estimamos con mucha intensidad pero que en verdad pertenece a otras personas. ¿Qué es? Nuestro propio cuerpo. En realidad, este cuerpo no nos pertenece porque ha sido creado a partir de la unión del esperma de nuestro padre y del óvulo de nuestra madre. A pesar de que nuestro cuerpo fue producido a partir de los de nuestros padres, y por lo tanto les pertenece, lo consideramos como si fuera nuestro y lo estimamos como tal. ¿Por qué? Sólo porque estamos acostumbrados a ello. A juzgar por esto, si nos acostumbramos a los demás, los llegaremos a estimar también con el mismo afecto. Lo único que tenemos que hacer es cambiar el objeto de nuestra estimación, cosa que, de hecho, no dejamos de hacer en ningún momento. Tomemos como ejemplo a un monje novicio. Antes de tomar los votos de novicio, esta persona estimaba el cuerpo de un hombre laico, pero ahora estima el de un monje novicio, y cuando tome la ordenación completa estimará el de un monje totalmente ordenado. De manera similar, un joven estima su cuerpo de adolescente, pero cuando alcance los treinta años estimará el de un adulto, y cuando cumpla los ochenta el de un anciano de avanzada edad. De este modo, podemos comprobar que el objeto de observación de nuestra mente de autoestima cambia continuamente. El cuerpo que estimábamos ayer, hoy ya no existe. A pesar de que el continuo de nuestro cuerpo se mantiene, el cuerpo que estimamos en un momento determinado es diferente del cuerpo que estimamos al momento siguiente.

Nuestro cuerpo es como la casa en la que vivimos. Podemos habitar una casa por muchos años y decir que es nuestra, pero en realidad no nos pertenece. Aunque la hayamos comprado y pagado la hipoteca, cuando vayamos a morir tendremos que dejarla en manos de otros o regalársela a algún pariente. Si comprendemos esto, veremos que es posible dejar de considerar nuestro cuerpo como algo tan especial y tomar a los demás seres como nuestro objeto de estimación.

Solemos pensar: «Yo soy esto y lo otro», pero la persona de quien nos sentimos tan orgullosos cambia continuamente de identidad. Si comprendemos la impermanencia sutil, entenderemos con facilidad que el objeto de nuestra estima está cambiando en todo momento. Si es así, ¿por qué ha de sernos tan difícil dirigir nuestra estimación hacia los demás?

Yhe Tsongkhapa explicó que «nosotros» y «los demás» no somos diferentes de la misma manera en que lo son los colores amarillo y azul, sino que nos diferenciamos de la misma forma en que «esta montaña» es distinta de «aquella montaña». Si algo es de color amarillo, no puede ser percibido de forma correcta como si fuera azul, y viceversa. El objeto de la mente que aprehende de manera correcta el color amarillo y el de la que percibe de forma acertada el color azul son completamente diferentes, pero «esta montaña» sí que puede aprehenderse correctamente como «aquella montaña» y viceversa. Si subimos a la cima de una montaña y vemos otra, diremos que la montaña en la que nos encontramos es «esta montaña» y que la otra es «aquella montaña»; pero si descendemos y subimos a la otra montaña, «aquella montaña» se convertirá en «ésta», y «ésta» en «aquella».

La relación que existe entre «yo» y «los demás» es la misma que hay entre «esta montaña» y «aquella montaña». Podemos observar a una persona y estimarla como a nosotros mismos, como a nuestro yo. Para ello, descendemos de la montaña del yo y nos trasladamos a la montaña del otro. Si lo hacemos así, pondremos la montaña del yo en la lejanía de manera que desde nuestro punto de vista sea el objeto menos importante y el más alejado.

LA MANERA DE CAMBIARSE UNO MISMO POR LOS DEMÁS

Si conocemos las razones por las cuales debemos estimar a los demás y estamos seguros de poder hacerlo, tomaremos la firme resolución de cambiarnos por ellos y de esta forma nos resultará fácil realizar esta práctica.

En cada situación debemos aprovechar la oportunidad de adiestrar nuestra mente en la práctica de cambiarse uno mismo por los demás. Cuando no estemos meditando, nos encontraremos con muchas personas y nos parecerá que a unas es fácil quererlas mientras que a otras es casi imposible. No podemos esperar tener un éxito instantáneo, pero como se mencionó con anterioridad, tenemos que adiestrarnos de manera gradual, comenzando por aquellas que estén más cerca de nosotros y extendiendo poco a poco el ámbito de nuestra estimación por los demás para ir abarcando cada vez a un mayor número de personas. Tenemos que perseverar con paciencia, puesto que completar este adiestramiento puede llevarnos muchos años. Durante la meditación, tomamos a todos los seres sintientes como nuestro objeto de meditación y generamos una mente de amor hacia todos ellos. Debemos hacer este ejercicio numerosas veces, sin esperar que nuestra actitud hacia los demás vaya a cambiar en unas cuantas sesiones.

¿Cuál es la señal de que hemos completado nuestro adiestramiento? Hasta ahora, nos hemos dado mucha importancia a nosotros mismos y hemos descuidado a los demás mirándoles por encima del hombro. Cuando comprobemos que debido a la práctica de cambiarse uno mismo por los demás hemos invertido esta actitud de manera que, cuando veamos a otras personas sintamos amor hacia ellas de forma espontánea, ello indica que hemos alcanzado la realización de cambiarse uno mismo por los demás. Cuando hayamos logrado esta realización y veamos a alguien sufriendo, sentiremos que su dolor es tan insoportable como el nuestro, y cuando veamos a alguien que no es feliz, sentiremos amor deseando que disfrute de la felicidad imperecedera.

TOMAR Y DAR

Es fácil conseguir cambiarse uno mismo por los demás durante un breve período de tiempo, como unos minutos, unas horas o incluso unos días, pero lo que buscamos es alcanzar una experiencia duradera, una realización estable. Una vez que hayamos logrado familiarizarnos con la práctica de cambiarse uno mismo por los demás, podemos comenzar a adiestrarnos en la práctica de tomar y dar a fin de profundizar y estabilizar nuestra experiencia. El propósito principal de este ejercicio es mejorar nuestras mentes de compasión y de amor. Gracias a él también podremos transformar las adversidades que encontremos en nuestro camino espiritual y acumular grandes y poderosos méritos. Comenzamos tomando las penas y los sufrimientos de los demás, y luego les damos felicidad y bienestar. Seguimos este orden porque es difícil que una persona pueda disfrutar de felicidad mientras está atormentada por el sufrimiento.

TOMAR

Esta práctica está motivada por la compasión, el deseo de tomar sobre nosotros el sufrimiento, los miedos, las penas y las faltas de los demás. Podemos realizar este ejercicio de tomar de las dos maneras siguientes: tomando los sufrimientos de todos los seres de manera colectiva, o tomando los sufrimientos específicos de ciertos individuos o ciertos grupos de seres.

El primer método consiste en imaginar que estamos rodeados de todos los seres sintientes que habitan en los seis reinos y en reflexionar acerca de sus sufrimientos. De este modo generamos la mente de compasión pensando: «¡Qué maravilloso sería que todos los seres se liberasen de sus sufrimientos ahora mismo! ¡Voy a trabajar para lograrlo!» A continuación imaginamos que absorbemos en nuestro corazón, donde se concentra nuestra mente de autoestima, los sufrimientos de todos los seres sintientes en el aspecto de humo negro, y que al disolverse en este lugar destruye nuestra autoestima. Cuando hayamos absorbido todo el humo negro de los sufrimientos de los demás, pensamos: «Este humo negro ha destruido por completo mi mente de autoestima y todos los seres sintientes se han liberado de su sufrimiento. Sus cuerpos ahora son puros y sus mentes se han transformado en el gran gozo sin contaminar.» Entonces nos concentramos en este sentimiento en meditación de emplazamiento.

Para practicar de la segunda manera, realizamos diferentes rondas de meditación fijando nuestra atención en los sufrimientos de los seres de cada uno de los reinos de la existencia cíclica. Cuando hayamos terminado los seis ciclos de la meditación, imaginamos que todos los seres de los seis reinos han sido liberados por completo de toda clase de pesar. Sus cuerpos ahora son puros y sus mentes se han transformado en el gran gozo sin contaminar. Si lo deseamos, podemos realizar este ejercicio de tomar concentrándonos en una sola persona o en un determinado número de seres.

Es posible que algunas personas malentiendan el objetivo de la práctica de tomar y piensen: «Yo ya tengo suficiente con mi propio sufrimiento, no puedo tomar el de nadie más.» El propósito de este adiestramiento no es acumular una carga intolerable de sufrimiento, sino aumentar nuestra compasión, estabilizar nuestra experiencia de cambiarnos por los demás y acumular méritos. No podemos decir que como resultado directo de haber realizado esta práctica todos los seres vayan a liberarse de su sufrimiento, pero si realizamos esta meditación nuestra compasión aumentará con toda seguridad. Puesto que la compasión es la causa de la iluminación, podemos tener la certeza de que con la práctica de tomar creamos la causa para alcanzar esta meta algún día, y por consiguiente para ser realmente capaces de ayudar a los demás seres a lograr la liberación de su sufrimiento.

Si nos resulta difícil comenzar tomando los sufrimientos de los demás, podemos seguir el consejo que Gueshe Chekhaua da en su texto *Adiestramiento de la mente en siete puntos*, donde sugiere que comencemos tomando nuestro propio sufrimiento futuro. Es indudable que vamos a tener que experimentar envejecimiento, enfermedades, muerte y muchos otros infortunios en el futuro. Si ahora tomamos estos sufrimientos sobre nosotros, nos familiarizaremos lo suficiente con esta práctica como para tomar también los del prójimo. Además, de manera indirecta, nos estaremos liberando de nuestro sufrimiento venidero al crear la causa para eliminar nuestra mente de autoestima, la cual es la fuente de todos nuestros males. La práctica de tomar sobre nosotros mismos nuestro propio sufrimiento futuro puede realizarse con la motivación de purificar las propias faltas, de superar la mente de autoestima, o de ser capaces de tomar el dolor de los demás. Habiendo generado esta motivación, imaginamos nuestro sufrimiento futuro en el aspecto de humo negro que se absorbe y disuelve en el corazón, purificando el karma destructivo que nos hará sufrir en el futuro. Entonces pensamos: «Ahora me he liberado de mi sufrimiento futuro», y generamos un gran gozo. Debemos realizar este ejercicio repetidas veces.

La práctica de tomar el sufrimiento de los demás nos capacita para transformar las adversidades en el camino espiritual porque, cuando la realizamos, nuestras propias adversidades parecen relativamente insignificantes. Somos capaces de sobrellevarlas porque nos hemos adiestrado en soportar el sufrimiento de todos los seres. Si pensamos de esta manera, nuestras propias dificultades no nos parecerán grandes problemas y aceptaremos todas las situaciones que se nos presenten. Si realizamos la práctica de tomar con sinceridad, no nos deprimiremos con nuestros propios problemas. Cuando nos preocupamos sólo por nuestro propio bienestar, nos excitamos o deprimimos con facilidad. Con esta mente desequilibrada es difícil practicar el Dharma, pero si estimamos a los demás y tomamos sobre nosotros sus sufrimientos, seremos capaces de mantener un estado mental equilibrado respecto a nuestras circunstancias personales. De esta manera, podremos transformar las distracciones y otras circunstancias desfavorables en el camino espiritual.

DAR

Esta práctica se realiza con la motivación del amor desiderativo. De nuevo, visualizamos que estamos rodeados de todos los seres sintientes y pensamos: «Todos ellos desean felicidad pura, pero no la poseen. ¡Qué maravilloso sería que cada uno de ellos disfrutara de una felicidad pura! ¡Voy a trabajar para conseguirlo!» Imaginamos que nuestro cuerpo se transforma en una joya que colma todos los deseos y que irradia luz en todas direcciones, la cual alcanza a todos y cada uno de los seres sintientes. Esta luz llega hasta los seres de los infiernos calientes en forma de agua refrescante, y hasta los seres de los infiernos fríos en forma de calor del sol; los espíritus ávidos la reciben como bebida y alimentos nutritivos; los seres humanos, como los objetos que desean; y los dioses, como los objetos que deleitan sus cincos sentidos. De esta manera, imaginamos que beneficiamos a todos los seres de los seis reinos. Cuando hayamos completado esta visualización, pensamos: «Ahora todos los seres experimentan gozo y satisfacción», y nos concentramos en este pensamiento en meditación de emplazamiento.

Cuando alcancemos realizaciones elevadas, seremos capaces de emanar todo aquello que los demás deseen. La práctica de dar nutre nuestros potenciales para desarrollar dichos poderes y actúa como causa para que en el futuro seamos capaces de dar verdadera felicidad a los demás. Si realizamos esta meditación a diario, generaremos un sentimiento cálido y afectuoso hacia las personas con las que nos encontremos. Finalmente, desarrollaremos las mentes de amor, compasión y bodhichita de manera espontánea. Para ser un Bodhisatva no necesitamos otras cualidades. No tenemos que tener una buena apariencia física, vestirnos de manera elegante, ni ser diferentes de ninguna otra forma. Los Bodhisatvas puede que tengan un aspecto ordinario, pero poseen en su interior un entendimiento profundo y extraordinario.

Al final de cada sesión de la práctica de tomar y dar, dedicamos los méritos creados para que todos los seres puedan liberarse de sus sufrimientos y dificultades, y para que encuentren la felicidad y la paz imperecederas. Durante el descanso de la meditación, debemos mantener el deseo de practicar el tomar y dar, e intentar aceptar las dificultades y ofrecer tanta felicidad a los demás como nos sea posible. Mientras efectuamos nuestras actividades diarias, puede servirnos de ayuda el recitar unos versos que nos recuerden esta práctica. Hay una pequeña estrofa de Nagaryhuna que dice:

Que todas sus acciones perjudiciales maduren en mí
y todas mis virtudes en ellos.

O podemos recitar la siguiente estrofa del texto de Gueshe Langri Tangpa titulado *Ocho versos del adiestramiento de la mente*:

Pueda aceptar la derrota
y ofrecer la victoria a los demás.

O la siguiente estrofa extraída de la *Ofrenda al Guía Espiritual*:

Por tanto, ¡oh Compasivo y venerable Guru!, ruego tus bendiciones
para que todo el sufrimiento, las faltas y obstrucciones de los maternales seres sintientes
maduren ahora mismo en mí;
y que, al dar mi dicha y virtudes a los demás,
todos los seres migratorios disfruten de felicidad.

Cuando vayamos a meditar en tomar y dar, podemos recitar con sinceridad estas estrofas a modo de·preparación, después de que hayamos visualizado el Campo de Méritos y hayamos realizado el ofrecimiento del mandala.

La práctica de tomar y dar es parecida a la del mantra secreto llamada «traer el resultado al camino», y hace madurar con rapidez nuestro potencial de alcanzar la Budeidad. Cuando realicemos la práctica de tomar, imaginamos que hemos purificado el mundo y las mentes de todos los seres sintientes. Cuando realicemos la de dar, imaginamos que hemos dotado al mundo y a todos los seres sintientes de las mejores cualidades. El ejercitarnos de esta manera nos ayudará a superar las apariencias ordinarias. Desde este punto de vista, las prácticas de tomar y dar son también similares a las del mantra secreto, y ésta es otra de las razones por las que estas instrucciones reciben el nombre de «Dharma secreto».

Aquellas personas que tengan cierta experiencia en esta práctica pueden efectuarla combinándola con la respiración. Con la motivación de amor y compasión, al aspirar suavemente imaginamos que tomamos sobre nosotros los sufrimientos y las obstrucciones de los demás, y al exhalar el aire con suavidad pensamos que ofrecemos nuestra felicidad y nuestras acciones virtuosas a todos los seres. La persona que se adiestra de esta manera no desperdicia ni un solo respiro. Es una práctica muy poderosa porque la mente y la respiración están íntimamente relacionadas.

Yhe Tsongkhapa poseía una gran destreza en la práctica de tomar y dar. Su discípulo Khedrubyhe le dijo:

«¡Oh Protector!, si sólo con tu respiración beneficias a infinitos seres migratorios, ¿qué necesidad hay de mencionar lo diestras y compasivas que son el resto de tus obras?»

Cuando hayamos practicado las dos maneras de generar la mente de bodhichita, por medio de las meditaciones en las siete causas y un efecto y en la de cambiarse uno mismo por los demás, podemos combinar estas dos prácticas en un ciclo de once meditaciones:

(1) Ecuanimidad.
(2) Reconocimiento de que todos los seres son nuestras madres.
(3) Aprecio de la bondad pasada y presente de todos los seres.
(4) Deseo de corresponder a la bondad de los maternales seres sintientes.

(5) Igualarse uno mismo con los demás.
(6) Los peligros de la autoestima.
(7) Los beneficios de estimar a los demás.
(8) Cambiarse uno mismo por los demás con la práctica de tomar.
(9) Cambiarse uno mismo por los demás con la práctica de dar.
(10) Intención superior.
(11) Bodhichita.

MANTENIMIENTO DE LA MENTE DE BODHICHITA POR MEDIO DEL RITUAL

Consta de dos partes:

1 Mantenimiento de la bodhichita aspirante por medio del ritual.
2 Mantenimiento de la bodhichita comprometida por medio del ritual.

MANTENIMIENTO DE LA BODHICHITA ASPIRANTE POR MEDIO DEL RITUAL

Cuando cada uno de los mil Budas generaron por primera vez la preciosa mente de bodhichita, al hacerlo ofrecieron diferentes sustancias al Campo de Méritos. La primera vez que Buda Shakyamuni, el cuarto de los mil Budas, generó la mente de bodhichita, fue en una de sus vidas pasadas en la que había nacido como el hijo de un brahmin. El Buda que enseñaba la doctrina en aquella época se llamaba Tathagata Shakya Mahamuni. El futuro Buda llenó de manjares un cuenco de mendicante, generó la mente de bodhichita y se lo ofreció a Tathagata Shakya Mahamuni, pensando: «¡Ojalá pueda alcanzar la iluminación para beneficiar a todos los seres sintientes!» Entonces, Tathagata Shakya Mahamuni predijo que este hijo de un brahmin pronto se convertiría en un Buda que se llamaría «Shakyamuni», e hizo acerca de él quince predicciones que, posteriormente, se convirtieron en realidad. Anunciaban entre otras cosas el lugar donde el Príncipe

Sidharta renacería, las cualidades de sus padres, el lugar donde alcanzaría la iluminación, el número de discípulos que congregaría, etc.

La bodhichita aspirante se mantiene por medio del ritual al tomar los preceptos de dicha bodhichita. Para ello, generamos primero la mente de bodhichita, ya sea de manera espontánea o artificial. Podemos realizar esta promesa ante la presencia de nuestro Guía Espiritual, ante una imagen o cualquier otra representación de Buda, o simplemente visualizando a todos los Budas en el espacio ante nosotros. Comenzamos ofreciendo la oración de la siete ramas y el mandala. A continuación, nos refugiamos en las Tres Joyas, generamos la mente de bodhichita, y tomamos los preceptos recitando las oraciones siguientes:

Yo y todos los seres sintientes nos refugiamos en Buda,
el Dharma y la Sangha
hasta que alcancemos la iluminación.
Que por los méritos que acumule con la práctica de la
* generosidad y otras perfecciones,*
alcance el estado de Buda para poder beneficiar a todos los
* seres sintientes.   (x3)*

Desde este momento hasta que alcance el estado de un
* Buda*
voy a guardar, aunque me cueste la vida,
la mente que desea alcanzar la iluminación completa
para liberar a todos los seres de los miedos de la existencia
* cíclica y de la paz solitaria.   (x3)*

Cuando tomamos los preceptos ante la presencia de nuestro Guía Espiritual, hemos de repetir estos dos versos después de él. Cuando los tomamos ante una imagen de Buda o ante la asamblea visualizada de Budas, imaginamos que repetimos las oraciones después de Buda. Cuando hayamos tomado los preceptos, debemos considerarlos como nuestra práctica diaria.

Los ocho preceptos son:

(1) Recordar los beneficios de la bodhichita seis veces al día.
(2) Generar la mente de bodhichita seis veces al día.
(3) No abandonar a ningún ser sintiente.
(4) Acumular mérito y sabiduría.
(5) No mentir o engañar a nuestros Instructores o Guías Espirituales.
(6) No hacer que otros se arrepientan de sus buenas obras.
(7) No criticar a aquellos que han entrado en el camino mahayana.
(8) No pretender poseer cualidades o esconder nuestras faltas sin una intención pura y especial.

Guardando los cuatro primeros preceptos prevenimos que nuestra bodhichita degenere en esta vida, y guardando los cuatro últimos evitamos que lo haga en las vidas futuras.

MANTENIMIENTO DE LA BODHICHITA COMPROMETIDA POR MEDIO DEL RITUAL

Para mantener la bodhichita comprometida por medio del ritual hemos de tomar los votos del Bodhisatva. La primera vez que lo hacemos debemos recibirlos directamente de un Guía Espiritual cualificado. Una vez que los hayamos recibido, los podemos volver a tomar por nosotros mismos cuando lo deseemos y tantas veces como queramos. Para hacerlo, visualizamos el Campo de Méritos y repetimos tres veces la promesa de mantener la disciplina moral de un Bodhisatva, evitando las caídas de los votos a través de la práctica de las seis perfecciones. Podemos renovar o reforzar nuestra promesa recitando la siguiente oración tres veces:

¡Oh Gurus, Budas y Bodhisatvas!,
por favor, escuchad lo que os voy a decir:
Al igual que los Sugatas del pasado
generaron la mente de la iluminación
y realizaron todas las etapas
del adiestramiento del Bodhisatva,

del mismo modo, para el beneficio de todos los seres,
voy a generar la mente de la iluminación
y voy a realizar todas las etapas
del adiestramiento del Bodhisatva.

Al finalizar la tercera recitación debemos pensar que, de este modo, hemos estabilizado y mejorado nuestros votos del Bodhisatva.

Yhe Tsongkhapa

Yhampel Gyatso *Khedrubyhe*

Las obras del Bodhisatva

LA MANERA DE EFECTUAR LAS OBRAS DEL BODHISATVA

Una vez que hayamos generado la mente de bodhichita y tomado los votos del Bodhisatva, comenzamos a efectuar las obras propias de este gran ser. El guardar los votos del Bodhisatva es la base del adiestramiento en las obras del Bodhisatva. Este adiestramiento consiste en la práctica de las seis perfecciones, la cual constituye el camino hacia la iluminación. Si deseamos alcanzar la iluminación pero no llevamos a cabo estas acciones, somos como el que desea ir a la India pero nunca emprende el viaje.

En el *Sutra conciso de la perfección de la sabiduría* se dice que todos los Budas del pasado, del presente y del futuro, practicaron las seis perfecciones, las cuales constituyen el camino principal hacia la iluminación. Todas las prácticas mahayanas del sutra y del tantra están comprendidas en las seis perfecciones. Son adiestramientos exclusivos de los Bodhisatvas porque se realizan con la motivación de bodhichita. Toda acción de generosidad que no esté motivada por la bodhichita, no constituye un acto de la perfección de la generosidad. De manera semejante, cualquier práctica de disciplina moral, de paciencia, de esfuerzo, de estabilización mental o sabiduría, no es una de las perfecciones a no ser que se realice con la motivación de bodhichita.

El propósito principal de la práctica de las seis perfecciones es completar las acumulaciones de méritos y de sabiduría. Los cuerpos impuros de los seres ordinarios son el producto de causas impuras –las acciones contaminadas y las perturbaciones mentales–, pero los cuerpos puros de un Buda surgen de las acumulaciones de méritos y de sabiduría. Con las prácticas de las cinco primeras perfecciones se completa la acumulación de méritos, y por medio del ejercicio de la sexta perfección –la de la sabiduría–, la acumulación de sabiduría. La acumulación de méritos constituye la causa principal del Cuerpo de la Forma de un Buda, y la de sabiduría, la del Cuerpo de la Verdad de un Buda.

La manera de efectuar las obras del Bodhisatva se explica en dos apartados:

1 Adiestramiento en las seis perfecciones para lograr el pleno desarrollo de nuestro continuo mental.
2 Adiestramiento en las cuatro maneras de reunir discípulos para lograr el pleno desarrollo del continuo mental de los demás.

ADIESTRAMIENTO EN LAS SEIS PERFECCIONES PARA LOGRAR EL PLENO DESARROLLO DE NUESTRO CONTINUO MENTAL

Este apartado consta de cuatro partes:

1 Las seis perfecciones en general.
2 Las perfecciones de la estabilización mental y de la sabiduría en particular.
3 La manera de avanzar por los planos espirituales una vez obtenida la unión de la permanencia apacible y la visión superior.
4 Adiestramiento en el camino vajrayana.

LAS SEIS PERFECCIONES EN GENERAL

Las incontables obras del Bodhisatva están comprendidas en las seis perfecciones siguientes:

1 La perfección de la generosidad.
2 La perfección de la disciplina moral.
3 La perfección de la paciencia.
4 La perfección del esfuerzo.
5 La perfección de la estabilización mental.
6 La perfección de la sabiduría.

LA PERFECCIÓN DE LA GENEROSIDAD

La generosidad es la decisión mental virtuosa de dar, o la acción física o verbal de dar, motivada por un estado mental virtuoso. Toda acción de dar que esté motivada por la bodhichita constituye un acto de la perfección de la generosidad. Hay tres clases de generosidad:

(1) Dar ayuda material.
(2) Dar Dharma.
(3) Dar protección.

DAR AYUDA MATERIAL

Es el pensamiento virtuoso de regalar nuestros bienes, nuestros disfrutes o nuestro cuerpo. Es imposible que generemos el deseo de ofrecer nuestro cuerpo si somos incapaces de desarrollar el deseo de dar nuestros bienes y disfrutes. Por lo tanto, lo primero que tenemos que hacer es adiestrarnos en regalar nuestras pertenencias.

Para practicar la generosidad de dar nuestros bienes, primero hemos de contemplar los beneficios de esta acción y las desventajas de la avaricia a fin de desarrollar el deseo de hacerlo. Luego, debemos emprender la práctica en sí de dar nuestras posesiones a los demás. Realizamos la siguiente reflexión:

Si no practico la generosidad ahora, en mis vidas futuras seré pobre y no podré ofrecer ayuda material a los demás y, en consecuencia, no podré crear la causa para obtener riquezas en el futuro. En las vidas venideras estaré confinado a vivir en la pobreza. Así pues, no importa si en esta vida me quedo con pocas cosas y regalo el resto a los demás, porque de este modo estableceré la causa para recibir bienes en abundancia en el futuro.

Cuando nos vamos de vacaciones, nos aseguramos de llevar dinero suficiente para que nos dure hasta el final, pero es mucho más importante que nos cercioremos de que en nuestro viaje a las vidas futuras tengamos suficiente virtud para disponer de todo lo que necesitemos. Nuestra práctica de la generosidad es el mejor seguro para no ser pobres en el futuro. Si tenemos mucho apego a nuestros bienes, debemos recordar lo que Buda dice en el *Sutra conciso de la perfección de la sabiduría*, que «los avaros renacen en el reino de los espíritus ávidos y, aunque lo hagan en el reino humano, viven en la miseria». Realicemos ahora la siguiente reflexión:

En vidas pasadas tuve una gran riqueza. Muchas veces disfruté de la opulencia de un rey y de las grandes riquezas de poderosos dioses como Brahma. Si reuniera todos mis bienes del pasado llenarían toda la tierra, pero ahora no puedo utilizar ni el más pequeño de los objetos de que dispuse en el pasado. Si ahora no regalo mis posesiones, tendré que dejar que otras personas se las apropien cuando muera y, entonces, no sólo no recibiré los beneficios de haberlas dado de manera altruista, sino que también tendré que sufrir el penoso resultado de mi avaricia –el estar sometido en el futuro y de manera reiterada a la miseria–. El aferrarme a las cosas que poseo no me aporta ningún beneficio porque todas ellas son impermanentes, decaen y puedo perderlas. Mis bienes carecen de valor alguno por sí mismos, pero cuando los ofrezco a otras personas cobran un gran valor. De este modo se convierten en los medios para lograr la felicidad duradera.

La cantidad de méritos que acumulemos por medio de la práctica de dar depende de muchos factores. Uno de ellos que es de gran importancia es el objeto al cual ofrecemos el obsequio. De entre todos los objetos a los que podemos dar, con el que se crean más méritos es los Budas. Otros objetos de especial poder son nuestros Guías Espirituales, nuestros padres y los necesitados.

Aunque no tengamos muchas posesiones para regalar siempre podemos practicar este tipo de generosidad. Por ejemplo, podemos dar unas migajas de pan a las hormigas, a los pájaros y a los peces, o podemos ofrecer agua fresca a los Budas. Al hacer grandes obsequios o de mucho valor no siempre acumulamos más méritos que cuando son pequeños, porque la fuerza de nuestra motivación virtuosa es otro de los factores de gran importancia que determina el mérito que creamos con nuestros actos de generosidad. Si, por ejemplo, damos una migaja a una hormiga con una compasión muy pura, acumularemos más mérito con esta pequeña acción que regalando un diamante a un amigo sintiendo orgullo de hacerlo. Si después de haber realizado un acto de generosidad tenemos un sentimiento de pérdida o nos arrepentimos de haberlo hecho, esta acción tendrá un menor efecto. El arrepentimiento despoja a la acción de todo su poder.

Algunas acciones, aunque puedan parecer actos de generosidad, en realidad carecen de todo mérito y algunas de ellas como, por ejemplo, el dar con una mala motivación, son incluso perjudiciales. Este tipo de acciones no son en realidad auténticos actos de generosidad, porque para serlo han de estar motivadas por un estado mental virtuoso. Cuando las naciones más poderosas proveen a otras menos desarrolladas de armas o les envían ayuda material, lo hacen por motivos de orgullo o de poder con el deseo de dominar y controlar a esos países, o para incrementar su reputación. Estas acciones no son verdaderos actos de caridad. Cuando damos algo, nuestra mente ha de estar libre de intensas perturbaciones mentales tales como el orgullo y el apego, y debemos tener una intención beneficiosa. La bodhichita es la motivación suprema. Si damos unas migajas de pan a un insecto con la motivación de bodhichita, constituye un acto de la perfección de la generosidad.

Cuando nos hayamos acostumbrado a dar nuestros bienes, podemos poner en práctica el dar nuestro cuerpo. En el texto *Compendio de prácticas*, Shantideva explica cuatro maneras de practicar la generosidad con nuestro cuerpo:

(1) Ofrecimiento.
(2) Protección.
(3) Purificación.
(4) Incremento.

OFRECIMIENTO

Antes de poder dar nuestro cuerpo tenemos que reunir las condiciones apropiadas. Para ello, no debe haber obstáculos y hemos de poseer la habilidad de darlo con una motivación pura de compasión. También es importante que la persona a la cual demos nuestro cuerpo vaya a recibir un gran beneficio de nuestra acción.

PROTECCIÓN

Esta manera de practicar generosidad con nuestro cuerpo se refiere a mantenerlo y protegerlo cuando las condiciones para ofrecerlo no sean apropiadas. Si no somos capaces de dar nuestro cuerpo con una compasión perfecta, tenemos obstáculos, o la persona a quien se lo vamos a dar no va a recibir grandes beneficios de ello, no debemos hacerlo. Mientras no sea el momento adecuado de dar nuestro cuerpo, debemos cuidarlo, porque de esta manera beneficiaremos en mayor medida a los demás. Puesto que con este cuerpo podemos alcanzar la iluminación, debemos hacer todo lo que podamos para protegerlo cuando esté en peligro. Cuando los Bodhisatvas cuidan su cuerpo de esta forma, no lo hacen debido a su autoestima, sino porque aman tanto a los demás que desean utilizar su propio cuerpo para beneficiarlos de la mejor manera posible. Shantideva dijo que sin una compasión pura no deberíamos ofrecer nuestro cuerpo, porque este acto no nos beneficiaría ni a nosotros mismos ni a los demás. Por lo tanto, hasta que llegue el momento adecuado de dar nuestro cuerpo, debemos practicar la generosidad de mantenerlo y cuidarlo.

PURIFICACIÓN

Este ejercicio de generosidad consiste en utilizar nuestro cuerpo, mientras lo mantenemos y protegemos, para efectuar sólo buenas obras y abstenernos de cometer acciones perjudiciales. La purificación de nuestro cuerpo se produce al dejar de cometer con él cualquier acción indebida.

INCREMENTO

El incremento consiste en utilizar nuestro cuerpo, mientras lo mantenemos y protegemos, para aumentar las causas que nos hagan obtener un renacimiento humano dotado de los ocho atributos especiales. No debemos ofrecer nuestro cuerpo hasta que hayamos acumulado numerosas causas para lograr este tipo tan afortunado de existencia humana.

Estas cuatro maneras de adiestrarnos en la generosidad pueden aplicarse también a la práctica de dar nuestros bienes. Debemos dar nuestras posesiones sólo en el momento adecuado, es decir, cuando ello no vaya a ocasionar ningún obstáculo contra nuestra práctica espiritual o vaya a poner en peligro nuestra vida, y cuando la persona a quien ofrecemos nuestra donación vaya a recibir un gran beneficio de ello. De otro modo, no debemos regalar nuestros bienes aunque nos lo pidan. Por ejemplo, si creemos que nuestro obsequio va a perjudicar a otros, no debemos ofrecerlo. Tenemos que considerar todas las implicaciones de nuestra acción y el modo en que puede afectar a otras personas aparte de la que lo recibe. También debemos conservar aquellos objetos que necesitamos para nuestra práctica de Dharma. Si los diéramos, de manera indirecta estaríamos perjudicando a los demás porque crearíamos más obstáculos en nuestro progreso hacia la iluminación. Un ejemplo de este tipo de caridad impropia sería dar nuestros libros de Dharma a una persona que no esté interesada en ellos. También sería un error dar dinero a alguien que posee una riqueza mayor que la nuestra y que no tiene necesidad de ello. Debemos guardar nuestras posesiones hasta encontrar a alguien que las necesite de verdad, u ofrecerlas a los Budas o a la Sangha.

Es imposible averiguar si una persona practica la generosidad o no teniendo en cuenta sólo sus posesiones. Tomemos a Marpa como ejemplo. Gracias a que reunió muchos objetos y los conservó, finalmente pudo cambiarlos por oro y acumular así una gran fortuna. Con este dinero viajó a la India y recibió enseñanzas de muchos Guías Espirituales. Cuando se le hubo terminado el dinero regresó al Tíbet empobrecido, pero con una gran riqueza de textos de Dharma. Y esto lo hizo varias veces. Su verdadero propósito para acumular tantas riquezas era el poder beneficiar a los demás, porque sabía que los tibetanos tenían una gran necesidad de aprender el Dharma. Cuando la gente le veía trabajar en el campo, en realidad estaba practicando la generosidad de la protección. Después practicaría el ofrecimiento. Finalmente, lo dio todo por la causa del Budadharma. Si hubiera regalado todo lo que poseía en vez de guardarlo, nunca habría tenido la oportunidad de proporcionar un beneficio tan grande a tantos seres sintientes. Hoy día, todavía muchos seres reciben los beneficios de la práctica de proteger sus bienes que realizó Marpa.

Es posible que pensemos que hay ciertas cosas que se pueden regalar en cualquier momento, porque el hacerlo nunca va a perjudicar nuestro adiestramiento espiritual ni va a dañar a nadie. Así como un buen hombre de negocios utiliza lo que posee de la mejor manera posible para obtener el máximo beneficio, nosotros también deberíamos practicar la generosidad de la forma en que nos aportase una mayor ventaja espiritual tanto para nosotros mismos como para los demás.

Mediante las prácticas de purificación e incremento aplicadas a dar nuestros bienes, prevenimos el uso de nuestras posesiones para la comisión de acciones perjudiciales, de manera que las utilizamos sólo para efectuar buenas obras. Debemos usar nuestros recursos y riquezas para crear las causas de disponer de mayores recursos en las vidas futuras y para beneficiar a los demás.

DAR DHARMA

Hay muchas maneras de dar Dharma. Si ofrecemos una sola palabra de Dharma con una buena motivación, estamos practicando esta virtud. Cuando recitamos mantras al oído de una animal, o dedicamos nuestras virtudes para que todos los seres disfruten de paz y de felicidad, también estamos dando Dharma. Si con una buena motivación enseñamos un solo verso de Dharma puro a una persona, esta acción es mucho más beneficiosa que regalarle objetos materiales, porque éstos sólo lo ayudarán en esta vida, mientras que el obsequio del Dharma lo asistirá tanto en esta vida como en las futuras.

DAR PROTECCIÓN

Esta práctica de dar consiste en proteger a cualquier ser del miedo o del peligro. Ejemplos de ello serían rescatar a alguien del fuego, asistir a los que sufren en desastres naturales, ayudar a alguien que está siendo sometido a violencia física, o salvar a algún animal que se está ahogando en el agua o que haya caído en una trampa. Si no tenemos la oportunidad de rescatar a los que se encuentran en peligro, aún podemos protegerles con nuestras oraciones y dedicando nuestras ofrendas para que se liberen de todo mal. También podemos practicar la generosidad de dar protección rezando para que los demás se liberen de sus perturbaciones mentales, especialmente del aferramiento propio, la raíz de todos los temores.

LA PERFECCIÓN DE LA DISCIPLINA MORAL

La disciplina moral es el pensamiento virtuoso de abandonar cualquier falta, o la acción física o verbal motivada por dicho pensamiento. La perfección de la disciplina moral comprende toda conducta moral ejercida con la motivación de bodhichita. La disciplina moral puede ser de tres clases:

(1) La disciplina moral de la abstención.
(2) La disciplina moral de acumular Dharmas virtuosos.
(3) La disciplina moral de beneficiar a los seres sintientes.

LA DISCIPLINA MORAL DE LA ABSTENCIÓN

Esta disciplina moral consiste en dejar de cometer acciones perjudiciales. Para practicarla tenemos que reconocer los peligros de efectuar acciones destructivas, tomar un voto o hacer la promesa de no volverlas a cometer, y mantenerlo. Por lo tanto, no se puede decir que estemos practicando la disciplina moral de la abstención si de manera inconsciente no cometemos acciones perjudiciales, puesto que hasta un bebé es capaz de hacerlo.

La disciplina moral de la abstención comprende toda conducta moral que constituya un medio para evitar o superar las faltas mentales o las acciones físicas o verbales indebidas. Si, por ejemplo, conocemos los peligros de las diez acciones perjudiciales, prometemos no volver a cometerlas y cumplimos nuestra promesa, estamos practicando la disciplina moral de la abstención.

Para tomar los votos no es necesario hacerlo en presencia de nuestro Guía Espiritual o visualizar el Campo de Méritos ante nosotros, podemos tomarlos por nuestra cuenta, reconociendo las faltas de las acciones que estamos decididos a abandonar y prometiendo abstenernos de cometerlas durante todo el tiempo que podamos. Cuando hacemos una promesa o tomamos un voto, debemos ser hábiles en decidir el límite de tiempo en que vamos a guardarlo. Aunque hagamos la promesa de dejar de cometer una sola acción perjudicial por un breve período de tiempo, prometiendo, por ejemplo, no matar durante una semana, y la guardamos, estamos practicando la disciplina moral de la abstención. No obstante, a medida que aumente nuestra capacidad de abstención, debemos ir incrementando de manera gradual el período de tiempo que nos vamos fijando, y prometer también abandonar otras acciones indebidas.

Si tomamos los votos del Bodhisatva, debemos procurar mantenerlos de manera constante hasta que alcancemos la iluminación. Para lograr nuestro deseo de alcanzar el estado de la Budeidad con rapidez para el beneficio de los demás, tenemos que superar nuestras faltas lo antes posible. El objeto principal que los Bodhisatvas han de abandonar es la intención de trabajar sólo por su propio beneficio. Reconocen con claridad los peligros de la autoestima y el hecho de que esta mente egoísta es el mayor obstáculo para desarrollar la bodhichita y alcanzar la iluminación. En el *Sutra conciso de la perfección de la sabiduría* se dice que la disciplina moral de los Bodhisatvas no degenera aunque disfruten de hermosos objetos, sonidos melodiosos, sabores exquisitos y otros objetos de los sentidos, pero que en el momento en que se preocupan sólo por su propio bienestar, no sólo degenera su disciplina moral sino también su mente de bodhichita. Si generamos la mente de bodhichita y más tarde pensamos que es mejor aspirar sólo a alcanzar la propia liberación, quebrantamos uno de los votos raíz del Bodhisatva además de la disciplina moral de la abstención.

Todas las acciones que realizamos con la motivación de bodhichita son virtuosas, porque esta preciosa mente elimina la autoestima, la raíz de todas las acciones perjudiciales. Incluso si un Bodhisatva mata a otro ser, su acción no es perjudicial, porque la realiza con el único objetivo de beneficiar a los demás. A pesar de que muchos se lo recriminen, cuando el Bodhisatva realiza este tipo de acciones no crea karma destructivo, porque su bodhichita asegura que todas sus obras son virtuosas.

LA DISCIPLINA MORAL DE ACUMULAR DHARMAS VIRTUOSOS

Esta moralidad comprende prácticas tales como la disciplina moral de adiestrarse con sinceridad en las seis perfecciones y la de realizar las diez actividades de Dharma. Éstas últimas son: componer libros de Dharma, leer libros de Dharma, memorizar textos de Dharma, recitar textos de Dharma, hacer ofrecimientos al Dharma, regalar libros de Dharma, explicar el significado del Dharma, escuchar el Dharma, contemplar el significado del Dharma y meditar en el significado del Dharma. Cuando escuchamos y leemos el Dharma nunca perdemos el tiempo, aunque no comprendamos su significado, porque estas acciones graban potenciales muy virtuosos en nuestra mente.

LA DISCIPLINA MORAL DE BENEFICIAR A LOS SERES SINTIENTES

Es la disciplina moral de ayudar a los demás en lo que nos sea posible. Si no nos es posible ayudarles de una forma práctica, al menos podemos rezar por ellos y mantener de manera constante la intención de hacerlo en cuanto surja la ocasión. Arya Asanga dijo que hay once acciones con las que podemos ayudar a los demás:

(1) Aliviar el sufrimiento de los demás y ofrecerles ayuda en su trabajo.

(2) Enseñar a otros la mejor manera de efectuar una tarea cuando no saben cómo hacerla. Podemos instruirles en ciencias mundanas, como por ejemplo, enseñarles a leer y a escribir; u ofrecerles instrucciones espirituales, como por ejemplo, enseñarles a meditar.

(3) Corresponder a la bondad que hemos recibido. Si no podemos hacer nada para corresponder a alguien que nos ha ayudado, al menos podemos recordar su bondad y ofrecerle nuestros respetos.

(4) Eliminar los peligros que amenazan a los seres y las causas de sus temores. Si no podemos hacer nada de manera práctica, al menos podemos rezar por ellos.

(5) Consolar a los que sufren. Si, por ejemplo, alguien se ve forzado a separarse de sus familiares o pierde su empleo, o no se cumplen sus esperanzas, podemos intentar aliviar su desdicha y ofrecerle un buen consejo.

(6) Dar ayuda material a los necesitados.

(7) Ayudar a los que tienen problemas provocados por fuertes perturbaciones mentales tales como el odio o el apego.

(8) Ayudar a los demás conforme a sus creencias y costumbres. Cuando ofrecemos nuestra ayuda a alguien, hemos de hacerlo con tacto y delicadeza. Debemos comprender lo que esa persona está experimentando y cuál es su punto de vista, para poder así brindarle la ayuda que le sea más útil

y de una forma en que la pueda aceptar. Si rechazamos sus principios y creencias o no tenemos en cuenta su carácter y sus circunstancias personales, no podremos ayudarla. Tenemos que comportarnos de una manera que la otra persona pueda aceptar, para que así se sienta a gusto. Debemos tener una cierta flexibilidad mental además de una conducta flexible. Por ejemplo, aunque no tengamos la costumbre de beber, puede ser que en ciertas ocasiones sea beneficioso acompañar a alguien a un bar y hacerle compañía. Puesto que los Bodhisatvas poseen una gran compasión, están dispuestos a hacer lo que sea necesario para ayudar a los demás. De hecho, los Bodhisatvas hacen todo lo posible para hacer felices a las personas con las que se encuentran, porque cuando alguien está contento, su mente es más receptiva y está más abierta a recibir consejos e inspiración a través del buen ejemplo. Para influir en los demás, no debemos oponernos a ellos, atemorizarlos o hacer que se sientan incómodos. Así como una madre juega con su pequeño para que esté contento, aunque a ella no le interese el juego, el Bodhisatva también intenta complacer a los demás para hacerles felices y disponer de la oportunidad de poder ayudarles.

Hace tiempo, había una mujer que acababa de dar a luz a una niña y tenía miedo de perder a su bebé porque ya había tenido un hijo que había muerto en su infancia. La mujer fue a buscar consuelo en su madre, la cual le dijo que si dejaba la niña al cuidado de Gueshe Langri Tangpa, seguro que no moriría. Más tarde la pequeña enfermó y la madre la llevó a que Gueshe Langri Tangpa la viera; pero cuando llegó, encontró al Maestro sentado en el trono impartiendo enseñanzas a un millar de discípulos. La mujer empezó a preocuparse de que su bebé fuese a morir antes de que el discurso terminara. Sabía que Gueshe Langri Tangpa era un Bodhisatva y que sería paciente con ella, así que se acercó al trono y, en voz alta y desafiante, le dijo: «¡Aquí está tu hija! ¡Ocúpate de ella!» Se dio la vuelta y dijo a la audiencia: «Él es el padre de la niña.» Luego, volviendo a mirar a Gueshe Langri Tangpa, le rogó con dulzura: «Por favor, no la dejes morir.» Gueshe Langri Tangpa simplemente inclinó la cabeza en señal de aceptación. Como si fuera en verdad el padre de la criatura, la arropó con ternura entre sus hábitos, y continuó su discurso. Sus discípulos, atónitos, le preguntaron: «¿Eres de verdad el padre de esta niña?» Sabiendo que si lo negaba pensarían que la mujer estaba loca y la pondrían en ridículo, Gueshe Langri Tangpa asintió. A pesar de que era un monje, Gueshe Langri Tangpa se comportó como un verdadero padre con la pequeña, disfrutaba con ella y la cuidaba con cariño. Al cabo de un tiempo, la madre volvió para ver cómo estaba su hija. Al comprobar lo bien que se encontraba, preguntó a Gueshe Langri Tangpa si podía llevársela. El Gueshe entonces devolvió la niña a la madre. Cuando los discípulos se dieron cuenta de lo que en realidad había ocurrido, exclamaron: «¡Al fin y al cabo tú no eres el padre!», y Gueshe Langri Tangpa repuso: «No, no lo soy.» De este modo, Gueshe Langri Tangpa respondió a las acciones de la mujer con una compasión pura y se comportó adaptándose a las necesidades de la situación.

(9) Beneficiar a aquellos que han entrado en los caminos espirituales correctos, elogiándoles y animándoles, mostrándoles respeto y ayudándoles en lo posible para que continúen su práctica.

(10) Beneficiar a aquellos que han entrado en los caminos espirituales incorrectos, ayudándoles a ver su error y asistiéndoles para que entren en el sendero espiritual correcto. Debemos conversar con aquellas personas que tienen creencias erróneas e intentar hacerles ver que sus teorías son falsas.

(11) Ayudar a los demás haciendo uso de cualquier poder sobrenatural o psíquico que tengamos. Maudgalyanaputra ayudó con sus poderes sobrenaturales a que Nanda superase su apego. Un buen día, Maudgalyanaputra invitó a Nanda a dar un paseo por el bosque y, mientras caminaban, Maudgalyanaputra emanó mágicamente un reino infernal y se lo mostró a Nanda. Éste sintió tal espanto que su apego desapareció y, a partir de entonces, fue capaz de practicar el

Dharma con pureza y de desarrollar la realización de la renuncia. Si poseemos semejantes poderes, podemos utilizarlos para ayudar a aquellos que estén cometiendo acciones perjudiciales a que dejen de efectuarlas y desarrollen fe.

LA PERFECCIÓN DE LA PACIENCIA

La paciencia es una mente virtuosa capaz de tolerar cualquier daño o sufrimiento. Si se practica con la motivación de la bodhichita es la perfección de la paciencia. Con paciencia podemos soportar todo el daño que nos sea infligido, y podemos aceptar con facilidad las molestias y adversidades cotidianas. Si poseemos esta virtud, nada podrá turbar nuestra paz mental y nunca tendremos problemas. Debemos cultivar la paciencia aunque no tengamos interés en el desarrollo espiritual, pues sin ella seguiremos siendo vulnerables a la ansiedad, a la frustración y al desasosiego. Sin paciencia no es posible mantener relaciones armoniosas con los demás.

La paciencia es el oponente del odio, el destructor más poderoso de la virtud. Por propia experiencia podemos comprobar cuantísimo sufrimiento se deriva del odio. Nos impide juzgar las situaciones de un modo equilibrado y nos hace actuar de manera lamentable. El odio destruye nuestra paz mental y trastorna a todos los que nos rodean. Incluso aquellos que normalmente se sienten atraídos por nosotros, nos rehuyen cuando nos ven enfadados. El odio nos hace despreciar o insultar a nuestros propios padres y, cuando es muy intenso, nos puede llevar incluso a matar a los seres que amamos o hasta al suicidio. Por norma general, no somos capaces de soportar ni siquiera las molestias que produce una pequeña herida, pero nuestro odio nos hiere mucho más que cualquier lesión física.

Si nos preguntan: «¿Quién es el responsable de todas las guerras en las que muere tanta gente?», deberíamos responder que las causaron mentes llenas de odio. Si las diferentes naciones estuvieran constituidas por individuos pacíficos, que estimasen la paz, ¿cómo podrían estallar las guerras? El odio es el peor enemigo de todos. Nos ha perjudicado en el pasado, lo está haciendo ahora y, si no lo eliminamos por medio de la práctica de la paciencia, lo seguirá haciendo en el futuro. Desde tiempo sin principio nos ha perjudicado y nos ha hecho sufrir. Si no eliminamos este enemigo interno, seguirá venciéndonos una y otra vez. Como Shantideva dice:

«Este enemigo del odio no sirve
para nada más que para perjudicarme.»

Los enemigos externos nos dañan con menos rapidez y de modos menos sutiles y, si respondemos con paciencia, hasta podemos hacerles cambiar de opinión y transformarlos en nuestros amigos; pero no hay manera de reconciliarnos con el odio. Si somos indulgentes con él, se aprovechará de nosotros y nos perjudicará con mayor intensidad. No hay ningún enemigo externo que pueda dañarnos tanto como nuestro propio odio, porque los enemigos externos nos pueden hacer daño sólo en esta vida, mientras que el odio nos seguirá perjudicando durante muchas vidas futuras. Por consiguiente, es de suma importancia que eliminemos el odio tan pronto como surja en nuestra mente. El odio es como un fuego insaciable que consume nuestros potenciales virtuosos y, por ello, en el mismo momento en que se encienda su llama debemos aplacarla rápidamente con nuestra paciencia.

La paciencia nos ayuda en esta vida y en las futuras. Chandrakirti dice que si nos ejercitamos en esta gran virtud, en el futuro dispondremos de un cuerpo humano atractivo y nos convertiremos en un ser sagrado y con elevadas realizaciones. Hay tres tipos de paciencia:

(1) La paciencia de no vengarse.
(2) La paciencia de aceptar voluntariamente el sufrimiento.
(3) La paciencia de pensar definitivamente sobre el Dharma.

LA PACIENCIA DE NO VENGARSE

Para practicar esta forma de paciencia hemos de ser conscientes en todo momento de los peligros del odio y de los beneficios de una aceptación paciente de las adversidades y del daño, y cada vez que el odio esté a punto de manifestarse debemos aplicar de inmediato los métodos adecuados para eliminarlo. Si queremos dominar nuestro odio en todo momento, no es suficiente con recordar sus peligros y los beneficios de la aceptación paciente. Debemos, además, obtener experiencia en la aplicación de los métodos que hayamos aprendido para eliminar dicha perturbación mental.

Hace tiempo, había un Maestro que tenía un asistente con muy mal genio. El Maestro enseñó al asistente a meditar sobre la paciencia. Cuando éste se ponía a meditar, reconocía los peligros del odio y la gran importancia de practicar la paciencia; pero cuando terminaba la sesión, se olvidaba por completo de todas sus buenas resoluciones. Su Maestro le aconsejó que pusiese un gran cartel en la puerta de su habitación que dijera: «¡PACIENCIA!», y esto le fue muy útil para acordarse de practicar esta virtud durante el descanso de la meditación. No obstante, un día entró un ladrón en su habitación y le robó unas cuantas cosas. Cuando el asistente echó mano del ladrón, comenzó a golpearle lleno de ira. El Maestro, al verlo, dijo: «¡No le pegues de esa manera!», pero el asistente estaba tan absorto en la paliza que le estaba dando que no oyó los consejos del Maestro. Éste corrió a su habitación, descolgó el letrero y lo puso enfrente de su asistente para que pudiese leer: «¡PACIENCIA!» En cuanto lo vio, se acordó de inmediato de su resolución de ser paciente y soltó al ladrón. Durante el descanso de la meditación formal, este tipo de métodos pueden sernos muy útiles, porque nuestra mente es tan variable como la llama de una vela expuesta al viento.

Cuando meditamos sobre la paciencia, podemos hacer uso de diferentes razonamientos que nos ayuden a eliminar nuestros deseos de venganza. Por ejemplo, Shantideva dice en su *Guía de las obras del Bodhisatva,* que si alguien nos pega con un palo, no nos enojamos con el palo, pues está manipulado por la manos del agresor y en sí mismo carece de voluntad propia; ni nos enfadamos con sus manos, porque ellas no son responsables de sus propios movimientos. De la misma manera, no debemos enfadarnos con la persona que nos está pegando porque no dispone de libertad. Está dominada por su odio y no es dueña de sus actos. Si vamos a enojarnos con algo, es mejor que lo hagamos con el propio odio.

Si estamos a punto de enfadarnos con alguien que nos está insultando, criticando o burlándose de nosotros, deberíamos preguntarnos:

> *¿Por qué me voy a enfadar? Estas palabras no pueden herir mi cuerpo ni mi mente, mientras que mi propio odio sí que daña mi mente. Los insultos que me dirige son en sí mismos vacíos y no pueden afectarme. ¡Por el mero hecho de que alguien me diga que soy un asno no me voy a convertir en ese animal!*

Si alguien intenta dañarnos físicamente o interferir en nuestra vida, tenemos que resolver el problema con destreza y sin generar odio. Si no conseguimos superar nuestras dificultades, no debemos enfadarnos, sino pensar del siguiente modo:

> *Yo mismo he sido quien creó la causa para recibir este daño y, por lo tanto, soy el único responsable del sufrimiento que ahora padezco. Incluso se puede decir que, en parte, la culpa de lo que sucede también es mía, porque yo soy el objeto del odio de esta persona. Así como no puede encenderse un fuego sin combustible, esta persona no se enfadaría conmigo si yo no estuviera presente. Por lo tanto, no tengo derecho a echarle la culpa ni a enfadarme con ella por lo que está ocurriendo.*

Si alguien que padece una enfermedad mental se ensaña con su médico, éste no se enfada con su paciente porque sabe que no se puede dominar. En vez de ello, genera compasión y busca un remedio que pueda curar su enfermedad. Si un niño no es mentalmente estable, su madre no puede enfadarse con él. Por muy difícil y violento que se ponga, la madre siempre tendrá en cuenta que se debe a su enfermedad, y pensará:«¡Qué maravilloso sería que mi hijo recuperase la salud!» Cuando alguien se enfada queda por completo bajo el control de esta perturbación mental, y es como si estuviera temporalmente enloquecido. Sería un gran error reaccionar de la misma manera.

Podemos meditar de este modo:

Si pongo la mano en el fuego y me quemo, no me voy a enfadar con el fuego, porque sé que su naturaleza es quemar. De manera similar, si una persona se enfada y me hace daño, no debo enojarme yo también, porque la naturaleza del odio es perjudicar; la culpa no es de la persona. El odio es algo temporal, no es duradero.

Cuando nieva no nos enfadamos con el cielo, sino que simplemente pensamos: «Es invierno y nieva.» Cuando llueve, sería una tontería maldecir a las nubes, porque cuando se oscurecen y están cargadas de agua es normal que empiece a llover. De manera similar, es natural también que una persona en un arrebato de ira se ponga a chillar y a dar golpes. ¿Por qué nos enfadamos con las personas y no con las nubes o el cielo en invierno?

Consideramos que nuestro mundo y nuestros problemas son fijos, sólidos y permanentes. Puesto que los concebimos de esta manera, a menudo nos enfadamos y llenamos de odio, pero esta perturbación mental sólo procede de nuestras propias concepciones erróneas.

Meditando una y otra vez utilizando este tipo de razonamientos, desarrollaremos una sabiduría especial. Si entonces la combinamos con la retentiva mental, para no olvidar lo que hayamos comprendido, nos resultará fácil cultivar la paciencia.

LA PACIENCIA DE ACEPTAR VOLUNTARIAMENTE EL SUFRIMIENTO

Si carecemos de esta preciada virtud para afrontar el sufrimiento, nos descorazonaremos cada vez que algún obstáculo se interponga en nuestro camino y cuando no se cumplan nuestros deseos. La razón por la cual no conseguimos completar nuestras tareas, es porque en cuanto se vuelven difíciles queremos abandonarlas y, al impacientarnos, agravamos la situación todavía más. No obstante, es posible aceptar y tolerar el dolor si tenemos un buen motivo para ello y, de hecho, cuando practicamos este tipo de paciencia reducimos nuestros sufrimientos. Si, por ejemplo, alguien nos clavara una aguja, el dolor nos parecería insoportable; pero si nos pusiesen una inyección con una vacuna que necesitamos, nuestra capacidad de tolerar el dolor aumentaría de manera considerable.

Si somos capaces de aceptar las adversidades, recibiremos grandes beneficios. Nuestro sufrimiento presente disminuirá y se cumplirán nuestros deseos temporales y últimos. Debido a que soportan voluntariamente el sufrimiento, los hombres de negocios logran el éxito mundano que desean y los practicantes espirituales alcanzan las realizaciones necesarias para llegar a la iluminación.

Si dos personas están sufriendo en el hospital y una de ellas acepta su enfermedad de manera voluntaria mientras que la otra no, sus experiencias serán muy diferentes aunque padezcan la misma dolencia. La que soporta el dolor de forma voluntaria no se sentirá sola ni se enfadará. Su mente permanecerá tranquila y serena, mientras que la otra persona se sentirá frustrada e incómoda, y puede incluso que aumente su sufrimiento. En los hospitales hay pacientes con enfermedades muy graves que son capaces de sonreír y que si les preguntamos cómo están, responden que se encuentran bien.

Debemos aceptar todos los sufrimientos relacionados con las enfermedades, la vejez y la muerte, así como las demás penas que nos depare la vida. ¿Cómo podemos hacer esto? Meditemos de la siguiente manera:

A pesar de que las circunstancias en que me encuentro no son las que yo deseo, no tengo por qué frustrarme. Yo mismo he creado esta situación con las acciones que cometí en el pasado. La manera en que experimento esta vivencia no es satisfactoria, pero ello no es más que el resultado de haber renacido en la existencia cíclica. Si no estuviera sometido a renacimientos sin control, no me encontraría en situaciones adversas y desagradables como ésta. Mi propia situación no es un problema tan grande, porque todos los seres sintientes habitan en lugares donde han de padecer sufrimiento y la mayoría de ellos tienen muchas más y mayores dificultades que yo. Por lo tanto, en vez de preocuparme y sentirme fracasado, debo utilizar estas experiencias de dolor e insatisfacción para generar las mentes de renuncia y de compasión.

Si reconocemos que todos los seres sintientes están atrapados en situaciones dolorosas y poco satisfactorias, en vez de sentir pena por nosotros mismos desarrollaremos compasión pensando del siguiente modo: «¡Qué maravilloso sería que todos los seres sintientes se liberasen del sufrimiento!» El transformar nuestras experiencias de dolor y frustración en las actitudes de renuncia y compasión es la esencia de aceptar pacientemente el sufrimiento. Si practicamos de este modo, permaneceremos felices en circunstancias que otros considerarían como grandes problemas y terribles desgracias. La renuncia y la compasión son mentes virtuosas que sólo nos aportan paz y felicidad.

Cuando nos enfrentamos con problemas, en vez de desanimarnos, debemos esforzarnos en hacer el mejor uso de la situación. Si lo hacemos así, pronto recibiremos buenos resultados. Si los soldados se desalentaran y echasen a correr tan pronto como oyesen los estruendos del primer ataque, nunca ganarían ninguna batalla. De manera similar, si nos desanimamos o deprimimos con facilidad, nunca tendremos éxito en nuestra práctica espiritual; pero si perseveramos y extraemos fuerza y coraje de las adversidades, lograremos nuestras metas con facilidad.

Si tenemos dificultades económicas, podemos meditar de este modo:

Ahora puedo aceptar estas incomodidades porque sé que mis circunstancias mejorarán si practico el Dharma con sinceridad. Si ahora acepto con paciencia mis dificultades, crearé la causa para lograr una mejor situación en el futuro. Los beneficios que así puedo obtener a largo plazo son mayores que los que de otro modo lograría a corto plazo. Si ahora dispusiera de todo tipo de comodidades, no tendría la oportunidad de practicar paciencia y de crear las causas para conseguir mejores condiciones en el futuro. Además, si ahora dispusiera de todas las cosas que deseo, lo único que me traerían sería más problemas. No pueden proporcionarme ningún beneficio último porque su naturaleza es decepción.

No hay garantía de que las riquezas materiales vayan a incrementar nuestra felicidad. A menudo traen consigo más sufrimiento. Hace tiempo, había un hombre que encontró una gran cantidad de oro. Se puso tan contento que fue a mostrárselo a Buda, pero éste le contestó sólo con dos versos: «Tu riqueza es ponzoñosa. ¡Para ti es un veneno mortal!» Estas palabras le parecieron incomprensibles y llegó a la conclusión de que Buda debía de estar celoso de su buena fortuna. Lo que no sabía es que el oro había sido robado por unos ladrones a un funcionario del gobierno, el cual lo buscaba enardecidamente. La gente que se encontraba alrededor de Buda vio el preciado metal, y pronto se difundió la voz de que este hombre, que unos días antes era pobre, se había enriquecido de la noche a la mañana. Cuando esta noticia llegó a oídos del funcionario, acusó al hombre de haberle robado su oro y todo el mundo consideró que la acusación era justa. El pobre hombre acabó encerrado en la prisión y sentenciado a muerte. Mientras esperaba a que le llegase la hora de morir, se acordó de las palabras de Buda y comprendió su significado.

Si se le ofreciera a todo el mundo la oportunidad de elegir entre unos millones de pesetas o de alcanzar la iluminación, la mayoría se quedaría con el dinero. Es importante que superemos el apego a los objetos materiales y el desánimo cuando carezcamos de ellos, porque estos estados mentales son grandes obstáculos para nuestra práctica espiritual.

En algunos textos se dice que hay seis clases de situaciones en las que tenemos que practicar la paciencia de aceptar voluntariamente el sufrimiento:

(1) Cuando escuchamos palabras desagradables, como críticas o palabras ofensivas.
(2) Cuando escuchamos las enseñanzas del Dharma o meditamos en ellas.
(3) Cuando realizamos acciones virtuosas, como hacer postraciones.
(4) Cuando carecemos de recursos materiales.
(5) Cuando experimentamos sufrimiento físico o mental.
(6) Cuando no se cumplen nuestros deseos.

LA PACIENCIA DE PENSAR DEFINITIVAMENTE SOBRE EL DHARMA

Cuando escuchamos enseñanzas de Dharma, contemplamos su significado o meditamos en ellas con una mente feliz y paciente, a fin de desarrollar una experiencia especial del objeto que tratamos, estamos practicando la paciencia de pensar definitivamente sobre el Dharma. Este tipo de paciencia es muy importante, puesto que si nos impacientamos o no nos sentimos contentos cuando nos adiestramos en el Dharma, esta actitud se convertirá en un obstáculo para nuestro progreso espiritual e impedirá el desarrollo de nuestra sabiduría del Dharma. Aunque encontremos difíciles algunos aspectos de nuestra práctica espiritual, aún hemos de esforzarnos en adiestrarnos en ellos con una mente feliz. La paciencia de pensar definitivamente sobre el Dharma puede ser de tres clases según los tres tipos de seres: la del ser inferior, la del ser mediano y la del gran ser

LA PERFECCIÓN DEL ESFUERZO

El esfuerzo es una mente que se deleita en la virtud. Si se practica con la motivación de bodhichita, se convierte en la perfección del esfuerzo. El dedicarnos con ahínco a las actividades neutras o perjudiciales, no tiene nada que ver con la práctica del esfuerzo.

En el *Ornamento de los Sutras mahayanas,* Maitreya dice que el esfuerzo es la virtud suprema porque con él podemos desarrollar todas las demás buenas cualidades. Con esfuerzo podemos lograr la felicidad temporal y mundana, el gozo de la flexibilidad mental y todos los logros mundanos y supramundanos. Con esfuerzo podemos purificar todas nuestras faltas físicas, verbales y mentales, eliminar las obstrucciones y alcanzar la felicidad última de la liberación y de la iluminación. Buda dijo en el *Sutra conciso de la perfección de la sabiduría* que con esfuerzo podemos alcanzar todas las buenas cualidades que deseemos. Sin él, aunque poseamos una gran sabiduría, seremos incapaces de completar nuestro adiestramiento espiritual. Por consiguiente, Chandrakirti, en su *Guía del camino medio*, dice que todas las buenas cualidades dependen del esfuerzo.

Para desarrollar esfuerzo tenemos que eliminar la pereza, que es su mayor oponente. Ésta puede ser de tres clases:

(1) La pereza de la postergación.
(2) La pereza de sentirse atraído por lo que es fútil o perjudicial.
(3) La pereza del desánimo.

LA PEREZA DE LA POSTERGACIÓN

La postergación es la falta de disposición o la resistencia a aplicarnos con esfuerzo y sin dilación en la práctica espiritual. Por ejemplo, si tenemos un cierto interés en el Dharma, creemos en él y tenemos la intención de ponerlo en práctica, pero pensamos que podemos dejarlo para más adelante, estamos bajo el influjo de la pereza de la postergación. Esta actitud es muy peligrosa porque el tiempo pasa muy deprisa, podemos perder pronto la oportunidad de adiestrarnos en el Dharma y la duración de nuestra vida es incierta.

Es peligroso pensar que ya practicaremos cuando acabemos el trabajo que tenemos entre manos, porque siempre encontraremos alguna otra cosa que hacer. Gungtang Rimpoché dijo que las actividades mundanas son como la barba de un anciano, que aunque se la afeite por la mañana, por la tarde ya ha vuelto a crecer. Puesto que las tareas cotidianas nunca se terminan, debemos practicar el Dharma al mismo tiempo que las efectuamos.

Las meditaciones sobre la preciosa existencia humana de que disponemos y sobre la muerte y la impermanencia son métodos muy poderosos para contrarrestar la pereza de la postergación, porque nos hacen tomar la firme resolución de practicar el Dharma ahora mismo y con sinceridad.

LA PEREZA DE SENTIRSE ATRAÍDO POR LO QUE ES FÚTIL O PERJUDICIAL

La mayoría de las personas conocemos muy bien este segundo tipo de pereza. Caemos bajo su influencia cuando pasamos las horas delante de la televisión, viendo todo lo que pongan; cuando entablamos largas conversaciones que no tienen mucho sentido, o cuando nos dedicamos a hacer deporte o negocios por el mero placer que ello nos proporciona. Semejantes actividades absorben la poca energía que tenemos para adiestrarnos en el Dharma. Cuando estamos inmersos en ellas, sentimos como si nuestra práctica espiritual se convirtiera en un impedimento para el disfrute de nuestros placeres y diversiones. Si no eliminamos esta clase de pereza, es posible que nos involucremos tanto en actividades sin sentido que abandonemos por completo nuestra práctica del Dharma. Por lo tanto, tenemos que meditar repetidas veces sobre los peligros del samsara, recordando que todos los entretenimientos de la vida mundana son ilusorios, porque en realidad sólo sirven para que continuemos atados al samsara y son la causa de más sufrimiento.

Los disfrutes mundanos son como la llama de una vela y nosotros somos como las polillas. Cuando las polillas ven una llama, se sienten tan atraídas por ella que se van acercando cada vez más hasta que mueren abrasadas. La polilla percibe la llama como si fuera un lugar maravilloso, cuando de hecho va a ser la causa de su propia muerte. De manera similar, a nosotros nos fascinan tanto las actividades y los disfrutes mundanos que queremos dedicarnos a ellos de pleno, pero en realidad son las garras que nos aprisionan en la rueda de la vida y nos condenan al sufrimiento. Si queremos desarrollar el esfuerzo con el cual superar la pereza de sentirnos atraídos por lo que es fútil o perjudicial, tenemos que recordar una y otra vez que con estas actividades desperdiciamos nuestra preciosa existencia humana y destruimos su esencia.

LA PEREZA DEL DESÁNIMO

En estos tiempos de degeneración hay muchas cosas que pueden desanimarnos a la hora de emprender nuestra práctica espiritual. Puesto que no podemos ver de manera directa ejemplos vivos de seres iluminados, podemos abrigar dudas acerca de la existencia del estado de la Budeidad, o llegar a la conclusión de que es algo tan sublime que para nosotros es imposible de lograr. Quizás encontremos faltas en nuestro Guía Espiritual y en los que practican el Dharma y lleguemos a la conclusión de que no tienen ninguna realización y de que todo esfuerzo dedicado a actividades espirituales es una pérdida de tiempo. Si nos damos cuenta de que comenzamos a desanimarnos de este modo, hemos de recordar que todas las apariencias en las mentes de los seres ordinarios son erróneas porque están contaminadas por la ignorancia. Lo que percibimos con nuestra mente no existe en realidad de la manera en que lo parece. Las apariencias que percibimos son como alucinaciones, no son reales. Creemos que nuestra mente no se equivoca y por ello consideramos que lo que percibe es cierto. Es posible que pensemos que los seres iluminados no existen porque todos los seres que percibimos son imperfectos. No obstante, si comprendemos cuáles son las causas de las alucinaciones de las apariencias ordinarias, no nos aferraremos con tanta fuerza a la creencia de que todo aquello que no podemos percibir, como los Budas y demás seres realizados, no existe. Si abandonamos esta creencia, no habrá ninguna razón para desanimarnos en nuestra práctica espiritual.

Las alucinaciones tienen dos tipos de causas: externas e internas. Las causas externas son numerosas. Por ejemplo, el reflejo de nuestra cara en un espejo puede ser una causa externa de alucinación, porque cuando miramos en el espejo puede parecernos que el reflejo mismo es nuestra verdadera cara. Si gritamos, «¡Hola!», desde lo alto de un cañón, esto puede ser también una causa de alucinación, porque puede parecer que el eco es la voz de otra persona que nos contesta. El tomar la droga llamada «datura» es también una causa externa de alucinación, porque bajo su influjo el suelo se percibe de un color amarillo dorado. Estas alucinaciones son ejemplos que nos ayudan a comprender que es posible percibir objetos que no existen.

La causa interna de las alucinaciones es la ignorancia del aferramiento propio. Esta ignorancia hace que todos los fenómenos aparezcan como si existieran de manera inherente, cuando de hecho no es así. Mientras tengamos un fuerte aferramiento propio, no percibiremos las cosas del modo en que existen. Por lo tanto, debemos pensar de la siguiente manera: «El que ahora no pueda ver ejemplos vivos de seres iluminados no es prueba suficiente de que no existan, porque sólo los podré ver después de haber purificado mi mente.» Por ejemplo, si la superficie de un lago está cubierta de espuma, la luna no se reflejará por mucho que esa noche la luna sea llena y brille; pero tan pronto como quitemos la espuma, el reflejo de la luna aparecerá claro y luminoso. De manera similar, a pesar de que los Budas están por doquier, enfrente de nosotros, en nuestra coronilla y en nuestro corazón, las obstrucciones de nuestra mente impiden que los percibamos.

Para comprender esto podemos meditar en la visión del sistema chitamatra, según la cual los objetos no existen separados de la mente y todos los objetos que aparecen en ella poseen su misma naturaleza. Según esta creencia, las apariencias en las mentes de los seres ordinarios no son verdaderas, ciertas ni fidedignas, porque estas mentes perciben objetos que existen de manera externa y dichos fenómenos no existen en realidad. El desarrollar por experiencia propia la visión chitamatra es el mejor método para comprender la visión suprema del sistema madhyamika-prasanguika, según la cual todos los objetos carecen de existencia inherente. En el capítulo tercero del *Comentario a la «Cognición válida»*,

Dharmakirti explica la creencia chitamatra, y en el capítulo sexto de la *Guía del camino medio*, Chandrakirti explica la creencia madhyamika. Yhe Tsongkhapa dijo que tenemos que realizar la visión que unifica estas dos.

Es útil considerar lo que ocurre con nuestra mente cuando nos vamos a dormir. Mientras estamos despiertos percibimos y recordamos muchas cosas, pero cuando nos dormimos estas apariencias cesan, y al despertar todo lo que percibimos es nuevo. Si comprendemos la impermanencia sutil, la desintegración momentánea de las cosas, entenderemos que lo que apareció ayer en nuestra mente hoy ha dejado de existir, y lo que percibimos ahora es completamente nuevo. De manera similar, cuando morimos cesan las apariencias de esta vida, y al renacer las apariencias de nuestra nueva existencia son también completamente nuevas. Ello indica que lo que aparece en nuestra mente viene de la mente misma. Si todas las apariencias proceden de la mente, no tenemos por qué desanimarnos cuando no vemos ejemplos vivos de seres iluminados, porque no hay duda de que cuando nuestra mente se purifique seremos capaces de percibir objetos puros.

Todo se puede lograr con esfuerzo. Podemos obtener una profunda experiencia del Dharma y reducir nuestros problemas. Si tenemos menos problemas, nuestro progreso hacia la iluminación será mucho más fácil, y seremos capaces de realizar muchas buenas obras, como la práctica del Bodhisatva de ofrecer el cuerpo. Todos poseemos la semilla de la iluminación, y ahora hemos encontrado el método perfecto para alcanzar esta meta. Lo único que tenemos que hacer es poner esfuerzo en ello. Puesto que no tenemos que someternos a grandes dificultades, ¿por qué desanimarnos? El esfuerzo puede ser de tres clases:

(1) El esfuerzo semejante a una armadura.
(2) El esfuerzo de acumular Dharmas virtuosos.
(3) El esfuerzo de beneficiar a los demás.

EL ESFUERZO SEMEJANTE A UNA ARMADURA

Es el tipo de esfuerzo que ponemos cuando pensamos con confianza: «No importa con cuántas dificultades tenga que enfrentarme ni el tiempo que duren, voy a completar mi labor y voy a alcanzar la iluminación para el beneficio de los demás», o «Aunque necesite mucho tiempo para poder beneficiar lo más mínimo a un solo ser sintiente, voy a completar mi tarea espiritual».

El esfuerzo semejante a una armadura se denomina de tal modo porque nos protege de la pereza, así como una armadura protege al soldado de sus enemigos. Si generamos esta clase de esfuerzo al principio de nuestra práctica, con la decisión de perseverar durante toda la vida, no nos desanimaremos aunque nos adiestremos durante mucho tiempo sin obtener ningún resultado.

Cuando nos levantamos por la mañana debemos ponernos el esfuerzo semejante a una armadura y decidir perseverar a lo largo del día por muchas adversidades que se nos presenten. De la misma manera, cuando vayamos a hacer un retiro, hemos de comenzar aplicando este tipo de esfuerzo, tomando la firme resolución de no dejarnos abrumar o deprimir por las dificultades que encontremos. Debemos tomar la determinación de completar el retiro, pase lo que pase. El esfuerzo semejante a una armadura ha de estar siempre presente cuando apliquemos las otras clases de esfuerzo.

EL ESFUERZO DE ACUMULAR DHARMAS VIRTUOSOS

Es el que ponemos cuando empleamos energía en acciones virtuosas. No es lo mismo que la disciplina moral de acumular Dharmas virtuosos. Ésta consiste principalmente en el deseo o la intención de practicar la virtud, mientras que el esfuerzo de acumular Dharmas virtuosos es el empeño en sí que ponemos al ejercitarnos en cualquier virtud.

EL ESFUERZO DE BENEFICIAR A LOS DEMÁS

Éste es el esfuerzo que ponemos cuando realizamos una acción para beneficiar a los demás. La disciplina moral de beneficiar a los demás es principalmente el deseo o la intención de hacer bien al prójimo, mientras que el esfuerzo de beneficiar a los demás es el hecho en sí de esforzarnos para lograr ese fin.

Hay cuatro métodos para aumentar nuestro esfuerzo, llamados los cuatro poderes:

(1) El poder de la aspiración.
(2) El poder de la perseverancia.
(3) El poder del gozo.
(4) El poder de la relajación.

EL PODER DE LA ASPIRACIÓN

Es el deseo de practicar la virtud. Si vamos a esforzarnos en una determinada tarea espiritual, lo primero que necesitamos es tener el deseo de alcanzar su objetivo. Una fuerte aspiración induce a un gran esfuerzo. Si, por ejemplo, deseamos poner considerable esfuerzo en la práctica de la bodhichita, hemos de tener primero un gran deseo de alcanzar esta realización, y si deseamos comprender la vacuidad, hemos de tener primero el siguiente deseo: «¡Qué maravilloso sería si comprendiera la visión correcta de la vacuidad!» La única manera de generar la aspiración de efectuar acciones virtuosas es reconocer sus beneficios y los peligros de cometer acciones perjudiciales. Se dice que la aspiración es un poder porque hace que nuestro esfuerzo sea poderoso.

EL PODER DE LA PERSEVERANCIA

Una vez que hemos generado esfuerzo, debemos mantenerlo de manera continua. No es difícil esforzarse sólo por unos días o incluso por unas pocas semanas o unos meses, pero para lograr las metas que deseemos alcanzar nuestro esfuerzo ha de ser constante. Algunas personas comienzan a practicar con mucho entusiasmo, y durante un tiempo se obsesionan de tal forma que se olvidan hasta de comer. Ejercen un esfuerzo desmesurado por un breve período de tiempo y, mientras lo hacen, tienen grandes expectativas y esperanzas pensando: «Pronto alcanzaré la realización de la vacuidad», o «Me voy a convertir en un ilustre erudito y seré famoso gracias a mi gran conocimiento de la filosofía budista», o «En poco tiempo me convertiré en un Buda». Si nos esforzamos demasiado esperando con excesivo entusiasmo conseguir grandes progresos, acabaremos agotados y, al no ver cumplidos nuestros deseos, nos desanimaremos, y puede que incluso abandonemos nuestra práctica. Esforzarnos de esta manera, además de ser una tontería, es perjudicial, porque produce una reacción que es peor que carecer de esfuerzo. Hace que nos deprimamos y dejemos nuestra práctica. Con este tipo de actitud sentiremos un rechazo por el adiestramiento espiritual. La apatía que prosigue después de habernos esforzado con exceso puede ser tan poderosa o incluso más que nuestro entusiasmo inicial. Por lo tanto, debemos ser diestros y aplicar un esfuerzo que sea firme, estable y continuo. Es mucho mejor poner poco esfuerzo pero de manera continua, que afanarnos mucho sólo por unos días. Se dice que nuestro esfuerzo deber ser como el agua de un gran río, que fluye de manera constante, día y noche, y año tras año. El esfuerzo imprudente es como la cascada producida por una tormenta, que en poco tiempo arroja con fuerza grandes cantidades de agua, pero que después va goteando hasta que termina por secarse.

Si nuestro esfuerzo es estable, lograremos buenos resultados con toda seguridad. Se dice que con un esfuerzo continuo y persistente, todas las realizaciones y buenas cualidades aumentarán día a día. Yhe Tsongkhapa dijo que esforzándonos de este modo completaremos nuestra práctica espiritual.

EL PODER DEL GOZO

Cuando ponemos esfuerzo en nuestra práctica del Dharma debemos tener una mente apacible y gozosa. Este gozo es un poder porque nos capacita para realizar nuestras tareas espirituales con rapidez y facilidad. Hace que nuestro esfuerzo sea fuerte y valeroso. Si estamos muy preocupados o deprimidos, bloquearemos nuestros ánimos y frustraremos nuestro esfuerzo. Si los demás nos ven afligidos mientras practicamos el Dharma, no podrán creer que proporciona paz y felicidad. La práctica del Dharma ha de ser algo gozoso. Se dice que al adiestrarnos en él hemos de ser como niños, que cuando juegan son tan felices que no se distraen por nada. Aunque alguien les ofrezca unos dulces, no dejan de jugar debido a lo mucho que se están divirtiendo.

Cuando estamos ilusionados de manera excesiva, debemos calmarnos con meditaciones como la de la muerte y la impermanencia o meditar sobre la verdad de los sufrimientos. Otras veces, cuando nos sentimos tristes o deprimidos, debemos levantar el ánimo meditando en la preciosa existencia humana de la que ahora disponemos.

EL PODER DE LA RELAJACIÓN

Es muy importante no agotarnos por ejercer demasiado esfuerzo. Si descansamos en el momento oportuno, pronto seremos capaces de renovar nuestro esfuerzo. El relajarnos en el momento adecuado mantiene nuestra práctica de manera constante. Si desdeñamos la necesidad de descansar, nos agotaremos y no podremos volver a aplicar de manera gozosa nuestro esfuerzo. Se dice que la relajación es un poder porque protege y mantiene nuestro esfuerzo.

Es bien sabido que cuando se pone esfuerzo, incluso en tareas que no aportan ningún beneficio espiritual, es posible lograr cosas inimaginables. Por ejemplo, los seres humanos han conseguido llegar a la luna, algo que hace años parecía imposible. Si es posible lograr esto con una motivación ordinaria y mundana, no cabe la menor duda de que, con esfuerzo, podremos completar todas las tareas espirituales y alcanzar la iluminación, porque ésta no es una meta imposible y muchos seres la han logrado ya.

En cierta ocasión, Asanga fue a hacer un retiro con el fin de obtener una visión directa de Maitreya. Al cabo de tres años aún no había logrado su objetivo, y acabó desanimándose tanto que decidió abandonarlo. Entonces, salió de su cueva y al bajar por el camino se encontró con un hombre que limaba un gran bloque de hierro con una pluma. Asanga le preguntó qué estaba haciendo y el hombre le contestó que quería partir el bloque en dos. Asanga dijo: «¿Cómo piensas cortar un bloque de hierro con una pluma?» El hombre repuso: «¡Por supuesto que puedo hacerlo! ¡Mira! Ya he hecho un surco. Lo puedo conseguir si pongo el suficiente esfuerzo en ello.» Asanga pensó: «Si este hombre es capaz de esforzarse tanto en esto, yo también puedo perseverar en mi retiro para lograr una meta mucho más significativa.» Entonces regresó a su cueva y finalmente tuvo la esperada visión de Maitreya.

Meditando de esta forma generaremos la resolución de desarrollar un esfuerzo fuerte, continuo y gozoso.

LA PERFECCIÓN DE LA ESTABILIZACIÓN MENTAL

La estabilización mental o concentración es una mente cuya naturaleza es emplazarse de manera convergente en un objeto virtuoso, y cuya función es impedir las distracciones. La perfección de la estabilización mental es toda concentración practicada con la motivación de bodhichita.

En el caso de los seres ordinarios, la concentración funciona principalmente por medio de la percepción mental. Nuestras consciencias sensoriales pueden observar y permanecer de manera convergente en sus objetos, pero no por ello son concentraciones. Por ejemplo, cuando nuestra consciencia visual mira fijamente una vela, no estamos practicando la concentración. Para nosotros el objeto principal de nuestra concentración es la imagen genérica de un objeto, la cual aprehendemos con la percepción mental.

Hay muchas clases diferentes de concentraciones. Desde el punto de vista de su naturaleza se dividen en dos: mundanas y supramundanas. Las primeras están motivadas por deseos vanos, como el deseo de desarrollar poderes sobrenaturales, el de obtener un renacimiento en los reinos de los dioses, o el de disfrutar de una mayor felicidad mundana.

Las concentraciones supramundanas están motivadas por la renuncia o la bodhichita. Sólo las logran los practicantes puros de Budadharma porque las escrituras budistas son las únicas que contienen explicaciones correctas y precisas acerca del sufrimiento subyacente, tema cuya compresión es indispensable para poder desarrollar la mente de renuncia. Si sabemos que nuestros agregados apropiados constituyen la base del sufrimiento, tomaremos la firme decisión de cortar con el continuo de dichos agregados. Si queremos alcanzar concentraciones supramundanas, debemos tomar esta resolución. Todos conocemos el sufrimiento manifiesto y queremos liberarnos de él. Algunas personas de otras creencias religiosas también comprenden el sufrimiento del cambio. Saben que la felicidad mundana es transitoria y cambiante y que su naturaleza es sufrimiento y, en consecuencia, meditan para alcanzar la cesación de todas las sensaciones tanto agradables como desagradables. No obstante, el sufrimiento subyacente sólo se explica en el budismo.

Si aún no hemos realizado las mentes de renuncia y de bodhichita, pero deseamos alcanzar la liberación o la iluminación y meditamos para lograr este deseo, toda concentración que desarrollemos será lo que se llama «un aspecto de la concentración supramundana». Estos aspectos son semejantes a las concentraciones supramundanas reales y nos conducen en su misma dirección.

Las estabilizaciones mentales pueden clasificarse de la siguiente manera: las del reino del deseo, las del reino de la forma y las del reino inmaterial. A medida que nuestra concentración vaya mejorando, nuestra mente se hará más sutil. La mente del reino de la forma es más sutil que la del reino del deseo, y la del reino inmaterial lo es más que la del reino de la forma.

Se dice que los seres humanos que vivieron en este mundo durante el primer eón eran capaces de lograr concentraciones muy profundas con gran facilidad. Con poco esfuerzo desarrollaban las nueve permanencias mentales que conducen a la permanencia apacible. Por el contrario, nosotros tenemos que dedicar mucho tiempo y esfuerzo para alcanzar incluso el primero de los nueve niveles, y nos resulta muy difícil también avanzar a los siguientes. Tenemos que permanecer mucho tiempo en el segundo nivel y mucho más en los niveles tercero y cuarto. Los seres humanos del primer eón procedían del reino de la forma y, debido a ello, poseían grandes poderes de concentración. Con el transcurso del tiempo, estos poderes se fueron debilitando y sus mentes se volvieron cada vez más burdas. Sus distracciones y mentes conceptuales crecieron en número y en fuerza, y cada día les resultaba más difícil desarrollar la concentración. En tiempos de Buda Shakyamuni millares de personas fueron capaces de lograr la concentración de la permanencia apacible mientras Buda impartía sus discursos. En estos tiempos de degeneración es difícil encontrar a personas con tanto poder mental. Nuestras perturbaciones mentales van creciendo en fuerza y nuestros méritos disminuyen, y por ello nos resulta más difícil alcanzar realizaciones espirituales.

Las concentraciones pueden también clasificarse de la siguiente manera: aquellas cuyo objetivo principal es alcanzar la permanencia apacible, aquellas cuyo objetivo principal es alcanzar la visión superior, y aquellas cuyo objetivo principal es alcanzar la unión de la permanencia apacible y la visión superior. Todas ellas se explicarán más adelante.

Desde el punto de vista de sus funciones, las concentraciones pueden ser de tres clases: las que producen el gozo de las flexibilidades física y mental; las que nos ayudan a alcanzar las realizaciones de la renuncia, de la bodhichita y de la visión correcta de la vacuidad; y las que nos proporcionan los medios para beneficiar a los demás. Todas las concentraciones ejercen la primera función. La flexibilidad hace que nuestro cuerpo sea muy ligero, elimina la tensión y los trastornos mentales. Si poseemos una concentración perfecta, experimentaremos gozo de manera continua y todas nuestras meditaciones serán fructíferas. Eliminaremos con facilidad y firmeza los obstáculos de nuestra mente, y aprehenderemos con rapidez la naturaleza de cualquier objeto que elijamos. La estabilización mental acerca nuestra mente al objeto de manera progresiva hasta que finalmente ambos se funden en uno. De esta forma, la concentración induce a las realizaciones espontáneas de todas las etapas del camino tales como la renuncia, la bodhichita y la visión correcta de la vacuidad. Si carecemos de una buena concentración, tardaremos mucho tiempo en conseguir cualquier cosa. Tendremos que escuchar o leer las instrucciones repetidas veces y dedicar mucho tiempo a la meditación, y aún así encontramos muchas dificultades. Sin el poder de la concentración, nuestra mente es débil, como la llama de una vela expuesta al viento, y no tenemos energía para efectuar acciones virtuosas.

Si nos adiestramos en los nueve niveles de concentración y alcanzamos la permanencia apacible, desarrollaremos de manera gradual poderes sobrenaturales y clarividencias, los cuales nos serán muy útiles para beneficiar a los demás. Toda concentración que nos proporcione estos medios para ayudar a los demás se denomina «concentración para beneficiar a los demás». Si no poseemos poderes sobrenaturales ni clarividencias es posible que en ocasiones perjudiquemos a alguien, aunque tengamos el deseo de beneficiarle. Atisha dijo que así como un pájaro no puede volar sin alas, nosotros tampoco podemos beneficiar a los demás sin clarividencia.

Según la tradición mahayana, si practicamos el Dharma de una forma pura no necesitamos desarrollar estos poderes para beneficio propio. Nuestra meta principal ha de ser siempre alcanzar la liberación y la iluminación total para el beneficio de los demás. Si queremos lograr este objetivo, tenemos que conseguir la estabilización mental, y al ir mejorando nuestro poder de concentración generaremos poderes sobrenaturales y clarividencias de manera natural. Si tenemos la motivación de bodhichita y hemos tomado los votos del Bodhisatva, debemos tener un profundo anhelo de mejorar nuestra estabilización mental como medio para satisfacer nuestro deseo de ayudar a los demás. Si hemos tomado los votos del Bodhisatva pero no tenemos la aspiración de mejorar nuestra concentración, estamos quebrantando de manera indirecta uno de nuestros compromisos.

LA PERFECCIÓN DE LA SABIDURÍA

La sabiduría es una mente virtuosa cuya función principal es disipar la duda y la confusión por medio de la comprensión perfecta de su objeto. La sabiduría motivada por la bodhichita es la perfección de la sabiduría.

En el *Sutra conciso de la perfección de la sabiduría* se dice que así como un ciego no puede ir a ningún sitio sin la ayuda de un guía, las otras cinco perfecciones, sin la sabiduría, no pueden conducirnos hacia la iluminación total. De hecho, es imposible realizar ninguna acción virtuosa sin sabiduría, porque es gracias a ella que podemos distinguir entre lo que es virtuoso y lo que no lo es, reconociendo los beneficios de lo uno y los peligros de lo otro. Nuestro deseo de realizar acciones virtuosas surge gracias a esta sabiduría, y este deseo, a su vez, hace que nos esforcemos en nuestra práctica. Cuanta más sabiduría tengamos, más profunda será nuestra práctica. Por lo tanto, todas las buenas cualidades y las realizaciones espirituales surgen de nuestra sabiduría. La estabilización mental y la sabiduría están íntimamente relacionadas; una mayor sabiduría da lugar a una mejor estabilización mental, y una mejor estabilización mental, a una mayor sabiduría.

Hay muchas clases de sabiduría. Entre las más importantes cabe destacar las cuatro siguientes: la sabiduría profunda, la sabiduría clara, la sabiduría rápida y la gran sabiduría. La sabiduría profunda es aquella que comprende con facilidad temas sutiles, como la impermanencia sutil o la vacuidad. Si una persona tiene un gran conocimiento y destreza y entiende muchos temas técnicos, pero no es capaz de comprender con facilidad temas más profundos cuando recibe una explicación, ello indica que carece de sabiduría profunda. La sabiduría clara es la que discierne su objeto con claridad y precisión. Si comprendemos con facilidad las cosas, tenemos imaginación y una memoria clara, y distinguimos los temas sutiles, ello indica que poseemos una sabiduría clara. Con esta sabiduría podemos recordar con claridad todo lo que hayamos aprendido. La sabiduría clara induce a una concentración clara. La sabiduría rápida es la que comprende con rapidez los objetos de contemplación sin necesidad de emprender un análisis. La gran sabiduría es aquella que comprende con facilidad los objetos de contemplación sin necesidad de una explicación. Si al leer un libro de Dharma comprendemos lo que se expone en él sin necesidad de que nadie nos lo explique, ello demuestra que poseemos una gran sabiduría. Si poseemos esta sabiduría, los libros de Dharma serán como nuestro Guía Espiritual, porque seremos capaces de clarificar todas nuestras dudas sin necesidad de recibir enseñanzas adicionales.

La sabiduría puede dividirse también en tres: la que surge de la escucha, la que surge de la contemplación y la que surge de la meditación. Para aumentar la sabiduría que surge de la escucha tenemos que escuchar instrucciones correctas de un Maestro Espiritual cualificado, leer libros de Dharma auténticos, y debatir lo que hayamos aprendido. La sabiduría que surge de la contemplación se cultiva recordando repetidas veces lo que hayamos escuchado y comprendido, y la sabiduría que surge de la meditación proviene de meditar en lo que hayamos escuchado o contemplado. Debemos ir aumentando estas tres clases de sabiduría de manera constante hasta que alcancemos la iluminación total.

La sabiduría puede clasificarse también en dos: aquella que comprende las verdades convencionales y aquella que comprende las verdades últimas. Estas dos se explicarán más adelante.

Puesto que los Bodhisatvas desean alcanzar la iluminación lo antes posible, tienen un gran deseo de acumular méritos con rapidez, y por ello practican cada una de las seis perfecciones en combinación con todas las demás. Por ejemplo, cuando los Bodhisatvas practican la perfección de la generosidad, lo hacen junto con todas las demás perfecciones. Cuando realizan un acto de generosidad lo hacen sin esperar retribución alguna. De este modo, actúan conforme a sus votos del Bodhisatva y combinan la perfección de la generosidad con la de la disciplina moral. Al mismo tiempo aceptan toda dificultad que se les presente y evitan enfadarse si la persona que recibe el obsequio no muestra ninguna gratitud, combinando de esta manera la perfección de la generosidad con la de la paciencia. También practican la perfección de la generosidad con esfuerzo y alegría, y de este modo la compaginan con la perfección del esfuerzo. Al dar, se concentran en el siguiente pensamiento: «¡Que este acto de generosidad sirva de gran beneficio a esta persona!», y así la combinan con la perfección de la estabilización mental. Cuando dan, los Bodhisatvas reconocen que el donante, el obsequio y la acción misma de dar carecen de existencia inherente, y de esta forma aúnan la perfección de la generosidad con la de la sabiduría.

Las otras perfecciones pueden practicarse también de este modo, poniendo en práctica cada perfección en combinación con todas las demás. Ésta es la acción diestra y semejante a una armadura del Bodhisatva que acelera la consecución de las dos acumulaciones –la acumulación de méritos y la de sabiduría–.

Adiestramiento de la mente en la permanencia apacible

LAS PERFECCIONES DE LA ESTABILIZACIÓN MENTAL Y DE LA SABIDURÍA EN PARTICULAR

Este apartado tiene dos partes:

1 La manera de adiestrar la mente en la permanencia apacible, la esencia de la concentración.
2 La manera de adiestrar la mente en la visión superior, la esencia de la sabiduría.

LA MANERA DE ADIESTRAR LA MENTE EN LA PERMANENCIA APACIBLE, LA ESENCIA DE LA CONCENTRACIÓN

El término en tibetano para denominar a la permanencia apacible es zhi ne. «Zhi» quiere decir 'apacible' y «ne», 'permanencia'. La permanencia apacible es, por lo tanto, una mente que ha apaciguado las distracciones y que permanece concentrada de manera convergente en su objeto. La definición de la permanencia apacible es la concentración dotada con los gozos especiales de las flexibilidades física y mental que se alcanzan después de completar las nueve permanencias mentales. Con esfuerzo no es difícil desarrollar una mente que sea capaz de permanecer concentrada en un objeto sin distracciones durante un corto período de tiempo, pero esto no es lo que se llama «la permanencia apacible». La verdadera permanencia apacible se alcanza sólo a través de mejorar esta mente de concentración hasta provocar el gozo especial de la flexibilidad.

Necesitamos desarrollar la permanencia apacible tanto por nuestro propio beneficio como por el de los demás. Puesto que ninguno de nosotros queremos experimentar sufrimiento, debemos eliminar su causa raíz –la mente de aferramiento propio–. Para ello, tenemos que realizar la vacuidad de manera directa, pero no conseguiremos lograr esta realización a menos que alcancemos primero la permanencia apacible. Esto se debe a que la vacuidad es un objeto muy sutil y para alcanzar una realización directa de ella necesitamos la sabiduría especial de la visión superior, la cual sólo puede ser desarrollada a partir de la permanencia apacible. De momento tenemos una mente descontrolada que se distrae con facilidad y cuya naturaleza es movimiento. Para percibir la vacuidad de manera directa, nuestra mente debe lograr un gran refinamiento y serenidad por medio de la permanencia apacible.

Antes de haber desarrollado un cierto nivel de concentración, sentimos casi de manera continua una especie de incomodidad física y mental. Nuestros estados mentales varían con rapidez. Tan pronto nos sentimos felices como desgraciados. Físicamente también cambiamos con gran rapidez. Aunque nos sintamos bien por la mañana, es posible que caigamos enfermos por la tarde. Por el contrario, una vez que hayamos alcanzado la permanencia apacible no sentiremos ninguna molestia física ni mental. Nuestra mente permanecerá serena y seremos capaces de tener en todo momento buenos pensamientos y sentimientos, y de crear causas para disfrutar de felicidad en el futuro.

Cuando alcancemos la permanencia apacible, no sólo recibiremos nosotros mismos todos estos beneficios, sino que también seremos capaces de beneficiar a los demás, porque esta realización da lugar a otros logros tales como los varios tipos de clarividencia. Hay cinco clases de clarividencia: la visual, la auditiva, el recordar vidas pasadas, el conocer las mentes de los demás, y la de los poderes sobrenaturales. Con la clarividencia visual podemos ver objetos sutiles y distantes, y con la clarividencia de conocer las mentes de los demás podemos saber lo que otras personas están pensando y cuáles son sus problemas.

En cierta ocasión, un rey puso a Asanga a prueba con el fin de descubrir si tenía clarividencia o no. El rey, ante una gran audiencia, le pidió que contestara a algunas preguntas, pero en vez de hacérselas en voz alta se las hizo mentalmente. Las preguntas eran acerca de los *Sutras de la perfección de la sabiduría*, y Asanga fue capaz de responder a todas ellas gracias a su clarividencia.

Cuando Buda Shakyamuni impartía sus enseñanzas, podía leer las mentes de sus oyentes y a menudo ponía al descubierto sus distracciones diciendo: «¡No pienses eso!» Otros ilustres Maestros solían hacer lo mismo. Una vez, mientras Yhe Tsongkhapa impartía un discurso sobre la vacuidad a un millar de discípulos en un lugar llamado Sera Chodhing, justo arriba del Monasterio de Sera, un monje llamado Sherab Sengue obtuvo una realización de la vacuidad. Fue tan poderosa que sintió como si se hubiera desvanecido por completo. Para asegurarse a sí mismo de que aún existía a nivel convencional, se agarró a la parte superior de sus hábitos. Yhe Tsongkhapa comprendió por medio de su clarividencia lo que estaba ocurriendo y dijo: «Sherab Sengue ha encontrado su yo convencional.» Y sonrió complacido por el logro de su discípulo.

Con la permanencia apacible alcanzamos también la clarividencia de los poderes sobrenaturales, gracias a la cual podemos manifestar objetos animados e inanimados. En cierta ocasión, Rechungpa, uno de los discípulos de Milarepa, se sentía demasiado enorgullecido de sus habilidades y de todo lo que había aprendido; así que su Maestro le invitó a dar un paseo. Mientras caminaban, Milarepa provocó una granizada. Rechungpa perdió de vista a su Maestro y no conseguía encontrar un lugar donde refugiarse. Finalmente encontró a Milarepa en el interior del cuerno de un yak que yacía muerto. Comprobó que su Maestro no había disminuido de tamaño y que el cuerno tampoco se había hecho más grande. Desde el interior del cuerno Milarepa llamó a su discípulo con la mano diciendo: «Hijo mío, si piensas que puedes compararte conmigo, tu Padre Espiritual, ven aquí dentro. Hay mucho espacio y se está muy cómodo.» No obstante, Rechungpa no tenía el poder para hacer lo mismo que su Maestro, y de este modo su orgullo se desvaneció.

A nadie le gusta tener defectos, pero sólo los Budas carecen de ellos. Por lo tanto, si queremos liberarnos de todos los defectos y colmar nuestro deseo de llegar a la perfección, tenemos que alcanzar la iluminación avanzando de manera progresiva hacia los caminos y planos espirituales más elevados, y alcanzando las realizaciones de las etapas de generación y de consumación del mantra secreto. Para lograr estas elevadas realizaciones tenemos que desarrollar primero la permanencia apacible. De hecho, para efectuar cualquier acción virtuosa necesitamos un cierto grado de concentración, el cual es necesario para eliminar los obstáculos de nuestra práctica, como son las molestias físicas y mentales. Con la permanencia apacible podemos alcanzar cualquier realización con facilidad porque nuestra mente permanece fija en el objeto que elijamos hasta que se funde en él.

De momento, cuando efectuamos una acción virtuosa y queremos mantener nuestra mente concentrada en lo que estamos haciendo, nos interrumpen los malos pensamientos y las distracciones y, en consecuencia, nuestra virtud es débil e impura. Nuestra mente se altera de manera constante debido a las perturbaciones mentales tales como el odio, los celos y el apego. Tenemos una memoria turbia e inestable y una inteligencia limitada. No obstante, con la permanencia apacible logramos los gozos de las flexibilidades física y mental y, gracias a ello, desaparecen todos nuestros obstáculos para la práctica de la concentración. Nuestro cuerpo se vuelve sano y flexible y nos sentimos ligeros como el algodón, y parece como si pudiésemos atravesar las paredes. No experimentamos incomodidades físicas y nos sentimos con fuerzas para efectuar cualquier acción virtuosa. No necesitamos hacer ejercicio físico para mantenernos en forma y con salud, y podemos concentrarnos por largos períodos de tiempo sin padecer molestias. Eliminamos la pereza y somos capaces de completar cualquier actividad espiritual sin problemas, por mucho tiempo que ello requiera. En todo momento permanecemos tranquilos, porque nuestra mente está libre de tensiones y se mantiene siempre dócil y flexible.

Una vez que hemos alcanzado la permanencia apacible podemos soportar circunstancias difíciles e infortunios con facilidad. Somos capaces de sobrevivir por mucho tiempo sin alimentos y sin sentirnos mal. En el Tíbet aún hay monjes en cuevas remotas que los chinos no han descubierto desde la invasión de 1959. Sobreviven en retiro solitario sin los alimentos ni la bebida que solían recibir como ofrendas de los laicos devotos. ¿Cómo consiguen hacerlo? Mantienen su práctica con comodidad gracias a su realización de la permanencia apacible. Es posible que algunos de ellos no sean ilustres eruditos, pero son practicantes sinceros y poseen una gran fuerza interior y elevadas realizaciones, que les sirven de alimento y protección.

Debemos contemplar los beneficios que se derivan de cultivar la permanencia apacible hasta que generemos el fuerte deseo de emprender esta práctica. Cuando lo hayamos generado con claridad en nuestra mente, hemos de concentrarnos en meditación de emplazamiento para familiarizarnos con él.

La explicación acerca de la manera de alcanzar la permanencia apacible tiene dos partes:

1 Las condiciones necesarias para alcanzar la permanencia apacible.
2 Cómo alcanzar la permanencia apacible.

LAS CONDICIONES NECESARIAS PARA ALCANZAR LA PERMANENCIA APACIBLE

Para alcanzar la permanencia apacible tenemos que reunir las condiciones idóneas, tanto externas como internas. Si intentamos hacer un retiro a fin de lograr la permanencia apacible sin habernos preparado de una forma adecuada, podemos pasar muchos años en aislamiento sin tener éxito. Atisha dice en su libro *La lámpara del camino hacia la iluminación*:

«Quien descuide las ramas de la permanencia apacible
nunca desarrollará la concentración,
aunque medite con mucho esfuerzo
durante un millar de años.»

Hay seis «ramas» o condiciones necesarias para alcanzar la permanencia apacible:

1 Encontrar un lugar adecuado para hacer el retiro.
2 Tener pocos deseos.
3 Permanecer satisfechos.
4 Evitar actividades que causen distracciones.
5 Mantener una disciplina moral pura.
6 Evitar pensamientos que causen distracciones.

ENCONTRAR UN LUGAR ADECUADO PARA HACER EL RETIRO

Para hacer un retiro con el fin de alcanzar la permanencia apacible tenemos que encontrar un lugar adecuado. En el texto *Ornamento de los Sutras mahayanas*, Maitreya dice que el lugar adecuado para hacer un retiro ha de poseer las cinco características siguientes:

(1) Ha de ser un lugar donde sean fáciles de encontrar las necesidades básicas tales como alimentos y ropa.

(2) Ha de haber sido bendecido por Budas y seres con elevadas realizaciones o visitado por nuestro Guía Espiritual. Si no podemos encontrar un lugar con tales características, al menos hemos de elegir uno donde no se hayan transgredido los compromisos espirituales y donde no haya habido discordias entre practicantes. Si hacemos el retiro en un sitio donde haya habido disputas entre practicantes espirituales, nos resultará difícil alcanzar realizaciones.

(3) El entorno ha de ser saludable, con buen clima –que no haga ni mucho frío ni mucho calor–, y debe haber agua potable.

(4) Debe haber amigos espirituales cerca que nos puedan ayudar. Los practicantes que tienen experiencia y poseen realizaciones especiales pueden meditar en completo aislamiento; pero si carecemos de experiencia en la meditación, tenemos que poder contactar con alguien con facilidad en el caso de que necesitemos ayuda.

(5) Ha de ser un lugar tranquilo. Cuando hemos logrado un cierto grado de concentración, si oímos algún ruido, como el de un perro que ladra o una motocicleta que pasa, penetrará nuestra concentración como un pincho que se nos clava en la carne. Por lo tanto, tenemos que encontrar un lugar donde no haya ruidos molestos ni de día ni de noche –como pudieran ser los producidos por humanos, animales o el mismo entorno, como la caída estrepitosa de una cascada–.

TENER POCOS DESEOS

Shantideva dice en su *Guía de las obras del Bodhisatva*:

«Primero has de buscar la permanencia apacible,
la cual se puede encontrar a través del gozo que se deriva de carecer de apego por los objetos mundanos.»

Si mientras permanecemos en retiro no podemos abandonar el apego hacia los objetos de deseo, nos será muy difícil abandonar otras distracciones y, por lo tanto, nos será imposible desarrollar una concentración pura. Por consiguiente, una de las condiciones necesarias para hacer el retiro de la permanencia apacible es reducir nuestro apego por los objetos mundanos tales como la riqueza y la reputación.

PERMANECER SATISFECHOS

Si durante el retiro no nos sentimos satisfechos con lo que tenemos, ya sea nuestra habitación, la comida, etc., seguiremos intentando cambiar y mejorar nuestras circunstancias externas, y de este modo nuestras distracciones y pensamientos conceptuales aumentarán. Éstos son los verdaderos enemigos de la concentración. Además, si no estamos satisfechos, experimentaremos incomodidad física y mental, nos desanimaremos y acabaremos deseando abandonar el retiro. Para superar nuestra insatisfacción debemos hacer la siguiente reflexión repetidas veces:

No importa si durante unos meses o unos años tengo que vivir en condiciones precarias. Mi meta principal son los logros de la liberación y de la iluminación, y la única manera de conseguirlos es alcanzando la permanencia apacible.

EVITAR ACTIVIDADES QUE CAUSEN DISTRACCIONES

Para desarrollar una concentración completamente pura tenemos que dejar a un lado todas las actividades mundanas, y mantener una disciplina según la cual sólo efectuemos aquellas actividades que nos ayuden a mantener una mente serena. Hemos de abandonar todas las tareas que no tengan sentido o que sean perjudiciales. Por ejemplo, durante los descansos de la meditación no debemos leer libros que no estén relacionados con nuestra práctica. Es mejor concentrar nuestra lectura en temas relacionados con las enseñanzas de las etapas del camino, a fin de generar una intensa aspiración de mejorar nuestra experiencia; y en particular nos convendría estudiar las instrucciones acerca de las etapas de la permanencia apacible. Durante los descansos de la meditación debemos purificar nuestras faltas y efectuar acciones con las que acumulemos méritos.

MANTENER UNA DISCIPLINA MORAL PURA

En este contexto, una disciplina moral pura se refiere a mantener una conducta recta con respecto a nuestras acciones físicas, verbales y mentales. Si nos involucramos en actividades impropias, tendremos distracciones de manera natural. Por lo tanto, hemos de eliminar nuestra tendencia a generar actitudes incorrectas y concepciones erróneas. Para mantener una disciplina moral pura no hace falta tomar votos. Si disponemos de una poderosa retentiva mental, seremos capaces de evitar cometer acciones perjudiciales con el cuerpo, la palabra y la mente, y podremos asegurarnos de que todos nuestros actos sean puros. Con retentiva mental podemos eliminar las distracciones burdas y mantener disciplina moral. Si no lo hacemos así, no seremos capaces de desarrollar la concentración que, junto con la aplicación de la retentiva y la vigilancia mentales, tiene el poder de eliminar las distracciones más sutiles. Así pues, el mantener disciplina moral es un requisito previo para alcanzar la permanencia apacible. Es como una valla que mantiene a distancia a los enemigos de las distracciones, al igual que la de un jardín impide el paso de ciertos animales.

EVITAR PENSAMIENTOS QUE CAUSEN DISTRACCIONES

Durante el retiro de la permanencia apacible tenemos que abandonar por completo todos los pensamientos que nos puedan distraer, como por ejemplo, el acordarnos de vivencias del pasado o de experiencias mundanas, o el imaginar y planear nuestras actividades futuras.

CÓMO ALCANZAR LA PERMANENCIA APACIBLE

Este apartado consta de seis partes:

1 Los cinco obstáculos que impiden el logro de la permanencia apacible.
2 Los ocho oponentes contra los cinco obstáculos.
3 El modo de alcanzar las nueve permanencias mentales.
4 Las seis fuerzas.
5 Las cuatro atenciones.
6 La señal de haber alcanzado la permanencia apacible.

Antes de comenzar el retiro es muy importante que hayamos logrado un entendimiento completo de las instrucciones sobre la manera de alcanzar la permanencia apacible. De lo contrario, es posible que tengamos que abandonar nuestro retiro para pedir consejo o que empecemos a confundirnos y a abrigar dudas acerca de lo que estamos haciendo. Si conocemos bien las instrucciones, sabremos cómo prepararnos para nuestro retiro y cómo alcanzar cada nivel de concentración. Seremos capaces de identificar cada uno de los obstáculos que impiden la realización de la permanencia apacible y sabremos qué métodos utilizar para superarlos.

Cuando queremos construir una casa, primero hemos de recibir instrucciones completas sobre el modo de hacerlo y la manera de solucionar los posibles problemas que puedan surgir. Sin esta información cometeremos numerosos errores, perderemos el tiempo y es posible que nos desanimemos y abandonemos nuestro trabajo. Lo mismo ocurre si nuestro objetivo es lograr la permanencia apacible. Para tener éxito, debemos prepararnos en nuestro interior y recibir las instrucciones completas sobre la manera de alcanzar nuestra meta.

Maitreya dio enseñanzas correctas y explícitas sobre la permanencia apacible en sus tratados *Ornamento de los Sutras mahayanas* y *Discernimiento entre el camino medio y los extremos*. Asanga las extrajo y las incorporó en sus *Cinco textos sobre los planos espirituales*, donde explica en detalle la manera de alcanzar la permanencia apacible. El gran yogui Kamalashila también escribió instrucciones perfectas sobre este tema en su texto *Etapas de meditación*. Más tarde, Yhe Tsongkhapa extrajo la esencia de todas ellas y las compiló en su *Gran exposición de las etapas del camino*. El linaje de estas instrucciones y el de estos meditadores permanece aún intacto. Por consiguiente, si practicamos estas enseñanzas, tenemos grandes posibilidades de alcanzar la permanencia apacible en esta misma vida.

LOS CINCO OBSTÁCULOS QUE IMPIDEN EL LOGRO DE LA PERMANENCIA APACIBLE

Estos obstáculos se explican en el texto de Maitreya titulado *Discernimiento entre el camino medio y los extremos*. Los cinco obstáculos son:

1 La pereza.
2 El olvido.
3 El hundimiento y la excitación mentales.
4 La falta de aplicación.
5 La aplicación innecesaria.

LA PEREZA

Por lo general, la pereza es una mente a la cual no le agrada realizar acciones virtuosas. En este contexto, se trata de la mente a la que no le gusta adiestrarse en la permanencia apacible. Podemos generar este tipo de pereza en cualquier momento, antes de emprender el retiro o durante el mismo. Puede ser de muchas clases. Por ejemplo, el apego a las actividades mundanas nos hace ser reacios al adiestramiento en la permanencia apacible y, por lo tanto, es una clase de pereza. El desanimarnos o deprimirnos pensando que la permanencia apacible es muy difícil de lograr, o el aplazar el retiro pensando que ya lo haremos en el futuro cuando en realidad ahora es el momento perfecto para ello, son también diferentes clases de pereza. Al principio de nuestra práctica, la pereza es el obstáculo principal porque impide que nos esforcemos en alcanzar la permanencia apacible. Mientras no nos sintamos felices de aplicar esfuerzo en nuestro adiestramiento, la puerta de la permanencia apacible permanecerá cerrada.

EL OLVIDO

Este obstáculo consiste en olvidar nuestro objeto mientras meditamos o las instrucciones que hemos recibido de nuestro Guía Espiritual. El olvido hace que nuestra meditación no sea fructífera, porque bajo su influencia somos como el jinete que se ha caído de su caballo. Cuando meditamos tenemos que sostener nuestro objeto firmemente con las riendas de la memoria o retentiva mental.

EL HUNDIMIENTO Y LA EXCITACIÓN MENTALES

Cuando emprendemos nuestro adiestramiento en la permanencia apacible, los dos mayores obstáculos que encontramos son el hundimiento y la excitación mentales, porque destruyen la concentración perfecta. La concentración perfecta es la que posee las dos características siguientes: permanece en su objeto de manera convergente y lo percibe con claridad a la vez que lo sostiene con firmeza. La excitación mental acaba con la cualidad convergente de la concentración, pues esta falta tiene lugar en cuanto tenemos distracciones. El hundimiento mental destruye la claridad de la concentración y la firmeza con que sostiene su objeto.

La excitación mental ocurre cuando la mente vaga hacia un objeto de apego. Si cuando estamos concentrados una parte de nuestra mente recuerda un objeto de apego, como puede ser un amigo o un manjar delicioso, estamos generando excitación mental porque nuestra mente ha vagado hacia ese objeto. Si no nos damos cuenta con rapidez de lo que ocurre y no emplazamos de nuevo la mente en el objeto de meditación, lo perderemos por completo. Debido a que estamos muy familiarizados con los objetos de apego, al inicio de nuestra práctica incurriremos en esta falta con frecuencia.

La excitación mental puede ser de dos clases: burda y sutil. Es posible que obtengamos una apariencia clara del objeto, lo sostengamos mentalmente con firmeza y permanezcamos enfocados en él de manera convergente, pero que al cabo de un rato, mientras seguimos en concentración, recordemos un objeto de deseo, como por ejemplo una comida especial que nos gusta mucho. Cuando sucede esto, no siempre acabamos perdiendo del todo el objeto de meditación. Una parte de nuestra mente puede seguir concentrada en el objeto mientras que otra vaga hacia otro. Esto es lo que se llama «excitación mental sutil». Si seguimos recordando el objeto de deseo, nuestra excitación mental irá aumentando de intensidad hasta que llegue un momento en que perdamos por completo nuestro objeto de meditación. Cuando esto ocurra, estaremos experimentando excitación mental burda. La excitación mental sutil es como el movimiento de un pequeño pez en el agua. La superficie del agua permanece tranquila mientras el pez nada por debajo. Cuando generamos excitación mental, nuestra mente todavía sigue fija en el objeto de concentración, pero parte de ella se ha desligado de él. Podemos generar excitación mental no sólo durante la meditación sino también en otras ocasiones. Un ejemplo de ello es cuando escuchamos a nuestro Guía Espiritual impartiendo enseñanzas y de pronto nos acordamos de un objeto hacia el que sentimos apego y perdemos parte de nuestra atención. De hecho, experimentamos la excitación mental con frecuencia, en cambio el hundimiento mental sólo lo generamos en meditación.

La excitación mental es un tipo especial de distracción o de divagación mental. La divagación mental ocurre cuando la mente se distrae con cualquier objeto que no sea de apego, aunque sea uno virtuoso, pues esta distracción es un obstáculo para la concentración perfecta. Por ejemplo, si estamos meditando en la respiración y de pronto recordamos la forma de Buda Shakyamuni, incurrimos en la falta de la divagación mental, porque al distraernos con un objeto, aunque sea virtuoso, interrumpimos nuestra concentración. Por lo tanto, si deseamos seguir progresando en nuestro adiestramiento de la permanencia apacible, hemos de suprimir todo tipo de distracciones.

El hundimiento mental puede ser también de dos clases: burdo y sutil. El burdo se produce cuando desarrollamos una buena concentración y aprehendemos el objeto con claridad, pero más tarde ésta disminuye. El sutil ocurre cuando mantenemos la claridad pero disminuye la fuerza con que sostenemos el objeto. Cuando tenemos este obstáculo, la mente permanece concentrada de manera convergente en su objeto y lo percibe con claridad, pero el asimiento del objeto, la intensidad de la concentración, decrece. La retentiva mental es la que sostiene el objeto con firmeza. Si el poder de la retentiva mental disminuye, la fuerza con la que lo sujetamos disminuirá. Si caemos en el hundimiento mental sutil y no lo corregimos, es posible que perdamos el objeto por completo. Cuando esto ocurra, habremos generado el hundimiento mental burdo.

Primero tenemos que entender a nivel intelectual lo que es el hundimiento mental sutil, pero para comprenderlo con exactitud hemos de identificarlo en meditación y observar cómo se manifiesta. Si no somos capaces de detectar el hundimiento mental sutil, nuestra concentración será defectuosa. Puesto que cuando generamos el hundimiento mental sutil la mente permanece enfocada en su objeto de manera convergente y continúa percibiéndolo con claridad, esta falta es difícil de identificar. De hecho, muchos son los meditadores que permanecen absortos en el hundimiento mental por mucho tiempo, creyendo que poseen una concentración perfecta. Sin embargo, mientras tengamos hundimiento mental no podremos alcanzar la permanencia apacible. Por consiguiente, debemos aprender a identificar el hundimiento mental sutil tan pronto como aparezca y aplicar el remedio apropiado para eliminarlo.

LA FALTA DE APLICACIÓN

Caemos en esta falta cuando no aplicamos los remedios correctos contra la excitación y el hundimiento mentales. La mayoría de las personas cometen este error cuando meditan. Por ejemplo, cuando durante una sesión de meditación recordamos algo que deseamos, a menudo permitimos que el objeto permanezca en nuestra mente y no tomamos la firme decisión de eliminarlo. Dejamos que los pensamientos surjan y continúen en nuestra mente y, por lo tanto, aunque externamente parezca que estemos meditando, en nuestro interior permanecemos distraídos y nuestra mente vaga de un sitio a otro, visitando amigos, yendo de compras, etc. Puesto que la falta de aplicación puede convertirse en un arraigado hábito mental, debemos detectar y abandonar los pensamientos irrelevantes tan pronto como surjan, y volver a fijar enseguida la atención en el objeto de concentración. Si surge el hundimiento mental burdo y olvidamos nuestro objeto por completo debido a la falta de aplicación, entramos en un estado que no es ni de meditación ni de sueño. Nuestra mente permanece vacía, esperando a que aparezcan pensamientos, lo cual puede ser una buena forma de relajación, pero no se le puede llamar «meditación».

LA APLICACIÓN INNECESARIA

Al inicio de nuestro adiestramiento en la concentración es imposible que incurramos en esta falta porque sólo se manifiesta tras haber alcanzado una concentración perfecta. Cuando alcanzamos la séptima y octava permanencias mentales ya hemos superado los obstáculos de la excitación y del hundimiento mentales, pero si a pesar de ello seguimos aplicando los remedios contra estas faltas, esta aplicación es innecesaria y altera la convergencia de nuestra concentración.

LOS OCHO OPONENTES CONTRA LOS CINCO OBSTÁCULOS

En el texto *Discernimiento entre el camino medio y los extremos*, Maitreya menciona ocho oponentes contra las cinco faltas. Éstos son:

1 Fe.
2 Aspiración.
3 Esfuerzo.
4 Flexibilidad.
5 Retentiva mental.
6 Vigilancia mental.
7 Aplicación.
8 Falta de aplicación.

Los cuatro primeros son oponentes contra la pereza y los cuatro últimos, contra el olvido, el hundimiento y la excitación mentales, la falta de aplicación, y la aplicación innecesaria respectivamente.

FE, ASPIRACIÓN, ESFUERZO Y FLEXIBILIDAD: LOS OPONENTES CONTRA LA PEREZA

La fe y la aspiración son los oponentes indirectos contra la pereza, mientras que el esfuerzo y la flexibilidad son los directos. En este contexto, el esfuerzo se refiere específicamente a la mente a la cual le complace la práctica de la concentración, y con cuya aplicación eliminamos la pereza. La flexibilidad se logra a través del esfuerzo, y una vez que la hayamos desarrollado al máximo habremos suprimido por completo la pereza.

El oponente de la fe se refiere a creer en el logro de la permanencia apacible. Desarrollamos esta virtud al reconocer los grandes beneficios de la permanencia apacible y los logros que podemos alcanzar gracias a esta realización. De las tres clases de fe, ésta es un ejemplo de la fe admirativa. En base a esta virtud desarrollamos la aspiración de alcanzar la permanencia apacible, y con dicha aspiración generamos de forma natural el esfuerzo gozoso en las prácticas que nos conducen al logro de nuestra meta. De esta manera, los oponentes indirectos –la fe y la aspiración– conducen a los oponentes directos –el esfuerzo y la flexibilidad–.

Cuando en la televisión vemos un anuncio acerca de las buenas cualidades de un determinado producto, desarrollamos con naturalidad el deseo de comprarlo. De manera similar, cuando conocemos las excelentes cualidades de la permanencia apacible, de forma natural aspiramos a alcanzarla y deseamos esforzarnos en nuestra práctica.

Si no generamos ahora la aspiración de alcanzar la permanencia apacible, nos será muy difícil hacerlo en las vidas futuras. Es posible que en nuestra próxima existencia no lleguemos ni siquiera a oír el término «permanencia apacible». En este mundo hay muchas personas que nunca lo han oído. Por lo tanto, mientras tengamos la oportunidad debemos apreciar nuestra buena fortuna y generar la firme aspiración de alcanzar la permanencia apacible, recordando que es más fácil practicar la concentración cuando se es joven. Cuando estamos sanos y fuertes es más fácil soportar las dificultades que podamos encontrar, nuestra mente es más lúcida y nuestra memoria es más clara y estable.

RETENTIVA MENTAL: EL OPONENTE CONTRA EL OLVIDO

La memoria o retentiva mental es el oponente contra el olvido. Su naturaleza es recordar y sostener el objeto con firmeza, y su función es eliminar y prevenir las distracciones. El objeto de la retentiva mental es cualquier fenómeno que hayamos conocido y comprendido con anterioridad. Asanga, en su *Compendio de fenomenología*, dice que la retentiva mental posee las tres características siguientes: su objeto es algo que ya conocemos, su naturaleza es no olvidar el objeto, y su función es eliminar las distracciones.

Cuando nos adiestramos en la concentración, tenemos que eliminar el olvido renovando una y otra vez la retentiva mental para familiarizarnos cada vez más con el objeto. Si restablecemos nuestra retentiva mental, impediremos que degenere. Mientras funcione bien, no olvidaremos el objeto de concentración.

VIGILANCIA MENTAL: EL OPONENTE CONTRA EL HUNDIMIENTO Y LA EXCITACIÓN MENTALES

La vigilancia mental es el oponente contra el hundimiento y la excitación mentales. Es un aspecto de la sabiduría que observa la concentración y que se da cuenta de si estamos generando las faltas del hundimiento o de la excitación mentales. Trabaja como un espía, porque su función es detectar la presencia de estos dos enemigos de la concentración y advertirnos que están a punto de aparecer. Al adiestrarnos en la concentración, tenemos que utilizar la vigilancia mental con destreza. Si nos excedemos en su aplicación, se convertirá en un obstáculo porque interferirá en la convergencia de nuestra concentración. Por otra parte, si no la aplicamos suficientemente, daremos paso a los enemigos del hundimiento y de la excitación mentales.

La manera de utilizar la vigilancia mental puede ilustrarse con la ayuda de la siguiente analogía. Si estamos caminando por una carretera con una gran suma de dinero en nuestros bolsillos y de pronto nos damos cuenta de que alguien con un aspecto sospechoso nos está siguiendo, actuaremos con mucho cuidado, fijándonos principalmente en la carretera pero mirando de reojo a esta persona con frecuencia para observar sus movimientos. De manera similar, cuando nos adiestramos en la concentración, nuestra mente ha de concentrarse principalmente en el objeto, pero una parte de ella ha de estar alerta para ver si el hundimiento o la excitación mentales están al acecho. Esta vigilancia ha de realizarse con delicadeza para no alterar la concentración. Así como la persona a quien le sigue un presunto ladrón no se pararía bruscamente para mirarle a la cara, cuando meditamos debemos vigilar de manera imperceptible, observando con una parte de nuestra mente pero sin abandonar nuestra concentración principal. Los espías cumplen su misión simplemente observando y dando cuenta de lo que han averiguado. El intervenir con las armas no es parte de su responsabilidad. Una vez que han transmitido a sus superiores la información adquirida, la fuerza militar es la encargada de eliminar los posibles peligros. De manera similar, la vigilancia mental contrarresta el hundimiento y la excitación mentales, pues nos avisa en el momento en que estas faltas empiezan a surgir y nos apremia a aplicar los oponentes directos.

El oponente directo contra el hundimiento mental sutil es sostener mentalmente el objeto con mayor firmeza, porque este obstáculo hace disminuir la fuerza con que lo asimos. Si cogemos una pelota y no la agarramos con fuerza, es posible que se nos caiga de las manos. El hundimiento mental sutil produce el mismo efecto en nuestra concentración. Si no lo corregimos, el objeto se nos irá de la mente.

Hay muchas clases de oponentes directos contra el hundimiento mental burdo. Cuando surge percibimos el objeto con menor claridad. Podemos remediar esta falta por medio de la meditación analítica. Por ejemplo, si nuestro objeto es la forma visualizada de Buda Shakyamuni, podemos volver a la meditación analítica recordando las diversas características de este objeto, de la cabeza a los pies. Puesto que el hundimiento mental burdo surge cuando la mente se siente pesada y abrumada, como si estuviera espesa, podemos contrarrestarlo infundiendo energía en ella y aligerándola. Para ello podemos recordar meditaciones previas, como la meditación de la preciosa existencia humana o la de los grandes beneficios de alcanzar la permanencia apacible.

Hay un método más poderoso para eliminar el hundimiento mental burdo. Consiste en visualizar nuestra mente raíz en el corazón en el aspecto de una luz blanca de forma ovalada. A continuación pronunciamos la sílaba PHET (que se pronuncia «pe»). Al mismo tiempo imaginamos que esta diminuta esfera ovalada que es nuestra mente raíz, sale disparada a través de nuestro canal central por nuestra coronilla y se adentra en el espacio. Entonces, imaginamos que nuestra mente se funde de manera inseparable con él y mantenemos este reconocimiento en meditación convergente.

El oponente directo contra la excitación mental sutil es relajar ligeramente la intensidad de nuestra concentración. Esta falta surge cuando nos esforzamos demasiado en percibir el objeto con claridad y aplicamos más esfuerzo del necesario para mantener la convergencia de la concentración. Si aplicamos más esfuerzo del necesario y sujetamos el objeto con demasiada fuerza, perderemos la convergencia y nuestra concentración oscilará. En ese momento, una parte de nuestra mente vagará hacia otro objeto. Para recuperar la convergencia hemos de relajar suavemente la intensidad con que sujetamos el objeto.

El oponente directo contra la excitación mental burda es olvidar el objeto de apego. Para ello, debemos meditar repetidas veces sobre la impermanencia y los peligros del samsara e intentar generar renuncia. Si esto no surte efecto, podemos meditar en la respiración para reducir los pensamientos conceptuales y desviar de manera temporal nuestra atención del objeto de apego.

La concentración pura es como una espada de dos filos. Uno de ellos es el filo de la convergencia o estabilidad y el otro el de la claridad e intensidad. Para lograr convergencia, al principio hemos de esforzarnos mucho, pero si nos excedemos en ello la perderemos y la mente comenzará a vagar hacia otro objeto. Por otra parte, si no ponemos suficiente esfuerzo, no sostendremos el objeto con suficiente fuerza y daremos paso al hundimiento mental. El gran meditador Chandragomin dijo:

«Cuando me esfuerzo, genero excitación mental.
Pero cuando dejo de esforzarme, genero hundimiento mental.»

Tenemos que aprender a ajustar la intensidad de nuestro esfuerzo de manera que no sea ni muy fuerte ni muy débil, con la misma precisión con la que un guitarrista afina las cuerdas de su guitarra.

APLICACIÓN: EL OPONENTE CONTRA LA FALTA DE APLICACIÓN

Cuando practicamos la concentración, el oponente contra la falta de aplicación es la aplicación del remedio correcto contra la falta que surja en cada caso. Para aplicar el remedio apropiado hemos de tomar la firme resolución de hacerlo.

FALTA DE APLICACIÓN: EL OPONENTE CONTRA LA APLICACIÓN INNECESARIA

Cuando hemos alcanzado una concentración perfecta, el no aplicar ningún remedio es el oponente contra la aplicación innecesaria. El permanecer con naturalidad en perfecta concentración se denomina «ecuanimidad de aplicación». En este estado, la mente permanece serena y la concentración carece de faltas.

A medida que alcancemos mayores realizaciones, nuestra concentración irá mejorando. Cuando logramos los niveles medios de concentración, sabemos con exactitud cuándo aplicar los oponentes contra el hundimiento y la excitación mentales, y cuando alcanzamos la octava permanencia apacible no necesitamos aplicar más esfuerzo. A partir de ese momento nuestra concentración es perfecta. En este nivel, nuestra concentración es poderosa y sujeta el objeto con firmeza, por lo que el esfuerzo que hemos de poner al aplicar los oponentes es más relajado.

A pesar de que el hundimiento y la excitación mentales son los obstáculos más comunes de la concentración, hay muchos otros más. Como ya se ha explicado, todas las distracciones constituyen un obstáculo, porque nuestra mente de momento es incapaz de aprehender dos objetos a la vez y, por ello, en el momento en que recordamos otro objeto nuestra concentración se debilita. El sueño y el sopor son también grandes obstáculos para la concentración. ¡No es difícil comprender cómo el sueño interfiere en la concentración! Si nos sentimos adormilados cuando vamos a comenzar la meditación, nos convendría refrescar la habitación y dejar que entre la luz. Debemos sentarnos con la espalda recta y mantener los ojos más abiertos de lo que normalmente hacemos para meditar, y es mejor que vistamos ropas ligeras. Cuando nos hayamos acostumbrado a practicar la concentración, podremos disipar la somnolencia recordando nuestro objeto de meditación y concentrándonos en él. Entonces, la concentración misma se convertirá en un oponente contra el adormecimiento. Cuando alcanzamos la permanencia apacible, nuestro sueño se convierte en concentración.

El sopor es también un obstáculo para la concentración. Es un tipo de ofuscación que produce pesadez física y mental, y que provoca el hundimiento mental y el sueño. El sopor es una de las causas del hundimiento mental y, a pesar de que es fácil confundirlos, son diferentes. Si la fuerza de nuestra concentración disminuye ligeramente debido al sopor, experimentaremos el hundimiento mental sutil. Si el sopor destruye la fuerza de nuestra concentración de manera que no podemos percibir el objeto con claridad, experimentaremos el hundimiento mental burdo.

La concentración es como una semilla, y el hecho de eliminar los obstáculos y acumular las condiciones necesarias son como el agua y los demás componentes que la nutren. La permanencia apacible es como el fruto que se produce cuando se reúnen la semilla y las condiciones que la hacen germinar.

EL MODO DE ALCANZAR LAS NUEVE PERMANENCIAS MENTALES

Su explicación se presenta en dos partes:

1 El objeto de la meditación.
2 Las nueve permanencias mentales.

EL OBJETO DE LA MEDITACIÓN

Antes de comenzar el retiro de la permanencia apacible tenemos que elegir nuestro objeto de meditación, y luego debemos mantenerlo durante todo el retiro sin cambiar a otro. Hemos de elegir el objeto que sea más adecuado para nosotros, y una vez que lo hayamos seleccionado, debemos familiarizarnos con él tanto en las sesiones de meditación como en los descansos. Como preparación para el retiro de la permanencia apacible podemos comenzar haciendo retiros cortos a fin de familiarizarnos con nuestro objeto. También podemos adiestrarnos en la concentración en las sesiones de meditación que realicemos a diario. Si nos esforzamos en practicar la concentración, lograremos las cuatro primeras permanencias mentales antes de comenzar el retiro. Incluso muchos monjes que vivían en los monasterios consiguieron alcanzar la iluminación meditando por las noches.

En la *Esencia del camino medio* se dice que tenemos que atar nuestra mente, como si se tratara de un elefante salvaje, al poste de un objeto virtuoso con la recia cuerda de la retentiva mental, y utilizar el gancho de la vigilancia mental para subyugarlo. De momento, nuestra mente es como un elefante salvaje que está enloquecido. Nuestras perturbaciones mentales son muy poderosas y nos hacen cometer todo tipo de acciones perjudiciales, y desde tiempo sin principio hemos estado bajo su dominio. La permanencia apacible es el método para subyugar y controlar nuestra mente que de momento es como un elefante descontrolado, y el objeto de concentración es como el poste donde lo atamos. Sin dicho objeto virtuoso, nuestra mente no permanecerá tranquila, sino que continuará vagando hacia los objetos de las perturbaciones mentales.

Hay muchos objetos apropiados para practicar la permanencia apacible. Buda mencionó los cuatro siguientes:

1 Objetos incluyentes.
2 Objetos para eliminar determinadas perturbaciones mentales.
3 Objetos para eliminar las perturbaciones mentales en general.
4 Objetos para los eruditos.

OBJETOS INCLUYENTES

Los objetos incluyentes son las dos verdades: la convencional y la última. Se les denomina de esta manera porque abarcan todos los posibles objetos de meditación de la permanencia apacible.

OBJETOS PARA ELIMINAR DETERMINADAS PERTURBACIONES MENTALES

Son los objetos de concentración que sirven como oponentes para eliminar determinadas perturbaciones mentales. Por ejemplo, las impurezas de los objetos de deseo es un objeto adecuado para las personas que sufren de mucho apego. Al tomarlo como el objeto de su concentración, estas personas alcanzarán la permanencia apacible y superarán su apego al mismo tiempo. La impermanencia es un buen objeto para quienes sufren de ansiedad y se preocupan demasiado por el bienestar y la seguridad de esta vida. Al tomar la impermanencia como su objeto de concentración alcanzarán la permanencia apacible y al mismo tiempo superarán sus temores. De manera similar, aquellos cuyo problema principal sea el odio, pueden elegir el amor como su objeto de concentración; las personas que desean generar la mente de renuncia, pueden meditar sobre los sufrimientos del samsara; las que desean alcanzar la iluminación y entrar en el camino mahayana, pueden hacerlo sobre la mente de gran compasión o de bodhichita; a las que tienen muchas distracciones les convendría concentrarse en la respiración; los practicantes que hayan recibido iniciaciones tántricas pueden tomar su cuerpo generado como el de la Deidad como su objeto; y aquellos que practican la etapa de consumación, las sílabas semilla, los canales de energía, los aires internos, las gotas, etc.

En el *Sutra rey de las concentraciones* se recomienda que elijamos la forma de un Buda como nuestro objeto de concentración. Si nos concentramos en dicho objeto, aunque nuestra concentración no sea muy clara, grabaremos unos potenciales virtuosos especiales, acumularemos méritos y purificaremos nuestras faltas. Si nos familiarizamos con la forma de un Buda y la mantenemos siempre presente en nuestra mente, al morir la recordaremos y obtendremos un renacimiento superior con toda seguridad.

Algunas personas logran la permanencia apacible con mayor rapidez siguiendo las instrucciones del Mahamudra, tomando su propio cuerpo sutil como el objeto de concentración. Si nos adiestramos de esta manera corremos menos riesgos de generar el hundimiento y la excitación mentales, y podemos lograr las realizaciones de la etapa de consumación con facilidad.

OBJETOS PARA ELIMINAR LAS PERTURBACIONES MENTALES EN GENERAL

La vacuidad es el mejor objeto para eliminar las perturbaciones mentales, porque si meditamos en ella eliminaremos el aferramiento propio, que es la raíz de todos los engaños.

OBJETOS PARA LOS ERUDITOS

Si al concentrarnos en un objeto mejoran nuestra sabiduría y concentración, se dice que éste es un objeto para los eruditos. Para que esto suceda tenemos que meditar con una mente aguda y con gran destreza. Entre los objetos para los eruditos cabe mencionar los cinco agregados, los dieciocho elementos, los doce generadores, los doce vínculos dependientes relacionados y las dos verdades.

La naturaleza de cada fenómeno es su propio elemento. Los elementos pueden dividirse en externos e internos. Los científicos poseen un gran conocimiento de los elementos externos. Conocen sus componentes, el poder potencial de las sustancias químicas y lo que ocurre al combinarlas. Puesto que los científicos se han especializado en los elementos externos, han aprendido a manipular el mundo material, a conseguir grandes avances tecnológicos y a producir muchas cosas útiles.

Para conocer los elementos sutiles con precisión, sus naturalezas y funciones, tenemos que estudiar la ciencia interna del Budadharma. Si logramos una gran maestría en los temas de la ciencia interna, alcanzaremos unas realizaciones muy especiales que serán los frutos internos de nuestro estudio. Cuando logremos un entendimiento completo de esta ciencia interior, alcanzaremos la iluminación. Todas las realizaciones espirituales que obtenemos como resultado de nuestra práctica de Dharma son poderes internos. La ciencia interna no implica ningún riesgo, sólo nos proporciona paz. Por el contrario, la ciencia externa, por muy beneficiosa que sea, conlleva muchos peligros y conflictos. De hecho, en estos momentos, los peligros que ocasiona son mayores que sus beneficios, porque el progreso tecnológico ha producido, por ejemplo, las armas nucleares que tienen un poder destructivo mucho mayor que toda la capacidad creativa del resto de los más ingeniosos inventos. La ciencia externa está poniendo a todo el mundo en peligro. Por lo tanto, es mucho más importante aprender la ciencia interna.

Los elementos pueden dividirse en dieciocho. Si los tomamos como nuestro objeto de concentración, primero hemos de meditar en ellos de forma analítica hasta que obtengamos una experiencia especial. Ésta será nuestro objeto de concentración propiamente dicho. De manera similar, si elegimos los doce vínculos dependientes relacionados como nuestro objeto, primero hemos de meditar en ellos de manera analítica hasta que generemos la firme determinación de alcanzar la liberación, y luego tomamos este pensamiento especial como nuestro objeto de concentración.

Los dieciocho elementos son los seis objetos de las consciencias –las formas visuales, los sonidos, los olores, los sabores, los objetos tangibles y los demás fenómenos–; los seis poderes sensoriales –el poder sensorial de la vista, el del oído, del gusto, del olfato, del cuerpo y de la mente–; y las seis consciencias –la consciencia visual, la auditiva, la olfativa, la gustativa, la corporal y la mental–. Los cinco poderes sensoriales físicos no son los órganos físicos sensoriales propiamente dichos, sino los poderes internos sutiles que generan de manera directa sus respectivas consciencias sensoriales. El poder mental es el momento previo de la consciencia mental. Los poderes sensoriales dotan a sus respectivas consciencias con el poder de aprehender sus objetos. Los órganos físicos por sí solos no pueden otorgar dicho poder a las consciencias. Si pudiesen hacerlo, un invidente que dispone de sus órganos visuales tendría que ser capaz de ver.

¿De qué manera hemos de tomar estos dieciocho elementos como nuestro objeto de concentración? Primero, tenemos que entender que todos los objetos de conocimiento están comprendidos dentro de los dieciocho elementos y que éstos lo están, a su vez, en los doce siguientes: los seis poderes sensoriales y los seis objetos de las consciencias. Cuando tomamos los dieciocho elementos como nuestro objeto de concentración, primero tenemos que meditar de forma analítica con mucho detalle, dividiendo cada uno de ellos en sus incontables partes. Cuando analizamos los elementos es como si nuestra mente se dividiera en todas esas porciones. Una vez que hemos diferenciado las partes de cada elemento, tenemos que estudiar el poder, la naturaleza, las funciones, etc., de cada una de ellas. Si meditamos de esta manera, nuestra sabiduría aumentará en gran medida. Después, agrupamos las incontables partes en los dieciocho elementos, éstos en los doce, y éstos últimos en los seis objetos de las consciencias. Finalmente, incluimos estos seis en una sola categoría: los objetos de la consciencia mental o el elemento de los fenómenos, y lo tomamos como el objeto de nuestra estabilización mental. El meditar de esta forma recibe el nombre de «reunir la mente». Si tenemos una cierta experiencia de la vacuidad, podemos recordar que este objeto es vacío y meditar así en ella. La vacuidad misma está también incluida en el elemento de los fenómenos.

Los objetos pueden dividirse en aquellos que no son mente y los que sí lo son, llamados sujetos. La manera de meditar en ellos es diferente. Cuando meditamos en objetos que no son mente tales como la vacuidad, la impermanencia o la forma de un Buda, primero tenemos que encontrar el objeto por medio de la meditación analítica. Una vez que lo hayamos encontrado, lo sostenemos y nos concentramos en él en meditación de emplazamiento. Por ejemplo, si tomamos la impermanencia burda como nuestro objeto de meditación, primero generamos una imagen mental de la impermanencia, pensando que nosotros somos impermanentes y recordando los nueve razonamientos que utilizamos en la meditación de la muerte. Cuando logremos una fuerte convicción de nuestra impermanencia, debemos mantenerla concentrándonos en ella.

Cuando meditamos en sujetos, hacemos una meditación analítica para transformar nuestra mente en el sujeto y entonces sostenemos esa mente de manera convergente en meditación de emplazamiento. Comenzamos transformando nuestra mente en el objeto, como puede ser la ecuanimidad, la compasión o la bodhichita, y luego mantenemos e intensificamos esta mente por medio de la concentración. En este tipo de meditaciones nunca hemos de considerar que el objeto es algo externo. Nuestra mente ha de transformarse de hecho en el objeto mismo, en vez de simplemente observarlo. Cuando el estado mental, que es el objeto de nuestra concentración, sea continuo y espontáneo, habremos alcanzado la permanencia apacible. Si nuestro objeto es, por ejemplo, la bodhichita, cuando esta mente se manifieste de manera espontánea habremos alcanzado la permanencia apacible.

Cuando hacemos meditaciones del Lamrim que no son las que tratan de las diferentes etapas de la permanencia apacible, no nos estamos adiestrando específicamente en la permanencia apacible; pero son muy parecidas porque en todas ellas, primero, hemos de encontrar el objeto de meditación por medio de la meditación analítica y, luego, mantenerlo con la meditación de emplazamiento. De esta manera, todas las meditaciones que hacemos nos sirven de preparación para lograr la permanencia apacible.

LAS NUEVE PERMANENCIAS MENTALES

Para alcanzar la permanencia apacible tenemos que progresar de manera sucesiva a través de nueve niveles de concentración en un mismo objeto. Estos niveles son:

1 Emplazamiento de la mente.
2 Emplazamiento continuo.
3 Reemplazamiento.

4 Emplazamiento cercano.
5 Control.
6 Pacificación.
7 Pacificación completa.
8 Convergencia.
9 Emplazamiento estabilizado.

A medida que un niño va creciendo, se va haciendo más fuerte y maduro con cada año que pasa. De manera similar, nuestra concentración también se va haciendo más fuerte y poderosa con cada nivel hasta que alcanzamos la permanencia apacible. Ahora prosigue una explicación de las características de cada nivel de concentración y de cómo se avanza a través de ellos de manera gradual.

EMPLAZAMIENTO DE LA MENTE

Cuando comenzamos nuestro adiestramiento en la permanencia apacible nos sentamos en la postura de Vairochana con sus siete características, o de forma parecida, y luego generamos la motivación de bodhichita, tomando la resolución de adiestrarnos en la permanencia apacible con el fin de colmar nuestro deseo de beneficiar a los demás.

En este nivel, nuestra meta es encontrar el objeto de meditación y enfocar o emplazar nuestra mente en él. Cuando alcanzamos el emplazamiento de la mente, aún no somos capaces de mantener el objeto de manera continua por un determinado espacio de tiempo, sólo podemos enfocar nuestra mente en él.

Para «encontrar» el objeto hemos de examinarlo con detalle. Si nuestro objeto es, pongamos por caso, la forma visualizada de Buda, la manera de encontrarlo es recordando los diversos aspectos de su figura. Al principio visualizamos el objeto del tamaño de un dedo pulgar, pero a medida que vayamos progresando lo hemos de ir visualizando tan pequeño como podamos. Si tenemos muchas distracciones, podemos imaginar que el objeto se encuentra ante nosotros a la altura de nuestro ombligo porque ello nos ayudará a reducir la excitación mental y las demás distracciones. Para reducir el hundimiento mental debemos visualizar el objeto a una altura elevada. Debemos ir probando diferentes posiciones para ver cuál es la mejor para nosotros, aunque en general el lugar idóneo es hacerlo a la altura de nuestro entrecejo.

Antes de realizar la meditación y durante los descansos, es conveniente que observemos una figura de Buda. Durante la sesión de meditación podemos recordarla para percibir con claridad su imagen genérica. Debemos intentar ver esta imagen con el «ojo de nuestra mente», recordando sus diferentes características de la cabeza a los pies, pensando: «Su cabello es de tal color, su rostro tiene tal expresión, etc.» Luego, hacemos lo mismo en sentido inverso, examinándola de los pies a la cabeza. A este proceso analítico se le denomina «la búsqueda del objeto». Al cabo de un rato ya seremos capaces de establecer una imagen genérica aproximada de su forma. Entonces, tomamos esta imagen genérica aproximada como nuestro objeto de concentración e intentamos emplazar nuestra mente en ella sin esforzarnos en hacerla más clara. Si para entonces conseguimos percibir toda la imagen con claridad, podemos considerarnos muy afortunados, pero aunque logremos generar sólo una vaga imagen, de momento es suficiente. Aún estamos simplemente preparándonos para practicar el emplazamiento de la mente. Una vez que hayamos encontrado o establecido bien el objeto y seamos capaces de fijar nuestra mente en él y de sostenerlo de manera convergente, habremos alcanzado la primera permanencia mental. Es posible que necesitemos varios meses antes de conseguirla.

En este nivel aún tenemos más distracciones que concentración durante las sesiones de meditación. Es posible que pensemos que tenemos más distracciones de lo normal, pero no es cierto. Nos parece que es así porque nuestra mente ha logrado una mayor claridad y está más concentrada en sí misma. En la vida cotidiana tenemos más distracciones que cuando estamos meditando pero, debido a que no las reconocemos, nos da la impresión de que no son tantas como las que experimentamos cuando nos ponemos a meditar.

EMPLAZAMIENTO CONTINUO

Después de haber alcanzado el nivel de emplazamiento de la mente, seguimos meditando en el mismo objeto repetidas veces hasta que seamos capaces de mantenerlo de manera convergente durante unos cinco minutos. Cuando consigamos hacerlo, habremos alcanzado la permanencia del emplazamiento continuo. En este grado de concentración aún tenemos muchos pensamientos conceptuales y distracciones, pero menos que en el nivel anterior. Las distracciones no son tan activas y parece como si se fueran a desvanecer. Nuestra concentración es más poderosa. Unas veces nuestra mente está libre de pensamientos conceptuales y otras veces no.

REEMPLAZAMIENTO

Una vez que hayamos logrado el emplazamiento continuo, si seguimos meditando una y otra vez, alcanzaremos el reemplazamiento. En este segundo nivel somos capaces de mantener el objeto durante unos cinco minutos antes de perderlo, pero cuando lo perdemos no podemos recuperarlo de inmediato. Cada vez que lo olvidamos tenemos que volver a hacer una meditación analítica. No obstante, en la tercera permanencia mental, cuando perdemos el objeto lo podemos recuperar enseguida sin tener que buscarlo de nuevo. En el segundo nivel somos como un niño a quien se le ha caído la pelota de las manos y no consigue recogerla con facilidad. En el tercero somos como un adulto que puede recoger la pelota inmediatamente cada vez que se le escapa. Cuando alcanzamos el reemplazamiento, nuestra retentiva mental es mucho más poderosa y somos capaces de meditar durante una hora sin perder por completo nuestro objeto. Durante ese tiempo el objeto se desprende varias veces, pero somos capaces de recuperarlo sin dilación.

EMPLAZAMIENTO CERCANO

Después de haber alcanzado el reemplazamiento, si continuamos meditando una y otra vez, lograremos la cuarta permanencia mental, llamada «emplazamiento cercano». En este nivel el poder de nuestra retentiva mental es completo y, por lo tanto, no olvidamos el objeto en ningún momento durante toda la sesión de meditación. Este nivel se denomina «emplazamiento cercano» porque el objeto está siempre cerca de nosotros.

CONTROL

Después de haber alcanzado el emplazamiento cercano, hemos de seguir meditando de forma reiterada y nuestra concentración irá mejorando hasta que alcancemos el quinto nivel, denominado «control». En este nivel ya no corremos el peligro de generar ningún tipo de excitación mental ni tampoco de caer en el hundimiento mental burdo; pero, debido al poder de la estabilidad de nuestra concentración, puede que nuestra mente se recoja en su interior más de lo debido y, en consecuencia, existe el riesgo de que provoquemos el hundimiento mental sutil. Por medio de la vigilancia mental podemos controlar este obstáculo y eliminarlo de inmediato aplicando el oponente apropiado. En este nivel, para superar el hundimiento mental sutil utilizamos principalmente la vigilancia mental.

PACIFICACIÓN

Al mejorar nuestra concentración aún más, alcanzaremos la permanencia mental llamada «pacificación». En este nivel no corremos el peligro de generar ningún tipo de hundimiento mental ni de excitación mental burda, pero debido a que en el nivel anterior tuvimos que aplicar el remedio contra el hundimiento mental, ahora corremos el riesgo de que lo apliquemos más de lo necesario, lo cual dará lugar a que surja la excitación mental sutil. A través de la fuerza de la vigilancia mental lograremos identificar este obstáculo y superarlo al aplicar el oponente apropiado.

PACIFICACIÓN COMPLETA

Después de haber alcanzado el nivel de pacificación, si seguimos mejorando nuestra concentración, alcanzaremos el nivel de «pacificación completa». En este nivel, debido a que hemos perfeccionado los poderes de la retentiva y la vigilancia mentales, no hay mucho peligro de generar excitación ni hundimiento mentales sutiles. En el caso de que surjan cualquiera de estos dos obstáculos, podremos eliminarlos de inmediato por medio del poder del esfuerzo.

CONVERGENCIA

Si continuamos nuestra práctica de la concentración, llegaremos a alcanzar el nivel denominado «convergencia». En este nivel es imposible que desarrollemos ningún tipo de hundimiento o excitación mentales durante la meditación. Sin embargo, a pesar de que somos capaces de enfocar nuestra mente en el objeto y de permanecer en él de manera convergente por tanto tiempo como queramos, aún tenemos que esforzarnos en mantener la concentración.

EMPLAZAMIENTO ESTABILIZADO

Si en el nivel de la convergencia nos adiestramos en la meditación con perseverancia, alcanzaremos «el emplazamiento estabilizado». En esta etapa, tan pronto como empezamos a meditar, podemos mantener la concentración sin esfuerzo. Al iniciar la meditación, cuando decidimos que vamos a practicar la concentración, tenemos que hacer un ligero esfuerzo para emplazar la mente en el objeto, pero una vez que lo hemos hecho no necesitamos esforzarnos en mantener la concentración. Así como cuando nos vamos a acostar nos dormimos sin tener que hacer ningún esfuerzo, en este nivel, una vez que hemos decidido practicar la concentración y hemos recordado nuestro objeto, nos absorberemos en él de manera natural y espontánea. Todo ser sintiente necesita aplicar al menos un esfuerzo mínimo para realizar cualquier acción, porque sólo los Budas han completado la perfección del esfuerzo y pueden realizar cualquier obra sin esfuerzo alguno.

LAS SEIS FUERZAS

Son métodos para alcanzar y mejorar las nueve permanencias mentales. Las seis fuerzas son:

1 La fuerza de la escucha.
2 La fuerza de la contemplación.
3 La fuerza de la retentiva mental.
4 La fuerza de la vigilancia mental.
5 La fuerza del esfuerzo.
6 La fuerza del hábito completo.

La fuerza de la escucha se refiere a escuchar las instrucciones sobre la manera de encontrar el objeto de concentración. Si queremos alcanzar la primera permanencia mental, emplazamiento de la mente, tenemos que recibir estas instrucciones de un Maestro cualificado.

Alcanzamos la segunda permanencia mental, emplazamiento continuo, gracias a la fuerza de la contemplación. Para ello contemplamos nuestro objeto de concentración de manera reiterada hasta que nos familiarizamos con él. Esto es algo que debemos hacer tanto durante la sesión de meditación como durante el descanso de la misma. Hemos de intentar contemplar nuestro objeto hasta en sueños. De este modo nos habituaremos a él, al igual que nos familiarizamos con los objetos de apego cuando soñamos con ellos. Es fácil recordar un objeto de apego y permanecer concentrados en él de manera convergente. Somos capaces de contemplar nuestro deseado objeto de apego incluso cuando estamos haciendo otras cosas, como por ejemplo, comer. Cuando este objeto aparece en nuestra mente, sentimos como si nos hubiéramos fundido en él. Aunque esto parezca ser una concentración, no lo es porque el objeto no es virtuoso.

La fuerza de la retentiva mental nos capacita para alcanzar los niveles tercero y cuarto –reemplazamiento y emplazamiento cercano–, y gracias a la de la vigilancia mental podemos lograr las permanencias mentales quinta y sexta –control y pacificación–. Por medio de la vigilancia mental en el nivel del control superamos en gran medida el hundimiento mental, y en el nivel de la pacificación la excitación mental.

Gracias a la fuerza del esfuerzo podemos alcanzar las permanencias mentales séptima y octava –pacificación completa y convergencia–. En el nivel de la pacificación completa, por medio de la fuerza del esfuerzo subyugamos el hundimiento y la excitación en cuanto surgen, y mantenemos nuestra concentración en el nivel de la convergencia.

La fuerza del hábito completo con el objeto nos capacita para alcanzar la novena permanencia apacible –emplazamiento estabilizado–.

LAS CUATRO ATENCIONES

La atención es un factor mental siempre acompañante cuya función es desplazar y dirigir la mente hacia el objeto y enfocarla de manera convergente en él. Por ejemplo, si hay varios objetos sobre una mesa, la atención es el factor mental que dirige la mente y la enfoca hacia uno de ellos y luego la desplaza hacia otro. Si la atención no funcionase, no seríamos capaces de distinguir los distintos objetos.

La atención puede ser de cuatro clases:

1 Atención forzada.
2 Atención interrumpida.
3 Atención ininterrumpida.
4 Atención espontánea.

En los dos primeros niveles de concentración utilizamos la atención forzada para ir renovando nuestro esfuerzo una y otra vez. En los cinco niveles siguientes aplicamos la atención interrumpida porque la excitación y el hundimiento mentales interfieren de vez en cuando en nuestra concentración. En el nivel octavo usamos la atención ininterrumpida, porque ya no aparece ninguna falta que interrumpa nuestra concentración. En el nivel noveno disponemos de la atención espontánea, porque nuestra concentración ya no requiere esfuerzo. Cuando nos adiestramos en la permanencia apacible estas cuatro atenciones surgen de manera natural y en el momento adecuado, sin necesidad de esforzarnos en cultivarlas.

LA SEÑAL DE HABER ALCANZADO LA PERMANENCIA APACIBLE

Cuando conseguimos la flexibilidad completa, que es inducida por el logro de la novena permanencia mental –emplazamiento estabilizado–, hemos alcanzado la permanencia apacible. En la segunda permanencia mental desarrollamos una flexibilidad ligera que es difícil de reconocer, y en los niveles tercero y cuarto nuestra flexibilidad se desarrolla algo más. Aquellos que están acostumbrados a meditar pueden reconocer la flexibilidad incluso en los dos primeros niveles, pero la flexibilidad completa sólo se alcanza después de haber logrado el emplazamiento estabilizado. El tiempo que se requiere para ello depende del practicante. Unos meditadores avanzan con rapidez, pero otros tienen que seguir meditando durante varias semanas antes de alcanzar la permanencia apacible.

Cuando obtenemos la flexibilidad especial de la permanencia apacible, nos liberamos de toda rigidez y pesadez física y mental, nuestra mente se vuelve clara y desaparecen también todos los obstáculos que nos impiden efectuar acciones virtuosas. La flexibilidad física se desarrolla a partir de la mental, y nuestro cuerpo se vuelve muy ligero, saludable e infatigable. Ello se debe a que cuando alcanzamos la flexibilidad mental, ésta provoca una docilidad en los aires internos sutiles que fluyen a través de nuestro cuerpo. La flexibilidad física impregna nuestro cuerpo por completo y ello produce una sensación de gozo. En dependencia del gozo de la flexibilidad física experimentamos el gozo de la flexibilidad mental. Cuando experimentamos por primera vez el gozo de la flexibilidad física, es tan intenso que sentimos una especie de conmoción que hace que nuestra concentración oscile, reduciendo ligeramente la intensidad de dicho gozo. Cuando la experiencia del gozo se estabiliza, alcanzamos el gozo inmutable de la concentración. Ésta es la señal de que hemos alcanzado la permanencia apacible. En esta etapa parece como si nuestra mente se hubiera disuelto en el objeto. La mente es extremadamente clara y sentimos como si pudiéramos contar los átomos de una pared. Cuando alcanzamos la permanencia apacible nuestra mente deja de pertenecer al reino del deseo y se transforma en una de los reinos superiores. A partir de este logro, utilizamos la permanencia apacible para alcanzar planos y caminos espirituales cada más elevados hasta que logramos la liberación y la iluminación total.

Adiestramiento de la mente en la visión superior

LA MANERA DE ADIESTRAR LA MENTE EN LA VISIÓN SUPERIOR, LA ESENCIA DE LA SABIDURÍA

Este apartado se explica en tres partes:

1. La naturaleza de la visión superior.
2. La función de la visión superior.
3. Los objetos de la visión superior.

LA NATURALEZA DE LA VISIÓN SUPERIOR

La naturaleza de la visión superior es sabiduría. Así como la permanencia apacible es una clase especial y superior de concentración, la visión superior es una sabiduría preeminente que surge a partir de la permanencia apacible. Una vez que hemos alcanzado la permanencia apacible, nuestra concentración no puede ser alterada por pensamientos ni distracciones. Permanece inmutable como una gran montaña que el viento no puede mover. Con esta concentración tan estable podemos analizar el objeto de observación con mayor precisión. A través de un examen repetido del objeto, llegará un momento en que lograremos un conocimiento o comprensión superior de su naturaleza. Esta sabiduría que surge de la investigación produce una flexibilidad especial. La sabiduría dotada de dicha flexibilidad es la visión superior.

La flexibilidad de la visión superior y la de la permanencia apacible son semejantes, puesto que las dos son flexibilidades, pero las causas que las producen son diferentes. La flexibilidad de la permanencia apacible está provocada principalmente por la concentración, mientras que la de la visión superior lo está por la sabiduría. La naturaleza de la meditación analítica es sabiduría y la de la meditación de emplazamiento es concentración. La visión superior se denomina de tal forma porque el meditador que la ha desarrollado percibe la naturaleza del objeto de observación con mayor claridad y, en consecuencia, de una manera superior al modo en que la percibe el meditador que sólo ha alcanzado la permanencia apacible.

De momento no tenemos una concentración muy fuerte y, por lo tanto, cuando meditamos nuestra mente no puede hacer una meditación analítica y una de emplazamiento al mismo tiempo. No obstante, cuando alcanzamos la permanencia apacible somos capaces de examinar el objeto sin perturbar la concentración. Según el sistema Mahamudra, la permanencia apacible es como el agua clara de un lago y la visión superior es como un pequeño pez que nada con habilidad sin alterar la serenidad de la superficie. El meditador que ha alcanzado la unión de la permanencia apacible y la visión superior es capaz de progresar con rapidez hacia los planos y caminos más elevados.

LA FUNCIÓN DE LA VISIÓN SUPERIOR

La visión superior de la perfección de la sabiduría es un camino hacia la liberación y la iluminación total. Su función principal es eliminar todas las faltas y perturbaciones mentales. Cuando hemos alcanzado la permanencia apacible podemos examinar en profundidad la naturaleza del objeto de meditación. Si nuestro objeto es, por ejemplo, la forma visualizada de Buda, podemos utilizar nuestra sabiduría para examinarla hasta descubrir que posee dos naturalezas, una convencional y otra última. Por medio de una investigación más profunda, percibiremos la naturaleza última del objeto –la vacuidad– con mayor claridad, hasta que finalmente lleguemos a percibirla de manera directa.

LOS OBJETOS DE LA VISIÓN SUPERIOR

En términos generales, todos los objetos de la permanencia apacible pueden utilizarse como objetos de la visión superior. De entre ellos, la verdad última –la vacuidad– es el objeto supremo de la visión superior, porque para alcanzar la liberación y la iluminación total tenemos que realizar la vacuidad de manera directa. La visión superior es un tipo de mente, pero puesto que su objeto principal es la vacuidad, a continuación se presenta una exposición sobre ésta última.

Yhe Tsongkhapa dice en su texto titulado *Los tres aspectos principales del camino*:

«Pero, a pesar de que te familiarices con la renuncia
   y la bodhichita,
si no posees la sabiduría que comprende el modo
   en que las cosas existen,
no serás capaz de cortar la raíz del samsara;
por lo tanto, esfuérzate en los métodos para
   comprender la relación dependiente.»

En su *Comentario a la «Cognición válida»*, Dharmakirti dice:

«La liberación del samsara se obtiene gracias a la realización de la vacuidad. Las demás meditaciones son complementarias.»

Buda Shakyamuni dijo que la razón por la cual los seres continúan en la existencia cíclica es porque aún no han realizado la vacuidad. En el *Sutra conciso de la perfección de la sabiduría* se dice que sin la sabiduría que realiza la vacuidad todas las demás perfecciones son ciegas.

Shantideva dice en su *Guía de las obras del Bodhisatva*:

«Buda enseñó todas estas ramas
por la causa de la sabiduría.»

En este contexto, «ramas» se refiere a todas las demás prácticas que explicó Buda. Todas ellas apoyan a la sabiduría que realiza la vacuidad, que es el instrumento principal para erradicar las dos obstrucciones.

Para alcanzar la iluminación es necesario comprender la visión correcta de la vacuidad. Ésta constituye la visión última que ha sido realizada y expuesta por los practicantes desde tiempos de Buda Shakyamuni. No existe otra. A pesar de que no ha habido muchas controversias entre los budistas indios y los tibetanos respecto a las enseñanzas de Buda acerca del método –las instrucciones sobre la renuncia, la bodhichita, etc.–, no se puede decir lo mismo respecto a las que tratan de la vacuidad. La visión correcta, la que Buda quiso que todos conocieran, es la que enseñó Nagaryhuna en su sistema madhyamika-prasanguika.

Antes de fallecer, Buda Shakyamuni predijo que al cabo de unos cuatrocientos años un monje llamado Bhikshu Palden visitaría la ciudad de Bendra en el sur de la India. Este hombre sería conocido más tarde como Nagaryhuna e impartiría enseñanzas perfectas acerca de la visión correcta de la vacuidad, libre de los extremos de la existencia y de la inexistencia. Nagaryhuna haría que esta doctrina perfecta se difundiese por todo el mundo. Si somos budistas y no creemos en las palabras de Buda, ¿en quién vamos a creer sino? Nagaryhuna apareció tal y como fue predicho. En sus *Seis colecciones de razonamientos* presenta la visión correcta de la vacuidad, revelando el significado de todos los temas tratados en los doce volúmenes del *Sutra de la perfección de la sabiduría en cien mil slokas*. De entre sus seis tratados, es en el texto titulado *Sabiduría fundamental del camino medio* donde Nagaryhuna explica la vacuidad. En esta obra, Nagaryhuna expone todas las etapas del camino de la profundidad utilizando diversos tipos de razonamiento. Más tarde, su discípulo Chandrakirti compuso un comentario a este libro, titulado *Guía del camino medio*. Mientras Atisha enseñaba el Dharma en el Tíbet, dio el siguiente consejo pensando en los discípulos del futuro:

>«Chandrakirti es el discípulo de Nagaryhuna. Este linaje posee la Budeidad. Fuera de este linaje, la Budeidad no existe.»

Este verso quiere decir que es imposible alcanzar la iluminación siguiendo una creencia que sea contradictoria al sistema de Nagaryhuna y Chandrakirti.

En tiempos de Yhe Tsongkhapa ya se habían difundido por el Tíbet muchas interpretaciones diferentes de la vacuidad. Yhe Tsongkhapa preguntó a Manyhushri: «¿En qué textos he de confiar para lograr un entendimiento perfecto de la visión última de Buda?» Manyhushri repuso que debería seguir principalmente las obras del glorioso Chandrakirti. Y añadió: «Éste fue un gran Bodhisatva que vino de una Tierra Pura para enseñar la visión correcta de la vacuidad tal y como la explicó Nagaryhuna.»

En su *Guía del camino medio*, Chandrakirti dijo que sin comprender la vacuidad tal y como fue revelada por Nagaryhuna no es posible alcanzar la liberación. Si sostenemos una teoría que la contradiga, no dispondremos de la práctica de las dos verdades y, por consiguiente, no podremos alcanzar la iluminación. Por lo tanto, si tenemos sabiduría pero abandonamos la visión de Nagaryhuna y Chandrakirti por cualquier otra, somos como el que camina directo hacia un precipicio con los ojos abiertos.

Como se mencionó con anterioridad, en los *Sutras de la perfección de la sabiduría* se presenta la vacuidad de manera directa, y todas las etapas del camino de la vastedad de manera implícita. En el texto titulado *Sabiduría fundamental del camino medio*, Nagaryhuna expone con detalle las enseñanzas explícitas, y su texto *La preciosa guirnalda de consejos para el rey* es un detallado comentario de las instrucciones implícitas de estos Sutras. En el *Sutra de la perfección de la sabiduría en cien mil slokas*, Buda dio extensas enseñanzas acerca de la vacuidad. Enumeró todas las bases de la vacuidad tales como los cinco agregados, las doce fuentes, los dieciocho elementos, los doce vínculos dependientes relacionados de la existencia cíclica, etc. Explicó con detalle cómo todos ellos son vacíos y dio razones para establecer su vacuidad. Presentó una lista de ciento ocho categorías en las que se incluyen todos los objetos de conocimiento, desde la forma hasta la mente omnisciente, y demostró que todos y cada uno de ellos carecen de existencia inherente. Estas ciento ocho categorías pueden contenerse en dieciséis, éstas en cuatro, y éstas últimas en dos –la vacuidad de las personas y la de los demás fenómenos–. Puesto que todas las bases de la vacuidad –todos los objetos de conocimiento– pueden clasificarse en personas y demás fenómenos, si comprendemos bien la vacuidad de las personas y la de los fenómenos, habremos realizado todas las vacuidades. Por esta razón, la explicación de la vacuidad, el objeto de la visión superior, se presenta en los dos apartados siguientes:

1 La vacuidad de las personas.
2 La vacuidad de los fenómenos.

LA VACUIDAD DE LAS PERSONAS

Su explicación consta de dos partes:

1 Cómo mantener la meditación estabilizada semejante al espacio en la vacuidad de las personas.
2 Cómo mantener el logro subsiguiente semejante a una ilusión.

CÓMO MANTENER LA MEDITACIÓN ESTABILIZADA SEMEJANTE AL ESPACIO EN LA VACUIDAD DE LAS PERSONAS

Para entender el significado de las palabras «vacuidad de las personas», tenemos que preguntarnos de qué están vacías las personas. Si comprendemos de qué manera está vacía la persona, entenderemos con facilidad cómo los demás fenómenos lo están también. Si nos es posible, sería conveniente que estudiáramos la *Sabiduría fundamental del camino medio* de Nagaryhuna y la *Guía del camino medio* de Chandrakirti, así como los comentarios a estos textos, especialmente los de Yhe Tsongkhapa. El libro titulado *Océano de néctar* es un comentario a la *Guía del camino medio*. Los textos de Nagaryhuna y de Chandrakirti son las puertas que nos abren el significado de los *Sutras de las perfección de la sabiduría*, y los de Yhe Tsongkhapa son las llaves que las abren. No obstante, si no podemos estudiar de manera tan extensa, debemos estudiar al menos las instrucciones que sobre este tema se dan en el Lamrim y practicar de acuerdo con ellas, porque contienen el significado esencial de todas las demás grandes obras.

Hay muchos métodos para desarrollar un entendimiento claro de la vacuidad de las personas. El método que aquí se presenta tiene cuatro etapas:

1 Identificación del objeto de negación.
2 Determinación de la extensión.
3 Determinación de la ausencia de la singularidad.
4 Determinación de la ausencia de la separación.

IDENTIFICACIÓN DEL OBJETO DE NEGACIÓN

La vacuidad es un fenómeno negativo no-afirmante que niega la existencia inherente y no afirma ningún otro fenómeno positivo. Es una mera ausencia de existencia inherente. No todos los vacíos son vacuidades. Por ejemplo, cuando una botella de vino está vacía, este «vacío» no es una vacuidad, porque en este caso el objeto de negación es el vino, mientras que en el caso de la vacuidad el objeto que se niega es siempre la existencia inherente. Para comprender la vacuidad es esencial identificar qué es «la existencia inherente». Cuando se dice que la existencia inherente es el objeto de negación de la vacuidad, no quiere decir que la vacuidad provoque su desaparición, porque en realidad no ha existido nunca. No obstante, puesto que creemos que la existencia inherente es real, hemos de examinar este objeto para obtener una idea más clara de él.

Es posible tener una idea muy clara de un objeto que no existe. Por ejemplo, a pesar de que un conejo no tiene cuernos en la cabeza, podemos imaginar con claridad cómo sería si los tuviera. De hecho, para saber con certeza que no hay cuernos en la cabeza de un conejo, tenemos que determinar con exactitud este componente del que carece. En otras palabras, hemos de identificar con claridad el objeto de negación. De manera similar, para comprender la vacuidad de una persona, hemos de tener una idea clara de cómo sería una persona que tuviera una existencia inherente. Si no identificamos con claridad el objeto de negación de la vacuidad, no podremos establecer su inexistencia ni, por lo tanto, realizar la vacuidad misma.

Si queremos acabar con nuestro enemigo, tenemos que identificarlo con claridad, de lo contrario es posible que por error ataquemos a nuestro amigo. De manera similar, si nos equivocamos al identificar el objeto de negación de la vacuidad, nuestro entendimiento será incorrecto y nunca llegaremos a realizarla. Se han cometido muchas faltas al tratar de identificar el objeto de negación, porque es algo sutil y difícil de distinguir. Un monje chino llamado Hashang leyó en las escrituras de Buda que todos los objetos de conocimiento están vacíos de existencia inherente y llegó a la conclusión de que no existen en absoluto. Al leer: «No hay forma…», pensó que quería decir que ésta no existe de ningún modo. Entonces, instruyó a sus discípulos para que se adiestraran en comprender la nada. Hoy día todavía hay personas que no son capaces de distinguir entre lo que es la vacuidad y lo que es la nada, y que ejercitan su mente para quedarse como piedras sin aprehender nada.

La descripción más clara del objeto de negación de la vacuidad –la existencia inherente– es la presentada por Chandrakirti en su *Comentario al «Tratado de cuatrocientas estrofas»* de Aryadeva, donde dice:

> «Si las cosas existieran de manera inherente querría decir que su existencia no depende de otros factores, pero puesto que sí dependen, es imposible que haya objetos con una existencia inherente.»

Puesto que una rosa depende de sus causas y condiciones, no existe de manera inherente. Si encontráramos un objeto independiente, éste tendría una existencia inherente, pero dicho fenómeno es imposible de encontrar porque todos los objetos de conocimiento dependen de sus partes. Según Nagaryhuna y sus seguidores, el entender los fenómenos dependientes relacionados es el mejor método para comprender la vacuidad.

El primer paso para comprender la vacuidad de las personas es identificar el objeto de negación: la persona independiente. Si tras una investigación encontramos a semejante persona, ha de existir de manera inherente. Para realizar este análisis, comenzamos meditando en nuestro yo. El yo que existe de manera inherente está siempre presente en nuestra mente y no hay un solo momento en que no lo percibamos, incluso cuando dormimos. Comenzamos la meditación pensando: «¿De qué manera estoy percibiendo el yo? ¿Cuál es el yo que aparece en mi mente?» Indagando de esta forma intentamos establecer una imagen clara del yo que tiene una existencia inherente. Si alguien nos describe su chalé, nos haremos una imagen clara de él aunque nunca lo hayamos visto. Ésta es la imagen genérica del chalé. De manera similar, si consideramos el yo que percibimos normalmente, el objeto de nuestro autoaferramiento, podemos lograr una imagen genérica clara del yo con existencia inherente.

Cuando no lo examinamos, asumimos que el yo con existencia inherente es real. A pesar de que no vayamos siempre afirmando que «yo existo de forma inherente», cuando pensamos acerca de nosotros mismos o hablamos de nosotros, éste es el yo al que nos referimos. No obstante, por lo general no tenemos una idea muy clara de este yo y, por lo tanto, debemos empezar acentuándolo para poder enfocar nuestra atención en él. Podemos pensar: «Yo estoy leyendo este libro», y preguntarnos: «¿De qué manera aparece en mi mente el yo que está leyendo este libro?» Si lo hacemos así, observaremos que este yo aparece como si fuera algo separado e independiente de nuestro cuerpo y de nuestra mente. No sentimos que «yo estoy leyendo este libro» quiere decir que «mi cuerpo está leyendo este libro» o que «mi mente lo está leyendo». Parece como si el yo existiese por su propio lado. Este yo independiente, en caso de existir, sería el yo que tiene una existencia inherente, el yo que tanto estimamos.

Cuando analizamos el objeto de negación de la vacuidad, es importante que no lleguemos a conclusiones precipitadas pensando: «Sé que el yo inherentemente existente no existe; por lo tanto, no hace falta que piense en él.» En vez de ello, debemos cultivar de manera intencionada un fuerte sentido del yo y establecer de este modo una imagen genérica aproximada de él. Acto seguido, hemos de concentrarnos en él pensando: «Éste es el yo que estimo. Éste es el yo que está leyendo este libro. Éste es el yo que trabaja y duerme. Éste es el yo que se siente herido. Éste es el yo independiente, el que tiene una existencia inherente.» En este nivel debemos contentarnos con generar una imagen aproximada del yo. Si intentamos analizarlo más de cerca, la imagen se enturbiará y la perderemos por completo. Tan pronto como hayamos establecido una imagen aproximada del yo, debemos concentrarnos en ella en meditación de emplazamiento. En esta etapa de la meditación hemos de meditar por tanto tiempo como necesitemos. Es posible que para lograr percibir una imagen genérica clara del yo que tiene una existencia inherente tengamos que hacerlo durante varios años, pero no importa cuánto tiempo hayamos de dedicarnos a ello, porque este paso es fundamental para poder realizar las restantes etapas de la meditación. Si levantamos estos cimientos de manera correcta, nos será más fácil alcanzar las realizaciones de las siguientes etapas.

No es posible hacer una presentación más clara sobre la manera de identificar el objeto de negación. Una vez que hayamos comprendido esta explicación, tenemos que contemplar y meditar en las instrucciones para obtener una experiencia propia. Vamos a tener muchas oportunidades de observar al yo inherentemente existente tanto durante las sesiones de meditación como durante los descansos, porque no hacemos más que aferrarnos a él de manera continua. Por lo tanto, podemos utilizar estas instrucciones para poner en duda nuestro sentido habitual del yo con existencia inherente. Si encontramos que no podemos progresar en esta práctica con facilidad, no es porque las instrucciones sean inadecuadas, sino porque carecemos de sabiduría y familiaridad con el tema. Desde esta perspectiva, somos como un anciano con mala vista que se queja sin razón de que no puede leer un libro aunque las letras sean grandes y claras.

Durante los descansos de la meditación tenemos que seguir contemplando el objeto negado por la vacuidad. Cuando leamos exposiciones de autoridad tales como las presentadas en la *Guía de las obras del Bodhisatva* de Shantideva y en el capítulo sexto de la *Guía del camino medio* de Chandrakirti, debemos hacerlo con atención y cuidado, contemplando debidamente cada frase. Vale la pena hacerlo así aunque necesitemos dos horas para leer una sola página y asimilarla, pues estos textos no han de leerse como si se tratara de una revista. Shantideva, en su *Guía de las obras del Bodhisatva*, rebate con mucho detalle las visiones incorrectas de la vacuidad. Si leemos estas páginas con detenimiento, podremos eliminar nuestras propias creencias erróneas y comprender los aspectos esenciales del sistema madhyamika-prasanguika, pero necesitaremos un cierto tiempo para lograr este entendimiento. En la *Guía del camino medio*, Chandrakirti dice que cuando refuta las creencias de otras personas y establece la suya, no lo hace por el mero placer de debatir, sino para revelar los caminos correctos a aquellos que buscan la liberación. Puesto que estos textos están escritos con esta significativa y beneficiosa intención, debemos estudiar sus explicaciones con paciencia y cuidado.

Hay algo bastante extraño acerca del yo inherentemente existente. Mientras no lo analizamos aparece todo el tiempo y nos aferramos a él incluso en sueños, pero tan pronto como lo examinamos se vuelve my turbio. Cuanto más lo buscamos, es más difícil localizarlo. Esta misma experiencia es una señal de que el yo no existe por su propio lado, porque si lo hiciera iría apareciendo con mayor claridad tras un detenido análisis. Lo mismo ocurre con los objetos externos. Por ejemplo, si no observamos una rosa demasiado de cerca, la veremos cada vez que miremos en la dirección donde se encuentra. No obstante, si intentamos analizarla, intentando averiguar lo que es, encontraremos muchas partes de la rosa, pero no hallaremos la flor propiamente dicha. Cuanto más analicemos, más difícil será ver la rosa. Por lo general, si alguien dice: «¿Dónde está la rosa?», señalaremos en su misma dirección y diremos: «¡Ahí está!», pero si la observamos de cerca a través de una investigación, no conseguiremos localizar la rosa en sí. Este tipo de experiencia es una señal que indica que los fenómenos, aparte de las personas, también carecen de existencia verdadera o inherente. Ni las personas ni los demás fenómenos existen por su propio lado.

DETERMINACIÓN DE LA EXTENSIÓN

Como resultado de practicar la primera etapa de meditación, cuando aprehendemos la imagen genérica del objeto de negación –el yo con existencia inherente– proseguimos nuestra investigación sin prejuicios, para comprobar si dicho «yo» existe de tal manera. Si este yo existiese, iría apareciendo cada vez con mayor claridad a lo largo de nuestro análisis y dispondríamos de razones correctas para probar su existencia. Si no existiese, también nos daríamos cuenta de ello a través de nuestra investigación. El primer paso es determinar su extensión:

Si el yo que siempre percibimos como si existiese por su propio lado realmente lo hiciera, debería ser uno con los agregados o algo separado de ellos. No hay una tercera posibilidad.

Si queremos llevar a cabo una búsqueda concluyente para encontrar el yo inherentemente existente, debemos asegurarnos de que nuestra indagación abarque todo posible lugar donde dicho yo pueda encontrarse. Si no estamos seguros de que nuestro examen contemple todas las posibilidades, no podremos llegar a una conclusión firme. Ilustrémoslo con la siguiente analogía. Si pensamos que hay un pez en nuestra casa, sólo hay dos lugares donde pueda encontrarse: en la pecera, o fuera de ella. No hay una tercera posibilidad. Si establecemos que en la pecera no hay ningún pez, ni tampoco fuera de ella, podemos concluir con certeza que en nuestra casa no hay ningún pez.

DETERMINACIÓN DE LA AUSENCIA DE LA SINGULARIDAD

El siguiente paso en la meditación es investigar si el yo con existencia inherente es uno con los agregados. Para ello contemplamos el siguiente razonamiento:

Si este yo es uno con los agregados, se deduce que una persona posee cinco «yoes» porque tiene cinco agregados.

Si el yo es uno con los agregados, ha de ser o bien uno con el cuerpo o bien uno con la mente. Si es uno con el cuerpo, se deduce que después de la muerte, cuando el cuerpo sea incinerado, el yo dejará de existir. Si esto es así, no habrá un próximo renacimiento porque el yo se destruirá junto con el cuerpo.

Es más, el yo no puede ser uno con el cuerpo porque nos referimos a él diciendo «mi cuerpo», lo cual indica con claridad que creemos que el cuerpo es poseído por el yo.

De manera similar, el yo no puede ser uno con la mente porque nos referimos a ella diciendo «mi mente», lo cual indica con claridad que consideramos que la mente también es poseída por el yo.

Si el yo y la mente son una misma cosa, se deduce que una misma persona posee muchos «yoes» porque hay muchos tipos de mente: la mente principal, las mentes secundarias, las virtuosas, las perjudiciales, etc.

Por estas razones, se deduce que el yo no es uno con los agregados ni con ninguno de ellos en particular. Cuando nuestra meditación analítica nos lleve a esta firme conclusión, nos concentramos en ella en meditación de emplazamiento.

DETERMINACIÓN DE LA AUSENCIA DE LA SEPARACIÓN

El cuarto paso de la meditación es analizar la última posibilidad: que el yo con existencia inherente sea algo separado de los agregados. Para ello meditamos con el siguiente razonamiento:

Si el yo existiera como algo separado del cuerpo y de la mente, no tendría sentido decir «me estoy haciendo viejo» cuando nuestro cuerpo envejece. Sería casi igual que decirlo cuando el cuerpo de nuestro perro está envejeciendo, porque estos dos cuerpos son en igual medida diferentes de nuestro yo. De la misma manera, si el yo existiera como algo separado del cuerpo y de la mente, no tendría sentido decir «me duele la cabeza». De hecho, el modo en que normalmente hablamos carecería de sentido.

Chandrakirti dijo que no hay ningún yo que exista fuera de los agregados, porque éste no puede aprehenderse sin que los agregados sean percibidos. A menos que los agregados aparezcan en la mente, no es posible aprehender el yo.

Si fuera posible aprehender el yo sin percibir los agregados, el autoaferramiento existiría aun cuando no hubiesen agregados, así como un burro puede existir allí donde no se halla un caballo, porque estos dos animales son diferentes y la existencia del uno no depende de la del otro.

Además, si el yo existiera como algo separado de los agregados, deberíamos poder encontrarlo fuera de ellos. Consideremos el ejemplo de una persona que se llame Pedro. Si el yo de Pedro existiese fuera de sus agregados, deberíamos poder encontrar a Pedro como algo separado de su cuerpo y de su mente, porque el nombre «Pedro» se refiere a su yo, y no a su cuerpo ni a su mente. No obstante, aparte de su cuerpo y de su mente, es imposible encontrar a Pedro.

Por todas estas razones, se deduce que el yo no existe como algo separado del cuerpo ni de la mente. Cuando como resultado de nuestra meditación analítica llegamos a esta firme conclusión, hemos de concentrarnos en ella en meditación de emplazamiento.

Cuando hayamos determinado la ausencia de la separación, estaremos muy cerca de comprender que el yo con existencia inherente no existe. En este momento de nuestra meditación, hemos de recordar la imagen genérica del yo inherentemente existente y hacer la siguiente reflexión:

Hasta ahora he creído que este yo existía, pero tras esta investigación he comprobado que no es así. Después de haber analizado las dos posibilidades –que el yo sea uno con los agregados o que exista separado de ellos– llego a la clara conclusión de que ninguna de las dos es válida.

Como resultado de haber realizado esta meditación analítica, nos damos cuenta de que el yo con existencia inherente que normalmente percibimos no existe. De este modo, determinamos la vacuidad de nuestro yo. Percibimos una ausencia allí donde solíamos aprehender un yo. Esta ausencia es un fenómeno negativo no-afirmante que niega el yo con existencia inherente. En ese momento no tenemos que pensar de manera específica «esto es la vacuidad», sino que simplemente hemos de concentrarnos de manera convergente en la ausencia de este yo.

El experimentar la ausencia del yo inherentemente existente como resultado de una cuidadosa meditación analítica, es semejante a haber estado buscando un determinado objeto por toda la casa y tras haber mirado por todas partes llegar a la conclusión de que no está.

Cuando percibimos la imagen genérica de la vacuidad que niega el yo con existencia inherente, estamos comprendiendo la vacuidad de manera conceptual. Lo único que aparece en nuestra mente es la vacuidad, que es semejante al espacio. La imagen genérica de la vacuidad del yo es el objeto de la meditación estabilizada semejante al espacio. Lo que comprendemos en este nivel es la mera ausencia del yo con existencia inherente. Sentimos que no hay un yo al que estimar. Si meditamos de manera reiterada en la vacuidad, nuestro aferramiento propio junto con las demás perturbaciones mentales irán disminuyendo y nuestros sufrimientos y problemas se reducirán. Finalmente, realizaremos la vacuidad de manera directa y eliminaremos la raíz de todos nuestros problemas.

La concentración que tiene como objeto la mera ausencia del yo con existencia inherente, posee dos características: percibir sólo la vacuidad semejante al espacio, y permanecer fija de manera convergente en su objeto, eliminando todas las distracciones. Con el objeto de la mera ausencia del yo con existencia inherente, debemos intentar alcanzar al menos la segunda permanencia mental –emplazamiento continuo–. Cuando olvidemos el objeto, hemos de renovar nuestra retentiva mental, recordando con una parte de nuestra mente cómo el yo no existe de una forma inherente. Si conseguimos permanecer en concentración en la vacuidad semejante al espacio aplicando los oponentes apropiados, estaremos «manteniendo la meditación estabilizada, que es semejante al espacio, en la vacuidad».

Debemos meditar en la vacuidad semejante al espacio de la misma forma en que un águila vuela majestuosa por el cielo y mantiene su vuelo con sólo agitar las alas de vez en cuando. Para ello, fijamos nuestra mente de manera convergente en la vacuidad semejante al espacio y de vez en cuando ponemos un poco de esfuerzo para mantener nuestra retentiva mental. Ésta es la forma en que mantenemos y mejoramos nuestra meditación estabilizada en la vacuidad.

Algunos meditadores experimentan un gran gozo cuando surgen de esta meditación en la que realizan la vacuidad. Se sienten como un pobre que ha encontrado un gran tesoro. Otros, en cambio, tienen miedo. Sienten como si hubiesen perdido algo muy precioso, pero tras persistir en su meditación, se dan cuenta de que el yo convencional aún existe y sus temores van disminuyendo hasta que desaparecen por completo. En el primer caso, es señal de que el meditador posee una gran sabiduría, pero ambas reacciones son indicaciones de que sus meditaciones en la vacuidad son correctas.

Después de realizar la vacuidad del yo, tenemos que mejorar nuestro entendimiento para poder comprender el yo convencional sutil, el yo que es meramente designado por la mente conceptual. Una vez que hemos concluido con firmeza que no hay tal cosa como un yo que tenga una existencia inherente, debemos considerar la siguiente cuestión: «¿De qué manera existe el yo?» Cuando comprendemos que el yo existe como un mero nombre, realizamos su naturaleza convencional sutil y la unión de las dos verdades. Entonces, ya no corremos el peligro de caer en el extremo de la existencia o en el de la inexistencia. Al comprender su naturaleza convencional sutil, mejoramos nuestro entendimiento de la vacuidad.

Cuando conocemos el nombre que se le da a un determinado objeto y no emprendemos una investigación, aceptamos esa designación y procedemos a utilizarlo de manera apropiada. Si, por ejemplo, alguien nos presenta a una persona y nos dice que se llama Pedro, decimos: «¡Hola Pedro! ¿Cómo estás?» No iniciamos una indagación en busca de Pedro, preguntándonos «¿quién es Pedro?», como si esta persona fuera algo diferente del nombre dado al conjunto de sus agregados humanos. Una vez que hayamos comprendido la naturaleza convencional sutil de los fenómenos, aceptaremos sus nombres y los usaremos de la manera adecuada como lo hace el resto de la gente normal y corriente. Por ejemplo, no sentiremos la necesidad de hacer un análisis detallado para descubrir dónde está Pedro, porque sabremos que si lo hacemos jamás lo encontraremos.

La visión correcta de la vacuidad no invalida los nombres del modo en que se utilizan normalmente en el mundo. Esto lo entenderemos cuando comprendamos la unión de las verdades convencional y última. Cuando hayamos comprendido esta unión, nos daremos cuenta de que los objetos funcionales sólo existen como meras designaciones, y que el yo meramente designado es el que crea el karma, padece los sufrimientos, etc. «El yo meramente designado» es el yo que es meramente denominado por la mente conceptual. Ésta es una mente que concibe el yo y se aferra a él. Si alguien nos acusa de manera injusta, pensamos: «Yo no he sido, me acusa sin tener razón.» La mente que se aferra a este yo es una concepción. El yo no es más que lo concebido por esta mente. Puesto que concebimos un yo, decimos: «Yo.» Este yo es nombrado por la palabra o designado por una mente conceptual, como las cosas que percibimos en los sueños. Imaginemos que la noche pasada soñamos que nos perseguía un tigre. Este tigre onírico no era más que un animal concebido por nuestra mente conceptual. Es posible que tengamos miedo durante el sueño, pero es sólo debido a que creemos que el tigre es real cuando, de hecho, no es más que una creación de nuestra propia mente. Nuestro yo es como este tigre. Cuando el yo aparece en nuestra mente, creemos que existe de verdad y sentimos temor, ansiedad, insatisfacción, etc., pero aparte de la mera concepción de nuestro yo, no hay otro yo. Lo mismo ocurre con cualquier otro objeto que analicemos. Nunca encontraremos nada que exista por su propio lado. Si buscamos, lo único que hallaremos será la vacuidad.

Si comprendemos que nuestro yo está vacío de existencia verdadera, entenderemos también la vacuidad de la entidad propia de las demás personas. Al aprehendernos a nosotros mismos y a los demás como si existiéramos de manera inherente, discriminamos con fuerza entre el yo y los demás, cometiendo así mucha acciones perjudiciales que nos hacen padecer continuos sufrimientos en el samsara. Cuando realicemos la vacuidad del yo y la de los demás, dejaremos de efectuar tales acciones destructivas.

Para meditar en la vacuidad de las demás personas, hemos de seguir el mismo proceso que antes, pero identificando al amigo, al extraño o al enemigo que tiene una existencia inherente como el objeto de negación. Cuando busquemos, por ejemplo, a nuestro amigo con existencia inherente, descubriremos que éste no es ni su cuerpo ni su mente y que tampoco existe fuera de ellos. Por lo general, si vemos una parte del cuerpo de un amigo, como por ejemplo su cabeza, decimos: «¡Ahí está mi amigo!», y tenemos un fuerte sentimiento de que nuestro amigo tiene una existencia inherente; pero si lo analizamos, perderemos la idea de que existe de manera sustancial y percibiremos sólo su vacuidad.

CÓMO MANTENER EL LOGRO SUBSIGUIENTE SEMEJANTE A UNA ILUSIÓN

Cuando surjamos de la meditación en la que hemos realizado que el yo está vacío de existencia inherente, el yo seguirá apareciendo ante nosotros como si poseyera una existencia inherente. Ésta es la forma en que lo hemos percibido desde tiempo sin principio, y esta apariencia no cesará de inmediato en el mismo momento en que neguemos su existencia inherente por medio de la meditación. El yo seguirá apareciendo por mucho tiempo como si existiese de manera inherente. Por lo tanto, nuestra práctica durante el descanso de la meditación ha de ser no dar crédito a esta apariencia. Debemos recordar en todo momento nuestra meditación de la vacuidad y reconocer que la apariencia de la existencia inherente es falsa.

Cuando un mago hace aparecer un caballo, este animal aparece ante su mente, pero él sabe que no es real. De manera similar, cuando surgimos de la meditación en la vacuidad, sabemos que el yo con existencia inherente que aparece en nuestra mente es una ilusión. Si nos miramos en un espejo, podemos ver nuestra cara reflejada en él, pero sabemos que el rostro en el espejo no existe por su propio lado, sino que es sólo un reflejo. El saber que el yo no existe por su propio lado y el mantener este entendimiento en todo momento es lo que se llama «mantenimiento del logro subsiguiente semejante a una ilusión». Es como ver la televisión sabiendo en todo momento que a pesar de que muchas cosas aparecen en la pantalla, no existen en su interior.

LA VACUIDAD DE LOS FENÓMENOS

En el *Sutra conciso de la perfección de la sabiduría*, Buda dice:

«Lo que hayamos aprendido respecto al yo debemos aplicarlo a todos los seres, y lo que aprendamos respecto a ellos debemos aplicarlo a todos los fenómenos.»

Si logramos una comprensión de que tanto nosotros mismos como los demás carecemos de existencia inherente, habremos realizado la vacuidad de la entidad propia de las personas. Entonces debemos analizar los demás fenómenos. Cuando entendamos la vacuidad de un objeto, de manera indirecta estaremos comprendiendo la de todos los fenómenos, porque el mismo razonamiento es aplicable a todas las demás bases de la vacuidad. Si meditamos por ejemplo en nuestro propio cuerpo, primero hemos de identificar el objeto de negación, haciéndonos la siguiente pregunta: «¿Qué es lo que aparece en mi mente cuando pienso en 'mi cuerpo'?» Cuando nos aferramos a nuestro cuerpo, sus partes aparecen en nuestra mente, pero no nos aferramos a ellas como si fueran nuestro cuerpo. Tenemos una imagen mental de nuestro cuerpo como si fuera algo separado de sus partes. Cuando pensamos «mi cuerpo es atractivo», no estamos pensando que «mis pies son atractivos, mis codos son atractivos» o «mi frente es atractiva...», sino que aprehendemos un cuerpo independiente.

Tal y como hicimos en la meditación anterior, no debemos apresurarnos a tomar conclusiones. Primero intentamos generar una clara imagen genérica de nuestro cuerpo con existencia inherente. Dicho cuerpo aparece ante nosotros todo el tiempo y, si no lo analizamos, siempre nos aferramos a él como si existiera de la manera en que aparece. Si nuestro cuerpo posee ciertas cualidades, como por ejemplo el ser alto, con el fin de provocar un fuerte sentimiento de nuestro cuerpo con existencia inherente podemos pensar: «Mi cuerpo tiene una buena estatura.» Cuando hayamos generado una imagen genérica clara, pensamos: «Éste es el cuerpo que estimo. Éste es el cuerpo que concibo cuando pienso 'mi cuerpo es atractivo'.» A continuación, realizamos el mismo análisis que hicimos antes, utilizando el siguiente razonamiento:

Si mi cuerpo existiera de la manera en que lo percibo, ha de existir o bien siendo uno con sus partes o bien siendo algo separado de ellas.

Si el cuerpo es uno con sus partes, se deduce que una persona ha de tener muchos cuerpos porque el cuerpo tiene muchas partes.

Es más, las partes del cuerpo no pueden ser el cuerpo porque son sus partes, y un objeto no puede ser parte de sí mismo.

Si el cuerpo fuese algo separado de sus partes, debería ser posible encontrarlo existiendo en cualquier otro lugar, pero no conseguiremos señalar algo fuera de los miembros y de otras partes del cuerpo y decir: «¡Ahí está mi cuerpo!»

Además, si el cuerpo fuese algo separado de sus partes, no tendría sentido decir «mi cuerpo está herido» si nos hacemos una herida en el pie.

Si lo analizamos de este modo, no podremos encontrar nuestro cuerpo y llegaremos a la conclusión de que no existe por su propio lado. Nuestro sentido de un cuerpo con existencia inherente, independiente de todo lo demás, perderá su claridad hasta que al final se desvanecerá por completo y aprehenderemos sólo su vacuidad. En ese momento realizaremos la vacuidad de nuestro propio cuerpo. Entonces podemos proceder a examinar cada parte de nuestro cuerpo de la misma manera. Podemos intentar, por ejemplo, buscar nuestro rostro hasta que sólo consigamos encontrar su vacuidad. Finalmente, comprobaremos que hasta los átomos más pequeños de nuestro cuerpo están vacíos de existencia inherente.

Si la naturaleza de nuestro cuerpo es vacuidad, ¿por qué lo percibimos como si fuera sólido y sustancial? Shantideva, en su *Guía de las obras del Bodhisatva*, dice que a pesar de que el cuerpo no existe, generamos la mente que lo aprehende, porque debido a la ignorancia desarrollamos la mente que percibe las manos y otras partes del cuerpo. No lo hacemos porque nuestro cuerpo exista de verdad de ese modo, sino porque siempre hemos tenido la ignorancia que se aferra a nuestro cuerpo como si existiera de manera inherente. Las partes del cuerpo y el conjunto de ellas constituyen las bases de designación del cuerpo, el cual es el fenómeno designado. Lo que vemos de manera directa son las partes del cuerpo y, al hacerlo, aprehendemos de forma errónea un cuerpo independiente que existe por su propio lado, «por encima y más allá» de sus partes. La mente que aprehende el cuerpo de esta manera es la mente de aferramiento a los fenómenos. Hemos tenido este tipo de ignorancia desde tiempo sin principio.

Cuando hayamos comprendido la vacuidad de nuestro cuerpo, hemos de mantener esta realización de la meditación estabilizada semejante al espacio. De nuevo, en el descanso de la meditación debemos practicar el logro subsiguiente semejante a una ilusión. A partir de entonces, debemos ejercitarnos para comprender la vacuidad de los fenómenos, hasta que finalmente podamos meditar en la meditación estabilizada semejante al espacio de la vacuidad de los fenómenos. Después de haber meditado de esta forma, hemos de mejorar nuestro entendimiento para lograr comprender la naturaleza convencional sutil de todos los fenómenos, es decir, que son meramente designados por la mente conceptual y que sólo existen como meros nombres. Lo único que queda después de negar todos los objetos de negación son meros nombres. Por ejemplo, cuando meditamos en la vacuidad de nuestro cuerpo, refutamos con firmeza el cuerpo con existencia inherente y percibimos sólo su vacuidad. Cuando surgimos de la meditación, si nos preguntamos «¿qué es lo que queda?», vemos que sólo queda el nombre «cuerpo». Si aceptamos este mero nombre, podremos hablar acerca de nuestro cuerpo y decir cosas como «mi cuerpo está fuerte y sano», continuar nuestro trabajo, comunicarnos con los demás y funcionar como cualquier otra persona; pero nuestro entendimiento será diferente porque sabremos que si hacemos un análisis para encontrar algo más allá de este mero «nombre», no conseguiremos encontrar el objeto que designa.

Si comprendemos cómo se refleja la luna en el agua en una noche clara, con un cielo sin nubes, el mismo reflejo nos recordará que la luna no está en realidad en el agua. De manera similar, cuando surjamos de la meditación en la vacuidad y los objetos con existencia inherente aparezcan en nuestra mente, esta misma apariencia nos hará recordar que tales fenómenos no existen de la manera en que aparecen. La misma apariencia de los fenómenos con existencia inherente nos ayudará a mantener nuestra realización de la vacuidad en todo momento.

Buda Shakyamuni dijo que hagamos lo que hagamos, ya sea viajar, trabajar, divertirnos o padecer, debemos recordar siempre la vacuidad. Si practicamos de esta manera, nuestra vida entera cobrará un gran significado y todas nuestras acciones serán causas para alcanzar la liberación.

Manyhushri dijo a Yhe Tsongkhapa que hay cuatro condiciones necesarias para comprender la vacuidad:

(1) Confianza en un Guía Espiritual cualificado y con experiencia, que pueda explicar la vacuidad con claridad.
(2) Purificación de las faltas.
(3) Acumulación de méritos.
(4) Meditación frecuente en la vacuidad.

La meditación en la vacuidad es como una semilla y las otras tres condiciones son como el agua que la hacen germinar. Hemos de comenzar leyendo y escuchando con atención las instrucciones acerca de la vacuidad, y contemplarlas repetidas veces para lograr un entendimiento claro. Es posible que tengamos que meditar durante mucho tiempo, pero finalmente llegará un momento en que lograremos comprender la vacuidad y, entonces, experimentaremos un gozo mayor que el que tendríamos si hubiésemos encontrado el más preciado de los tesoros. Cuando logremos esta experiencia, habremos abierto la puerta de la liberación, la puerta de la paz. Aryadeva dijo que solo hay una entrada a la liberación –la sabiduría que comprende la vacuidad–, y que sin ella ninguna otra práctica nos dará acceso a dicho logro.

La realización de la vacuidad es un remedio universal, una panacea, porque es la única experiencia que por sí misma soluciona todos nuestros problemas. Elimina los dolores físicos y mentales de esta vida y de las futuras, porque destruye por completo la mente del aferramiento propio, que es la causa raíz de todo los sufrimientos.

La manera de avanzar por los caminos y planos espirituales

LA MANERA DE AVANZAR POR LOS PLANOS ESPIRITUALES UNA VEZ OBTENIDA LA UNIÓN DE LA PERMANENCIA APACIBLE Y LA VISIÓN SUPERIOR

Para alcanzar la iluminación total tenemos que lograr la unión de la permanencia apacible y la visión superior y completar todos los caminos mahayanas. Hay cinco caminos mahayanas:

(1) El camino de la acumulación.
(2) El camino de la preparación.
(3) El camino de la visión.
(4) El camino de la meditación.
(5) El camino de No-Más-Aprendizaje.

Se denominan «caminos» porque así como los caminos externos nos conducen hasta nuestro destino, estos senderos internos nos llevan hasta nuestra última meta espiritual: la iluminación total. También se les llama «planos» porque así como la tierra es la base que sustenta el crecimiento de las plantas, de los árboles y de las cosechas, los planos espirituales constituyen el fundamento de todas nuestras cualidades espirituales.

Cuando generamos la mente de bodhichita de manera espontánea, entramos en el camino mahayana de la acumulación y nos convertimos en un Bodhisatva. En este nivel, todas las mentes virtuosas del Bodhisatva tales como las mentes de amor, de compasión, bodhichita y la sabiduría que comprende la vacuidad, son también caminos mahayanas de la acumulación. Debido a que el Bodhisatva está motivado por la mente espontánea de bodhichita, sus realizaciones del método y de la sabiduría son mucho más elevadas que las de un practicante hinayana.

El camino mahayana de la acumulación tiene tres niveles: el menor, el mediano y el mayor. Cuando generamos la bodhichita aspirante de manera espontánea, antes de tomar los votos del Bodhisatva, obtenemos la bodhichita semejante a la tierra y entramos en el camino menor de la acumulación. Después de tomar los votos del Bodhisatva, la mente de bodhichita semejante a la tierra –que actúa como fundamento para desarrollar todas las demás realizaciones mahayanas– se transforma en la bodhichita semejante al oro, y en ese momento entramos en el camino mediano de la acumulación. Una vez que hemos avanzado hasta este sendero, nuestra realización de la bodhichita ya no se puede deteriorar. A continuación alcanzamos el logro llamado «la concentración del continuo del Dharma». Con esta realización podemos recordar todo lo que hemos estudiado y asimilado en vidas pasadas, y no olvidaremos lo que aprendamos en esa misma vida. Con esta concentración somos capaces de ver de manera directa los Cuerpos Supremos de Emanación de los Budas y de recibir enseñanzas de ellos. Cuando esto suceda, habremos entrado en el camino mayor de la acumulación.

El Bodhisatva en el camino de la acumulación sigue mejorando sus realizaciones del método y de la sabiduría hasta que alcanza el camino de la preparación. Durante su meditación estabilizada en la vacuidad avanza hasta este sendero. En el camino de la acumulación, el Bodhisatva medita en la vacuidad con la concentración de la permanencia apacible. Como resultado de sus reiteradas meditaciones, su sabiduría que analiza la vacuidad da lugar al desarrollo de una flexibilidad especial. En el mismo momento en que la obtiene, alcanza la visión superior que observa la vacuidad. Cuando el Bodhisatva posee la unión de la permanencia apacible y la visión superior que observa la vacuidad, avanza al camino de la preparación. En este sendero, posee una mayor experiencia de la vacuidad y ha desarrollado una sabiduría especial que realiza la vacuidad.

El camino mahayana de la preparación se denomina de tal forma porque a través de él, el Bodhisatva se prepara para lograr una realización directa de la vacuidad. En esta etapa, la meditación del Bodhisatva en la vacuidad es aún conceptual, es decir, todavía la percibe mezclada con su imagen genérica. Debido a ello aún aprehende una apariencia dual. El propósito del Bodhisatva en el camino mahayana de la preparación es acercar su mente cada vez más a su objeto, la vacuidad, hasta que finalmente se unan por completo de manera que la imagen genérica se disuelva y todas las apariencias duales desaparezcan en la vacuidad misma. Esto se logra por medio de meditar una y otra vez en la vacuidad con la unión de la permanencia apacible y la visión superior.

El camino de la preparación tiene cuatro niveles: el del ardor, el de la culminación, el de la paciencia y el del Dharma supremo. Cuando el Bodhisatva alcanza el primer nivel del camino de la preparación, posee una experiencia especial de la vacuidad que anuncia su futuro logro de la sabiduría semejante al fuego, del camino de la visión. La experiencia de la vacuidad que tiene el Bodhisatva en el camino de la preparación no es el verdadero fuego de la sabiduría, sino su inicio. Al primer nivel se le denomina «ardor», porque el Bodhisatva en esta etapa comienza a generar el calor que más tarde se transformará en el verdadero fuego de la sabiduría del camino de la visión.

El Bodhisatva en el nivel del ardor del camino de la preparación se dedica a meditar en la vacuidad de manera convergente. Durante el descanso de la meditación realiza prácticas del método, como ofrecer el Dharma. Entra en meditación y surge de ella reiteradas veces hasta que finalmente logra una experiencia de la vacuidad en meditación estabilizada superior a la que antes poseía, y avanza al nivel de la culminación del camino de la preparación. En este estado el ardor de su sabiduría aumenta y llega a su límite máximo. Está a punto de convertirse en un fuego ardiente. El Bodhisatva en el nivel del ardor posee una concentración en la vacuidad muy poderosa, y parece como si su mente se hubiera fundido con la vacuidad aunque en realidad aún no lo haya hecho. Al avanzar al nivel de la culminación su mente se mezcla aún más con el objeto y, debido a ello, tiene una experiencia de la vacuidad más intensa.

El Bodhisatva en el nivel de la culminación también efectúa prácticas del método durante el descanso de la meditación. Sigue ejercitándose en la concentración, entrando y surgiendo de ella varias veces, hasta que su experiencia de la vacuidad durante la meditación se vuelve más poderosa y avanza hasta el nivel de la paciencia del camino de la preparación. El Bodhisatva en este nivel ha alcanzado la paciencia especial de pensar definitivamente sobre el Dharma, y posee una gran fortaleza y tolerancia para meditar en la vacuidad. En esta etapa, durante la meditación su mente se va acercando más a la vacuidad. El Bodhisatva siente como si su concentración careciera ya de la apariencia dual de la mente y el objeto. No obstante, todavía queda una apariencia dual sutil y, por lo tanto, su mente no se ha fundido por completo con su objeto, la vacuidad.

La meta de la meditación de la vacuidad con la unión de la permanencia apacible y la visión superior, es ir acercando la mente cada vez más a su objeto hasta que al final se fundan de manera inseparable. Antes de que esto ocurra se han de atravesar muchas etapas de acercamiento. Cuanto más se mezcle la mente con la vacuidad, menor será la apariencia dual. En el camino de la visión, la apariencia dual cesa por completo durante la meditación, y la mente y la vacuidad se mezclan como agua vertida en el agua. El meditador siente como si la mente y el objeto se unieran. Sólo percibe la vacuidad y no aparece ningún otro fenómeno, ni siquiera su propia mente. La apariencia dual ha desaparecido por completo.

En el nivel de la paciencia del camino de la preparación, la apariencia dual es menor que en el nivel anterior y la experiencia de la vacuidad es más refinada. La apariencia dual burda ha desaparecido casi por completo, pero aún existe una apariencia dual sutil. Debido a su sutileza, el meditador no se da cuenta de su presencia y piensa que su mente se ha mezclado por completo con la vacuidad. Cuando el Bodhisatva en el nivel de la paciencia surge de la meditación, se dedica a efectuar prácticas del método para beneficiar a los demás. Sigue ejercitándose en la meditación, entrando y surgiendo de ella, hasta que, finalmente, mientras se encuentra en meditación estabilizada en la vacuidad, avanza al siguiente nivel.

En el nivel del Dharma supremo, la mente del Bodhisatva y la vacuidad están casi mezcladas y su experiencia de la vacuidad es superior a la que tenía en el nivel de la paciencia. Se denomina «el nivel del Dharma supremo» porque es la experiencia más elevada que puede tener un Bodhisatva ordinario. Todas las experiencias de este Bodhisatva son senderos del Dharma supremo del camino de la preparación. De nuevo, el Bodhisatva efectúa las prácticas del método durante el descanso de la meditación. Finalmente, durante la meditación estabilizada en la vacuidad, su mente se funde por completo con ella, como agua vertida en el agua, y se disipa la apariencia dual. En ese momento realiza la vacuidad de manera directa y el nivel del Dharma supremo se transforma en el camino de la visión. De esta forma, el Bodhisatva alcanza el primer plano llamado «el Muy Gozoso» y se convierte en un Bodhisatva Superior. El último momento del nivel del Dharma supremo del camino de la preparación tiene lugar en la misma sesión de meditación que el primer momento del camino de la visión. Este primer momento se denomina «el camino ininterrumpido» del camino de la visión, porque actúa sin interrupción como el antídoto directo contra el aferramiento propio adquirido intelectualmente. Es como el hacha que corta el árbol de esta clase de ignorancia.

La naturaleza de este camino de la visión es sabiduría. Es una sabiduría que medita en la vacuidad de manera convergente. Cuando, durante la meditación estabilizada, el Bodhisatva destruye el aferramiento propio adquirido intelectualmente junto con todas las demás perturbaciones mentales adquiridas también intelectualmente, el camino ininterrumpido de la visión se transforma en el camino emancipado del camino de la visión. Éste último es el fruto de haber eliminado las perturbaciones mentales adquiridas intelectualmente. Tanto el camino ininterrumpido como el emancipado se alcanzan en la misma sesión de meditación. Cuando el Bodhisatva surge de esta meditación, posee un gran poder para beneficiar a los demás. En este nivel, alcanza la realización sobresaliente de la perfección de la generosidad, y es capaz de dar hasta su propio cuerpo por el beneficio de los demás.

En total hay diez planos espirituales del Bodhisatva. También se les llama «planos causantes» porque son las causas del plano resultante de la Budeidad. Los diez planos son realizaciones del Bodhisatva Superior de los caminos mahayanas de la visión y de la meditación. El primer plano del Bodhisatva tiene dos niveles: el camino de la visión y el camino ininterrumpido del camino de la meditación del primer plano. En el primero, el Bodhisatva elimina el aferramiento propio y las perturbaciones mentales adquiridos intelectualmente, pero todavía ha de destruir el aferramiento propio innato. Éste tiene nueve niveles: el mayor del mayor, el mediano del mayor, el menor del mayor; el mayor del mediano, el mediano del mediano, el menor del mediano; el mayor del menor, el mediano del menor y el menor del menor. El Bodhisatva que está en el camino de la visión entra en meditación estabilizada en la vacuidad para eliminar el aferramiento propio innato mayor del mayor. Cuando su sabiduría de la meditación estabilizada tiene poder suficiente como para servir de antídoto directo contra el aferramiento propio innato mayor del mayor, se convierte en la sabiduría de la meditación estabilizada del camino ininterrumpido del camino de la meditación del primer plano. En ese momento, el Bodhisatva entra en el camino de la meditación. En la misma sesión, el Bodhisatva destruye el aferramiento propio innato mayor del mayor. Cuando lo logra, ha alcanzado el camino emancipado del segundo plano del Bodhisatva, «el Inmaculado». Las buenas cualidades del Bodhisatva en este plano se multiplican por mil. Después, el Bodhisatva surge de la meditación y trabaja para el beneficio de los demás. Más tarde, entra de nuevo en meditación para eliminar el grado mediano del mayor del aferramiento propio innato.

Cuando el Bodhisatva ha eliminado el aferramiento propio mediano del mayor, entra en el tercer plano. En este plano, cuando surge de la meditación se dedica a ayudar a los demás para luego volver de nuevo a su meditación, esta vez con el propósito de eliminar el aferramiento propio menor del mayor. Cuando lo consigue, entra en el cuarto plano y durante los descansos de las meditaciones sigue trabajando por los demás. El Bodhisatva pasa a través de este mismo proceso para eliminar los tres grados siguientes del aferramiento propio innato. Cuando se encuentra en el séptimo plano, habiéndose dedicado a ayudar al prójimo durante el descanso de sus meditaciones, el Bodhisatva entra de nuevo en meditación y abandona los tres últimos niveles del aferramiento propio innato, todos en una misma sesión, alcanzando de esta forma el octavo plano.

En el octavo plano, el Bodhisatva ha abandonado todo tipo de aferramiento propio y de perturbaciones mentales, pero aún le quedan por eliminar las obstrucciones a la omnisciencia. De nuevo entra en meditación y se concentra en la vacuidad y, cuando elimina las obstrucciones burdas a la omnisciencia, progresa al noveno plano. Entonces entra otra vez en meditación estabilizada y destruye las obstrucciones sutiles a la omnisciencia, avanzando de este modo al décimo plano.

Cuando el Bodhisatva en el décimo plano entra en meditación estabilizada en la vacuidad, su sabiduría se convierte en el antídoto directo contra las obstrucciones muy sutiles a la omnisciencia. Esta concentración recibe el nombre de «la concentración semejante al vajra, del camino de la meditación». También se la denomina «la sabiduría excelsa del continuo final» porque es la última mente de un ser sintiente. Al momento siguiente, el Bodhisatva se convierte en un Buda. En una misma sesión, el Bodhisatva se libera de sus obstrucciones muy sutiles a la omnisciencia y alcanza el último camino emancipado, el camino mahayana de No-Más-Aprendizaje. Una vez lo ha conseguido, el meditador se ha convertido en un Buda y ha desarrollado la excelsa sabiduría omnisciente. En ese momento, alcanza también los cuatro Cuerpos de un Buda. El Bodhisatva en el décimo plano tiene muchas emanaciones, y cuando se convierte en un Buda éstas también alcanzan el estado de la Budeidad y se dedican a trabajar por el beneficio de todos los seres sintientes.

El camino vajrayana

ADIESTRAMIENTO EN EL CAMINO VAJRAYANA

Si queremos alcanzar la iluminación en esta misma vida, tenemos que entrar en el camino vajrayana o camino del tantra, porque es el único sendero que muestra los métodos para lograr la Budeidad en una sola vida. Las enseñanzas del vajrayana son muy difíciles de encontrar; se dice que de los mil Budas que van a aparecer durante este Eón Afortunado, sólo tres enseñarán el vajrayana, de los cuales uno de ellos ha sido Buda Shakyamuni. Además, las enseñanzas se desplazan de un sitio a otro con rapidez. Ahora que disponemos de esta preciosa oportunidad de escucharlas y de ponerlas en práctica, debemos aprovecharla reconociendo lo difícil que es recibir semejantes instrucciones.

«Vajrayana» quiere decir literalmente 'vehículo vajra'. «Vajra» se refiere a la no-dualidad del método y la sabiduría, y «vehículo», a que es un camino espiritual. Es el camino rápido hacia la iluminación porque al ponerlo en práctica reunimos las dos acumulaciones –de méritos y de sabiduría– en una misma concentración en la vacuidad y, por lo tanto, creamos al mismo tiempo todas las causas para alcanzar los Cuerpos de la Forma y de la Verdad de un Buda. Puesto que se hace acopio de las dos acumulaciones, de méritos y de sabiduría, en una misma concentración, se dice que son inseparables como un vajra. Esta práctica de concentración sólo se revela en el camino vajrayana.

Buda mostró cuatro clases de tantra, según las distintas inclinaciones de sus discípulos. Éstas son:

(1) El tantra de la acción.
(2) El tantra de la ejecución.

(3) El tantra del yoga.
(4) El tantra del yoga supremo.

El tantra de la acción se denomina de tal forma porque en él se acentúan principalmente las acciones externas; en el tantra de la ejecución se da tanta importancia a las acciones externas como a las internas; en el tantra del yoga se da un mayor énfasis a las acciones internas; y el tantra del yoga supremo es, como su nombre indica, superior a los demás.

El tantra de la acción se basa en cuatro textos principales: *Tantra general secreto*, *Tantra de lo establecido con excelencia*, *Tantra rogado por Subahu* y *Tantra del continuo de la concentración*. Hay muchas ramificaciones de este tantra. Todos los tantras de la acción están comprendidos en tres linajes: el linaje del Tathagata, el del loto y el del vajra. Cada uno de ellos tiene otras subdivisiones y éstas se describen en textos tales como la *Gran exposición de las etapas del mantra secreto* de Yhe Tsongkhapa, donde se explican las prácticas de todos los tantras.

En comparación con el tantra de la acción, el número de textos acerca del tantra de la ejecución que se han traducido al tibetano es más reducido. El principal de ellos es el *Tantra de Vairochana Abhisambodhi*. Aparte de éste, sólo el *Tantra conciso de Vairochana*, que es una ramificación del Tantra anterior, y el *Tantra de la iniciación de Vajrapani*, están traducidos al tibetano. No obstante, hay muchos comentarios en tibetano a estos Tantras.

Los Tantras principales en los que se basa el tantra del yoga son el *Tantra de la síntesis de la talidad* y su autocomentario, el *Tantra explicativo de la culminación vajra*.

El tantra del yoga supremo se clasifica en dos: el tantra del padre y el tantra de la madre. En los Tantras del padre, como el *Tantra de Guhyasamayha*, se acentúa principalmente el desarrollo del cuerpo ilusorio, y en los Tantras de la madre, como el *Tantra de Heruka*, el desarrollo de la luz clara. Sólo en el tantra del yoga supremo se encuentra el método completo para alcanzar la iluminación en una vida tan corta como ésta. Algunos practicantes de los tres tantras inferiores son capaces de alargar sus vidas, pero para alcanzar la iluminación en una sola vida tienen que adiestrarse en el tantra del yoga supremo. En realidad, es imposible alcanzar la iluminación de otra manera.

El adiestramiento en el tantra del yoga supremo es muy extenso, pero todas sus prácticas están comprendidas en las cinco siguientes:

(1) Generación de la bodhichita especial.
(2) Iniciación.
(3) Guardar con pureza los votos y compromisos.
(4) Práctica de los yogas de la etapa de generación.
(5) Práctica de los yogas de la etapa de consumación.

Si practicamos el camino vajrayana, o mantra secreto, sin la motivación de bodhichita, no podremos alcanzar la iluminación. Por lo tanto, lo primero que tenemos que hacer si queremos adiestrarnos en él es obtener una experiencia de todas las etapas del camino que preceden a la realización de la bodhichita. Ésta es como la entrada exterior del mantra secreto, y el recibir la iniciación es como la puerta interior. Por esta razón los votos del Bodhisatva siempre se otorgan antes de conferir una iniciación. Cuando recibimos una iniciación tántrica, nos capacita para emprender la práctica propiamente dicha del tantra, y tomamos una serie de votos y compromisos tales como los votos del Bodhisatva y los tántricos. El que tengamos éxito o no en nuestro adiestramiento tántrico depende de que mantengamos estos votos y compromisos con pureza. Así como las cosechas no crecen con facilidad en un pedregal cubierto de maleza, de manera similar nos será difícil alcanzar las realizaciones especiales del mantra secreto si no mantenemos una disciplina moral pura.

Las tres primeras prácticas son preparaciones. Las prácticas en sí del tantra del yoga supremo son los yogas de las etapas de generación y de consumación. Las meditaciones de la etapa de generación son caminos que conducen a la etapa de consumación y que hacen madurar las realizaciones de ésta última. Por consiguiente, si meditamos de modo correcto en la etapa de generación, nuestra práctica de la etapa de consumación progresará con facilidad. Los yogas de la etapa de consumación son los que en realidad nos liberan del samsara y nos conducen al estado de la Budeidad.

Para comprender la manera en que las prácticas tántricas nos conducen hacia la Budeidad, es necesario conocer tres factores: la base, el camino y el resultado. La base es el objeto que ha de ser purificado, el camino es el medio para purificarlo, y el resultado es el efecto puro de dicha purificación. La base que ha de ser purificada es la existencia cíclica, es decir, la muerte, el estado intermedio y el renacimiento ordinarios. Por lo general, éstos transcurren de forma sucesiva, condenándonos a padecer un renacimiento samsárico tras otro. Con el adiestramiento en los yogas de las etapas de generación y de consumación podemos purificarlos y transformarlos en los tres Cuerpos de un Buda: el Cuerpo de la Verdad, el Cuerpo de Deleite y el Cuerpo de Emanación. Los yogas de la etapa de generación purifican la muerte, el estado intermedio y el renacimiento ordinarios de manera indirecta, y los yogas de la etapa de consumación lo hacen directamente.

Para practicar los yogas de la etapa de generación y alcanzar realizaciones, hemos de adiestrarnos en la meditación que corresponde a esta etapa, la cual posee las tres características siguientes:

(1) Transformación de los tres cuerpos en el camino.
(2) Autogeneración de la Deidad, manteniendo la apariencia clara y generando el orgullo divino.
(3) Destrucción de las apariencias y concepciones ordinarias por medio del orgullo divino y la apariencia clara.

La primera de ellas comprende los tres yogas siguientes: transformación de la muerte ordinaria en el camino del Cuerpo de la Verdad, transformación del estado intermedio ordinario en el camino del Cuerpo de Deleite, y transformación del renacimiento ordinario en el camino del Cuerpo de Emanación. Con la práctica de estos yogas nos generamos como la Deidad, y por medio de la concentración nos adiestramos en el desarrollo del orgullo divino y de la apariencia clara de ser la Deidad. A través del adiestramiento en el orgullo divino eliminamos las concepciones ordinarias, y por medio de ejercitarnos en la apariencia clara superamos la apariencia ordinaria.

Los métodos para alcanzar realizaciones (sáns. *sadhana*) del tantra del yoga supremo comprenden estos tres yogas, además de otras prácticas complementarias, como por ejemplo la recitación del mantra. Para que una práctica sea de verdad un adiestramiento de la etapa de generación ha de poseer las tres características mencionadas. El autogenerarnos como una Deidad no constituye por sí solo un yoga de la etapa de generación. Incluso los practicantes de otras religiones realizan ejercicios similares, generándose como dioses, como Ishvara u otros. Para una explicación más detallada de los yogas de la etapa de generación, véase la *Guía del Paraíso de las Dakinis*.

La función principal de los yogas de las etapas de generación y de consumación es purificar la muerte, el estado intermedio y el renacimiento ordinarios, y alcanzar los tres Cuerpos de un Buda. El yoga de la etapa de generación los purifica de manera indirecta, mientras que el de la etapa de consumación lo hace directamente. La muerte, el estado intermedio y el renacimiento ordinarios se suceden uno detrás del otro, como si se tratara de una rueda que gira sin cesar, manteniendo de este modo a los seres ordinarios en la cautividad de la existencia cíclica. En el mantra secreto, la muerte, el estado intermedio y el renacimiento ordinarios reciben el nombre de «los tres cuerpos básicos». A la muerte ordinaria se la denomina «el cuerpo básico de la verdad». Éste no es el verdadero Cuerpo de la Verdad, sino que es la base para dicho Cuerpo. De manera similar, al estado intermedio se le llama «el cuerpo básico de deleite», porque constituye la base para el Cuerpo de Deleite; y al renacimiento ordinario, «el cuerpo básico de emanación» por ser la base para dicho Cuerpo. En el mantra secreto, estos tres cuerpos básicos son las bases que han de ser purificadas.

En la etapa de consumación existen tres cuerpos del camino que se corresponden con los anteriores. Las dos etapas del yoga de consumación de la luz clara –la luz clara ejemplar última y la luz clara significativa–, se denominan «el cuerpo de la verdad del camino». Estas dos luces claras purifican la muerte ordinaria de manera directa. El meditador se libera por primera vez de la muerte ordinaria cuando alcanza la mente aislada de la luz clara ejemplar última. Los dos cuerpos ilusorios, el impuro y el puro, constituyen «el cuerpo de deleite del camino», y purifican el estado intermedio directamente. El cuerpo físico burdo de la Deidad del meditador que ha alcanzando el cuerpo ilusorio puro y el del que ha logrado el impuro constituyen «el cuerpo de emanación del camino», y purifican el renacimiento ordinario también de forma directa. Las prácticas de la luz clara, el cuerpo ilusorio y el cuerpo burdo de la Deidad, son los yogas principales de la etapa de consumación. Desde un punto de vista más extenso, la etapa de consumación consta de cinco etapas principales, y Yhe Tsongkhapa las explica con claridad y detenimiento en su texto *La lámpara clara de las cinco etapas*. En los libros *La luz clara del gozo* y *Caminos y planos tántricos* puede encontrarse también una explicación de estas cinco etapas.

Los tres cuerpos del camino purifican la muerte, el estado intermedio y el renacimiento ordinarios de manera directa. Una vez que los hayamos conseguido, alcanzaremos los tres Cuerpos de un Buda: el Cuerpo de Emanación, el de Deleite y el de la Verdad. El fruto último del adiestramiento en el mantra secreto es el logro de estos tres Cuerpos Resultantes, que se alcanzan por medio de las prácticas de la etapa de consumación, las cuales dependen, a su vez, del logro de las realizaciones de la etapa de generación.

Es imposible alcanzar la Budeidad sin adiestrarse en estos tres yogas de las etapas de generación y de consumación, porque constituyen el camino rápido que Buda reveló en sus escrituras tántricas; así que no se trata de una invención moderna. Para que un Tantra sea verdadero debe haber sido enseñado por Buda. Todos los Tantras de autoridad fueron practicados y realizados por Mahasidhas budistas tales como Saraha, Nagaryhuna y Tilopa, quienes explicaron las dos etapas en sus textos tántricos y revelaron sus propias experiencias. Yhe Tsongkhapa, en su *Gran exposición de las etapas del mantra secreto*, da también extensas explicaciones acerca de las cuatro clases de tantra. Todo lo que escribe en este texto puede encontrarse en los Tantras enseñados por Buda; en este comentario cita las palabras mismas de Buda y se apoya en autoridad textual en todas sus explicaciones.

Deberíamos conocer y aprender a fondo la vida y las escrituras de Yhe Tsongkhapa, y generar una fe profunda en este gran Maestro. No se le alaba porque sea el fundador de la tradición guelug, sino debido a sus propios méritos. Si estudiásemos sus obras, nos sorprenderían su claridad, lucidez y belleza, y comprenderíamos que son las de un Maestro realizado que escribe con honestidad y sinceridad acerca de sus experiencias espirituales. Se dice que sus enseñanzas poseen dos cualidades especiales: sus instrucciones del mantra secreto revelan de manera inequívoca el significado de los Tantras y lo hacen con mayor claridad que otras, y su modo especial de presentar la visión profunda no puede encontrarse en ningún otro lugar. No obstante, para comprender el verdadero significado de estas cualidades no es suficiente con escucharlas en las alabanzas de los demás, la única manera de apreciarlas de verdad es a través de su estudio y práctica sincera.

Kyabyhe Pabongkha Rimpoché

Triyhang Rimpoché   *Gueshe Kelsang Gyatso Rimpoché*

La iluminación total

EL RESULTADO FINAL, LA ILUMINACIÓN

Cualquier ser que se haya liberado por completo de las dos obstrucciones, las raíces de todas las faltas, ha alcanzado la iluminación. Si observamos nuestras vivencias, nos daremos cuenta de que nosotros también podemos eliminar todas nuestras faltas y convertirnos en un Buda. Unas veces nuestras faltas son muchas y graves, pero otras veces disminuyen. Puesto que en ocasiones nuestras faltas y perturbaciones mentales se debilitan y reducen incluso sin esforzarnos en ello, no hay duda alguna de que podemos destruirlas por completo si ponemos el debido esfuerzo.

Como se explicó con anterioridad, las obstrucciones pueden ser de dos clases: las obstrucciones de las perturbaciones mentales y las del conocimiento. Éstas últimas nos impiden percibir todos los objetos de manera directa y simultánea, es decir, desarrollar la mente omnisciente de un Buda. Puesto que podemos reducir y eliminar las perturbaciones mentales –las obstrucciones a la liberación–, también podemos suprimir por completo las impresiones grabadas por las mismas –las obstrucciones a la omnisciencia–. No obstante, para lograrlo tenemos que esforzarnos en poner en práctica los métodos para adiestrar nuestra mente en todas las etapas de los caminos del sutra y del tantra. Si nos adiestramos con esfuerzo en todas las enseñanzas que se han explicado, nuestra mente se transformará en la mente omnisciente de un Buda.

Buda Shakyamuni dijo:

> «Si llegamos a comprender nuestra propia mente, nos convertiremos en un Buda. No hay necesidad de buscar la Budeidad en ningún otro lugar.»

En este verso, el comprender nuestra propia mente se refiere a experimentar nuestra mente en toda su pureza, como si se hubiera liberado de las dos obstrucciones.

Cuando nos convertimos en un ser completamente iluminado, alcanzamos los cuatro Cuerpos de un Buda. Como mencionamos en otro capítulo, el cuerpo principal de un Buda es el Cuerpo de la Verdad, que puede ser de dos clases: el Cuerpo de la Sabiduría de la Verdad y el Cuerpo de la Entidad. El primero es la mente omnisciente de un Buda, la cual está libre de las dos obstrucciones, y el segundo es su naturaleza última. Los otros dos cuerpos de un Buda –el Cuerpo de Deleite y el de Emanación– constituyen juntos el Cuerpo de la Forma. De entre ellos, el Cuerpo de Deleite es el más sutil.

Si los Budas permanecieran sólo en su Cuerpo de la Verdad, los demás seres no podrían recibir ningún beneficio, porque sólo otros Budas pueden percibirlo. Por lo tanto, a partir del Cuerpo de la Verdad los Budas manifiestan su Cuerpo de Deleite; pero dado que únicamente los Bodhisatvas Superiores son capaces de percibirlo, a partir éste último manifiestan a su vez sus Cuerpos de Emanación. El Cuerpo Supremo de Emanación puede ser percibido sólo por aquellos seres que tienen un karma puro. A fin de beneficiar a los que poseen un karma impuro los Budas se manifiestan como seres ordinarios. Para ayudar a los demás, los Budas pueden adoptar cualquier aspecto, ya sea el de una persona budista o el de un adepto a otra creencia, o cualquier forma, animada o inanimada. Puesto que las mentes de los seres que los perciben están ofuscadas por la ignorancia, nunca llegan a sospechar que estas formas que parecen tan ordinarias son en realidad emanaciones de Budas. De hecho, nos resultaría muy difícil reconocer quién es una emanación de Buda y quién no lo es. La única persona acerca de la cual podemos decir con toda seguridad que no es un Buda es nosotros mismos. Buda dijo: «Los seres como yo podemos conocer a los demás, pero el resto no puede hacerlo.» Esto quiere decir que la persona que ha alcanzado la Budeidad sabe quién es un Buda y quién no lo es, pero aquellos que no son Budas no tienen la capacidad de hacerlo.

El cuerpo de un Buda posee grandes cualidades tales como el estar libre del nacimiento, del envejecimiento, de las enfermedades y de la muerte. Su cuerpo es inmutable porque es un cuerpo vajra. Se dice que el cuerpo de Buda puede entender y exponer el Dharma, y que muchos discursos han sido impartidos a través de la protuberancia de su cabeza. De manera similar, la palabra de un Buda es muy diferente de la de los seres ordinarios. Su volumen no varía, tanto si estamos cerca como si nos encontramos lejos de él, y el que le escucha puede entender todo lo que dice en su propia lengua. El mero hecho de escuchar la palabra de un Buda apacigua las perturbaciones mentales del oyente. Con su palabra, un Buda puede exponer el Dharma que otros no pueden enseñar, y de este modo liberar a los seres sintientes del samsara. Nuestra liberación e iluminación total dependen de la palabra de Buda, porque si no hubiese enseñado el Dharma no dispondríamos del método para liberarnos de la existencia cíclica. Si escuchamos las enseñanzas de Buda, las contemplamos y meditamos en ellas, alcanzaremos todas las realizaciones y cualidades excelentes.

Las extraordinarias cualidades de la mente de un Buda se resumen en las escrituras como las diez fuerzas, los dieciocho atributos exclusivos, las cuatro valentías, y los cuatro conocedores específicos correctos.

Las diez fuerzas son:

(1) La fuerza de conocer los generadores y los no-generadores. Un Buda conoce de manera directa todas las causas y sus efectos.

(2) La fuerza de conocer la maduración completa de las acciones. Un Buda posee un conocimiento directo de todas las acciones y de sus efectos.

(3) La fuerza de conocer los diversos deseos. Un Buda conoce de manera directa todos los deseos de cada uno de los seres sintientes.

(4) La fuerza de conocer los diversos elementos. Esta fuerza se refiere al conocimiento directo que tiene un Buda de todos los elementos, tanto burdos como sutiles.

(5) La fuerza de conocer los poderes supremos y no-supremos. Un Buda conoce de manera directa todos los poderes, así como la manera en que se complementan entre ellos.

(6) La fuerza de conocer todos los caminos que conducen hacia la existencia cíclica y hacia la paz solitaria. Un Buda conoce todos los caminos correctos e incorrectos.

(7) La fuerza de conocer todas las estabilizaciones mentales, las liberaciones perfectas, las concentraciones, las absorciones, etc. Esta fuerza se refiere al conocimiento directo que posee un Buda de todas las concentraciones.

(8) La fuerza de conocer las vidas pasadas. Un Buda conoce de manera directa todos los renacimientos pasados de cada ser sintiente.

(9) La fuerza de conocer la muerte y el renacimiento. Un Buda conoce directamente el proceso completo de la muerte y del renacimiento de cada ser sintiente.

(10) La fuerza de conocer la cesación de las contaminaciones. Se refiere al conocimiento directo que tiene un Buda de los tres niveles de iluminación –la iluminación del Oyente, la del Conquistador Solitario y la de un Buda–.

Los dieciocho atributos exclusivos de los Budas son: las seis actividades exclusivas, las seis realizaciones exclusivas, las tres obras exclusivas, y las tres percepciones excelsas exclusivas. Se las denomina «exclusivas» porque los seres sintientes no las poseen o comparten; son cualidades extraordinarias que sólo poseen los Budas. Véase *Océano de néctar*. Los Budas:

(1) No cometen acciones físicas incorrectas.
(2) No cometen acciones verbales incorrectas.
(3) No cometen acciones mentales incorrectas.
Los Budas poseen una retentiva mental perfecta.
(4) Permanecen siempre en meditación estabilizada.
Sólo los Budas pueden permanecer en meditación

estabilizada y en el logro subsiguiente al mismo tiempo.
(5) Carecen de pensamientos conceptuales.
(6) No realizan acciones neutras. Todas las acciones efectuadas por los Budas son virtuosas, no cometen acciones perjudiciales ni neutras. Consideran a todos los seres como si fueran sus hijos, tratándoles con perfecta ecuanimidad, compasión y amor, y no se sienten indiferentes hacia ninguno de ellos.
(7) Se han liberado de la degeneración de la aspiración.
(8) Se han liberado de la degeneración del esfuerzo.
(9) Se han liberado de la degeneración de la retentiva mental.
(10) Se han liberado de la degeneración de la concentración.
(11) Se han liberado de la degeneración de la sabiduría.
(12) Se han liberado de la degeneración de la liberación perfecta.
(13) Sus acciones físicas son completamente puras e ilimitadas, pues están precedidas y seguidas por la percepción excelsa.
(14) Sus acciones verbales son completamente puras e ilimitadas, pues están precedidas y seguidas por la percepción excelsa.
(15) Sus acciones mentales son completamente puras e ilimitadas, pues están precedidas y seguidas por la percepción excelsa.
(16) Su percepción excelsa ilimitada conoce todo el pasado de manera directa y sin obstrucciones.
(17) Su percepción excelsa ilimitada conoce todo el presente de manera directa y sin obstrucciones.
(18) Su percepción excelsa ilimitada conoce todo el futuro de manera directa y sin obstrucciones.

Las cuatro valentías de un Buda son:

(1) La valentía de revelar el Dharma de la renuncia.
(2) La valentía de revelar el Dharma de eliminar las obstrucciones.

(3) La valentía de revelar el Dharma de los abandonos excelentes.
(4) La valentía de revelar el Dharma de las realizaciones excelentes.

Los cuatro conocedores específicos correctos de un Buda son:

(1) El conocedor específico correcto de los fenómenos.
(2) El conocedor específico correcto de los significados.
(3) El conocedor específico correcto del significado de las palabras.
(4) El conocedor específico correcto de la confianza.

Ni siquiera los Bodhisatvas con elevadas realizaciones son capaces de expresar adecuadamente las excelentes cualidades de la mente de un Buda. Cuando un pájaro levanta el vuelo, tarde o temprano, ha de volver a tomar tierra por muy alto que se eleve en el cielo. Esto no se debe a que haya llegado hasta los confines del espacio, sino a que se le han acabado las fuerzas para seguir volando. El cielo es vasto e ilimitado y, por ello, las energías del ave se agotan antes de haber recorrido todo el espacio. Las buenas cualidades de un Buda son como el espacio y nuestro entendimiento es como el pájaro. Si intentásemos describir todas las cualidades excelentes de un Buda, nuestra destreza y sabiduría se agotarían antes de poder terminar de hacerlo, pues están más allá de nuestra comprensión.

ADIESTRAMIENTO EN LAS CUATRO MANERAS DE REUNIR DISCÍPULOS PARA LOGRAR EL PLENO DESARROLLO DEL CONTINUO MENTAL DE LOS DEMÁS

La razón principal por la cual el Bodhisatva se adiestra en las seis perfecciones con el objetivo de lograr el pleno desarrollo de su continuo mental es porque desea ayudar a todos los seres sintientes. En términos generales, existen numerosas maneras de beneficiar a los demás según sus aspiraciones. No obstante, hay cuatro modos especiales de hacerlo que se denominan «las cuatro maneras de reunir discípulos». Éstas son:

(1) Complacer a los demás dándoles ayuda material o cualquier cosa que necesiten.
(2) Enseñar el Dharma para conducir a los demás hacia la liberación.
(3) Ayudar a los demás en su práctica del Dharma dándoles ánimos.
(4) Mostrar buen ejemplo poniendo siempre en práctica lo que se enseña.

De esta forma, el Bodhisatva reúne muchos discípulos y les conduce por el camino espiritual. Una vez que hayamos tomado los votos del Bodhisatva, nunca hemos de olvidar la intención de beneficiar a los demás. Debemos pensar en todo momento en cómo podemos ayudarles, y a fin de beneficiarles de la mejor manera posible tenemos que esforzarnos constantemente en alcanzar la iluminación. La manera de alcanzar el resultado final de la iluminación completa es adiestrar nuestra mente en todas las etapas del camino, que ya se han explicado. Si además recibimos una iniciación de la práctica del tantra del yoga supremo, mantenemos con pureza nuestros votos y compromisos y practicamos con sinceridad los yogas de las etapas de generación y de consumación, alcanzaremos la iluminación completa en esta misma vida.

En resumen, nuestro logro de la iluminación completa depende de nuestra práctica de las etapas del camino del mantra secreto; ésta depende de nuestro adiestramiento en las etapas del camino del sutra; y ésta, a su vez, de la confianza sincera que tengamos en nuestro Guía Espiritual, la cual es la raíz del camino.

Dedicación

Que a través de las virtudes que he acumulado al leer, contemplar y practicar estas enseñanzas, todos los seres encuentren la oportunidad de adiestrarse en las etapas del camino.

Que todos los seres desarrollen la gran sabiduría de Manyhushri, la gran compasión de Avalokiteshvara y el gran poder de Vajrapani, y que alcancen la gran iluminación de Buda Shakyamuni.

Apéndice 1
Compendio del significado del texto

Compendio del significado del texto

Las instrucciones de las etapas del camino hacia la iluminación, Lamrim, tiene cuatro partes:
1 Cualidades preeminentes del autor, mostrando que las instrucciones del Lamrim son auténticas.
2 Cualidades preeminentes del Lamrim para inspirar fe y respeto por las instrucciones.
3 La manera de escuchar y de enseñar el Dharma.
4 Instrucciones en sí de las etapas del camino hacia la iluminación.

Las cualidades preeminentes del autor, mostrando que las instrucciones del Lamrim son auténticas tiene tres partes:
1 Nacimiento y niñez de Atisha en una familia real.
2 Conocimiento y realizaciones espirituales de Atisha.
3 La labor de Atisha para difundir el Budadharma por la India y el Tíbet.

Las cualidades preeminentes del Lamrim para inspirar fe y respeto por las instrucciones tiene dos partes:
1 Características preeminentes del Lamrim.
2 Atributos preeminentes del Lamrim.

Las características preeminentes del Lamrim tiene tres partes:
1 El Lamrim es la síntesis de todo el Budadharma.
2 Sus instrucciones son fáciles de poner en práctica.
3 Su presentación es superior a la de otras tradiciones.

Los atributos preeminentes del Lamrim tiene cuatro partes:
1 Comprenderemos que las enseñanzas de Buda no se contradicen.

2 Consideraremos las enseñanzas de Buda como un consejo personal y las pondremos en práctica.
3 Comprenderemos con facilidad la intención última de Buda.
4 Estaremos libres de manera natural de la gran falta y de todas las demás faltas.

La manera de escuchar y de enseñar el Dharma tiene tres partes:

1 Cómo escuchar el Dharma.
2 Cómo enseñar el Dharma.
3 La manera en que el Maestro y el discípulo concluyen la sesión.

Cómo escuchar el Dharma tiene tres partes:

1 Beneficios de escuchar el Dharma.
2 Generación de respeto por el Dharma y el Maestro.
3 El modo correcto de escuchar el Dharma.

El modo de escuchar el Dharma tiene dos partes:

1 El abandono de las tres faltas.
2 El cultivo de los seis reconocimientos.

El abandono de las tres faltas tiene tres partes:

1 La falta de ser como un recipiente boca abajo.
2 La falta de ser como un recipiente maloliente.
3 La falta de ser como un recipiente agrietado.

El cultivo de los seis reconocimientos tiene seis partes:

1 Reconocer que estamos enfermos porque padecemos de apego, odio, ignorancia y otras enfermedades mentales.
2 Reconocer que el Dharma es la medicina suprema para curar nuestra enfermedad mental.
3 Reconocer que nuestro Guía Espiritual es el doctor supremo.
4 Reconocer que para curarnos de nuestros males mentales hemos de poner el Dharma en práctica.

5 Generar el convencimiento de que Buda Shakyamuni es un ser sagrado y de que podemos confiar en él por completo.
6 Generar un fuerte deseo de que el Dharma florezca y prevalezca por mucho tiempo.

Cómo enseñar el Dharma tiene cuatro partes:

1 Consideración de los beneficios de enseñar el Dharma.
2 Aumento de la fe y el respeto hacia el Dharma y el Maestro.
3 Actitudes que se han de cultivar y comportamiento que se ha de adoptar al enseñar el Dharma.
4 Cómo distinguir a la persona que es apropiada para recibir enseñanzas de la que no lo es.

Las instrucciones en sí de las etapas del camino hacia la iluminación tiene dos partes:

1 La manera de confiar en el Guía Espiritual, la raíz del camino.
2 Cómo extraer la esencia de nuestra existencia humana.

La manera de confiar en el Guía Espiritual, la raíz del camino, tiene dos partes:

1 Cómo adiestrar la mente durante la sesión de meditación.
2 Cómo adiestrar la mente durante el descanso de la meditación.

Cómo adiestrar la mente durante la sesión de meditación tiene tres partes:

1 Preparativos para la meditación.
2 La meditación en sí.
3 Conclusión.

Los preparativos para la meditación tiene seis partes:

1 Limpieza del cuarto de meditación y preparación de un altar con las representaciones del cuerpo, de la palabra y de la mente de Buda.

2 Disposición de ofrendas apropiadas.
3 Sentarse en la postura correcta de meditación, refugio en las Tres Joyas, y generación e intensificación de la mente de bodhichita.
4 Visualización del Campo de Méritos.
5 Acumulación de méritos y purificación de faltas con el ofrecimiento de la práctica de las siete ramas y del mandala.
6 Súplicas al Campo de Méritos en general, y a los Maestros del linaje del Lamrim en particular, para que nos concedan sus bendiciones.

La meditación en sí tiene dos partes:

1 Cualificaciones del Guía Espiritual mahayana y del discípulo mahayana.
2 La meditación en sí de confiar en el Guía Espiritual.

La meditación en sí de confiar en el Guía Espiritual tiene cuatro partes:

1 Los beneficios de confiar por completo en el Guía Espiritual.
2 Los peligros de romper nuestro compromiso con el Guía Espiritual.
3 El modo de confiar en el Guía Espiritual por medio de la fe y del respeto.
4 El modo de confiar en el Guía Espiritual por medio de acciones de servicio y devoción.

Los beneficios de confiar por completo en el Guía Espiritual tiene ocho partes:

1 Avanzaremos en nuestro camino hacia la iluminación
2 Deleitaremos a todos los Budas.
3 Los espíritus demoníacos y otras fuerzas malignas no nos perjudicarán.
4 Eliminaremos con facilidad nuestras faltas y perturbaciones mentales.
5 Nuestras experiencias y realizaciones de los caminos y planos espirituales se incrementarán en gran medida.

6 Nunca nos faltarán amigos espirituales en vidas futuras.
7 No renaceremos en los reinos inferiores.
8 Colmaremos con facilidad todos nuestros deseos, temporales y últimos.

Los peligros de romper nuestro compromiso con el Guía Espiritual tiene ocho partes:

1 Puesto que nuestro Guía Espiritual es una emanación de todos los Budas, si le abandonamos o despreciamos, esta acción producirá el mismo efecto que si lo hiciéramos a todos los Budas.
2 Cada momento de odio que generamos en nuestra mente hacia nuestro Guía Espiritual, destruye todo el buen karma que hayamos creado en un eón y nos hará renacer en los infiernos durante un eón.
3 A pesar de que hayamos practicado el mantra secreto durante eones, si despreciamos a nuestro Guía Espiritual, nos será imposible alcanzar realizaciones.
4 Si mantenemos una mente crítica o de enfado hacia nuestro Guía Espiritual, nuestra práctica del mantra secreto será la causa de renacer en los infiernos.
5 No podremos alcanzar nuevas realizaciones y las ya logradas degenerarán.
6 Las desgracias, como enfermedades y temores, nos afligirán, y seremos poseídos por espíritus malignos.
7 Renaceremos repetidas veces en los reinos inferiores.
8 En muchas de nuestras vidas futuras no encontraremos ni Guías Espirituales cualificados ni el Dharma, y cuando los encontremos seremos incapaces de generar fe en ellos y de respetarles.

El modo de confiar en el Guía Espiritual por medio de la fe y del respeto tiene dos partes:

1 Cómo generar fe, que es la raíz de todas las realizaciones, en que nuestro Guía Espiritual es un Buda.

2 Cómo generar respeto por nuestro Guía Espiritual recordando su benevolencia.

Cómo generar fe, que es la raíz de todas las realizaciones, en que nuestro Guía Espiritual es un Buda, tiene tres partes:

1 La importancia de considerar a nuestro Guía Espiritual como un Buda.
2 La posibilidad de considerar a nuestro Guía Espiritual como un Buda.
3 Cómo llegar al convencimiento de que nuestro Guía Espiritual es un Buda.

Cómo llegar al convencimiento de que nuestro Guía Espiritual es un Buda tiene cuatro partes:

1 Buda Vajradhara dijo que los Guías Espirituales son Budas.
2 Nuestro Guía Espiritual realiza las obras iluminadas de un Buda.
3 En estos tiempos de degeneración, los Budas siguen trabajando por el beneficio de todos los seres sintientes.
4 Las apariencias son engañosas y no podemos fiarnos de nuestras propias opiniones.

Cómo generar respeto por nuestro Guía Espiritual recordando su benevolencia tiene dos partes:

1 Recordar que nuestro Guía Espiritual es más bondadoso que todos los Budas.
2 Recordar que nuestro Guía Espiritual es aun más bondadoso que Buda Shakyamuni.

El modo de confiar en el Guía Espiritual por medio de acciones de servicio y devoción tiene cuatro partes:

1 Ofrecimiento de acciones físicas o verbales de respeto, como postraciones o recitación de alabanzas.
2 Ofrecimiento de objetos materiales.
3 Ofrecimiento de nuestro servicio.
4 Ofrecimiento de nuestra práctica de Dharma.

Cómo extraer la esencia de nuestra existencia humana tiene dos partes:

1 Cómo generar la resolución de extraer la esencia de nuestra preciosa existencia humana.
2 Adiestramiento de la mente en los métodos para extraer la esencia de nuestra preciosa existencia humana.

Cómo generar la resolución de extraer la esencia de nuestra preciosa existencia humana tiene tres partes:

1 Reconocimiento de que ahora poseemos una preciosa existencia humana.
2 Meditación sobre el gran valor de nuestra preciosa existencia humana.
3 Meditación sobre la gran rareza de nuestra preciosa existencia humana.

El reconocimiento de que ahora poseemos una preciosa existencia humana tiene dos partes:

1 Las ocho libertades.
2 Los diez dones.

Las ocho libertades son:

1 No haber nacido como un ser infernal.
2 No haber nacido como un espíritu ávido.
3 No haber nacido como un animal.
4 No haber nacido como un dios ordinario.
5 No haber nacido ni permanecer en un país donde no hay religión.
6 No haber nacido ni permanecer en un país donde no hay Budadharma.
7 No haber nacido ni permanecer con deficiencias físicas o mentales.
8 No sostener creencias erróneas que rechacen el Dharma.

Los diez dones son:

1 Haber nacido como un ser humano.
2 Haber nacido y permanecer en un país donde florece el Dharma.
3 Haber nacido y permanecer con los poderes sensoriales perfectos, sin deficiencias físicas ni mentales.
4 No haber cometido ninguna de las cinco acciones atroces de pena inmediata.
5 Tener fe en las tres clases de enseñanzas de Buda.
6 Haber obtenido un renacimiento humano en un mundo donde Buda ha aparecido.
7 Haber obtenido un renacimiento humano en un mundo donde Buda ha enseñado el Dharma.
8 Haber obtenido un renacimiento humano en un mundo donde todavía se enseña el Dharma puro.
9 Haber obtenido un renacimiento humano en un mundo donde hay gente que practica el Dharma puro.
10 Haber obtenido un renacimiento humano en un mundo donde hay benefactores y donantes que ayudan a los practicantes de Dharma.

La meditación sobre el gran valor de nuestra preciosa existencia humana tiene tres partes:

1 El gran valor de nuestra preciosa existencia humana desde el punto de vista de nuestro objetivo temporal.
2 El gran valor de nuestra preciosa existencia humana desde el punto de vista de nuestro objetivo último.
3 El gran valor de cada instante de nuestra preciosa existencia humana.

La meditación sobre la gran rareza de nuestra preciosa exis-tencia humana tiene tres partes:

1 Reconocimiento de la rareza de nuestra preciosa existencia humana desde el punto de vista de su causa.
2 Reconocimiento de la rareza de nuestra preciosa existencia humana por medio de una analogía.

3 Reconocimiento de la rareza de nuestra preciosa existencia humana desde el punto de vista numérico.

El adiestramiento de la mente en los métodos para extraer la esencia de nuestra preciosa existencia humana tiene tres partes:

1 Adiestramiento de la mente en las etapas del camino del ser del nivel inicial.
2 Adiestramiento de la mente en las etapas del camino del ser del nivel medio.
3 Adiestramiento de la mente en las etapas del camino del ser del nivel superior.

El adiestramiento de la mente en las etapas del camino del ser del nivel inicial tiene dos partes:

1 Cómo generar el deseo de lograr la felicidad de los estados afortunados en las vidas futuras.
2 Método para obtener la felicidad de los estados afortunados en las vidas futuras.

Cómo generar el deseo de lograr la felicidad de los estados afortunados en las vidas futuras tiene dos partes:

1 Meditación sobre la muerte.
2 Meditación sobre los sufrimientos de los reinos inferiores.

La meditación sobre la muerte tiene tres partes:

1 Consideración de los peligros de olvidarse de la muerte.
2 Consideración de los beneficios de tener presente la muerte.
3 La meditación en sí sobre la muerte.

La consideración de los peligros de olvidarse de la muerte tiene seis partes:

1 Olvidaremos el Dharma con facilidad.
2 Aunque no olvidemos el Dharma, probablemente no lo pondremos en práctica.

3 Aunque no olvidemos el Dharma y lo pongamos en práctica, nuestro adiestramiento no será puro.
4 Aunque no olvidemos el Dharma y lo pongamos en práctica de una forma pura, no perseveraremos con esfuerzo en nuestra práctica.
5 Seguiremos cometiendo acciones perjudiciales.
6 Moriremos llenos de remordimiento.

La consideración de los beneficios de tener presente la muerte tiene seis partes:

1 Nos dedicaremos a la práctica del Dharma con sinceridad y esfuerzo.
2 Nuestra práctica del Dharma será muy poderosa y pura.
3 Es un factor importante al inicio de nuestra práctica.
4 Es un factor importante durante toda nuestra práctica.
5 Es un factor importante en el logro de la meta final de nuestra práctica.
6 A la hora de la muerte nos sentiremos felices.

La meditación en sí sobre la muerte tiene dos partes:

1 La meditación sobre la muerte por medio de nueve razonamientos.
2 La meditación sobre la muerte imaginando que nos ha llegado la hora de morir.

La meditación sobre la muerte por medio de nueve razonamientos tiene tres partes:

1 Tres razonamientos para convencernos de que la muerte es definitiva.
2 Tres razonamientos para convencernos de que el momento de la muerte es incierto.
3 Tres razonamientos para convencernos de que en el momento de la muerte y después de ella, sólo la práctica del Dharma nos puede ayudar.

Los tres razonamientos para convencernos de que la muerte es definitiva son:

1 El hecho de que me voy a morir es definitivo y no hay nada que pueda impedirlo.
2 La duración de mi vida no se puede aumentar y se va acortando continuamente.
3 La muerte me va a llegar sin esperar a que practique el Dharma.

Los tres razonamientos para convencernos de que el momento de la muerte es incierto son:

1 El espacio de vida de los seres de este mundo no es fijo.
2 Hay muchas más condiciones que nos conducen hacia la muerte que hacia la supervivencia.
3 El cuerpo del ser humano es muy frágil.

Los tres razonamientos para convencernos de que en el momento de la muerte y después de ella, sólo la práctica del Dharma nos puede ayudar son:

1 En el momento de la muerte mis posesiones y riquezas no me servirán de nada.
2 En el momento de la muerte mis familiares y amigos no podrán ayudarme.
3 En el momento de la muerte mi cuerpo tampoco me será de ninguna utilidad.

La meditación sobre los sufrimientos de los reinos inferiores tiene tres partes:

1 Los sufrimientos de los seres infernales.
2 Los sufrimientos de los espíritus ávidos.
3 Los sufrimientos de los animales.

Los sufrimientos de los seres infernales tiene dos partes:

1 Cómo llegar al convencimiento de la existencia de los infiernos.
2 Meditación en sí de los sufrimientos de los seres infernales.

Cómo llegar al convencimiento de la existencia de los infiernos tiene dos partes:

1. Razonamiento basado en signos externos.
2. Razonamiento basado en signos internos.

El razonamiento basado en signos internos tiene tres partes:

1. Consideración de la ley del karma en general.
2. Consideración de los sueños.
3. Consideración de que la percepción del mundo depende del karma.

La meditación en sí de los sufrimientos de los seres infernales tiene cuatro partes:

1. Los sufrimientos de los seres de los grandes infiernos.
2. Los sufrimientos de los seres de los infiernos vecinales.
3. Los sufrimientos de los seres de los infiernos fríos.
4. Los sufrimientos de los seres de los infiernos similares.

Los sufrimientos de los espíritus ávidos tiene seis partes:

1. Calor intenso.
2. Frío intenso.
3. Hambre intensa.
4. Sed intensa.
5. Gran cansancio.
6. Gran miedo.

Los sufrimientos de los animales tiene cinco partes:

1. Ignorancia y estupidez.
2. Calor y frío.
3. Hambre y sed.
4. Explotación por parte de los seres humanos para trabajos, fines alimenticios y diversiones.
5. Devorarse los unos a los otros.

El método para obtener la felicidad de los estados afortunados en vidas futuras tiene dos partes:

1 Refugio: la entrada al Budadharma.
2 Cómo lograr convencimiento en la ley del karma: la raíz de las buenas cualidades y de la felicidad.

El refugio: la entrada al Budadharma, tiene siete partes:

1 Las causas del refugio.
2 Los objetos de refugio.
3 La manera de practicar el refugio.
4 La señal de haber practicado el refugio de manera perfecta.
5 Los beneficios del refugio.
6 Los compromisos del refugio.
7 Cómo practicar el refugio por medio de tres ciclos de meditación.

Los objetos de refugio tiene dos partes:

1 Identificación de los objetos de refugio.
2 Comprensión de las razones por las cuales las Tres Joyas constituyen los objetos de refugio apropiados.

La identificación de los objetos de refugio tiene tres partes:

1 La Joya del Buda.
2 La Joya del Dharma.
3 La Joya de la Sangha.

La comprensión de las razones por las cuales las Tres Joyas constituyen los objetos de refugio apropiados tiene cuatro partes:

1 Buda se ha liberado de todos los temores.
2 Buda posee una gran destreza para liberar a los seres sintientes.
3 Buda posee compasión hacia todos los seres sintientes sin discriminación.
4 Buda beneficia a todos los seres sintientes sin tener en cuenta si le han ayudado o no.

La manera de practicar el refugio tiene cuatro partes:

1 Refugiarse en las Tres Joyas comprendiendo sus cualidades.
2 Refugiarse en las Tres Joyas diferenciando las cualidades de cada una de ellas.
3 Refugiarse en las Tres Joyas por medio de una promesa.
4 Refugiarse en las Tres Joyas abandonando el buscar refugio último en otros objetos.

El refugiarse en las Tres Joyas diferenciando las cualidades de cada una de ellas tiene seis partes:

1 Refugiarse en las Tres Joyas entendiendo sus diferentes naturalezas.
2 Refugiarse en las Tres Joyas entendiendo sus diferentes funciones.
3 Refugiarse en las Tres Joyas diferenciándolas por medio de una analogía.
4 Refugiarse en las Tres Joyas sabiendo cuándo hacerlo.
5 Refugiarse en cada una de las Tres Joyas entendiendo las diversas formas de incrementar los méritos a través del refugio en cada una de ellas.
6 Refugiarse en las Tres Joyas entendiendo las diversas formas en que nos asisten en nuestra práctica.

Los beneficios del refugio tiene ocho partes:

1 Nos convertiremos en un budista puro.
2 Estableceremos el fundamento para tomar todos los demás votos.
3 Purificaremos el karma impuro que hemos acumulado en el pasado.
4 Cada día acumularemos muchos méritos.
5 No renaceremos en los reinos inferiores.
6 Estaremos protegidos de los daños infligidos por los seres humanos y por otros seres.
7 Se cumplirán nuestros deseos temporales y últimos.
8 Alcanzaremos la iluminación con rapidez.

Los compromisos del refugio tiene dos partes:

1 Los compromisos específicos.
2 Los compromisos generales.

Los compromisos específicos tiene tres partes:

1 Un abandono y un reconocimiento en relación a la Joya del Buda.
2 Un abandono y un reconocimiento en relación a la Joya del Dharma.
3 Un abandono y un reconocimiento en relación a la Joya de la Sangha.

Los seis compromisos generales tiene seis partes:

1 Refugiarnos en las Tres Joyas una y otra vez recordando sus excelentes cualidades y las diferencias entre ellas.
2 Ofrecer a las Tres Joyas la primera porción de nuestros alimentos mientras recordamos su benevolencia.
3 Con compasión, alentar a otros a que se refugien en las Tres Joyas.
4 Refugiarnos al menos tres veces durante el día y otras tres durante la noche recordando los beneficios que esto conlleva.
5 Realizar cada acción con total confianza en las Tres Joyas.
6 No abandonar a las Tres Joyas aunque la propia vida peligre, ni siquiera en broma.

Cómo lograr convencimiento en la ley del karma: la raíz de las buenas cualidades y de la felicidad, tiene cuatro partes:

1 Características generales del karma.
2 Tipos particulares de las acciones y de sus efectos.
3 Ocho atributos especiales de la existencia humana altamente dotada.
4 La manera de practicar la disciplina moral habiendo logrado convencimiento en la ley del karma.

Las características generales del karma tiene cuatro partes:
1. Los resultados de las acciones son definitivos.
2. Los resultados de las acciones se incrementan.
3. Si no se realiza una acción, no se experimenta su resultado.
4. El potencial de una acción nunca se pierde.

Los tipos particulares de las acciones y de sus efectos tiene cuatro partes:
1. Las acciones perjudiciales y sus efectos.
2. Las acciones virtuosas y sus efectos.
3. Los factores que determinan el poder de una acción.
4. Las acciones impulsoras y las conclusivas.

Las acciones perjudiciales y sus efectos tiene tres partes:
1. Las diez acciones perjudiciales y los factores que determinan su consumación.
2. Los factores que determinan la gravedad de las acciones perjudiciales.
3. Los efectos de las acciones perjudiciales.

Las diez acciones perjudiciales y los factores que determinan su consumación tiene diez partes:
1. Matar.
2. Robar.
3. Llevar una conducta sexual incorrecta.
4. Mentir.
5. Causar desunión con la palabra.
6. Pronunciar palabras ofensivas.
7. Chismorrear.
8. Tener codicia.
9. Tener malicia.
10. Sostener creencias erróneas.

Los factores que determinan la gravedad de las acciones perjudiciales tiene seis partes:
1. La naturaleza de la acción.
2. La intención.

3 El método.
4 El objeto.
5 La frecuencia con que se comete la acción.
6 La aplicación y la no-aplicación del antídoto.

Los efectos de las acciones perjudiciales tiene tres partes:

1 Efecto de maduración.
2 Efectos similares a su causa.
3 Efecto circunstancial.

Los efectos similares a su causa tiene dos partes:

1 Tendencias similares a su causa.
2 Experiencias similares a su causa.

Las acciones virtuosas y sus efectos tiene tres partes:

1 Las diez acciones virtuosas y los factores que determinan su consumación.
2 Los factores que determinan el poder beneficioso de las acciones virtuosas.
3 Los efectos de las acciones virtuosas.

Las diez acciones virtuosas y los factores que determinan su consumación tiene diez partes:

1 Dejar de matar.
2 Dejar de robar.
3 Dejar de llevar una conducta sexual incorrecta.
4 Dejar de mentir.
5 Dejar de causar desunión con la palabra.
6 Dejar de pronunciar palabras ofensivas.
7 Dejar de chismorrear.
8 Dejar de tener codicia.
9 Dejar de tener malicia.
10 Dejar de sostener creencias erróneas.

Los factores que determinan el poder de una acción tiene cuatro partes:

1 La persona que constituye el objeto de la acción.
2 Los votos tomados.

3 El objeto utilizado en la acción.
4 La motivación.

Los ocho atributos especiales de un renacimiento humano tiene tres partes:

1 Ventajas de los ocho atributos especiales.
2 Funciones de los ocho atributos especiales.
3 Causas de los ocho atributos especiales.

El adiestramiento en las etapas del camino del ser del nivel medio tiene tres partes:

1 Generación del deseo de alcanzar la liberación.
2 Explicación preliminar para establecer el camino que conduce a la liberación.
3 La manera de practicar el camino que conduce a la liberación.

La generación del deseo de alcanzar la liberación tiene dos partes:

1 Introducción a las cuatro nobles verdades.
2 Meditación sobre la verdad de los sufrimientos.

La introducción a las cuatro nobles verdades tiene cuatro partes:

1 La verdad de los sufrimientos.
2 La verdad de los orígenes.
3 La verdad de las cesaciones.
4 La verdad de los caminos.

La meditación sobre la verdad de los sufrimientos tiene tres partes:

1 Los sufrimientos generales de la existencia cíclica.
2 Los sufrimientos específicos de cada estado de la existencia cíclica.
3 Las tres clases de sufrimiento.

La meditación sobre los sufrimientos generales de la existencia cíclica tiene seis partes:

1 Inseguridad.
2 Insatisfacción.
3 Tener que separarnos del cuerpo una y otra vez.
4 Tener que renacer una y otra vez.
5 Perder nuestra posición social una y otra vez.
6 No tener compañía.

Los sufrimientos específicos de cada estado de la existencia cíclica tiene dos partes:

1 Los sufrimientos de los reinos inferiores.
2 Los sufrimientos de los reinos superiores.

Los sufrimientos de los reinos superiores tiene tres partes:

1 Los sufrimientos de los seres humanos.
2 Los sufrimientos de los semidioses.
3 Los sufrimientos de los dioses.

Los sufrimientos de los seres humanos tiene siete partes:

1 El nacimiento.
2 La vejez.
3 Las enfermedades.
4 La muerte.
5 Separación de todo lo que nos gusta.
6 Enfrentamiento con lo que no nos gusta.
7 Fracaso en satisfacer nuestros deseos.

El nacimiento tiene cinco partes:

1 Los tremendos dolores que padecemos en el seno de nuestra madre y durante el nacimiento.
2 Los incesantes dolores que experimentamos después del nacimiento.
3 El nacimiento es la base de todos los sufrimientos de la vida.
4 El nacimiento es el fundamento de todas las perturbaciones mentales.
5 El nacimiento termina en la muerte.

La vejez tiene cinco partes:

1 Pérdida de la belleza y de la salud.
2 Pérdida de la fuerza física y de la vitalidad.
3 Pérdida del poder de las facultades físicas y mentales.
4 Pérdida de los disfrutes.
6 Pérdida de la longevidad.

Las enfermedades tiene cinco partes:

1 Pérdida del poder y control sobre las funciones de nuestro cuerpo.
2 Aumento de la tristeza.
3 Pérdida de los disfrutes.
4 Tener que experimentar lo que no deseamos.
5 Conocimiento de que nuestra enfermedad es incurable y nuestra vida llega a su fin.

La muerte tiene cinco partes:

1 Separación de nuestros bienes.
2 Separación de nuestros amigos.
3 Separación de las personas con quienes vivimos y trabajamos.
4 Separación de nuestro cuerpo.
5 Padecimiento de dolores físicos y mentales.

Las tres clases de sufrimiento tiene tres partes:

1 El sufrimiento del dolor manifiesto.
2 El sufrimiento del cambio.
3 El sufrimiento subyacente.

La explicación preliminar para establecer el camino que conduce a la liberación tiene dos partes:

1 Desarrollo de las perturbaciones mentales y de las acciones, de la muerte y del renacimiento.
2 Explicación de los doce vínculos dependientes relacionados.

El desarrollo de las perturbaciones mentales y de las acciones, de la muerte y del renacimiento, tiene seis partes:

1 Identificación de las perturbaciones mentales.
2 Etapas del desarrollo de las perturbaciones mentales.
3 Las causas de las perturbaciones mentales.
4 Los peligros de las perturbaciones mentales.
5 La manera en que las acciones dependen de las perturbaciones mentales.
6 El modo en que morimos y renacemos.

Las identificación de las perturbaciones mentales tiene dos partes:

1 Definición de la perturbación mental.
2 Las seis perturbaciones mentales.

Las seis perturbaciones mentales tiene seis partes:

1 Apego.
2 Odio.
3 Orgullo perturbador.
4 Ignorancia.
5 Duda perturbadora.
6 Creencia perturbadora.

La creencia perturbadora tiene cinco partes:

1 La creencia del conjunto transitorio.
2 La creencia extrema.
3 Sostener creencias falsas como si fueran supremas.
4 Considerar disciplinas morales y conductas impropias o erróneas como si fueran supremas.
5 Creencia errónea.

Las causas de las perturbaciones mentales tiene seis partes:

1 La semilla.
2 El objeto de observación.
3 Distracciones y la mala influencia de los demás.
4 Los malos hábitos.
5 Familiaridad.
6 Atención impropia.

El modo en que morimos y renacemos tiene tres partes:

1 El modo en que morimos.
2 El modo en que entramos en el estado intermedio.
3 El modo en que renacemos.

El modo en que morimos tiene cinco partes:

1 Las señales de la muerte.
2 Las causas de la muerte.
3 Las condiciones de la muerte.
4 Las mentes que se manifiestan durante el proceso de la muerte.
5 La señal de que el proceso de la muerte ha terminado.

El modo en que entramos en el estado intermedio tiene tres partes:

1 Cómo llegar al convencimiento de la existencia del bardo considerando la analogía del estado onírico.
2 Características del cuerpo del ser del bardo.
3 Las apariencias que percibe el ser del bardo.

El modo en que renacemos tiene tres partes:

1 Las causa y condiciones para renacer.
2 La manera en que renacemos.
3 La naturaleza del renacimiento.

La explicación de los doce vínculos dependientes relacionados tiene cuatro partes:

1 Explicación general de los fenómenos dependientes relacionados.
2 Los doce vínculos dependientes relacionados.
3 El diagrama de la rueda de la vida.
4 Meditación sobre los doce vínculos dependientes relacionados.

Los doce vínculos dependientes relacionados tiene doce partes:

1 La ignorancia dependiente relacionada.
2 La acción productora dependiente relacionada.
3 La consciencia dependiente relacionada.
4 El nombre y la forma dependientes relacionados.
5 Los seis generadores dependientes relacionados.
6 El contacto dependiente relacionado.
7 La sensación dependiente relacionada.
8 El ansia dependiente relacionada.
9 El aferramiento dependiente relacionado.
10 La existencia dependiente relacionada.
11 El nacimiento dependiente relacionado.
12 El envejecimiento y la muerte dependientes relacionados.

El diagrama de la rueda de la vida tiene tres partes:

1 Los beneficios de contemplar y meditar sobre el diagrama.
2 Origen del diagrama.
3 Simbolismo del diagrama.

La meditación sobre los doce vínculos dependientes relacionados tiene cuatro partes:

1 Meditación en el orden directo de la relación dependiente desde el punto de vista de las perturbaciones mentales.
2 Meditación en el orden inverso de la relación dependiente desde el punto de vista de las perturbaciones mentales.
3 Meditación en el orden directo de la relación dependiente desde el punto de vista de la purificación perfecta.
4 Meditación en el orden inverso de la relación dependiente desde el punto de vista de la purificación perfecta.

La manera de practicar el camino que conduce a la liberación tiene dos partes:

1 La base física que necesitamos para alcanzar la liberación.
2 Los caminos que debemos seguir para alcanzar la liberación.

Los caminos que debemos seguir para alcanzar la liberación tiene tres partes:

1 Los tres adiestramientos superiores.
2 Razones por las cuales tenemos que practicar los tres adiestramientos superiores.
3 La manera de practicar los tres adiestramientos superiores.

Los tres adiestramientos superiores tiene tres partes:

1 Adiestramiento en la disciplina moral superior.
2 Adiestramiento en la concentración superior.
3 Adiestramiento en la sabiduría superior.

La manera de practicar los tres adiestramientos superiores tiene tres partes:

1 La manera de practicar la disciplina moral superior.
2 La manera de practicar la concentración superior.
3 La manera de practicar la sabiduría superior.

El adiestramiento de la mente en las etapas del camino del ser del nivel superior tiene cinco partes:

1 ¿Por qué tenemos que entrar en el camino mahayana?
2 Los beneficios de la bodhichita.
3 La manera de desarrollar la mente de bodhichita.
4 La manera de efectuar las obras del Bodhisatva.
5 El resultado final, la iluminación.

Los beneficios de la bodhichita tiene diez partes:

1 Entraremos en el camino mahayana.
2 Nos convertiremos en un hijo o una hija de los Budas.

3 Superaremos a los Oyentes y Conquistadores Solitarios.
4 Seremos dignos de recibir ofrendas y respeto de los dioses y humanos.
5 Acumularemos muchos méritos con facilidad.
6 Eliminaremos faltas graves con rapidez.
7 Colmaremos todos nuestros deseos.
8 Los espíritus demoníacos y otras fuerzas malignas no nos perjudicarán.
9 Alcanzaremos todos los caminos y planos espirituales.
10 Disfrutaremos de un estado mental que será una fuente de paz y felicidad para todos los seres.

La manera de desarrollar la mente de bodhichita tiene dos partes:

1 Las etapas del adiestramiento en sí de la mente de bodhichita.
2 Mantenimiento de la mente de bodhichita por medio del ritual.

Las etapas del adiestramiento en sí de la mente de bodhichita tiene dos partes:

1 Adiestramiento de la mente en las siete causas y un efecto.
2 Adiestramiento de la mente en igualarse uno mismo con los demás y cambiarse uno mismo por los demás.

El adiestramiento de la mente en las siete causas y un efecto tiene ocho partes:

1 Ecuanimidad.
2 Reconocimiento de que todos los seres son nuestras madres.
3 Aprecio de la bondad de todos los seres.
4 Deseo de corresponder a la bondad de todos los maternales seres.
5 Amor afectivo.
6 Gran compasión.

7 Intención superior.
8 Bodhichita.

La bodhichita tiene tres partes:

1 La base para generar la bodhichita.
2 La naturaleza de la bodhichita y la manera en que se genera.
3 Divisiones de la bodhichita.

Las divisiones de la bodhichita tiene cuatro partes:

1 Las dos clases de bodhichita.
2 Las tres clases de bodhichita.
3 Las cuatro clases de bodhichita.
4 Las veintidós clases de bodhichita.

El adiestramiento de la mente en igualarse uno mismo con los demás y cambiarse uno mismo por los demás tiene cinco partes:

1 Igualarse uno mismo con los demás.
2 Los peligros de la autoestima.
3 Los beneficios de estimar a los demás.
4 Cambiarse uno mismo por los demás.
5 Tomar y dar.

El cambiarse uno mismo por los demás tiene tres partes:

1 Reconocimiento de la importancia de cambiarse uno mismo por los demás.
2 Reconocimiento de que somos capaces de cambiarnos por los demás.
3 La manera de cambiarse uno mismo por los demás.

El mantenimiento de la mente de bodhichita por medio del ritual tiene dos partes:

1 Mantenimiento de la bodhichita aspirante por medio del ritual.
2 Mantenimiento de la bodhichita comprometida por medio del ritual.

La manera de efectuar las obras del Bodhisatva tiene dos partes:

1 Adiestramiento en las seis perfecciones para lograr el pleno desarrollo de nuestro continuo mental.
2 Adiestramiento en las cuatro maneras de reunir discípulos para lograr el pleno desarrollo del continuo mental de los demás.

El adiestramiento en las seis perfecciones para lograr el pleno desarrollo de nuestro continuo mental tiene cuatro partes:

1 Las seis perfecciones en general.
2 Las perfecciones de la estabilización mental y de la sabiduría en particular.
3 La manera de avanzar por los planos espirituales una vez obtenida la unión de la permanencia apacible y la visión superior.
4 Adiestramiento en el camino vajrayana.

Las seis perfecciones en general tiene seis partes:

1 La perfección de la generosidad.
2 La perfección de la disciplina moral.
3 La perfección de la paciencia.
4 La perfección del esfuerzo.
5 La perfección de la estabilización mental.
6 La perfección de la sabiduría.

Las perfecciones de la estabilización mental y de la sabiduría en particular tiene dos partes:

1 La manera de adiestrar la mente en la permanencia apacible, la esencia de la concentración.
2 La manera de adiestrar la mente en la visión superior, la esencia de la sabiduría.

La manera de adiestrar la mente en la permanencia apacible, la esencia de la concentración, tiene dos partes:

1. Las condiciones necesarias para alcanzar la permanencia apacible.
2. Cómo alcanzar la permanencia apacible.

Las condiciones necesarias para alcanzar la permanencia apacible tiene seis partes:

1. Encontrar un lugar adecuado para hacer el retiro.
2. Tener pocos deseos.
3. Permanecer satisfechos.
4. Evitar actividades que causen distracciones.
5. Mantener una disciplina moral pura.
6. Evitar pensamientos que causen distracciones.

Cómo alcanzar la permanencia apacible tiene seis partes:

1. Los cinco obstáculos que impiden el logro de la permanencia apacible.
2. Los ocho oponentes contra los cinco obstáculos.
3. El modo de alcanzar las nueve permanencias mentales.
4. Las seis fuerzas.
5. Las cuatro atenciones.
6. La señal de haber alcanzado la permanencia apacible.

Los cinco obstáculos que impiden el logro de la permanencia apacible tiene cinco partes:

1. La pereza.
2. El olvido.
3. El hundimiento y la excitación mentales.
4. La falta de aplicación.
5. La aplicación innecesaria.

Los ocho oponentes contra los cinco obstáculos tiene ocho partes:

1. Fe.
2. Aspiración.

3 Esfuerzo.
4 Flexibilidad.
5 Retentiva mental.
6 Vigilancia mental.
7 Aplicación.
8 Falta de aplicación.

El modo de alcanzar las nueve permanencias apacibles tiene dos partes:

1 El objeto de la meditación.
2 Las nueve permanencias mentales.

El objeto de la meditación tiene cuatro partes:

1 Objetos incluyentes.
2 Objetos para eliminar determinadas perturbaciones mentales.
3 Objetos para eliminar las perturbaciones mentales en general.
4 Objetos para los eruditos.

Las nueve permanencias mentales tiene nueve partes:

1 Emplazamiento de la mente.
2 Emplazamiento continuo.
3 Reemplazamiento.
4 Emplazamiento cercano.
5 Control.
6 Pacificación.
7 Pacificación completa.
8 Convergencia.
9 Emplazamiento estabilizado.

Las seis fuerzas tiene seis partes:

1 La fuerza de la escucha.
2 La fuerza de la contemplación.
3 La fuerza de la retentiva mental.
4 La fuerza de la vigilancia mental.
5 La fuerza del esfuerzo.
6 La fuerza del hábito completo.

Las cuatro atenciones tiene cuatro partes:

1 Atención forzada.
2 Atención interrumpida.
3 Atención ininterrumpida.
4 Atención espontánea.

La manera de adiestrar la mente en la visión superior, la esencia de la sabiduría, tiene tres partes:

1 La naturaleza de la visión superior.
2 La función de la visión superior.
3 Los objetos de la visión superior.

Los objetos de la visión superior tiene dos partes:

1 La vacuidad de las personas.
2 La vacuidad de los fenómenos.

La vacuidad de las personas tiene dos partes:

1 Cómo mantener la meditación estabilizada semejante al espacio en la vacuidad de las personas.
2 Cómo mantener el logro subsiguiente semejante a una ilusión.

Cómo mantener la meditación estabilizada semejante al espacio en la vacuidad de las personas tiene cuatro partes:

1 Identificación del objeto de negación.
2 Determinación de la extensión.
3 Determinación de la ausencia de la singularidad.
4 Determinación de la ausencia de la separación.

Apéndice 2
Sadhanas

ÍNDICE

Esencia de buena fortuna
Oraciones de las seis prácticas preparatorias para la meditación sobre las etapas del camino hacia la iluminación ... 652

Oraciones para meditar ... 661

Esencia de buena fortuna

Purificación mental del lugar

Que toda la tierra sea transformada
en un lugar completamente puro
tan suave como el lapislázuli
y liso como la palma de la mano.

Ofrecimiento mental de ofrendas puras

Que todo el reino del espacio se llene
de ofrendas de dioses y humanos
materialmente dispuestas e imaginadas,
y de nubes sublimes de ofrendas de Samantabhadra.

Visualización de los Objetos de Refugio

Ante mí en el espacio, sobre un trono adornado con joyas preciosas y sostenido por ocho leones blancos, sobre un mandala de loto, sol y luna, está sentado Buda Shakyamuni, esencia de todos mis Maestros bondadosos. A su alrededor están sentados los Maestros directos e indirectos, la asamblea de Yidams, Budas, Bodhisatvas, Oyentes, Conquistadores Solitarios, Héroes, Dakinis y Protectores del Dharma.

Generación de las causas de refugio

Yo y los innumerables seres sintientes, desde este momento hasta que alcancemos la iluminación, temiendo los sufrimientos del samsara y con fe en las Tres Joyas, únicas fuentes de verdadero refugio, nos refugiamos en Buda, el Dharma y la Sangha.

Oración concisa de refugio

Yo y todos los seres sintientes nos refugiamos en Buda,
 el Dharma y la Sangha
hasta que alcancemos la iluminación.   (x7, x100 o más)

Generación de bodhichita

Que por los méritos que acumule con la práctica de la
 generosidad y otras perfecciones,
alcance el estado de Buda para poder beneficiar
 a todos los seres sintientes.

Purificación y bendiciones

De los objetos de refugio fluye un torrente de luz y
néctar que se disuelve en mí y en cada uno de los seres
sintientes, purificando por completo nuestras acciones
perjudiciales, obstrucciones y enfermedades,
e incrementando la duración de nuestras vidas,
cualidades y realizaciones.

Generación de los cuatro deseos inconmensurables

Que todos los seres sean felices,
que todos los seres se liberen del sufrimiento,
que nadie sea desposeído de su felicidad,
que todos los seres logren ecuanimidad, libres de odio
 y de apego.

Invocación al Campo de Méritos

Protector de todos los seres sin excepción,
que subyugas las coléricas huestes del mal,
que conoces perfectamente todas las cosas,
¡oh Ser Bienaventurado junto con tu séquito!, acudid
 por favor, a este lugar.

Oración de las siete ramas

Respetuosamente me postro con cuerpo, palabra y mente,
os presento ofrendas materiales e imaginadas,
confieso mis malas acciones del pasado,
y me regocijo de las virtudes de los Seres Superiores
    y ordinarios.
Por favor, permaneced junto a nosotros hasta el fin del
    samsara,
y girad la Rueda del Dharma a los seres migratorios.
Dedico todas las virtudes para la gran iluminación.

Ofrecimiento del mandala

Os ofrezco esta base con flores y ungida de incienso,
con el Monte Meru, los cuatro continentes, el sol y la luna,
percibida como una tierra pura de Buda.
Que todos los seres puedan disfrutar de una tierra pura.

Aceptad, por favor, los objetos de mi apego, odio
    e ignorancia,
mi amigo, enemigo y desconocido, así como mi cuerpo
    y posesiones,
que sin sentimiento de pérdida os ofrezco.
Y bendecidme para que me libere de los tres venenos
    mentales.

IDAM GURU RATNA MANDALAKAM NIRIATAYAMI

Súplica al Campo de Méritos y a los Maestros del linaje del Lamrim

Así ahora, mi precioso y bondadoso Maestro raíz,
siéntate por favor sobre el loto y la luna en mi coronilla,
cuida de mí con tu gran benevolencia,
y concédeme las realizaciones de tu cuerpo, palabra
    y mente.

Imagina que tu Maestro raíz viene a tu coronilla y con él realiza la siguiente súplica:

Glorioso Fundador Buda Shakyamuni,
tu cuerpo es el fruto de infinita virtud,
tu palabra colma los deseos de los seres migratorios,
tu mente conoce con claridad toda existencia,
   a ti te suplico.

A vosotros, Maestros del linaje del método,
Protector Maitreya, Noble Asanga, Vasubandhu,
y demás preciosos Maestros que con gran compasión
habéis revelado el camino de la vastedad, os suplico.

A vosotros, Maestros del linaje de la sabiduría,
Protector Manyhushri, Noble Nagaryhuna, Chandrakirti,
y demás preciosos Maestros que con gran sabiduría
habéis revelado el camino de la profundidad, os suplico.

A vosotros, Maestros del linaje del mantra secreto,
Victorioso Vajradhara, Gran Yogui Tilopa, Naropa,
y demás preciosos Maestros que con profunda realización
habéis revelado el camino supremo del tantra, os suplico.

A vosotros, Maestros del linaje del Antiguo Kadam,
Gran Maestro Atisha, Dromtompa, Gueshe Potoua,
y demás preciosos Maestros que compasivamente
habéis revelado la unión del método y de la sabiduría,
   os suplico.

A vosotros, Maestros del linaje del Nuevo Kadam,
Venerable Tsongkhapa, Yhampel Gyatso, Khedrubyhe,
y demás preciosos Maestros que con claridad
habéis revelado la unión del sutra y del tantra, os suplico.

A ti, Venerable Kelsang Gyatso,
Protector de un vasto océano de seres sintientes,
Maestro incomparable de los caminos hacia la liberación y
   la iluminación,
que has realizado y enseñas todo lo que fue revelado por
   el Cuarto Salvador de este afortunado eón, te suplico.

A ti, mi precioso y bondadoso Maestro,
que cuidas de aquellos seres de mente indómita,
que no fueron subyugados por los Budas del pasado,
como si fueran discípulos afortunados, te suplico.

Súplica de los tres grandes objetivos

Concedednos, por favor, vuestras bendiciones a mí
   y a todos los seres sintientes,
para que pronto eliminemos nuestras mentes destructivas,
desde carecer de respeto por nuestro bondadoso Maestro
   hasta la apariencia dual más sutil.

Concedednos, por favor, vuestras bendiciones
para que generemos con facilidad todas las mentes
   virtuosas,
desde respetar a nuestro bondadoso Maestro
hasta la suprema mente de la unión.

Concedednos, por favor, vuestras bendiciones
para que pacifiquemos todos los obstáculos externos
   e internos.   (x3)

Bendiciones y purificación

De los corazones de todos los seres sagrados fluye un
torrente de luz y néctar, que nos bendice y purifica.

Oración de las etapas del camino

Bendecidme para que comprenda
que generar fe sincera en el bondadoso Maestro espiritual,
fuente de toda virtud, es la raíz del camino.
Y así le siga siempre con gran devoción.

Bendecidme para que comprenda
que este excelente renacimiento humano dotado de
   libertad
es muy valioso y difícil de conseguir.
Y así dedique el día y la noche a extraer su esencia.

Mi cuerpo es frágil como una burbuja en el agua,
rápidamente decae y se destruye.
Y así como la sombra siempre sigue al cuerpo,
el resultado de mis acciones proseguirá a la muerte.

Con este entendimiento firme en la memoria
bendecidme para que, con extrema cautela,
evite siempre la mínima acción indebida
y acumule virtud en abundancia.

Los placeres del samsara son ilusorios,
no producen satisfacción sino tormentos.
Por ello, bendecidme para que sólo me esfuerce
en lograr el gozo sublime de la liberación.

Bendecidme para que, con gran cuidado y atención,
inducido por este pensamiento puro,
mantenga el pratimoksha, la raíz de la doctrina,
como mi práctica esencial.

Al igual que yo, todos los maternales seres
están hundidos en el océano del samsara,
bendecidme para que me adiestre en la bodhichita
y pueda liberar pronto a todos los seres.

Pero si sólo genero esta mente
sin aplicarme en las tres moralidades,
no alcanzaré la iluminación.
Por ello, bendecidme para que observe los votos
   del Bodhisatva.

Pacificando mis distracciones
e investigando el significado real,
bendecidme para que logre la unión
de la permanencia apacible y la visión superior.

Bendecidme para que, a través del camino común,
me convierta en un recipiente puro
y entre en el camino de los seres afortunados,
el vajrayana, el camino supremo.

Las dos realizaciones dependen
de mis sagrados votos y promesas.
Bendecidme para que lo entienda con claridad,
y siempre los mantenga aunque mi vida peligre.

Realizando a diario las cuatro sesiones
tal como indican los Maestros sagrados,
bendecidme para que pronto alcance
las dos etapas del camino del tantra.

Que los Guías que me muestran el buen camino
y las amistades que me ayudan, tengan larga vida.
Y bendecidme para que pacifique por completo
todos los obstáculos, externos e internos.

Que siempre encuentre Maestros perfectos,
y disfrute del Dharma sagrado.
Y que realizando las etapas del camino
pronto alcance el estado de Vajradhara.

Puedes realizar tu meditación ahora o en cualquier verso de la Oración de las etapas del camino.

Recitación del mantra

Contempla que Buda Shakyamuni, la figura principal del Campo de Méritos, irradia infinitos rayos de luz que alcanzan a todos los seres y llegan a todos los lugares. Estos dos se disuelven en luz y se absorben gradualmente en el Campo de Méritos, que se disuelve en la figura central, Buda Shakyamuni, quien a su vez, se absorbe en tu Maestro raíz que está sentado sobre tu coronilla. En un instante, tu Maestro raíz se transforma y adopta el aspecto de Buda Shakyamuni. Éste disminuye de tamaño y desciende hasta tu corazón. Su mente y la tuya se funden en una misma naturaleza.

OM MUNI MUNI MAHA MUNIYE SOHA   (x7, x100 o más)

Dedicación

Que gracias a las virtudes que he acumulado
practicando las etapas del camino,
tengan también los demás seres sintientes
la oportunidad de realizar esta práctica.

Que por el poder de mis méritos
cese todo el sufrimiento físico y mental
de todos los seres y que de inmediato
logren el estado de gozo inagotable.

Que todos los seres sintientes disfruten
de los gozos divinos y humanos,
y pronto alcancen la felicidad última,
cesando toda existencia en el samsara.

Que por el beneficio de todos los seres
alcance la gran sabiduría de Manyhushri,
la gran compasión de Avalokiteshvara
y el gran poder de Vajrapani.

El Budadharma es la medicina suprema,
que cura toda enfermedad mental.
Que este precioso Dharma sea difundido
en todos los reinos de existencia.

Que en los corazones de todos los seres
surja una fe sincera en las Tres Joyas,
y puedan así recibir las bendiciones
de Buda, del Dharma y de la Sangha.

Que de este mundo desaparezcan el miedo,
las enfermedades y guerras,
los terremotos, incendios, inundaciones,
huracanes, tormentas y demás miserias.

Que todos los seres encuentren los Maestros,
que les muestren las etapas del camino,
y que a través de la práctica de esta doctrina,
logren rápidamente el estado de la gran iluminación.

Que gracias a las bendiciones de los Budas y Bodhisatvas,
la infalibilidad de la ley de causa y efecto,
y al poder de mi pura y suprema intención,
todas mis oraciones se cumplan de inmediato.

Si no podemos hacer estas breves preparaciones cada vez que nos sentemos a meditar, al menos debemos recordar siempre a Guru Buda Shakyamuni, sentado en nuestra coronilla, y pensar que su mente es la síntesis de todas las Joyas del Buda, su palabra es la síntesis de todas las Joyas del Dharma y su cuerpo lo es de todas las Joyas de la Sangha. Y con fe firme podemos realizar las Oraciones para meditar *que se presentan a continuación.*

Si realizamos estas tres prácticas –acumular méritos, purificar el karma destructivo y hacer súplicas para recibir bendiciones e inspiración–, cada vez que meditemos, lograremos los tres objetivos de efectuar las preparaciones. Al final de cada sesión debemos dedicar los méritos.

Colofón: Compilado de fuentes tradicionales por el Venerable Gueshe Kelsang Gyatso Rimpoché. La súplica a Gueshe Kelsang Gyatso fue compuesta a petición de sus fieles discípulos por Duldzsin Doryhe Shugden.

Oraciones para meditar

Refugio

Imagina que tú y todos los seres os refugiáis en las Tres Joyas al recitar tres veces la siguiente oración:

Yo y todos los seres sintientes nos refugiamos en Buda,
el Dharma y la Sangha
hasta que alcancemos la iluminación.

Generación de bodhichita

Que por los méritos que acumule con la práctica de la
    generosidad y otras perfecciones,
alcance el estado de Buda para poder beneficiar a todos
    los seres sintientes.

Generación de los cuatro deseos inconmensurables

Que todos los seres sean felices,
que todos los seres se liberen del sufrimiento,
que nadie sea desposeído de su felicidad,
que todos los seres logren ecuanimidad, libres de odio
    y de apego.

Visualización del Campo de Méritos

Al igual que la luna llena está circundada de estrellas,
ante mí en el espacio se halla Buda Shakyamuni
rodeado de todos los Budas y Bodhisatvas.

Oración de las siete ramas

Respetuosamente me postro con cuerpo, palabra y mente,
os presento ofrendas materiales e imaginadas,
confieso mis malas acciones del pasado,
y me regocijo de las virtudes de los Seres Superiores
 y ordinarios.
Por favor, permaneced junto a nosotros hasta el fin del
 samsara,
y girad la Rueda del Dharma a los seres migratorios.
Dedico todas las virtudes para la gran iluminación.

Ofrecimiento del mandala

Os ofrezco esta base con flores y ungida de incienso,
con el Monte Meru, los cuatro continentes, el sol y la luna,
percibida como una tierra pura de Buda.
Que todos los seres puedan disfrutar de una tierra pura.

Aceptad, por favor, los objetos de mi apego, odio
 e ignorancia,
mi amigo, enemigo y desconocido, así como mi cuerpo
 y posesiones,
que sin sentimiento de pérdida os ofrezco.
Y bendecidme para que me libere de los tres venenos
 mentales.

IDAM GURU RATNA MANDALAKAM NIRIATAYAMI

Oración de las etapas del camino

Bendecidme para que comprenda
que generar fe sincera en el bondadoso Maestro espiritual,
fuente de toda virtud, es la raíz del camino.
Y así le siga siempre con gran devoción.

Bendecidme para que comprenda
que este excelente renacimiento humano dotado de
 libertad
es muy valioso y difícil de conseguir.
Y así dedique el día y la noche a extraer su esencia.

Mi cuerpo es frágil como una burbuja en el agua,
rápidamente decae y se destruye.
Y así como la sombra siempre sigue al cuerpo,
el resultado de mis acciones proseguirá a la muerte.

Con este entendimiento firme en la memoria
bendecidme para que, con extrema cautela,
evite siempre la mínima acción indebida
y acumule virtud en abundancia.

Los placeres del samsara son ilusorios,
no producen satisfacción sino tormentos.
Por ello, bendecidme para que sólo me esfuerce
en lograr el gozo sublime de la liberación.

Bendecidme para que, con gran cuidado y atención,
inducido por este pensamiento puro,
mantenga el pratimoksha, la raíz de la doctrina,
como mi práctica esencial.

Al igual que yo, todos los maternales seres
están hundidos en el océano del samsara,
bendecidme para que me adiestre en la bodhichita
y pueda liberar pronto a todos los seres.

Pero si sólo genero esta mente
sin aplicarme en las tres moralidades,
no alcanzaré la iluminación.
Por ello, bendecidme para que observe los votos
    del Bodhisatva.

Pacificando mis distracciones
e investigando el significado real,
bendecidme para que logre la unión
de la permanencia apacible y la visión superior.

Bendecidme para que, a través del camino común,
me convierta en un recipiente puro
y entre en el camino de los seres afortunados,
el vajrayana, el camino supremo.

Las dos realizaciones dependen
de mis sagrados votos y promesas.
Bendecidme para que lo entienda con claridad,
y siempre los mantenga aunque mi vida peligre.

Realizando a diario las cuatro sesiones
tal como indican los Maestros sagrados,
bendecidme para que pronto alcance
las dos etapas del camino del tantra.

Que los Guías que me muestran el buen camino
y las amistades que me ayudan, tengan larga vida.
Y bendecidme para que pacifique por completo
todos los obstáculos, externos e internos.

Que siempre encuentre Maestros perfectos,
y disfrute del Dharma sagrado.
Y que realizando las etapas del camino
pronto alcance el estado de Vajradhara.

Bendiciones y purificación

De los corazones de todos los seres sagrados fluye un torrente de luz y néctar, que nos bendice y purifica.

Puedes realizar ahora tu contemplación y meditación. Al final de la meditación dedica los méritos con la siguiente oración:

Dedicación

Que gracias a las virtudes que he acumulado
practicando las etapas del camino,
tengan también los demás seres sintientes
la oportunidad de realizar esta práctica.

Que todos los seres sintientes disfruten
de los gozos divinos y humanos,
y pronto alcancen la felicidad última,
cesando toda existencia en el samsara.

Glosario de términos

Acumulación de méritos Cualquier acción virtuosa motivada por la bodhichita y que constituye la causa principal para alcanzar el Cuerpo de la Forma de un Buda. Ejemplos de ello serían hacer ofrendas y postraciones ante los seres sagrados con la motivación de bodhichita, y la práctica de las perfecciones de la generosidad, disciplina moral y paciencia.

Acumulación de sabiduría Cualquier acción mental virtuosa motivada por la bodhichita y que es la causa principal para alcanzar el Cuerpo de la Verdad de un Buda. Ejemplos de ello serían escuchar enseñanzas sobre la vacuidad, contemplarlas y meditar en ellas con la motivación de bodhichita.

Agregado Por lo general, todos los objetos funcionales son agregados puesto que son una agrupación de sus partes. En particular, los seres de los reinos del deseo y de la forma están compuestos de los cinco agregados siguientes: el agregado de la forma, el de la sensación, el del discernimiento, el de los factores producidos y el de la consciencia. Los seres del reino inmaterial carecen del agregado de la forma pero poseen los otros cuatro. El agregado de la forma de una persona es su cuerpo, y en los cuatro restantes está contenida su mente. Véase *Corazón de la sabiduría*.

Aires Véase AIRES INTERNOS.

Aires internos Aires de energía interna relacionados con la mente, que fluyen por los canales de nuestro cuerpo. La mente no puede llevar a cabo sus funciones sin la ayuda de estos aires. Véanse *La luz clara del gozo*, *Gran tesoro de méritos* y *Caminos y planos tántricos*.

Amitayus Buda que concede longevidad y una sabiduría especial. Es el Cuerpo de Deleite de Buda Amitabha.

Análisis Factor mental que examina el objeto a fin de lograr una comprensión de su naturaleza sutil. Véase *Comprensión de la mente*.

Apariencia clara En términos generales, toda percepción nítida del objeto de meditación. En particular, la práctica del mantra secreto en la que el meditador, tras haberse generado como la Deidad y haber transformado el medio ambiente en su mandala, medita para lograr una apariencia clara de todo el conjunto. Es el antídoto contra las apariencias ordinarias. Véanse *Guía del Paraíso de las Dakinis* y *Gran tesoro de méritos*.

Apariencia ordinaria Toda percepción de una mente impura. Según las instrucciones del mantra secreto, la apariencia ordinaria es la causa principal del samsara. Véanse *Gran tesoro de méritos*, *Guía del Paraíso de las Dakinis*, *Caminos y planos tántricos* y *Gema del corazón*.

Asanga Gran yogui y erudito budista indio, autor del famoso texto titulado *Compendio de fenomenología* (sáns. *Abhidharmasamucaya*).

Avalokiteshvara Personificación de la compasión de todos los Budas. Su nombre en tibetano es Chenrezsig. En tiempos de Buda Shakyamuni se manifestó bajo el aspecto de uno de sus discípulos Bodhisatvas. Véase *Caminos y planos tántricos*.

Bases de designación Todos los fenómenos son designados en relación a sus partes; por lo tanto, las bases de designación de cada fenómeno son o bien cada una de sus partes o bien el conjunto de todas ellas. Todo fenómeno es designado por la mente a partir de que sus bases de designación aparecen ante ella. Véanse *Corazón de la sabiduría* y *Océano de néctar*.

Bases de la vacuidad Todo fenómeno cuya existencia inherente se niega al comprender su vacuidad. Puesto que todos los fenómenos, incluyendo la vacuidad misma, carecen de existencia inherente, todos constituyen las bases de la vacuidad. En el *Sutra de la perfección de la sabiduría en cien mil slokas*, Buda explicó que todos los fenómenos pueden agruparse en ciento ocho categorías, desde la de la forma hasta la de la mente omnisciente, y todas ellas son bases de la vacuidad. Véanse *Corazón de la sabiduría* y *Océano de néctar*.

Bendición Proceso de transformación de la mente de un estado impuro a otro virtuoso, de uno de infelicidad a otro de felicidad, o de uno de debilidad a otro de fortaleza, debido a la inspiración de seres sagrados tales como nuestro Guía Espiritual, los Budas y los Bodhisatvas.

Buda Shakyamuni El cuarto de los mil Budas que aparecerán en nuestro mundo durante este Eón Afortunado. Los tres primeros fueron Krakuchanda, Kanakamuni y Kashyapa. El quinto será Buda Maitreya. Véase *Introducción al budismo*.

Budismo kadampa La unión de todas las enseñanzas de Buda junto con las especiales y prácticas instrucciones del Lamrim, las etapas del camino hacia la iluminación, compuesto por el gran Maestro budista Atisha. «Kadampa» es una palabra tibetana. «Ka» se refiere a todas las enseñanzas de Buda, «dam», a la presentación especial del Lamrim que enseñó Atisha y «pa» es la persona que practica estas enseñanzas. Véanse también KADAMPA y TRADICIÓN KADAMPA.

Camino espiritual Una percepción excelsa mantenida por una renuncia espontánea. Los términos camino espiritual, plano espiritual, vehículo espiritual y percepción excelsa son sinónimos. Véase también PLANO. Véanse *Corazón de la sabiduría*, *Caminos y planos tántricos* y *Océano de néctar*.

Camino medio Véase MADHYAMIKA.

Camino mundano Las acciones contaminadas que nos hacen obtener un renacimiento samsárico. Estas acciones pueden ser de dos tipos: las diez acciones perjudiciales que nos arrojan a los reinos inferiores, y las diez acciones virtuosas junto con las concentraciones contaminadas, que nos conducen a los reinos superiores.

Camino supramundano Cualquier sendero que conduce hacia la liberación o la iluminación. Son ejemplos de ello las realizaciones de la renuncia, la bodhichita y la visión correcta de la vacuidad. En realidad, sólo los Seres Superiores poseen caminos supramundanos. Véase *Caminos y planos tántricos*.

Canales Conductos internos del cuerpo a través de los cuales fluyen las gotas sutiles desplazadas por los aires internos. Véanse *La luz clara del gozo* y *Caminos y planos tántricos*.

Celos Perturbación mental que siente disgusto al observar los disfrutes, las buenas cualidades o la buena fortuna de los demás. Véase *Comprensión de la mente*.

Chandrakirti Gran erudito budista indio y Maestro de meditación que compuso, entre otros, el famoso texto *Guía del camino medio*, en el cual elucida con claridad la visión del sistema madhyamika-prasanguika según las enseñanzas que dio Buda en los *Sutras de la perfección de la sabiduría*. Véase *Océano de néctar*.

Chitamatra Esta escuela junto con la madhyamika constituyen los dos sistemas de filosofía budista mahayana. «Chitamatra» quiere decir 'sólo mente'. Según este sistema, todos los fenómenos son de la misma naturaleza que la mente que los aprehende. También se afirma en él que los fenómenos dependientes son verdaderamente existentes, pero que no existen fuera de la mente. Un chitramatin es la persona que promulga los principios filosóficos de dicha escuela. Véanse *Tesoro de la contemplación* y *Océano de néctar*.

Clarividencia Habilidades que se adquieren como resultado del dominio de un tipo de concentración especial. Hay cinco clases principales de clarividencia: la clarividencia visual –habilidad de ver formas sutiles y distantes–, la clarividencia auditiva –habilidad de oír sonidos sutiles y distantes–, el recordar vidas pasadas, el conocer las mentes de los demás, y la clarividencia de los poderes sobrenaturales –habilidad de emanar varias formas por medio de la mente–. Algunos seres, como los del bardo, además de algunos humanos y espíritus, poseen clarividencias contaminadas que han obtenido como resultado de su karma, pero que en realidad no son verdaderas clarividencias.

Concepción ordinaria La mente que concibe los objetos como ordinarios. Véanse *Gran tesoro de méritos, Guía del Paraíso de las Dakinis, Caminos y planos tántricos* y *Gema del corazón*.

Conquistador Solitario Una clase de practicante hinayana. También recibe el nombre de «Realizador Solitario». Véase también OYENTE.

Consideración por los demás Factor mental cuya función es evitar cometer acciones perjudiciales por razones que atañen a otros. Véanse *Tesoro de la contemplación* y *Comprensión de la mente*.

Consorte Véase MUDRA DE ACCIÓN.

Cuatro escuelas de filosofía budista Los cuatros sistemas filosóficos que enseñó Buda según las tendencias y capacidades de sus discípulos. Éstos son: el sistema vaibashika, el sautrántika, el chitamatra y el madhyamika. Las dos primeras escuelas son hinayanas y las dos últimas mahayanas. Véanse *Tesoro de la contemplación* y *Océano de néctar*.

Cuerpo ilusorio Cuerpo sutil divino que se desarrolla principalmente a partir del aire interno indestructible, el aire muy sutil. Cuando el practicante del tantra del yoga supremo surge de dicha meditación, alcanza un cuerpo que es diferente de su cuerpo físico ordinario. Este nuevo cuerpo es su cuerpo ilusorio. Posee el mismo aspecto que el de su Deidad personal de la etapa de generación, excepto que es de color blanco. Sólo puede ser percibido por aquellas personas que también hayan alcanzado el cuerpo ilusorio. Véanse *Caminos y planos tántricos* y *La luz clara del gozo*.

Cuerpo vajra En general, los canales, aires y gotas internos. En particular, el cuerpo ilusorio puro. Al cuerpo de un Buda se le llama «el Cuerpo Vajra Resultante». Véanse *La luz clara del gozo, Caminos y planos tántricos* y *Gran tesoro de méritos*.

Dakini Deidad femenina tántrica y mujer que ha alcanzado la luz clara significativa. El Daka es el equivalente masculino. Véase *Guía del Paraíso de las Dakinis*.

Deidad 'Yidam' en sánscrito. Un ser tántrico iluminado.

Demonio Véase MARA

Destructor del Enemigo En sánscrito 'Arjat'. Se trata del practicante que ha abandonado todas las perturbaciones mentales y sus semillas por medio del adiestramiento en los caminos espirituales. Esta persona no vuelve nunca más a renacer en la existencia cíclica. En este contexto, el «Enemigo» son las perturbaciones mentales. Véase también OYENTE.

Dharma Toda las enseñanzas de Buda y las realizaciones espirituales que se alcanzan al ponerlas en práctica.

Diez direcciones Los cuatro puntos cardinales, los cuatro intermedios, el cenit y el nadir.

Dioses Seres del reino celestial o de los dioses, uno de los seis reinos del samsara. Hay muchas clases diferentes de dioses: algunos pertenecen al reino del deseo, otros al reino de la forma y otros al inmaterial.

Doce generadores Los seis poderes (el poder sensorial de la vista, etc.) y los seis objetos de estos poderes (las formas visuales, etc.). Véase *Corazón de la sabiduría*.

Dos verdades La verdad convencional y la última. Véanse *Tesoro de la contemplación* y *Océano de néctar*.

Edad dorada Los tiempos en que los seres sintientes poseen méritos en abundancia y florecen las actividades del Dharma. Es lo opuesto a los tiempos de degeneración.

El que ha Entrado en la Corriente Véase OYENTE.

Elemento La naturaleza de cualquier objeto. Todos los fenómenos poseen sus propias naturalezas, las cuales están comprendidas en los dieciocho elementos. Véanse *Corazón de la sabiduría* y *Océano de néctar*.

Eón Afortunado Término para denominar a la presente era de este mundo. Se le llama así porque durante este eón aparecerán mil Budas. Buda Shakyamuni fue el cuarto y Buda Maitreya será el quinto.

Estabilización mental Por lo general, los términos «estabilización mental» y «concentración» son sinónimos. En particular, el término «concentración» se utiliza para hacer referencia a la naturaleza de la misma, es decir, su convergencia, y «estabilización mental» para indicar su función –el permanecer en estabilidad–.

Etapa de consumación Realizaciones del tantra del yoga supremo que se alcanzan al poner en práctica un método especial con el cual se consigue que los aires internos entren, permanezcan y se disuelvan en el canal central. Véanse *La luz clara del gozo*, *Caminos y planos tántricos*, *Gran tesoro de méritos* y *Guía del Paraíso de las Dakinis*.

Etapa de generación Realización del yoga creativo que se alcanza como resultado de la concentración pura de transformar los tres cuerpos en el camino, generándose uno mismo como la Deidad e imaginando el medio ambiente como su mandala. La meditación sobre las prácticas de la etapa de generación se denomina «yoga creativo» porque sus objetos de meditación son creados por una imaginación correcta.

Factor mental Conocedor que aprehende principalmente una característica determinada de un objeto. Existen innumerables factores mentales pero se suelen dividir en cincuenta y uno. Véase *Comprensión de la mente*.

Familias de Budas Hay cinco Familias de Budas: la familia de Vairochana, la de Ratnasambhava, la de Amitabha, la de Amogasidhi y la de Akshobya. Constituyen los cinco agregados purificados –el agregado de la forma, de la sensación, del discernimiento, de los factores producidos y de la consciencia, respectivamente–, y las cinco sabidurías excelsas –la sabiduría excelsa semejante a un espejo, la equitativa, la de las realizaciones individuales, la que completa las actividades y la del Dharmadhatu, respectivamente–. Véase *Gran tesoro de méritos*.

Fenómeno contaminado Todo objeto que provoca la aparición o el incremento de las perturbaciones mentales. Por ejemplo, el entorno, los seres y los disfrutes del samsara.

Fenómeno impermanente Los objetos pueden ser de dos clases: permanentes o impermanentes. «Impermanente» quiere decir 'transitorio'. Por lo tanto, un fenómeno impermanente es aquél que se produce y se desintegra en un mismo momento. Los términos «objeto funcional» y «producto» son sus sinónimos. La impermanencia puede ser de dos clases: burda y sutil. La primera es la que se puede percibir a través de la percepción sensorial ordinaria –por ejemplo, el envejecimiento y la muerte de un ser sintiente–, y la segunda es la desintegración momentánea de todo objeto funcional.

Fenómeno negativo Objeto cuya comprensión se logra a través de la eliminación explícita de un objeto de negación. La vacuidad es un ejemplo de fenómeno negativo porque la mente que la comprende niega de manera directa la existencia inherente, que es el objeto de negación. Los fenómenos negativos pueden ser de dos clases: afirmantes y no-afirmantes. Véanse *Corazón de la sabiduría* y *Océano de néctar*.

Fenómeno permanente Todo objeto que no se desintegra momento a momento.

Gota indestructible La gota más sutil, que reside en el centro del corazón. Está compuesta por la esencia de las gotas blanca y roja que recibimos de nuestros padres en el momento de la concepción. No se disuelve hasta el momento de la muerte, cuando se abre y permite que la mente muy sutil y el aire sobre el que monta viajen a la próxima existencia. Véanse *La luz clara del gozo*, *Gran tesoro de méritos* y *Caminos y planos tántricos*.

Gotas Esencias del esperma y de la sangre. Cuando las gotas fluyen a través de los canales internos provocan la experiencia del gozo. Véanse *La luz clara del gozo*, *Caminos y planos tántricos* y *Gran tesoro de méritos*.

Gran gozo espontáneo Gozo especial producido por el fluir de las gotas a través del canal central. Se logra por medio del control de los aires internos. Véanse *La luz clara del gozo*, *Caminos y planos tántricos* y *Gran tesoro de méritos*.

Guelug La tradición fundada por Yhe Tsongkhapa. El nombre «guelug» quiere decir 'tradición virtuosa' y «guelugpa» es el practicante de dicha tradición. Véanse *Gran tesoro de méritos* y *Gema del corazón*.

Gueshe Título concedido por los monasterios kadampas a los eruditos budistas que han obtenido ciertas cualificaciones.

Guía de las obras del Bodhisatva Texto clásico del budismo mahayana compuesto por el gran yogui budista indio e ilustre erudito Shantideva, en el cual se presentan todas las prácticas del Bodhisatva, desde la generación inicial de la bodhichita hasta la consumación de la práctica de las seis perfecciones. Véase *Tesoro de la contemplación*.

Guía del camino medio Texto del budismo mahayana compuesto por el gran yogui budista indio e ilustre erudito Chandrakirti, en el que se encuentra una explicación extensa de la visión de la vacuidad según el sistema madhyamika-prasanguika, tal y como se enseña en los *Sutras de la perfección de la sabiduría*. Véase *Océano de néctar*.

Guía Espiritual Maestro que nos guía por el camino espiritual. Véanse *Gran tesoro de méritos* y *Gema del corazón*.

Guru Palabra sánscrita que quiere decir 'Guía Espiritual'.

Guru Raíz Nuestro Guía Espiritual principal, de quien recibimos las iniciaciones, instrucciones y transmisiones orales de nuestra práctica esencial. Véanse *Gran tesoro de méritos* y *Corazón de la sabiduría*.

Héroe y Heroína Un Héroe es una Deidad tántrica masculina que por lo general personifica el método, y una Heroína es una Deidad tántrica femenina que por lo general personifica la sabiduría. Véase *Guía del Paraíso de las Dakinis*.

Heruka Una de las principales Deidades del tantra de la Madre, personificación del gozo y la vacuidad inseparables. Su cuerpo es de color azul, tiene cuatro rostros, doce brazos y está abrazado en unión con su consorte Vajravarahi. Véanse *La luz clara del gozo, Gran tesoro de méritos, Guía del Paraíso de las Dakinis y Caminos y planos tántricos.*

Hinayana Palabra sánscrita que significa 'el pequeño vehículo'. La meta de dicho camino es alcanzar la liberación de todo sufrimiento por medio de la eliminación completa de todas las perturbaciones mentales.

Iluminación Por lo general, la iluminación total de la Budeidad, el estado de la mente totalmente libre de las perturbaciones mentales y de sus impresiones. Hay tres niveles de iluminación: la iluminación menor, que es la que alcanza un Oyente; la iluminación mediana, que es la que logra un Conquistador Solitario; y la gran iluminación, que es la de un Buda. La iluminación es una liberación además de una cesación verdadera. Véanse *La luz clara del gozo, Caminos y planos tántricos* y *Océano de néctar.*

Imagen genérica El objeto que aparece a la mente conceptual. Véanse *Corazón de la sabiduría* y *Comprensión de la mente.*

Impresión Potencial que cualquier tipo de percepción o de acción deja grabado en la consciencia mental. Las impresiones pueden ser de dos tipos: las de las acciones y las de la mente. Toda acción deja grabada una impresión en la mente; estas impresiones son los potenciales kármicos para experimentar ciertos efectos en el futuro. Tanto las impresiones de las acciones como las de la mente pueden ser virtuosas, perjudiciales o neutras. Las impresiones grabadas por las perturbaciones mentales permanecen incluso después de haber sido eliminadas las perturbaciones mentales mismas, y constituyen las obstrucciones a la omnisciencia, las cuales son abandonadas sólo por los Budas.

Indra Uno de los dioses mundanos.

Intención Factor mental que mueve su mente primaria hacia el objeto. Hace que la mente se involucre en objetos virtuosos, perjudiciales o neutros. Todas las acciones físicas y mentales son iniciadas por el factor mental intención. Véase *Comprensión de la mente.*

Ishvara Dios que habita en la Tierra en la que se Controlan las Emanaciones de los Demás, el estado de existencia más elevado dentro del reino del deseo. Ishvara posee limitados poderes sobrenaturales contaminados que le hacen más poderoso que otros seres en ese reino. Los que confían en él y le veneran reciben algunos beneficios temporales en esa misma vida, como el aumento de sus posesiones y riqueza. El Ishvara colérico es enemigo de aquellos que buscan la liberación, e interfiere en su progreso espiritual. Por esta razón se dice que es un tipo de mara Devaputra. Véase también *MARA*.

Kadampa Persona que practica el Lamrim con sinceridad y que integra todas las enseñanzas de Buda que ha aprendido en dicha práctica. Véase también BUDISMO KADAMPA.

Karma colectivo Es el que creamos al actuar en asociación con otras personas. Los seres que crean juntos un determinado karma también experimentan juntos su resultado.

Khedrubyhe Uno de los discípulos principales de Yhe Tsongkhapa. Después del fallecimiento de Tsongkhapa, ejerció un importante papel en la difusión de la tradición fundada por su Maestro. Véanse *Corazón de la sabiduría* y *Gran tesoro de méritos*.

Lama Losang Tubuang Doryhechang Manifestación especial de Yhe Tsongkhapa que fue revelada de manera directa al gran yogui Dharmavajra. En ella, Yhe Tsongkhapa aparece como un monje de ordenación completa y lleva un sombrero de Pandita con orejeras alongadas, Buda Shakyamuni está en su corazón y en el suyo está el Vencedor Vajradhara. En la práctica *Ofrenda al Guía Espiritual*, visualizamos a nuestro Maestro en este aspecto. «Lama» indica que es nuestro Guía Espiritual; «Losang», que es Yhe Tsongkhapa (cuyo nombre de ordenación era Losang Dragpa); «Tubuang», que es Buda Shakyamuni; y «Doryhechang», que es Vajradhara. En tibetano, este aspecto de nuestro Guía Espiritual se conoce como «yhe sempa sum tseg», que quiere decir 'Yhe Tsongkhapa, la Unificación de Tres Seres Sagrados'. Ello indica que, en realidad, nuestro Guía Espiritual posee la misma naturaleza que Yhe Tsongkhapa, Buda Shakyamuni y el Vencedor Vajradhara. Véase *Gran tesoro de méritos*.

Langri Tangpa, Gueshe (1054-1123 d.C.) Gran Gueshe kadampa, famoso por su realización de cambiarse uno mismo por los demás. Autor del pequeño texto *Ocho versos del adiestramiento de la mente*.

Linaje de Buda Mente raíz o primordial de un ser sintiente, además de su naturaleza última. El linaje de Buda, la naturaleza de Buda y la semilla de Buda son términos sinónimos. Todo ser sintiente posee el linaje de Buda y, por consiguiente, tiene el potencial de alcanzar el estado de la Budeidad.

Luz clara La mente muy sutil que percibe una apariencia como un espacio claro y vacío. Véanse *La luz clara del gozo*, *Caminos y planos tántricos* y *Gran tesoro de méritos*.

Madhyamika Una de las dos escuelas principales de la filosofía mahayana. Buda enseñó la visión madhyamika en los *Sutras de la perfección* *de la sabiduría* durante el segundo Giro de la Rueda del Dharma y, más tarde, Nagaryhuna y sus seguidores la elucidaron. Esta escuela se divide en dos: la escuela madhyamika-svatantrika, y la madhyamika-prasanguika. Ésta última sigue la visión última de Buda. Véanse *Tesoro de la contemplación* y *Océano de néctar*.

Mahamudra Literalmente quiere decir 'gran sello'. Según el sutra se refiere a la visión profunda de la vacuidad, y según el tantra a la unión del gran gozo y la vacuidad. Véanse *La luz clara del gozo*, *Caminos y planos tántricos* y *Gran tesoro de méritos*.

Mahasidha Término sánscrito que quiere decir 'Gran Ser Realizado'. Se suele utilizar para referirse a los yoguis y a las yoguinis que poseen elevadas realizaciones.

Maitreya Personificación del amor afectivo de todos los Budas. En tiempos de Buda Shakyamuni se manifestó bajo el aspecto de uno de sus discípulos Bodhisatvas. En el futuro lo hará como el quinto Buda universal.

Mantra Literalmente significa 'protección de la mente'. El mantra protege la mente de apariencias y concepciones ordinarias. Véanse *Guía del Paraíso de las Dakinis* y *Caminos y planos tántricos*.

Mantra secreto Sinónimo de tantra. Las enseñanzas del mantra secreto se distinguen de las del sutra en que revelan métodos para el adiestramiento de la mente en los que se trae el resultado futuro o Budeidad al camino presente. El mantra secreto es el camino supremo hacia la iluminación total. El término «mantra» indica que se trata de la instrucción especial que Buda enseñó para proteger la mente de las apariencias y de los conceptos ordinarios. El practicante del mantra secreto supera las apariencias y los conceptos ordinarios pensando y actuando como si su cuerpo, sus disfrutes y acciones fueran los de un Buda. El término «secreto» indica que estas prácticas se han de realizar en privado y que sólo pueden ser practicadas por aquellos que hayan recibido una iniciación tántrica. Véanse *Gran tesoro de méritos*, *Guía del Paraíso de las Dakinis*, *La luz clara del gozo* y *Caminos y planos tántricos*.

Manyhushri Personificación de la sabiduría de todos los Budas. En tiempos de Buda Shakyamuni se manifestó bajo el aspecto de uno de sus discípulos Bodhisatvas. Véanse *Gran tesoro de méritos* y *Gema del corazón*.

Mara/Demonio «Mara» es una palabra sánscrita. Se refiere a todo aquello que entorpece el logro de la liberación o la iluminación. Hay cuatro clases de mara: el mara de las perturbaciones mentales, el de los agregados contaminados, el de la muerte y los maras Devaputra. De ellos, sólo los últimos son seres sintientes. El mara Devaputra principal es el Ishvara colérico, el dios más elevado del reino del deseo que habita en la Tierra en la que se Controlan las Emanaciones de los Demás. A Buda se le llama «el Vencedor» porque ha conquistado los cuatro tipos de mara. Véanse *Corazón de la sabiduría* y *Océano de néctar*.

Meditación estabilizada Concentración convergente en un objeto virtuoso, como por ejemplo la vacuidad.

Mente primaria Conocedor que aprehende principalmente la mera entidad de un objeto. Hay seis consciencias primarias: la consciencia visual, la auditiva, la olfativa, la gustativa, la corporal y la mental. Véase *Comprensión de la mente*.

Méritos El poder meritorio o buena fortuna que se crea al realizar acciones virtuosas. Es el poder potencial de ser capaces de aumentar nuestras buenas cualidades y de obtener felicidad.

Monte Meru Según la cosmología budista, es una montaña gigantesca situada en el centro del universo.

Mudra de acción Consorte del tantra del yoga supremo que ayuda al meditador a generar el gran gozo. Véanse *La luz clara del gozo* y *Caminos y planos tántricos*

Naga Una clase de espíritu del reino animal. Los nagas viven por lo general en los océanos, pero en ocasiones habitan en regiones rocosas y de vegetación frondosa donde abundan los árboles. Son seres muy poderosos, y aunque algunos son benevolentes, otros son perjudiciales.

Nagaryhuna Gran erudito budista indio y Maestro de meditación que renovó las instrucciones mahayanas en el siglo I d.C. mostrando las enseñanzas de los *Sutras de la perfección de la sabiduría*. Véase *Océano de néctar*.

Naropa Mahasidha budista indio. Véase *Guía del Paraíso de las Dakinis*.

Nueva tradición kadampa Véase TRADICIÓN KADAMPA.

Objeto de abandono Todo objeto, como la ignorancia y demás perturbaciones mentales o las acciones perjudiciales, que constituye una causa principal de sufrimiento.

Objeto concebido El aprehendido por la mente conceptual. No siempre es un objeto existente. Por ejemplo, el objeto que concibe la visión del conjunto transitorio es un yo de existencia inherente, el cual no existe. Véanse *Corazón de la sabiduría*, *Tesoro de la contemplación* y *Comprensión de la mente*.

Objeto de observación Objeto en que la mente está enfocada. Véase *Comprensión de la mente*.

Objeto oculto Aquél cuya realización inicial por un conocedor válido depende de un razonamiento lógico correcto. Véanse *Corazón de la sabiduría* y *Comprensión de la mente*.

Ofrenda al Guía Espiritual En tibetano 'Lama Chopa'. Un yoga especial del Guru Yhe Tsongkhapa en el cual visualizamos a nuestro Guía Espiritual en el aspecto de Lama Losang Tubuang Doryhechang. Las instrucciones de esta práctica fueron reveladas por el Buda Manyhushri en la *Escritura de emanación kadam*, y puestas por escrito por el primer Panchen Lama. Es una práctica preliminar esencial del Mahamudra vajrayana. Véase también LAMA LOSANG TUBUANG DORYHECHANG. Véase *Gran tesoro de méritos*.

Orgullo divino Arrogancia no contaminada por las perturbaciones mentales que se genera al considerarse uno mismo como la Deidad, y el medio ambiente y los disfrutes como si fueran también los de la Deidad. Es el antídoto contra las concepciones ordinarias. Véanse *La luz clara del gozo*, *Guía del Paraíso de las Dakinis* y *Gema del corazón*.

Oyente Una de las clases de practicante hinayana. Tanto los Oyentes como los Conquistadores Solitarios son hinayanas, pero se diferencian en su motivación, conducta, sus méritos y su sabiduría. Desde el punto de vista de estas cualidades, los Conquistadores Solitarios son superiores a los Oyentes. Éstos últimos pueden ser de ocho clases según el grado de perturbaciones mentales que han abandonado: El que se Acerca al Estado del que ha Entrado en la Corriente, El que Permanece en el Estado del que ha Entrado en la Corriente, El que se Acerca al Estado del que Regresa Una Vez, El que Permanece en el Estado del que Regresa Una Vez, El que se Acerca al Estado del que Nunca Regresa, El que Permanece en el Estado del que Nunca Regresa, El que se Acerca al Estado del Destructor del Enemigo y El que Permanece en el Estado del Destructor del Enemigo. El que ha Entrado en la Corriente está en el camino de la visión y no renace nunca más en uno de los tres reinos inferiores; El que Regresa Una Vez vuelve al reino del deseo sólo una vez más; y El que Nunca Regresa no vuelve nunca más al reino del deseo. Véase *Océano de néctar*.

Plano/Plano espiritual Realización espiritual clara que es el fundamento para el desarrollo de muchas cualidades excelentes. Una realización clara es aquella que está mantenida por la motivación espontánea de la renuncia o de la bodhichita. Por norma general, plano y camino son sinónimos. Los diez planos son las realizaciones de los Bodhisatvas Superiores. Éstos son: el plano Muy Gozoso, el Inmaculado, el Luminoso, el Radiante, el Difícil de Superar, el Cercano, el Ido Más Lejos, el Inmutable, el de Buena Inteligencia y el de la Nube del Dharma. Véanse *Océano de néctar* y *Caminos y planos tántricos*.

Poder sensorial Poder interno localizado en el centro de cualquiera de los órganos sensoriales y cuya función es producir de manera directa una percepción sensorial. Hay cinco poderes sensoriales, cada uno de los cuales da lugar a su correspondiente percepción sensorial –la visual, etc.–. También se conocen como «poderes sensoriales que poseen forma». Véase *Comprensión de la mente.*

Pratimoksha Término sánscrito que significa 'liberación individual'. Véase *El voto del Bodhisatva.*

Principios filosóficos Véase CUATRO ESCUELAS DE FILOSOFÍA BUDISTA.

Protector del Dharma Manifestación de un Buda o de un Bodhisatva cuya función es eliminar los obstáculos de los practicantes puros de Dharma y reunir las condiciones necesarias para su adiestramiento espiritual. En sánscrito se denomina 'Dharmapala'. Véase *Gema del corazón.*

Recta conducta mental Factor mental que, en dependencia del esfuerzo, estima lo que es virtuoso y protege la mente de las perturbaciones mentales y de lo que no es virtuoso. Véanse *Tesoro de la contemplación* y *Comprensión de la mente.*

Reino de la forma Lugar donde habitan los dioses que poseen forma.

Reino del deseo El que habitan los humanos, los animales, los espíritus ávidos, los seres infernales y los dioses que disfrutan de los cinco objetos de deseo.

Reino inmaterial Espacio donde habitan los dioses que carecen de forma.

Retentiva mental/memoria Factor mental cuya función es no olvidar el objeto realizado por la mente primaria. Véanse *La luz clara del gozo, Tesoro de la contemplación* y *Comprensión de la mente.*

Rueda del Dharma Buda dio sus enseñanzas en tres etapas que se conocen como «los tres Giros de la Rueda del Dharma». Durante el primer Giro enseñó las cuatro nobles verdades, en el segundo reveló los *Sutras de la perfección de la sabiduría* mostrando la visión madhyamika-prasanguika, y en el tercero dio instrucciones sobre la visión chitamatra. Buda impartió estas enseñanzas adaptándose a las inclinaciones y capacidades de sus discípulos. La visión última de Buda es la que reveló en su segundo Giro de la Rueda del Dharma. El Dharma es a menudo comparado con la rueda preciosa, una de las posesiones de un monarca chakravatin. Esta rueda transporta al rey a través de largas distancias en poco tiempo, y se dice que allí donde viaja la rueda, reina el rey. De manera similar, cuando Buda reveló el camino hacia la iluminación se dijo que giró la Rueda del Dharma, y allí donde lleguen estas instrucciones, las mentes descontroladas quedarán subyugadas.

Sadhana Rito que constituye un método para desarrollar realizaciones espiituales. Puede estar asociada al sutra o al tantra.

Sautrántika La superior de las dos escuelas de filosofía hinayana. En ella se afirma que los autoconocedores y los objetos externos poseen una existencia verdadera. Véanse *Tesoro de la contemplación* y *Océano de néctar*.

Sentido del honor Factor mental cuya función es evitar el cometer acciones perjudiciales por razones que atañen a uno mismo. Véase *Comprensión de la mente*.

Señor de la Muerte A pesar de que el mara de la muerte sin control no es un ser sintiente, se suele personificar como el Señor de la Muerte o 'Yama' en sánscrito. El Señor de la Muerte aparece en el diagrama de la Rueda de la Vida agarrando la rueda entres sus garras y dientes. Véase también MARA.

Ser de Compromiso Un Buda visualizado o uno mismo generado como un Buda. Se le denomina de esta forma porque, en general, el budista tiene el compromiso de visualizar o recordar a Buda y, en particular, el practicante que ha recibido una iniciación del tantra del yoga supremo tiene el compromiso de generarse como la Deidad correspondiente.

Ser de Concentración Símbolo del Cuerpo de la Verdad de un Buda. Por lo general, se representa como la sílaba semilla del Ser de Compromiso o del Ser de Sabiduría. Se le denomina de esta forma porque es generado por medio del poder de la concentración.

Ser de Sabiduría Un Buda; en particular, el Buda que es invocado para unirse con el Buda visualizado, que es el Ser de Compromiso. Véase también SER DE COMPROMISO.

Ser de Suma Bondad Nombre en castellano del Bodhisatva Samantabhadra, conocido por las espléndidas ofrendas que realizaba.

Ser ordinario Aquél que no ha realizado directamente la vacuidad.

Ser sintiente Cualquier ser que posee una mente contaminada por las perturbaciones mentales o por sus impresiones. El término «ser sintiente» se utiliza para distinguir a aquellos seres cuyas mentes están ofuscadas por cualquiera de las dos obstrucciones, de los Budas cuyas mentes están libres por completo de ellas.

Ser Superior En sánscrito 'Arya'. Un ser que posee la realización directa de la vacuidad. Hay Seres Superiores mahayanas e hinayanas.

Shantideva (687-763 d.C.) Gran erudito budista indio y Maestro de meditación. Autor de la *Guía de las obras del Bodhisatva* entre otros textos. Véase *Tesoro de la contemplación*.

Sílaba semilla Sílaba sagrada a partir de la cual se genera la Deidad. Cada Deidad posee su sílaba semilla particular. Por ejemplo, la de Manyhushri es DHI, la de Tara es TAM, la de Vajrayoguini es BAM y la de Heruka es HUM.

Sugata Término sánscrito que quiere decir 'Ser que ha Pasado al Estado de Gozo'.

Sutra Las enseñanzas de Buda que pueden ser puestas en práctica sin necesidad de haber recibido una iniciación tántrica. Incluyen las instrucciones que dio Buda durante los tres Giros de la Rueda del Dharma.

Sutras del vinaya Discursos en los cuales Buda explicó principalmente la práctica de la moralidad y, en particular, la disciplina moral pratimoksha.

Tantra Véase MANTRA SECRETO.

Tara Buda femenino, manifestación del elemento del aire de todos los Budas. Es la consorte de Buda Amoghasidhi.

Tathagata Palabra sánscrita que quiere decir 'Ser que ha Pasado al Más Allá'. Es un epíteto de Buda.

Tiempos de degeneración Período caracterizado por el declive de las actividades espirituales.

Tierra de los Treinta y Tres Cielos Una de las siete moradas de los dioses del reino del deseo. En orden ascendente, éstas son: la Tierra de los Cuatro Linajes Reales, la Tierra de los Treinta y Tres Cielos, la Tierra Sin Combate, la Tierra Gozosa, la Tierra de las Emanaciones Gozosas, y la Tierra en la que se Controlan las Emanaciones de los Demás.

Tierra Pura Reino puro donde no existe la verdad de los sufrimientos. Hay muchas clases de Tierras Puras; por ejemplo, Tushita es la Tierra Pura de Buda Maitreya, Sukhavati es la de Buda Amitabha, y la Tierra de las Dakinis, o 'Keajra' en sánscrito, es la de Buda Vajrayoguini. Véanse *Guía del Paraíso de las Dakinis* y *Gema del corazón*.

Tradición kadampa Tradición pura de budismo establecida por Atisha. A esta tradición se la conocía antes de la aparición de Yhe Tsonghapa como «la antigua tradición kadam», y después como «la nueva tradición kadampa». Véase también KADAMPA y BUDISMO KADAMPA.

Transferencia de la consciencia Práctica para transferir, al morir, la consciencia a una Tierra Pura. Véanse *Compasión universal* y *Gran tesoro de méritos*.

Transmisión oral La comunicación oral de una instrucción de Dharma a través de un linaje ininterrumpido. Todos los textos raíz y sus comentarios han sido transmitidos a través de un linaje puro e ininterrumpido de Maestro a discípulo desde tiempos de Buda Shakyamuni hasta la actualidad.

Treinta y cinco Budas de la confesión Treinta y cinco Budas que poseen poderes especiales para purificar las perturbaciones mentales y las caídas morales de aquellos que recitan sus nombres con fe. Véase *El voto del Bodhisatva*.

Treinta y dos símbolos y ochenta marcas ejemplares de un Buda Los primeros también se conocen como las treinta y dos marcas mayores. Son unas características especiales de la forma de un Buda, como por ejemplo, la señal de una rueda del Dharma que lleva en las palmas de las manos y de los pies. Las ochenta marcas ejemplares, a veces llamadas las ochenta marcas menores, son otras características de su cuerpo, como por ejemplo el tener las uñas de color cobrizo.

Treinta y siete realizaciones conducentes a la iluminación Todo camino espiritual que conduce hacia la iluminación. Estas realizaciones se dividen en siete grupos: los cuatro emplazamientos cercanos de retentiva mental, los cuatro abandonos perfectos, las cuatro piernas del poder sobrenatural, los cinco poderes y las cinco fuerzas, las siete ramas de la iluminación, y las ocho ramas de los caminos superiores. Véase *Océano de néctar*.

Tres reinos Los tres niveles del samsara: el reino del deseo, el de la forma y el inmaterial.

Tres tiempos El pasado, el presente y el futuro. Véase *Océano de néctar*.

Triyhang Rimpoché (1901-1981) Gran Lama tibetano, emanación de Heruka. También se le conoce como «Triyhang Doryhechang».

Vaibhashika La inferior de las dos escuelas de filosofía hinayana. Este sistema no acepta el autoconocedor y afirma que los objetos externos son verdaderamente existentes.

Vairochana Manifestación del agregado de la forma de todos los Budas. Su cuerpo es de color blanco.

Vajra En general, la palabra sánscrita «vajra» quiere decir 'indestructible como el diamante y poderoso como el rayo'. En el contexto del mantra secreto se refiere a la unión inseparable del método y la sabiduría. Véase *Caminos y planos tántricos*.

Vajradhara La fuente de todo el mantra secreto. Es de la misma naturaleza que Buda Shakyamuni pero presenta un aspecto diferente. Buda Shakyamuni aparece en el aspecto del Cuerpo de Emanación, y el Vencedor Vajradhara en el del Cuerpo de Deleite. Véase *Gran tesoro de méritos*.

Vajrayana El vehículo del mantra secreto.

Vajrayoguini Deidad femenina del tantra del yoga supremo que es la personificación del gozo y la vacuidad inseparables. Su naturaleza es la misma que la de Heruka. Véase *Guía del Paraíso de las Dakinis*.

Verdad convencional Todo fenómeno, aparte de la vacuidad. Las verdades convencionales son verdad respecto a las mentes de los seres ordinarios, pero en realidad son falsas. Véanse *Corazón de la sabiduría*, *Tesoro de la contemplación* y *Océano de néctar*.

Verdad última La naturaleza última de todos los fenómenos, la vacuidad. Véanse *Océano de néctar* y *Corazón de la sabiduría*.

Vigilancia mental Factor mental que es un tipo de sabiduría que examina las actividades del cuerpo, de la palabra y de la mente, y que se apercibe de si se generan faltas o no.

Yama Véase SEÑOR DE LA MUERTE.

Yhe Phabongkhapa (1878-1941) Gran Lama tibetano, emanación de Heruka. Phabongka Rimpoché fue el sostenedor de muchos linajes del sutra y del mantra secreto.

Yhe Tsongkhapa (1357-1419) Emanación del Buda de la Sabiduría –Manyhushri–, cuya manifestación como monje en el Tíbet en el siglo XIV fue predicha por Buda. Renovó la pureza de la doctrina budista y demostró el modo de practicar el Dharma puro en tiempos de degeneración. Posteriormente, su tradición se dio a conocer como «la tradición ganden» o guelug. Véanse *Gema del Corazón* y *Gran tesoro de méritos*.

Yidam Véase DEIDAD.

Yoga Término utilizado para hacer referencia a varias prácticas espirituales tales como el yoga del Guru y los yogas de alimentarse, dormir, soñar y despertar. «Yoga» también significa 'unión', como la unión de la permanencia apacible y la visión superior.

Yogui/yoguini Practicante que posee elevadas realizaciones.

Lecturas recomendadas

El venerable Gueshe Kelsang Gyatso Rimpoché es un gran maestro de meditación e ilustre erudito de la tradición de budismo mahayana fundada por Yhe Tsongkhapa. Desde que llegó al Occidente en 1977, el venerable Gueshe Kelsang ha trabajado de manera infatigable para establecer el Budadharma puro por todo el mundo. Durante este tiempo ha impartido extensas enseñanzas sobre las principales escrituras mahayanas. Estas enseñanzas se han publicado en inglés y traducido a numerosas lenguas y constituyen una exposición completa de las prácticas esenciales del sutra y el tantra del budismo mahayana.

Libros

Títulos del venerable Gueshe Kelsang Gyatso Rimpoché publicados por Editorial Tharpa, disponibles como libros impresos, eBooks y audios:

Budismo moderno   El camino de la compasión y la sabiduría.

Caminos y planos tántricos   Cómo entrar en el camino vajrayana, recorrerlo y completarlo.

Cómo comprender la mente   La naturaleza y el poder de la mente.

Cómo solucionar nuestros problemas humanos   Las cuatro nobles verdades.

Compasión universal   Soluciones inspiradoras para tiempos difíciles.

Cómo transformar tu vida   Un viaje gozoso.

El camino gozoso de buena fortuna   El sendero budista completo hacia la iluminación.

El espejo del Dharma, con texto ampliado   Cómo descubrir el verdadero significado de la vida humana.

El voto del Bodhisatva   Guía práctica para ayudar a los demás.

Esencia del vajrayana   La práctica del tantra del yoga supremo del mandala corporal de Heruka.

Gema del corazón   Las prácticas esenciales del budismo kadampa.

Gran tesoro de méritos   Cómo confiar en nuestro Guía Espiritual.

Guía de las obras del Bodhisatva   Cómo disfrutar de una vida altruista y llena de significado. Traducción de la célebre obra maestra de Shantideva.

Introducción al budismo   Una presentación del modo de vida budista.

Las instrucciones orales del Mahamudra   La esencia de las enseñanzas de Buda sobre el sutra y el tantra.

Mahamudra del tantra   Introducción a la meditación del tantra.

Nueva guía del Paraíso de las Dakinis   La práctica del tantra del yoga supremo de Buda Vajrayoguini.

Nuevo corazón de la sabiduría   Profundas enseñanzas del corazón de Buda (una exposición del *Sutra del corazón*).

Nuevo manual de meditación   Meditaciones para una vida feliz y llena de significado.

Nuevo ocho pasos hacia la felicidad   El modo budista de amar.

Océano de néctar   La verdadera naturaleza de todos los fenómenos.

Tesoro de contemplación   El modo de vida del Bodhisatva.

Una vida con significado, una muerte gozosa   La profunda práctica de la transferencia de consciencia.

En proceso de traducción

La luz clara del gozo   Manual de meditación tántrica.

Sadhanas y otros textos

El venerable Gueshe Kelsang Gyatso Rimpoché ha supervisado personalmente la traducción de una colección esencial de *sadhanas* –oraciones rituales para el logro de realizaciones espirituales– y otros textos, disponibles como librillos impresos, eBooks y audios:

1. *Adiestramiento de la mente en ocho estrofas* Texto raíz del adiestramiento de la mente.

2. *Asamblea de buena fortuna* Práctica del tsog del mandala corporal de Heruka.

3. *Budismo kadampa moderno*

4. *Ceremonia de poua* Transferencia de consciencia para los difuntos.

5. *Ceremonia del refugio mahayana* y *Ceremonia del voto del Bodhisatva* Ceremonias rituales para acumular méritos para el beneficio de todos los seres.

6. *Ceremonia del voto pratimoksha para el laico*

7. *Cientos de Deidades de la Tierra Gozosa según el tantra del yoga supremo* El yoga del Guru Yhe Tsongkhapa como práctica preliminar del Mahamudra.

8. *Cómo rellenar y bendecir estatuas* Instrucciones para rellenar y bendecir las estatuas de Budas.

9. *Confesión de las caídas morales del Bodhisatva* Práctica de purificación del *Sutra mahayana de los tres cúmulos superiores*.

10. *Destreza para enseñar* Programa especial de formación de maestros de budismo kadampa.

11. *El camino de la compasión para el difunto* Sadhana de poua por el beneficio del difunto.

12. *El camino de la compasión para el moribundo* Sadhana de poua por el beneficio del moribundo.

13. *El camino gozoso* Sadhana concisa de la autogeneración como Vajrayoguini.

14. *El camino hacia la tierra pura* Sadhana para el adiestramiento en la práctica de poua, la transferencia de consciencia.

15. *El camino rápido al gran gozo* Sadhana extensa de la autogeneración como Vajrayoguini.

16. *El cielo de Keajra* Comentario esencial a la práctica de *El yoga inconcebible extraordinario*.

17. *El melodioso tambor que vence en todas las direcciones* El ritual extenso de cumplimiento y renovación de nuestro compromiso con el Protector del Dharma, el gran rey Doryhe Shugden, junto con Mahakala, Kalarupa, Kalindevi y otros Protectores del Dharma.

18. *El modo de vida kadampa* La práctica esencial del Lamrim kadam: *Consejos de corazón de Atisha* y *Los tres aspectos principales del camino hacia la iluminación* de Yhe Tsongkhapa.

19. *El Tantra raíz de Heruka y Vajrayoguini* Capítulos uno y cincuenta y uno del *Tantra raíz conciso de Heruka*.

20. *El yoga de Arya Tara, la Madre Iluminada* Sadhana de autogeneración.

21. *El yoga de Avalokiteshvara de mil brazos* Sadhana de autogeneración.

22. *El yoga de Buda Amitayus* Método especial para lograr longevidad e incrementar méritos y sabiduría.

23. *El yoga de Buda Heruka* Sadhana esencial de la autogeneración del mandala corporal de Heruka y yoga conciso de las seis sesiones.

24. *El yoga de Buda Maitreya* Sadhana de autogeneración.

25. *El yoga de Buda Vajrapani* Sadhana de autogeneración.

26. *El yoga de la Gran Madre Prajnaparamita* Sadhana de autogeneración.

27. *El yoga de Tara Blanca, el Buda de Larga Vida* Práctica con Tara Blanca, Deidad femenina iluminada para obtener larga vida, sabiduría y buena fortuna.

28. *El yoga inconcebible extraordinario* Instrucción especial para alcanzar la tierra pura de Keajra con el presente cuerpo humano.

29. *Esencia de buena fortuna* Oraciones de las seis prácticas preparatorias para la meditación de las etapas del camino hacia la iluminación.

30. *Esencia del vajrayana* Sadhana de autogeneración del mandala corporal de Heruka según el sistema del Mahasidha Ghantapa.

31. *Gema del corazón* Yoga del Guru Yhe Tsongkhapa en combinación con la sadhana abreviada del Protector Doryhe Shugden.

32. *Gota de esencia de néctar* Práctica especial de ayuno y purificación con Buda Avalokiteshvara de once rostros.

33. *Joya preliminar para el retiro del mandala corporal de Heruka*

34. *La fiesta del gran gozo* Sadhana para realizar la autoiniciación de Vajrayoguini.

35. *La gema que colma todos los deseos* Práctica del yoga del Guru Yhe Tsongkhapa en combinación con la sadhana mediana del Protector Doryhe Shugden.

36. *La gran liberación de la Madre* Oraciones preliminares para la meditación del Mahamudra en combinación con la práctica de Vajrayoguini.

37. ***La gran liberación del Padre***   Oraciones preliminares para la meditación del Mahamudra en combinación con la práctica de Heruka.

38. ***La Gran Madre***   Método para eliminar obstáculos e interferencias con la recitación del *Sutra de la esencia de la sabiduría* (*Sutra del corazón*).

39. ***La joya preliminar***   Preliminares concisas para el retiro de Vajrayoguini.

40. ***La nueva esencia del vajrayana***   Práctica de autogeneración del mandala corporal de Heruka, una instrucción del linaje oral de Ganden.

41. ***Liberación del dolor***   Alabanzas y súplicas a las veintiuna Taras.

42. ***Los votos y compromisos del budismo kadampa***

43. ***Manual para la práctica diaria de los votos del Bodhisatva y los votos tántricos***

44. ***Meditación y recitación del Vajrasatva Solitario***   Práctica de purificación.

45. ***Nuevo manual de ordenación***   Nuevo manual de ordenación de la tradición kadampa.

46. ***Ofrenda al Guía Espiritual*** (*Lama Chopa*)   Una manera especial de confiar en nuestro Guía Espiritual.

47. ***Ofrenda de fuego de Vajradaka***   Práctica para purificar las faltas e impurezas.

48. ***Ofrenda de fuego de Vajrayoguini***

49. ***Ofrenda de fuego del mandala corporal de Heruka***

50. ***Oración del Buda de la Medicina***   Un método para beneficiar a los demás.

51. ***Oración liberadora***   Alabanza a Buda Shakyamuni.

52. ***Oraciones para meditar***   Breves oraciones preparatorias para la meditación.

53. *Oraciones por la paz en el mundo*

54. *Oraciones sinceras* Funeral para cremaciones y entierros.

55. *Poua concisa*

56. *Práctica concisa de Buda Amitayus*

57. *Preliminares para el retiro de Vajrayoguini*

58. *Rey del Dharma* Método para realizar la autogeneración como Yhe Tsongkhapa.

59. *Sadhana de Avalokiteshvara* Oraciones y súplicas al Buda de la Compasión.

60. *Sadhana de Samayavajra*

61. *Sadhana del Buda de la Medicina* Un método para alcanzar las realizaciones del Buda de la Medicina.

62. *Súplica al sagrado Guía Espiritual venerable Gueshe Kelsang Gyatso de sus fieles discípulos*

63. *Tesoro de sabiduría* Sadhana del venerable Manyhushri.

64. *Un viaje gozoso* Cómo realizar el retiro de aproximación del mandala corporal de Heruka.

65. *Una vida pura* Práctica para recibir y mantener los ocho preceptos mahayanas.

66. *Unión de No Más Aprendizaje* Sadhana de la autoiniciación del mandala corporal de Heruka.

67. *Yoga de la Dakini* Sadhana media de la autogeneración como Vajrayoguini.

Para realizar un pedido de estas publicaciones o solicitar un catálogo, visite www.tharpa.com o póngase en contacto con la oficina de Editorial Tharpa más próxima (véase el listado de oficinas en la página 716).

Índice analítico

La letra «g» indica que el término aparece en el glosario

Abhidharma (véase colecciones de las enseñanzas de Buda)
Abriendo la puerta del sendero supremo 16, 93
acción productora dependiente relacionada 390, 394, 395, 396
acciones (véase también karma)
  atroces de pena inmediata, cinco 139-140
  impulsoras y conclusivas 283-284
  fluctuantes y no-fluctuantes 371-372
  meritorias y no-meritorias 371-372
acciones perjudiciales 261-276
  efectos de las 273-276
  factores que determinan la gravedad de las 271-272
  las diez 261-270
  purificación de las 80-84, 110, 144
acciones virtuosas 276-280, 433
  diez 276-278
  efectos de las 279-280
  factores que determinan el poder beneficioso de las 278-279
adiestramiento de la mente (véase Loyhong)
Adiestramiento de la mente en siete puntos 472
adiestramientos superiores, tres 10, 294, 408-419
  disciplina moral 10, 408-409, 414-416
  concentración 10, 409-410, 416-418
  sabiduría 10, 410, 418-419
aferramiento dependiente relacionado 393, 394, 395, 396
aferramiento propio 226, 351, 360-362, 389, 523
  adquirido intelectualmente 234, 360-361, 599, 600
  base del 320-321, 340
  hacia las personas 361-362
  hacia los fenómenos 361
  innato 361, 600-601
  método para eliminar el 413, 537, 586
agregados, cinco 391, 559, g
  apropiados 340-341, 362
  contaminados 340-341, 364
aire que mantiene la vida 375
aires internos 144, 380, g
Ajatashatru, Rey 82, 140, 227, 434
Akshobya 72
Alabanza a Buda como el Maestro superior a todos 234
Alabanza de la relación dependiente 234, 352
altar, preparación del 50-52
alucinaciones 120, 381, 525
Amei Yhangchub 110
Amitabha 72
Amitayus 62, 373, g

Amoghasidhi 72
amor 558
   inconmensurable 67, 69-70
   afectivo 454-459, 461
   que estima a los demás 454
   desiderativo 454, 489
análisis 355, g
Ananda 40, 148
Angulimala 82, 227
animales 134, 196
   sufrimientos de los 205-206, 248, 461
ansia
   dependiente relacionada 392, 394, 395, 396
apariencia
   clara 607, g
   dual 301, 598
apariencias ordinarias 21, 522, 607, g
apego 258, 343, 344-346, 353, 362, 417
   obstáculo para la práctica espiritual 518
aplicación 550, 555
Árbol glorioso 181
Arjat (véase Destructor del Enemigo)
arrepentimiento 82
Arya (véase Ser Superior)
Aryadeva 151, 296, 338, 360, 387, 594
Aryasura 29
Asanga 19, 33, 121, 124, 299, 351, 508, 545, 551, g
   linaje de 5, 437
   visión de Maitreya 430, 528-529
   visualización de 60
Ashoka, Rey 89
Ashvaghosa 151, 313
aspectos principales del camino, tres 22
aspiración 154-155, 550-551
   poder de la 526

atención impropia 344, 367-369
atenciones, cuatro 569
Atisha 124, 154, 210, 252, 268, 369, 532, 540, 575
   cualidades de 5-17
   linaje de xiv, 471
   relatos de la vida de 6-17, 51, 110, 114, 249
   atributos exclusivos de un Buda, dieciocho 614-615
autoestima/estimación propia 226, 341, 362, 472
   peligros de la 473-477
autor 5-17
Avadhutipa 8, 252
Avalokiteshvara 461, g

bardo 186, 190, 379-384
   ser del 380, 381-383, 384, 401-402
bases de designación 592, g
Ben Gungyel, Gueshe 368
bendiciones 90, 95, 125, 229, g
Bimbisara, Rey 140, 400
Bodhgaya 9
Bodhibhadra 7
bodhichita (véase también bodhichita aspirante; bodhichita comprometida) 2, 9, 41, 42, 282, 294, 301, 407, 418, 501, 507, 558
   artificial 155
   base para generar la 465-466
   beneficios de la 425-436
   clases de 467-471, 596
   desarrollo de la 437-495
   espontánea 301, 562
   generación e intensificación de la 65-71
   naturaleza y manera en que se genera 466-467
   práctica 71
bodhichita aspirante 71, 468
   mantenimiento por medio del ritual 492-494
   ocho preceptos de la 493-494
bodhichita comprometida 71, 468

mantenimiento por medio del ritual 494-495
Bodhisatva 301, 509, 595, 616-617
   acciones del 468-469, 497-536
   planos del, diez 600-602
   votos del 224, 281, 408, 409, 415, 468, 506, 605, 617
Brahma 87, 312, 453, 456, 467, 500
Buda (véanse también Cuerpos de Buda; Joya del Buda) 283, 539, 601-602
   cuerpo de 50, 87, 613
   palabra de 613
   mente de 50, 613-616
   intención última de 24
   forma de 558, 564
Buda Kashyapa 89
Buda Shakyamuni 5, 16, 22, 28, 36, 48, 50, 57, 59, 71, 73, 162, 196, 213, 217, 437, 593, 611
   excelentes cualidades de 59, 218, 226-229
   linajes de las enseñanzas de 3, 5, 437, 471, 603, 608
   Maestro superior a todos 234
   nuestro Guía Espiritual es aún más bondadoso que 124
   relatos de la vida de 40, 41, 47-49, 50, 73-74, 83, 85, 87, 121, 170, 171, 202-203, 203-204, 218, 227, 228-229, 255-256, 259, 400, 432, 518, 538
   vidas pasadas de 473, 478-479, 492-493
   visualización 57-63, 66-67, 71-72, 94, 95, 127
Budadharma (véase también Dharma) 148, 244
Budas de la confesión, treinta y cinco g
Budas de la Medicina 62
Budas, mil 62, 492, 603
Budayhana 204
budismo kadampa g

cambiarse uno por los demás 481-485
camino (véanse también caminos hinayanas; caminos mahayanas) 595-602, g
   de la profundidad 5, 19, 92
   de la vastedad 5, 19, 92
   emancipado 599, 600, 601
   ininterrumpido 599, 600
   mundano 345, g
   supramundano 346, g
   tántrico 603-609
camino medio 22, g
caminos hinayanas 225, 294, 424
caminos mahayanas 294, 423-424, 585, 595-602
   de la acumulación 301, 470, 596
   de la preparación 301, 470, 596-599
   de la meditación 302, 600-601
   de la visión 302, 470, 599
   de No-Más-Aprendizaje 302, 601-602
caminos mundanos g
caminos verdaderos 220-223, 303
Caminos y planos tántricos 608
Campo de Méritos 71-74
canales 144, g
Carta amistosa 82, 180, 190, 308, 311, 334, 408, 414
causa no abandonada de la perturbación mental 363
causar desunión con la palabra 261, 267
causas de la iluminación, cinco 143
celos 19, 367, 417, g
cesaciones verdaderas 220-223, 300-302
Chandra, Príncipe 32
Chandradeva 217
Chandragarbha 6-9
Chandragomin 217, 554
Chandrakirti 19, 259, 351, 358, 434, 460, 512, 576, 577, 579, 582, 585, g

charvaka, escuela 189
Chekhaua, Gueshe 382-383, 471, 472, 487
Chengapa, Gueshe 15, 110
Chenrezsig 211
chismorrear 261, 268-269
chitamatra, escuela 352-353, 523-524, g
Cien versos al pueblo de Tingri 108
cinco acciones atroces de pena inmediata 139-140
cinco agregados (véase agregados, cinco)
cinco causas de la iluminación 143
cinco desatenciones 33
Cinco textos sobre los planos espirituales 19, 33, 545
clarividencia 50, 427, 532, g
cinco clases de 537
codicia 261, 269
Colección de muchos versos especiales 28
colecciones de las enseñanzas de Buda, tres *(Tripitaka)* 10, 28-29
colección de la disciplina moral *(Vinaya)* 10
colección de la sabiduría *(Abhidharma)* 10
colección de los discursos *(Sutranta)* 10
Comentario a la «Cognición válida» 304, 362, 523, 574
Comentario al «Tratado de cuatrocientas estrofas» 579
compasión 191, 305, 501
gran 155-156, 229, 425, 459-463, 558
Compendio de fenomenología 299, 351, 551
Compendio de prácticas 451, 501
concentración (véanse también adiestramientos superiores, tres; estabilización mental; permanencia apacible)
del continuo del Dharma 596
mundana y supramundana 529-530
para beneficiar a los demás 531
semejante al vajra 601
concepciones ordinarias 607, g
conducta sexual incorrecta 261, 265-266
confesión 80-84
Confesión del Bodhisatva 82
confianza en el Guía Espiritual 104-130, 594
beneficios de la 107-112
peligros de romper nuestros compromisos 112-113
por medio de la fe y del respeto 113-126
por medio de acciones de servicio y devoción 126-127
conocedores específicos correctos, cuatro 616
Conquistadores Solitarios 85, 427, 428, 434, g
consciencia 189-190
dependiente relacionada 390, 394, 397
consciencia base de todo 352
Consejos (Gungtang Rimpoché) 314
Consejos de corazón del Guía Espiritual (Atisha) 210
consideración por los demás 416, g
consorte 8, g
contacto
dependiente relacionado 392, 394, 395, 396, 397
creencia
extrema 358
perturbadora 343, 356-361
creencia del conjunto transitorio 388, 356-358
objeto concebido por la 357
objeto de observación de la 357
creencias erróneas 138, 359-361

cualidades de la unión de un
    Buda, siete 54
cuatro atenciones 569
cuatro características generales
    del karma 253-260
cuatro inconmensurables (véase
    inconmensurables, cuatro)
cuatro maneras de reunir
    discípulos 616-617
cuatro nobles verdades 298-304
cuatro poderes (véase poderes,
    cuatro)
cuatro poderes oponentes 83-84
cuatro valentías 615-616
cuerpo 183-184, 340, 407, 417,
    483-484, 497
    dar el 502-503
    vacuidad del 590-593
Cuerpo de Deleite 59, 219, 612
Cuerpo de Emanación 60, 170,
    219
    Supremo 117, 596, 612
Cuerpo de Entidad 219, 220, 612
Cuerpo de la Forma 219, 433,
    causas del 78, 108, 232, 433,
    498, 603
    tipos de 219, 612
Cuerpo de la Naturaleza 219
Cuerpo de la Sabiduría de la
    Verdad 219, 220, 612
Cuerpo de la Verdad 59, 170,
    219, 220, 433, 603, 612
    causas del 232, 433, 498
    clases del 220
cuerpo ilusorio 60-62, 604, g
cuerpo vajra g
Cuerpos de Buda (véanse
    también Cuerpo de la Forma;
    Cuerpo de la Verdad) 219-220,
    607, 608, 612
cuerpos básicos, tres 607
cuerpos del camino, tres 608

Dag Poua 96
Dagpo Ngauang Dragpa 17

Dakini 8, g
Dalai Lama 17, 162, 173, 306, 333
dedicación 88-89
Deidad 21, 65, 431, 435, 558, 607
demonio 58, g
desatenciones, cinco 33
descanso de la meditación 43,
    127-130
deseos 151, 331-334
Destructor del Enemigo (Arjat)
    40, 49, 139, 170, 460, 467, g
    su liberación de las
    perturbaciones mentales 253, 365
    superioridad del 427
Devadata 121, 152, 227, 228-229,
    252
Dharma (véase también
    Budadharma) g
    diez actividades del 507
    la manera de escuchar el 28-36
    la manera de enseñar el 36-41
Dharmakaya (véase Cuerpo de
    la Verdad)
Dharmakiti 287, 304, 351, 362,
    364, 411, 574,
Dharmarakshita 9, 253, 254
Dharmavajra 62
Dharmodgata 108
Dhipamkara Shriyhana 12-14
dieciocho atributos exclusivos de
    un Buda 614-615
dieciocho elementos 560-561
diez direcciones g
diez dones 139-141
dioses 121, 136, 233, 246, 407,
    456, 465, g
    sufrimientos de los 335-337
    del reino del deseo 335-336, 371
    del reino de la forma y del
    inmaterial 337, 372, 389
*Discernimiento entre el camino
medio y los extremos* 545, 550
disciplina moral (véase también
    adiestramientos superiores)
    251-252, 277, 278, 289, 413, 415

definición 259, 277
beneficios de la 147, 237, 260, 413
de la abstención 277-278, 505-507
de acumular Dharmas virtuosos 507
de beneficiar a los seres sintientes 508-511
perfección de la 505-511
pura 413, 415, 543-544
distracciones 412
doce generadores 559, g
doce vínculos dependientes relacionados (véase vínculos dependientes relacionados, doce)
dones, diez 139-141
dormir 186, 190, 380, 524
dos clases de sabiduría 534
dos verdades (véanse también verdad convencional; verdad última) 559, g
unión de las 587, 588
Drogon Tsangpa Gyarapa 111
Dromtompa 15, 17, 110, 160, 409, 471
Drugpa Kunleg 223
Druku Sheguo 465
duda perturbadora 343, 353-355

ecuanimidad 69, 161, 229
inconmensurable 67, 68-69, 443
productora 443
sentimiento ecuánime 443
efecto (véase también karma)
circunstancial 38, 275-276, 280, 299, 300
de maduración 38, 279, 299
de separación 38
experiencias similares a su causa 38, 274-275, 279, 280
tendencias similares a su causa 38, 273-274, 279,
efectos
de liberación de cuatro faltas 38

de maduración 38, 299, 300
similares a su causa 38, 299, 300
El árbol que colma todos los deseos con ciento ocho mil obras 478
El camino gozoso 16, 17
El camino rápido 16, 17
El continuo sublime del gran vehículo 23, 215, 220, 223
elementos 381-382, 418, 559-561, g
dieciocho 560-561
externos e internos 559-560
seis 144
emanaciones 217, 489, 602
enfado (véase odio, enfado)
enfermedad 172, 325-327
enseñar el Dharma 36-41
envejecimiento 172, 321-325
y muerte, dependiente relacionados 394, 395, 396, 397
Eón Afortunado 62, 603, g
era dorada g
escuelas filosóficas, cuatro g
Escrituras recibidas de la voz de Manyhushri 109
escuchar el Dharma 28-36
Esencia de buena fortuna 95, 96
Esencia de buenas explicaciones 386
Esencia de las relaciones dependientes 396
Esencia de néctar 80, 121, 312
Esencia del camino medio 557
Esencia del consejo bien expresado 17
Esencia del oro refinado 17
esfuerzo 425, 550-551, 569
perfección del 519-529
semejante a una armadura 525
de acumular Dharmas virtuosos 525
de beneficiar a los demás 526
cuatro fuerzas del 526-529
espacio 587
espacio de vida 374
espíritus 177, 432, 456
espíritus ávidos 121, 135, 196, 248
sufrimientos de los 203-205

estabilización mental 301, g
   perfección de la 529-532,
     536-571
estado intermedio (véase bardo)
estimar a los demás
   beneficios de 477-481
estupa 9, 229
etapa de consumación 10, 24,
   122, 558, 605, 606, 607, 608, g
etapa de generación 10, 24, 122,
   605, 606, 607, 608, g
Etapas de meditación 545
etapas del camino (véase
   Lamrim)
Etapas del camino hacia la
   iluminación xiii
excitación mental 546-548
existencia
   dependiente relacionada
     393-394, 395, 396
existencia cíclica (véase samsara)
existencia inherente 578-580
Exposición concisa de las etapas del
   camino 17, 24, 413
Exposición media de las etapas del
   camino 16, 17

familias de Budas g
factores mentales g
   siempre presentes 391, g
falta de aplicación 550, 555
faltas del recipiente, tres 34-35
fe 115-116, 215, 235, 355, 550-551
   creyente 115, 118
   admirativa 115, 551
   desiderativa 115
felicidad 154-155, 209, 481
   causa de la 243, 251, 456
   de los estados afortunados de
     existencia 142, 209-289
fenómeno
   con existencia inherente 592
   contaminado g
   designado 587-588, 592
   permanente g

fenómeno negativo 220-221, g
   no-afirmante 220-221, 578
fenómenos
   convencionales 301, 587-589, 593
   dependientes relacionados
     385-388, 387, 579-580
flexibilidad 531, 550-551, 570-571
   de la permanencia apacible
     570-571, 572-573
   de la visión superior 301,
     572-573
fuerza vital 374-375
fuerzas
   cuatro 526-529
   diez 613-614
   seis 568-569

gema que colma todos los
   deseos 145
generación de la mente 469-470
generadores, doce 559, g
generosidad 489-491
   perfección de la 499-505
   dar objetos materiales 499-504
   dar Dharma 504-505
   dar protección 505
   dar nuestro cuerpo 502-503
   tomar y dar 486-491
Gombaua, Gueshe 15
Gompo Doryhe 149
Gongpa Rabsel 11
gota indestructible g
gotas 144, 558, g
gozo
   inconmensurable 67, 70
   poder del 527-528
Gran exposición de las etapas del
   camino 16, 17, 545
Gran exposición de las etapas del
   mantra secreto 604, 609
gran falta 25
gran gozo espontáneo g
gran ser (véase también nivel
   superior) 154, 155-156, 300
   refugio del 211, 239, 249

guelugpa 23, 121, 609, g
Gueshe 22, g
Guhyasamayha 62
Guía de las obras del Bodhisatva
   81, 143, 172, 182, 223, 255, 293,
   308, 316, 347, 370, 427, 436, 453,
   471, 473, 476, 478, 480, 513, 542,
   574, 582, 592
Guía del camino medio 19, 259,
   358, 434, 460, 520, 524, 575, 576,
   577, 582, g
Guía del Paraíso de las Dakinis 607
Guía Espiritual (véase también
   confianza en el Guía Espiritual) g
Gungtang Tenpei Drolma
   Rimpoché 87, 314, 322, 521
Gungtang Yhampelyang 151, 175
Gurchog 257
Guru (véase también Guía
   Espiritual) g
Guru raíz g
Gyalgua Ensapa 114, 121, 477
Gyalgua Go Tsangpa 125

Hashang 579
Héroes y Heroínas 62, 65, 117, g
Heruka 8, 62, 111, g
Hevajra 7
hinayana 9, 21, 22, g
hundimiento mental 546,
   548-549
   burdo 548
   sutil 548-549

ignorancia 61, 343, 351-353, 417,
   522
   dependiente relacionada
     388-389, 394
igualarse uno con los demás
   472-473
igualarse uno con los demás y
   cambiarse uno por los demás
   437-438, 471-485
iluminación 423, 460, 524, 611-617, g
   media 85

imagen genérica 301, 529, 564, g
impermanencia (véase también
   muerte) 300, 558, g
   sutil 355, 524
impresiones g
impresiones de las
   perturbaciones mentales (véase
   obstrucciones a la omnisciencia)
impurezas de los objetos de
   deseo 558
inconmensurables, cuatro 67-70
   ecuanimidad 67, 68-69
   amor 67, 69-70
   compasión 67, 70
   gozo 67, 70
Indra 87, 237, 312, g
infiernos 191-203
   convencimiento de la existencia
     de los 192-197
   grandes 198-200
   vecinales 200-201
   fríos 201
   similares 194
*Instrucciones recibidas de la voz de
   Manyhusri* 17
intención 152, 250-251, g
intención superior 463-464
Ishvara 206, 234, 467, g

Joya de la Sangha 60, 65, 140,
   223-225, 232, 243
Joya del Buda 62, 211, 230-233,
   240, 242, 415
   cualidades de la 215-220
   naturaleza convencional y
     última de la 219-220
   función de la 231
Joya del Dharma 34, 65, 153,
   213-214, 232, 240-241, 243, 249,
   302
   buenas cualidades de la 230-233
   del ser del nivel inicial 238, 252
   explicación general 220-223
   representación de la 62
joya que colma todos los deseos 489

Kachen Yeshe Gyaltsen, Lama 31, 446
kadam lamrimpa 15, 61
kadam mengagpa 15, 61
kadam shungpaua 15, 61
kadampa 15, g
   Gueshes 435
   Maestro 79, 111, 167, 211
Kalindevi 62
Kamalashila 545
karma (véanse también acciones perjudiciales; acciones virtuosas; efectos) 31, 81, 171, 196-197, 238, 243, 588, 612
   acciones atroces de pena inmediata, cinco 139-140
   acciones fluctuantes y no-fluctuantes 371-372
   acciones impulsoras y conclusivas 283-284
   acciones meritorias y no-meritorias 371-372
   características generales, cuatro 253-260
   colectivo g
   factores que determinan el poder de una acción 280-282
Katiayana 202
Khampa Lungpa, Gueshe 432
Kharagpa, Gueshe 163
Khedrubyhe 491, g
Kumara, doctor 136
Kushinagar 170

La lámpara clara de las cinco etapas 608
La lámpara del camino hacia la iluminación 5, 15, 154, 369, 540
La luz clara del gozo 608
La preciosa guirnalda de consejos para el rey 147, 455, 576
La rueda de las armas afiladas 253
Lam Chung 47-49, 227-228
Lama Losang Tubuang Doryhe Chang 126, g

Lamrim viii, xiii, 3, 5, 15, 16, 17, 409
   características preeminentes del 18-20
   cualidades preeminentes del 20-26
   tres linajes del 15-17
Lang Dharma, Rey 11
Langri Tangpa, Gueshe 471, 481, 490, 509-510, g
Las ocho grandes guías del Lamrim 17
Las preguntas de las inmaculadas intenciones superiores 210
Legpei Karma, Bhikshu 121
Lhasa 223, 315
Lhasang, Rey 315
Lhatripa 111
liberación 305, 342, 423
   base física óptima para alcanzar la 407
   camino que conduce a la 407-419
   generación del deseo de alcanzar la 294-297
libertades, ocho 133-139
Liberación del dolor 313
limpieza del cuarto de meditación 46-49
linaje
   de Buda 67, 424, 427, g
   de la sabiduría 5
   del método 5
linajes
   del antiguo kadam 15
   del nuevo kadam 15
logro subsiguiente semejante a una ilusión 589-590, 592-593
Longdrol Lama 165, 168
Loyhong 471
Los tres aspectos principales del camino 16, 574
luz clara 11, 190, 379, 380, 604, 608, g

madhyamika, escuela g
madhyamika-prasanguika, escuela 352, 524, 575, 582

madres
  aprecio de la bondad de todos los seres como nuestras 447-451
  deseo de corresponder a la bondad de todas nuestras 451-453
  reconocimiento de que todos los seres son nuestras 445-447
Magadhabhatri 73-74
Mahakala 62
Mahakashyapa 171
Mahamudra 8, 559, 573, g
Mahasidha 121, g
mahayana 21, 22, 294, 423-424, 532
  discípulo 105-106
  Guía Espiritual 105
  motivación 155, 191
  preceptos 40
Maitreya 5, 19, 23, 121, 124, 215, 222, 437, 528, 541, 545, 550
  visualización de 60
malicia 261, 269-270
mantra 76, 114, 115, 127, 337, 429, g
mantra secreto (véase también tantra) 76, 617
  motivación para practicar el 431, 433
  práctica pura del 160, 179
  realizaciones del 122, 125, 355, 605
Manyhushri 5, 16, 109, 124, 437, 469, 576, 594, g
  visualizacón de 60-61
mara 58, g
Marpa 110, 196, 503-504
matar 258, 261, 262-264
  dejar de 277
Maudgalyanaputra 217, 309-310, 510
meditación 97-103
  analítica 97-101, 418, 560-561, 562, 573
  de emplazamiento 97-101, 418, 562, 573
  conclusión de la 127
  estabilizada 587, 592-593, 596, 599, 601, g
  postura de 55-57
meditación en la respiración 56-57, 418
  en combinación con la práctica de tomar y dar 491
mente de la iluminación (véase bodhichita)
mente primaria g
mentir 261, 266
méritos 54, 108, 232, 429-430, g
  acumulación de 108, 433, 497-498, 603, g
mero nombre 587, 593
mil Budas 62, 492, 603
Milarepa 31, 79, 110, 175, 188, 287, 322
  relatos de la vida de 121, 128, 149, 166, 196, 206, 280, 286, 538
Mitatso 183
Monasterio de Tashi Lhumpo 31, 446
Mondrol Chodak 164
Monte Kailash 234
Monte Meru 370, g
motivación 282
muerte 157-188, 211, 214, 327-330
  beneficios de tener presente la 165-168
  peligros de olvidarse de la 158-165
  causas de la 374-376
  condiciones de la 376
  el modo en que morimos 372-379
  meditación imaginando que nos ha llegado la hora de morir 185-188
  meditación por medio de nueve razonamientos 169-185
  mentes de la 376-378

prematura 179
señales cercanas de la 378-379
señales distantes de la 373-374

nacimiento 317-321
dependiente relacionado 394, 395, 396, 397
Nagaryhuna 5, 19, 80, 82, 124, 147, 178, 180, 190, 229, 263, 308, 334, 385, 396, 408, 414, 455, 490, 576, 577, 609, g
linajes de 5
visión de 575-576
visualización de 61
nagas 465, g
Nagtso 13
Nalanda 3
Nanda 228, 510
Naro Bonchung 121
Naropa 75, 121, 124, 126, g
naturaleza convencional de los fenómenos 593
Neusurpa, Gueshe 15
Ngauang Chogden 16
Ngauang Dragpa 27
Ngo Sangma 257
nirvana 342
nivel inicial (véase también ser menor) 154-155, 157-289
nivel medio (ver también ser mediano) 154, 293-419
nivel superior (véase también gran ser) 154, 423-617
niveles, tres (véanse también nivel inicial; nivel medio; nivel superior) xiii, 152-156
nobles verdades, cuatro 298-304
nombre, mero 587, 593
nombre y forma
dependiente relacionados 391, 394, 395, 396, 397
Nueva Tradición Kadampa g
Nyempa Sangden 254

ñingma 23

objeto
concebido g
de designación 587-588, 592
de la permanencia apacible 556-562
de las perturbaciones mentales 365-366
de negación 578-583
de observación g
de abandono g
funcional 243
oculto 193, g
obstáculos, cinco 545-550
obstrucciones, dos 219, 611
de las perturbaciones mentales 76, 225, 433, 611
al conocimiento 76, 225, 302, 433, 601, 611
obstrucciones de inferioridad 224-225
Océano de gran disertación 9
Océano de néctar 577
ocho libertades 133-139
ocho preocupaciones mundanas 160-162
ocho atributos especiales de la existencia humana altamente dotada 284-288
Ocho versos del adiestramiento de la mente 481, 490
odio, enfado 343, 346-348, 362, 417, 456, 511-515
Ofrenda al Guía Espiritual 126, 490, g
ofrenda del mandala 89-90
ofrendas 50, 53-54, 79-80
olvido 546
oponentes, ocho 550-556
Oración de las etapas del camino 95, 96
Oraciones para meditar 96
Oreja Millonaria 202-203
orgullo 74, 288, 417, 418
divino 67, 607, g
perturbador 343, 348-350

orígenes verdaderos 300
Ornamento de los Sutras mahayanas 105, 369, 520, 541, 545
Ornamento para la realización clara 18, 19
Oyentes 85, 427, 428, 434, g

paciencia 300
  perfección de la 511-519
  de no vengarse 512-515
  de aceptar voluntariamente el sufrimiento 515-519
  de pensar definitivamente sobre el Dharma 519
Padampa Sangye 108
Padmasambhava 11
Palden, Bhikshu 575
Panchen Lama
  Primer 32, 183, 184, 210
  Segundo 17
Pelgye 309
Pema Chen, Rey 478-479
pensamientos y actitudes, dieciséis
  correctos 91
  erróneos 90-91
pereza 425, 520-524, 545-546
  oponentes contra la 450-451
perfecciones, seis 499-594
  de la generosidad 499-505, 534-535
  de la disciplina moral 505-511, 534
  de la paciencia 511-519, 535
  del esfuerzo 519-529, 535
  de la estabilización mental 529-532, 535
  de la sabiduría 533, 534, 535
  practicar cada una en combinación con todas las demás 534-535
permanencia apacible 301, 411, 417, 418, 427, 536-571, 572, 596
  cómo alcanzar la 536-571
  condiciones necesarias para alcanzar la 540-544
  cinco obstáculos 545-550
  ocho oponentes 550-556
  objeto de la 556-562
  nueve premanencias mentales 562-567
  seis fuerzas 568-569
  cuatro atenciones 569
  señal de haber alcanzado la 570-571
permanencias mentales, nueve 562-567
perseverancia
  poder de la 526-527
perturbaciones mentales/ engaños 83, 185, 301, 342-372, 415, 417, 557
  adquiridas intelectualmente 221, 302, 599, 600
  causas de las 363-369
  definición 343
  etapas en las que se desarrollan 361-363
  identificación de las 343-361
  impresiones de las 76, 302
  innatas 221, 302, 600-602
  acciones cometidas en dependencia de las 371-372
  obstrucciones de las 225
  peligros de las 369-371
  raíz, seis 343-361
  semilla de las 365
plano (véase también Bodhisatva, planos del) g
planos y caminos (véase también caminos) 595-602
poderes, cuatro 526-528
  de la aspiración 526
  de la perseverancia 526-527
  del gozo 527-528
  de la relajación 528
poderes oponentes, cuatro 83-84
poderes sensoriales g

proteger las puertas de los
  128-129
postraciones 75-78
  beneficios de las 78
postura de meditación del Buda
  Vairochana 55-57
potencial 251, 258-259, 376-383
Potoua, Gueshe 15, 16, 17, 211
  296, 407, 409, 454, 471
Pramudita 228
Prasenayhit, Rey 85-86
pratimoksha, g
  votos del 224, 236, 281, 408,
    409, 415
preciosa existencia humana
  131-156
  gran rareza de la 146-149
  gran valor de la 141-146
  libertades y dones 149-150,
    465, 477
  ocho atributos especiales de la
    existencia humana altamente
    dotada 284-288
  siete cualidades especiales de
    alto linaje 142, 152
preocupaciones mundanas,
  ocho 160-162
Primer Panchen Lama 32, 183,
  184, 210
pronunciar palabras ofensivas
  261, 267-268
Protectores del Dharma 62, 65,
  431, g
purezas, tres 3
purificación 80-84, 111, 144, 260,
  300, 502

Rahula 229
Rahulagupta 7, 435
ramas, siete
  práctica de las 74-89, 94
Ratnasambhava 72
realizaciones conducentes hacia
  la iluminación, treinta y siete
  225

Rechungpa 538
reconocimientos, seis 35-36
recta conducta mental 415, g
refugio 57-65, 209-249, 251, 282
  beneficios del 235-239
  causas del 63-64, 190, 215
  compromisos del 239-247
  manera de practicar el 230-235
  señal de haberlo practicado
    de manera perfecta 235
  objetos del 57-65, 215-230
  tres ciclos de meditación 247-249
regocijo 84-87, 279, 300·
reino
  de la forma 372, g
  del deseo 371, 372, g
  inmaterial 372, g
reinos inferiores 148, 187,
  247-248, 407
  sufrimientos de los 189-207
  protección de los 111, 212, 245,
    249, 293
  causa de los 247, 293, 394
reinos superiores (véanse
  también dioses; humanos;
  semidioses) 148, 317-337
relajación, poder de la 528
Relatos de renacimientos 29, 478
renacimiento 189-190, 524
  causas y condiciones del 383
  manera en que renacemos 383-384
  naturaleza del 384
renacimiento humano (véase
  también preciosa existencia
  humana) 407, 465
  causas del 134-135, 142, 244
renuncia 248, 282, 294, 407, 408,
  409, 410, 418, 558
  causa de la 305, 334, 341, 517
  objeto de abandono de la 295
retentiva mental/memoria
  415-416, 550, 551-552, 565, 568, g
retiro
  lugar apropiado para hacer un
    541-542

reunir discípulos, cuatro maneras de 616-617
Rinchen Zsangpo 11
riqueza 160, 161, 181-182, 243, 311-312, 500
de Dharma 30, 38
robar 261, 264-265
rueda de la vida 168, 398-406
beneficios de contemplar la 399-400
origen de la 400-401
simbolismo de la 401-404
Rueda del Dharma 87-88, 140, 244, g

sabiduría (véase también adiestramientos superiores) 277, 410, 418-419, 533, 535, 572, 599
acumulación de la 433, 497-498, 603, g
perfección de la 533-534
profunda 533
clara 533-534
rápida 533-534
gran 142, 533-534
dos clases de 534
excelsa del contínuo final 601
que realiza la vacuidad (véase vacuidad, realización directa)
tres clases de 419, 534
Sabiduría fundamental del camino medio 385, 575, 576, 577
Sadaprarudita 108
sadhana g
Sakya Pandita 108
samsara 299
abandonar el 144, 407, 411
faltas del 293-341
naturaleza del 294-297, 303
raíz del 411
semilla del 411
sufrimientos generales del 305-317, 337-341

sufrimientos específicos del 317-337
Sangpubua, Gueshe 315
Sangye Gyatso 315
Saraha 609
sautrántika, escuela g
Sarvavid 62
Segundo Panchen Lama 17
Seis colecciones de razonamientos 19, 575
seis elementos 144
seis generadores dependientes relacionados 391-392, 394, 395, 396, 397
seis perfecciones (véase perfecciones, seis)
seis perturbaciones mentales raíz 343-361
seis reconocimientos 35-36
Seis sesiones del yoga del Guru 126
semidioses
sufrimientos de los 334-335
Señor de la Muerte (véase también muerte) 173, 403, g
sensación
dependiente relacionada 392, 395, 394, 396, 397
sentido del honor 416, g
Ser
de Compromiso 59-60, g
de Concentración 59, g
de Sabiduría 59, g
de Suma Bondad g
que ha Entrado en la Corriente 49, 82, 140, g
que Nunca Regresa 49, 257
que Regresa Una Vez 49
Superior 213, 223-224, 298, 300, 303, 389, g
ser del bardo 380
ser mediano (véase también nivel medio) 154, 155, 156, 300
refugio del 211, 238, 249
ser menor (véase también nivel inicial) 154-155, 156, 300

refugio del 211, 238, 249, 251
seres
  ordinarios 85, g
  sintientes 602, g
seres humanos 465
  sufrimientos de los 317-334
  nacimiento 317-321
  envejecimiento 321-325
  enfermedades 325-327
  muerte 327-330
seres infernales 135, 248
  sufrimientos de los 192-203
Serlingpa 9, 19
sesión de meditación 43
Shantarakshita 11
Shantideva 81, 143, 146, 156, 172, 182, 217, 223, 255, 281, 293, 308, 316, 347, 370, 427, 430, 436, 437, 451, 453, 471, 473, 476, 477, 478, 480, 481, 512, 513, 542, 574, 582, 592, g
Sharaua, Gueshe 15, 17, 241, 471
Shariputra 136-137, 170, 171, 309
Sherab Sengue 538
Shilarakshita 9
Shri Data 228, 259, 309-310
Shri Sanva 227
Sidharta, Príncipe 166, 329-330, 492-493
siete causas y un efecto 438-471
Siete clases de fenomenología 9
siete cualidades de la unión de un Buda 54
siete cualidades especiales de alto linaje 142, 152
sílaba semilla 59, 72, g
sopor 555, 556
  sostener creencias erróneas 261, 270
sueño 195-196, 555
sufrimiento (véase también sufrimientos verdaderos) 305-317, 337-341
  general de la existencia cíclica 317-337
  de los reinos inferiores 189-207
  de los reinos superiores 317-337
  tres clases de 305, 337-341, 530
  del dolor manifiesto 337, 530
  del cambio 337-339, 530
  subyacente 339-341, 530
sufrimientos verdaderos 295, 299-300
  externos 299, 337
  internos 299, 337
  meditación en los 305-341
Sugata g
Sukhavati 144
Sumati Samudra 237
súplica a los Budas y Guías Espirituales 87-88
surgimiento dependiente 385-387
sutra 19, g
Sutra de exhortación a las intenciones superiores 37
Sutra de la esencia de los planos espirituales 32
Sutra de la lámpara de las joyas supremas 114
Sutra de la perfección de la sabiduría (véase también *Sutra del corazón*) 9, 18, 19, 89, 471, 538, 576, 577
  conciso 134, 213, 418, 497, 500, 507, 520, 533, 574, 590
  en cien mil slokas 575,
  en ocho mil slokas 61, 108, 121, 429-594
Sutra de la perfecta liberación de Maitreya 428
Sutra de los diez planos 362
Sutra de los tres cúmulos superiores 82
Sutra del acopio de joyas 179
Sutra del corazón 40
Sutra del gran deleite 109, 174, 321, 325, 400
Sutra del gran estado más allá del dolor 165
Sutra del loto blanco de la compasión 79

*Sutra del primer giro de la Rueda
del Dharma* 298
Sutra dirigido a un Rey 172
Sutra rey de las concentraciones
289, 414, 558
*Sutra rey de las oraciones de las
supremas obras excelentes* 78, 76,
80
Sutra suplicado por Sagaramati 79
Sutranta (véase colecciones de
las enseñanzas de Buda)
Sutras del vinaya 41, 168, 224,
253, 314, 401, 417, g

tantra (véase también mantra
secreto) 19, 603-609, g
de la acción 603, 604
de la ejecución 62, 603, 604
del yoga 62, 604
del yoga supremo 62, 426,
604-609
base, camino y resultado del
606
del padre 604
de la madre 604
Tantra conciso de Vairochana 604
Tantra de Guyhasamayha 18, 604
Tantra de Heruka 604
Tantra de Hevajra 7
Tantra de los dos exámenes 118
*Tantra de la iniciación de
Vajrapani* 604
Tantra de la síntesis de la talidad
604
*Tantra de lo establecido con
excelencia* 604
*Tantra de Vairochana
Abhisambodhi* 604
Tantra de Yamantaka 252
*Tantra del contínuo de la
concentración* 604
*Tantra explicativo de la culminación
vajra* 604
Tantra general secreto 604
Tantra rogado por Subahu 604

Tara 6, 8, 52, 62, 212, 217, g
Blanca 62, 373
Tathagata 428, 429, g
Tathagata Shakya Mahamuni 492
Telgua 311-312
Tesoro de fenomenología 36, 363, 411
Tíbet 30, 223, 249, 329, 368, 451,
466, 504, 575
tiempos de degeneración g
Tierra
de Buda 196
de los Treinta y Tres Cielos
237, g
Tierra Pura 89, 117, 165, g
de Tushita 237
Tilopa 61, 121, 124, 126, 609
Todzsun Drubche 234
Tolungpa, Gueshe 111
tomar 486-488
y dar 486-491
Tong Den 82
tradición kadampa g
traer el resultado al camino 67, 490
transferencia de consciencia 373, g
transformación de los tres
cuerpos en el camino 606
transmisión oral g
Tratado de cuatrocientas estrofas
296, 338, 360, 387
treinta y cinco Budas de la
confesión g
treinta y dos símbolos y ochenta
marcas ejemplares 59, 170, g
treinta y siete realizaciones
conducentes a la iluminación
225
tres adiestramientos superiores
(véase adiestramientos
superiores, tres)
tres clases de sabiduría 419, 534
tres clases de sufrimiento 305,
337-341, 530
tres ciclos de meditación en el
refugio 247-249
tres cuerpos básicos 607

tres cuerpos del camino 608
tres faltas al escuchar el
    Dharma 34-35
Tres Joyas 57, 242, 245-247
    analogía 232
    buenas cualidades de las
        230-233
    funciones de las 231
    naturaleza de las 231
    poder completo para
        protegernos 210
tres linajes del Lamrim 15-17
tres purezas 3
tres reinos (véase reino) g
tres tiempos g
Tripitaka (véase colecciones de
    las enseñanzas de Buda)
Tritsong Detsen, Rey 11
Triyhang Doryhechang xiv
Tushita, Tierra Pura de 237

unión del sutra y del tantra 11
Upala 255-256

vacuidad 300-302, 351, 352, 353,
    537, 577, 594
    bases de la 577, g
    de las personas 577-590
    de los fenómenos 590-594
    determinación del objeto de
        negación 577-583
    determinación de la extensión
        583
    determinación de la ausencia de
        la singularidad 584
    determinación de la ausencia de
        la separación 584-589
    realización directa de la 363,
        389, 433
    visión correcta de la 588
Vaibhashika 9, g
Vairochana 62, 72, g
Vaishravana 62
vajra g
Vajrabhairava 62

Vajradhara 59, 118, 126
vajrayana (véase también
    tantra) 22, 603, g
    camino 603-609
Vajrayoguini 62, g
valentías, cuatro 615-616
Vasubhandu 36, 351, 363, 411
vejez 172
venenos mentales, tres 401
verdades, dos 193
    convencional 193, 220, 352, 588, g
    última 193, 220, 352
Vidyakokila 7, 19
Vikramashila 3, 4
vigilancia mental 415-416, 550,
    552-554, 568
Vinaya (véase también colecciones
    de las enseñanzas de Buda) g
vínculos dependientes
    relacionados, doce 385-397, 559
    meditación en sí 404-406
visión superior 301, 411, 418,
    428, 572-594, 596
    función de la 573
    naturaleza de la 572-573
    objeto de la 574-589
votos 281, 605
    del Bodhisatva 224, 281, 408,
        409, 415, 468, 506, 605, 617
    del pratimoksha 224, 236, 281,
        408, 409, 415
    tántricos 224, 281, 408, 409, 415,
        605

Yama 403, g
Yeshe O 12-14, 30
Yeshe Tsondru 80, 121, 312
Yhananavajra 7
Yhangchub O 12-15
Yhayulgua, Gueshe 15, 110, 126
Yhe Pabongkhapa 22, 23, 111,
    145, 185, g
Yhe Tsongkhapa 15, 16, 17, 24,
    32, 75, 85, 87, 112, 124, 145, 149,
    217, 234, 352, 386, 413, 439, 469,

484, 491, 545, 574, 577, 594, 604, 608, 609, g
   linajes de 15
   relatos de la vida de 538, 576
Yhetari 7
Yhorbei Cho Drug 127
Yidam 62, 125, g
yo con existencia inherente 580-589
yo convencional sutil 587-589
yoga g
yogui/yoguini 85, 121, g
Yungdon, Lama 166

NKT-IKBU

Programas de estudio de budismo kadampa

El budismo kadampa es una escuela de budismo mahayana fundada por el gran maestro indio Atisha (982-1054). Sus seguidores se conocen con el nombre de *kadampas*. *Ka* significa 'palabra' y se refiere a las enseñanzas de Buda, y *dam*, a las instrucciones especiales del Lamrim, las etapas del camino hacia la iluminación, que Atisha enseñó. Los budistas kadampas integran su conocimiento de todas las enseñanzas de Buda en su práctica del Lamrim, que aplican en la vida diaria, y de este modo las utilizan como métodos prácticos para transformar sus actividades en el camino hacia la iluminación. Los grandes maestros kadampas son famosos, no solo por su gran erudición, sino también por su inmensa pureza y sinceridad espiritual.

El linaje de estas enseñanzas, tanto la transmisión oral de las instrucciones como sus bendiciones, fue transmitido de maestro a discípulo y se difundió primero por gran parte del continente asiático y en la actualidad por muchos países del mundo moderno. Las enseñanzas de Buda reciben el nombre de *Dharma* y se dice que son como una rueda que se traslada de un lugar a otro según cambian las condiciones e inclinaciones kármicas de sus habitantes. La presentación externa del budismo puede cambiar para adaptarse a las diversas culturas y sociedades, pero su verdadera esencia permanece intacta gracias al linaje ininterrumpido de practicantes realizados.

El budismo kadampa fue introducido en el mundo moderno por el venerable Gueshe Kelsang Gyatso Rimpoché en 1977. Desde entonces, este maestro budista ha trabajado de manera infatigable para difundir este preciso Dharma por todo el mundo, ha impartido enseñanzas, escrito profundos libros y comentarios sobre budismo kadampa y fundado la Nueva Tradición Kadampa – Unión Internacional de Budismo Kadampa (NKT–IKBU), que ya cuenta con más de mil doscientos centros y grupos de budismo kadampa por todo el mundo. En cada centro se ofrecen programas de estudio sobre psicología y filosofía budista, instrucciones para la meditación y retiros para practicantes de todos los niveles. En ellos se enseña principalmente cómo integrar las enseñanzas de Buda en la vida diaria para resolver nuestros problemas humanos y difundir la paz y la felicidad por todo el mundo

El budismo kadampa de la NKT–IKBU es una tradición budista independiente que no tiene vinculación política alguna. Es una asociación de centros y practicantes budistas que se guían e inspiran a través del ejemplo de los maestros kadampas de antaño y sus enseñanzas, tal y como las presenta el venerable Gueshe Kelsang.

Hay tres razones por las que debemos estudiar y practicar las enseñanzas de Buda: para desarrollar nuestra sabiduría, cultivar un buen corazón y mantener paz mental. Si no nos esforzamos por desarrollar nuestra sabiduría, nunca conoceremos la verdad última, la verdadera naturaleza de la realidad. Aunque deseamos ser felices, ofuscados por la ignorancia cometemos todo tipo de acciones perjudiciales, que constituyen la causa principal de nuestro sufrimiento. Si no cultivamos un buen corazón, nuestra motivación egoísta destruirá nuestras buenas relaciones y la armonía con los demás. No encontraremos paz ni verdadera felicidad. Sin paz interior, la paz externa es imposible. Sin paz mental no podemos ser felices aunque dispongamos de las mejores condiciones externas. En cambio, cuando disfrutamos de paz mental, somos felices aunque las circunstancias que nos rodeen sean adversas. Por lo tanto, es evidente que debemos cultivar estas cualidades para ser felices.

El venerable Gueshe Kelsang o *Gueshela*, como lo llaman afectuosamente sus estudiantes, ha diseñado tres programas espirituales especiales para el estudio estructurado y la práctica del budismo kadampa adaptados a la sociedad actual: el Programa General (PG), el Programa Fundamental (PF) y el Programa de Formación de Maestros (PFM).

PROGRAMA GENERAL

El **Programa General** ofrece una introducción básica a la visión, meditación y práctica budistas y es ideal para principiantes. Incluye también enseñanzas y prácticas avanzadas, tanto de sutra como de tantra.

PROGRAMA FUNDAMENTAL

El **Programa Fundamental** va dirigido a aquellos que desean profundizar en su comprensión y experiencia del budismo y consiste en el estudio estructurado de los seis textos siguientes:

1. *El camino gozoso de buena fortuna*, comentario a las instrucciones del Lamrim de Atisha conocidas como *Etapas del camino hacia la iluminación*.
2. *Compasión universal*, comentario al *Adiestramiento de la mente en siete puntos*, del Bodhisatva Chekaua.
3. *Nuevo ocho pasos hacia la felicidad*, comentario al *Adiestramiento de la mente en ocho estrofas*, del Bodhisatva Langri Tangpa.
4. *Nuevo corazón de la sabiduría*, comentario al *Sutra del corazón*.
5. *Tesoro de contemplación*, comentario a la *Guía de las obras del Bodhisatva*, del Bodhisatva Shantideva.
6. *Cómo comprender la mente*, exposición detallada de la mente según los textos de los eruditos budistas Dharmakirti y Dignaga.

El estudio de estas obras nos aporta numerosos beneficios, que se resumen a continuación:

1) *El camino gozoso de buena fortuna:*
Nos enseña a poner en práctica todas las enseñanzas de Buda, tanto de sutra como de tantra. Si lo estudiamos y practicamos, progresaremos con facilidad y completaremos las etapas del camino hacia la felicidad suprema de la iluminación. Desde un punto de vista práctico, el Lamrim constituye el cuerpo principal de las enseñanzas de Buda, mientras que sus otras instrucciones son como los miembros.

2) y 3) *Compasión universal* y *Nuevo ocho pasos hacia la felicidad*:
Estas obras nos muestran cómo integrar las enseñanzas de Buda en la vida diaria y a resolver todos nuestros problemas humanos.

4) *Nuevo corazón de la sabiduría*:
Nos muestra cómo alcanzar la realización de la naturaleza última de la realidad, con la que podemos eliminar la mente ignorante de aferramiento propio, la raíz de todo nuestro sufrimiento.

5) *Tesoro de contemplación*:
Con esta obra aprendemos a transformar nuestras actividades diarias en el camino y modo de vida del Bodhisatva, llenando de significado cada momento de nuestra vida.

6) *Cómo comprender la mente*:
En este texto se expone la relación entre nuestra mente y los objetos externos. Si comprendemos que los objetos dependen de la mente subjetiva, podremos cambiar la manera en que los percibimos transformando nuestra mente. Poco a poco adquiriremos la habilidad de controlar la mente y así podremos resolver todos nuestros problemas.

PROGRAMA DE FORMACIÓN DE MAESTROS BUDISTAS

El **Programa de Formación de Maestros Budistas** atiende a las necesidades de los que desean convertirse en auténticos maestros de Dharma. En este programa se estudian catorce textos de sutra y de tantra, incluidos los seis ya mencionados, y además los participantes deben mantener determinadas pautas de comportamiento y modo de vida, y completar varios retiros de meditación.

En el Manjushri KMC, en Ulverston, Inglaterra, se imparte el **Programa Especial de Formación de Maestros Budistas**, que puede cursarse en el propio centro o también por correspondencia. Este programa especial de meditación y estudio consiste en doce cursos que están basados en los libros del venerable Gueshe Kelsang Gyatso Rimpoché: *Cómo comprender la mente, Budismo moderno, Nuevo corazón de la sabiduría, Caminos y planos tántricos, Guía de las obras del Bodhisatva*, de Shantideva y su comentario *Tesoro de contemplación, Océano de néctar, Nueva guía del Paraíso de* *las Dakinis*, *Las instrucciones orales del Mahamudra*, *Nuevo ocho pasos hacia la felicidad*, *El espejo del Dharma, con texto ampliado*, *Esencia del vajrayana* y *El camino gozoso de buena fortuna*. Todos los centros de budismo kadampa están abiertos al público.

Cada año se celebran festivales en diversos países, incluidos dos en Inglaterra, a los que acuden personas de todo el mundo para recibir enseñanzas e iniciaciones y disfrutar de vacaciones espirituales. Puede visitarnos cuando lo desee.

Si desea más información sobre los programas de estudio de la NKT–IKBU o buscar el centro más cercano, puede visitar el sitio web www.kadampa.org/es o dirigirse a:

Centros de Meditación Kadampa

EN ESPAÑA:

Albacete: KMC Albacete Centro de Meditación Kadampa
C/ Baños, 33 bajo
02005 Albacete, España
info@meditaenalbacete.org
www.meditaenalbacete.org

Barcelona: KMC Barcelona Centro de Meditación Kadampa de Barcelona
C/ Girona, 102
08009 Barcelona, España
Tel.: (+34) 93 4950851
info@meditarabcn.org
www.meditarabcn.org

Barcelona – Montserrat: KMC Mahakaruna Centro de Meditación Kadampa
Masía Ca l'Esteve
Urb. Ca l'Esteve 129 B
08253 Sant Salvador de Guardiola (Barcelona), España
Coordenadas: 41° 39′ 31,1″ N - 10° 45′ 29,9″ E
Tel.: (+34) 93 8358077
info@meditarabcn.org
www.meditarabcn.org

Madrid: KMC Madrid Centro de Meditación Kadampa
C/ Manuela Malasaña, 26
28004 Madrid, España
Tel.: (+34) 91 7557535
info@meditaenmadrid.org
www.meditaenmadrid.org

Madrid – El Boalo: KMC Vajrayana Centro de Meditación Kadampa
C/ Del Guerrero 27
28413 El Boalo (Madrid), España
Tel.: (+34) 91 7557535
info@meditaenmadrid.org
www.meditaenmadrid.org

Málaga – Alhaurín el Grande: KMC España Centro de Meditación Kadampa
Camino Fuente del Perro 50
29120 Alhaurín el Grande (Málaga), España
Tel.: (+34) 952 490918
info@meditaenmalaga.org
www.meditaenmalaga.org

Málaga: KMC Málaga Centro de Meditación Kadampa
C/ Cuarteles nº 7, local 2
29002 Málaga, España
Tel.: (+34) 952 490918
info@meditaenmalaga.org
www.meditaenmalaga.org

Palma: KMC Mallorca Centro de Meditación Kadampa
Carrer Vincenç Joan I Rosello 59
07013 Palma, España
meditacioamallorca@gmail.com
www.meditataramallorca.org

Sevilla: KMC Sevilla Centro de Meditación Kadampa
C/ Castilla 93, local bajo A
41010 Sevilla
Tel.: (+34) 955 77 90 90
info@meditaensevilla.org
www.meditaensevilla.org

Valencia: KMC Valencia Centro de Meditación Kadampa
C/ Turia 56, local bajo B
46008 Valencia
info@meditaenvalencia.org
www.meditaenvalencia.org

EN MÉXICO:

Ciudad de México: Centro de Meditación Kadampa de México A.R.
Enrique Rébsamen #406, Col. Narvarte Poniente
C.P. 03020, México D.F., México
Tels.: (+52/01) 55 56 39 61 80/86
info@kadampamexico.org
www.kadampamexico.org

Ciudad de México: Centro de Meditación Kadampa de México A.R.
Jalapa No. 113, casi esq. con Álvaro Obregón,
Col. Roma Norte Tel. 5264 – 3147
templo@kadampamexico.org
www.templokadampamexico.org

Guadalajara: Centro de Meditación Kadampa de Guadalajara
Avenida Miguel Hidalgo #1220 esquina con Ghilardi, Colonia Americana
C.P. 41160, Guadalajara, Jalisco, México
Tel: (+52) 33 3825 6136
info@meditarenguadalajara.org
www.meditarengdl.org

Monterrey: Centro de Meditación Kadampa de Monterrey
Buenos Aires 150, Col. Altavista, casi esq. con Garza Sada, Monterrey, NL
C.P. 64840, Monterrey, México
Tel: (+52/01) 81 1306 5204
info@meditarenmonterrey.org
www.meditarenmonterrey.org

EN ARGENTINA:

Buenos Aires: Centro de Meditación Kadampa Argentina
Serrano 1316, Palermo
C1414DFB Buenos Aires, Argentina
Tel. +54 (11) 4778-1219 / (15) 6149-5976
info@meditarenargentina.org
www.meditarenargentina.org

EN CHILE:

Chile: Centro de Meditación Kadampa Chile
Calle Crédito 523, Providencia, Chile
Tel.: (+56) 991297091
info@meditacionenchile.cl
www.meditacionenchile.cl

EN EL REINO UNIDO:

Oficina de la NKT en el Reino Unido
Manjushri Kadampa Meditation Centre
Conishead Priory
Ulverston, Cumbria LA12 9QQ, Inglaterra
Tel.: +44 (0) 1229 584029
Fax: +44 (0) 1229 580080
info@kadampa.org
www.kadampa.org

EN LOS ESTADOS UNIDOS DE AMÉRICA:

Oficina de la NKT en los Estados Unidos de América
Kadampa Meditation Center New York
47 Sweeney Road
Glen Spey
NY 12737, Estados Unidos de América
Tel.: +1 845-856-9000
Fax: +1 845-856-2110
info@kadampanewyork.org
www.kadampanewyork.org

Oficinas de Tharpa en el mundo

Los libros de Tharpa se publican en español, alemán, chino, francés, griego, inglés británico y estadounidense, italiano, japonés, portugués y vietnamita. En las oficinas de Tharpa podrá encontrar libros en estas lenguas.

Oficina en España
Editorial Tharpa España
Camino Fuente del Perro n° 50
29120, Alhaurín el Grande
Málaga, España
Tel.: (+34) 918 36 37 37
info.es@tharpa.com
www.tharpa.com/es

Oficina en México
Enrique Rébsamen n° 406
Col. Narvarte Poniente,
C.P. 03020
México D.F., México
Tels.: (+52/01) 55 56 39 61
80/86
tharpa@kadampa.org.mx
www.tharpa.com/mx

Oficina en Alemania
Tharpa Verlag Deutschland,
Chausseestraße 108
10115 Berlin , Alemania
Tel: +49 (0) 33055 222135
Fax : +49 (0) 33055 222139
info.de@tharpa.com
www.tharpa.com/de

Oficina en Asia
Tharpa Asia
1st Floor Causeway Tower, 16-22
Causeway Road, Causeway Bay,
Hong Kong
Tel: +(852) 2507 2237
info.asia@tharpa.com
www.tharpa.com/hk-en

Oficina en Australia
Tharpa Publications Australia
25 McCarthy Road (PO Box 63)
Monbulk, Vic 3793, Australia
Tel: +61 (3) 9752 0377
info.au@tharpa.com
www.tharpa.com/au

Oficina en Brasil
Editora Tharpa Brasil
Rua Artur De Azevedo, 1360
São Paulo - SP, Brasil
Tel/Fax: +55 (11) 3476 2328
info.br@tharpa.com
www.tharpa.com.br

Oficina en Canadá
Tharpa Publications Canada
631 Crawford St,
Toronto, ON, M6G 3K1,
 Canadá
Tel: +1 (416) 762-8710
Fax: +1 (416) 762-2267
Toll-free: 866-523-2672
info.ca@tharpa.com
www.tharpa.com/ca

Oficina en los Estados Unidos de América
Tharpa Publications US
47 Sweeney Road
Glen Spey, NY 12737, Estados
 Unidos de América
Tel: +1 845-856-5102
Fax: +1 845-856-2110
info.us@tharpa.com
www.tharpa.com/us

Oficina en Francia
Editions Tharpa
Château de Segrais
72220 Saint-Mars-d'Outillé,
 Francia
Tel : +33 (0)2 43 87 71 02
Fax : +33 (0)2 76 01 34 10
info.fr@tharpa.com
www.tharpa.com/fr

Oficina en Japón
Tharpa Japan
Dai 5 Nakamura Kosan Biru
 #501
Shinmachi 1-29-16, Nishi-ku
Osaka, 550-0013, Japón
Tel : (+81) 665 327632
info.jp@tharpa.com
www.tharpa.com/jp

Oficina en el Reino Unido
Tharpa Publications UK
Conishead Priory
Ulverston
Cumbria, LA12 9QQ,
 Inglaterra
Tel: +44 (0)1229-588599
Fax: +44 (0)1229-483919
info.uk@tharpa.com
www.tharpa.com/uk

Oficina en Sudáfrica
Mahasiddha Kadampa
 Buddhist Centre
12a Winston Rd, Westville,
Durban 3630, Sudáfrica
Tel : (+27) 31 266 0148
info.za@tharpa.com
www.tharpa.com/za

Oficina en Suiza
Tharpa Verlag AG
Mirabellenstrasse 1
CH-8048 Zürich, Suiza
Tel: (+41) 44 401 02 20
Fax: (+41) 44 461 36 88
info.ch@tharpa.com
www.tharpa.com/ch